Die weltbesten Fußballer

© Naumann & Göbel Verlagsgesellschaft mbH
Autor: Michael Nordmann
Redaktion: Manfred Finger, Jost H. Rudolph
Gesamtherstellung: Naumann & Göbel Verlagsgesellschaft mbH, Köln
Alle Rechte vorbehalten
ISBN 978-3-625-11838-1
www.naumann-goebel.de

Die weltbesten Fußballer

INHALT

	INHALT	5
	EINLEITUNG	8
A	Von Hussain Ghuloum Abbas bis Abédi „Abédi Pelé" Ayew	14
B	Von Celestine Babayaro bis Johann „Schani" Buzek	36
C	Von Antonio Cabrini bis Zoltan Czibor	72
D	Von Ali Daei bis Dragan „Dzaja" Dzajic	90
E	Von Horst Eckel bis Marques da Silva „Everaldo"	104
F	Von Giacinto Facchetti bis Friedhelm Funkel	110
G	Von Robert Gadocha bis Rudi Dil „Ruud" Gullit	120
H	Von Arend „Arie" Haan bis Geoffrey „Geoff" Charles Hurst	132
I	Von Zlatan Ibrahimovic bis Valentin Ivanov	152
J	Von David Jack bis Fahrudin Jusufi	156
K	Von Miroslav Kadlec bis Heinrich „Heini" Kwiatkowski	164
L	Von Bruno Labbadia bis Leopoldo Jacinto Luque	182
M	Von Antonio Maceda bis Miguel Muñoz	196
N	Von Norbert Nachtweih bis Tibor Nyilasi	214
O	Von Branco Oblak bis Michael Owen	224
P	Von Enrique Perez Pachin bis Ferenc Puskas	230
R	Von Petar Radenkovic bis Ian „Rushie" James Rush	244
S	Von Willy Sagnol bis Horst „Schimmi" Szymaniak	262
T	Von Claudio André Mergen Taffarel bis Anton „Toni" Turek	296
U	Von Lothar Ulsaß bis Klaus „Banne" Urbanczyk	304
V	Von Jorge „El Filósofo" Alberto Francesco Valdano bis Bernard Vukas	306
W	Von Roland Wabra bis Eric Boswell Wynalda	312
Y	Von Murat Yakin bis Dwight Yorke	322
Z	Von Mario Jorge José „El Lobo" Zagallo bis Abdullah Sulaiman Zubromawi	326
	WM-Liste, EM-Liste, Literaturnachweise, Bildnachweise	336

Auf den Spuren Zagallos und Beckenbauers

Jürgen Klinsmann (Mi.) stürmt an den Jugoslawen Predrag Spasic (links) und Dragoljub Biznovic (rechts) vorbei und mit der deutschen Nationalmannschaft 1990 zum WM-Titel in Italien. 16 Jahre später will er die deutsche Mannschaft als Bundestrainer zum vierten WM-Titel führen. Erfolgreich als Spieler und Trainer oder Teamchef – das schafften bislang nur der Brasilianer Mario Zagallo (1958, 1962 als Spieler und 1970) sowie der „Kaiser" Franz Beckenbauer (1974 und 1990).

Vorwort

Die Fernsehbilder der FIFA-Fußball-Weltmeisterschaft 2006 in Deutschland wurden in 206 der 207 FIFA-Mitgliedsländer übertragen (einzige Ausnahme: Turkmenien). Die TV-Rechte wurden an mehr als 500 Fernsehanstalten verkauft und insgesamt fieberten 32,5 Milliarden Fernsehzuschauer an 25 Spieltagen vor den Fernsehgeräten dem Finale entgegen, das weltweit sogar weit über 1 Milliarde Menschen sahen. In Europa stiegen die Einschaltquoten in den großen Fußballnationen wie Italien, Frankreich, Spanien, den Niederlanden und Deutschland im Vergleich zur FIFA-WM 2002 in Japan und Südkorea um 50 bis 70 Prozent. Jeder Fernsehzuschauer mit Fußballverstand, und davon gibt es eben Millionen, übt Kritik am Schiedsrichter, am Trainer, am Spieler. Jeder von ihnen hat allerdings auch seine Lieblingsspieler und seine individuelle Meinung zu diesem faszinierenden Sport mit einer magischen Anziehungskraft wie kein anderer.

Fußball-WM 2002: Deutschland - Südkorea 1:0

Der deutsche Michael Ballack (rechts) köpft auf das südkoreanische Tor. Die Gegenspieler (von links) Choi Jin-Seul, Cha Doo-Ri und Yoo Sang-Chul können nur zuschauen.

„Die Helden von Bern"
Im Finale der Fußball-WM 1954 schießt Max Morlock (links) den 1:2-Anschlusstreffer. Deutschland gewinnt gegen die favorisierten Ungarn am 4. Juli 1954 im Berner Wankdorfstadion mit 3:2. Von links: Morlock, Schäfer und der ungarische Torwart Grosics.

„Die Hand Gottes" (links)
Bei allen Wahlen zum Fußballer des Jahrhunderts ist Diego Maradona ganz vorn dabei. Der exzellente Techniker und Spielgestalter der argentinischen Nationalmannschaft war 1986 Weltmeister. Unvergessen bleibt aber auch seine Schlitzohrigkeit im WM-Viertelfinale gegen England, als er das erste seiner beiden Tore beim 2:1-Sieg mit der Hand erzielte.

„Die Königlichen" (Seite 6/7)
Die Madrilenen (v. oben) Zinedine Zidane, Ivan Helguera (verdeckt), Roberto Carlos und Fernando Morientes erdrücken fast Raul Gonzalez (vorn, ganz unten verdeckt), der soeben das 1:0 gegen Bayer Leverkusen erzielte. Real Madrid gewann am 15. Mai 2002 im Glasgower Hampden Park Stadion durch ein 2:1 zum neunten Mal die höchste Krone im europäischen Vereinsfußball.

VORWORT

Deutschland - Schottland 2:1 (1974 in Frankfurt)
Die deutsche Fußballnationalmannschaft nimmt am 27. März 1974 vor 60.000 Zuschauern im Frankfurter Waldstadion vor dem Länderspiel gegen Schottland (2:1). Aufstellung für die Hymnen (von links): Franz Beckenbauer, Sepp Maier, Bernd Cullmann, Georg Schwarzenbeck, Herbert Wimmer, Dieter Herzog, Jürgen Grabowski, Gerd Müller, Berti Vogts, Paul Breitner, Uli Hoeneß.

Hierin liegt allerdings auch die größte Hürde, die dieses Buch zu bewältigen hatte. Wir haben eine Auswahl der besten 1000 Fußballspieler aus aller Welt getroffen, von der wir glauben, dass sie so objektiv und so gerecht vorgenommen wurde wie irgend möglich. Dass bei uns aus naheliegenden Gründen Europa etwas mehr im Focus der Betrachtung liegt, mag man uns verzeihen. Wir alle wissen, dass es heute keine kleinen Fußballnationen mehr gibt. Hierzu braucht man sich nur an die Erfolge der Südkoreaner und Japaner während der WM 2002 erinnern, bei der beide Teams vor eigenem Publikum alle Erwartungen übertrafen. In Erinnerung sind uns auch immer wieder große Erfolge afrikanischer Teams wie Nigeria oder Kamerun oder auch Algerien, das bei der WM 1982 in Spanien einem der Favoriten, Deutschland, eine empfindliche Niederlage beibrachte. Natürlich haben wir uns bemüht, auch diesen gerecht zu werden und ihre wichtigsten Spieler vorzustellen, darunter auch viele mit Entwicklungspotenzial, bei denen wir glauben, dass sie die von uns an sie gestellten Erwartungen erfüllen. Selbstverständlich für ein solches Buch ist es aber auch, dass die großen Nationen mit den meisten WM-Titeln, allen voran natürlich Brasilien, gefolgt von Italien und Deutschland, aber auch das Mutterland des Fußballs, England, die häufig nur unglücklich unterlegenen Holländer, die noch unlängst gefeierten Franzosen, Spanien mit seinem Riesenpotenzial und großen Erfolgen im Vereinsfußball, die bei den großen internationalen Turnieren der Nationalmannschaften nur allzu selten bestätigt

Fußball-WM 1958: Finale Brasilien - Schweden 5:2
Brasiliens junger Stürmer Pelé (rechts) erzielt das dritte Tor für seine Elf. Die schwedischen Gegenspieler (von links) Sven Axbom, Sigvard Parling und Bengt Gustavsson haben das Nachsehen im Finale der Fußball-WM am 29. Juni 1958 im Stockholmer Rasunda-Stadion. Die Elf von Brasilien gewinnt vor 53.000 Zuschauern am Ende durch ein 5:2 gegen Schweden erstmals den Weltmeistertitel.

wurden, eher überproportional berücksichtigt werden. Andere Nationen wie zum Beispiel Ungarn in den fünfziger Jahren und immer wieder auch Portugal mit dem herausragenden Eusébio oder unlängst wieder mit Figo haben Fußballgenerationen hervorgebracht, von denen man immer wieder spricht. Dies alles findet in den 1000 ausgewählten Spielerporträts seinen Niederschlag.

Bei aller Bemühung um Objektivität kann sich jedoch kein Autor eines solchen Buches von einer gewissen Subjektivität befreien. Natürlich sind die ersten 100 Spieler, die absoluten, ganze Epochen überstrahlenden Superstars schnell gefunden. Bei Alfredo di Stefano, Fritz Walter, Johann Cruyff, bei Pelé, Maradona, Beckenbauer, Gerd Müller, Eusébio und Ferenc Puskas, Dino Zoff und Albertosi, Ronaldo und Ronaldinho gibt es keine Diskussionen. Aber wie trifft man die Auswahl zum Beispiel

Fußball-WM 1990: Das DFB-Team feiert den Titel
Die deutsche Fußballnationalmannschaft feiert am 8. Juli 1990 im Olympiastadion in Rom den eroberten Weltmeistertitel. Zum dritten Mal gewinnt ein DFB-Team den Weltmeistertitel. Im Endspiel wird Argentinien mit 1:0 bezwungen.

bei den Älteren? Wer aus der 54er WM-Mannschaft der Ungarn neben Hidegkúti und Puskas gehört in dieses Buch, wer aus der Breslauer Traumelf neben Zielinski, Szepan, Kobierski und Paul Janes? Steht der spindeldürre russische Supertorwart Lew Jaschin mit seiner großen Strafraumbeherrschung auf gleicher Höhe wie die spanische Legende Ricardo Zamora? Gehören neben Turek, Maier, Kahn auch Herkenrath und Tilkowski in ein solches Buch, um bei den Torleuten zu bleiben? Die Diskussionen um die Auswahl waren endlos, aber fruchtbar. Ergebnis ist das vorliegende Werk.

Die Herausgabe eines solchen Buches, das ganz sicherlich viel diskutiert wird, stellt natürlich immer ein Wagnis dar. Sollten wir also ausgerechnet Ihren Lieblingsspieler nicht berücksichtigt haben, so bitten wir Sie, uns zu verzeihen. Wir verknüpfen mit dem Buch allerdings auch eine große Hoffnung, nämlich, dass es viele Auflagen erleben mag. „Errare humanum est" – „Irren ist menschlich". Sollten wir aus Ihrer Sicht eine falsche Bewertung vorgenommen haben, so schreiben Sie uns bitte und nennen Sie uns eine begründete Alternative. Allen gerecht werden kann ein solches Buch dennoch nie, wenn seine Lektüre jedoch Spaß macht und zu zahlreichen Diskussionen führt, so hat es seinen Zweck erreicht.

Legende der statistischen Angaben:

Geburts-/Sterbedatum: Die Geburtsdaten einiger älterer, zumeist nichteuropäischer Spieler konnten nicht immer eindeutig geklärt werden. Sterbedaten von Spielern sind – soweit bekannt – berücksichtigt und mit einem † versehen.

Geburtsland: Als Geburtsland wird immer die Nation zur Zeit der Geburt des Spielers angegeben. Beispiel: Jugoslawien – auch wenn der Spieler später für Kroatien spielte.

Stationen: Hier kann nur eine Auswahl an Vereinsstationen genannt werden, die keinen Anspruch auf Vollständigkeit erhebt. Sie bezieht sich nur auf die Spieler-, nicht auf eine eventuelle Trainerkarriere. Als Gradmesser dienten vor allem die Vereinszugehörigkeit des Spielers während der Welttitelkämpfe bzw. jene Vereine, in denen der jeweilige Spieler besonders erfolgreich agierte. War der Spieler mehrmals in einem Verein aktiv, wird dieser nur einmal erwähnt.

Vereinsnamen: Die offiziellen Bezeichnungen werden ggf. in gängigen Abkürzungen wiedergegeben, z.B. wird der TSV München 1860 auch „1860 München" oder „1860" genannt, Bayer Leverkusen „Bayer 04" oder Inter Mailand „Inter".

WM-Spiele: Der Einsatz von Spielern im Kader (z. B. zweiter Torwart), die aufgestellt waren, aber nicht zum Einsatz kamen, wurde nur unter dem Punkt WM-Teilnahmen berücksichtigt.

WM-Tore: Es sind nur die Treffer berücksichtigt, die in der regulären Spielzeit, mit Verlängerung, zustande kamen. Tore im Elfmeterschießen finden, wie in der FIFA-Statistik, auch in diesem Buch keine Berücksichtigung.

Länderspiele, Tore: Die Statistik gibt die gesamten internationalen Spiele/Tore, also Weltmeisterschaften, Europameisterschaften und Freundschaftsspiele der Nationalmannschaften, wieder.

Flagge im Spielerbild: Die Flagge im dazugehörigen Spielerbild bezeichnet das Land, für das der Spieler als Nationalspieler zum Einsatz kam.

Vereins-Embleme: Gewählt wurde das Emblem eines der Vereine, für die der Spieler aktiv war.

Die besten Fußballspieler aller Zeiten von A bis Z

ABB – ABE

Hussain Ghuloum Abbas – Majed Mohammed Abdullah – André „Trello" Abegglen – Max „Xam" Abegglen – Emmanuel Adebayor – Roberto Acuña Cabello – Milenko Acimovic – Jozef Adamec – Ademir Marques de Menezes – José Pinto Carvalho Santos Aguas – Mutiu Adepoju – Juan Bautista Aguero – Javier Aguirre – Jung Hwan Ahn – Goncalves da Silva Ailton – Robert Sime Aitken – Mohamed Ali Akid – Abdullah Mahammed Al-Buloushi – Faisal Al-Dakhil – Saomar „Sami" Al Jaber – Florian „Császár" Albert – Demetrio Albertini – Enrico Albertosi – Aldair Nascimento dos Santos – Mohammed Al-Deayea – John William Aldridge – Sergej Aleinikov – Dimitri Alenichev – Rafael Alkorta Martinez – Ricardo Rogerio Alemao de Brito – Marcus Allbäck – Ivor Allchurch – Karl Allgöwer – Klaus Allofs – Özalan Alpay – José Joao Altafini – Alessandro „Spillo" Altobelli – Leonel Alvarez – Florencio Amarilla – Fuad Anwar Amin – Amaro Tavares da Silva Amarildo – Emmanuel Amunike – Daniel Owefin Amokachi – Manuel „Manu" Amoros – Nikos Anastopoulos – Carlo Ancelotti – Kennet Andersson – Patrick Andersson – Sune „Mona Lisa" Andersson – Victor „Pablo" Rodriguez Andrade – José Leandro Andrade – Michele Andreolo – Nicolas Anelka – Charles „Kiki" Antenen – Giancarlo Antognoni – Stephen Appiah – Stephen „Steve" Archibald – Luis Miguel Echarris Arconada – Osvaldo César Ardiles – Gerald Joseph Armstrong – Frank Arnesen – Luis Artime – Georgi Asparuchov – Faustino Asprilla – Salah Assad – José Augusto Pinto de Almeida – Klaus Augenthaler – Roberto Fabián Ayala – Ruben Hugo Ayala – Abédi „Abédi Pelé" Ayew

Hussain Ghuloum Abbas (Mitte)

Die Verteidigung, ja, die gesamte Mannschaft hatte nur einen Auftrag: so viele Tore wie möglich verhindern. Hussain Ghuloum Abbas vom Sharjah Club in den Vereinigten Arabischen Emiraten erledigte seine Aufgabe relativ gut. In den drei Spielen der Weltmeisterschaft 1990 in Italien kassierten die Araber nur elf Gegentore. Die meisten davon beim 1:5 gegen Deutschland. Abwehrspieler Abbas sah in der 30. Minute die Gelbe Karte. Neben dem Youngster der Mannschaft standen weitere sechs Spieler von Al-Sharjah Dubai in der '90er Weltmeisterschafts-Mannschaft der Emirate.

Geburtsdatum:	24. September 1969
Geburtsland:	Ver. Arabische Emirate
Stationen:	Al-Sharjah Dubai
WM-Spiele:	3
WM-Tore:	–
Länderspiele:	31
Tore:	2
WM-Teilnahmen:	1990

Majed Mohammed Abdullah

Abdullah, der „Pelé der Wüste", war von 1984 bis 1986 Asiens Fußballer des Jahres. 1984 trug er die Farben seines Landes bei den Olympischen Spielen in Los Angeles. Zehn Jahre später nahm er mit 35 Jahren noch an der WM teil – kam allerdings in zwei Spielen jeweils nur eine Halbzeit als Mittelstürmer zum Einsatz. Abdullah spielte von 1977 bis 1998 beim Al-Nassr Club. In 140 Länderspielen erzielte er 72 Tore. Bis zu seinem 40. Lebensjahr war er bei seinem Verein aktiver Spieler, wo er in 20 Saisons 183 Tore schoss.

Geburtsdatum:	1. November 1959
Geburtsland:	Saudi-Arabien
Stationen:	Al-Nassr Riad
WM-Spiele:	2
WM-Tore:	–
Länderspiele:	139
Tore:	67
WM-Teilnahmen:	1994

André „Trello" Abegglen (Mitte)

Der Stürmer schoss Deutschland fast im Alleingang aus dem WM-Turnier 1938. André Abegglen vom FC Sochaux erzielte im Achtelfinale im Pariser Prinzenparkstadion drei der fünf Tore der Schweizer gegen den großen Nachbarn – zuerst den 1:1-Endstand im Eröffnungs- und dann die beiden Siegtore beim 4:2 im Wiederholungsspiel. André, genannt „Trello", hatte die schweizer Farben auch schon bei der Weltmeisterschaft 1934 vertreten und im Achtelfinale beim 3:2 über die Niederlande getroffen.

Geburtsdatum:	7. März 1909
	† 8. November 1944
Geburtsland:	Schweiz
Stationen:	FC Cantonal, Servette Genf, La Chaux-de-Fonds
WM-Spiele:	5
WM-Tore:	4
Länderspiele:	52
Tore:	29
WM-Teilnahmen:	1934, 1938

Max „Xam" Abegglen

Schon in seinem ersten Länderspiel 1922 gegen Holland schoss er beim 5:0 drei Tore. 1924 holte der sieben Jahre ältere Bruder von André mit der Schweiz die olympische Silbermedaille. Max, genannt „Xam", Abegglen wechselte 1923 nach Zürich und wurde mit den Grasshoppers sechsmal Schweizer Meister und achtmal Pokalsieger. Abegglen war später Mitbegründer des Fusionsklubs Xamax Neuchâtel. Der Name des Vereins leitet sich aus Abegglens Vornamen ab.

Geburtsdatum:	11. April 1902 † 26. August 1970
Geburtsland:	Schweiz
Stationen:	Cantonal Neuchâtel, Grasshoppers Zürich
WM-Spiele:	–
WM-Tore:	–
Länderspiele:	68
Tore:	34
WM-Teilnahmen:	–

Emmanuel Sheyi Adebayor

Der schlaksige Stürmer steht an der Spitze einer neuen Fußballergeneration Togos. Mit elf Treffern war der Sohn nigerianischer Eltern bester Torschütze der Afrika-Zone. Gegen den härtesten Rivalen aus dem Senegal erzielte Adebayor in beiden Spielen der Qualifikationsgruppe zur WM 2006 jeweils ein Tor und avancierte so zum Garanten für die erste Endrundenteilnahme seines Landes. Togos Stürmerstar debütierte mit 17 Jahren beim französischen Zweitligisten FC Metz, setzte sich später beim AS Monaco durch und wurde im Januar 2006 vom FC Arsenal verpflichtet.

Geburtsdatum:	26. Februar 1984
Geburtsland:	Togo
Stationen:	FC Metz, AS Monaco, Arsenal London
WM-Spiele:	3
WM-Tore:	–
Länderspiele:	32
Tore:	12
WM-Teilnahmen:	2006

Roberto Acuña Cabello

Er sah die einzige Rote Karte in Paraguays Weltmeisterschaftsgeschichte. Im Achtelfinale der Weltmeisterschaft 2002 flog Roberto Acuña (Deportivo La Coruña) beim 0:1 gegen Deutschland wegen einer Tätlichkeit (Ellbogencheck gegen Michael Ballack) in der Nachspielzeit vom Platz. Der in Argentinien geborene Mittelfeldspieler trug das Trikot mit der Nummer 10 im Mittelfeld der Paraguayos – ohne allerdings jemals ein Tor bei einer Weltmeisterschaft zu erzielen. Mit Acuña war Paraguay durch Siege über Nigeria (1998) und Slowenien (2002) ins WM-Achtelfinale eingezogen.

Geburtsdatum:	25. März 1972
Geburtsland:	Argentinien
Stationen:	Real Saragossa
WM-Spiele:	11
WM-Tore:	–
Länderspiele:	96
Tore:	5
WM-Teilnahmen:	1998, 2002, 2006

Milenko Acimovic

Er erzielte den 100. Treffer bei der Weltmeisterschaft 2002. Doch das Tor des Mittelfeldspielers von Roter Stern Belgrad zum 1:0 gegen Paraguay blieb ohne Wert. Slowenien unterlag in der Partie noch mit 1:3 und schied bei seiner Weltmeisterschaftspremiere mit drei Niederlagen (gegen Spanien, Südafrika und Paraguay) aus. Acimovic wechselte nach der Weltmeisterschaft zu den Tottenham Hotspurs in die erste englische Liga und später weiter zum OSC Lille (Frankreich). Bei der Europameisterschaft 2000 hatten die Slowenen mit Milenko Acimovic nur knapp den Einzug ins Viertelfinale verpasst.

Geburtsdatum:	15. Februar 1977
Geburtsland:	Jugoslawien
Stationen:	Roter Stern Belgrad, Tottenham Hotspur, OSC Lille
WM-Spiele:	3
WM-Tore:	1
Länderspiele:	67
Tore:	13
WM-Teilnahmen:	2002

A ADA – AGU

Jozef Adamec

Er war der drittbeste Torschütze der tschechoslowakischen Liga mit 170 Treffern in 383 Spielen. In 44 Länderspielen zwischen 1960 und 1974 erzielte er 14 Tore. Die ganz großen Erfolge der Tschechoslowakei erlebte Jozef Adamec allerdings auf der Ersatzbank. Beim Weltmeisterschaftsfinale 1962 gegen Brasilien musste der Mittelstürmer von Spartak Trnava zuschauen. 1966 verpasste das Land die Weltmeisterschaftsqualifikation sogar völlig. Nach Beendigung seiner aktiven Laufbahn war Adamec mehrere Jahre Nationaltrainer der Slowakei.

Geburtsdatum:	26. Februar 1942
Geburtsland:	Tschechoslowakei
Stationen:	Spartak Trnava, Dukla Prag, Wiener SK
WM-Spiele:	6
WM-Tore:	–
Länderspiele:	44
Tore:	14
WM-Teilnahmen:	1962, 1970

Ademir Marques de Menezes

„Quijada" war mit neun Treffern Torschützenkönig der WM 1950 – Weltmeister wurde er aber trotzdem nie. Im Endspiel von Maracana unterlagen die Männer vom Zuckerhut vor eigenem Publikum mit 1:2 gegen Uruguay. Um so tragischer: Schon ein Remis hätte zum Gewinn des WM-Titels gereicht. Ademir war der klassische Halbstürmer: hochgewachsen, athletisch, antrittsschnell. Ademir erzielte in 39 Länderspielen 32 Tore.

Geburtsdatum:	8. November 1922
	† 11. Mai 1996
Geburtsland:	Brasilien
Stationen:	Vasco da Gama
WM-Spiele:	6
WM-Tore:	9
Länderspiele:	39
Tore:	32
WM-Teilnahmen:	1950

José Pinto Carvalho Santos Aguas

Er wurde in Angola geboren und entwickelte sich zu einem der erfolgreichsten Mittelstürmer in der portugiesischen Fußballgeschichte. Aguas, der mit bürgerlichem Namen José Pinto Carvalho dos Santos heißt, gewann mit Benfica Lissabon 1961 und 1962 den Europapokal der Landesmeister. In beiden Endspielen (gegen den FC Barcelona 3:2 und Real Madrid 5:3) erzielte Aguas ein Tor. Der Fußballer des Jahres 1961 wechselte 1963 für ein Jahr zu Austria Wien, wo er zwar sportlich nicht überzeugte, allein mit seiner Präsenz aber für volle Stadien sorgte.

Geburtsdatum:	9. November 1931
Geburtsland:	Angola
Stationen:	Benfica Lissabon
WM-Spiele:	–
WM-Tore:	–
Länderspiele:	25
Tore:	11
WM-Teilnahmen:	–

Mutiu Adepoju

Neben Sunday Oliseh und Jay-Jay Okocha war Mutiu Adepoju der große Arbeiter im Mittelfeld Nigerias. Bei seinen drei Weltmeisterschaftsteilnahmen kickte er mit den Afrikanern Spanien (1998) aus dem Turnier. Dabei war es der „Spanien-Legionär" von Real Sociedad San Sebastian, der den Iberern 1998 in Nantes beim 3:2 für Nigeria das erste Gegentor bescherte. Adepoju traf per Kopf von der Fünfmeterlinie in Zubizarretas kurzes Eck. Nigeria schied später durch ein 1:4 im Achtelfinale gegen Dänemark aus.

Geburtsdatum:	22. Dezember 1970
Geburtsland:	Nigeria
Stationen:	UD Salamanca
WM-Spiele:	7
WM-Tore:	1
Länderspiele:	54
Tore:	5
WM-Teilnahmen:	1994, 1998, 2002

Jung Hwan Ahn

Die Italiener deklarierten ihn kurzerhand zur „persona non grata". Mit einem „Golden Goal" in der 117. Minute hatte Jung Hwan Ahn vom AC Perugia die Squadra Azzurra im Achtelfinale der Weltmeisterschaft 2002 aus dem Turnier geschossen. Im Viertelfinale musste auch Spanien dran glauben (0:0 nach Verlängerung, 5:3 im Elfmeterschießen). Ahn verwandelte den vorletzten Elfmeter zum 4:3. Grund für die Wut der Italiener: Südkorea war vom Schiedsrichter aus Ecuador maßgeblich bevorteilt worden. Ahn wechselte in die japanische Liga und kam über Metz Anfang 2006 zum MSV Duisburg. Bei der WM in Deutschland wurde er gegen Togo (2:1) zum „Man of the Match" gewählt.

Geburtsdatum:	27. Januar 1976
Geburtsland:	Südkorea
Stationen:	AC Perugia, Yokohama F Marinos, FC Metz, MSV Duisburg
WM-Spiele:	10
WM-Tore:	3
Länderspiele:	64
Tore:	17
WM-Teilnahmen:	2002, 2006

Juan Bautista Aguero

Mit seinen zwei Toren beim Weltmeisterschaftsturnier 1958 ist Juan Aguero einer der erfolgreichsten Torschützen Paraguays in der WM-Geschichte. Der Rechtsaußen erzielte beim 3:2-Erfolg gegen Schottland, Paraguays erstem Sieg bei einer Weltmeisterschaft, das 1:0-Führungstor. Im entscheidenden dritten Gruppenspiel gegen Jugoslawien benötigten die Südamerikaner unbedingt einen Sieg – es reichte aber nur zum 3:3. Aguero hatte zum zwischenzeitlichen 2:2-Ausgleich getroffen.

Geburtsdatum:	24. Juni 1935
Geburtsland:	Paraguay
Stationen:	Olimpia Asuncion
WM-Spiele:	3
WM-Tore:	2
Länderspiele:	35
Tore:	19
WM-Teilnahmen:	1958

Javier Aguirre

Er zählte zu Mexikos tragischen Helden bei der WM 1986 im eigenen Land. Im Viertelfinale von Monterrey gegen Deutschland unterlagen sie im Elfmeterschießen mit 1:4 und schieden zuvor ungeschlagen aus. Javier Aguirre flog nach einem bösen Foul an Lothar Matthäus in der 100. Minute vom Platz. Nach „Rot" für Thomas Berthold war die Überzahl der Mexikaner dahin. Als Trainer führte Aguirre sein Land 2002 zur WM nach Asien und wechselte im Anschluss als Vereinstrainer zu CA Osasuna nach Spanien.

Geburtsdatum:	1. Dezember 1958
Geburtsland:	Mexiko
Stationen:	Atlante Mexico
WM-Spiele:	5
WM-Tore:	–
Länderspiele:	59
Tore:	13
WM-Teilnahmen:	1986

Goncalves da Silva Ailton

Er war der teuerste Einkauf in der Vereinsgeschichte von Werder Bremen. Für 5,2 Millionen Mark war Ailton Goncalves da Silva von Universidad Nuevo Leon (Mexiko) an die Weser gewechselt. Wegen seines schnellen Antritts und seiner rundlichen Körperform tauften ihn seine Fans den „Kugelblitz". Als Doublegewinner und Torschützenkönig wechselte Ailton 2004 von Werder Bremen zu Schalke 04.

Geburtsdatum:	19. Juli 1973
Geburtsland:	Brasilien
Stationen:	Werder Bremen, FC Schalke 04, Besiktas, HSV, MSV Duisburg
WM-Spiele:	–
WM-Tore:	–
Länderspiele:	–
Tore:	–
WM-Teilnahmen:	–

Robert Sime Aitken

Er war der Kapitän von Celtic Glasgow in den erfolgreichen 80er-Jahren. „Big Roy" agierte großartig als defensiver Mittelfeldspieler und spielte nach seiner Zeit bei Celtic für Newcastle United, Aston Villa und zum Abschluss seiner großen Laufbahn beim FC Aberdeen. Insgesamt absolvierte der Defensivallrounder von 1975 bis 1990 483 Ligaspiele, bei denen er 40-mal ins Schwarze traf. Beim FC Aberdeen verdingte sich der Rotschopf auch als Manager, allerdings war sein Einstieg abseits des Rasens zu Beginn nicht von Erfolg gekrönt. Später arbeitete er dann im Trainerstab von Leeds United sowie als Coach bei Aston Villa. Den Dress der „Tartan Army" trug Roy 57-mal. Gleich zweimal war er mit dafür verantwortlich, dass Schottland mit zu einer WM-Endrunde fuhr. Bei den Weltmeisterschaften 1986 und 1990 musste sich Roy Aitken mit den „Bravehearts" jedoch dem fast schon traditionellen schottischen WM-Schicksal beugen: dem fünften und sechsten Vorrunden-Aus bei der fünften und sechsten WM-Teilnahme. In Mexiko 1986 waren es die Niederlagen gegen Dänemark und Deutschland, die die vorzeitige Heimreise besiegelten. Ein 0:0 im letzten Vorrundenmatch gegen Uruguay reichte nicht zum Einzug in die nächste Runde. 1990 in Italien schöpften Aitken & Co. erneut Hoffnung, als ein Sieg gegen Schweden eingefahren wurde. Doch die Auftaktniederlage gegen Costa Rica war nicht zu verdauen, da im dritten und entscheidenden Gruppenspiel erwartungsgemäß gegen Brasilien verloren wurde.

Geburtsdatum: 24. November 1958
Geburtsland: Schottland
Stationen: Celtic Glasgow, Newcastle United, St. Mirren, FC Aberdeen
WM-Spiele: 6
WM-Tore: –
Länderspiele: 57
Tore: 1
WM-Teilnahmen: 1986, 1990

Mohamed Ali Akid

Hinterher atmete Rolf Rüssmann tief durch, der direkte Gegenspieler von Tunesiens Mittelstürmer Akid. Denn der war erfolglos geblieben – so wie alle 22 Akteure beim 0:0 zwischen Deutschland und Tunesien 1978 in Cordoba. Nach dem 3:1-Erfolg der Afrikaner im Auftaktspiel gegen Mexiko hätten die Tunesier den Titelverteidiger mit einem einzigen Treffer aus dem Wettbewerb werfen können – was für eine Sensation! Akid und seine Kameraden taten es nicht, weil sie nicht trafen. Trotzdem wurde der Stürmer zu einem Volkshelden: In Tunis ist eine Straße nach Mohamed Ali Akid benannt. Obwohl diesem bei keinem der drei WM-Einsätze, die die einzigen für den Afrikaner bleiben sollten, ein Tor gelang.

Geburtsdatum: 5. Juli 1949
Geburtsland: Tunesien
Stationen: CS Sfaxien
WM-Spiele: 3
WM-Tore: –
Länderspiele: 111
Tore: 51
WM-Teilnahmen: 1978

Abdullah Mahammed Al-Buloushi

Sie hatten sich so viel vorgenommen. Das 1:1 bei ihrem WM-Debüt gegen die CSSR weckte Hoffnungen bei den Kuwaitern. Und als Al-Buloushi gegen Frankreich zum 1:3 traf, erhielten die Hoffnungen neue Nahrung. Bei der WM-Partie 1982 in Vallodolid stürmte später noch Scheich Fahd Al-Ahmed aufs Feld, nachdem der Schiedsrichter einen aus Sicht der Kuwaiter irregulären Treffer der Franzosen anerkennen wollte. Kuwait verlor, schied aus und Al-Buloushis Treffer blieb vorläufig der letzte in der kuwaitischen WM-Geschichte.

Geburtsdatum: 16. Februar 1960
Geburtsland: Kuwait
Stationen: Al-Arabi SC Mansouria
WM-Spiele: 3
WM-Tore: 1
Länderspiele: 38
Tore: 14
WM-Teilnahmen: 1982

Faisal Al-Dakhil

Es war ein historisches Tor. Der Stürmer Faisal Al-Dakhil traf aus 25 Metern zum 1:1 für Kuwait gegen die Tschechoslowakei – Kuwaits erstes Tor bei einer Fußball-Weltmeisterschaft. Zuvor hatte Panenka den Europameister von 1976 per Elfmeter mit 1:0 in Führung gebracht. Al-Dakhil war der herausragende Stürmer einer der vielen Überraschungsmannschaften der Weltmeisterschaft 1982 in Spanien. Kuwait beeindruckte das Publikum mit herrlichen Ballpassagen im Spiel gegen die Tschechoslowakei.

Geburtsdatum:	13. August 1957
Geburtsland:	Kuwait
Stationen:	Al Qadisiya SC Kuwait
WM-Spiele:	3
WM-Tore:	1
Länderspiele:	83
Tore:	37
WM-Teilnahmen:	1982

Saomar Abdullah „Sami" Al Jaber

Als erster Spieler Asiens erzielte er bei drei Weltmeisterschaften jeweils ein Tor. Der Stürmer und Mittelfeldspieler verwandelte bei Saudi-Arabiens erstem Sieg bei einer WM 1994 gegen Marokko einen Elfmeter zum 1:0. Vier Jahre später in Bordeaux war es gegen Südkorea erneut ein Strafstoß. 2006 schrieb Al Jaber dann nochmals Geschichte. Gegen Tunesien erzielte er, zwölf Jahre nach seinem ersten WM-Treffer, sechs Minuten vor Schluss die 2:1-Führung.

Geburtsdatum:	11. Dezember 1972
Geburtsland:	Saudi-Arabien
Stationen:	Al-Hilal Riad, Wolverhampton Wanderers
WM-Spiele:	9
WM-Tore:	3
Länderspiele:	163
Tore:	44
WM-Teilnahmen:	1994, 1998, 2002, 2006

Florian „Császár" Albert

Er war Europas Fußballer des Jahres 1967 und mit vier Toren einer der besten Torschützen bei der WM 1962 in Chile. Florian Albert (Ferencvaros Budapest) verhalf den Magyaren zu zwei großen Siegen gegen England (1962) und Brasilien (1966). 1968 zog Albert mit Ferencvaros ins UEFA-Cup-Finale ein und unterlag Leeds United knapp mit 0:1 und 0:0. Den Verein wechselte er nie, bis 1975 trug Albert die Farben von Ferencvaros.

Geburtsdatum:	15. September 1941
Geburtsland:	Ungarn
Stationen:	Ferencvaros Budapest
WM-Spiele:	7
WM-Tore:	4
Länderspiele:	75
Tore:	31
WM-Teilnahmen:	1962, 1966

Demetrio Albertini

Als eines der wenigen Eigengewächse setzte sich der Mittelfeldspieler beim Spitzenclub AC Mailand durch. Demetrio Albertini durchlief alle Jugendmannschaften des AC Mailand, bevor er mit 17 Jahren sein Debüt in der Serie A gab. In der Saison 1990/91 spielte er als Leihgabe in Padova. Mit Mailand wurde er zwischen 1992 und 2000 fünfmal Meister der italienischen Liga. Die Länderspielkarriere begann fast zwangsläufig und erreichte für Albertini schon mit 22 Jahren den ersten Höhepunkt: Die Vizeweltmeisterschaft 1994 gewann er als Stammspieler der Nationalmannschaft. Im Finale gegen Brasilien verwandelte er seinen Elfmeter zum 1:0. Baresi, Massaro und Baggio vergaben. Er spielte für Atlético Madrid, Lazio Rom, Bergamo und den FC Barcelona, bevor er Ende 2005 seine Karriere beendete.

Geburtsdatum:	23. August 1971
Geburtsland:	Italien
Stationen:	AC Mailand, Atlético Madrid, Lazio Rom
WM-Spiele:	11
WM-Tore:	–
Länderspiele:	79
Tore:	2
WM-Teilnahmen:	1994, 1998

Enrico Albertosi

Er erlebte die Schmach des vorzeitigen WM-Aus 1966 in England (0:1 gegen Nordkorea in Middlesbrough). Und er hütete das Tor, als Italien durch ein 4:3 in der Verlängerung gegen Deutschland ins WM-Finale 1970 einzog. Enrico Albertosi (US Cagliari) war der große Rückhalt der Italiener auf dem Weg ins Finale 1970. 1974 verließ er Cagliari Richtung AC Mailand, wo er 1980 seine lange Karriere in der Serie A beendete.

Geburtsdatum:	2. November 1939
Geburtsland:	Italien
Stationen:	AC Florenz, Calcio Cagliari, AC Mailand
WM-Spiele:	9
WM-Tore:	–
Länderspiele:	34
Tore:	–
WM-Teilnahmen:	1962, 1966, 1970, 1974

John William Aldridge

Sein einziges Tor bei einer Weltmeisterschaft war der Treffer zum 1:2-Endstand im zweiten Gruppenspiel gegen Mexiko in der 84. Minute. Was zunächst aussah wie ein Ehrentreffer, wurde zum „Goldenen Tor". Mit gleicher Punktzahl und Tordifferenz beendeten Mexiko, Irland, Italien und Norwegen die Vorrunde in der Gruppe E der Weltmeisterschaft 1994. Norwegen schied mit 1:1 aus, Irland war mit 2:2 weiter. John Aldridge (FC Liverpool) gehörte auch zu der irischen Mannschaft, die 1988 in Stuttgart ein historisches 1:0 gegen England feierte. In der englischen Liste der besten Spieler der Insel steht er mit 329 Ligatoren auf dem achten Platz. Mit seiner Elf wurde er 1988 englischer Meister und 1989 Pokalsieger.

Aldair Nascimento dos Santos

An der Seite von Marcio Santos bildete er das Zentrum einer der besten Viererketten aller Zeiten. Aldair führte Brasilien auf dieser Position zum Gewinn der Weltmeisterschaft 1994. 1998 folgte die Vizeweltmeisterschaft in Frankreich – erneut mit Aldair im Deckungszentrum. Mit seinem Verein AS Rom, dem er von 1990 bis 2002 treu blieb, wurde der Brasilianer 2001 unter Fabio Capello Italienischer Meister. Aldair schaffte in 312 Serie-A-Spielen 14 Tore.

Geburtsdatum:	30. November 1965
Geburtsland:	Brasilien
Stationen:	Flamengo de Janeiro, AS Rom, FC Genua
WM-Spiele:	13
WM-Tore:	–
Länderspiele:	81
Tore:	3
WM-Teilnahmen:	1994, 1998

Geburtsdatum:	18. September 1958
Geburtsland:	England
Stationen:	Newport County, Oxford United, FC Liverpool, Real San Sebastian, Tranmere Rovers
WM-Spiele:	8
WM-Tore:	1
Länderspiele:	69
Tore:	19
WM-Teilnahmen:	1990, 1994

Mohammed Al-Deayea

Das erste seiner bislang zehn WM-Spiele endete tragisch. Washington 1994, Holland gegen Saudi-Arabien, in der 87. Minute steht es 1:1. Der 1,90 Meter große Torwart Mohammed Al-Deayea faustet am Ball vorbei, Gaston Taument trifft zum 2:1 für den Favoriten. Durch Siege über Marokko und Belgien ziehen die Saudis trotzdem sensationell ins Achtelfinale ein. Für Al-Deayea folgten drei weitere WM-Teilnahmen. Ebenfalls in schlechter Erinnerung: das 0:8 gegen Deutschland 2002 in Japan.

Geburtsdatum:	2. August 1972
Geburtsland:	Saudi-Arabien
Stationen:	Al-Tae Hael, Al-Hilal Riad
WM-Spiele:	10
WM-Tore:	–
Länderspiele:	173
Tore:	–
WM-Teilnahmen:	1994, 1998, 2002, 2006

ALE – ALK   A

Sergej Aleinikov

Er schoss das damals schnellste Tor in der Geschichte der EM. Beim 3:1-Erfolg im letzten Vorrundenspiel 1988 in Frankfurt gegen England traf Aleinikov nach 2:06 Min. zum 1:0 und wurde später Vizeeuropameister. 1986 stand er in dem WM-Kader, der die Ungarn mit 6:0 besiegte und in der Verlängerung des Achtelfinale mit 3:4 an Belgien scheiterte. Aleinikovs Rekordtor wurde 2004 von Kischenko übertroffen. Er traf nach 1:08 Min. zum 1:0 gegen Griechenland.

Geburtsdatum:	7. November 1961
Geburtsland:	Sowjetunion
Stationen:	Burewestnik Minsk, Juventus Turin, US Lecce
WM-Spiele:	7
WM-Tore:	1
Länderspiele:	81
Tore:	6
WM-Teilnahmen:	1986, 1990

Dimitri Alenichev

Russlands Nationaltrainer Romanzev setzte auf die Falschen: Den erfolgreichsten russischen Vereinsspieler des 21. Jahrhunderts ließ er bei der Weltmeisterschaft 2002 in Japan weniger als drei Halbzeiten ran. Und musste nach zwei Niederlagen gegen Japan und Belgien vorzeitig die Koffer packen. Mit seinem Verein FC Porto gewann Dimitri Alenichev 2003 den UEFA-Pokal und 2004 sensationell die Champions League. In beiden Endspielen erzielte der Russe je ein Tor.

Geburtsdatum:	20. Oktober 1972
Geburtsland:	Sowjetunion
Stationen:	FC Porto
WM-Spiele:	2
WM-Tore:	–
Länderspiele:	55
Tore:	6
WM-Teilnahmen:	2002

Rafael Alkorta Martinez

Die spanische Abwehr war noch nie als zimperlich verschrien. Und so verwunderte es nicht, dass sich Klinsmann, Möller und Völler im deutschen Sturm schwer taten, bevor sie in Chicago 1994 zum 1:1 gegen Spanien kamen. Mit dem Manndecker-Duo Abelardo und Alkorta und Libero Nadal zogen die Iberer 1994 ins WM-Viertelfinale ein, wo sie an Italien scheiterten. Alkorta konnte mit der spanischen Nationalmannschaft nie an die Erfolge mit Real Madrid anknüpfen.

Geburtsdatum:	16. September 1968
Geburtsland:	Spanien
Stationen :	Athletic Bilbao, Real Madrid
WM-Spiele:	8
WM-Tore:	–
Länderspiele:	54
Tore:	–
WM-Teilnahmen:	1990, 1994, 1998

Ricardo Rogerio Alemao de Brito

Sein einziger Treffer in neun WM-Spielen war ein Elfmeter. Im denkwürdigen Viertelfinale von Guadalajara 1986 gegen Frankreich (4:5 nach Elfmeterschießen) verwandelte er zum 1:1. Zuvor hatte Bats gegen Socrates pariert. Aufgrund eines zweiten Fehlschusses von Julio Cesar schied die Seleção aus. Alemao wechselte 1987 von Botafogo Rio de Janeiro zu Atlético Madrid und ein Jahr später zum SSC Neapel. Den WM-Titel 1994 aber feierte Brasilien ohne ihn.

Geburtsdatum:	22. November 1961
Geburtsland:	Brasilien
Stationen:	Botafogo Rio de Janeiro, Atlético Madrid, SSC Neapel
WM-Spiele:	9
WM-Tore:	–
Länderspiele:	36
Tore:	6
WM-Teilnahmen:	1986, 1990

ALL – ALL

Marcus Allbäck

Er ist der ideale Joker. Marcus Allbäck hat die Fähigkeit, gerade in den letzten Minuten eines Spiels ein Tor zu erzielen. Auch bei der WM 2006 kam er fast nur als Einwechselspieler zum Zuge. Von seinen vier Partien bestritt er nur das dritte Gruppenspiel gegen England (2:2) von Anfang an. Und siehe da: Nach 51 Minuten erzielte er das zwischenzeitliche 1:1. Die Endrunde in Deutschland war nach der WM 2002 sowie der EM 2004 das dritte große Turnier für den Stürmer.

Geburtsdatum:	5. Juli 1973
Geburtsland:	Schweden
Stationen:	Örgryte Göteborg, SC Heerenveen, FC Kopenhagen, Aston Villa, Hansa Rostock
WM-Spiele:	8
WM-Tore:	1
Länderspiele:	66
Tore:	29
WM-Teilnahmen:	2002, 2006

Ivor Allchurch

Er schoss eines der ersten Tore für Wales in der Geschichte der Fußballweltmeisterschaften. 1958 in Schweden traf Ivor Allchurch (Swansea City) im zweiten Gruppenspiel gegen Mexiko in der 32. Minute zum 1:0. Wales beendete die Vorrunde punktgleich mit Ungarn und traf im Entscheidungsspiel auf die Magyaren. Allchurch traf zum 1:1-Ausgleich (55. Min.), kurz darauf Medwin zum Siegtor. Wales schied im Viertelfinale gegen den späteren Weltmeister Brasilien unglücklich mit 0:1 aus.

Geburtsdatum:	16. Oktober 1929
	† 10. Juli 1997
Geburtsland:	Wales
Stationen:	Swansea City
WM-Spiele:	5
WM-Tore:	2
Länderspiele:	68
Tore:	23
WM-Teilnahmen:	1958

Karl Allgöwer

„Knallgöwer", wie der gebürtige Schwabe aufgrund seiner Schusskraft tituliert wurde, war über ein Jahrzehnt einer der Leistungsträger beim VfB Stuttgart. Ursprünglich torgefährlicher Stürmer, agierte er später im Mittelfeld, um zum Schluss als Libero das Schwabenspiel zu lenken. Mit Stuttgart wurde er 1984 Deutscher Meister und verlor 1989 das UEFA-Cup-Finale gegen den SSC Neapel. Nach nur sechs Länderspielen gab er 1982 vor der Weltmeisterschaft seinen Rücktritt bekannt, ließ sich später jedoch von Franz Beckenbauer umstimmen und gehörte dem 86er-WM-Kader an, allerdings nur als Reservist.

Geburtsdatum:	5. Januar 1957
Geburtsland:	Deutschland
Stationen:	VfB Stuttgart
WM-Spiele:	–
WM-Tore:	–
Länderspiele:	10
Tore:	–
WM-Teilnahmen:	1986

Klaus Allofs

Im Herbst seiner Karriere gelang dem Stürmer nochmal der ganz große Wurf. Mittlerweile hinter den Spitzen postiert, führte er glänzend Regie beim sensationellen Erfolg der Bremer im Pokal der Pokalsieger 1992. Ein Tor und eine Torvorlage standen beim 2:0 gegen AS Monaco auf der Habenseite: Er war der Matchwinner! Auch zu Beginn der Karriere stand er in diesem europäischen Wettbewerb im Finale. 1979 verlor er mit seiner Düsseldorfer Fortuna das Endspiel knapp mit 3:4 gegen den FC Barcelona. Allofs wechselte 1981 für 2,25 Millionen Mark Ablöse von Düsseldorf, wo er seine Bundesligakarriere begann, nach Köln und war bis dahin die teuerste deutsche Neuverpflichtung eines Bundesligavereins. 1987 erlag der Stürmer den Verlockungen Olympique Marseilles, war bereits im zweiten Jahr einer der Superstars und gewann Meisterschaft und Pokal. Nach dem Gastspiel bei Girondins Bordeaux ging er 1990 zu Werder Bremen. Er war Europameister 1980 und Vizeweltmeister 1986. Seit 1999 führt er als Sportdirektor überaus erfolgreich die Geschicke des SV Werder.

Geburtsdatum:	5. Dezember 1956
Geburtsland:	Deutschland
Stationen:	Fortuna Düsseldorf, 1. FC Köln, Olympique Marseille, Werder Bremen
WM-Spiele:	7
WM-Tore:	2
Länderspiele:	56
Tore:	17
WM-Teilnahmen:	1986

Özalan Alpay

Er war einer der überragendsten Abwehrspieler bei der WM 2002. Im ersten Gruppenspiel gegen Brasilien sah er eine umstrittene Rote Karte, kehrte auf dem Weg zum Gewinn des 3. Platzes jedoch ins Erfolgsteam der Türken zurück. Özalan Alpay war im Sommer 2000 von Fenerbahçe zu Aston Villa gewechselt. Die Engländer mobbten ihn jedoch weg. Grund: In einem Länderspiel hatte er Fußball-Idol David Beckham am Ohrläppchen gezupft. Alpay verließ die Insel, spielte in Korea und Japan, bevor er 2005 beim 1. FC Köln unterschrieb.

Geburtsdatum:	29. Mai 1973
Geburtsland:	Türkei
Stationen:	Fenerbahçe, Aston Villa, FC Incheon, Urawa Red Diamonds, 1. FC Köln
WM-Spiele:	5
WM-Tore:	–
Länderspiele:	90
Tore:	4
WM-Teilnahmen:	2002

José Joao Altafini „Mazzola"

Im Sommer 1958, mit 20 Jahren, wechselte José Joao Altafini von Palmeiras zum AC Mailand. Er war gerade mit Brasilien Weltmeister geworden, hatte gegen Österreich zwei Tore zum 3:0-Erfolg geschossen. Mit Milan (1959 und 62) und Juve (1973 und 75) wurde er viermal Italienischer Meister. Im EC-Endspiel der Landesmeister 1963 erzielte er beide Tore für Milan beim 2:1-Sieg gegen Benfica Lissabon. Altafini nahm 1961 die italienische Staatsbürgerschaft an.

Geburtsdatum:	24. Juli 1938
Geburtsland:	Brasilien
Stationen:	Palmeiras, AC Mailand, FC Chiasso
WM-Spiele:	5
WM-Tore:	2
Länderspiele:	14
Tore:	9
WM-Teilnahmen:	1958, 1962

Alessandro „Spillo" Altobelli

Der Mittelstürmer Alessandro Altobelli spielte seine erfolgreichste Weltmeisterschaft 1986 in Mexiko. In den drei Vorrundenspielen gegen Bulgarien, Argentinien und Südkorea erzielte er vier der fünf Treffer des Titelverteidigers, der im Achtelfinale durch ein 0:2 gegen Europameister Frankreich ausschied. Beim Titelgewinn 1982 wurde der erfolgreichste Inter-Stürmer der 80er-Jahre (209 Tore in 466 Spielen) dreimal eingewechselt. Im Finale gegen Deutschland (3:1) erzielte Altobelli das 3:0.

Geburtsdatum:	28. November 1955
Geburtsland:	Italien
Stationen:	AC Brescia, Inter Mailand, Juventus Turin
WM-Spiele:	7
WM-Tore:	5
Länderspiele:	60
Tore:	25
WM-Teilnahmen:	1982, 1986

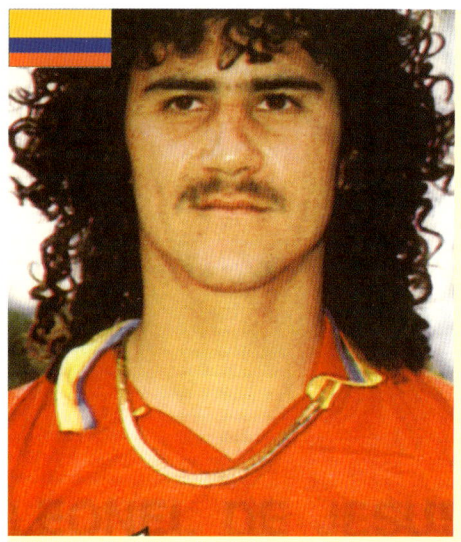

Leonel Alvarez

Bei den Weltmeisterschaften 1990 und 1994 stand Leonel Alvarez in allen sieben Spielen in der kolumbianischen Startelf. In den sieben Spielen sah das Raubein drei Gelbe Karten (davon eine beim 1:1 gegen Deutschland 1990). Alvarez konnte nicht verhindern, dass Kolumbien nach jeweils nur einem Sieg (gegen die Vereinigten Arabischen Emirate und die Schweiz) frühzeitig aus beiden Turnieren ausschied. Er spielte später in den USA, Mexiko und Spanien.

Geburtsdatum:	30. Juli 1965
Geburtsland:	Kolumbien
Stationen:	America Cali
WM-Spiele:	7
WM-Tore:	–
Länderspiele:	101
Tore:	1
WM-Teilnahmen:	1990, 1994

Florencio Amarilla

Mit zwei Toren in drei Weltmeisterschaftsspielen zählt er noch immer zu den Top-Torschützen in der Weltmeisterschaftsgeschichte Paraguays (sechs Teilnahmen). Florencio Amarilla traf für die Lateinamerikaner zum 1:0- und 2:2-Halbzeitstand 1958 gegen Frankreich. Die zweite Halbzeit wurde zu einem Desaster und endete mit einem 7:3 für Frankreich. Nach einem 3:2-Sieg gegen Schottland und einem 3:3-Unentschieden gegen Jugoslawien schied Paraguay in der Vorrunde in Schweden aus.

Geburtsdatum:	3. Januar 1935
Geburtsland:	Paraguay
Stationen:	Nacional Asuncion
WM-Spiele:	3
WM-Tore:	2
Länderspiele:	78
Tore:	36
WM-Teilnahmen:	1958

Fuad Anwar Amin (stehend, rechts)

Er führte die Saudis zum größten Erfolg der Weltmeisterschaftsgeschichte. Mit seinem 2:1-Siegtor gegen Marokko 1994 in New York ebnete Mittelfeldspieler Fuad Anwar Amin seinem Land den Weg ins Achtelfinale. Im Auftaktspiel gegen Holland (1:2) hatte Amin das 1:0 erzielt. Mit seinen zwei Toren ist er noch heute Rekordtorschütze für Saudiarabien. Bei den Weltmeisterschaften 1998 und 2002 (ohne Amin) schieden die Saudis sang- und klanglos aus.

Geburtsdatum:	13. Oktober 1970
Geburtsland:	Saudi-Arabien
Stationen:	Al-Shabab Riad
WM-Spiele:	6
WM-Tore:	2
Länderspiele:	112
Tore:	44
WM-Teilnahmen:	1994, 1998

Amaro Tavares da Silva Amarildo

Er war eigentlich nur der Ersatz des großen Pelé. Und wurde trotzdem einer der Superstars in der Sturmreihe des alten und neuen Weltmeisters Brasilien bei der WM 1962. Im entscheidenden Vorrundenspiel gegen Spanien machte Amarildo (Botafogo Rio de Janeiro) mit seinen beiden Toren aus dem 0:1-Rückstand einen 2:1-Sieg und hielt sein Land im Wettbewerb. Im Finale gegen die Tschechoslowakei (3:1) erzielte er erneut das 1:1. Amarildo wechselte 1963 nach Italien zum AC Mailand. 1969 wurde er mit dem AC Florenz Italienischer Meister.

Geburtsdatum:	29. Juli 1940
Geburtsland:	Brasilien
Stationen :	Flamengo de Janeiro, Botafogo Rio de Janeiro, AC Mailand, AC Florenz, AS Rom
WM-Spiele:	4
WM-Tore:	3
Länderspiele:	22
Tore:	6
WM-Teilnahmen:	1962

Emmanuel Amunike

Beinahe hätte der MSV Duisburg 1994 einen Weltstar ins Zebra-Trikot gesteckt: Ein gewisser Emmanuel Amunike von Zamalek Kairo hatte vor der WM in Duisburg einen Vertrag unterschrieben. Als er in den USA in vier Spielen zwei Tore schoss (u.a. das 1:0 im Achtelfinale gegen Italien), wollte Amunike von seinem Vertrag nichts mehr wissen. Im selben Jahr wurde er auch noch Afrikas Fußballer des Jahres. Nach langem Vertragshickhack wechselte er zunächst zu Sporting Lissabon und 1997 weiter zum FC Barcelona, wo er jedoch die Erwartungen nie erfüllen konnte. Seinen größten Erfolg landete der Stürmer 1996 im Finale des olympischen Fußballturniers in Atlanta/USA: Eine missglückte Abseitsfalle der Argentinier nutzte der Nigerianer zum 3:2-Siegtreffer und machte somit erstmals in der Geschichte des Fußballs eine afrikanische Nation zum Olympiasieger.

Geburtsdatum:	25. Dezember 1970
Geburtsland:	Nigeria
Stationen:	Al-Zamalek SC Kairo, Sporting Lissabon, FC Barcelona
WM-Spiele:	4
WM-Tore:	2
Länderspiele:	25
Tore:	8
WM-Teilnahmen:	1994

Daniel Owefin Amokachi

Bei Nigerias erster Weltmeisterschaftsteilnahme gelang gleich 1994 der große Wurf. Nach Siegen über Bulgarien (3:0) und Griechenland (2:0) zogen die Afrikaner ins Achtelfinale ein, wo sie in der Verlängerung gegen Italien durch einen Elfmeter ausschieden. Amokachi erzielte bei beiden Siegen den Treffer zum 2:0. Der Mittelfeldspieler wurde nach der Weltmeisterschaft zu einem Weltenbummler, verdiente beim FC Brügge, FC Everton, Stade Rennes, Besiktas Istanbul, Fenerbahçe Istanbul und Colorado Rapids sein Geld.

Geburtsdatum:	30. Dezember 1972
Geburtsland:	Nigeria
Stationen:	FC Brügge, Besiktas Istanbul, Colorado Rapids
WM-Spiele:	5
WM-Tore:	2
Länderspiele:	43
Tore:	14
WM-Teilnahmen:	1994, 1998

AMO – AND

Manuel „Manu" Amoros (rechts)

Er war Europameister 1984 und gewann 1993 mit Olympique Marseille den Europapokal der Landesmeister. Der Rechtsverteidiger scheiterte mit den Franzosen jedoch in den WM-Halbfinals 1982 und 1986 gegen Deutschland. Amoros erzielte bei seinen zwölf WM-Spielen zwei Elfmetertore: Er schoss den zweiten französischen Strafstoß im Elfmeterschießen gegen Brasilien 1986 und traf zum 4:2-Endstand in der Verlängerung des Spiels um Platz 3 gegen Belgien.

Geburtsdatum:	1. Februar 1962
Geburtsland:	Frankreich
Stationen:	AS Monaco, Olympique Marseille, Olympique Lyon
WM-Spiele:	12
WM-Tore:	1
Länderspiele:	82
Tore:	1
WM-Teilnahmen:	1982, 1986

Nikos Anastopoulos

In seinen sechs Jahren bei Olympiakos Piräus (1981 bis 1987) wurde er dreimal Griechischer Meister und viermal Torschützenkönig. Vor seinem Wechsel in die Hafenstadt gewann Nikos Anastopoulos mit seinem Heimatverein Panionios Athen 1979 den griechischen Pokal, den größten Erfolg der Vereinsgeschichte. Ein Jahr später, bei der EM in Italien, schoss der Stürmer beim 1:3 gegen die Tschechoslowakei das 1:1-Ausgleichstor. Als Trainer brachte Anastopoulos mit dem AO Kerkyra 2004 erstmals den Erstliga-Fußball auf die Urlauberinsel Korfu, stieg aber gleich im ersten Jahr wieder ab.

Geburtsdatum:	22. Januar 1958
Geburtsland:	Griechenland
Stationen:	Panionios Athen, Olympiakos Piräus, US Avellino
WM-Spiele:	–
WM-Tore:	–
Länderspiele:	73
Tore:	29
WM-Teilnahmen:	–

Carlo Ancelotti

Als Spieler und als Trainer gewann er mit dem AC Mailand die Champions League. Carlo Ancelotti stand an der Seite von Maldini, Gullit und van Basten im Milan-Team, das 1989 und 90 den damaligen Europacup der Landesmeister gewann. 2003 wiederholte er den Triumph als Coach im Endspiel gegen Juventus. Mit dem AS Rom (1983) und dem AC Mailand (1988 und 92) war Ancelotti in seiner aktiven Zeit dreimal Italienischer Meister. Er nahm für Italien an der EM (1988) und an den WMs (1986, 90) teil.

Geburtsdatum:	10. Juni 1959
Geburtsland:	Italien
Stationen:	AC Parma, AS Rom, AC Mailand
WM-Spiele:	3
WM-Tore:	–
Länderspiele:	26
Tore:	1
WM-Teilnahmen:	1986, 1990

Kennet Andersson

Zwei Tore im Achtelfinale gegen Saudiarabien, je ein Tor gegen Brasilien (1:1), Rumänien (2:2) und Bulgarien (4:0), dazu der verwandelte Strafstoß im Elfmeterschießen des Viertelfinals gegen Rumänien – Kennet Andersson war mit fünf Toren Schwedens erfolgreichster Torschütze beim Sturm auf Platz 3 bei der WM 1994. Im Vereinsfußball vagabundierte Andersson durch etliche internationale Ligen. Nach der WM wechselte er von Lille nach Caen, danach über Bari, Bologna und Lazio zu Fenerbahçe Istanbul in die Türkei.

Geburtsdatum:	6. Oktober 1967
Geburtsland:	Schweden
Stationen:	IFK Eskilstuna, IFK Göteborg, OSC Lille, AS Bari, FC Bologna, Fenerbahçe
WM-Spiele:	7
WM-Tore:	5
Länderspiele:	83
Tore:	31
WM-Teilnahmen:	1994

Patrick Andersson

Sein berühmtestes Tor erzielte er 2001 im Trikot des FC Bayern München. Am letzten Bundesliga-Spieltag traf er in der Nachspielzeit zum 1:1 beim Hamburger SV. Wieder gewann der deutsche Rekordmeister den Titel – und nicht Herausforderer Schalke 04. Andersson verabschiedete sich mit diesem Tor von München nach Barcelona. 1994 (Platz 3) und 2002 nahm er an zwei Weltmeisterschaften teil. Er galt zentral in der Vierer-Abwehrkette als einer der weltbesten Spieler.

Geburtsdatum:	18. August 1971
Geburtsland:	Schweden
Stationen:	Malmö FF, FC Bayern München, FC Barcelona
WM-Spiele:	7
WM-Tore:	–
Länderspiele:	96
Tore:	3
WM-Teilnahmen:	1994, 2002

Sune „Mona Lisa" Andersson

Er war Schwedens linker Läufer bei der WM 1950 und erzielte im Auftaktspiel gegen Italien (3:2) das Tor zum 2:1-Halbzeitstand. Sune Andersson vom AIK Solna schoss das Drei-Kronen-Team damit auf den Weg in die Endrunde, wo die Schweden mit 1:7 gegen Gastgeber Brasilien unterlagen. Bei den Italienern hatte er so viel Eindruck hinterlassen, dass er ein Angebot vom AS Rom bekam und bis 1952 am Tiber spielte.

Geburtsdatum:	22. Februar 1921
	† 29. April 2002
Geburtsland:	Schweden
Stationen:	AIK Solna
WM-Spiele:	5
WM-Tore:	2
Länderspiele:	28
Tore:	3
WM-Teilnahmen:	1950

Victor „Pablo" Rodriguez Andrade

Der Neffe José Leandro Andrades war die „schwarze Perle" in Uruguays Weltmeister-Elf von 1950. Victor Andrade war in allen vier Spielen auf dem Weg zum Titel dabei. Ein Tor erzielte der Mittelfeldmann von Central Español jedoch nie bei einer Weltmeisterschaft. Bei der WM 1954 schied Uruguay im Halbfinale mit 2:4 in der Verlängerung gegen Ungarn aus. Auch in der Schweiz bestritt Andrade alle fünf Spiele für sein Land, das am Ende Platz 4 belegte.

Geburtsdatum:	14. Februar 1927
	† 19. Mai 1985
Geburtsland:	Uruguay
Stationen:	Central Español
WM-Spiele:	9
WM-Tore:	–
Länderspiele:	42
Tore:	–
WM-Teilnahmen:	1950, 1954

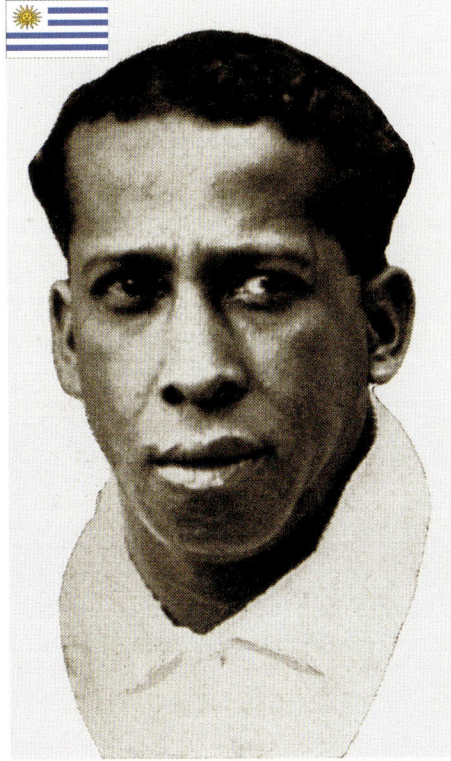

José „La Maravilla Negra" Leandro Andrade

Andrade war überragender Regisseur bei der Weltmeisterschaft 1930. Nach den beiden Olympiasiegen 1924 und 1928 krönte der rechte Außenläufer mit dem ersten WM-Titel für Uruguay 1930 seine Laufbahn. Der 1,84 Meter große farbige Rechtsfuß führte die Uruguayer bei der WM im eigenen Land zum 6:1-Halbfinal-Sieg gegen Jugoslawien und zum 4:2-Erfolg im Endspiel gegen Argentinien. Sein Neffe Victor Andrade wurde 1950 mit Uruguay ebenfalls Weltmeister.

Geburtsdatum:	20. November 1901
	† 5. Oktober 1957
Geburtsland:	Uruguay
Stationen:	Nacional Montevideo
WM-Spiele:	4
WM-Tore:	–
Länderspiele:	33
Tore:	1
WM-Teilnahmen:	1930

AND – ANT

Michele Andreolo (unten Mitte)

Er war einer der Läufer in Italiens Weltmeister-Mannschaft von 1938. Michele Andreolo absolvierte auf dem Weg zur Titelverteidigung in Frankreich alle vier Spiele. Er war der einzige „Oriundi" (ausländischer Spieler italienischer Abstammung) im Team und erst 1936 aus Uruguay eingebürgert worden. Mit dem AGC Bologna feierte der schnelle und äußerst zuverlässige Mittelfeldspieler 1936 und 1937 den Gewinn des Scudetto, der italienischen Meisterschaft. In seinen 26 Länderspielen für die „Squadra Azzurra" schoss Andreolo nur einen Treffer. Sein letztes Länderspiel absolvierte er am 19. April 1942. Gegner in Mailand war die Auswahl Spaniens. Italien gewann souverän mit 4:0.

Geburtsdatum:	6. September 1912
	† 15. Mai 1981
Geburtsland:	Uruguay
Stationen:	FC Bologna
WM-Spiele:	4
WM-Tore:	–
Länderspiele:	26
Tore:	1
WM-Teilnahmen:	1938

Nicolas Anelka

Er wurde 1979 in Versailles geboren. Und wechselte schon mit 17 zu Arsenal London in die englische Premier League. Nicolas Anelka gilt gleichermaßen als Ausnahmekönner und Enfant terrible. Die WM 2002 fand wegen Eskapaden außerhalb des Platzes ohne ihn statt. Manchester City hatte ihn 2002 für zwölf Millionen Pfund verpflichtet und verkaufte ihn weiter an Fenerbahçe Istanbul, nachdem er unentschuldigt bei einem Fitnesstest gefehlt hatte. In der Türkei soll Anelka mit drei Millionen Euro Jahresgehalt der Spitzenverdiener sein. Unter Trainer Christoph Daum wurde er mit Fenerbahçe auf Anhieb Türkischer Meister. Nach der WM 2006 spielte Anelka, mit der „Equipe Tricolore" bereits im Jahr 2000 Europameister, auch wieder eine Rolle im Nationalteam.

Geburtsdatum:	14. März 1979
Geburtsland:	Frankreich
Stationen:	Arsenal London, Real Madrid, Liverpool, Manchester City, Fenerbahçe
WM-Spiele:	–
WM-Tore:	–
Länderspiele:	41
Tore:	10
WM-Teilnahmen:	–

Charles „Kiki" Antenen (links)

Das einzige Tor in seinen acht WM-Spielen erzielte Charles Antenen, 1,74 Meter großer Stürmer des FC La-Chaux-de-Fonds, beim 2:1-Erfolg über Mexiko 1950 in Brasilien. Die Schweizer waren nach dem 0:3 gegen Jugoslawien und dem sensationellen 2:2 gegen Brasilien zwar schon ausgeschieden, feierten den Sieg aber dennoch über Gebühr. Antenen scheiterte mit den Eidgenossen bei der WM im eigenen Land im Viertelfinale an Österreich (5:7) sowie 1962 in Chile in der Vorrunde.

Geburtsdatum:	3. November 1929
Geburtsland:	Schweiz
Stationen:	FC La Chaux-de-Fonds
WM-Spiele:	8
WM-Tore:	1
Länderspiele:	54
Tore:	22
WM-Teilnahmen:	1950, 1954, 1962

ANT – ARC A

Giancarlo Antognoni

Das Spiel aller Spiele in einer Fußballer-Laufbahn verpasste der Mittelfeldspieler. Spielmacher Giancarlo Antognoni hatte sich beim 2:0-Erfolg im Halbfinale gegen Polen verletzt und musste beim WM-Endspiel 1982 gegen Deutschland zuschauen. Zuvor hatte er blendend Regie geführt, als die Italiener nach den Siegen über Argentinien (2:1) und Titelfavorit Brasilien (3:2) ins Halbfinale eingezogen waren. Antognoni bestritt 1978 (Platz 4) und 82 elf WM-Spiele für die Squadra Azzurra. In 341 Erstliga-Einsätzen erzielte er für den AC Florenz 61 Tore.

Geburtsdatum:	1. April 1954
Geburtsland:	Italien
Stationen:	AC Florenz, Lausanne Sports
WM-Spiele:	11
WM-Tore:	–
Länderspiele:	72
Tore:	7
WM-Teilnahmen:	1978, 1982

Stephen Appiah

Mit seinem Elfmeter zum 2:1 gegen die USA schoss er Ghana 2006 bei der ersten WM-Endrundenteilnahme ins Achtelfinale. Der Kapitän der Black Stars ist überall auf dem Platz zu finden und verfügt über eine beeindruckende taktische Disziplin. Bereits mit 16 Jahren debütierte er in der A-Nationalelf. Zuvor hatte er 1995 die U 17-Weltmeisterschaft gewonnen. Zwei Jahre später begann bei Udinese seine Zeit als Italien-Legionär. Mit Juve holte Appiah 2005 den Scudetto und wechselte zu Fenerbahce.

Geburtsdatum:	24. Dezember 1980
Geburtsland:	Ghana
Stationen:	Udinese, Parma, Juve, Brescia, Fenerbahce
WM-Spiele:	4
WM-Tore:	1
Länderspiele:	46
Tore:	12
WM-Teilnahmen:	2006

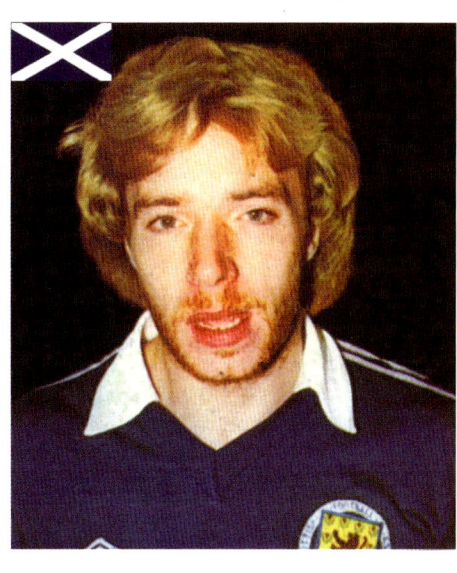

Stephen „Steve" Archibald

Er war einer der größten Spieler im schottischen Fußball, wechselte 1984 von den Tottenham Hotspur zum FC Barcelona. In der Nationalmannschaft blieb Steve Archibald trotzdem eine Randerscheinung. Bei seinen zwei Weltmeisterschaftsteilnahmen kam der Angriffsspieler nur zu vier (von sechs) Spielen. Sein einziges Tor erzielte er nach seiner Einwechslung zum 5:2-Endstand gegen Neuseeland 1982 in Spanien. Das Spiel gegen Deutschland (1:2) war sein einziger Einsatz 1986 in Mexiko. Schottland schied mit einem Punkt aus.

Geburtsdatum:	27. September 1956
Geburtsland:	Schottland
Stationen:	Tottenham Hotspur, FC Barcelona
WM-Spiele:	4
WM-Tore:	1
Länderspiele:	27
Tore:	4
WM-Teilnahmen:	1982, 1986

Luis „Lord" Miguel Echarris Arconada

Er war mit seinem Heimatverein Real Sociedad San Sebastian 1981 und 1982 Spanischer Meister. Und galt nach den Europa- und Weltmeisterschaften 1980 und 1982 als unumstrittene Nummer eins im Tor der spanischen Nationalmannschaft. Doch dann kamen das Finale der Europameisterschaft 1984 gegen Frankreich und ein Fehler, den sich Luis Miguel Arconada vermutlich auch selbst niemals verzeihen wird. Er ließ einen harmlosen Freistoß von Michel Platini zum 0:1 durch die Arme gleiten und brachte Spanien damit auf die Verliererstraße. Schon bei der Weltmeisterschaft 1986 stand mit Zubizarreta ein anderer Keeper zwischen den Pfosten. Für seinen Verein Real San Sebastian hütete Arconada 551-mal das Tor.

Geburtsdatum:	26. Juni 1954
Geburtsland:	Spanien
Stationen:	Real San Sebastian
WM-Spiele:	5
WM-Tore:	–
Länderspiele:	68
Tore:	–
WM-Teilnahmen:	1978, 1982

ARD – ART

Osvaldo „Python" César Ardiles (Mitte)

Bei der WM 1982 in Spanien trug er die Nummer 1. Nein, Ardiles war nicht etwa der Torwart. Die Argentinier hatten ihr Team alphabetisch durchnumeriert. Ardiles war im Mittelfeld der „Gauchos" unverzichtbar. Bei den Weltturnieren 1978 und 82 kam er zu elf Einsätzen. Als frisch gekürter Weltmeister wechselte er 1978 aus Buenos Aires zu den Tottenham Hotspur nach London. 1984 holte er mit der Mannschaft den UEFA-Pokal an die White Hart Lane. Als Trainer arbeitete Ardiles später für Mannschaften aus aller Welt.

Geburtsdatum:	3. August 1952
Geburtsland:	Argentinien
Stationen:	Instituto Cordoba, Tottenham Hotspur
WM-Spiele:	11
WM-Tore:	1
Länderspiele:	42
Tore:	12
WM-Teilnahmen:	1978, 1982

Gerald Joseph Armstrong

Mit seinem 1:0-Siegtor gegen Spanien wurde der Angriffsspieler Gerard Armstrong ins seiner Heimat zum Volkshelden. Die Nordiren hatten in den Gruppenspielen zuvor gegen Honduras und Jugoslawien nur zwei Remis erreicht, sodass ein Weiterkommen gegen den hoch favorisierten Weltmeisterschaftsgastgeber von 1982 höchst unwahrscheinlich war. In der Zwischenrunde schoss Armstrong ein weiteres Tor – zum 1:3 gegen Frankreich (Endstand: 1:4).

Geburtsdatum:	23. Mai 1954
Geburtsland:	Nordirland
Stationen:	Chesterfield FC
WM-Spiele:	6
WM-Tore:	3
Länderspiele:	63
Tore:	12
WM-Teilnahmen:	1982, 1986

Frank Arnesen (stehend, 2. von links)

Im Team mit Preben Elkjaer-Larsen und Morten Olsen zündete er bei der EM 1984 in Frankreich erstmals das berühmt-berüchtigte „Danish Dynamite". Frank Arnesen erzielte beim fulminanten 5:0-Erfolg in der Vorrunde gegen Jugoslawien die Tore zum 1:0 und 3:0. Gegen Belgien im entscheidenden Gruppenspiel blies er mit seinem Elfmeter zum 1:2 zur Aufholjagd (Endstand: 3:2). Dänemark zog ins Halbfinale ein. Pech dann bei der WM 1986: Beim 2:0-Erfolg gegen Deutschland sah Arnesen in der 88. Minute die Rote Karte wegen wiederholten Foulspiels.

Geburtsdatum:	30. September 1956
Geburtsland:	Dänemark
Stationen:	PSV Eindhoven
WM-Spiele:	3
WM-Tore:	–
Länderspiele:	52
Tore:	14
WM-Teilnahmen:	1986

Luis „Artillero" Artime

Er war Argentiniens wertvollster Spieler bei der Weltmeisterschaft 1966 und beeindruckte durch seinen schnellen Antritt, elegante Dribblings und präzise Schüsse aus vollem Lauf. Im ersten Vorrundenspiel gegen Spanien schoss er beide Tore zum 2:1-Sieg. Gegen die Schweiz besorgte Artime das 1:0 (Endstand: 2:0). Durch ein 0:1 gegen den späteren Weltmeister England schied Argentinien schließlich im Viertelfinale aus. 1967 wurde der Mittelstürmer mit seiner Mannschaft Zweiter im Südamerikacup. 1971 schoss er mit drei Toren Nacional Montevideo in den beiden Endspielen gegen Panathinaikos Athen (1:1, 2:1) zum Weltpokalsieg. Zwischen 1959 und 1973 wurde er mit 236 Toren siebenmal Torschützenkönig in 302 Erstliga-Begegnungen. 1974 beendete Artime seine Karriere in seiner Heimat bei Rosario.

Geburtsdatum:	12. Dezember 1938
Geburtsland:	Argentinien
Stationen:	Atlanta Buenos Aires, River Plate Buenos Aires, Independiente Avellaneda, Palmeiras São Paulo, Fluminense Rio de Janeiro, Nacional Montevideo
WM-Spiele:	4
WM-Tore:	3
Länderspiele:	25
Tore:	24
WM-Teilnahmen:	1966

Georgi „Gundi" Asparuchov

Mit 19 Jahren gab er 1962 in Chile sein WM-Debüt. Bulgarien verlor gegen Ungarn mit 1:6. Zum Stammspieler schaffte es der Mittelfeldspieler von Levski Sofia in den WM-Turnieren 1966 und 1970 (insgesamt sieben WM-Einsätze, darin ein Tor). Die Erfolge der Bulgaren hielten sich jedoch arg in Grenzen. Asparuchovs 1:0-Führungstor gegen Ungarn (Endstand 1:3) war der einzige Treffer der Bulgaren in England 1966. Vier Jahre später in Mexiko folgte gegen Marokko beim 1:1 zumindest der erste Punktgewinn. Asparuchov verstarb in der Blütezeit seiner Fußballkarriere mit nur 28 Jahren an den Folgen eines Autounfalls.

Geburtsdatum:	4. Mai 1943
	† 30. Juni 1971
Geburtsland:	Bulgarien
Stationen:	Levski Spartak
WM-Spiele:	7
WM-Tore:	1
Länderspiele:	50
Tore:	19
WM-Teilnahmen:	1962, 1966, 1970

Faustino „Pula" Hérnan Hinestroza Asprilla

Er ist der „Mister Europa-Cup" in der Schinkenstadt Parma. Bereits mit 22 Jahren war er in seiner Heimat Kolumbien Fußballer des Jahres mit 23 Toren in 61 Spielen. Faustino Asprilla wechselte 1992 von Nacional Medellin und 1998 von Newcastle United zum AC Parma. Und gewann jeweils in seiner ersten Saison einen internationalen Titel: 1993 den Pokal der Pokalsieger, 1999 den UEFA-Cup. Ein dritter Triumph gelang Asprilla mit dem AC Parma im UEFA-Cup 1995. Mit Kolumbiens Nationalmannschaft blieb er weniger erfolgreich: Bei der WM 1994 bildete er mit Alfonso Valencia einen vermeintlichen Traumsturm, ihm gelang jedoch kein einziger Treffer.

Geburtsdatum:	10. November 1969
Geburtsland:	Kolumbien
Stationen:	Nacional de Medellin, Newcastle United, AC Parma
WM-Spiele:	4
WM-Tore:	–
Länderspiele:	57
Tore:	20
WM-Teilnahmen:	1994, 1998

ASS – AUG

Salah Assad

Bei Algeriens Weltmeisterschaftsdebüt 1982 in Spanien hätte er sich fast unsterblich gemacht. Im entscheidenden Gruppenspiel gegen Chile führten die Nordafrikaner durch zwei Tore von Salah Assad in der achten und 32. Spielminute mit 2:0. Teamkamerad Tedj Bensaoula erhöhte sogar auf 3:0. Chile verkürzte in der zweiten Halbzeit noch auf 2:3. Dann kam das Skandalspiel Deutschland gegen Österreich im nordspanischen Gijon. Die DFB-Auswahl ging durch einen Treffer von Horst Hrubesch schnell mit 1:0 in Führung. Ein Spielstand, der beiden Teams zum Weiterkommen reichte. Bis zum Abpfiff schoben sich die Gegner, die keine mehr waren, den Ball nur noch hin und her – Algerien schied aus. Mit seinen beiden Toren ist Salah Assad bis heute Algeriens Rekordtorjäger bei Fußballweltmeisterschaften.

Geburtsdatum:	13. März 1958
Geburtsland:	Algerien
Stationen:	FC Mulhouse
WM-Spiele:	5
WM-Tore:	2
Länderspiele:	48
Tore:	22
WM-Teilnahmen:	1982, 1986

José Augusto Pinto de Almeida

Er war Eusébios congenialer Partner in Portugals größter Nationalelf aller Zeiten. Bei der Weltmeisterschaft 1966 in England erzielte José Augusto drei Tore in sechs Spielen. Mit seinen Kopfballtreffern zum 1:0 und 2:1 im Auftaktspiel gegen Ungarn (Endstand 3:1) brachte der rechte Stürmer von Benfica Lissabon die Iberer in die Erfolgsspur. Sie scheiterten erst im Halbfinale an England. Im Viertelfinale traf Augusto zum 5:3-Endstand gegen Nordkorea. Er war Europapokalsieger der Landesmeister 1961 und 1962, achtmal Landesmeister und dreimal Pokalsieger.

Geburtsdatum:	13. April 1937
Geburtsland:	Portugal
Stationen:	Benfica Lissabon
WM-Spiele:	6
WM-Tore:	3
Länderspiele:	45
Tore:	9
WM-Teilnahmen:	1966

Klaus „Auge" Augenthaler

Sein erstes Länderspiel bestritt er 1983 in Gelsenkirchen gegen Österreich (3:0). Als einer der besten Verteidiger der Bundesliga musste „Auge" acht Jahre in der höchsten deutschen Spielklasse warten, ehe ihn Jupp Derwall ins A-Team berief. Doch für die EM in Frankreich berief ihn der Bundestrainer nicht. Dafür fuhr der kompromisslose Defensivspieler mit den gefährlichen Fernschüssen mit zur WM-Endrunde 1986 und stemmte 1990 in Italien den Goldpokal in die Höhe. Nach 89 Europacup- und 404 Bundesligaspielen, bei denen er 52-mal das Tor traf, beendete er die Laufbahn.

Geburtsdatum:	26. September 1957
Geburtsland:	Deutschland
Stationen:	FC Bayern München
WM-Spiele:	9
WM-Tore:	–
Länderspiele:	27
Tore:	–
WM-Teilnahmen:	1986, 1990

Roberto Fabián Ayala

Seine Verletzung war der Anfang vom Ende der argentinischen Weltmeisterschaftsträume 2002 in Japan/Südkorea. Kapitän Roberto Ayala zog sich beim Aufwärmen vor dem Auftaktspiel gegen Nigeria (1:0) eine schmerzhafte Oberschenkelzerrung zu und musste zusehen, wie seine Teamkameraden gegen England (0:1) und Schweden (1:1) den Einzug ins Achtelfinale verpassten. Ayala war 1998 in Frankreich einer der besten Innenverteidiger des Turniers. Im Elfmeterschießen des Achtelfinales gegen England (6:5 n. E.) verwandelte er den letzten Strafstoß für die „Gauchos". Acht Jahre später brachte „El Ratón" (Die Maus) die „Albiceleste" zwar im Viertelfinale gegen Deutschland in Führung, doch nach Kloses Ausgleich scheiterte er im „Shoot-out" als zweiter Schütze an Jens Lehmann. Mit dem FC Valencia wurde der exzellente Kopfballspieler, der seit 1994 die zentrale Abwehrposition in der argentinischen Nationalmannschaft bekleidet, zweimal Spanischer Meister (2002, 04) und UEFA Cup-Sieger (2004).

Geburtsdatum:	12. April 1973
Geburtsland:	Argentinien
Stationen:	FC Valencia, AC Mailand, SSC Neapel, River Plate
WM-Spiele:	10
WM-Tore:	1
Länderspiele:	115
Tore:	7
WM-Teilnahmen:	1998, 2002, 2006

Ruben Hugo Ayala

Er hatte seine Mannschaft immer wieder nach vorn getrieben. Doch die Bemühungen des argentinischen Superstars von Atlético Madrid blieben erfolglos. Bei der WM 1974 in Deutschland verlor Argentinien das große Bruder-Duell gegen Brasilien mit 1:2. Ayala hatte vorher angekündigt, dass er sich seine lange Haarmähne abschneiden lassen würde, wenn sein Team gewinnt. Ayala konnte auf den Gang zum Friseur verzichten. Argentinien fuhr nach der Zwischenrunde nach Hause. Erfolgreicher war Ayala 1977 mit seinem Verein Atlético Madrid, als er Spanischer Meister wurde.

Geburtsdatum:	8. Januar 1950
Geburtsland:	Argentinien
Stationen:	Atlético Madrid
WM-Spiele:	6
WM-Tore:	1
Länderspiele:	25
Tore:	11
WM-Teilnahmen:	1974

Abédi „Abédi Pelé" Ayew

Seine größten Triumphe feierte er im Trikot von Olympique Marseille. Mit der damaligen Mannschaft von Medien-Mogul Bernard Tapie gewann Abédi Pelé 1993 die Champions League. Nach 122 Erstliga-Spielen in Frankreich (21 Tore) wechselte Afrikas Fußballer der Jahre 1991 bis 1993 zum AC Turin. Nach dem Abstieg des AC bekam Pelé ein Angebot aus München: Er nahm es in dem Glauben an, es sei vom großen FC Bayern und nicht vom kleinen Lokalrivalen 1860 München.

Geburtsdatum:	5. November 1964
Geburtsland:	Ghana
Stationen:	Al Ain, FC Mulhouse, Olympique Marseille, AC Turin, TSV 1860 München
WM-Spiele:	–
WM-Tore:	–
Länderspiele:	67
Tore:	5
WM-Teilnahmen:	–

Der Neffe tritt in die Fußstapfen

Victor Rodriguez Andrade (Mitte) sichert seinen Teamkollegen Santamaria (links) ab, der versucht, den Schuss des Österreichers Erich Probst (rechts) abzuwehren. Bei der WM 1954 reichte es für Titelverteidiger Uruguay nach der 1:3-Niederlage gegen die „Austria" nur zu Platz 4. Damit ging zugleich die ungewöhnliche WM-Geschichte der Andrades zu Ende.

Victor Andrade war Neffe des legendären José Andrade, der mit Uruguay vor dem Krieg zweimal Olympisches Gold holte und bei der WM-Premiere 1930 im eigenen Land siegreich blieb. Sein familiärer „Nachfolger" war beim WM-Triumph Uruguays 1950 in allen Spielen dabei und vor allem im entscheidenden Endrundengruppenspiel gegen Brasilien eine der Schaltzentralen im Spiel der 2:1-Sieger. Andrade junior verdammte Zizinho mit seiner kompromisslosen Manndeckung fast zur Bedeutungslosigkeit. Onkel und Neffe spielten übrigens auf der gleichen Position des rechten Außenläufers.

BAB – BAD

Celestine Babayaro – Markus Babbel – Khaled Badra – Dino Baggio – Roberto Baggio – Karim Bagheri Koroygi – Vitor Manuel Martins Baia – Krassimir Balakov – Marcelo Balboa – Julio Cesar Baldivieso – Gavrila Bálint – Michael Ballack – Alan James Ball – Robert Ballaman – Gordon Banks – Francesco Baresi – Sergio „Sergi" Berjuan Esclusa – John Barnes – Milan Baros – Fabien Barthez – Shaun Bartlett – Mario Basler – Estanislao Basora – Dirimlili Basri – Marcel van Basten – Yildiray Bastürk – José Horacio Basualdo – Gabriel Omar Batistuta – Joël Bats – Patrick Battiston – Hans Bauer – Zoubaier Baya – Vladimir Beara – Peter Andrew Beardsley – José Roberto Gama de Oliveira „Bebeto" – Franz Beckenbauer – David Robert Joseph Beckham – Igor Belanov – Hideraldo Luis Bellini – Bruno Bellone – Lakhdar Belloumi – Miodrag Belodedici – Mehdi Ben Slimane – Antonio Benarrivo – Romeo Benetti – Ferenc Bene – Miguel Benitez – Manuel Galrinho Bento – Henning Berg – Patrik Berger – Dennis Bergkamp – Orvar Bergmark – Giuseppe Bergomi – Thomas Berthold – Nicola Berti – Daniel Ricardo Bertoni – Wladimir Bestschastnich – Wladimir Bessonov – Georg Best – Antonio Betancort – Roberto Beto – Roberto Bettega – Luigi di Biagio – Josef Bican – Alfred Bickel – Michal Bilek – Oliver Bierhoff – Franz „Bimbo" Binder – William Laurie Bingham – Herbert Binkert – Laurent Blanc – Robert Denis Blanchflower – Cuauhtemoc Blanco – Oleg Blokhin – Josef Blum – Zvonimir Boban – Stjepan Bobek – Fredi Bobic – Alen Boksic – Marco Bode – Franciscus de Boer – Ronald de Boer – Hristo Bonev – Göran Bo Larsson – Laszlo Bölöni – Rainer Bonhof – Zbigniew Boniek – Roberto Boninsegna – Giampiero Boniperti – Hans „Hannes" Bongartz – Patrick Bonner – Daniel Borimirov – Alexander Borodjuk – Vujadin Boskov – René Botteron – József Bozsik – Liam Brady – Maxime Bossis – Cláudio Ibrahim Vaz Leal Branco – Bernd Bransch – Rune Bratseth – Andreas Brehme – Paul Breitner – William John „Billy" Bremner – Johannes „Hans" van Breukelen – Hans-Peter Briegel – Tomas Brolin – Rudi Brunnenmeier – Martin Buchan – Guido Buchwald – Gianluigi Buffon – Jaroslav Burgr – Manfred Burgsmüller – Jorge Luis Burruchaga – Mathew Busby – Emilio Butragueño – Johann Buzek

Celestine Babayaro

Er war 1996 Olympiasieger in Atlanta. 1998 warf er mit den „Adlern" aus Nigeria Spanien und Bulgarien in der Vorrunde aus dem Weltmeisterschaftsturnier. Der 1,78 Meter große Verteidiger Celestine Babayaro hatte maßgeblichen Anteil an Nigerias größten Erfolgen. Als Olympiasieger zog er 1997 vom RSC Anderlecht an die Londoner Stamford Bridge zum FC Chelsea. Nachdem er dort seinen Stammplatz eingebüßt hatte, wechselte Babayaro Anfang Januar 2005 zu Newcastle United.

Geburtsdatum:	29. August 1978
Geburtsland:	Nigeria
Stationen:	FC Chelsea London, RSC Anderlecht, Newcastle United
WM-Spiele:	5
WM-Tore:	–
Länderspiele:	24
Tore:	–
WM-Teilnahmen:	1998, 2002

Markus Babbel

Europameister 1996, dreimal Deutscher Meister mit dem FC Bayern München, dreimal Pokalsieger mit den Bayern und dem FC Liverpool sowie zweimal UEFA-Cup-Sieger mit den beiden ruhmreichen Klubs aus Deutschland und England. Markus Babbel, ein gebürtiger Bayer, war einer der stärksten deutschen Abwehrspieler in den 90er-Jahren. 2001/02 musste er wegen einer schweren Nervenentzündung über ein Jahr pausieren.

Geburtsdatum:	8. September 1972
Geburtsland:	Deutschland
Stationen:	FC Bayern München, Hamburger SV, Blackburn Rovers, VfB Stuttgart
WM-Spiele:	2
WM-Tore:	–
Länderspiele:	51
Tore:	1
WM-Teilnahmen:	1998

Khaled Badra

2004 gewann er mit seinem Land den Afrika-Cup. Bei den Weltmeisterschaftsturnieren 1998 und 2002 zählte Khaled Badra zum festen Stamm der tunesischen Mannschaft und hatte großen Anteil am 1:1-Achtungserfolg gegen Belgien beim Turnier in Asien. Auf Vereinsebene hat Badra mit Esperance Tunis alles gewonnen, was es auf dem afrikanischen Kontinent zu gewinnen gibt. 2001 wechselte er für ein halbes Jahr zum FC Genua in die italienische Serie B.

Geburtsdatum:	8. April 1973
Geburtsland:	Tunesien
Stationen:	Esperance Tunis, FC Genua
WM-Spiele:	4
WM-Tore:	–
Länderspiele:	76
Tore:	–
WM-Teilnahmen:	1998, 2002

Dino Baggio

Mit seinem Tor zum 1:0 gegen Norwegen schoss er Italien zum einzigen Sieg in der WM-Vorrunde 1994. Im Viertelfinale traf Dino Baggio, der nach der WM von Juventus Turin zum AC Parma wechselte, zum 1:0 gegen Spanien (Endstand 2:1) und stieß damit die Pforte zum Halbfinale auf. Italien wurde schließlich Vizeweltmeister. Baggio gewann 1995 und 1999 mit dem AC Parma den UEFA-Pokal. 1998 schied er mit Italien im Viertelfinale gegen den späteren Weltmeister Frankreich aus dem WM-Turnier aus.

Geburtsdatum:	24. Juli 1971
Geburtsland:	Italien
Stationen:	Juventus Turin, AC Parma, Lazio Rom, Ancona Calcio
WM-Spiele:	12
WM-Tore:	2
Länderspiele:	60
Tore:	7
WM-Teilnahmen:	1994, 1998

Roberto Baggio

Die mögliche Krönung seiner Karriere flog in den Mittagshimmel von Los Angeles. Im Elfmeterschießen des WM-Finales 1994 versagten Roberto Baggio die Nerven. Er verschoss seinen Elfmeter, Brasilien wurde Weltmeister. Dabei hatte der Mittelfeldstar von Juventus Turin Italien mit seinen zwei Toren im Halbfinale gegen Bulgarien noch ins Endspiel geschossen. Der „Weltfußballer des Jahres 1993" ist nach Platz 3 1990 in Italien nie Weltmeister geworden.

Geburtsdatum:	18. Februar 1967
Geburtsland:	Italien
Stationen:	Vicenza, AC Florenz, Juv. Turin, FC Bologna, Inter Mailand, AC Brescia
WM-Spiele:	16
WM-Tore:	9
Länderspiele:	56
Tore:	27
WM-Teilnahmen:	1990, 1994, 1998

Karim Bagheri Koroygi

Er führte den Iran zur Weltmeisterschaft 1998. Karim Bagheri erzielte den wichtigen 1:2-Anschlusstreffer beim 2:2 im entscheidenden Qualifikationsspiel in Melbourne gegen Australien (Hinspiel 1:1). Bei der Weltmeisterschaft in Frankreich hatte Bagheri seinen Stammplatz im Mittelfeld sicher, gewann mit seinem Land das zum Politikum stilisierte Spiel gegen die USA mit 2:1. Für Arminia Bielefeld (1997 bis 2000) erzielte er in 29 Bundesligaspielen vier Tore.

Geburtsdatum:	20. Februar 1974
Geburtsland:	Iran
Stationen:	Arminia Bielefeld
WM-Spiele:	3
WM-Tore:	–
Länderspiele:	80
Tore:	47
WM-Teilnahmen:	1998

Vitor Manuel Martins Baia

Er ist einer von insgesamt nur zehn Fußballern, die alle drei europäischen Vereinstrophäen – Champions League, Pokal der Pokalsieger und UEFA-Pokal – gewannen. Vitor Baia, 80 Länderspiele für Portugal von 1990 bis 2003, gewann mit seinem Heimatverein FC Porto 2003 den UEFA-Pokal und 2004 die Champions League. 1997 holte er im Tor des FC Barcelona den Europacup der Pokalsieger. Baia erreichte 2004 die Form seines Lebens, wurde von Portugals brasilianischem Nationaltrainer Luis Felipe Scolari aber ausgerechnet zur Europameisterschaft im eigenen Land ausgemustert – eine in der Öffentlichkeit hoch umstrittene Entscheidung.

Geburtsdatum:	15. Oktober 1969
Geburtsland:	Portugal
Stationen:	FC Porto, FC Barcelona
WM-Spiele:	3
WM-Tore:	–
Länderspiele:	80
Tore:	–
WM-Teilnahmen:	2002

Krassimir „Bala" Balakov

Er war das Herz der größten bulgarischen Nationalmannschaft aller Zeiten. Krassimir Balakov war der Regisseur, als die Bulgaren 1994 nacheinander die Weltmeister von 1986 (Argentinien) und 1990 (Deutschland) besiegten und später Platz 4 belegten. Balakov erzielte in 236 Bundesligaspielen für den VfB Stuttgart 54 Tore. Er war 1995 an den Neckar gekommen, gewann 1997 den DFB-Pokal und beendete seine aktive Laufbahn mit dem Gewinn der Vizemeisterschaft 2003.

Geburtsdatum:	29. März 1966
Geburtsland:	Bulgarien
Stationen:	Etar Veliko Tarnovo, Sporting Lissabon, VfB Stuttgart
WM-Spiele:	10
WM-Tore:	–
Länderspiele:	92
Tore:	16
WM-Teilnahmen:	1994, 1998

Marcelo Balboa

Im größten Fußballländerspiel der amerikanischen Geschichte war er der überragende Akteur der US-Boys. An der Seite von Alexi Lalas organisierte Balboa im WM-Achtelfinale 1994 die Abwehr gegen Brasilien, konnte aber die 0:1-Niederlage gegen den späteren Weltmeister nicht verhindern. Bei drei WM-Teilnahmen (1990 bis 1998) brachte es Balboa auf acht Einsätze.

Geburtsdatum:	8. August 1967
Geburtsland:	USA
Stationen:	Colorado Rapids
WM-Spiele:	8
WM-Tore:	–
Länderspiele:	128
Tore:	13
WM-Teilnahmen:	1990, 1994, 1998

Julio Cesar Baldivieso (rechts)

Mit seinem Club Bolivar hatte er gerade die 21. nationale Meisterschaft in der Vereinsgeschichte gewonnen. Bei der Weltmeisterschaft 1994 in den USA jedoch stürzte Julio Cesar Baldivieso von der Erfolgswelle ab. In den ersten beiden Gruppenspielen gegen Deutschland (0:1) und Südkorea (0:0) sah der Bolivianer jeweils „Gelb" – und war beim letzten Auftritt gegen Spanien (1:3) dadurch gesperrt. Baldivieso sorgte zuletzt für Furore, als er beim 3:1-Erfolg über den späteren Weltmeister Brasilien in der WM-Qualifikation 2001 zwei Treffer erzielte.

Geburtsdatum:	2. Dezember 1971
Geburtsland:	Bolivien
Stationen:	Bolivar La Paz
WM-Spiele:	2
WM-Tore:	–
Länderspiele:	85
Tore:	15
WM-Teilnahmen:	1994

Gavrila Bálint

Mit seinem Tor zum 1:1-Endstand gegen Argentinien schoss er Rumänien ins Achtelfinale der Weltmeisterschaft 1990 in Italien. Gavrila Bálint konnte das Achtelfinal-Aus gegen Irland im Elfmeterschießen allerdings nicht verhindern. Mit seinem Verein Steaua Bukarest gewann Bálint 1986 sensationell den Europapokal der Landesmeister. Im Endspiel gegen den FC Barcelona verwandelte er den entscheidenden Elfmeter zum 2:0. Steaua-Torwart Helmut Ducadam hatte vier Elfmeter der Katalanen gehalten.

Geburtsdatum:	3. Januar 1963
Geburtsland:	Rumänien
Stationen:	Steaua Bukarest
WM-Spiele:	4
WM-Tore:	2
Länderspiele:	34
Tore:	14
WM-Teilnahmen:	1990

Michael Ballack

Als Kapitän führte er die deutsche Nationalmannschaft bei WM 2006 auf Platz 3. Vier Jahre zuvor hatte der torgefährliche Mittelfeldspieler das deutsche Team mit seinen 1:0-Siegtoren gegen die USA und Südkorea ins WM-Finale geschossen. Gegen die Asiaten avancierte er zur tragischen Figur, als er die zweite Gelbe Karte sah und im Endspiel gegen Brasilien (0:2) zuschauen musste. Ballack stand mit Leverkusen im Champions League-Finale 2002 und holte mit Bayern München 2005 und 2006 das Double. Nach der WM wechselte er zu Chelsea.

Geburtsdatum:	26. September 1976
Geburtsland:	DDR
Stationen:	Bayer Leverkusen, 1. FC Kaiserslautern, FC Bayern München, Chelsea
WM-Spiele:	11
WM-Tore:	3
Länderspiele:	77
Tore:	35
WM-Teilnahmen:	2002, 2006

Alan „Firehead" James Ball

Der Stürmer hatte sein internationales Debüt am 9. Mai 1965 in Belgrad gegen Jugoslawien (1:1). Er war der Mann für die Vorlagen. In der Sturmreihe neben Geoff Hurst und Roger Hunt erzielte der flinke Alan Ball, wegen seiner rötlichen Haare auch „Firehead" genannt, bei seinen acht WM-Einsätzen 1966 und 70 zwar keinen Treffer, aufgrund seiner brillanten Technik war der Stürmer, der nach dem Titelgewinn mit England für 110.000 Pfund vom FC Blackpool zum FC Everton wechselte, aus dem englischen WM-Team aber nicht wegzudenken. Ball erzielte in 208 Premier-League-Spielen für Everton 66 Tore und ging im Januar 1972 zum FC Arsenal nach London. 1984 beendete er bei den Bristol Rovers nach 975 Pflichtspielen im englischen Fußball seine Karriere.

Geburtsdatum:	12. Mai 1945
	† 25. April 2007
Geburtsland:	England
Stationen:	Farnworth, Bolton Wanderers, FC Blackpool, FC Everton, Arsenal London, FC Southampton, Vancouver Whitecaps
WM-Spiele:	8
WM-Tore:	–
Länderspiele:	72
Tore:	8
WM-Teilnahmen:	1966, 1970

Robert Ballaman

Mit vier Toren in vier Spielen war er der gefährlichste Stürmer der „Eidgenossen" bei der WM 1954 im eigenen Land. Die Treffer von Robert Ballaman (Grasshoppers Zürich) zum 1:0 und 4:5-Pausenstand im Viertelfinale gegen den Nachbarn aus Österreich konnten die 5:7-Niederlage in der legendären „Hitzeschlacht von Lausanne" jedoch nicht mehr verhindern. Die Schweizer mussten die Halbfinale und das Endspiel am Fernsehgerät verfolgen. Mit seinen zwei Toren bei den 2:1- und 4:1-Siegen über die italienische Auswahl hatte Robert Ballaman zuvor entscheidenden Anteil am Einzug ins Viertelfinale. Mit den Grasshoppers Zürich holte der flinke Goalgetter, der mit unermüdlichem Einsatz seine Mannschaftskollegen stets mitzureißen vermochte, 1952 und 1956 das Double, wurde Schweizer Meister und auch Pokalsieger. 1961, nach 16 Jahren Ligafußball, beendete Robert Ballaman seine Laufbahn.

Geburtsdatum:	21. Juni 1926
Geburtsland:	Schweiz
Stationen:	Grasshoppers Zürich
WM-Spiele:	4
WM-Tore:	4
Länderspiele:	50
Tore:	19
WM-Teilnahmen:	1954

BAN – BAR

Gordon Banks (Mitte, in „Gelb")

Als der Fußball nach Hause kam, hielt kein Zweiter so stark wie Gordon Banks. Bei der WM 1966 in England ließ der Torwart von Leicester City bis zum Halbfinale keinen Gegentreffer zu – dann war es der Portugiese Eusébio, der den „Unbezwingbaren" per Elfmeter überwand. Nach dem Titelgewinn bei der WM im eigenen Land hütete Banks auch vier Jahre später das Tor der Briten. Dank seiner überragenden Leistungen wurde er „Banks of England" genannt. Er verlor bei einem Autounfall 1972 ein Auge, was ihn nicht daran hinderte bis 1977 aktiv in den USA zu spielen. Später eröffnete er in Lauderdale eine Torwart-Schule.

Geburtsdatum:	30. Dezember 1937
Geburtsland:	England
Stationen:	Chesterfield, Leicester City, Stoke City, Fort Lauderdale Strikers
WM-Spiele:	9
WM-Tore:	–
Länderspiele:	73
Tore:	–
WM-Teilnahmen:	1966, 1970

Francesco „Franco" Baresi

Er galt als bester Libero der Welt seit Franz Beckenbauer. 1982 gehörte er zum italienischen Aufgebot, das in Spanien Weltmeister wurde. Die Europapokalsiege mit der großen Elf des AC Mailand 1989 und 1990 sind nur zwei seiner zahlreichen Titelgewinne. Trotzdem: Franco Baresi „vergaß" irgendwie, seine Laufbahn zu krönen. Im WM-Finale 1994 gegen Brasilien verschoss er im Elfmeterschießen den ersten Elfmeter der Tifosi. Am Ende siegte Brasilien 3:2 i.E. Bei der Weltmeisterschaft 1990 hatte die italienische Abwehrreihe mit Baresi als Libero nur zwei Gegentreffer kassiert – im Halbfinale gegen Argentinien und im Spiel um Platz 3 gegen England – und wurde wieder nicht Weltmeister. Mit 719 Einsätzen, davon 532 Ligaspiele, für den AC Mailand, hält er den Clubrekord. Heute ist er Manager und Leiter der Jugendabteilung in Milano.

Geburtsdatum:	8. Mai 1960
Geburtsland:	Italien
Stationen:	AC Mailand
WM-Spiele:	10
WM-Tore:	–
Länderspiele:	81
Tore:	1
WM-Teilnahmen:	1982, 1990, 1994

Sergio „Sergi" Berjuan Esclusa

Mit dem FC Barcelona war er dreimal Spanischer Meister, zweimal Pokalsieger und gewann 1997 den Europapokal der Pokalsieger. „Sergi", der mit bürgerlichem Namen Sergio Berjuan Esclusa heißt, war nicht nur in seinem Verein ein gefürchteter linker Verteidiger („Hart im Nehmen und Geben"). Auch bei seinen acht WM-Spielen 1994 und 1998 hielt er die linke Abwehrseite der Spanier dicht. 1994 scheiterten die Iberer erst im Viertelfinale von Boston an Italien (1:2). Sergi wurde 2002 beim FC Barcelona ausgemustert und wechselte zu Atlético Madrid.

Geburtsdatum:	28. Dezember 1971
Geburtsland:	Spanien
Stationen:	FC Barcelona, Atlético Madrid
WM-Spiele:	8
WM-Tore:	–
Länderspiele:	56
Tore:	1
WM-Teilnahmen:	1994, 1998

John Barnes

Er wurde 1963 in Kingston geboren und kam 1987 vom FC Watford zum FC Liverpool. Barnes gewann mit den „Reds" die bis heute letzten englischen Meistertitel 1988 und 1990 und erzielte 84 Tore in 310 Premier-League-Spielen für Liverpool. Die WM 1990 verlief enttäuschend: Keinen Treffer erzielte er auf dem Weg ins Halbfinale und fand sich beim Spiel gegen Deutschland auf der Bank wieder. Barnes wechselte nach zehn Jahren in Liverpool 1997 zu Newcastle United. Zum Karriereende im Jahr 1998 standen über 500 Erstliga-Einsätze auf seinem Konto.

Geburtsdatum:	7. November 1963
Geburtsland:	Jamaika
Stationen:	FC Watford, FC Liverpool, Newcastle United
WM-Spiele:	6
WM-Tore:	–
Länderspiele:	79
Tore:	11
WM-Teilnahmen:	1986, 1990

Milan „Mili" Baros

Seine internationale Karriere begann der Mittelstürmer am 25. April 2001 in Prag gegen Belgien (1:1). Mit fünf Toren wurde er Torschützenkönig bei der EM 2004. Nach seinen zwei Treffern beim 3:0-Sieg im EM-Viertelfinale gegen Dänemark lag ihm die tschechische Nation zu Füßen. Baros wechselte Ende 2001 zum FC Liverpool und gewann 2005 mit den „Reds" die Champions League. Zur WM 2006 reiste der Hoffnungsträger verletzt an und konnte erst im dritten Spiel gegen Italien (0:2) eingesetzt werden.

Geburtsdatum:	28. Oktober 1981
Geburtsland:	Tschechien
Stationen:	Banik Ostrava, FC Liverpool, Aston Villa, O. Lyon
WM-Spiele:	1
WM-Tore:	–
Länderspiele:	58
Tore:	31
WM-Teilnahmen:	2006

Fabien Barthez

Er trägt die berühmteste Glatze in der Geschichte der WMs. Torhüter Fabien Barthez ließ sich auf dem Weg zum Titelgewinn 1998 nach jedem Sieg von Kapitän Laurent Blanc auf den kahlen Kopf küssen. Barthez gewann 2000 mit der „Equipe Tricolore" die EM. 2006 egalisierte er im Halbfinale gegen Portugal (1:0) den Rekord von Peter Shilton, der in zehn WM-Spielen kein Gegentor kassierte. Seinen größten Erfolg im Vereinsdress feierte der Sohn eines Rugby-Nationalspielers 1993 mit Olympique Marseille (Champions League).

Geburtsdatum:	28. Juni 1971
Geburtsland:	Frankreich
Stationen:	FC Toulouse, Marseille, AS Monaco, ManU
WM-Spiele:	17
WM-Tore:	–
Länderspiele:	87
Tore:	–
WM-Teilnahmen:	1998, 2002, 2006

Shaun Bartlett

Während seines bislang einzigen Weltmeisterschaftsturniers 1998 erledigte der südafrikanische Stürmer, der gerade bei den Cape Town Spurs unter Vertrag stand, seine Aufgabe äußerst zufrieden stellend: In drei Partien traf er zweimal. Beide Treffer setzte er gegen Saudiarabien in die Maschen, dabei ein „Elfer" nach 90 Minuten, der den 2:2-Ausgleich brachte. Mit „Bafana Bafana" wurde er 2000 beim Afrika-Cup Dritter und 2004 mit Charlton Athletic Siebter der Premier League in England.

Geburtsdatum:	31. Oktober 1972
Geburtsland:	Südafrika
Stationen:	Cape Town Spurs Johannesburg, FC Zürich, Charlton Athletic
WM-Spiele:	3
WM-Tore:	2
Länderspiele:	70
Tore:	26
WM-Teilnahmen:	1998

Mario „Super Mario" Basler

Er war mit Bayern München zweimal Deutscher Meister (1997 und 1999). Mit Werder Bremen und Bayern München gewann er zweimal den DFB-Pokal (1994 und 1998). 1995 wurde Mario Basler im Trikot von Werder Bremen Bundesliga-Torschützenkönig. In der Nationalmannschaft konnte Basler jedoch nie an die überragenden Leistungen seiner Bundesligaspiele anknüpfen: Bei der WM 1994 kam er nur 30 Minuten zum Einsatz, bei der EM 1996 gar nicht.

Geburtsdatum:	18. Dezember 1968
Geburtsland:	Deutschland
Stationen:	Rot-Weiss Essen, Werder Bremen, Bayern München
WM-Spiele:	1
WM-Tore:	–
Länderspiele:	30
Tore:	2
WM-Teilnahmen:	1994

Estanislao Basora (hockend, links)

Von 1949 bis 1957 22-mal in Spaniens Nationalelf berufen, traf der Barcelona-Stürmer 13-fach im Trikot der „Seleccion". Bei seiner einzigen WM-Teilnahme 1950 war die Quote noch besser: sechs Spielen standen fünf Tore gegenüber. Am Ende reichte es zu Platz 4 beim 50er-Weltchampionat. National räumte der in Barcelona Geborene mit dem ortsansässigen FC ordentlich ab. Vier spanische Meistertitel (1948 und 1949 sowie 52 und 53) wurden ergänzt durch die Pokalsiege (1951 bis 1953 und 1957).

Geburtsdatum:	18. November 1926
Geburtsland:	Spanien
Stationen:	FC Barcelona
WM-Spiele:	6
WM-Tore:	5
Länderspiele:	22
Tore:	13
WM-Teilnahmen:	1950

Dirimlili Basri

Gleich zweimal musste der Abwehrspieler, gerade bei Fenerbahçe Istanbul unter Vertrag, gegen Deutschland antreten. Und das bei seinem einzigen Weltmeisterschaftsauftritt 1954. Weder das 1:4 noch das 2:7 schmeichelte Dirimlili Basri, sind elf Gegentore in zwei Partien doch zu viel für eine Abwehr. Dafür fuhren die Türken wenigstens einen Sieg ein. Und blieben beim 7:0-Kantersieg über Südkorea ohne Gegentreffer.

Geburtsdatum:	7. Juni 1929
Geburtsland:	Türkei
Stationen:	Fenerbahçe Istanbul
WM-Spiele:	3
WM-Tore:	–
Länderspiele:	27
Tore:	–
WM-Teilnahmen:	1954

Marcel „Marco" van Basten

Auf der großen Fußballbühne gelang ihm ein Jahrhunderttor. Mit einem phänomenalen Volley aus spitzem Winkel schoss Marco van Basten die Niederlande 1988 im EM-Finale gegen die Sowjetunion zum Titelgewinn. Unter Trainer Arrigo Sacchi gewann van Basten 1989 und 1990 mit dem AC Mailand den Europapokal der Landesmeister. Zuvor hatte er den Pokalsieger-Cup 1987 mit Ajax Amsterdam gewonnen. Van Basten wurde 1988 und 1992 zum Weltfußballer des Jahres gewählt. In beiden Jahren sowie 1989 war er zudem Europas Fußballer des Jahres. Im Juli 2004 übernahm er das holländische Nationalteam und scheiterte bei der WM 2006 im Achtelfinale an Portugal (0:1).

Geburtsdatum:	31. Oktober 1964
Geburtsland:	Niederlande
Stationen:	UVV Utrecht, Elinwijk Utrecht, Ajax Amsterdam, AC Mailand
WM-Spiele:	4
WM-Tore:	–
Länderspiele:	58
Tore:	24
WM-Teilnahmen:	1990

Yildiray „Ili" Bastürk

Der quirlige Mittelfeldspieler überzeugte mit „Türkye" bei seinem ersten WM-Turnier sofort. In allen sieben Spielen als Stammspieler hinter den Spitzen agierend, blieb ihm zwar ein Treffer versagt, jedoch wurde er auf Anhieb Dritter in Südkorea und Japan 2002. Schon vier Jahre zuvor gab der in Herne geborene „Ili" sein Länderspieldebüt beim 4:1 gegen Albanien. In der Bundesliga wechselte er 2004 von Bayer Leverkusen zu Hertha BSC Berlin. Als wichtige Stütze in der Offensive hatte er maßgeblichen Anteil am Erreichen des UEFA-Pokals.

Geburtsdatum:	24. Dezember 1978
Geburtsland:	Deutschland
Stationen:	VfL Bochum, Bayer Leverkusen, Hertha BSC Berlin
WM-Spiele:	7
WM-Tore:	–
Länderspiele:	47
Tore:	2
WM-Teilnahmen:	2002

José Horacio Basualdo

Aus seiner Zeit beim VfB Stuttgart zu Beginn der 90er-Jahre bekannt, machte der Mittelfeldspieler auch auf Nationalmannschaftsebene von sich reden: Mit Maradona & Co. traf er – alle sieben WM-Einsätze für seine Heimat absolvierte – im Finale 1990 auf Deutschland. Und damit auf seinen Klubkameraden Guido Buchwald. In den USA kam er 1994 erst im Achtelfinale zum Einsatz. Das Spiel gegen Rumänien war dann zugleich sein letzter WM-Auftritt, denn „Romania" gewann mit 3:2.

Geburtsdatum:	20. Juni 1963
Geburtsland:	Argentinien
Stationen:	Velez Sarsfield, VfB Stuttg.
WM-Spiele:	8
WM-Tore:	–
Länderspiele:	31
Tore:	–
WM-Teilnahmen: 1990, 1994	

Gabriel „Batigol" Omar Batistuta

Seine Fans nennen ihn nur „Batigol". Batistuta schoss für den AC Florenz, AS Rom und Inter Mailand 200 Tore in 344 Serie-A-Spielen. 1994 wurde er im Trikot des AC Florenz Torschützenkönig und schoss für Argentinien vier Treffer bei der WM. Beim Weltturnier 1998 übertraf der langhaarige Stürmer diese Marke und erzielte fünf Tore auf dem Weg ins Viertelfinale in Frankreich. In seinen 78 Länderspielen traf Batigol 56-mal für die „Gauchos" ins Schwarze. Nach seinem Wechsel aus Florenz zu AS Rom wurde er 2001 auf Anhieb Italienischer Meister.

Geburtsdatum:	1. Februar 1969
Geburtsland:	Argentinien
Stationen:	Newell's Old Boys Rosario, AS Rom, Inter Mailand
WM-Spiele:	12
WM-Tore:	10
Länderspiele:	78
Tore:	56
WM-Teilnahmen:	1994, 1998, 2002

Joël Bats

Für einen Torhüter nicht besonders groß (1,80 Meter), war Joël Bats trotzdem herausragend. 1986 wurde er mit Paris Saint-German französischer Meister. Zusammen mit Michel Platini gewann er 1984 das Europameisterschaftsturnier im eigenen Land. Nur zwei Jahre später in Mexiko standen die Vorzeichen für Bats Mannschaft erneut gut, hatten die Franzosen im Viertelfinale doch Brasilien geschlagen. Auch weil ihr Keeper einen Zico-Elfmeter hielt. Ausgerechnet Bats unterlief dann im Halbfinale ein folgenschwerer Fehler: Den Brehme-Freistoß ließ er unter dem Körper ins Tor rutschen. Und das Abenteuer Fußball-WM endete für Bats.

Geburtsdatum:	4. Januar 1957
Geburtsland:	Frankreich
Stationen:	AJ Auxerre, Paris St. Germain
WM-Spiele:	6
WM-Tore:	–
Länderspiele:	50
Tore:	–
WM-Teilnahmen:	1986

Patrick Battiston

Der Innenverteidiger hatte sein erstes Länderspiel in Paris gegen Deutschland, das er mit seiner Mannschaft mit 1:0 gewann. Doch nur rund zehn Minuten dauerte sein Einsatz im Halbfinale 1982 gegen Deutschland. Dann „fällte" den erst vor kurzem eingewechselten Verteidiger der deutsche Keeper Toni Schumacher, als er versuchte ein Tor zu vermeiden. Battiston schied verletzt aus, und die Franzosen unterlagen im Elfmeterschießen. Vier Jahre zuvor bei seiner ersten Weltmeisterschaft kam er nur zu einem Einsatz, nach dem Europameisterschaftsgewinn 1984 war er in Mexiko Stammspieler und scheiterte auch dort an Deutschland.

Geburtsdatum:	12. März 1957
Geburtsland:	Frankreich
Stationen:	FC Metz, AS St. Etienne, Girondins Bordeaux
WM-Spiele:	11
WM-Tore:	–
Länderspiele:	56
Tore:	3
WM-Teilnahmen:	1978, 1982, 1986

Hans Bauer

Im Dezember 1951 debütierte der zuvor in Kriegsgefangenschaft geratene Bauer unter Herberger beim 4:1-Sieg über Luxemburg. Anfang Juni 1954 übermittelte ihm dann der „Chef" an der Sportschule Grünwald die frohe Botschaft: Er war im 54er-WM-Kader. In der Schweiz spielte er dann gegen die Türkei beim 7:2 und gegen die Ungarn beim 3:8. Vier Jahre später bestritt er sein letztes Länderspiel gegen Frankreich. Mit dem FC Bayern wurde er 1957 Pokalsieger.

Geburtsdatum:	28. Juli 1927
	† 31. Oktober 1997
Geburtsland:	Deutschland
Stationen:	Bayern München
WM-Spiele:	2
WM-Tore:	–
Länderspiele:	5
Tore:	10
WM-Teilnahmen:	1954

Zoubaier Baya

Tunesiens Fußballer der Jahre 1999 und 2000 wurde in Europa durch sein Engagement beim SC Freiburg bekannt. Als Olympiateilnehmer 1996 und 1997 Meister seines Heimatlandes kam er in den Breisgau und spielte bei der WM-Endrunde in Frankreich. So wie er 1998 alle Spiele für sein Heimatland bestritt, kam er 2002 ebenso auf alle drei Einsätze. Und es gab noch eine Gemeinsamkeit zwischen beiden Turnieren: Tunesien gelang jedes Mal lediglich ein Punktgewinn in der Vorrunde.

Geburtsdatum:	15. Mai 1971
Geburtsland:	Tunesien
Stationen:	SC Freiburg, Besiktas Istanbul
WM-Spiele:	6
WM-Tore:	–
Länderspiele:	71
Tore:	18
WM-Teilnahmen:	1998, 2002

Vladimir „die Katze" Beara

Für den Keeper von Hajduk Split und Roter Stern Belgrad spielte Deutschland bei zwei Weltmeisterschaften Schicksal. 1954 in der Schweiz verloren die Jugoslawen im Viertelfinale mit 0:2 (Tore: Horvath/Eigentor, Rahn). 1958 gewann Deutschland mit 1:0 gegen ein Jugoslawien mit Beara auf der Ersatzbank. Der Silbermedaillen-Gewinner bei Olympia 1952 wechselte 1960 zu Alemannia Aachen und später zu Viktoria Köln.

Geburtsdatum:	8. November 1928
Geburtsland:	Jugoslawien
Stationen :	Hajduk Split, Roter Stern Belgrad, Alemannia Aachen, Viktoria Köln
WM-Spiele:	6
WM-Tore:	–
Länderspiele:	60
Tore:	–
WM-Teilnahmen:	1950, 1954, 1958

Peter Andrew Beardsley

Zusammen mit Gary Lineker bildete der Mann vom FC Liverpool die Doppelspitze in Englands Nationalteam bei den Weltmeisterschaften in Mexiko und Italien. 1986 bestritt er vier der fünf Partien der Briten und traf einmal. 1990 waren es gleich fünf Spiele, und Beardsley netzte auch dort ein – allerdings im Elfmeterschießen des Halbfinales gegen Deutschland. Trotzdem unterlag der kleine Stürmer „Germany" mit 4:5. Das folgende Spiel um Platz 3 verloren er und sein Team gegen Gastgeber Italien – und das war zugleich Beardsleys letzter Einsatz bei einer Weltmeisterschaft.

Geburtsdatum:	18. Januar 1961
Geburtsland:	England
Stationen:	Carlisle United, Vancouver Whitecaps, Newcastle United, FC Liverpool, FC Everton, Bolton Wanderers
WM-Spiele:	9
WM-Tore:	1
Länderspiele:	59
Tore:	9
WM-Teilnahmen:	1986, 1990

José Roberto Gama de Oliveira „Bebeto"

Die größten Nationalmannschaftserfolge feierte er zusammen mit seinem Sturmpartner Romario als Traumpaar. Zuerst die Copa América 1989, dann 1994 die Krönung mit dem Weltmeistertitel. 1998 im Finale hieß der Angriffskollege Ronaldo, und Brasilien unterlag Gastgeber Frankreich. Die erste brasilianische Meisterschaft holte er bereits 1983, die nächste 87 – beide mit Flamengo. Mit Deportivo La Coruña wurde der schnelle Angreifer 1995 spanischer Pokal- und Supercupsieger und 92 Torschützenkönig in der Primera Division mit 30 Toren. Heute ist er Initiator einer Stiftung für Kinder in Not.

Geburtsdatum:	16. Februar 1964
Geburtsland:	Brasilien
Stationen:	Flamengo Rio de Janeiro, Vasco da Gama, Deportivo La Coruña, Botafogo Rio de Janeiro, Al-Ittihad Djiddha
WM-Spiele:	15
WM-Tore:	6
Länderspiele:	76
Tore:	39
WM-Teilnahmen:	1990, 1994, 1998

Franz „der Kaiser" Beckenbauer

Der „Kaiser" war der durch seine innovative Spielweise erste deutsche Libero und gilt heute als Lichtgestalt des deutschen Fußballs. Franz Beckenbauer ist der erfolgreichste deutsche Fußballer aller Zeiten, wurde 1972 Europameister und 1974 Weltmeister. Mit dem FC Bayern (396 Ligaspiele, 44 Tore) gewann der gebürtige Münchener dreimal den Europapokal der Landesmeister, wurde 1976 Weltpokalsieger, viermal Deutscher Meister, viermal Pokalsieger und holte 1967 auch den Europapokal der Pokalsieger. Als Trainer oder besser als „Teamchef", denn eine Lichtgestalt benötigt ja so etwas wie einen Trainerschein nicht, sammelte Beckenbauer weitere Titel. 1990 führte er die Nationalmannschaft zum WM-Titel. 1996 gewann der FC Bayern unter seiner Regie den UEFA-Cup.

Geburtsdatum:	11. September 1945
Geburtsland:	Deutschland
Stationen:	FC Bayern München, Cosmos New York, Hamburger SV
WM-Spiele:	18
WM-Tore:	5
Länderspiele:	103
Tore:	14
WM-Teilnahmen:	1966, 1970, 1974

David Robert Joseph Beckham

Mit ManU gewann er sechs Meisterschaften, drei FA-Cups und 1999 die Champions League. Er besitzt eine großartige Schusstechnik, die ihn zu einem brillanten Freistoßschützen und Flankengeber macht. Doch in die Geschichtsbücher eingehen wird der gebürtige Londoner als erster Fußballer, der eine eigene Industrie geworden ist: Die Marke Beckham. In 58 Spielen hatte „Becks" die „Three Lions" angeführt, doch nach dem Aus im WM-Viertelfinale 2006 gegen Portugal (1:3 i. E.) gab er sein Kapitänsamt an John Terry weiter.

Geburtsdatum:	2. Mai 1975
Geburtsland:	England
Stationen:	ManU, Real Madrid
WM-Spiele:	13
WM-Tore:	3
Länderspiele:	97
Tore:	17
WM-Teilnahmen:	1998, 2002, 2006

Igor Belanov

1986 war sein Jahr. Erst der Gewinn des Europapokals der Pokalsieger mit Dynamo Kiev. Dann vier Tore in vier Spielen bei der Weltmeisterschaft in Mexiko. So war es kein Wunder, dass Igor Belanov zu „Europas Fußballer des Jahres" gewählt wurde. 1989 lockte Borussia Mönchengladbach Belanov in die Bundesliga und glaubte an den größten Transfer-Coup seit Alan Simonsen. Der Stareinkauf floppte jedoch. Belanov schoss in zwei Bundesligajahren nur vier Tore in 24 Spielen.

Geburtsdatum:	25. September 1960
Geburtsland:	Sowjetunion
Stationen:	Tschernomorez Odessa, Dynamo Kiev, FC Wil AG
WM-Spiele:	4
WM-Tore:	4
Länderspiele:	33
Tore:	8
WM-Teilnahmen:	1986

Hideraldo Luis Bellini

Der Abwehrrecke von Vasco da Gama war in der brasilianischen Nationalmannschaft einer der Garanten für den Gewinn der Weltmeisterschaft 1958. Hideraldo Bellini stand in allen sechs Spielen auf dem Weg zum Titel in der Startelf. Er war ein eisenharter Abwehrspieler und gleichzeitig Kapitän der Seleção. Mit Ruhe und Spielübersicht sortierte Bellini die brasilianische Deckungsreihe. Im WM-Finale machten die schwedischen Stürmer kaum einen Stich gegen den Verteidiger aus Rio de Janeiro.

Geburtsdatum:	21. Juni 1930
Geburtsland:	Brasilien
Stationen:	Vasco da Gama, FC São Paulo
WM-Spiele:	8
WM-Tore:	–
Länderspiele:	51
Tore:	–
WM-Teilnahmen:	1958, 1962, 1966

Bruno Bellone

Mit dem AS Monaco war er 1982 Französischer Meister und 1985 Pokalsieger. Die größten Erfolge feierte Bellone jedoch im Trikot der Nationalmannschaft. 1984 erzielte er im EM-Finale gegen Spanien in der Schlussminute das 2:0. Die Spanier mussten nach Platinis Freistoß zum 1:0 alles nach vorne werfen und machten Bellone den Weg frei, alleine übers halbe Feld auf Keeper Arconada zuzulaufen und die Franzosen auf Europas Fußballthron zu schießen. Bei den Weltmeisterschaften 1982 und 1986 blieb Bellone in fünf Partien ein Treffer verwehrt.

Geburtsdatum:	14. März 1962
Geburtsland:	Frankreich
Stationen:	AS Monaco, AS Cannes
WM-Spiele:	5
WM-Tore:	–
Länderspiele:	34
Tore:	2
WM-Teilnahmen:	1982, 1986

Lakhdar Belloumi

Mit seinem Tor zum 2:1 blamierte Lakhdar Belloumi die deutsche Nationalmannschaft 1982 bis auf die Knochen. In der Partie Deutschland gegen Algerien hatte Rummenigge gerade den Ausgleich erzielt, als Assad am linken Flügel auf und davon stürmte. Seine Flanke grätschte Belloumi, Afrikas Fußballer des Jahres, mit dem rechten Innenspann in Toni Schumachers Tor. Es blieb Belloumis einziger Treffer bei einer Fußballweltmeisterschaft.

Geburtsdatum:	29. Dezember 1958
Geburtsland:	Algerien
Stationen:	GC Mascara
WM-Spiele:	5
WM-Tore:	1
Länderspiele:	90
Tore:	32
WM-Teilnahmen:	1982, 1986

Miodrag Belodedici

Er war der Abwehrchef bei Rumäniens erfolgreichster WM-Teilnahme. Miodrag Belodedici (FC Valencia) war einer der Garanten für den Achtelfinalsieg über Argentinien 1994 in Los Angeles (3:2). Zuvor waren die Rumänen durch einen 1:0-Erfolg über Gastgeber USA ins Achtelfinale eingezogen. Im Viertelfinale dann die schwarze Stunde für Belodedici: Im Elfmeterschießen gegen Schweden scheiterte er mit dem entscheidenden zwölften Elfmeter an Schwedens Keeper Thomas Ravelli.

Geburtsdatum:	20. Mai 1964
Geburtsland:	Rumänien
Stationen:	Steaua Bukarest, FC Valencia, Real Valladolid
WM-Spiele:	5
WM-Tore:	–
Länderspiele:	55
Tore:	5
WM-Teilnahmen:	1994

Mehdi Ben Slimane

Er galt als einer der besten Stürmer Tunesiens und wechselte nach 1997 zum SC Freiburg in die Bundesliga. Mehdi Ben Slimane konnte mit der tunesischen Nationalmannschaft in der WM-Vorrunde 1998 nur ein einziges Unentschieden feiern (1:1 gegen Rumänien), erfüllte später in Freiburg jedoch alle Erwartungen. In zwei Jahren erreichte er mit dem Bundesliga-Underdog zweimal den beachtlichen Platz 12 und schoss in 44 Spielen fünf Tore.

Geburtsdatum:	1. Januar 1974
Geburtsland:	Tunesien
Stationen:	SC Freiburg
WM-Spiele:	3
WM-Tore:	–
Länderspiele:	34
Tore:	5
WM-Teilnahmen:	1998

Antonio Benarrivo

Mit dem Abwehrspieler brachte Trainer Arrigo Sacchi den Erfolg ins Team. Als Antonio Benarrivo im Weltmeisterschafts-Auftaktspiel 1994 gegen Irland auf Antonio Benarrivo verzichtete, kassierte Italien die einzige Niederlage im Turnier (0:1) nach regulärer Spielzeit. Danach zog die „Squadra Azzurra" mit dem offensiv ausgerichteten Außenverteidiger Benarrivo bis ins Endspiel gegen Brasilien ein (2:3 nach Elfmeterschießen). Benarrivo trug von 1991 bis 2004 das Trikot des AC Parma. Mit dem Provinzverein gewann er dreimal den italienischen Pokal (1992, 1999, 2002), 1995 und 1999 den UEFA-Pokal und 1993 den Pokal der Pokalsieger.

Geburtsdatum:	21. August 1968
Geburtsland:	Italien
Stationen:	AC Parma
WM-Spiele:	6
WM-Tore:	–
Länderspiele:	23
Tore:	–
WM-Teilnahmen:	1994

Romeo Benetti

In neun WM-Spielen schnürte er 1974 und 1978 die Stiefel für die Squadra Azzurra. Dabei erzielte Benetti, Mittelfeldspieler von AC Mailand (1970 bis 76) und Juventus Turin (1976 bis 79), jeweils ein Tor – zum 2:1 gegen Haiti und 3:0 gegen Ungarn (Endstand jeweils 3:1). Durch Niederlagen gegen Polen und Holland scheiterte Italien jeweils vorzeitig, kam aber 1978 zumindest ins „kleine Finale", wo man gegen Brasilien den Kürzeren zog. Der unermüdliche Rackerer gewann mit Milan 1973 den Europapokal der Pokalsieger und mit Juve 1977 den UEFA-Pokal.

Geburtsdatum:	20. Oktober 1945
Geburtsland:	Italien
Stationen:	AC Mailand, Juventus Turin
WM-Spiele:	9
WM-Tore:	2
Länderspiele:	55
Tore:	2
WM-Teilnahmen:	1974, 1978

Ferenc Bene

In den vier WM-Spielen 1966 schoss der 28-mal als Kapitän eingesetzte Mittelstürmer je ein Tor für die Magyaren. Sein wichtigster Treffer: das 1:0 im vorentscheidenden Vorrundenspiel gegen Titelverteidiger Brasilien in der 2. Minute. Durch den 3:1 Sieg erreichte Ungarn die 2. Runde, während der Weltmeister nach einer weiteren Niederlage gegen Portugal sensationell vorzeitig nach Hause fliegen musste. Ungarn schied nach einer 1:2-Niederlage gegen die Sowjetunion im Viertelfinale aus. Bene traf zum 1:2.

Geburtsdatum:	17. Dezember 1944
Geburtsland:	Ungarn
Stationen:	Dozsa Ujpest Budapest, Palloseura, Volan SC Budapest
WM-Spiele:	4
WM-Tore:	4
Länderspiele:	76
Tore:	36
WM-Teilnahmen:	1966

Miguel Benitez

Mit seinem Tor machte er den Weg frei für eine der größten Sensationen der WM 1998: Miguel Benitez traf im entscheidenden Vorrundenspiel zum 2:1 für Paraguay gegen die bereits als Gruppensieger feststehenden Nigerianer (Endstand 3:1). Paraguay gewann dadurch das Fernduell gegen Spanien, dessen gleichzeitiger 6:1-Erfolg gegen Bulgarien ohne Bedeutung blieb. Benitez, der jahrelang für Espanyol Barcelona in Spanien gespielt hatte, scheiterte mit Paraguay erst in der Verlängerung des Achtelfinales gegen Frankreich (0:1).

Geburtsdatum:	19. Mai 1970
Geburtsland:	Paraguay
Stationen:	Espanyol Barcelona
WM-Spiele:	4
WM-Tore:	1
Länderspiele:	29
Tore:	11
WM-Teilnahmen:	1998

Manuel Galrinho Bento

Er war der Keeper, als der portugiesische Fußball seine Wiedergeburt erlebte. Mit Manuel Bento im Tor qualifizierten sich die Portugiesen erstmals nach dem Abschied von Eusébio 1984 wieder für die Europameisterschaft. Dort zogen sie sensationell ins Halbfinale ein. Die 2:3-Niederlage in der Verlängerung gegen Gastgeber Frankreich konnte jedoch auch der großartige Benfica-Schlussmann nicht verhindern. Bei der WM 1986 in Mexiko musste Bento nach dem 1:0-Erfolg im Auftaktspiel gegen England verletzt ersetzt werden. Ohne ihn schieden die Portugiesen nach Niederlagen gegen Polen und Marokko in der Vorrunde aus.

Geburtsdatum:	25. Juni 1948
Geburtsland:	Portugal
Stationen:	Benfica Lissabon
WM-Spiele:	1
WM-Tore:	–
Länderspiele:	63
Tore:	–
WM-Teilnahmen:	1986

Henning Berg

Aus Norwegens Abwehrbollwerk war er nicht wegzudenken. Von den sieben WM-Spielen mit Henning Berg 1994 und 98 verlor Norwegen nur zwei – mit jeweils 0:1 gegen Italien. Dies „reichte" in beiden Jahren jedoch zum Ausscheiden. Seine größten Erfolge als Vereinsspieler feierte Henning Berg in seiner Zeit bei Manchester United von 1997 bis 2000. Im Champions-League-Finale gegen Bayern München kam er 1999 nicht zum Einsatz. Berg wechselte 2004 von den Blackburn Rovers zu den Glasgow Rangers.

Geburtsdatum:	1. September 1969
Geburtsland:	Norwegen
Stationen:	ManU, Blackburn Rovers, Glasgow Rangers
WM-Spiele:	7
WM-Tore:	–
Länderspiele:	100
Tore:	9
WM-Teilnahmen:	1994, 1998

Patrik Berger

Er wurde 1996 Deutscher Meister mit Borussia Dortmund und zog mit der tschechischen Nationalmannschaft ins Finale der Europameisterschaft in England ein. Patrik Berger verwandelte im Finale von Wembley einen Strafstoß zur 1:0-Führung für Tschechien gegen Deutschland (Endstand 1:2 n.V.). In insgesamt 44 Länderspielen schoss er 18 Tore. Berger ist ein exzellenter Spielgestalter, der nach der EM für 4,8 Millionen Euro aus Dortmund zum FC Liverpool wechselte. Mit den „Reds" gewann er 2001 den UEFA-Cup und holte den englischen FA-Pokal.

Geburtsdatum:	10. November 1973
Geburtsland:	Tschechoslowakei
Stationen:	Slavia Prag, Borussia Dortmund, FC Liverpool
WM-Spiele:	–
WM-Tore:	–
Länderspiele:	44
Tore:	18
WM-Teilnahmen:	–

Dennis Nicolass Maria Bergkamp

Er erzielte sechs Tore in zwölf WM-Spielen 1994 und 1998 sowie vier Tore in 13 EM-Spielen 1992, 1996 und 2000. Trotzdem blieb die Länderspielkarriere von Bergkamp ungekrönt. Bei der WM 1998 und der EM 2000 scheiterten die Niederländer im Elfmeterschießen der Halbfinales – gegen Brasilien und Italien. Große Titel hamsterte Bergkamp allerdings mit seinen Vereinen: Englischer Meister mit Arsenal London 1998 und 2004, UEFA-Cup-Sieger mit Inter Mailand 1994, Europapokalsieger mit Ajax Amsterdam 1987 und 1992.

Geburtsdatum:	10. Mai 1969
Geburtsland:	Niederlande
Stationen:	Arsenal London
WM-Spiele:	12
WM-Tore:	6
Länderspiele:	79
Tore:	37
WM-Teilnahmen:	1994, 1998

Orvar Bergmark

Der Verteidiger stand wie ein Fels in der Brandung auf dem Weg der Schweden ins WM-Finale 1958. Orvar Bergmark (Örebro SK) war zusammen mit seinem congenialen Nebenmann Axbom nur sehr schwierig auszuspielen. Bergmark verpasste keines der sechs Spiele des WM-Gastgebers. Das Jahr endete für ihn mit einem weiteren Höhepunkt: Er wurde zu Schwedens „Fußballer des Jahres" gewählt. Während Liedholm, Gustavsson, Hamrin und Skoglund schon in den 50er-Jahren als Profis nach Italien gingen, verließ Bergmark erst 1962 seine Heimat und wechselte für zwei Jahre zum AS Rom. Er bestritt 94 Länderspiele in seiner Laufbahn. Von 1966 bis 1970 war Bergmark schwedischer Nationaltrainer, schied mit den „Tre Kronors" aber bei der Weltmeisterschaft 1970 bereits in der Vorrunde aus und wurde 2003 in die Ruhmeshalle des schwedischen Fußballs aufgenommen.

Geburtsdatum:	16. November 1930 † 10. Mai 2004
Geburtsland:	Schweden
Stationen:	Örebro SK, AIK Solna, AS Rom
WM-Spiele:	6
WM-Tore:	–
Länderspiele:	94
Tore:	–
WM-Teilnahmen:	1958

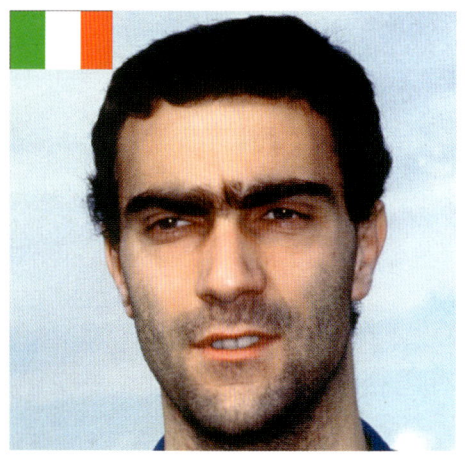

Giuseppe „Peppe" Bergomi

Mit 13 Jahren wechselte er zu Inter Mailand und beendete nach 519 Ligaspielen seine Karriere bei Internazionale. Giuseppe Bergomi stand bereits 1982, mit 18 Jahren, mit Italien im WM-Finale gegen Deutschland (3:1) und war damit der Benjamin im Team der Azzurri. Zum Stammspieler avancierte er in der zweiten Finalrunde. Auch bei den WM-Endrunden 1986, 1990 und sogar 1998 stand der Dauerbrenner im Kader der italienischen Auswahl. Sein letztes WM-Spiel absolvierte der eisenharte Abwehrspieler im Viertelfinale von Paris St. Denis gegen Frankreich (3:4 n.E.). Seine Vereinskarriere (758 Spiele, Vereinsrekord) krönte Bergomi mit dem Gewinn der Italienischen Meisterschaft 1989 und drei UEFA-Cup-Siegen 1991, 1994 und 1998.

Geburtsdatum:	22. Dezember 1963
Geburtsland:	Italien
Stationen:	Inter Mailand
WM-Spiele:	16
WM-Tore:	–
Länderspiele:	81
Tore:	6
WM-Teilnahmen:	1982, 1986, 1990, 1998

Thomas Berthold

Den ersten internationalen Einsatz in einem Länderspiel hatte der Defensivspezialist am 29. Januar 1985 in Hamburg gegen Ungarn, das die deutsche Mannschaft mit 0:1 verlor. Unvergessen bleibt Bertholds Rote Karte im WM-Viertelfinale von Monterrey 1986 nach einer Tätlichkeit. Bei 40 Grad Hitze mussten seine Teamkameraden gegen Gastgeber Mexiko zu zehnt die Kastanien aus dem Feuer holen, was gelang. Erst im Finale unterlagen Deutschland und die Entdeckung Berthold den Argentiniern. Die Revanche gelang vier Jahre später. Der Verteidiger wurde Weltmeister 1990 – gegen Argentinien. Mit seinen Vereinen Eintracht Frankfurt, Hellas Verona, AS Rom, Bayern München und VfB Stuttgart gewann Thomas Berthold aber nicht mehr als den DFB-Pokal mit Stuttgart 1997. 2001 beendete er seine aktive Karriere beim türkischen Klub Adanaspor.

Geburtsdatum:	12. November 1964
Geburtsland:	Deutschland
Stationen:	Eintracht Frankfurt, Hellas Verona, AS Rom, FC Bayern München, VfB Stuttgart, Adanaspor
WM-Spiele:	18
WM-Tore:	–
Länderspiele:	62
Tore:	1
WM-Teilnahmen:	1986, 1990, 1994

Nicola Berti

Er begann als Mittelfeldmann seine Karriere bei Parma und wechselte danach zu Florenz, um bei Inter Mailand eine große Karriere zu machen. In seinen zehn Jahren im Norden Italiens wurde Nicola Berti 1989 Italienischer Meister und gewann 1991 sowie 1994 den UEFA-Cup. Dabei gelang Berti in einem der jeweils zwei Finalspiele ein Treffer. 1997 stand er erneut im UEFA-Cup-Finale. Diesmal gegen Schalke 04. „Auf Schalke" zog er sich den Zorn der deutschen Zuschauer zu – aufgrund seines Nachnamens. Weil sein Namensvetter, Bundestrainer Berti Vogts, nicht ins Parkstadion gekommen war, um Schalkes Nationalspieler Thomas Linke zu beobachten, riefen sie bei der Einwechslung von Nicola Berti unaufhörlich „Berti raus". Der Abwehrspieler wurde 1994 mit Italien Vizeweltmeister und kam in den USA auf sieben Einsätze. Vier Jahre zuvor holte sich Berti beim WM-Turnier im eigenen Land die Bronzemedaille: Im Spiel um Platz 3 gelang ein 2:1-Erfolg gegen England.

Geburtsdatum:	14. April 1967
Geburtsland:	Italien
Stationen :	AC Parma, AC Florenz, Inter Mailand
WM-Spiele:	11
WM-Tore:	–
Länderspiele:	31
Tore:	3
WM-Teilnahmen:	1990, 1994

Daniel Ricardo Bertoni

Zusammen mit Mario Kempes wurde er zum großen Helden des WM-Finales 1978. Daniel Bertoni (damals bei Independiente Buenos Aires) schoss im Finale gegen die Niederlande in der Verlängerung das entscheidende 3:1 und löste damit im Land der Gastgeber unbeschreibliche Jubelfeiern aus. Wie schon 1978 erzielte er auch bei der WM 1982 zwei Tore für Argentinien (beim 4:1 gegen Ungarn und beim 2:0 gegen Neuling El Salvador). In seiner aktiven Laufbahn bestritt er 406 Ligaspiele und schoss 145 Tore.

Geburtsdatum:	14. März 1955
Geburtsland:	Italien
Stationen :	Independiente Buenos Aires, FC Sevilla, AC Florenz, SSC Neapel, Udinese Calcio
WM-Spiele:	11
WM-Tore:	4
Länderspiele:	31
Tore:	12
WM-Teilnahmen:	1978, 1982

Wladimir Bestschastnich

In seinen vier WM-Spielen für Russland erzielte Wladimir Bestschastnich einen Treffer – das 1:1 im Vorrundenspiel gegen Belgien (Endstand 2:3). Bestschastnich war mit hohen Vorschusslorbeeren zu dem Turnier nach Asien gereist. Umso enttäuschender war für ihn das Ausscheiden nach der Vorrunde. Nach der WM wechselte er zum türkischen Meister Fenerbahçe. In der deutschen Bundesliga hatte Bestschastnich zuvor in 56 Spielen elf Tore für Werder Bremen geschossen und wurde 1995 Vizemeister mit den Hanseaten.

Geburtsdatum:	1. April 1974
Geburtsland:	Russland
Stationen:	Spartak Moskau, Werder Bremen, Fenerbahçe Istanbul
WM-Spiele:	4
WM-Tore:	1
Länderspiele:	71
Tore:	26
WM-Teilnahmen:	1994, 2002

Wladimir Bessonov

Das Jahr 1986 war „sein" Jahr. Zuerst gewann Wladimir Bessonov mit der großartigen Mannschaft von Dynamo Kiev den Europapokal der Pokalsieger. Unter Trainer Valeri Lobanovski gewannen die Dynamos das Finale gegen Atlético Madrid mit 3:0. Bei der Weltmeisterschaft 1986 zog Bessonov mit der Sowjetunion nach zwei überzeugenden Leistungen gegen Ungarn (6:0) und Frankreich (1:1) ins Achtelfinale ein und scheiterte erst in der Verlängerung (2:2 nach 90 Minuten) mit 3:4 an Belgien. Seine Weltmeisterschaftskarriere endete mit einer Roten Karte bei der 0:2-Niederlage gegen Argentinien in der Vorrunde 1990.

Geburtsdatum:	5. März 1958
Geburtsland:	Sowjetunion
Stationen:	Dynamo Kiev
WM-Spiele:	10
WM-Tore:	–
Länderspiele:	85
Tore:	5
WM-Teilnahmen:	1982, 1986, 1990

George „The Beatle" Best

In 37 Länderspielen erzielte er neun Tore für Nordirland. 1968 wurde George Best „Europas Fußballer des Jahres". Im gleichen Jahr gewann das Enfant terrible des britischen Fußballs mit Manchester United den Europapokal der Landesmeister. 1965 und 1967 wurde er Englischer Meister. Leider brachte ihn seine Alkoholsucht ständig in die Schlagzeilen, auch nach seiner aktiven Zeit. 2002 überstand er eine Lebertransplantation, verlor aber 2004 wegen Trunkenheit am Steuer seinen Führerschein für 20 Monate.

Geburtsdatum:	22. Mai 1946 † 25. November 2005
Geburtsland:	Nordirland
Stationen:	Manchester United
WM-Spiele:	–
WM-Tore:	–
Länderspiele:	37
Tore:	9
WM-Teilnahmen:	–

Antonio Betancort

Er stand im Tor des „weißen Balletts", das von 1964 bis 1969 viermal Spanischer Meister wurde. Im Team mit den Stars Amancio, Miera, Pirri, Valazquez und Grosso stieg Antonio Betancort zu einem der weltbesten Torhüter auf. Einen Eindruck seiner Klasse konnte sich auch der damalige Deutsche Meister 1860 München verschaffen, als er im November 1966 mit 1:0 und 1:3 im Europapokal der Landesmeister gegen den Titelverteidiger Real unterlag. Die Generation Betancorts war die erste Mannschaft Reals, die nach dem Weggang von Alfredo di Stefano, die Erfolgsserie der Königlichen fortsetzte.

Geburtsdatum:	13. März 1938
Geburtsland:	Spanien
Stationen:	Real Madrid
WM-Spiele:	–
WM-Tore:	–
Länderspiele:	2
Tore:	–
WM-Teilnahmen:	1966

Roberto „Beto" Luis Severo

Sie waren als einer der Turnierfavoriten angereist und mussten nach der Vorrunde schon ihre Koffer packen. Roberto Beto erlebte mit den Portugiesen eine enttäuschende WM 2002. Die für ihn mit einer Gelb-Roten Karte in der 66. Minute des letzten Gruppenspiels gegen Südkorea endete – beim Spielstand von 0:0. Portugal verlor durch ein Tor von Ji Sung Park (70. Min.) mit 0:1. Schon ein Remis hätte zum Einzug ins Achtelfinale gereicht. Da waren es nur noch neun: Zuvor hatte Betos Teamkamerad Joao Pinto bereits „Rot" gesehen (27. Min.). Im Verein war Beto erfolgreicher: Mit Sporting Lissabon holte er 2000 und 2002 die portugiesische Meisterschaft.

Geburtsdatum:	3. Mai 1976
Geburtsland:	Portugal
Stationen:	Sporting Lissabon
WM-Spiele:	3
WM-Tore:	1
Länderspiele:	31
Tore:	2
WM-Teilnahmen:	2002

Roberto Bettega

Er war mit Juventus Turin zwischen 1971 und 1983 siebenmal Italienischer Meister und gewann 1977 den UEFA-Pokal. In seinen 41 Länderspielen erzielte Roberto Bettega 19 Tore. Er beendete seine Karriere allerdings mit einer bitteren Niederlage: Im Finale des Europapokals der Landesmeister unterlag die favorisierte „alte Dame" Juve mit 0:1 (0:1) gegen den Hamburger SV. Enttäuschend endete für Linksaußen Bettega auch die Weltmeisterschaft 1978. Nach vier Siegen und einem Remis bescherte die Niederlage gegen Holland (1:2) in der zweiten Finalrunde den Italienern „nur" das Spiel um Platz 3. Das ging gegen Brasilien ebenfalls mit 1:2 verloren.

Geburtsdatum:	27. Dezember 1950
Geburtsland:	Italien
Stationen:	Juventus Turin
WM-Spiele:	7
WM-Tore:	2
Länderspiele:	41
Tore:	19
WM-Teilnahmen:	1978

Luigi di Biagio

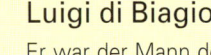

Er war der Mann der wichtigen Tore. Luigi di Biagio erzielte in den Vorrunden der WM 1998 und der EM 2000 jeweils das 1:0 für Italien – beim 3:0 gegen Kamerun und beim 2:1 gegen Schweden. Das Spiel gegen Kamerun war für den „Nobody" erst das fünfte Länderspiel. Er war nur als Ersatz für di Matteo in die Startelf gerückt. Als Vereinsspieler vagabundierte di Biagio durch die Serie A. Für Lazio, Monza, Foggia, Roma, Inter und Brescia schnürte er die Stiefel. Mit Inter Mailand wurde er 2003 Vizemeister in Italien.

Geburtsdatum:	3. Juni 1971
Geburtsland:	Italien
Stationen:	Inter Mailand, Brescia Calcio
WM-Spiele:	6
WM-Tore:	1
Länderspiele:	31
Tore:	2
WM-Teilnahmen:	1998, 2002

Josef „Pepi" Bican

Josef Bican wurde als Sohn tschechischer Eltern in Wien geboren und hat sowohl den österreichischen als auch den tschechischen Fußball repräsentiert. In seiner aktiven Karriere schoss er angeblich über 5000 Treffer. Dafür bekam er 1997 in München von der Internationalen Organisation der Fußballhistoriker neben dem Brasilianer Pelé und dem Hamburger Uwe Seeler die Trophäe für den weltbesten Torjäger des 20. Jahrhunderts überreicht. Neben Rapid Wien spielte Bican auch für Admira Wien, das österreichische „Wunderteam", und ab 1937 für Slavia Prag.

Geburtsdatum:	25. September 1913
	† 12. Dezember 2001
Geburtsland:	Österreich
Stationen:	Rapid Wien, Admira Wien
WM-Spiele:	4
WM-Tore:	1
Länderspiele:	35
Tore:	32
WM-Teilnahmen:	1934

Alfred „Fredel" Bickel

Ein Leben lang Grasshoppers Zürich. Alfred Bickel kam mit 17 Jahren von seinem Heimatverein Seebach zu den Hoppers (Ablöse: 3000 Franken). Von 1934 bis 1956 bestritt der Stürmer 400 Ligaspiele für die Züricher und schoss 202 Tore. Damit trug er zu sieben Meisterschaften und acht Pokalsiegen bei. Bickel trug bei den WMs 1938 und 1950 das Trikot der Schweiz. Im Wiederholungsspiel des Achtelfinales gegen Deutschland 1938 erzielte er beim 4:2-Erfolg der Schweizer den Ausgleich zum 2:2.

Geburtsdatum:	12. Mai 1918
	† 18. August 1999
Geburtsland:	Deutschland
Stationen:	Grasshoppers Zürich
WM-Spiele:	5
WM-Tore:	1
Länderspiele:	71
Tore:	15
WM-Teilnahmen:	1938, 1950

Michal Bilek

Er war der Elfmeterspezialist der Tschechen bei der WM 1990 und hatte großen Anteil am Einzug ins Viertelfinale: Michal Bilek (Sparta Prag) verwandelte in der Vorrunde die Strafstöße zum 2:0 gegen die USA (Endstand 5:1) und 1:0 gegen Österreich (1:0). Im Viertelfinale gegen Deutschland (0:1) wechselte ihn Trainer Dr. Jozef Venglos in der 67. Minute beim Stand von 0:1 aus. Bilek wechselte nach der WM zu Betis Sevilla nach Spanien.

Geburtsdatum:	13. April 1965
Geburtsland:	Tschechien
Stationen:	Sparta Prag, Betis Sevilla, Chmel Blsany
WM-Spiele:	5
WM-Tore:	2
Länderspiele:	35
Tore:	11
WM-Teilnahmen:	1990

Oliver Bierhoff

Er erzielte das erste „Golden Goal" in der Geschichte der Europameisterschaften. Mit seinem Tor zum 2:1 in der Verlängerung gegen Tschechien schoss Oliver Bierhoff Deutschland zum Gewinn der EM 1996 in England. Seine größten Vereinserfolge feierte Bierhoff in Italien: In 220 Serie-A-Spielen schoss der Mittelstürmer 104 Tore und wurde 1998 im Trikot von Udinese Calcio Torschützenkönig. Nach seinem Wechsel zum AC Mailand wurde Bierhoff 1999 Italienischer Meister. In 70 Länderspielen erzielte er 37 Treffer für Deutschland.

Geburtsdatum:	1. Mai 1968
Geburtsland:	Deutschland
Stationen:	Bayer Uerdingen, AC Mailand, AS Monaco
WM-Spiele:	10
WM-Tore:	4
Länderspiele:	70
Tore:	37
WM-Teilnahmen:	1998, 2002

BIN – BIN

Franz „Bimbo" Binder

Der Mittelstürmer und Torjäger von Rapid Wien brach in den 30er- und 40er-Jahren alle Rekorde in Österreich und vollführte später in Deutschland ein Husarenstück. In 756 Meisterschafts- und Pokalspielen erzielte der fast zwei Meter große Schlacks 1006 Tore. „Bimbo" Binder war nicht der große Techniker, sondern lebte von seiner Schussstärke und von seiner Körpergröße – im Kopfballspiel konnte ihm kein Verteidiger das Wasser reichen. „Bimbo" wurde sechsmal mit Rapid Wien Österreichischer Meister und 1941 gar Deutscher Meister. Im Endspiel um die deutsche Meisterschaft in Berlin führte Schalke 04 bereits mit 3:0, ehe Binder und seine Jungs das Spiel noch sensationall drehen konnten. Nicht weniger als drei Treffer erzielte der physisch äußerst robuste Sturmführer beim 4:3-Triumph seiner Rapidler gegen die Knappen aus dem Kohlenpott.

Geburtsdatum:	1. Dezember 1911
	† 24. April 1989
Geburtsland:	Österrreich
Stationen:	Rapid Wien
WM-Spiele:	–
WM-Tore:	–
Länderspiele:	28
Tore:	26
WM-Teilnahmen:	–

William „Billy" Laurie Bingham

Sein erstes Länderspiel hatte der Ire am 12. Mai 1951 in Belfast gegen Frankreich. Als Spieler zog er mit der Elf von der grünen Insel 1958 sogar ins Viertelfinale ein. Als Trainer führte er Nordirland zu den Weltmeisterschaften 1982 und 1986. William Bingham – ohne ihn blieben die Pforten zur WM-Qualifikation für Nordirland stets geschlossen. Der Stürmer des FC Sunderland trug 1958 in Schweden mit zwei Torvorlagen dazu bei, dass Nordirland dem Titelverteidiger Deutschland ein 2:2 abtrotzte. In Spanien 1982 gelang aufgrund eines 1:0-Siegs über den Gastgeber sensationell der Einzug in die zweite Runde. Seine internationale Karriere beendete der erfolgreiche Spieler in London gegen England (3:8).

Geburtsdatum:	5. August 1931
Geburtsland:	Nordirland
Stationen:	FC Sunderland, Luton Town
WM-Spiele:	5
WM-Tore:	–
Länderspiele:	56
Tore:	10
WM-Teilnahmen:	1958

Herbert Binkert

Der erfolgreichste Schütze in der kurzen Geschichte der saarländischen Fußball-Nationalmannschaft (1950–1956) führte sein Team in der WM-Qualifikation 1954 zum Sieg in Norwegen (3:2). Gegen Deutschland schied das Team von Trainer Helmut Schön dann jedoch aus – der spätere Weltmeister gewann in Saarbrücken mit 3:1. Binkert erzielte in seinen 14 Jahren beim 1. FC Saarbrücken 125 Tore in 207 Spielen.

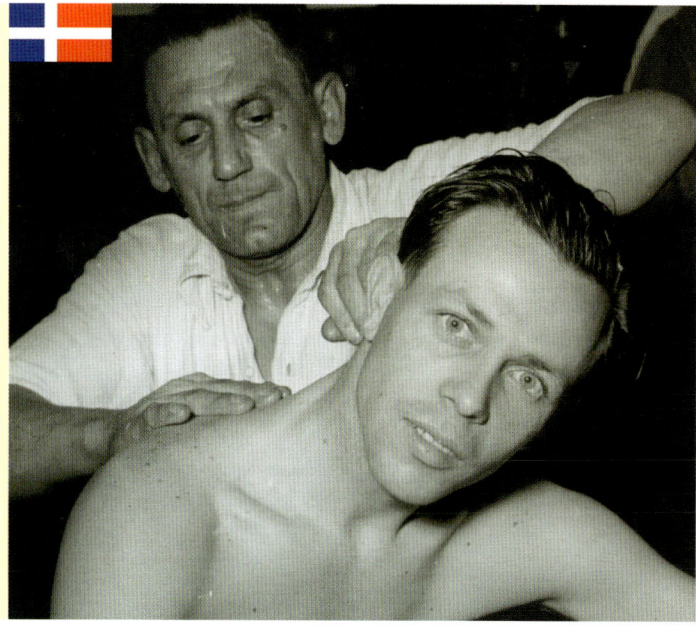

Geburtsdatum:	3. September 1923
Geburtsland:	Deutschland
Stationen:	VFB Stuttgart, 1. FC Saarbrücken
WM-Spiele:	–
WM-Tore:	–
Länderspiele:	12
Tore:	6
WM-Teilnahmen:	–

Laurent „Le Président" Blanc

Um die Teilnahme am WM-Finale 1998 hatte er sich selbst gebracht. Laurent Blanc (Olympique Marseille) war im Endspiel gesperrt, weil er sich im Halbfinale gegen Kroatien zu einer Tätlichkeit hinreißen ließ. Blanc holte seinen persönlichen Triumph zwei Jahre später nach: Bei der EM 2000 führte er die Franzosen zum Titelgewinn und erzielte im ersten Spiel gegen Dänemark (Endstand 3:0) das 1:0 für Frankreich. Blanc war 1999 zu Inter Mailand und 2001 weiter zu Manchester United gewechselt, wo er 2003 Englischer Meister wurde.

Geburtsdatum:	19. November 1965
Geburtsland:	Frankreich
Stationen:	SC Montpellier, Olympique Marseille, Manchester Utd.
WM-Spiele:	5
WM-Tore:	1
Länderspiele:	97
Tore:	16
WM-Teilnahmen:	1998

Robert „Danny" Denis Blanchflower

Er war der Kapitän der großen Mannschaft der Tottenham Hotspur, die 1961 das Double an die White Hart Lane holte. Zusammen mit Dave Mackay and John White bildete Robert Blanchflower eine der stärksten Mittelfeldreihen, die es im britischen Vereinsfußball je gegeben hat. 1958 und 1961 wurde er Englands Fußballer des Jahres. Bei der WM 1958 führte er Nordirland ins Viertelfinale. Nach neun Jahren in Tottenham verabschiedete sich der gebürtige Belfaster 1963 mit dem Gewinn des Europapokals der Pokalsieger aus London und arbeitete als Journalist für Zeitschriften, für Funk und Fernsehen.

Geburtsdatum:	10. Februar 1926
	† 9. Dezember 1993
Geburtsland:	Nordirland
Stationen:	Tottenham Hotspur
WM-Spiele:	5
WM-Tore:	–
Länderspiele:	56
Tore:	2
WM-Teilnahmen:	1958

Cuauhtemoc Blanco

„Cuauhteminha" nennt er seinen Trick. Er klemmt den Ball zwischen die Füße und überspringt einen Gegenspieler. Cuauhtemoc Blanco (FC America) wagt dies nicht nur im Training, sondern auch bei einer WM – im Auftaktspiel 2002 gegen Kroatien zum Beispiel in der 40. Minute. Kurze Zeit später wurde der trickreiche Offensivspieler von Boris Zivkovic im Strafraum gefoult – und verwandelte den Elfmeter zum 1:0-Siegtor (60.). Blanco hatte auch bei der WM 1998 ein Tor auf dem Weg ins Achtelfinale geschossen: den Treffer zum 2:2-Endstand gegen Belgien.

Geburtsdatum:	17. Januar 1973
Geburtsland:	Mexiko
Stationen:	FC America, Real Valadolid
WM-Spiele:	8
WM-Tore:	2
Länderspiele:	85
Tore:	30
WM-Teilnahmen:	1998, 2002

Oleg „Blokha" Blokhin

Sein Name war untrennbar mit dem Verein Dynamo Kiev verbunden. „Blokha" stand für zwei große Epochen im sowjetischen Vereinsfußball. 1975 gewann Kiev unter seiner Ägide den Europapokal der Pokalsieger. Im gleichen Jahr wurde er „Europas Fußballer des Jahres". Trotz schwerer Verletzungen, wie z.B. 1979 und 1985, schaffte er immer wieder den Weg zurück zur alten Form. Das Kunststück von 1975 wiederholte er 1986, als Kiev erneut den Pokal der Pokalsieger gewann. Sieben Meisterschaften holte der Weltklassestürmer und dreimal den nationalen Pokal. Bei den Weltmeisterschaften 1982 und 1986 lieferte er blendende Leistungen, ohne allerdings die ganz großen Erfolge landen zu können. Als Trainer führte er die Ukraine zur WM-Endrunde 2006 in Deutschland.

Geburtsdatum:	5. November 1952
Geburtsland:	Sowjetunion
Stationen:	Dynamo Kiev
WM-Spiele:	7
WM-Tore:	2
Länderspiele:	112
Tore:	42
WM-Teilnahmen:	1982, 1986

BLU – BOB

Josef Blum

Als Österreichs Nationalmannschaft zur Nummer eins in Europa wurde, war er der Kapitän. Josef Blum (Vienna Wien) führte die Mannschaft von „Felix Austria" aufs Feld, als die Mannschaft mit Siegen gegen Frankreich, Schweden, Finnland und Belgien ihre größten Erfolge feierte. Die Siege vor 40.000 Zuschauern im 1921 eröffneten Wiener Stadion „Hohe Warte" gegen Ungarn und die Schweiz sind bis heute legendär. Blum war ein gefürchteter Freistoß- und Elfmeterschütze, der mit beiden Beinen scharf und präzise schießen konnte.

Geburtsdatum:	4. Februar 1898
	† 16. Oktober 1956
Geburtsland:	Österreich
Stationen:	Vienna Wien
WM-Spiele:	–
WM-Tore:	–
Länderspiele:	51
Tore:	3
WM-Teilnahmen:	–

Zvonimir Boban (links)

Er gilt als einer der besten kroatischen Fußballer aller Zeiten. Boban war ein echter Regent im Mittelfeld. An der Seite von Robert Prosinecki führte er Kroatien ins Halbfinale der WM 1998 in Frankreich. Und wird nicht erst seither von den Menschen in seiner Heimat vergöttert. Boban wechselte 1991 nach Italien. Nach einem Jahr beim AS Bari spielte er ab 1992 für den AC Mailand. In seinen zehn Jahren in der Lombardei wurde er viermal Italienischer Meister und gewann 1994 die Champions League.

Geburtsdatum:	8. Oktober 1968
Geburtsland:	Jugoslawien
Stationen:	Dinamo Zagreb, AS Bari, AC Mailand, RC Celta de Vigo
WM-Spiele:	6
WM-Tore:	–
Länderspiele:	37
Tore:	7
WM-Teilnahmen:	1998

Stjepan Bobek

Mit 38 Toren ist er der erfolgreichste Stürmer in der jugoslawischen Länderspielgeschichte. Stjepan Bobek zählte zu den „magischen Vier" der Jugoslawen bei der WM 1950. Gemeint sind die beiden Außenläufer Cajkovski und Djajic sowie die Verbindungsstürmer Mitic und Bobek. Nach zwei Siegen über die Schweiz (3:0) und Mexiko (4:1, Bobek traf zum 1:0) scheiterte Jugoslawien erst durch ein 0:2 gegen Gastgeber Brasilien. An der Seite von Cajkovski war Bobek 1947 und 1948 Jugoslawischer Meister mit Partizan Belgrad geworden.

Geburtsdatum:	3. Dezember 1923
Geburtsland:	Jugoslawien
Stationen:	Partizan Belgrad
WM-Spiele:	5
WM-Tore:	1
Länderspiele:	63
Tore:	37
WM-Teilnahmen:	1950, 1954

Fredi Bobic

Neben Klinsmann hat er das sonnigste Gemüt aller deutschen Fußballer. Auch in Momenten der Niederlage versteht es Bobic, freundlich und souverän zu bleiben. Als der Sohn slowenischer Einwanderer 1994 zum VfB Stuttgart in die Erste Bundesliga wechselte, schoss er in jedem seiner fünf Premierenspiele gleich ein Tor – und schaffte damit den Sprung in die Nationalmannschaft, mit der er 1996 Europameister wurde. Mit dem VfB Stuttgart gewann Bobic 1997 den DFB-Pokal. In der Bundesliga setzte er sich 1996 mit 17 Treffern die Krone des Torschützenkönigs auf.

Geburtsdatum:	30. Oktober 1971
Geburtsland:	Slowenien
Stationen:	Stuttgarter Kickers, VfB Stuttgart, Bor. Dortmund, Bolton Wanderers, Hannover 96, Hertha BSC Berlin
WM-Spiele:	–
WM-Tore:	–
Länderspiele:	37
Tore:	10
WM-Teilnahmen:	–

Alen Boksic (links)

Die Karriere begann mustergültig. Mit 17 spielte Boksic bei Hajduk Split, wurde mit 21 Jugoslawischer Pokalsieger und wechselte im gleichen Jahr nach Frankreich. Dort wurde er 1993, mit 23, Torschützenkönig und Europapokalsieger mit Olympique Marseille. Danach sammelte er vor allem Geld auf seinem Konto. In sechs Jahren Lazio, vier Jahren Middlesbrough und einem Jahr Juventus holte er lediglich 2002 den Scudetto mit Lazio. In seinen drei Einsätzen bei der WM 2002 erzielte Alen Boksic keinen Treffer.

Geburtsdatum:	21. Januar 1970
Geburtsland:	Jugoslawien
Stationen:	O. Marseille, Lazio Rom
WM-Spiele:	3
WM-Tore:	–
Länderspiele:	40
Tore:	10
WM-Teilnahmen:	1990, 2002

Marco Bode

Mit Werder Bremen wurde er Deutscher Meister, Europapokalsieger und dreimal deutscher Pokalsieger. In 379 Bundesligaspielen schoss Marco Bode 101 Tore. Der wichtigste Treffer seiner Laufbahn gelang dem gebürtigen Osteroder jedoch im Nationaltrikot: Im entscheidenden Vorrundenspiel bei der WM 2002 gegen Kamerun erzielte Bode das 1:0 (Endstand: 2:0) und bewahrte Deutschland vor dem drohenden Aus. Bode war schon 1996 Europameister geworden und galt stets als einer der fairsten und charakterstärksten Fußballer in Deutschland.

Geburtsdatum:	23. Juli 1969
Geburtsland:	Deutschland
Stationen:	Werder Bremen
WM-Spiele:	6
WM-Tore:	1
Länderspiele:	40
Tore:	9
WM-Teilnahmen:	2002

Franciscus „Frank" de Boer

Mit Ajax Amsterdam gewann er 1995 die Champions League. Mit dem FC Barcelona wurde er 1999 Spanischer Meister. Frank de Boer hamsterte seine Titel als Vereinsspieler. In der Nationalmannschaft wurde er bei der EM 2000 zum großen Unglücksraben. Im Halbfinale gegen Italien (1:3 i.E.) hielt Toldo zwei seiner Elfmeter: einen in der regulären Spielzeit und einen im Elfmeterschießen. So konnte der Libero seine Leistungen nicht krönen. Bei der WM 1998 hatte Frank de Boer im Elfmeterschießen des Halbfinales gegen Brasilien (3:5 n. E.) noch verwandelt.

Geburtsdatum:	15. Mai 1970
Geburtsland:	Niederlande
Stationen:	Ajax Amsterdam, FC Barcelona
WM-Spiele:	11
WM-Tore:	–
Länderspiele:	112
Tore:	13
WM-Teilnahmen:	1994, 1998

Ronald de Boer

Zusammen mit seinem Zwillingsbruder Frank trug Ronald de Boer von 1983 bis 1999 das Trikot von Ajax Amsterdam. Gemeinsam wechselten sie zum FC Barcelona. Dort trennten sich im Sommer 2000 die Wege. Grund: Ronald wurde nach einer schweren Knieverletzung nicht mehr glücklich, wechselte zu den Glasgow Rangers und wurde 2003 Schottischer Meister. Frank blieb bis 2003 bei den Katalanen und wechselte zu Galatasaray Istanbul. Während Frank als zentraler Mann der Viererabwehrkette glänzte, spielte Ronald seinen Part im Mittelfeld.

Geburtsdatum:	15. Mai 1970
Geburtsland:	Niederlande
Stationen:	Ajax, Twente, Barcelona
WM-Spiele:	9
WM-Tore:	2
Länderspiele:	67
Tore:	13
WM-Teilnahmen:	1994, 1998

BOL – BON

Hristo Bonev

Sein Tor zum 2:0 im WM-Auftaktspiel 1970 gegen Peru ließ für Bulgarien Gutes hoffen. In einer Gruppe mit Deutschland und Marokko standen die Chancen auf den Einzug in die nächste Runde sehr gut. Doch Bonevs Tor reichte nicht – Bulgarien verlor in der zweiten Halbzeit noch mit 2:3 und schied sieglos aus. Auch Bonevs 1:0-Führungstor gegen Uruguay (75.) vier Jahre später in Deutschland brachte nicht den erhofften ersten Sieg bei einer Weltmeisterschaft für Bulgarien. Das Spiel endete 1:1, wieder blieb Bulgarien sieglos. In 410 Erstliga-Einsätzen erzielte Halbstürmer Bonev 206 Tore. Als Trainer coachte er Vereine wie Plovdiv, Panathinaikos Athen, FC Larissa und FC Sachsen Leipzig.

Geburtsdatum: 3. Februar 1947
Geburtsland: Bulgarien
Stationen: ZSKA Sofia, Lokomotive Plovdiv
WM-Spiele: 6
WM-Tore: 2
Länderspiele: 96
Tore: 47 (Landesrekord)
WM-Teilnahmen: 1970, 1974

Göran „Bosse" Bo Larsson

Trainer Georg Ericsson wertete seine Verletzung als Spiel entscheidend. Er musste Göran Bo Larsson, Bundesliga-Profi beim VfB Stuttgart von 1966 bis 1969, im WM-Zwischenrundenspiel Deutschland gegen Schweden 1974 in Düsseldorf in der 32. Minute auswechseln. Schweden führte 1:0 – und verlor am Ende ohne Bo Larsson 2:4. Die Skandinavier schieden mit zwei Siegen, zwei Remis und zwei Niederlagen aus der Weltmeisterschaft aus. Bo Larsson spielte insgesamt 23 Jahre für seinen Heimatverein Malmö FF und wurde sechsmal Schwedischer Meister.

Geburtsdatum: 5. Mai 1944
Geburtsland: Schweden
Stationen: Malmö FF, VfB Stuttgart
WM-Spiele: 11
WM-Tore: –
Länderspiele: 70
Tore: 17
WM-Teilnahmen: 1970, 1974, 1978

Laszlo Bölöni

Es sind zwei Spiele, die in Bölönis Karriere die absoluten Höhepunkte setzten. In der EM-Qualifikation 1983 gewann Rumänien in Bukarest durch ein Tor von Laszlo Bölöni mit 1:0 gegen Italien und qualifizierte sich anstelle des amtierenden Weltmeisters für das EM-Turnier in Frankreich. Zudem führte Bölöni seinen Verein Steaua Bukarest 1986 als Kapitän zum Gewinn des Europapokals der Landesmeister. Steaua gewann das Finale von Sevilla gegen den hohen Favoriten FC Barcelona mit 2:0 n.E. Bölöni scheiterte mit seinem Strafstoß an Barca-Keeper Urruticoechea.

Geburtsdatum: 11. März 1953
Geburtsland: Rumänien
Stationen : Steaua Bukarest
WM-Spiele: –
WM-Tore: –
Länderspiele: 108
Tore: 25
WM-Teilnahmen: –

Rainer Bonhof

1974 war Bonhof mit 22 Jahren Deutschlands jüngster Weltmeister. Viermal Deutscher Meister mit Borussia Mönchengladbach, DFB-Pokalsieger, UEFA-Cup-Sieger, Vizeeuropameister 1976 – als Bonhof 1978 zum FC Valencia wechselte, hatte er schon fast alles gewonnen. Auch in Spanien wurde er Pokalsieger und gewann 1980 den Europapokal der Pokalsieger. Der Mittelfeldmann aus Emmerich war besonders wegen seiner scharfen Freistöße und Ecken gefürchtet.

Geburtsdatum: 29. März 1952
Geburtsland: Deutschland
Stationen: Borussia Mönchengladbach, FC Valencia, 1. FC Köln, Hertha BSC
WM-Spiele: 10
WM-Tore: 1
Länderspiele: 53
Tore: 9
WM-Teilnahmen: 1974, 1978

Zbigniew „Zibi" Kazimierz Boniek

Mit seinen drei Toren zum 3:0-Sieg gegen Belgien schoss er Polen fast im Alleingang ins Halbfinale der Weltmeisterschaft 1982. Boniek war der große Star der polnischen WM-Elf in Spanien und hatte auch beim enttäuschenden Auftritt 1978 in Argentinien mit 22 Jahren bereits zwei Tore für den WM-Dritten von 1974 erzielt. Nach der WM 1982 wechselte der Rotschopf zu Juventus Turin und wurde 1984 Italienischer Meister und gewann 1985 den Europapokal der Landesmeister.

Geburtsdatum:	3. März 1956
Geburtsland:	Polen
Stationen:	Widzew Lodz, Juventus Turin, AS Rom
WM-Spiele:	16
WM-Tore:	6
Länderspiele:	80
Tore:	24
WM-Teilnahmen:	1978, 1982, 1986

Roberto Boninsegna

Für die Fans in Deutschland ist er der „Bad Guy" des Fußballs der frühen 70er-Jahre. Roberto Boninsegna provozierte beim denkwürdigen 1:7 von Inter Mailand bei Borussia Mönchengladbach den Spielabbruch, weil ihn angeblich eine Bierdose verletzt hatte. Inter Mailand hatte das Hinspiel 4:2 gewonnen. Das Wiederholungsspiel endete 0:0, Gladbach schied aus. Bei der WM 1970 traf Boninsegna im Halbfinale zum 1:0 für Italien gegen Deutschland (7. Min.) und im Finale zum 1:1 gegen Brasilien (37. Min.).

Geburtsdatum:	13. November 1943
Geburtsland:	Italien
Stationen:	Potenza, Inter Mailand, Juventus Turin
WM-Spiele:	7
WM-Tore:	2
Länderspiele:	22
Tore:	9
WM-Teilnahmen:	1970, 1974

Giampiero Boniperti

Fünfmal Italienischer Meister und zweimal Pokalsieger mit Juventus Turin – Boniperti war einer der größten Fußballer, die jemals die Farben der „alten Dame" getragen haben. Sein erstes Länderspiel bestritt er am 9. November 1947 in Wien gegen Österreich (1:5). In 444 Meisterschaftsspielen erzielte der blonde Rechtsaußen zwischen 1946 und 61 178 Tore für Juventus. Schönheitsfehler seiner Karriere: Mit der Nationalelf holte er keinen Titel, da die Musik bei großen Turnieren damals in Brasilien, Uruguay, Ungarn und Deutschland spielte.

Geburtsdatum:	4. Juli 1928
Geburtsland:	Italien
Stationen:	Juventus Turin
WM-Spiele:	2
WM-Tore:	1
Länderspiele:	38
Tore:	7
WM-Teilnahmen:	1950, 1954

Hans „Hannes" Bongartz

Es war erst sein zweites Länderspiel, trotzdem scheute sich der Strafstoßspezialist Hannes Bongartz (Schalke 04) nicht, im Elfmeterschießen des EM-Finales 1976 gegen die CSSR anzutreten. Bongartz verwandelte nach Bonhof und Flohe den dritten Elfmeter für Deutschland – und musste kurze Zeit später mit ansehen, wie Uli Hoeneß die deutschen Titelträume in den Nachthimmel von Belgrad schoss. Mit dem 1. FC Kaiserslautern zog Bongartz 1981 ins DFB-Pokalfinale ein. Wegen seiner blonden Haare und langen, schlanken Figur wurde er gerne der „Spargeltarzan" genannt. In 298 Spielen für Schalke und Kaiserslautern erzielte er 39 Tore. Er sah während dieser Zeit 17 Gelbe Karten. Als Vereinstrainer war er nach Beendigung seiner aktiven Fußballerlaufbahn beim 1. FC Kaiserslautern, SG Wattenscheid 09, MSV Duisburg und Borussia Mönchengladbach tätig.

Geburtsdatum:	3. Oktober 1951
Geburtsland:	Deutschland
Stationen:	Schalke 04, 1. FC Kaiserslautern
WM-Spiele:	–
WM-Tore:	–
Länderspiele:	4
Tore:	–
WM-Teilnahmen:	–

Patrick „Packie" Bonner

Mit seinem Verein Celtic Glasgow wurde der Nationaltorhüter zwischen 1978 und 1995 fünfmal Schottischer Meister. Das größte Spiel seiner Karriere spielte Bonner im Achtelfinale der WM 1990 in Italien. Nach dem 0:0 zwischen Irland und Rumänien in der regulären Spielzeit parierte er den Elfmeter von Daniel Timofte, Irland zog ins Viertelfinale gegen Italien (0:1) ein. Bei der EM 1988 und WM 1994 konnte Bonner nach zwei großen Turnieren die Niederlagen gegen Holland (0:1 und 0:2) nicht verhindern. Bis zu seinem Karriereende hat er 642 Spiele absolviert.

Geburtsdatum:	24. Mai 1960
Geburtsland:	Irland
Stationen:	Celtic Glasgow
WM-Spiele:	9
WM-Tore:	–
Länderspiele:	80
Tore:	–
WM-Teilnahmen:	1990, 1994

Daniel Borimirov

Es war Bulgariens sechste Weltmeisterschaftsteilnahme, als den Osteuropäern endlich der erste Sieg gelang. Beim Endrundenturnier 1994 in den USA bezwang Bulgarien Gruppengegner Griechenland mit 4:0. Daniel Borimirov setzte in der 89. Minute den Schlusspunkt unter das Torfestival. Später, im Achtelfinale war der Mittelstürmer von Levski Sofia erneut erfolgreich, als er im Elfmeterschießen gegen Mexiko den zweiten Strafstoß für Bulgarien verwandelte (Endstand: 4:2 n.E.). Danach kam er nicht mehr zum Einsatz, war auch beim 2:1-Erfolg im Viertelfinale gegen Deutschland nur Zuschauer. Borimirov wechselte 1995 zum TSV München 1860, wo er in neun Jahren 214 Bundesligaspiele bestritt (33 Tore).

Geburtsdatum:	15. Januar 1970
Geburtsland:	Bulgarien
Stationen:	TSV München 1860, Levski Sofia
WM-Spiele:	7
WM-Tore:	1
Länderspiele:	69
Tore:	5
WM-Teilnahmen:	1994, 1998

Alexander Borodjuk

Er war 1989 der erste russische Spieler, der nach Deutschland wechselte – zum FC Schalke 04 in die Zweite Bundesliga. Mit insgesamt 29 Toren in 61 Spielen für „Königsblau" war der Olympiasieger von 1988 maßgeblich am Wiederaufstieg der Gelsenkirchener 1991 beteiligt. Zwei Jahre später wechselte der Mittelfeldspieler zum SC Freiburg, mit dem er 1995 sensationell Bundesliga-Dritter wurde. 1994 nahm er für Russland an der Weltmeisterschaft in den USA teil. Borodjuk enttäuschte wie die gesamte russische Mannschaft und kam bei den Niederlagen gegen den späteren Weltmeister Brasilien (0:2) und Schweden (1:3) zum Einsatz.

Geburtsdatum:	30. November 1962
Geburtsland:	Sowjetunion
Stationen:	Dynamo Moskau, Schalke 04, SC Freiburg, Hannover 96
WM-Spiele:	3
WM-Tore:	–
Länderspiele:	15
Tore:	5
WM-Teilnahmen:	1990, 1994

Vujadin Boskov

Für Jugoslawien spielte er 1954 und 1958 die Fußball-WM und scheiterte beide Male im Viertelfinale am gleichen Gegner – Deutschland. 1954 in der Schweiz mit 0:2, vier Jahre später in Schweden mit 0:1. Erfolge hamsterte Boskov als Vereinstrainer. 1980 wurde er mit den „Königlichen" von Real Madrid Spanischer Meister. 1991 gewann er mit Sampdoria Genua den italienischen Scudetto – den einzigen Meistertitel in der Vereinsgeschichte. Zudem holte der Professor für Geschichte und Geographie 1990 den Europapokal der Pokalsieger nach Genua und zog 1992 ins Finale der Champions League ein. Hier unterlag er mit seiner Mannschaft dem FC Barcelona mit 0:1. 1999/2000 trainierte Boskov die jugoslawische Nationalmannschaft.

Geburtsdatum:	16. Mai 1931
Geburtsland:	Jugoslawien
Stationen:	Vojvodina Novi Sad, Sampdoria Genua
WM-Spiele:	7
WM-Tore:	–
Länderspiele:	57
Tore:	–
WM-Teilnahmen:	1954, 1958

René Botteron

Er wurde 1974, 1975 und 1976 mit dem FC Zürich Meister im Land der Eidgenossen. 1977 zog René Botteron mit dem FC Zürich sensationell ins Halbfinale des Europapokals der Landesmeister ein und scheiterte erst am späteren Sieger FC Liverpool. Nach sechs Jahren in Zürich wechselte Botteron zum 1. FC Köln in die Bundesliga. In 65 Länderspielen für die Schweiz schoss der Mittelfeldspieler zwei Tore.

Geburtsdatum:	17. Oktober 1954
Geburtsland:	Schweiz
Stationen:	FC Zürich, 1. FC Köln, 1. FC Nürnberg, FC Basel
WM-Spiele:	–
WM-Tore:	–
Länderspiele:	65
Tore:	2
WM-Teilnahmen:	–

József „Curu" Bozsik

Tür an Tür wuchs er mit Ferenc Puskas auf und blieb ein Leben lang dessen bester Freund. József Bozsik wurde mit 101 Länderspielen (1947 bis 1962) ungarischer Rekordnationalspieler. An der Seite von Puskas zog er 1954 ins WM-Finale von Bern ein und feierte 1953 im so genannten Jahrhundertspiel den 6:3-Sieg der Ungarn in Wembley gegen England. Bozsik wurde 1949, 50, 52, 54 und 55 mit Honvéd Budapest Ungarischer Meister und gewann 1952 die olympische Goldmedaille.

Geburtsdatum:	28. November 1925 † 31. Mai 1978
Geburtsland:	Ungarn
Stationen:	Honvéd Budapest
WM-Spiele:	8
WM-Tore:	1
Länderspiele:	101
Tore:	11
WM-Teilnahmen:	1954, 1958

Liam „Chippy" Brady (rechts)

Er gilt als einer der besten Fußballer Irlands aller Zeiten und war mit 15 bereits Profi, obwohl seine Laufbahn zur Zeit der größten Erfolge der irischen Nationalmannschaft 1988 und 1990 bereits allmählich ausklang. Brady, der begnadete Techniker mit der hohen Stirn, wechselte 1971 von der grünen Insel zu Arsenal London und 1980 weiter zu Juventus Turin. Mit Juventus wurde er 1981 und 1982 Italienischer Meister. Brady schoss in 72 Länderspielen für Irland neun Tore.

Geburtsdatum:	13. Februar 1956
Geburtsland:	Irland
Stationen:	Arsenal London, Juve, Inter, West Ham United
WM-Spiele:	–
WM-Tore:	–
Länderspiele:	72
Tore:	9
WM-Teilnahmen:	–

Maxime Bossis

Mit seinem verschossenen Elfmeter verbaute er sich selbst den möglichen Karrierehöhepunkt. Maxime Bossis scheiterte im Elfmeterschießen des WM-Halbfinales 1982 an Deutschlands Torwart Harald Schumacher und machte den Weg für Horst Hrubesch frei, den entscheidenden Strafstoß zu verwandeln. Der Libero der französischen Nationalmannschaft wurde 1984 Europameister und mit dem FC Nantes 1979 französischer Pokalsieger, 1977, 1980 und 1983 Französischer Meister. In seinen 15 WM-Spielen für Frankreich schoss er ein Tor. In seiner Karriere erzielte er in 502 Ligabegegnungen 20 Tore. Er wurde in den Jahren 1979 und 1981 Fußballer des Jahres in Frankreich.

Geburtsdatum:	26. Juni 1955
Geburtsland:	Frankreich
Stationen :	FC Nantes, Racing Club Paris
WM-Spiele:	15
WM-Tore:	1
Länderspiele:	76
Tore:	2
WM-Teilnahmen:	1978, 1982, 1986

Der ehrgeizige Rebell

„Ich will kein Vorbild sein", so der Leitspruch des Exzentrikers und auch „Buhmanns" Paul Breitner (rechts im Zweikampf mit Harald Irmscher bei der WM 1974). Maul halten und Diplomat sein: Das konnte der Paul nicht. So galt er schnell als Bürgerschreck und Revoluzzer. Und spätestens, als Fotos kursierten, auf denen er mit Mao-Poster über dem Bett die „Peking-Rundschau" las, hatte der den Ruf als linker Rebell weg. Jedoch auch den als ehrgeiziger Spieler: „Ich empfand Lust, mich zu quälen", begründete Breitner sein übergroßes Trainingspensum schon im Jugendalter, wo er ursprünglich als Rechtsaußen fungierte. Doch Udo Lattek holte ihn nach München und schulte ihn flugs zum linken Verteidiger um. Das Ergebnis: Mit 19 Jahren debütierte er in der Nationalmannschaft und war 1972 eine der Stützen des EM-Teams. Seine herrlichen Weitschusstore gegen Chile und Jugoslawien bestätigten seine Weltklasseleistung im folgenden 74er-WM-Turnier – die Krönung seiner Laufbahn. Sieben Meisterschaften insgesamt, zwei mit Real Madrid, konnte er letztlich ebenso vorweisen. Jedoch auch abseits des Rasens sorgte Breitner für Schlagzeilen. In „Potato Fritz" absolvierte der Vollbartträger eine kurze Karriere als Schauspieler. In einer eigenen TV-Serie („Paul Breitners Fußballmagazin") vertrat er lediglich teilweise unpopuläre Meinungen, die er jedoch auch bereit war zu ändern.

BRA – BRE

Cláudio Ibrahim Vaz Leal Branco

Bei der WM 1994 schoss er eines der wichtigsten Tore zum Titelgewinn. Mit einem Freistoß aus 25 Metern traf Branco zum 3:2-Siegtor im Viertelfinale für Brasilien gegen die Niederlande. Im Finale verwandelte der Linksfuß den zweiten Strafstoß zum 2:2. Schon 1986 in Mexiko hatte er als 22-Jähriger im Elfmeterschießen des WM-Viertelfinales gegen Frankreich die Verantwortung übernommen und einen Elfmeter zum 4:4 verwandelt (Endstand 4:5).

Geburtsdatum:	4. April 1964
Geburtsland:	Brasilien
Stationen:	Fluminense Rio de Janeiro, Corinthians São Paulo, New York Metro Stars
WM-Spiele:	12
WM-Tore:	1
Länderspiele:	72
Tore:	10
WM-Teilnahmen:	1986, 1990, 1994

Bernd Bransch

Als Kapitän der DDR-Auswahl tauschte er beim legendären „Brüder-Duell" 1974 gegen die DFB-Auswahl den Wimpel mit Beckenbauer. Bransch (Carl Zeiss Jena) hatte zuvor ausgerechnet im vorentscheidenden WM-Qualifikationsspiel gegen Rumänien mit zwei Freistößen zum 2:0-Endstand seine ersten beiden Länderspieltore erzielt. Nach der WM wechselte Bransch zurück in seine Heimatstadt Halle zum HFC. 1976 gewann er olympisches Gold, 1972 Bronze.

Geburtsdatum:	24. September 1944
Geburtsland:	Deutschland
Stationen:	Carl Zeiss Jena, Hallescher FC
WM-Spiele:	6
WM-Tore:	–
Länderspiele:	72
Tore:	3
WM-Teilnahmen:	1974

Rune „Elch" Bratseth

Es war das Ende einer großen Karriere. Nach dem 0:0 gegen Irland im New Yorker Giants Stadion, seinem 60. Länderspiel, hing Rune Bratseth seine Fußballschuhe an den Nagel. Norwegen war mit vier Punkten nach der Vorrunde der WM ausgeschieden. Gut für die Norweger: Für sie war die Qualifikation schon ein Erfolg. Bratseth hatte zuvor auch als Vereinsspieler viele Erfolge gesammelt. Mit Werder Bremen wurde er 1988 und 1993 Deutscher Meister, 1991 und 1994 Pokalsieger sowie 1992 Europapokalsieger der Pokalsieger.

Geburtsdatum:	19. März 1961
Geburtsland:	Norwegen
Stationen:	Rosenborg Trondheim, Werder Bremen
WM-Spiele:	3
WM-Tore:	–
Länderspiele:	60
Tore:	4
WM-Teilnahmen:	1994

Andreas „Andy" Brehme (hockend, Mitte)

Im Jahre 1984 bestritt er sein erstes Länderspiel gegen Bulgarien (3:2). Zu ewigem Ruhm verhalf ihm Lothar Matthäus. Andreas Brehme durfte im WM-Finale 1990 den Elfmeter schießen, weil der Kapitän zuvor seine Schuhe gewechselt hatte. Brehme steht damit in einer Reihe mit Helmut Rahn und Gerd Müller, die mit ihren Toren Deutschland zum Weltmeister geschossen hatten. Der gebürtige Hamburger war 1989 mit Inter Mailand Italienischer Meister und 1991 UEFA-Cup-Sieger. Er war der wahrscheinlich torgefährlichste linke Außenverteidiger, den Deutschland je hatte. Nach seinem Abschied als Spieler erschien 1998 seine Biographie „Das war's Freunde".

Geburtsdatum:	9. November 1960
Geburtsland:	Deutschland
Stationen:	1. FC Kaiserslautern, FC Bayern München, Inter Mailand, Real Saragossa
WM-Spiele:	16
WM-Tore:	4
Länderspiele:	86
Tore:	8
WM-Teilnahmen:	1986, 1990, 1994

Paul Breitner (stehend, rechts)

Der Weltmeisterschaft 1974 drückte Paul Breitner genauso stark seinen Stempel auf wie Gerd Müller und Franz Beckenbauer. Im Eröffnungsspiel erzielte der Mittelfeld-Rackerer des FC Bayern das 1:0-Siegtor gegen Chile. Auch beim 2:0 gegen Jugoslawien traf er. Im Finale gegen Holland verwandelte er nervenstark den Elfmeter zum 1:1. Breitner wechselte nach der WM als dreifacher Deutscher Meister, Europapokalsieger und Weltmeister für drei Jahre zu Real Madrid (zweimal Meisterschaftsgewinn).

Geburtsdatum:	5. September 1951
Geburtsland:	Deutschland
Stationen:	FC Bayern München, Real Madrid, Eintracht Braunschweig
WM-Spiele:	14
WM-Tore:	4
Länderspiele:	48
Tore:	10
WM-Teilnahmen:	1974, 1982

William John „Billy" Bremner

Er war der Kapitän und Dreh- und Angelpunkt in Schottlands WM-Team 1974. William Bremner (Leeds United) führte die Regie, als die „Bravehearts" hinter Brasilien und Jugoslawien ungeschlagen aus dem Turnier ausschieden. Bremner war 1974 mit seinem Verein Leeds United Englischer Meister (zum zweiten Mal nach 1969) und gewann 1968 und 71 den UEFA-Pokal.

Geburtsdatum:	9. Dezember 1942
	† 7. Dezember 1997
Geburtsland:	Schottland
Stationen:	Leeds United
WM-Spiele:	3
WM-Tore:	–
Länderspiele:	54
Tore:	3
WM-Teilnahmen:	1974

Johannes „Hans" Franciscus van Breukelen

Karteikarten über die Vorlieben von Europas besten Spielern beim Elfmeter halfen dem Torwart, seinen Ruf als Elfmetertöter zu begründen. Karrierehöhepunkt des extrovertierten Keepers war der Gewinn des Europameistertitels 1988 in Deutschland. 1990 bei der Weltmeisterschaft in Italien scheiterte dann Oranje an Deutschland im Achtelfinale und 1992 bei der Europameisterschaft in Schweden war im Halbfinale Endstation für die Niederlande. Gegen die Dänen unterlag Holland mit 6:7 – nach Elfmeterschießen.

Geburtsdatum:	4. Oktober 1956
Geburtsland:	Niederlande
Stationen:	PSV Eindhoven, FC Utrecht
WM-Spiele:	4
WM-Tore:	–
Länderspiele:	73
Tore:	–
WM-Teilnahmen:	1990

Hans-Peter Briegel (Mitte)

Er wollte eigentlich Zehnkämpfer werden. Hans-Peter Briegel, die „Walz aus der Pfalz", wechselte 1973 als achtmaliger Leichtathletik-Jugendmeister zum Fußball und legte eine eindrucksvolle Karriere hin. 1980 mit der Nationalmannschaft Europameister in Italien, 1982 und 1986 Vizeweltmeister, 1984 Wechsel vom 1. FC Kaiserslautern zu Hellas Verona. Gleich in seinem ersten Jahr wurde Briegel sensationell Italienischer Meister.

Geburtsdatum:	11. Oktober 1955
Geburtsland:	Deutschland
Stationen:	1. FC Kaiserslautern, Hellas Verona, Sampdoria Genua
WM-Spiele:	13
WM-Tore:	–
Länderspiele:	72
Tore:	4
WM-Teilnahmen:	1982, 1986

Thomas Brolin

Bei der EM 1992 im eigenen Land war er der große Volksheld. Thomas Brolin schoss die Schweden mit seinen Siegtoren zum 1:0 gegen Dänemark und 2:1 gegen England ins Halbfinale gegen Deutschland. Dort verwandelte Brolin gegen Bodo Illgner einen Elfmeter zum zwischenzeitlichen 1:2. Bei der WM 1994 in den USA spielte Brolin überragend, erzielte drei Tore und belegte mit den „Tre Kronors" am Ende Rang drei. Mit AC Parma gewann er 1993 den Europapokal der Pokalsieger und 1995 den UEFA-Pokal.

Geburtsdatum: 29. November 1969
Geburtsland: Schweden
Stationen: IFK Norrköping, AC Parma, Leeds Utd., FC Zürich
WM-Spiele: 10
WM-Tore: 4
Länderspiele: 47
Tore: 26
WM-Teilnahmen: 1990, 1994

Rudi Brunnenmeier

Die großen Erfolge des TSV 1860 München sind eng verknüpft mit seinem Namen: Rudi Brunnenmeier wurde 1966 mit den „Löwen" Deutscher Meister, 1964 Pokalsieger und zog 1965 ins Endspiel um den Europapokal der Pokalsieger ein (0:2 gegen West Ham United). 1965 wurde Brunnenmeier, neben Towart „Radi" Radenkovic, absoluter Publikumsliebling im Stadion an der Grünwalder Straße, mit 24 Toren Bundesliga-Torschützenkönig. Das WM-Qualifikationsspiel Deutschland gegen Schweden im November 1964 war das erste der fünf Länderspiele Brunnenmeiers. Beim 1:1 war er der Schütze des Führungstreffers. Bis heute hält er beim TSV 1860 den einsamen Vereinsrekord mit 66 Bundesligatoren. Nach seinem Abschied von den „Löwen" 1968 folgte ein kontinuierlicher Abstieg mit weniger erfolgreichen Stationen in Österreich und der Schweiz. Zuletzt wohnte Brunnenmeier in einer Sozialwohnung in Olching bei München. 2003 verstarb er an Krebs.

Geburtsdatum: 11. Februar 1941
† 20. April 2003
Geburtsland: Deutschland
Stationen: TSV 1860 München
WM-Spiele: –
WM-Tore: –
Länderspiele: 5
Tore: 3
WM-Teilnahmen: –

Martin Buchan (links)

Nachdem er im Februar 1972 für 125.000 Pfund vom FC Aberdeen, dem Klub seiner Heimatstadt, nach England zu Manchester United wechselte, wurde Martin Buchan schnell zum Publikumsliebling im Old Trafford Stadion. Im FA-Cup-Finale 1977 gegen den FC Liverpool legte der Abwehrspieler Stürmerstar Kevin Keegan an die Kette und feierte mit dem Pokalsieg den größten Erfolg seiner Karriere. Mit der schottischen Nationalmannschaft spielte Buchan die Weltmeisterschaften 1974 in Deutschland und 1978 in Argentinien. Beide Male schieden die „Bravehearts" in der Vorrunde aus. Bereits 1984 beendete Martin Buchan seine Karriere wegen lange anhaltender Verletzungen. Insgesamt absolvierte er 455 Spiele für Manchester United und erzielte dabei vier Tore.

Geburtsdatum: 6. März 1949
Geburtsland: Schottland
Stationen: FC Aberdeen, Manchester United
WM-Spiele: 5
WM-Tore: –
Länderspiele: 34
Tore: –
WM-Teilnahmen: 1974, 1978

Guido „Diego" Buchwald

Er galt als ungelenk und hüftsteif. Als Fußball-Arbeiter, nicht als großer Techniker. Teamchef Franz Beckenbauer strich den Abwehrspieler 1986 auf den letzten Drücker aus dem Kader für die WM in Mexiko. Bei der WM 1990 in Italien schließlich strafte Guido Buchwald seine Kritiker Lügen. Mit einem eleganten Dribbling inklusive Übersteiger bereitete er im Achtelfinale gegen Holland (2:1) das 1:0 durch Jürgen Klinsmann vor und war einer der überragenden Spieler auf dem Weg zum WM-Titel. Seither trug er den Spitznamen „Diego" in Anlehnung an den brillanten Techniker Diego Maradona. Mit seinem Verein VfB Stuttgart wurde Buchwald 1984 und 1992 Deutscher Meister. Für letzteren Titel war nur er selbst verantwortlich. Buchwalds Kopfball im Leverkusener Ulrich Haberland-Stadion vier Minuten vor Schluss zum 2:1-Endstand sicherte den Schwaben im Ferndell mit Frankfurt und Dortmund den Gewinn der „Salatschüssel". 1994 ging der gebürtige Berliner für drei Jahre nach Japan zu den Urawa Red Diamonds. Seine letzte Saison als Profi absolvierte er schließlich 1998/99 beim Karlsruher SC.

Geburtsdatum:	24. Januar 1961
Geburtsland:	Deutschland
Stationen:	VfB Stuttgart, Karlsruher SC
WM-Spiele:	10
WM-Tore:	–
Länderspiele:	76
Tore:	4
WM-Teilnahmen:	1990, 1994

Gianluigi „Gigi" Buffon

Mit 27 Paraden wehrte er die meisten Schüsse der WM 2006 ab und war zusammen mit Jens Lehmann der beste Keeper des Turniers. In sieben Spielen konnte Italiens Weltmeistertorwart nur durch ein Eigentor (Zaccardo gegen die USA) und vom Elfmeterpunkt (Zidane im Finale) bezwungen werden. Während der Endrunde in Deutschland zeigte Buffon, warum Juventus Turin 2001 52 Millionen Euro an Parma zahlte und ihn damit zum teuersten Torhüter der Geschichte machte. Mit seinem alten Klub gewann er 1999 den UEFA-Pokal, mit seinem neuen 2003, 05 und 06 die italienische Meisterschaft. 2003 unterlag er mit Juve im Finale der Champions League und wurde erstmals Welttorhüter des Jahres. 2004 fiel diese Wahl erneut auf ihn. Die brasilianische Fußballlegende Pelé wählte ihn im März 2004 zudem in die Liste der 100 besten noch aktiven Fußballspieler.

Geburtsdatum:	28. Januar 1978
Geburtsland:	Italien
Stationen:	AC Parma, Juventus Turin
WM-Spiele:	11
WM-Tore:	–
Länderspiele:	76
Tore:	–
WM-Teilnahmen:	1998, 2002, 2006

Jaroslav Burgr

Bei der Weltmeisterschaft 1934 kam der Verteidiger von Sparta Prag nur im Halbfinale gegen Deutschland zum Einsatz, weil er sich im Vorfeld des Turniers verletzt hatte. Bei der Endrunde 1938 avancierte Jaroslav Burgr jedoch zu einer der großen Stützen in der tschechischen Abwehr. Im Achtelfinale gewann die Mannschaft mit 3:0 in der Verlängerung gegen die Niederlande. Im Wiederholungsspiel des Viertelfinales gegen Brasilien schieden die Tschechoslowaken allerdings mit 1:2 aus. Es wurde wieder nichts mit dem erhofften Titelgewinn.

Geburtsdatum:	7. März 1906
	† 15. September 1986
Geburtsland:	Tschechoslowakei
Stationen:	Sparta Prag
WM-Spiele:	4
WM-Tore:	–
Länderspiele:	57
Tore:	–
WM-Teilnahmen:	1934, 1938

BUR – BUS

Jorge Luis Burruchaga

Er setzte den Konter mitten ins Herz der deutschen Fußballnation. Mit einem Pass von Diego Maradona lief Jorge Burruchaga (FC Nantes) allein auf Toni Schumacher zu und traf zum 3:2-Sieg für Argentinien (84.). Burruchaga war der ideale Konterstürmer, war im entscheidenden Moment des WM-Endspiels 86 mit Ball schneller als Hans-Peter Briegel ohne Ball. Die „Gauchos" wurden 1986 zum zweiten Mal Weltmeister. Auch bei der Revanche zwischen Deutschland und Argentinien vier Jahre später war Burruchaga erneut als Stammspieler dabei.

Geburtsdatum:	9. Oktober 1962
Geburtsland:	Argentinien
Stationen:	FC Nantes, Independiente
WM-Spiele:	14
WM-Tore:	3
Länderspiele:	59
Tore:	13
WM-Teilnahmen:	1986, 1990

Manfred „Manni" Burgsmüller

In 447 Bundesligaspielen erzielte er 213 Tore für Rot-Weiss Essen, Borussia Dortmund, den 1. FC Nürnberg und Werder Bremen. Burgsmüller war stets als „Schlitzohr" gefürchtet, weil er aus den unmöglichsten Situationen heraus Tore erzielte. Noch mit 38 Jahren wurde „Manni" erstmals in seiner Karriere Deutscher Meister – 1988 mit Werder Bremen. „Oldie but Goldie" war die Devise, nach der Trainer Rehhagel sein Team zusammenstellte.

Geburtsdatum:	22. Dezember 1949
Geburtsland:	Deutschland
Stationen:	Rot-Weiss Essen, Bor. Dortmund, Werder Bremen
WM-Spiele:	–
WM-Tore:	–
Länderspiele:	3
Tore:	–
WM-Teilnahmen:	–

Matthew Busby

Als Aktiver trug der Schotte 1928 bis 1936 die Farben von Manchester City und gewann 1934 den FA-Cup. Bis 1940 beim FC Liverpool, wurde er als Coach später noch erfolgreicher. Mit den „Busby-Babes" holte er 1968 den ersten Europapokal der Landesmeister nach England. Mit ihm als Manager wurde ManU fünfmal Englischer Meister und gewann dreimal den FA-Cup. Busby war bis zu seinem Tod Präsident von ManU.

Geburtsdatum:	26. Mai 1909
	† 20. Januar 1994
Geburtsland:	Schottland
Stationen:	Manchester City, FC Liverpool
WM-Spiele:	–
WM-Tore:	–
Länderspiele:	1
Tore:	–
WM-Teilnahmen:	–

Emilio „El Buitre" Santos Butragueño (rechts)

Der Mittelstürmer wurde „El Buitre" genannt – der Geier. Er debütierte international am 17. Oktober 1984 in Sevilla gegen Wales (3:0). Emilio Butragueño wurde mit Real Madrid fünfmal in Folge Spanischer Meister (von 1986 bis 90). 1985 und 86 gewann Butragueño mit den „Königlichen" den UEFA-Pokal. Sein bestes Spiel jedoch bestritt der Madrider im Trikot der Nationalmannschaft. Im Achtelfinale der Weltmeisterschaft 1986 erzielte er vier Tore beim 5:1-Sieg über die bis dahin ungeschlagenen Dänen. Hinter Gary Lineker wurde Butragueño mit fünf Treffern zweitbester Torschütze des Weltturniers. Seine Karriere beendete der Torschützenkönig (1991) im Jahre 1998 in Mexiko. Im Sommer 2004 wurde er Nachfolger des Sportdirektors Valdano bei Real Madrid.

Geburtsdatum:	22. Juli 1963
Geburtsland:	Spanien
Stationen:	Real Madrid, Atlético Celaya
WM-Spiele:	9
WM-Tore:	5
Länderspiele:	69
Tore:	26
WM-Teilnahmen:	1986, 1990

Johann „Schani" Buzek

Schon mit 18 Jahren war er Torschützenkönig in Österreich. Johann Buzek erzielte in der Saison 1955/56 33 Treffer für seinen Heimatverein Vienna Wien. 1958 bei der Weltmeisterschaft in Schweden war der Mittelstürmer bereits Stammspieler. In der schweren Gruppe mit Brasilien, England und der Sowjetunion schied Österreich jedoch sieglos aus. Im Trikot von Austria Wien wurde Buzek 1966 erneut Torschützenkönig in Österreich. Mit einer Bilanz von 229 Toren in 380 Ligaspielen beendete Buzek 1969 seine Spielerlaufbahn in Klagenfurt. Später wurde er Trainer beim Badner SC und Sportdirektor bei Vienna Wien.

Geburtsdatum:	22. Mai 1938
Geburtsland:	Österreich
Stationen:	First Vienna FC, Austria Wien, Wiener SC, FC Dornbirn, Rapid Wien, Vienna Wien, Klagenfurt
WM-Spiele:	3
WM-Tore:	–
Länderspiele:	42
Tore:	9
WM-Teilnahmen:	1958

Nervenstark vom Punkt

Die Entscheidung im WM-Finale 1990 zwischen Deutschland und Argentinien im Stadio Olimpico von Rom fiel vom Strafstoßpunkt aus. Andreas Brehme behielt im Duell mit dem argentinischen Schlussmann Sergio Goycochea die Nerven und verwandelte fünf Minuten vor Spielende jenen Foulelfmeter, den zuvor Rudi Völler in spitzbübischer Manier in einem Zweikampf mit Sensini herausgeholt hatte. Der eigentliche Schütze im deutschen Team musste passen. Bei Lothar Matthäus war am rechten Schuh ein Stück herausgebrochen, sodass der Kapitän die Verantwortung auf Brehme übertrug. Für die Deutschen war es der dritte WM-Triumph und zugleich Genugtuung nach den beiden verlorenen Finales 1982 (gegen Italien 1:3) und 1986 (gegen Argentinien 2:3). Brehme, ein gebürtiger Hamburger, spielte zu Zeiten der ITALIA '90 bei Inter Mailand und war einer von fünf Legionären im deutschen Team, die alle in der italienischen Serie A ihre Brötchen verdienten. Schon 1986 stand der 86-fache Nationalspieler im deutschen Aufgebot und war auch nochmal bei den Titelkämpfen 1994 in den USA dabei, als Deutschland bereits im Viertelfinale gegen Bulgarien die Segel streichen musste.

CAB – CAL

Antonio Cabrini – Marcos Evangelista de Moraes Cafú – Zlatko „Tschik" Cajkovski – Gabriel Humberto Calderon – Tim Cahill – José Antonio Alfaro Camacho – Jorge Navarrete Campos – Claudio Paul Caniggia – José Santiago Canizares – Fabio Cannavaro – Eric Cantona – Fabio Capello – Antonio Carbajal Rodriguez – Ricardo Carvalho – Antonio Careca – Carlos Alberto Torres – Iker Casillas – Héctor Castro – Petr Cech – Antonio Carlos Cerezzo – Julio Cesar – Jan Ceulemans – Bum-Kun Cha – Herbert Chapman – Stéphane Chapuisat – Angelos Charisteas – John William Charles – Jack Charlton – Robert „Bobby" Charlton – José Luis Chilavert – Hector Gonzalez Chumpitaz – Christian Eugen Chivu – Djibril Cissé – Nico Claesen – „Ray" Clemence – Clodoaldo Tavares Santana – Brian Clough – Philip Cocu – Gino Colaussi – Enrique Collar – Fulvio Collovati – Mário Estevez Coluna – Nestor Combin – Edmund Conen – Bruno Conti – Alessandro Costacurta – Hernan Jorge Crespo – Jürgen Croy – „Johan" Cruijff – Pal Csernai – Teofilo Cubillas – Fabio Cudicini – Bernhard Cullmann – Ivan Curkovic – Zoltan Czibor

Antonio Cabrini

Schon in jungen Jahren wagte der Verteidiger den großen Schritt von einem Provinzklub zu einem absoluten Topverein. 1976, mit 19 Jahren, wechselte er von Atalanta Bergamo zu Juventus Turin und wurde für seinen Mut belohnt. In einem Team mit Dino Zoff, Gaetano Scirea und Paolo Rossi gewann er 1981 und 82 zwei seiner insgesamt sechs italienischen Meisterschaften. Das Juve-Quartett bildete 1982 auch das Korsett der Weltmeisterelf. Unter Enzo Bearzot besiegte die Squadra Azzurra nacheinander Argentinien, Brasilien, Polen und Deutschland und wurde zum dritten Mal Weltmeister. Beim 2:1 über Argentinien erzielte Abwehrspieler Cabrini das wichtige 2:0 – zugleich der einzige Treffer in seinen 18 WM-Spielen.

Geburtsdatum:	8. Oktober 1957
Geburtsland:	Italien
Stationen:	US Cremonese, Juventus
WM-Spiele:	18
WM-Tore:	1
Länderspiele:	73
Tore:	9
WM-Teilnahmen:	1978, 1982, 1986

Marcos Evangelista de Moraes Cafú

Als Kapitän führte er Brasilien ins Weltmeisterschaftsfinale 2002. Nach 1994 und 1998 war es für den Rechtsverteidiger vom AS Rom das dritte WM-Finale und der zweite Titelgewinn in acht Jahren. In Rom nannten sie ihn „Il Pendolino", der Pendelzug. Grund: Bei seinen Flankenläufen und Hereingaben hielt er sich fast mehr in der gegnerischen Hälfte als in der eigenen Verteidigung auf. Cafú wurde 2001 mit dem AS Rom Italienischer Meister und wechselte 2003 zum AC Mailand, mit dem er schon im ersten Jahr erneut den Scudetto gewann.

Geburtsdatum:	7. Juni 1970
Geburtsland:	Brasilien
Stationen:	FC São Paulo, Real Saragossa, SE Palmeiras São Paulo, AS Rom, AC Mailand
WM-Spiele:	20
WM-Tore:	–
Länderspiele:	142
Tore:	5
WM-Teilnahmen:	1994, 1998, 2002, 2006

Gabriel Humberto Calderon

Von seinen neun Weltmeisterschaftsspielen bestritt der Angriffsspieler nur eines über die vollen 90 Minuten. Gabriel Calderon wurde von den Trainern Luis Menotti und Carlos Bilardo bei den Weltmeisterschaftsturnieren 1982 und 1990 fünfmal ein- und dreimal ausgewechselt. Nur 1982 in der Zwischenrunde gegen Brasilien erlebte Calderon die 90 Minuten auf dem Spielfeld. Argentinien unterlag mit 1:3 und schied aus. Im Endspiel gegen Deutschland 1990 wechselte ihn Bilardo in der 53. Minute für Burruchaga, den Siegtorschützen von 1986, ein. Argentinien wurde Vizeweltmeister. Calderon arbeitete von 2004 bis Dezember 2005 in Saudi-Arabien.

Geburtsdatum:	7. Februar 1960
Geburtsland:	Argentinien
Stationen:	Independiente, Paris St. Germain
WM-Spiele:	9
WM-Tore:	–
Länderspiele:	23
Tore:	1
WM-Teilnahmen:	1982, 1990

Zlatko „Tschik" Cajkovski

Mit Partizan Belgrad wurde „Tschik" zweimal Jugoslawischer Meister. International spielte er für Kroatien (1942, 43) und für Jugoslawien (ab 1946) und gewann 1948 und 1952 die olympische Silbermedaille. Seine größten Erfolge feierte Cajkovski als Trainer. Mit dem FC Bayern stieg er 1965 in die Bundesliga auf, wurde zweimal Pokalsieger und holte den Europacup der Pokalsieger an die Isar. Den Spitznamen „Tschik" verdankt er seinem kurzen, stämmigen Körperbau: Auf Deutsch heißt „Tschik" Stummel.

Geburtsdatum:	24. November 1923
	† 28. Juli 1998
Geburtsland:	Jugoslawien
Stationen:	HASK Zagreb, Partizan Belgrad, 1. FC Köln, Hapoel Haifa
WM-Spiele:	6
WM-Tore:	–
Länderspiele:	57
Tore:	7
WM-Teilnahmen:	1950, 1954

Tim Cahill

2006 in Deutschland schrieb er Geschichte: Im Auftaktspiel gegen Japan (3:1) schoss er die ersten beiden Tore für Australien bei einer WM. Der Sohn einer Samoanerin und eines Engländers verließ bereits mit 16 seine Heimatstadt Sydney, um im Geburtsland seines Vaters Profifußballer zu werden. Nach sieben Jahren beim Zweitligisten Millwall wechselte Cahill 2004 zum FC Everton und gilt inzwischen als einer der torgefährlichsten Spieler in der Premier League.

Geburtsdatum:	6. Dezember 1979
Geburtsland:	Australien
Stationen:	FC Millwall, Everton
WM-Spiele:	4
WM-Tore:	2
Länderspiele:	27
Tore:	12
WM-Teilnahmen:	2006

José Antonio Alfaro Camacho

Als Spieler war er ein eisenharter Verteidiger. Und auch als Trainer machte er sich einen Namen für seine Kompromisslosigkeit. José Antonio Camacho wurde als Spieler mit Real Madrid achtmal Spanischer Meister und gewann 1985 und 1986 den UEFA-Pokal. Von 1998 bis 2002 trainierte er die spanische Nationalmannschaft. Bei der Europameisterschaft 2000 (gegen Frankreich) und der Weltmeisterschaft 2002 (gegen Südkorea) scheiterte seine Mannschaft jedoch im Viertelfinale.

Geburtsdatum:	8. Juni 1955
Geburtsland:	Spanien
Stationen :	Real Madrid
WM-Spiele:	10
WM-Tore:	–
Länderspiele:	81
Tore:	–
WM-Teilnahme:	1982, 1986

Jorge Navarrete Campos

Er war eine Ausnahmeerscheinung im internationalen Fußball und galt als einer der „verrücktesten" Ballartisten der Welt. Mexikos Nationaltorwart Jorge Campos war nicht nur ein ausgezeichneter Keeper, sondern spielte im Verein und im Nationalteam gelegentlich auch als Stürmer. Er stand 1994 und 1998 im Tor der Mexikaner, als sie jeweils im Achtelfinale der WM ausschieden. In Frankreich war es das deutsche Sturm-Duo Klinsmann/Bierhoff, von dem sich Campos bei der 1:2-Niederlage bezwingen ließ.

Geburtsdatum:	15. Oktober 1966
Geburtsland:	Mexiko
Stationen :	UNAM Pumas, FC Puebla
WM-Spiele:	8
WM-Tore:	–
Länderspiele:	127
Tore:	–
WM-Teilnahme:	1994, 1998, 2002

CAN – CAN

Claudio Paul Caniggia

Der Albtraum Brasiliens und Italiens: Caniggia dribbelte im Achtelfinale Brasilien aus dem WM-Turnier 1990, als er nach Maradonas Pass den 1:0-Siegtreffer erzielte. Mit seinem 1:1 im Halbfinale gegen Italien retteten sich seine „Gauchos" in Verlängerung und Elfmeterschießen, das die Albiceleste gewann. Im Finale gegen Deutschland war er nach seiner zweiten Gelben Karte gesperrt. Bei der WM 2002 erlangte er die zweifelhafte Berühmtheit, seit 1990 als erster Spieler einen Platzverweis zu erhalten, ohne gespielt zu haben. In der Partie gegen Schweden zeigte der Schiedsrichter dem auf der Bank sitzenden Spieler die Rote Karte – offenbar nach einer Bemerkung Caniggias. Mit den Glasgow Rangers gewann er 2003 das Triple (Meisterschaft Pokal, Liga-Pokal).

Geburtsdatum:	9. Januar 1967
Geburtsland:	Argentinien
Stationen:	River Plate, Hellas Verona, Atalanta Bergamo, AS Rom, Benfica Lissabon, Glasgow Rangers, Al-Arabi
WM-Spiele:	9
WM-Tore:	4
Länderspiele:	50
Tore:	16
WM-Teilnahmen:	1990, 1994, 2002

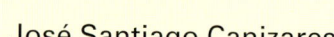

José Santiago Canizares

Mit dem FC Valencia wurde José Canizares 2002 und 2004 Spanischer Meister und gewann 2004 den UEFA-Pokal. 2000 und 2001 zog der gebürtige Madrilene mit Valencia ins Endspiel um die Champions League ein, verließ aber gegen Real (0:3) und Bayern München (4:5 nach Elfmeterschießen) als Verlierer den Platz. Canizares ist seit Mitte der 1990er Jahre einer der beständigsten Torhüter Spaniens. Im Nationalteam musste er aber zunächst Zubizarreta und dann Casillas den Vortritt lassen, so dass er in drei WM-Turnieren nur zu zwei Einsätzen kam.

Geburtsdatum:	18. Dezember 1969
Geburtsland:	Spanien
Stationen:	Real Madrid, CD Castellon, FC Valencia
WM-Spiele:	2
WM-Tore:	–
Länderspiele:	46
Tore:	–
WM-Teilnahmen:	1994, 1998, 2006

Fabio Cannavaro

Der gebürtige Neapolitaner reckte 2006 als erster den WM-Pokal in den Berliner Abendhimmel. Beim vierten Titelgewinn der Azzurri überragte der nur 1,75 Meter große Kapitän alle. Cannavaro beeindruckte durch sensationelles Stellungsspiel, gewaltige Sprungkraft sowie Effizienz und Cleverness. Verdienter Lohn: Als erster Innenverteidiger wurde er zum europäischen und zum Weltfußballer des Jahres gewählt. Der komplette Abwehrspieler gewann mit Parma 1999 den UEFA-Cup und stand mit Italien im Finale der EM 2000. Mit Juve holte er 2005 und 2006 den Scudetto und folgte nach dem Zwangsabstieg der „alten Dame" seinem Trainer Fabio Capello zu Real Madrid.

Geburtsdatum:	13. September 1973
Geburtsland:	Italien
Stationen:	Parma, Inter, Juve, Real
WM-Spiele:	15
WM-Tore:	–
Länderspiele:	109
Tore:	1
WM-Teilnahmen:	1998, 2002, 2006

Eric Cantona

Für die Fans von Manchester Utd. wird er auf ewig unsterblich bleiben. Eric Cantona führte ManU in seinen viereinhalb Jahren im „Old Trafford", dem „Theatre of Dreams", zu zwei Double-Gewinnen und zwei weiteren Meisterschaften – den ersten überhaupt nach 1967. Der Franzose war ein Rebell im Fußball, der Dezember 1992 aus Leeds zu Manchester United kam und auch ein großes Raubein sein konnte. Unvergessen blieb der brutale Kung-Fu-Tritt, den er während eines Ligaspiels einem Fan versetzte. Das erklärt vielleicht auch, weshalb ein so bedeutender Spieler nur an einem großen Turnier für die Equipe Tricolore, der Europameisterschaft 1992 in Schweden, teilgenommen hatte. Nachdem er seine Fußballschuhe an den Nagel gehängt hatte, begann der Franzose eine erfolgreiche Karriere als Schauspieler.

Geburtsdatum:	24. Mai 1966
Geburtsland:	Frankreich
Stationen:	AJ Auxerre, Olympique Marseille, Girondins Bordeaux, SC Montpellier, Nîmes Olympique, Leeds United, Manchester United
WM-Spiele:	–
WM-Tore:	–
Länderspiele:	45
Tore:	20
WM-Teilnahmen:	–

Fabio Capello

Der Mittelfeld-Akteur erzielte in der für Italien enttäuschenden WM 1974 im letzten Vorrundenspiel gegen Polen mit dem 1:2 das letzte WM-Tor für die Squadra Azzurra vor dem Ausscheiden. Als einer der erfolgreichsten Trainer Italiens gewann er mit Milan 1994 die Champions League und viermal den Scudetto (92–94, 96). Auch mit AS Rom (2001) und Juve (2005, 06) feierte Capello die Meisterschaft, ehe er bei seinem zweiten Engagement in Madrid die „Königlichen" zum 30. Titel führte. Dennoch musste er seinen Platz für Bernd Schuster räumen.

Geburtsdatum:	18. Juni 1946
Geburtsland:	Italien
Stationen:	AS Rom, Juv. Turin
WM-Spiele:	3
WM-Tore:	1
Länderspiele:	32
Tore:	8
WM-Teilnahmen:	1974

Antonio „Tota" Carbajal Rodriguez

In elf Spielen bei fünf Weltmeisterschaften hütete er das Tor der Mexikaner. Er war 1966 der erste Fußballer der Welt, der sein fünftes Weltmeisterschafts-Turnier bestritt. Antonio Carbajal vom FC Léon blieb allerdings nur in einem Weltmeisterschaftsspiel ohne Gegentor: Es war sein letztes, das 0:0 1966 gegen Uruguay. Von den elf Weltmeisterschafts-Spielen mit Carbajal im Tor hat Mexiko nur eines gewonnen – 1962 mit 3:1 gegen die Tschechoslowakei. Carbajal musste in den elf Spielen 25 Gegentreffer hinnehmen.

Geburtsdatum:	7. Juni 1929
Geburtsland:	Mexiko
Stationen:	FC Léon
WM-Spiele:	11
WM-Tore:	–
Länderspiele:	46
Tore:	–
WM-Teilnahmen:	1950, 54, 58, 62, 66

Ricardo Alberto Silveira de Carvalho

30 Millionen Euro legte Chelsea auf den Tisch, um Ricardo Carvalho im Juli 2004 an die Stamford Bridge zu holen. Mit Porto hatte er zuvor zwei portugiesische Meisterschaften (2003, 2004), den UEFA-Pokal (2003) sowie die Champions League gewonnen (2004). Ungemein stark in der Luft, kräftig und beweglich gilt Carvalho als kompletter Verteidiger und wurde 2004 bei der Wahl zu Europas Fußballer des Jahres als bester Abwehrspieler ausgezeichnet. Bei der WM 2006 war er auf Portugals Weg ins Halbfinale eine Bank.

Geburtsdatum:	18. Mai 1978
Geburtsland:	Portugal
Stationen:	FC Porto, Chelsea
WM-Spiele:	6
WM-Tore:	–
Länderspiele:	38
Tore:	4
WM-Teilnahmen:	2006

CAR – CAS

Antonio Filho de Oliveira „Careca"

Mit fünf Toren in fünf Spielen war der Mittelstürmer einer der überragenden Spieler bei der 86er-WM in Mexiko. Doch Carecas tolle Leistung wurde nicht gekrönt. Brasilien vergaß im Viertelfinale gegen Frankreich, dem besten Turnierspiel, nach Carecas 1:0 nachzulegen – und scheiterte schließlich im Elfmeterschießen. Careca erzielte auch bei der WM 1990 in Italien zwei Tore in vier Spielen. Zuvor war er an der Seite von Diego Maradona mit dem SSC Neapel Italienischer Meister geworden. Er spielte von 1987 bis 93 für Napoli und gewann 1989 den UEFA-Pokal.

Geburtsdatum:	5. Oktober 1960
Geburtsland:	Brasilien
Stationen:	Guarani, FC São Paulo, SSC Neapel
WM-Spiele:	9
WM-Tore:	7
Länderspiele:	60
Tore:	29
WM-Teilnahmen:	1986, 1990

Carlos Alberto Torres

Den Schlusspunkt setzte der Kapitän in der 86. Minute. Torres Carlos Alberto hatte mit einem Gewaltschuss den 4:1-Endstand im WM-Finale 1970 gegen Italien erzielt und machte damit Brasiliens dritten Titel perfekt. Auf dem Weg zum Triumph stand der Verteidiger des FC Santos in allen sechs Spielen in der Startformation des neuen alleinigen Rekordweltmeisters. Carlos Alberto wechselte 1977 zu Cosmos New York in die USA und blieb dort bis 1982.

Geburtsdatum:	17. Juli 1944
Geburtsland:	Brasilien
Stationen :	Fluminense Rio, FC Santos, Cosmos New York
WM-Spiele:	6
WM-Tore:	1
Länderspiele:	54
Tore:	8
WM-Teilnahmen:	1970

Iker Casillas Fernández

In der Talentschmiede von Real Madrid bekam er seinen Schliff. Schon mit 17 Jahren gab er sein Debüt in der Champions League. Am 3. Juni 2000 bestritt er sein erstes Länderspiel in Göteborg gegen Schweden (1:1). Iker Casillas legte bei den „Königlichen" in Madrid eine Traumkarriere hin und gewann 2000 und 2002 die Champions League. Bei den Weltmeisterschafts- und Europameisterschafts-Turnieren 2002 und 2004 war er Spaniens jüngster Stammkeeper. Iker Casillas ist auf dem Weg, einer der erfolgreichsten Torhüter der Welt zu werden. Auch bei der WM 2006 war Casillas die unumstrittene Nummer 1 Spaniens.

Geburtsdatum:	20. Mai 1981
Geburtsland:	Spanien
Stationen:	Real Madrid
WM-Spiele:	8
WM-Tore:	–
Länderspiele:	71
Tore:	–
WM-Teilnahmen:	2002, 2006

Héctor Castro

Bei der ersten Fußballweltmeisterschaft schoss er das letzte Tor. Héctor Castro köpfte in der 90. Minute des Endspiels 1930 gegen Argentinien das 4:2 für Uruguay. Im Vorrundenspiel gegen Peru hatte der Stürmer von Nacional Montevideo bereits den ersten Turniertreffer für den späteren Weltmeister erzielt. Castro war ein Energiebündel mit nur einer Hand – die andere hatte der gelernte Zimmermann bei einem Arbeitsunfall verloren.

Geburtsdatum:	29. November 1904
	† 15. September 1960
Geburtsland:	Uruguay
Stationen:	Nacional Montevideo
WM-Spiele:	2
WM-Tore:	2
Länderspiele:	25
Tore:	20
WM-Teilnahmen:	1930

Petr Cech

Auch dank hervorragender Leistungen des Torhüters erreichte Tschechien bei der EM 2004 das Halbfinale. Danach wechselte Cech nach England zum FC Chelsea. Dort wurde er 2005 Englischer Meister und „Welttorhüter des Jahres". 2006 avancierte der 1,97 Meter große Keeper zum Garanten für die Titelverteidigung des Londoner Nobelklubs und nahm mit seinem Nationalteam an der WM teil. Trotz eines starken Cech scheiterte Tschechien in der Vorrunde.

Geburtsdatum:	20. Mai 1982
Geburtsland:	Tschechoslowakei
Stationen:	Sparta Prag, Stade Rennes, FC Chelsea
WM-Spiele:	3
WM-Tore:	–
Länderspiele:	54
Tore:	–
WM-Teilnahmen:	2006

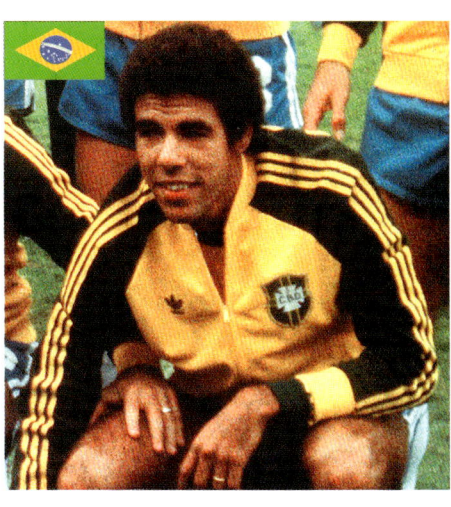

Antonio Carlos Cerezzo

Er war Stammspieler in den großen brasilianischen Mannschaften, die 1978 und 1982 zwar den besten Fußball der Turniere spielten, aber im entscheidenden Moment nicht die entscheidenden Tore schossen. Antonio Cerezzo schied mit der Seleção 1982 nach einer 2:3-Niederlage gegen Italien aus dem Turnier aus und wechselte 1983 für drei Jahre zum AS Rom. Bei Sampdoria Genua erlebte Cerezzo die erfolgreichsten Jahre der Vereinsgeschichte – 1990 den Sieg im Europapokal der Pokalsieger und 1991 den Gewinn des Scudetto.

Geburtsdatum:	21. April 1955
Geburtsland:	Brasilien
Stationen:	Atlético Mineiro, AS Rom, Sampdoria Genua
WM-Spiele:	10
WM-Tore:	–
Länderspiele:	58
Tore:	4
WM-Teilnahmen:	1978, 1982

Julio Cesar

Obwohl über ein Jahrzehnt einer der besten brasilianischen Defensivspieler, reichte es nur zu einer WM-Teilnahme. Bei der WM scheiterte Julio Cesar mit Brasilien 1986 im Elfmeterschießen des Viertelfinales gegen Frankreich. Dabei setzte der konsequente Verteidiger das Spielgerät ebenso konsequent an den Pfosten. Und als Fernandez gleich im Anschluss aus elf Metern für Frankreich traf, hatte Cesar das Ausscheiden direkt mit verursacht. Seine größten Erfolge als Fußballer feierte er im Vereinstrikot des BVB. 1995 und 1996 wurden die Schwarz-Gelben, durch Cesar verstärkt, Deutscher Meister und gewannen 1997 im Finale gegen Juventus Turin die Champions League. Zuvor spielte Cesar von 1990 bis 1994 eben für Juve – nicht minder erfolgreich. 1993 gewann er mit der „alten Dame" in den Endspielen gegen Borussia Dortmund den UEFA-Pokal.

Geburtsdatum:	8. März 1963
Geburtsland:	Brasilien
Stationen :	Juventus Turin, Borussia Dortmund
WM-Spiele:	5
WM-Tore:	–
Länderspiele:	13
Tore:	–
WM-Teilnahmen:	1986

Jan „Cazze" Ceulemans (stehend, links)

Der dreimalige Fußballer des Jahres in Belgien ist mit 96 Länderspielen Rekordnationalspieler. Insgesamt bestritt der Linksaußen 517 Erstligaspiele und schoss dabei 230 Tore für den Lierse SK und später den FC Brügge. Bei den großen Erfolgen der EM 1980 (2. Platz) und der Weltmeisterschaft 1986 (4. Platz) schoss Ceulemans die wichtigen Tore für sein Land – u. a. bei den überraschenden Achtel- und Viertelfinalsiegen über Russland und Spanien 1986 in Mexiko. Bei der EM 1980 erzielte er mit dem 1:1 Ausgleichstor gegen England den ersten Treffer auf dem Weg zur Vize-Europameisterschaft. Ceulemans wurde mit dem FC Brügge zwischen 1978 und 1992 dreimal Belgischer Meister. Später arbeitete er als Trainer bei der belgischen U21-Auswahl und dem VC Westerlo.

Geburtsdatum:	28. Februar 1957
Geburtsland:	Belgien
Stationen:	Lierse SK, FC Brügge
WM-Spiele:	16
WM-Tore:	4
Länderspiele:	96
Tore:	23
WM-Teilnahmen:	1982, 1986, 1990

„Cha Bum" Bum-Kun Cha

Er war der erste koreanische Fußballer, der in der Bundesliga Fuß fasste. Bum-Kun Cha kam 1978 aus Seoul von Korean Airlines zu Darmstadt 98 und wechselte ein Jahr später zu Eintracht Frankfurt. Mit den Hessen gewann er 1980 den UEFA-Pokal und 1981 den DFB-Pokal. Nach seinem Wechsel zu Bayer Leverkusen wurde „Tscha-Bumm", wie der Volksmund ihn nannte, 1988 erneut UEFA-Cup-Sieger. 1986 spielte er mit Südkorea die WM in Mexiko, blieb dabei aber ohne Torerfolg. Südkorea schied nach einem 1:1 gegen Bulgarien und zwei Niederlagen aus.

Geburtsdatum:	22. Mai 1953
Geburtsland:	Südkorea
Stationen:	Darmstadt 98, Frankfurt, Leverkusen
WM-Spiele:	3
WM-Tore:	–
Länderspiele:	121
Tore:	55
WM-Teilnahmen:	1986

Herbert Chapman

Er war der erste große Taktiker in der Geschichte des Fußballs – Erfolgstrainer Herbert Chapman. Der Erfinder des Vorstoppers setzte durch, dass Fußballer schon in den 20er-Jahren Rückennummern auf ihren Trikots trugen. Chapman wurde in den 20er-Jahren dreimal Englischer Meister mit Huddersfield Town und holte 1931 die erste Meisterschaft in der Geschichte des FC Arsenal London. Chapman war ab 1905 Spieler von Tottenham Hotspur.

Geburtsdatum:	1878
	† 6. Januar 1934
Geburtsland:	England
Stationen:	Northampton Tovon, Sheffield United, Notts County Tottenham Hotspur
WM-Spiele:	–
WM-Tore:	–
Länderspiele:	–
Tore:	–
WM-Teilnahmen:	–

Stéphane „Chappi" Chapuisat

Mit seinen Toren schoss er Borussia Dortmund zur deutschen Meisterschaft 1995 und 1996 und ein Jahr später auch noch zum Gewinn der Champions League. Stéphane Chapuisat ist nicht nur ein Nationalheld in der Schweiz. Auch im Ruhrgebiet lagen ihm die Fans zu Füßen, da er einer der großen Sympathieträger im Trikot der Schwarz-Gelben war. Noch mit 35 Jahren trug Chapuisat, WM- und EM-Teilnehmer 1994 und 1996, das Nationaltrikot der Schweiz.

Geburtsdatum:	28. Juni 1969
Geburtsland:	Schweiz
Stationen:	Lausanne Sports, Uerdingen 05, Bor. Dortmund, Grasshoppers Zürich, Young Boys Bern
WM-Spiele:	4
WM-Tore:	1
Länderspiele:	103
Tore:	21
WM-Teilnahmen:	1994

Angelos Charisteas

Mit seinen drei Toren gegen Spanien, Frankreich und Portugal wurde er zum Nationalhelden von Griechenland. Angelos Charisteas schoss die griechische Nationalmannschaft sensationell zum Gewinn der Europameisterschaft 2004 und stürzte Titelverteidiger Frankreich und Gastgeber Portugal ins Tal der Tränen. Pikant: Charisteas zählte im gleichen Jahr in seinem Verein Werder Bremen beim Gewinn des Doubles nur zur zweiten Garde. Er wechselte im Dezember 2004 zu Ajax. Im Januar 2007 kehrte er in die Bundesliga zurück.

Geburtsdatum:	9. Februar 1980
Geburtsland:	Griechenland
Stationen:	Aris Saloniki, Athinaikos Athen, Werder Bremen, Ajax Amsterdam, Feyenoord, Nürnberg
WM-Spiele:	–
WM-Tore:	–
Länderspiele:	59
Tore:	16
WM-Teilnahmen:	–

John „Big John" William Charles

Als Jugendlicher wechselte Charles aus seiner Heimatstadt Swansea zu Leeds United. Für den Klub aus Yorkshire erzielte er in 200 Spielen 147 Tore. 1957 wurde er zu Juventus Turin transferiert, wo er gleich in seiner ersten Saison Torschützenkönig der Serie A (als bisher einziger Brite) und Italiens Fußballer des Jahres wurde. In den folgenden fünf Jahren holte der Modellathlet dreimal den Scudetto. 1958 in Schweden erzielte der „sanfte Riese", der in seiner Karriere nicht ein einziges Mal verwarnt wurde, das erste Tor in der walisischen WM-Geschichte. Wales scheiterte erst im Viertelfinale an Brasilien (0:1) und konnte sich danach nie wieder für ein Großereignis im Fußball qualifizieren.

Geburtsdatum:	27. Dezember 1931
	† 21. Februar 2004
Geburtsland:	Wales
Stationen:	Leeds United, Juv. Turin, AS Rom, Cardiff City
WM-Spiele:	4
WM-Tore:	1
Länderspiele:	38
Tore:	15
WM-Teilnahmen:	1958

John „Jack" Charlton

Mit England wurde Jack, der eigentlich John heißt, 1966 Weltmeister und stand bis zum Finale von Wembley (4:2 n.V. gegen Deutschland) in der Startformation. Erst mit fast 30 Jahren schaffte die „Giraffe" (wegen seines langen Halses) den Sprung ins Drei-Löwen-Team. Bereits als 17-jähriger unterzeichnete er bei Leeds United seinen ersten Profivertrag. In 21 Jahren holte er mit Leeds die Meisterschaft 1969, den Messecup 1968 und 1971 (Vorgängerwettbewerb des heutigen UEFA-Cup) sowie den FA-Cup-Sieg 1972. 1967 wurde der Prototyp des Vorstoppers „Spieler des Jahres" in England. Zum Volkshelden wurde Jack Charlton jedoch erst als Nationaltrainer Irlands. Bei der EM 1988 in Deutschland, der ersten EM-Teilnahme überhaupt, gewann er mit dem „Underdog" gegen England mit 1:0. Zwei Jahre später bei der WM erreichte Charlton mit Irland das Viertelfinale und scheiterte erst an Gastgeber Italien (0:1). 94 gelang Irland erneut die WM-Qualifikation.

Geburtsdatum:	8. Mai 1935
Geburtsland:	England
Stationen:	Leeds United
WM-Spiele:	7
WM-Tore:	–
Länderspiele:	35
Tore:	6
WM-Teilnahmen:	1966, 1970

CHA – CHU

Robert „Bobby" Charlton

Sein 106. und letztes Länderspiel endete mit einer riesigen Enttäuschung. Im Viertelfinale der WM 1970 holte ihn der englische Trainer beim Stand von 2:1 vom Feld, um Bobby Charlton für das Halbfinale zu schonen. Zu früh gefreut! Vier Jahre nach der Niederlage von Wembley drehte Deutschland das Spiel noch, gewann in der Verlängerung mit 3:2. Charltons Traum vom zweiten WM-Titel platzte jäh. Im Finale 1966 war er einer der stärksten englischen Spieler gewesen.

Geburtsdatum:	11. Oktober 1937
Geburtsland:	England
Stationen:	Manchester United, Preston North End
WM-Spiele:	14
WM-Tore:	4
Länderspiele:	106
Tore:	49
WM-Teilnahmen:	1958, 1962, 1966, 1970

José „Chila" Luis Félix Chilavert González

Er war eine der schillerndsten Figuren des Weltfußballs. Paraguays Nationaltorwart José Chilavert. Der gefürchtete Elfmeter- und Freistoßspezialist erzielte in seiner Laufbahn 58 Pflichtspieltore. 1998 bei der WM in Frankreich waren die Südamerikaner mit nur einem Gegentreffer gegen Nigeria, Spanien und Bulgarien ins Achtelfinale eingezogen und scheiterten dort erst in der Verlängerung am späteren Weltmeister Frankreich.

Geburtsdatum:	27. Juli 1965
Geburtsland:	Paraguay
Stationen:	Veléz Sarsfield, Real Saragossa, Racing Straßbourg
WM-Spiele:	7
WM-Tore:	–
Länderspiele:	74
Tore:	8
WM-Teilnahmen:	1998, 2002

Hector Gonzales Chumpitaz

Er war eine der Säulen in Perus erfolgreichster Nationalmannschaft aller Zeiten. Bei den Weltmeisterschaften 1970 und 78 zog Hector Gonzales Chumpitaz mit den Peruanern jeweils in die zweite Runde ein. Beim Auftaktspiel 1970 gegen Bulgarien erzielte er beim 3:2-Erfolg den 2:2-Ausgleich, beobachtet von der deutschen Nationalmannschaft, gegen die Peru später mit 1:3 unterlag. Chumpitaz trug in 105 Länderspielen, darunter zehn WM-Spiele, das Nationaltrikot.

Geburtsdatum:	12. April 1944
Geburtsland:	Peru
Stationen:	Deportivo Municipal Lima, Sporting Cristal Lima
WM-Spiele:	10
WM-Tore:	1
Länderspiele:	105
Tore:	3
WM-Teilnahmen:	1970, 1978

Christian Eugen Chivu

Das nennt man ein Geschäft: 1999 für 4,7 Millionen Euro aus Craiova gekommen, verließ Christian Chivu vier Jahre später Ajax Amsterdam für 18 Millionen Euro Richtung Rom. Nie zuvor hatten die „Ajacieden" für einen Spieler so viel Geld eingenommen. In der holländischen Tulpen-Metropole erblühte der Linksfuß aus der westrumänischen Industriestadt Resita zu einem Weltklasseverteidiger. Im Dezember 2001 ernannte ihn Trainer Ronald Koeman zum Kapitän einer mit weiteren Jungstars wie Rafael van der Vaart und Zlatan Ibrahimovic durchsetzten Mannschaft. Ajax holte das Double und Chivu wurde zum Spieler des Jahres gewählt. Mit dem AS Rom errang der schussstarke Rumäne drei Vizemeisterschaften (2004, 2006, 2007) und die Coppa Italia. Im Juli 2007 unterzeichnete er einen Fünfjahresvertrag bei Inter Mailand. Mit den „Nerazurri" unterlag Chivu im italienischen Supercup seinem alten Arbeitgeber mit 0:1.

Geburtsdatum:	26. Oktober 1980
Geburtsland:	Rumänien
Stationen:	Craiova, Ajax, AS Roma, Inter
WM-Spiele:	–
WM-Tore:	–
Länderspiele:	53
Tore:	3
WM-Teilnahmen:	–

Djibril Cissé

Sein Verein AJ Auxerre erzielte eine Rekordablösesumme. 21 Millionen Euro überwies der FC Liverpool im Sommer 2004, um sich die Dienste des französischen Torschützenkönigs der Jahre 2002 (22 Treffer) und 2004 (26) zu sichern. Für den FC Liverpool schoss er gleich in seinem ersten Premier-League-Spiel ein Tor gegen Tottenham Hotspur. Bei der Weltmeisterschaft 2002 in Japan und Südkorea wurde Cissé in allen drei Spielen des Weltmeisters eingewechselt, konnte das blamable Ausscheiden in der Vorrunde jedoch nicht verhindern. Mit nur einem Punkt und ohne Tor ging es zurück in die Heimat. Für die WM 2006 einer der Hoffnungsträger der „Equipe Tricolore", zog er sich im letzten Testspiel gegen China einen Schien- und Wadenbeinbruch zu.

2005 gewann Cissé mit dem FC Liverpool eines der dramatischsten Endspiele in der Champions-League-Geschichte. Nach 0:3-Pausenrückstand besiegten die „Reds" den AC Mailand mit 6:5 nach Elfmeterschießen.

Geburtsdatum:	12. August 1981
Geburtsland:	Frankreich
Stationen:	AJ Auxerre, FC Liverpool, Olympique Marseille
WM-Spiele:	3
WM-Tore:	–
Länderspiele:	35
Tore:	9
WM-Teilnahmen:	2002

Nicolas „Nico" Roger Claesen (rechts)

Mit der belgischen Nationalmannschaft stürmte er ins Halbfinale der Weltmeisterschaft 1986 in Mexiko. Nico Claesen, der nach der Weltmeisterschaft von Standard Lüttich zu den Tottenham Hotspur nach England wechselte, erzielte im Turnier drei Treffer für die Belgier – darunter das 4:2 beim 4:3 n.V. im Achtelfinale gegen die Sowjetunion. Zudem verwandelte Claesen den ersten Strafstoß im Elfmeterschießen des Viertelfinals gegen die Auswahl Spaniens (Endstand 6:5 n. E.). Am Ende wurde der Belgier, der in der Saison 1984/85 für den VfB Stuttgart spielte, mit den „Roten Teufeln" Vierter, sein Treffer im „kleinen" Finale gegen Frankreich war zu wenig. Mit 2:4 nach Verlängerung verloren die Belgier gegen den großen Nachbarn. Vor seiner letzten Weltmeisterschaft 1990 trug Claesen das Vereinstrikot des FC Antwerpen und beendete 1993 seine Spielerlaufbahn in Belgien beim KFC Germinal Ekeren.

Geburtsdatum:	7. Oktober 1962
Geburtsland:	Belgien
Stationen:	VfB Stuttgart, Tottenham Hotspur, Standard Lüttich, FC Antwerpen, Ekeren
WM-Spiele:	8
WM-Tore:	3
Länderspiele:	36
Tore:	12
WM-Teilnahmen:	1986, 1990

Raymond Neal „Ray" Clemence (rechts)

Mit seinem Verein FC Liverpool gewann er, was zu gewinnen war. Torhüter Ray Clemence holte mit dem erfolgreichsten Team vom Mersey River aller Zeiten 1977, 78 und 81 den Europapokal der Landesmeister sowie 1973 und 1976 den UEFA-Cup. 1973, 76, 77, 79 und 80 wurde er Englischer Meister mit den „Reds". Mit der englischen Nationalmannschaft feierte Clemence dagegen kaum Erfolge. Nur bei der Europameisterschaft 1980 in Italien durfte er zweimal das Tor der Engländer hüten. 1982 beim WM-Turnier in Spanien war er nur die Nummer zwei hinter Peter Shilton. 1981 wechselte Clemence, der für Liverpool in 665 Einsätzen 335 Mal ohne Gegentor blieb, zu den Tottenham Hotspurs. Mit den Londonern feierte er gleich in seiner Premierensaison seinen zweiten FA-Cup-Sieg nach 1974.

Geburtsdatum:	5. August 1948
Geburtsland:	England
Stationen :	FC Liverpool, Tottenham Hotspur
WM-Spiele:	–
WM-Tore:	–
Länderspiele:	61
Tore:	–
WM-Teilnahmen:	1982

Clodoaldo Tavares Santana

Seit 1966 im Dress des FC Santos spielend, debütierte er im Juni 1969 in der Seleção – beim 2:1-Sieg gegen England. Ein Jahr später, mit gerade mal 21 Jahren, flog er mit zum Weltchampionat 1970 nach Mexiko. Und wurde prompt, zusammen mit Pelé, Carlos Alberto und Jairzinho, zum großen Triumphator. Clodoaldo zog im Mittelfeld des souveränen Titelgewinners (sechs Siege in sechs Spielen) die Fäden. Und erzielte mit dem 1:1-Ausgleichstor beim 3:1-Halbfinalsieg gegen Uruguay einen der wichtigsten Treffer des neuen Rekordweltmeisters bei diesem Turnier – es war zugleich Clodoaldos einziges Tor in 52 Länderspielen. Ein 0:0 gegen Griechenland beendete die Nationalmannschaftskarriere kurz vor der WM 1974. Er engagierte sich ab 1995 für seinen einstigen Verein als sportlicher Direktor.

Geburtsdatum:	26. September 1949
Geburtsland:	Brasilien
Stationen:	FC Santos
WM-Spiele:	6
WM-Tore:	1
Länderspiele:	40
Tore:	1
WM-Teilnahmen:	1970

Brian Clough

In 274 Ligaspielen für Middlesbrough (1955–61) und Sunderland (bis 64) erzielte er 251 Tore. Seine Treffsicherheit zahlte sich aus. Dreimal in Folge (1958 bis 1960) sicherte er sich die Torjägerkrone in Englands Eliteliga – immerhin mit rund 40 Toren. Trotzdem sollte er in der Nationalmannschaft nur zu zwei Einsätzen kommen. Noch besser verlief die Laufbahn für den Analytiker nach Beendigung seiner aktiven Laufbahn abseits des Rasens. Brian Clough feierte seine größten Erfolge als Trainer von Nottingham Forest. Er wurde 1978 mit dem Aufsteiger Englischer Meister. 1979 und 1980 holte er den Europapokal der Landesmeister, schoss in der ersten Runde 1978 ausgerechnet Titelverteidiger FC Liverpool aus dem Wettbewerb. Seiner Titelsammlung fügte er noch den Supercup 1980 sowie den viermaligen Gewinn des Liga-Cups (1978, 79, 89 und 90) hinzu. Die ersten Meriten an der Seitenlinie verdiente sich der Coach bereits 1972, als er mit Derby County ebenfalls einen Aufsteiger zur Meisterschaft führte.

Geburtsdatum:	21. März 1935
	† 20. September 2004
Geburtsland:	England
Stationen:	FC Middlesbrough, FC Sunderland
WM-Spiele:	–
WM-Tore:	–
Länderspiele:	2
Tore:	–
WM-Teilnahmen:	–

Philip Cocu

Für die Niederlande bestritt der defensive Mittelfeldspieler fünf große Turniere. Im WM-Achtelfinale 2006 gegen Portugal (0:1) hatte er Pech mit einem Schuss an die Unterkante der Latte. Auch beim Elfmeterschießen stand das Glück nie auf Seiten von Cocu. Im Shoot-out des WM-Halbfinales 1998 scheiterte er an Brasiliens Torwart Taffarel, „Oranje" verlor 3:5. In Portugal 2004 traf er im Viertelfinale gegen Schweden als vierter Schütze nur den Pfosten. Doch weil dieser Fehlschuss der einzige der „Elftal" war, triumphierte „Oranje" erstmals bei einem großen Turnier im Elfmeterschießen. Die vier vorherigen Duelle vom Strafstoßpunkt hatte jeweils der Gegner gewonnen. Den vorerst letzten Erfolg im Vereinstrikot fuhr Cocu 2005 mit dem PSV Eindhoven ein (Niederländischer Meister). Diesen Titel hatte er mit dem PSV bereits 1996 gewonnen. Dazwischen, von 1998 bis 2004, verbrachte er die bedeutendste Zeit seiner Karriere beim FC Barcelona und wurde auf Anhieb mit den Katalanen 1999 Spanischer Meister.

Geburtsdatum:	29. Oktober 1970
Geburtsland:	Niederlande
Stationen:	AZ Alkmaar, PSV Eindhoven, FC Barcelona
WM-Spiele:	11
WM-Tore:	2
Länderspiele:	101
Tore:	10
WM-Teilnahmen:	1998, 2006

Gino Colaussi (links)

Er war Italiens WM-Held beim dritten Weltturnier 1938 in Frankreich. Gino Colaussi vom Triestina Calcio erzielte im Viertel- und Halbfinale jeweils das 1:0 für Italien – gegen Frankreich (3:1) und Brasilien (2:1). Im Endspiel gegen Ungarn (4:2) zeichnete der Mann für die wichtigen Tore nicht nur für das 1:0 verantwortlich, sondern erzielte auch das vorentscheidende 3:1. An der Seite von Meazza und Piola avancierte Colaussi zum wertvollsten Spieler beim alten neuen Weltmeister.

Geburtsdatum:	4. März 1914
	† 25. Dezember 1991
Geburtsland:	Italien
Stationen:	Triestina Calcio
WM-Spiele:	3
WM-Tore:	4
Länderspiele:	25
Tore:	15
WM-Teilnahmen:	1938

Enrique Collar Monterrubio (rechts)

Er ist eine der größten Fußballlegenden von Atlético Madrid. Mit Enrique Collar als Linksaußen gewannen die Madrider 1962 den Europapokal der Pokalsieger und wurden 1966 Spanischer Meister. In einem der dramatischsten Derbys der Vereinsgeschichte ging Atlético allerdings als Verlierer vom Platz: Im Europapokal-Halbfinale 1959 scheiterte die Mannschaft am großen Nachbarn Real. Nach 1:2 und 1:0 (Tor: Collar) in Hin- und Rückspiel unterlag Atlético im Entscheidungsspiel in Saragossa mit 1:2. Puskas und di Stefano trafen für Real, Collar für Atlético. Bei seinem einzigen WM-Spiel 1962 konnte Collar die 1:2-Niederlage der Spanier gegen den späteren Weltmeister Brasilien nicht verhindern.

Geburtsdatum:	2. November 1934
Geburtsland:	Spanien
Stationen:	Atlético Madrid
WM-Spiele:	1
WM-Tore:	–
Länderspiele:	16
Tore:	4
WM-Teilnahmen:	1962

Fulvio Collovati (links)

Insgesamt drei große Turniere bestritt der Vorstopper für die „Squadra Azzurra". 1980 bei der EM im eigenen Lande begann sein Einstieg im Trikot der Blauhemden. Und endete im Spiel um Platz 3, das erst im Elfmeterschießen gegen die Tschechoslowakei mit 9:10 verloren ging. Wobei Collovati nicht antrat. Nur zwei Jahre später gelang dann bereits der größte Erfolg in der Laufbahn des robusten Fußballers. Gentile, Collovati, Scirea, Cabrini – das war die Deckungsreihe, mit der Italien 82 sensationell zum dritten Mal Weltmeister wurde. Im Endspiel ließ die Truppe von Trainer Enzo Bearzot den Deutschen um Paul Breitner, der den Ehrentreffer zur 1:3-Niederlage beisteuerte, nicht den Hauch einer Chance und siegte verdient. Fulvio Collovati, zentraler Verteidiger beim AC Mailand, war im Defensiv-System eine der wichtigsten Figuren. Gentile nahm den gefährlichsten gegnerischen Stürmer aus dem Spiel. Den Rest erledigte Collovati. 1986 sollte die Titelverteidigung gelingen, doch der Verteidiger kam nur einmal zum Einsatz und schon im Achtelfinale schieden die Italiener gegen die Franzosen aus. In seiner langen Karriere spielte er 404 Ligaspiele, in denen er zehn Tore schoss, und agierte bei beiden Mailänder Klubs. Begonnen hatte er bei den Rossoneri (1976 bis 1982). 1979 war er mit dem AC Mailand Italienischer Meister geworden und wechselte nach der WM zum Lokalrivalen Inter Mailand. Doch bei seinem Engagement für die Schwarz-Blauen (1982 bis 1986) blieben ihm weitere Titelerfolge verwehrt. Genauso ging er im Dress des FC Udine, vom AS Rom sowie auch bei seiner letzten Profistation, dem FC Genua 93, leer aus.

Geburtsdatum:	9. Mai 1957
Geburtsland:	Italien
Stationen:	AC Mailand, Inter Mailand, FC Udinese, AS Rom, FC Genua 93
WM-Spiele:	8
WM-Tore:	–
Länderspiele:	50
Tore:	3
WM-Teilnahmen:	1982, 1986

Mário Estevez Coluna

Er kam in Mosambik zur Welt und arbeitete in den 90er-Jahren als Sportminister in der Regierung seines Geburtslandes. Die meiste Zeit allerdings verbrachte Mário Coluna in Portugal. Neben Eusébio war er hier der größte Fußballer der 50er- und 60er-Jahre. 1961 und 62 gewann er mit Benfica Lissabon den Europapokal der Landesmeister. Beim 3:2-Endspielsieg 1961 gegen den FC Barcelona schoss Coluna das dritte Tor. Zehnmal wurde er mit Benfica Portugiesischer Meister. Bei der Weltmeisterschaft 1966 schied Portugal nach fünf Siegen erst im Halbfinale gegen den späteren Weltmeister England aus.

Geburtsdatum:	6. August 1935
Geburtsland:	Mosambik
Stationen:	Benfica Lissabon
WM-Spiele:	6
WM-Tore:	–
Länderspiele:	57
Tore:	8
WM-Teilnahmen:	1966

Nestor Combin

Er war der erste Franzose, der den Weltpokal gewann. 1969 besiegte Nestor Combin mit dem AC Mailand den südamerikanischen Endspielgegner Estudiantes de la Plata mit 3:0, 1:2. Im Team mit Stars wie Rivera, Prati und Schnellinger schoss Combin im Hinspiel von Mailand das 2:0. Der französische Nationalstürmer war über Olympique Lyon, Juventus Turin, FC Varese und AC Turin 1968 nach Mailand gekommen. Bei der WM 1966 kam der „Goalgetter" zu einem Einsatz für die Equipe Tricolore.

Geburtsdatum:	29. Dezember 1940
Geburtsland:	Argentinien
Stationen:	Olympique Lyon, Juventus Turin, AC Mailand, AC Turin
WM-Spiele:	1
WM-Tore:	–
Länderspiele:	8
Tore:	4
WM-Teilnahmen:	1966

Edmund Conen

Der kompromisslose Stürmer war der Schütze des ersten Hattricks in der deutschen Weltmeisterschaftshistorie. Beim 5:2-Erfolg in Italien gegen Belgien machte Edmund Conen zwischen der 66. und 85. Minute aus einem 2:2 ein 5:2. Nach der 1:3-Halbfinalniederlage gegen die Tschechoslowakei traf Deutschland im Spiel um Platz 3 auf Österreich und gewann 3:2. Conen erzielte das Tor zum 2:0. Der Mittelstürmer des FV Saarbrücken, aus dem 1945 der 1. FC Saarbrücken hervorging, erzielte in 28 Länderspielen 27 Tore für Deutschland.

Geburtsdatum:	10. November 1914
	† 5. März 1990
Geburtsland:	Deutschland
Stationen:	FV Saarbrücken, Stuttgarter Kickers
WM-Spiele:	4
WM-Tore:	4
Länderspiele:	28
Tore:	27
WM-Teilnahmen:	1934

Bruno Conti

Die internationale Laufbahn des italienischen Rechtsaußen begann 1980 beim 2:0-Erfolg in Luxemburg. Er schoss das erste Tor für Italien auf dem Weg zum Weltmeistertitel 1982. Bruno Conti traf in der Vorrunde zum 1:0 gegen Peru. Das Spiel endete 1:1, die Italiener kamen als „Minimalisten" ohne Sieg in die Zwischenrunde. Mehr als drei Remis brachten sie nicht zustande, um dann aber in der Zwischenrunde groß aufzutrumpfen. Bruno Conti spielte in Spanien in der Form seines Lebens, die er nach dem Turnier auch in die Serie A rettete. Mit dem AS Rom gewann er 1983 den Scudetto. Ein Jahr später zog er mit der Roma ins Finale des Europapokals der Landesmeister ein. Am Ende seiner Karriere wurde er Nachwuchstainer. In der Saison 2004/2005 wirkte er bei der Roma als Interimscoach.

Geburtsdatum:	13. März 1955
Geburtsland:	Italien
Stationen:	FC Genua, AS Rom
WM-Spiele:	11
WM-Tore:	1
Länderspiele:	47
Tore:	5
WM-Teilnahmen:	1982, 1986

Alessandro „Billy" Costacurta

Noch im Jahr 2005 verlängerte der AC Mailand Costacurtas Vertrag um ein Jahr, sodass er am 24. April 2006 seinen 40. Geburtstag im rot-schwarzen Milan-Trikot feiern kann. 1978 bis 1986 bereits bei den Lombarden unter Vertrag, unterbrach lediglich ein kurzes Gastspiel bei Monza Calcio (1986/87) seinen nimmermüden Einsatz für Milan. Ab 1987 dann wieder beim Berlusconi-Verein angestellt, erfüllte er seine Aufgaben im Dress der „Rossoneri" vorbildlich. Mit 38 Jahren feierte er 2004 seinen siebten Meistertitel. Alessandro Costacurta war in Milans großen Jahren der Garant für eine erfolgreiche Defensivarbeit. Gleich viermal, 1989, 1990, 1994 sowie 2003, gewann er mit seinem Verein die Champions League. Lediglich in der Landesauswahl gelang ihm kein Triumph. 1994 scheiterte er mit Italien im Elfmeterschießen an Brasilien und wurde so nur Vizeweltmeister. 1998 bei der Weltmeisterschaft in Frankreich zog er ins Viertelfinale ein. Bei der Europameisterschaft 1996 besiegelte ein 0:0 gegen Deutschland das Vorrunden-Aus.

Geburtsdatum: 24. April 1966
Geburtsland: Italien
Stationen: AC Mailand, Monza Calcio
WM-Spiele: 11
WM-Tore: –
Länderspiele: 59
Tore: 2
WM-Teilnahmen: 1994, 1998

Hernan Jorge Crespo

Er ist einer der erfolgreichsten Torjäger der Welt. Mit dem AC Mailand erreichte er 2005 das Champions-League-Finale, mit Chelsea wurde er 2006 Englischer Meister. Bei der WM 2002 kam er nur als Einwechselspieler zum Zug. Vier Jahre später erzielte Crespo in vier WM-Spielen drei Treffer, wurde aber im Viertelfinale gegen Deutschland ausgewechselt und musste beim verlorenen Elfmeterschießen (2:4) tatenlos zusehen. Anschließend holte er mit Inter den Scudetto.

Geburtsdatum: 5. Juli 1975
Geburtsland: Argentinien
Stationen: Lazio Rom, AC Mailand, FC Chelsea, Inter
WM-Spiele: 8
WM-Tore: 4
Länderspiele: 64
Tore: 35
WM-Teilnahmen: 1998, 2002, 2006

Jürgen Croy

Er war der beste Torwart des DDR-Fußballs. Jürgen Croy hütete in 94 Länderspielen das Tor und stand bei allen sechs WM-Spielen 1974 zwischen den Pfosten. Bei Olympia holte er 1972 Bronze und 1976 Gold. Mit seinem Heimatverein Sachsenring Zwickau gewann Croy 1975 den FDGB-Pokal. Im Elfmeterschießen des Endspiels gegen Dynamo Dresden verwandelte er den entscheidenden Strafstoß. Ein Jahr später zog Zwickau ins Halbfinale des Europapokals ein und scheiterte erst am späteren Cupsieger RSC Anderlecht.

Geburtsdatum: 19. Oktober 1946
Geburtsland: Deutschland
Stationen: Sachsenring Zwickau
WM-Spiele: 6
WM-Tore: –
Länderspiele: 94
Tore: –
WM-Teilnahmen: 1974

Hendrik „Johan" Johannes Cruijff

„König" Johann gewann mit Ajax Amsterdam dreimal den Europapokal der Landesmeister. Mit dem FC Barcelona wurde er Spanischer Meister (1974) und Pokalsieger (1978). Der ganz große Triumph blieb Johann Cruijff jedoch verwehrt. 1974 verlor er als Kapitän des Oranje-Teams das WM-Finale gegen Deutschland mit 1:2. Die Auszeichnungen zu „Europas Fußballer des Jahres" 1971, 1973 und 1974 konnten den Schmerz dieser Niederlage niemals wettmachen.

Geburtsdatum: 25. April 1947
Geburtsland: Niederlande
Stationen: Ajax Amsterdam, FC Barcelona, Feyenoord Rotterdam
WM-Spiele: 7
WM-Tore: 3
Länderspiele: 48
Tore: 33
WM-Teilnahmen: 1974

Pal Csernai

Als Spieler nicht besonders erfolgreich, errang er als Trainer einige Titel. 1955, nach zwei A-Länderspielen, setzte er sich bei einem Länderspiel in Wien ab. Stationen des Mittelfeldspielers waren dann der Karlsruher SC und die Stuttgarter Kickers. Unter Gyula Lorant schon Assistenztrainer in Frankfurt, folgte er ihm zum FC Bayern. Nachdem er die Stelle seines Landsmannes eingenommen hatte, führte er die Bayern in die Erfolgsspur zurück. Zwischen 1979 und 1983 gewann er zweimal die Meisterschaft und einmal den DFB-Pokal.

Geburtsdatum:	21. Oktober 1932
Geburtsland:	Ungarn
Stationen:	Stuttgarter Kickers, Karlsruher SC
WM-Spiele:	–
WM-Tore:	–
Länderspiele:	15
Tore:	–
WM-Teilnahmen:	–

Teofilo „El Nene" Juan Cubillas Arizaga

Fünf Tore in vier Weltmeisterschaftsspielen 1970. Fünf Tore in sechs Weltmeisterschaftsspielen 1978. Teofilo Cubillas war der erfolgreichste Torjäger Perus in der Weltmeisterschafts-Geschichte. 1970 in Mexiko traf er unter anderem zum 1:3-Endstand gegen Deutschland. Mit seinen Toren gegen Schottland (2) und den Iran (3) schoss er sein Land bei der WM 1978 in die Zwischenrunde. Bei seiner dritten WM-Teilnahme 1982 schied Peru schon frühzeitig aus. Von 1974 bis 1976 kickte Cubillas in Portugal beim FC Porto. Dann aber lieh Perus Regierung dem Meister Alianza Lima 500.000 Dollar, damit er Cubillas vor der Weltmeisterschaft nach Hause holen konnte. Eine Investition, die sich lohnte. Nach der Weltmeisterschaft 1978 verließ Cubillas seine Heimat in Richtung „Dollar-Paradies" USA. Er schloss sich den Fort Lauderdale Strikers in Florida an, war dort Mannschaftskamerad von Deutschlands „Bomber der Nation" Gerd Müller. 1983 wechselte Südamerikas Fußballer des Jahres 1972 zu „South Florida Sun", wo er 1985 seine Karriere nach 268 Toren in 469 Meisterschaftsspielen beendete.

Geburtsdatum:	8. März 1949
Geburtsland:	Peru
Stationen:	Alianza Lima, FC Basel, FC Porto, Fort Lauderdale Strikers, South Florida Sun
WM-Spiele:	13
WM-Tore:	10
Länderspiele:	80
Tore:	38
WM-Teilnahmen:	1970, 1978, 1982

Fabio Cudicini

Er war einer der besten Torhüter Italiens aller Zeiten, auch wenn er nie ein Länderspiel bestritt. Fabio Cudicini wurde 1968 mit dem AC Mailand Italienischer Meister und gewann den Europapokal der Pokalsieger – im Endspiel mit 2:0 gegen den Hamburger SV. Ein Jahr später holte Milan mit Cudicini im Tor den Europapokal der Landesmeister (4:1 im Endspiel gegen Ajax Amsterdam). Für Milan bestritt er 127 Spiele in der SerieA. Nereo Rocco, Milans starker Mann in den 60er-Jahren, hatte Cudicini 1967 aus Brescia verpflichtet. Seine ersten Erfahrungen als Profi sammelte der Schlussmann bei Udinese Calcio, bevor er 1958 für acht Jahre zum AS Rom wechselte. Aufgrund seiner tollen Paraden im schwarzen Trikot wurde Cudicini „ragno nero" (die schwarze Spinne) genannt. Was seinem Vater verwehrt blieb, schaffte sein Sohn Carlo im November 2002: Gegen die Türkei (1:1) bestritt er, der zuvor Stammkeeper der italienischen U 18- und U 21-Nationalmannschaft war, sein erstes und bisher einziges A-Länderspiel.

Geburtsdatum:	20. Oktober 1935
Geburtsland:	Italien
Stationen:	Udinese Calcio, AS Rom, AC Mailand
WM-Spiele:	–
WM-Tore:	–
Länderspiele:	–
Tore:	–
WM-Teilnahmen:	–

Bernhard Cullmann

Cullmann war mit dem 1. FC Köln 1978 Deutscher Meister und gewann 1977, 1978 und 1983 den DFB-Pokal. Trotzdem erlangte Bernhard Cullmann nie den Ruhm, in dem sich Overath, Netzer, Hoeneß oder gar Beckenbauer sonnen konnten. Dies lag primär daran, dass Cullmann im defensiven Mittelfeld eine Position spielte, auf der er nur wenige spielerische Glanzlichter setzen konnte. Zudem gewann er mit dem FC, dem er von 1969 bis 1984 treu blieb, keinen internationalen Titel. Cullmann wurde 1974 mit Deutschland Weltmeister und 1980 Europameister (je drei Einsätze). Ein Wunsch allerdings blieb ihm (fast) gänzlich unerfüllt: Cullmann wollte Libero in der Nationalmannschaft spielen – kam an Franz Beckenbauer jedoch nie vorbei. Nur in einem einzigen Länderspiel, 1973 gegen Österreich, durfte Cullmann eine Halbzeit lang den „Kaiser" ersetzen.

Geburtsdatum:	1 November 1949
Geburtsland:	Deutschland
Stationen:	1. FC Köln
WM-Spiele:	3
WM-Tore:	1
Länderspiele:	40
Tore:	6
WM-Teilnahmen:	1974, 1978

Ivan Curkovic

Als Torwart von Partizan Belgrad und AS St. Etienne stand er zweimal im Finale des Europapokals der Landesmeister. Mit Partizan Belgrad unterlag Ivan Curkovic 1966 gegen Real Madrid mit 1:2 und 1976 mit dem französischen Meister gegen Bayern München mit 0:1. Das Markenzeichen von Curkovic war seine Glatze, die ihn in Belgrad und St. Etienne zu einer Torwartlegende machte. Curkovic war nach seiner aktiven Laufbahn im Gespann mit Vujadin Boskov und Dejan Savicevic für die Nationalmannschaft Serbiens und Montenegros verantwortlich und wurde später Präsident von Partizan Belgrad.

Geburtsdatum:	15. März 1944
Geburtsland:	Jugoslawien
Stationen:	Partizan Belgrad, AS St. Etienne
WM-Spiele:	–
WM-Tore:	–
Länderspiele:	19
Tore:	–
WM-Teilnahmen:	–

Zoltan Czibor

Mit seiner feinen Technik konnte er Abwehrspieler schwindelig spielen. Zoltan Czibor, Linksaußen der ungarischen Nationalmannschaft im WM-Finale 1954, war allerdings nicht nur als Torvorbereiter, sondern auch als gefährlicher Torschütze gefürchtet. Im legendären Finale von Bern gegen Deutschland (2:3) erzielte er das 2:0 für Ungarn (8.). Als Folge des Aufstandes 1956 in Ungarn gegen das kommunistische Regime und den Einmarsch der Sowjetunion zerbrach das Team. Auch der Spieler von Honvéd Budapest verließ seine Heimat und sorgte ab 1957 im Dress des FC Barcelona für Furore

Geburtsdatum:	23. August 1929
	† 1. September 1997
Geburtsland:	Ungarn
Stationen:	Ferencváros und Honvéd Budapest, FC Barcelona, Espanyol Barcelona
WM-Spiele:	5
WM-Tore:	3
Länderspiele:	43
Tore:	17
WM-Teilnahmen:	1954

Der „König" und der „Kaiser"

„Kaiser" Franz Beckenbauer gegen „König" Johan Cruijff: Es war das Duell der 70er-Jahre, ob auf Vereins- oder Nationalmannschaftsebene. Dreimal in Folge gewann Beckenbauer mit den Bayern den Europapokal der Landesmeister. Zuvor gelang das Kunststück Cruijff mit Ajax Amsterdam. Unweit seines Klubs wuchs er auf und war schon früh ein Gott. J.C. – seine Anhänger deuteten seine Initialen göttlich: Jesus Christus. Weil der Dirigent immer nach dem Unterhaltungswert für die Fans strebte. Nicht nur als Spieler, sondern auch als Trainer. Auch deswegen wurde der König zu Europas Jahrhundertfußballer gewählt, schlug ihn Königin Juliane der Niederlande zum Ritter der Ehrenlegion und der heimatliche Fußballverband kürte ihn zum Niederländischen Fußballer des 20. Jahrhunderts. Trotz seiner Ausnahmestellung: Ein Titel mit Oranje blieb ihm verwehrt, weil er das Weltmeisterschafts-Finale 1974 gegen den „Kaiser" verlor.

DAE – DAH

Ali Daei – Martin Dahlin – Kenneth „Kenny" Mathieson Dalglish – Rinat Dassajew – Ümit Davala – Edgar Davids – William Ralph „Dixie" Dean – Anderson Luis de Souza „Deco" – Augustin Delgado – Sebastian Deisler – Denilson de Oliveira – Marcel Desailly – Didier „General" Deschamps – Lajos Detári – Kazimierz „Kazin" Deyna – Nélson de Jesus Silva „Dida" – „Didi" Valdir Pereira – Bernard „Ennatz" Dietz – Ivan Milianov Dimitrov – Cornel Dinu – Youri Djorkaeff – José Guimaraes Dirceu Lopes – Dejalma dos Santos „Djalma" – Karol Dobiás – Thomas Docherty – Thomas Doll – Angelo „Mesciani" Domenghini – Hans-Jürgen „Dixie" Dörner – Roberto „Il Dona" Donadoni – Didier Drogba – Edward Joseph „Ted" Drake – Wolfgang Dremmler – Helmut Duckadam – Peter „Schwarzer Peter" Ducke – Christophe Dugarry – Ilie Dumitrescu – „Dunga" Carlos Caetano Bledorn Verri – Dragan „Dzaja" Dzajic

Ali Daei

Beim 7:0-Kantersieg des Iran gegen Laos traf Ali Daei in seinem 133. Länderspiel gleich viermal und erzielte damit als weltweit erster Fußball-Nationalspieler 100 Tore. Zu diesem Zeitpunkt war der damals 35-jährige Stürmer schon längst ein Volksheld. Nach seinem Ingenieurstudium hatte Daei zunächst bei den unterklassigen Teams von Taxirani Teheran und Bank Tejarat gespielt, ehe er zu Beginn der 1990er Jahre zum iranischen Rekordmeister Persepolis (Pirouzi) wechselte und Meister, Pokalsieger und Torschützenkönig wurde. Mit seinem Heimatland nahm er an der WM 1998 teil, blieb aber in drei Spielen torlos. Asiens Fußballer des Jahres 1999 spielte fünf Jahre in der Bundesliga bei Arminia Bielefeld, Bayern München und Hertha BSC. 2003 kehrte er zu Persepolis zurück. Anfang März 2006 erzielte Ali Daei, inzwischen bei Saba Battery, beim 3:2 über Costa Rica seinen 109. Länderspieltreffer im 145. Spiel.

Geburtsdatum:	21. März 1969
Geburtsland:	Iran
Stationen:	Taxirani Teheran, Arminia Bielefeld, Pirouzi Teheran
WM-Spiele:	5
WM-Tore:	–
Länderspiele:	149
Tore:	109
WM-Teilnahmen:	1998, 2006

Martin Dahlin

Der geborene Stürmer schoss Schweden fast im Alleingang ins Weltmeisterschafts-Halbfinale 1994 in den USA. Martin Dahlin erzielte den 2:2-Endstand im Auftaktspiel gegen Kamerun und die Treffer zwei und drei beim 3:1-Erfolg über Russland. Im Achtelfinale brachte Dahlin sein Land mit dem 1:0 gegen Saudi-Arabien (Endstand 3:1) auf die Siegerstraße. Martin Dahlin kam 1991 von Malmö FF nach Borussia Mönchengladbach, gewann 1995 den DFB-Pokal und kam in der Torjägerliste 1995/96 auf Rang 5. 1996 wechselte er zum AS Rom, kehrte aber bereits nach wenigen Monaten nach Gladbach zurück. Von dort ging es leihweise zu den Blackburn Rovers, ehe beim Hamburger SV nach nur noch acht Spielen in der Saison 1998/99 die Karriere von Dahlin endete. Zuletzt immer wieder durch Rückenprobleme gehandicapt, ist Schwedens Fußballer des Jahres 1993 nun als Spielerberater tätig.

Geburtsdatum:	16. April 1968
Geburtsland:	Schweden
Stationen:	Malmö FF, Borussia Mönchengladbach, AS Rom, Blackburn Rovers, Hamburger SV
WM-Spiele:	5
WM-Tore:	4
Länderspiele:	60
Tore:	29
WM-Teilnahmen:	1994

Kenneth „Kenny" Mathieson Dalglish

Mit Celtic Glasgow wurde der Stürmer und Mittelfeldspieler in zehn Jahren je viermal schottischer Meister und Pokalsieger. 1977 wechselte der Schotte Kenneth Dalglish zum FC Liverpool. Mit den Reds gewann er dreimal den Europapokal der Landesmeister (1978, 81, 84) sowie acht englische Meistertitel: Fünf als Spieler (79, 80, 82, 83, 84) sowie drei als Spielertrainer (86, 88, 90). 1986 und 1989 führte er Liverpool zudem zum FA-Cup-Sieg. Er nahm mit Schottland an drei Weltmeisterschaften teil und erzielte 1978 und 82 je ein Tor.

Geburtsdatum:	4. März 1951
Geburtsland:	Schottland
Stationen:	Celtic Glasgow, FC Liverpool
WM-Spiele:	8
WM-Tore:	2
Länderspiele:	102
Tore:	30
WM-Teilnahmen:	1974, 1978, 1982

Rinat Dassajew

Er war der große Rückhalt der russischen Nationalmannschaft auf dem Weg ins Europameisterschafts-Finale 1988. Der Torhüter von Spartak Moskau ließ auf dem Weg ins Endspiel nur zwei Gegentore zu (beim 1:1 gegen Irland und beim 3:1-Sieg gegen England) und wurde zum erfolgreichsten russischen Torhüter seit Lew Jaschin. Dassajev hütete auch schon bei der Weltmeisterschaft 1982 in Spanien das Tor der UdSSR, schied aber mit seinem Team in der Zwischenrunde gegen Belgien und Polen aus.

Geburtsdatum:	13. Juni 1957
Geburtsland:	Sowjetunion
Stationen:	Wolga Astrachan, Spartak Moskau, FC Sevilla
WM-Spiele:	9
WM-Tore:	–
Länderspiele:	91
Tore:	–
WM-Teilnahmen:	1982, 1986, 1990

Ümit Davala

Mit seinem 1:0-Siegtreffer gegen Gastgeber Japan köpfte der defensive Mittelfeldspieler die Türkei ins Viertelfinale der WM 2002. Ümit Davala, ein in Mannheim geborener Sohn türkischer Eltern, gehörte auf seiner Position im rechten Mittelfeld zu den Leistungsträgern des WM-Dritten Türkei. Nach der WM lieh ihn sein Verein Inter Mailand an Galatasaray Istanbul aus. Ein Jahr später wechselte er zu Werder Bremen in die Bundesliga. Schon in seiner ersten Saison in Deutschland wurde er mit den Hanseaten 2004 Deutscher Meister und Pokalsieger.

Geburtsdatum:	30. Juli 1973
Geburtsland:	Deutschland
Stationen:	Waldhof Mannheim, Inter Mailand, Werder Bremen
WM-Spiele:	7
WM-Tore:	2
Länderspiele:	40
Tore:	4
WM-Teilnahmen:	2002

Edgar Davids

Der Mann mit der Brille, auch „Pitbull" genannt, gewann mit Juve dreimal die Italienische Meisterschaft (1998, 2002, 2003). Mit Ajax gewann Davids 1995 die Champions League. Trotzdem blieb er für seine Mannschaften immer ein Risikofaktor, denn seine Trainer mussten bei dem selbstbewussten, aber zugleich auch egozentrischen Spieler immer mit einer Eskapade rechnen. Bei der EM 1996 wurde er vorzeitig nach Hause geschickt, nachdem er Trainer Guus Hiddink beleidigt hatte. Wegen einer Augenoperation musste er ab September 1999 eine Schutzbrille tragen, die er mittlerweile nur noch aus modischen Gründen trägt. Im Januar 2007 zog es ihn nach elfjähriger „Europa-Tournee" zu den „Ajacieden" zurück.

Geburtsdatum:	13. März 1973
Geburtsland:	Surinam
Stationen:	Ajax Amsterdam, AC Mailand, Juventus Turin, FC Barcelona, Inter Mailand, Tottenham Hotspur
WM-Spiele:	6
WM-Tore:	1
Länderspiele:	74
Tore:	6
WM-Teilnahmen:	1998

William Ralph „Dixie" Dean

Der Mittelstürmer wechselte 1925 von den Tranmere Rovers für die happige Summe von 3000 Pfund zu Everton und stellte in der Saison 1927/28 einen unglaublichen Rekord auf. Dean erzielte in 39 Spielen in der Saison 1927/28 60 Tore und wurde Englischer Meister mit dem FC Everton. Seitdem zählt er zu den größten Fußballidolen aller Zeiten am Mersey River. Als Dean 1938 zu Notts County wechselte, hatte er in 431 Spielen 377 Tore für Everton geschossen. In 16 Länderspielen zwischen 1927 und 1932 traf er 18-mal für England.

Geburtsdatum:	22. Januar 1907 † 1. März 1980
Geburtsland:	England
Stationen:	Tranmere Rovers, FC Everton, Sligo Rovers
WM-Spiele:	–
WM-Tore:	–
Länderspiele:	16
Tore:	18
WM-Teilnahmen:	–

Anderson Luis de Souza „Deco"

Der Mittelfeldspieler wechselte 1999 zum FC Porto und wurde 2003 Portugiesischer Meister und UEFA-Pokal-Sieger mit den „Blauen". 2004 führte Deco, inzwischen portugiesischer Staatsbürger, den Außenseiter zum sensationellen Gewinn der Champions League. Im gleichen Jahr erreichte er mit der Nationalmannschaft das EM-Finale im eigenen Land. Anschließend wechselte Deco zum FC Barcelona, mit dem er zwei spanische Meistertitel (2005, 06) und 2006 die Champions League gewann. Mit Portugal erreichte er bei der WM im gleichen Jahr das Spiel um den dritten Platz.

Geburtsdatum:	27. August 1977
Geburtsland:	Brasilien
Stationen:	FC Porto, FC Barcelona
WM-Spiele:	4
WM-Tore:	1
Länderspiele:	49
Tore:	3
WM-Teilnahmen:	2006

Agustin Delgado

Er schoss sein Land 2002 und 2006 zur WM. In Asien war er der erste Ecuadorianer, der bei einer WM-Endrunde traf. Vier Jahre später erzielte er gegen Polen (2:0) und Costa Rica (3:0) jeweils den zweiten Treffer und wurde nach beiden Partien zum „Man of the Match" gewählt. Delgados Bedeutung geht aber weit über den Fußball hinaus. In seinem Heimatdorf El Juncal, das im bitterarmen Chota-Tal liegt, investiert er jährlich 80.000 Dollar für seine Fußballstiftung, die den Kindern neben Training warmes Essen und medizinische Betreuung garantiert.

Geburtsdatum:	23. Dezember 1974
Geburtsland:	Ecuador
Stationen:	Southampton, Liga de Quito
WM-Spiele:	6
WM-Tore:	3
Länderspiele:	71
Tore:	31
WM-Teilnahmen:	2002, 2006

Sebastian Deisler

Die gesamte Bundesliga war hinter ihm her. Als der Vertrag von Sebastian Deisler bei Borussia Mönchengladbach 1999 auslief, entschied er sich zuerst für den Wechsel zu Hertha BSC. Und ging 2002 weiter zum FC Bayern München. Deisler wurde immer wieder von schweren Verletzungen zurückgeworfen. Die WM 2002 verpasste er, weil er sich in einem Vorbereitungsspiel einen Kreuzbandriss zugezogen hatte. 2003 und 05 wurde er mit den Bayern Deutscher Meister und Pokalsieger. Eine schwere Knieverletzung verhinderte seine Teilnahme an der WM 2006.

Geburtsdatum:	5. Januar 1980
Geburtsland:	Deutschland
Stationen:	Borussia M'gladbach, Hertha BSC, Bayern München
WM-Spiele:	–
WM-Tore:	–
Länderspiele:	36
Tore:	3
WM-Teilnahmen:	–

Denilson de Oliveira

Er debütierte 17-jährig im Jahre 1994 beim FC São Paulo. Sein erstes Länderspiel hatte er 1997 und wurde Copa-América-Gewinner 1997. 30 Millionen Euro überwies Betis Sevilla im Sommer 1998 an den FC São Paulo, um sich die Dienste von Denilson zu sichern. Der Verein tätigte damit die größte Fehlinvestition seiner Geschichte. Der Dribbelkünstler Denilson beherrscht Tricks wie den Übersteiger zwar wie kein Zweiter, stieg mit Betis dennoch in die zweite spanische Liga ab. Bei den Weltmeisterschaften 1998 und 2002 wurde Denilson in zwölf Spielen elfmal eingewechselt. Nur beim 1:2 in der Vorrunde 1998 gegen Norwegen stand er in der Startelf. Im Finale 2002 gegen Deutschland kam er in der 90. Minute für Ronaldo.

Geburtsdatum:	24. August 1977
Geburtsland:	Brasilien
Stationen:	FC São Paulo, Betis Sevilla
WM-Spiele:	12
WM-Tore:	–
Länderspiele:	61
Tore:	9
WM-Teilnahmen:	1998, 2002

Marcel Desailly

Er wurde 1968 in Ghana geboren und von einem französischen Diplomaten adoptiert. 2003 trug Marcel Desailly zum 108. Mal das Trikot der „Grande Nation" als Vorstopper und Libero und avancierte damit zum Rekordnationalspieler. Zuvor war er Welt- (1998) und Europameister (2000) geworden. 1993 gewann er mit Olympique Marseille und im Jahr darauf mit dem AC Mailand die Champions League. 1994 und 96 wurde Desailly mit Milan Italienischer Meister und wechselte 1998 als Weltmeister zum FC Chelsea nach London. Bei der Weltmeisterschaft 2002 war er sogar Kapitän seiner Mannschaft.

Geburtsdatum:	7. September 1968
Geburtsland:	Ghana
Stationen:	FC Nantes, Ol. Marseille, AC Mailand, Chelsea London
WM-Spiele:	10
WM-Tore:	–
Länderspiele:	116
Tore:	3
WM-Teilnahmen:	1998, 2002

Didier „General" Deschamps

Als Kapitän führte er Frankreich zur Weltmeisterschaft 1998 und zur Europameisterschaft 2000. Didier Deschamps war einer der weltbesten defensiven Mittelfeldspieler der 90er-Jahre. Sein erstes Länderspiel hatte er am 29. April 1989 in Paris gegen Jugoslawien. Mit Olympique Marseille und Juventus Turin gewann er 1993 und 96 die Champions League. 1999 wechselte er für ein Jahr zum FC Chelsea und danach für ein weiteres Jahr zum FC Valencia. In Frankreich erzielte er zwischen 1983 und 1994 in 263 Erstligaspielen 13 Tore. In Italien waren es in 124 Spielen bis 1999 vier Tore, und in England absolvierte er 27 Spiele in der Saison 1999/2000. Nach dem Ende seiner aktiven Laufbahn wurde er Trainer des AS Monaco und erreichte 2004 das Finale der Champions League.

Geburtsdatum:	15. Oktober 1968
Geburtsland:	Frankreich
Stationen:	FC Nantes, Olympique Marseille, Girondins Bordeaux, Juventus Turin, Chelsea London, FC Valencia
WM-Spiele:	6
WM-Tore:	–
Länderspiele:	103
Tore:	4
WM-Teilnahmen:	1998

Lajos Detári

Er galt als eines der größten Talente des ungarischen Fußballs seit Ferenc Puskas. Der Mittelfeldspieler Lajos Detári war mit Honvéd Budapest von 1984 bis 86 dreimal hintereinander Ungarischer Meister geworden. 1987 wechselte er zu Eintracht Frankfurt in die deutsche Bundesliga und wurde auf Anhieb Pokalsieger mit 33 Spielen und elf Toren. Im Pokal-Endspiel gegen den VfL Bochum zirkelte er einen Freistoß zum 1:0-Siegtor ins Netz. Detári wechselte 1988 bis 1990 zu Olympiákos Piräus. Der griechische Pokalsieg 1990 war sein letzter Titelgewinn. Bei der WM 1986 schoss Detári in drei Spielen ein Tor.

Geburtsdatum:	24. April 1963
Geburtsland:	Ungarn
Stationen:	Honvéd Budapest, Eintracht Frankfurt, Olympiákos Piräus, FC Bologna, Ancona Calcio, FC Genua
WM-Spiele:	3
WM-Tore:	1
Länderspiele:	61
Tore:	13
WM-Teilnahmen:	1986

Kazimierz „Kazin" Deyna

Der Halbstürmer und Mittelfeldspieler führte Polen zum Gewinn der olympischen Goldmedaille 1972 und wurde auch Torschützenkönig. Mit Kazimierz Deyna als Regisseur im Mittelfeld gewannen die Polen bei der WM 1974 in Deutschland sechs ihrer sieben Spiele – darunter gegen Argentinien und Italien. Deyna hatte mit seinen drei Toren großen Anteil am besten Abschneiden bei einer Weltmeisterschaft in der polnischen Fußballgeschichte: Platz 3 nach einem 1:0-Erfolg über Brasilien im „kleinen" Finale. Deyna hatte sein erstes Länderspiel am 24. April 1968 in Chorzow gegen die Türkei, das er mit seiner Mannschaft mit 3:0 gewann. Der dreimalige Fußballer des Jahres war mit Legia Warschau 1969 und 1970 Polnischer Meister. 1977 bis 1980 wechselte er für drei Jahre zu Manchester City. Danach zu den San Diego Soccers, wo er bis 1987 als Spieler und danach als Nachwuchstrainer blieb. 1989 starb er 41-jährig bei einem Autounfall.

Geburtsdatum:	23. Oktober 1947
	† 1. September 1989
Geburtsland:	Polen
Stationen:	Legia Warschau, Manchester City, San Diego Soccers
WM-Spiele:	13
WM-Tore:	4
Länderspiele:	103
Tore:	45
WM-Teilnahmen:	1974, 1978

„Didi" Valdir Pereira

Sein erstes Länderspiel hatte der brasilianische Mittelfeldspieler 52 gegen Mexiko. Die Brasilianer hatten fünfmal vergeblich Anlauf genommen, um zum ersten Mal Weltmeister zu werden. Es war am 29. Juni 1958, als die Truppe um Garrincha, Didi und Pelé durch einen 5:2-Endspielsieg gegen Schweden den ersten WM-Titel holte. 1962 half Didi, im Finale gegen die Tschechoslowakei den Titel zu verteidigen. Es war sein letztes Länderspiel. Didi war ein eisenharter Kämpfer und zugleich ein begnadeter Ballvirtuose, führte Brasilien zu den heiß ersehnten ersten beiden WM-Titeln. 1958 überredete er seinen Trainer Feola, dem 17-jährigen Pelé eine Chance zu geben. Zwischen den beiden Weltmeisterschaften wechselte Didi zu Real Madrid, doch der Real Star di Stefano duldete keinen zweiten Spielmacher. Als Nationaltrainer führte er Peru 1970 ins WM-Viertelfinale, wo Cubillas & Co. Didis Heimatland Brasilien mit 2:4 unterlagen.

Geburtsdatum:	8. Oktober 1928
	† 12. Mai 2001
Geburtsland:	Brasilien
Stationen:	Botafogo Rio de Janeiro
WM-Spiele:	15
WM-Tore:	3
Länderspiele:	68
Tore:	20
WM-Teilnahmen:	1954, 1958, 1962

Nélson de Jesus Silva „Dida"

Der 1,95 Meter große Hüne gilt als Wegbereiter für brasilianische Torhüter in Europa. Mit seinen Leistungen beim AC Milan (seit 2000) stieß er jene Tür weit auf, die Claudio Taffarel in den 1990er Jahren bei Parma und Galatasaray für die Keeper vom Zuckerhut geöffnet hatte. Reaktionsschnell, wendig und mit einem starken Nervenkostüm ausgestattet, widerlegte Dida das Vorurteil, dass Brasilianer mit dem Ball am Fuß zwar unvergleichlich zaubern können, doch in der Handarbeit Schwächen haben. Seinen größten Auftritt feierte Dida 2003 im Champions-League-Finale gegen Juventus Turin, als er im Elfmeterschießen die Versuche von Trezeguet, Zalayeta und Montero abwehrte. Auch 2005 hielt er gegen Riise, doch diesmal verlor Milan das Elfmeterschießen um den Titel in der Königsklasse gegen Liverpool. Bei der Neuauflage 2007 drehten die „Rossoneri" um Dida den Spieß in der regulären Spielzeit um (2:1). Mit Brasilien scheiterte Dida bei der Weltmeisterschaft 2006 im Viertelfinale. Bei den vorherigen WM-Turnieren gehörte er zwar ebenfalls zum Aufgebot, musste aber Taffarel (1998) und Marcos (2002) den Vortritt lassen.

Geburtsdatum:	7. Oktober 1973
Geburtsland:	Brasilien
Stationen:	Cruzeiro, Corinthians, Lugano, Milan
WM-Spiele:	5
WM-Tore:	–
Länderspiele:	92
Tore:	–
WM-Teilnahmen:	1998, 2002, 2006

Bernard „Ennatz" Dietz

Am 22. Dezember 1974 absolvierte er in La Valetta auf Malta sein erstes Länderspiel, das die deutsche Mannschaft mit 1:0 gegen den Gastgeber gewann. Obwohl er nie bei großen Vereinen wie Bayern, Gladbach oder dem HSV spielte, schaffte es Bernard Dietz zum Kapitän der deutschen Nationalmannschaft. Das „Urgestein" des MSV Duisburg führte Deutschland 1980 in Italien zur Europameisterschaft. Zwei Jahre zuvor hatte der Verteidiger und Libero an der aus deutscher Sicht blamabler WM in Argentinien, seiner einzigen Weltmeisterschaft, teilgenommen. Dem MSV hielt er noch mit 34 die Treue. 1982 stieg der Verein ab, obwohl Dietz immer versprochen hatte: „Solange ich beim MSV spiele, steigen wir nicht ab." Er wechselte zum FC Schalke 04. Und musste 1983 erneut den bitteren Gang in die Zweitklassigkeit antreten. Am 10. Mai 1987 nahm er vor 25.000 Zuschauern im Duisburger Wedaustadion Abschied vom aktiven Fußball (495 Bundesliga-Spiele, 77 Tore). Zahlreiche Prominente wie Uwe Seeler, Gerd Müller oder Petar „Radi" Radenkovic gaben sich die Ehre. Später war „Enatz" im Jugendbereich des VfL Bochum tätig und half zweimal als Interimstrainer der Profimannschaft aus. Anschließend ging es zurück zu seinem MSV, wo er die Amateurmannschaft der „Zebras" betreute und ebenfalls für kurze Zeit als Profitrainer in der Zweiten Bundesliga aushalf. Bei den Fans war Bernhard Dietz wegen seiner bodenständigen Art sehr beliebt und hoch angesehen.

Geburtsdatum:	22. März 1948
Geburtsland:	Deutschland
Stationen:	MSV Duisburg, Schalke 04
WM-Spiele:	5
WM-Tore:	–
Länderspiele:	53
Tore:	–
WM-Teilnahmen:	1978

Ivan Milianov Dimitrov

An der Seite von Kiril Rakarov bildete er die beinharte Innenverteidigung der Bulgaren bei ihrem Weltmeisterschaftsdebüt 1962 in Chile. Ivan Dimitrov (Lokomotive Sofia) war einer der Garanten dafür, dass sich Bulgarien in der Weltmeisterschaftsqualifikation gegen Frankreich durchgesetzt hatte. Bulgarien blieb allerdings in allen fünf Weltmeisterschaftsspielen (1962 und 1970), in denen Dimitrov verteidigte, ohne Sieg. Nur zwei Unentschieden gegen England (1962, 0:0) und Marokko (1970, 1:1) sprangen heraus.

Geburtsdatum:	14. Mai 1935
Geburtsland:	Bulgarien
Stationen:	Lokomotive Sofia, Akademica Sofia
WM-Spiele:	5
WM-Tore:	–
Länderspiele:	70
Tore:	–
WM-Teilnahmen:	1962, 1970

Cornel Dinu (links)

Als Spieler von Dinamo Bukarest wurde er sechsmal Rumänischer Meister, zweimal Pokalsieger und 1970, 1972 und 1974 Fußballer des Jahres. In seinen 75 Länderspielen waren die drei Weltmeisterschafts-Spiele von Mexiko 1970 gegen Titelverteidiger England (0:1), den zweimaligen Vizeweltmeister CSSR (2:1) und den späteren Weltmeister Brasilien (2:3) die absoluten Highlights. Cornel Dinu war einer der besten Abwehrspieler in der rumänischen Fußballgeschichte und spielte 17 Jahre bei Dinamo Bukarest. Nach dem Ende seiner aktiven Laufbahn stellte er als Trainer einen kuriosen Rekord auf: Bis Sommer 2003 hatte ihn sein Verein Dinamo bereits fünfmal entlassen – und viermal, jeweils nach Fürsprache der Spieler, wieder eingestellt.

Geburtsdatum:	2. August 1948
Geburtsland:	Rumänien
Stationen:	Dinamo Bukarest
WM-Spiele:	3
WM-Tore:	–
Länderspiele:	75
Tore:	7
WM-Teilnahmen:	1970

Youri Djorkaeff

Seinen Karrierestart begann der Mittelfeldspieler und Stürmer in Paris im Jahre 1993 gegen Israel. Er war Weltmeister 1998 und Europameister 2000. Youri Djorkaeff war eine der großen Spielerpersönlichkeiten in der französischen Jahrhundertelf. Auf dem Weg zum Titelgewinn 2000 in Holland erzielte er jeweils das 2:1-Siegtor gegen Tschechien (Vorrunde) und Spanien (Viertelfinale). Im WM-Jahr 1998 gewann der brillante und torgefährliche Techniker mit seinem Verein Inter Mailand den UEFA-Pokal. 1999 wechselte er zum 1. FC Kaiserslautern, wo er bis März 2002 spielte.

Geburtsdatum:	9. März 1968
Geburtsland:	Frankreich
Stationen:	AS Grenoble, Racing Straßburg, AS Monaco, Inter Mailand, 1. FC Kaiserslautern, Bolton Wanderers
WM-Spiele:	9
WM-Tore:	1
Länderspiele:	82
Tore:	28
WM-Teilnahmen:	1998, 2002

José Guimaraes Dirceu Lopes

In zwölf Weltmeisterschafts-Spielen erzielte er drei Tore für die „Seleção". Der ganz große Triumph war Dirceu im Trikot der brasilianischen Nationalmannschaft jedoch nicht vergönnt. Bei den Weltmeisterschafts-Endrunden 1974 und 1978 reichte es jeweils nur zum Einzug ins „kleine" Finale. 1978 schoss Dirceu Brasilien mit seinem Tor zum 2:1-Endstand gegen Italien auf den dritten Platz. Zuvor hatte er beim 3:0-Erfolg über Peru mit zwei Distanzschüssen für das 1:0 und 2:0 gesorgt. Dirceu war von 1973 bis 1976 bei Botafogo, spielte anschließend kurz bei Fluminense und Vasco. Bis 1995 spielte er für Vereine in Mexiko, Spanien, Italien und den USA.

Geburtsdatum:	15. Juni 1952
	† 15. September 1995
Geburtsland:	Brasilien
Stationen:	Botafogo, Fluminense Rio de Janeiro, Vasco da Gama, Atlético Madrid, US Avellino
WM-Spiele:	12
WM-Tore:	3
Länderspiele:	27
Tore:	4
WM-Teilnahmen:	1974, 1978, 1982

Dejalma dos Santos „Djalma"

Er bestritt 98 Länderspiele, wurde 1956 Copa-América-Zweiter und krönte seine Laufbahn mit den beiden WM-Titeln 1958 und 1962. Djalma Santos war beim Weltturnier in Chile als rechter Verteidiger unverzichtbar für die Seleção und verpasste keine Spielminute, als Brasilien mit fünf Siegen und einem Remis seinen Titel verteidigte. Der Abwehrspieler von Palmeiras São Paulo stand schon 1954 in Brasiliens WM-Kader, als der damals amtierende Vizeweltmeister im Viertelfinale an Ungarn scheiterte (2:4). Djalma Santos verwandelte in dem Spiel einen Elfmeter zum zwischenzeitlichen 1:2. Sein einziger Treffer bei seinen vier WM-Turnieren. Er war von 1947 bis 71 in über 1000 Ligaspielen dabei und hielt drei Jahrzehnte lang den brasilianischen Länderspielrekord. Nach seiner aktiven Laufbahn war er Trainer in Panama, Bahia und Kuwait und unterrichtete in einer Fußballschule in Uberaba.

Geburtsdatum:	27. Februar 1929
Geburtsland:	Brasilien
Stationen:	Portuguesa, Palmeiras São Paulo, Atlético Paranaense
WM-Spiele:	12
WM-Tore:	1
Länderspiele:	98
Tore:	3
WM-Teilnahmen:	1954, 1958, 1962, 1966

Karol Dobiás

Er war Verteidiger bei Spartak Trnava. Und hatte vor des Gegners Tor noch nie besonders viel Angst und Schrecken verbreitet. Im EM-Finale 1976 gegen Deutschland setzte Karol Dobiás jedoch bis dahin unentdeckte Talente frei. Eine zu kurze Kopfballabwehr von Franz Beckenbauer zimmerte er aus vollem Lauf aus 25 Metern zum 2:0 für die CSSR in die Maschen. Trainer Václav Jezek wechselte Dobiás nach dem 2:2-Ausgleich, der in der 90. Minute fiel, aus. Im Elfmeterschießen wurde die Tschechoslowakei dann Europameister. Dobiás hatte bereits 1970 alle drei WM-Spiele in Mexiko für sein Land bestritten und wurde 1970 und 1971 zwei Mal in Folge Fußballer des Jahres. Für Spartak Trnava von 1967 bis 77, Bohemians Prag von 1977 bis 80 und KSC Lokeren (Belgien) von 1980 bis 84 wurde er in 344 Erstligaspielen eingesetzt und erzielte dort 20 Tore, wurde fünfmal Meister und zweimal Pokalsieger (mit Spartak Trnava). Als Trainer kümmerte er sich später um den Nachwuchs in Brünn.

Geburtsdatum:	18. Dezember 1947
Geburtsland:	Tschechoslowakei
Stationen:	Spartak Trnava, Bohemians Prag, KSC Lokeren
WM-Spiele:	3
WM-Tore:	–
Länderspiele:	67
Tore:	6
WM-Teilnahmen:	1970

DOC – DÖR

Thomas Docherty

Mit 20 Jahren wechselte er 1949 von Celtic Glasgow zu Preston North End und schaffte dort den Sprung in den schottischen WM-Kader 1954. Doch der Mittelfeldspieler Docherty konnte die beiden 0:1- und 0:7-Niederlagen gegen die Fußballmächte Österreich und Uruguay nicht verhindern. Vier Jahre später stand er erneut im WM-Kader, kam aber nicht zum Einsatz. Docherty wurde am Ende der aktiven Laufbahn Trainer – unter anderem von 1972 bis 73 bei der schottischen Nationalmannschaft. Mit Manchester United schaffte er 1975 den Aufstieg in die Premier League.

Geburtsdatum:	24. August 1928
Geburtsland:	Schottland
Stationen:	Glasgow, Preston N. End
WM-Spiele:	2
WM-Tore:	–
Länderspiele:	25
Tore:	1
WM-Teilnahmen:	1954, 1958

Thomas Doll

Dem Hamburger SV brachte er eine Rekordablöse ein. 17 Millionen Mark zahlte Lazio Rom, als Thomas Doll 1991 von der Elbe an den Tiber wechselte. Doll war neben Thom und Sammer der erste ehemalige DDR-Nationalspieler, der die Farben des wieder vereinigten Deutschlands trug. 1992 wurde er in Schweden Vizeeuropameister, immer wieder schwere Verletzungen verhinderten jedoch eine erfolgreichere Nationalmannschaftskarriere Dolls. Der gebürtige Mecklenburger beendete seine Karriere 2001 beim HSV. 2004 wurde er Nachfolger von Klaus Toppmöller als Cheftrainer der „Rothosen".

Geburtsdatum:	9. April 1966
Geburtsland:	DDR
Stationen:	Hansa Rostock, Hamb. SV
WM-Spiele:	–
WM-Tore:	–
Länderspiele:	47 (29 DDR, 18 DFB)
Tore:	8 (7 DDR, 1 DFB)
WM-Teilnahmen:	–

Angelo „Mesciani" Domenghini

Mit jeweils einem Tor hatte der Rechtsaußen seinen Anteil am Gewinn des Europameistertitels 1968 und der Vizeweltmeisterschaft 1970. Angelo Domenghini war einer der Sturmführer in der großen italienischen Nationalmannschaft von 1968 und 70. Mit Inter Mailand gewann er 1965 den Europapokal der Landesmeister und wurde 1965 und 66 Italienischer Meister. Den größten Coup landete er 1970 nach seinem Wechsel zu US Cagliari: Er holte den bis heute einzigen Scudetto nach Sardinien. Später wurde er Trainer in unterklassigen Vereinen in Italien.

Geburtsdatum:	25. August 1941
Geburtsland:	Italien
Stationen:	Inter Mailand, US Cagliari
WM-Spiele:	6
WM-Tore:	1
Länderspiele:	33
Tore:	7
WM-Teilnahmen:	1970

Hans-Jürgen „Dixie" Dörner

Er wurde 1976 Olympiasieger mit der DDR. Die WM 1974 hatte „Dixie" Dörner, Libero von Dynamo Dresden, jedoch verpasst. Vor dem Turnier litt er an einer Gelbsucht, weshalb Georg Buschner, Trainer der DDR, lieber Bernd Bransch auf Dörners Position vertraute. Dörner war mit Dynamo Dresden fünfmal Oberligameister und viermal Pokalsieger in der DDR. Aufgrund seiner eleganten Spielweise wurde er der „Beckenbauer des Ostens" genannt. Sein erstes Länderspiel bestritt er am 22. Juni 1969 in Magdeburg gegen Chile (0:1), sein letztes Länderspiel am 18. Mai 1985 in Babelsberg gegen Luxemburg (3:1). Während der 100 Länderspiele war er 60-mal Kapitän. Er erzielte für Dynamo Dresden in 392 Punktspielen 65 Tore, war 65-mal im Europacup im Einsatz und wurde dreimal Fußballer des Jahres. Zunächst Coach der Dynamo Junioren, dann erster „ostdeutscher" DFB-Trainer, wurde Dörner 1996 Cheftrainer bei Werder Bremen, in der zweiten Amtszeit (August 1997) aber entlassen.

Geburtsdatum:	25. Januar 1951
Geburtsland:	DDR
Stationen:	Dynamo Dresden
WM-Spiele:	–
WM-Tore:	–
Länderspiele:	100
Tore:	9
WM-Teilnahmen:	–

DON – DRA

Roberto „Il Dona" Donadoni (links, mit Trainer)

Seine Karriere begann 1982 bei Atalanta Bergamo. 1986 wechselte er zum AC Mailand. Roberto Donadoni gewann mit Milan 1989 und 90 den Europapokal der Landesmeister und wurde fünfmal Italienischer Meister. Mit der italienischen Nationalmannschaft zog Donadoni 1990 und 94 ins Halbfinale und Finale ein. Im Elfmeterschießen des Halbfinales von Neapel gegen Argentinien 1990 scheiterte er mit einem Strafstoß an Gaucho-Keeper Sergio Goycoechea. Mit Milan gewann er 1994 die dritte Auflage der Champions League mit einem 4:0 gegen Barcelona. 2001 startete seine Trainerkarriere beim Drittligisten Lecce. Drei weitere Stationen folgten, darunter bei Livorno in der Serie A, ehe der Lombarde im Juli 2006 die Nachfolge von Marcello Lippi als Coach der italienischen Nationalmannschaft antrat.

Geburtsdatum:	9. September 1963
Geburtsland:	Italien
Stationen:	A. Bergamo, AC Mailand, New York Metro Stars
WM-Spiele:	11
WM-Tore:	–
Länderspiele:	63
Tore:	5
WM-Teilnahmen:	1990, 1994

Didier Drogba

In seinem Heimatland hat Afrikas Fußballer des Jahres 2006 den Status einer Ikone: Kinder werden nach seinem Nachnamen benannt, Songs und Tänze zu seinen Ehren kreiert. Auch die Geschichte des Fußballs an der Elfenbeinküste kann in zwei Zeitalter unterteilt werden – vor und nach ihm. Drogba wuchs bei einem Onkel in Frankreich auf und schaffte seinen Durchbruch in Marseille (UEFA-Cup-Finalist 2004). Anschließend wechselte der athletische Stürmer für 32 Millionen Euro zu Chelsea (Meister 2005, 06). Mit neun Treffern in der Qualifikation verhalf er seinem Land zur ersten WM-Teilnahme. Und natürlich war Drogba es, der gegen Argentinien das erste WM-Tor der Ivorer erzielte.

Geburtsdatum:	11. März 1978
Geburtsland:	Elfenbeinküste
Stationen:	Le Mans, Guingamp, Marseille, Chelsea
WM-Spiele:	2
WM-Tore:	1
Länderspiele:	46
Tore:	28
WM-Teilnahmen:	2006

Edward Joseph „Ted" Drake

Von 1934 bis 1945 spielte er für Arsenal London (139 Tore in 184 Spielen). Bereits in seiner ersten kompletten Saison stellte „Ted" mit 42 Ligatreffern und jeweils einem Tor im FA Cup und Charity Shield-Wettbewerb einen Vereinsrekord auf, der bis heute Bestand hat. 1935 und 1938 wurde er mit Arsenal Englischer Meister. Am 14. Dezember 1935 erzielte er beim 7:1-Erfolg über Aston Villa alle Treffer für die Highbury-Elf – Ligarekord. 1936 schoss Drake im FA Cup-Finale gegen Sheffield United den 1:0-Siegtreffer. Als Trainer führte er den FC Chelsea 1955 zur Meisterschaft. Damit war Drake der erste Fußballer, der sowohl als Spieler wie auch als Trainer die Championship gewann.

Geburtsdatum:	16. August 1912
	† 30. Mai 1995
Geburtsland:	England
Stationen:	Winchester City, FC Southampton, Arsenal London
WM-Spiele:	–
WM-Tore:	–
Länderspiele:	5
Tore:	6
WM-Teilnahmen:	–

Wolfgang Dremmler (unten, Mitte)

Er war schon 27, als er sein Debüt als Nationalspieler gab. Wolfgang Dremmler war die fleißige Arbeitsbiene im Star-Ensemble des FC Bayern München. Nach seinem Wechsel von Braunschweig nach München wurde er viermal Deutscher Meister und dreimal Pokalsieger. Seine größten Endspiele 1982 verlor Dremmler jedoch: Nach dem Sieg im DFB-Pokalfinale gegen den 1. FC Nürnberg (4:2) unterlag er mit den Bayern im Endspiel des Europapokals der Landesmeister gegen Aston Villa (0:1) und mit Deutschland im Weltmeisterschaftsfinale gegen Italien (1:3).

Geburtsdatum:	12. Juli 1954
Geburtsland:	Deutschland
Stationen:	Eintracht Braunschweig, FC Bayern München
WM-Spiele:	7
WM-Tore:	–
Länderspiele:	27
Tore:	3
WM-Teilnahmen:	1982

Helmut Duckadam

Der 7. Mai 1986 war sein Tag. Steaua Bukarest war im Finale des Europapokals der Landesmeister krasser Außenseiter gegen den FC Barcelona. Zumal das Endspiel in Sevilla stattfand. Nach 120 Minuten stand es 0:0. Dann schlug Duckadams Stunde: Im Elfmeterschießen parierte er alle vier Strafstöße der Spanier. Steaua gewann mit 2:0. Nur kurze Zeit nach dem Triumph musste Duckadam seine Karriere wegen einer Gefäßerkrankung im Arm beenden. Für Rumänien bestritt er, der dem Ceaucesco-Regime kritisch gegenüber gestanden haben soll, nur zwei Länderspiele.

Geburtsdatum:	1. April 1959
Geburtsland:	Rumänien
Stationen:	Steaua Bukarest
WM-Spiele:	–
WM-Tore:	–
Länderspiele:	2
Tore:	–
WM-Teilnahmen:	

Peter „Schwarzer Peter" Ducke

Er gilt als der beste Fußballer Jenas aller Zeiten. Peter Ducke wurde mit dem FC Carl Zeiss dreimal Meister und dreimal Pokalsieger in der DDR. 1963 wurde der Mittelstürmer mit 19 Treffern Torschützenkönig in der DDR-Oberliga. In 352 Punktspielen schoss er 153 Tore für seinen Verein. 1971 wurde Ducke zum Fußballer des Jahres gewählt. Mit der DDR gewann Ducke 1972 in München die olympische Bronzemedaille. Ausgerechnet vor der WM 1974 plagte ihn eine Verletzung. Er kam deshalb nur in drei Spielen als Joker zum Zuge. Nach Beendigung seiner Fußballlaufbahn war er als Sportlehrer tätig.

Geburtsdatum:	14. Oktober 1941
Geburtsland:	Deutschland
Stationen:	Carl Zeiss Jena
WM-Spiele:	3
WM-Tore:	–
Länderspiele:	67
Tore:	15
WM-Teilnahmen:	1974

Christophe Dugarry

Es war „sein" Spiel in „seinem" Stadion. WM-Premiere 1998, Frankreich gegen Südafrika in Marseille. Christophe Dugarry wurde erst in der 27. Minute eingewechselt, weil sich Guivarch am linken Knie geprellt hatte. Nur acht Minuten später köpfte Dugarry das 1:0, das erste Tor der „Equipe Tricolore" auf dem Weg zum WM-Titel. Mit Barcelona wurde er 1997 spanischer Meister, konnte sich aber letztlich wie zuvor bereits beim AC Mailand nicht durchsetzen. Deshalb wechselte er im Dezember 1997 zu Olympique Marseille. Genau zwei Jahre später kehrte Dugarry in seine Geburtsstadt Bordeaux zurück. 2000 wurde er Europameister und verließ im Januar 2003 Girondins Richtung Birmingham City (bis März 2004). Von Juni 2004 bis Januar 2005 spielte er im Katar.

Geburtsdatum:	24. März 1972
Geburtsland:	Frankreich
Stationen:	Girondins Bordeaux, AC Mailand, FC Barcelona, Olympique Marseille, Birmingham City, Al Rayyan
WM-Spiele:	6
WM-Tore:	1
Länderspiele:	55
Tore:	8
WM-Teilnahmen:	1998, 2002

Ilie Dumitrescu (Mitte)

In dem wohl größten Spiel der bisherigen rumänischen Fußballgeschichte schoss er die ersten beiden Tore für sein Land. Dumitrescu von den Tottenham Hotspur traf im Weltmeisterschafts-Achtelfinale 1994 von Los Angeles zum 1:0 und 2:1 gegen den amtierenden Vizeweltmeister Argentinien. Der 3:2-Erfolg gegen die „Gauchos" sorgte in Rumänien für das größte Freudenfest seit dem Sturz des Diktators Ceaucescu. Zwar schied Rumänien im Elfmeterschießen (6:7) des Viertelfinales gegen Schweden – Dumitrescu verwandelte seinen Strafstoß allerdings sicher zum zwischenzeitlichen 4:4 – aus, doch die Erinnerung lebt. Auch 1998 stand der offensive Mittelfeldspieler im rumänischen Weltmeisterschaftskader, absolvierte in Frankreich aber nur die Partie gegen Tunesien (1:1).

Geburtsdatum:	6. Januar 1969
Geburtsland:	Rumänien
Stationen:	Steaua Bukarest, Tottenham Hotspur, West Ham United, Atlante Mexiko
WM-Spiele:	8
WM-Tore:	2
Länderspiele:	61
Tore:	20
WM-Teilnahmen:	1990, 1994, 1998

„Dunga" Carlos Caetano Bledorn Verri

Der Mittelfeldspieler war Kapitän der erfolgreichsten brasilianischen Nationalmannschaft seit den Zeiten von Pelé. Carlos Dunga führte die Seleção nach zuvor fünf vergeblichen Anläufen 1994 zum vierten WM-Titel. 24 Jahre hatten die Südamerikaner warten müssen. Im Elfmeterschießen des Endspiels gegen Italien verwandelte er genauso den fünften und letzten Elfmeter wie später im WM-Halbfinale 1998 gegen die Niederlande. Dunga trug von 1993 bis 1995 das Trikot des VfB Stuttgart und erzielte in 54 Bundesligaspielen sieben Tore. Über Jubilo Iwata (1995 bis 98) kehrte er in seine Heimat zurück und beendete 2000 bei Internacional Porto Allegre seine Karriere. Nach der WM 2006 wurde er Nachfolger des zurückgetretenen Nationaltrainers Carlos Alberto Parreira.

Geburtsdatum:	31. Oktober 1963
Geburtsland:	Brasilien
Stationen:	Internacional Porto Alegre, Corinthians São Paulo, FC Santos, Int. Vasco da Gama, FC Pisa, AC Florenz, Pescara Calcio, VfB Stuttgart, Jubilo Iwata
WM-Spiele:	18
WM-Tore:	–
Länderspiele:	91
Tore:	4
WM-Teilnahmen:	1990, 1994, 1998

Dragan „Dzaja" Dzajic

Der Linksaußen startete seine internationale Fußballlaufbahn am 17. Juni 1964 in Belgrad gegen Rumänien (1:2). Er war Jugoslawiens erfolgreichster Torjäger in den 60er- und 70er-Jahren. Dragan Dzajic schoss sein Land 1968 durch das 1:0-Siegtor gegen Weltmeister England (dort hieß er seitdem „The Magic Dragan") ins Finale der Europameisterschaft. Im Endspiel traf der Linksaußen auch gegen Italien zum 1:0 (Endstand 1:1 nach Verlängerung, Wiederholungsspiel 0:2). Bei der Europameisterschaft 1976 traf Dzajic beim 2:4 im Halbfinale gegen Deutschland zum zwischenzeitlichen 2:0. In den 85 Länderspielen war er 53-mal Kapitän seiner Mannschaft. Mit seinem Verein Roter Stern Belgrad wurde er fünfmal Jugoslawischer Meister und viermal Pokalsieger. 1975 wechselte er zu SEC Bastia. In der Saison 1977/78 spielte er dann wieder für seinen Verein Roter Stern Belgrad. Nach Beendigung seiner aktiven Spielerlaufbahn (1978) wurde er dort Sportdirektor.

Geburtsdatum:	30. Mai 1946
Geburtsland:	Jugoslawien
Stationen:	Roter Stern Belgrad, SEC Bastia
WM-Spiele:	5
WM-Tore:	1
Länderspiele:	85
Tore:	23
WM-Teilnahmen:	1974

Das Herz der „Elefanten"

Mit seinem Siegeswillen, Charisma und unglaublichen Torinstinkt ist er der Kopf und Kapitän der ivorischen Nationalmannschaft: Didier Drogba. Er führte die „Elefanten", wie die Nationalspieler der Elfenbeinküste genannt werden, zur ersten WM-Teilnahme 2006. Obwohl erst seit September 2002 Nationalspieler, ist er durch seine starke Persönlichkeit und seine ungeheure Präsenz auf dem Platz der unangefochtene Führungsspieler im Team.

Als Fünfjähriger kam Didier Drogba von Abidjan nach Frankreich. Mit 20 Jahren unterschrieb er seinen ersten Profivertrag beim Zweitligisten Le Mans. Unter Trainer Marc Westerloppe reifte er zum Topspieler heran: „Er hat mir alles beigebracht, nicht nur über Fußball sondern auch über das Leben abseits des Platzes." Der Wechsel in die erste Liga war die logische Folge. Über den EA Giungamp ging es 2003 zu Olympique Marseille und nach dem Erreichen des UEFA-Pokal-Finales 2004 weiter nach England zum FC Chelsea.

Nicht nur in London schätzen sie seine große Kämpfernatur. Der Aufstieg der Elfenbeinküste zu einer der besten Mannschaften des Kontinents ist eng mit seinem Namen verbunden. Mit ihm träumt ein ganzes Land von weiteren Großtaten der „Elefanten".

ECK – EDE

Horst Eckel – Norbert Eder – Alves de Souza Neto „Edmundo" – Ralf Edström – Duncan Edwards – Stefan „Effe" Effenberg – Giovane Elber – Dieter Eilts – Preben Elkjaer-Larsen – Frank „Franky" van der Elst – Emerson Ferreira da Rosa – Lothar „Emma" Emmerich – Luis „Lucho" Enrique – Herbert Erhardt – Michael Essien – Samuel Eto'o Fils – Eusébio Ferreira da Silva – „Everaldo" Marques da Silva

Horst Eckel

Sein erstes Länderspiel absolvierte Eckel 1952 in Augsburg gegen die Schweiz (5:1). 1949 vom SC Vogelbach kommend, wurde er 1951 und 1953 mit dem 1. FC Kaiserslautern Deutscher Meister. 1954 und 1955 folgten zwei Vizemeisterschaften. Den ganz großen Wurf aber landete Horst Eckel an der Seite seiner Lauterer Mannschaftskameraden Fritz und Ottmar Walter sowie Werner Liebrich und Werner Kohlmeyer bei der Weltmeisterschaft 1954 in der Schweiz. Als rechter Läufer stand er nicht so sehr im Rampenlicht wie Walter oder Rahn. Mit seinem Fleiß, seiner Schnelligkeit und seinem enormen Durchsetzungsvermögen hatte der gelernte Feinmechaniker trotzdem zahlreiche Aktien am „Wunder von Bern". Sein letztes Länderspiel absolvierte er am 19. November 1958 in Berlin gegen Österreich (2:2). Nach seiner Fußballer-Laufbahn, die der „Windhund des Weltmeisters" 1965 beim SV 06 Röchling Völklingen ausklingen ließ, arbeitete er als Lehrer für Kunst, Werken und Sport an einer Realschule in Kusel und besuchte als Repräsentant der Sepp-Herberger-Stiftung Strafvollzugsanstalten. Als einer der wenigen noch lebenden WM-Helden war Horst Eckel fachlicher Berater von Regisseur Sönke Wortmann bei dessen Film über die 54er-WM, der 2003 zum Kassenschlager wurde und zahlreiche Kinobesucher tatsächlich zu Tränen rührte.

Geburtsdatum:	8. Februar 1932
Geburtsland:	Deutschland
Stationen:	SC Vogelbach, 1. FC Kaiserslautern, Röchling Völklingen
WM-Spiele:	10
WM-Tore:	–
Länderspiele:	32
Tore:	–
WM-Teilnahmen:	1954, 1958

Norbert Eder (links, rechts Dieter Hoeneß)

Er kam wie Phönix aus der Asche. Mit Norbert Eder hatte niemand gerechnet, als Teamchef Franz Beckenbauer den Kader für die WM 1986 zusammenstellte. 30 Jahre alt, noch kein Länderspiel – wieso sollte der Abwehrspieler und Manndecker des FC Bayern Chancen auf eine WM-Teilnahme haben? Beckenbauer gab sie ihm. Und Eder zahlte das Vertrauen zurück. Das WM-Auftaktspiel gegen Uruguay war erst sein drittes Länderspiel. Bis ins Finale von Mexiko City verpasste er nur fünf Spielminuten. Eder war mit den Bayern dreimal Deutscher Meister (1985 bis 87) und einmal, 1986, Pokalsieger.

Geburtsdatum:	7. November 1955
Geburtsland:	Deutschland
Stationen:	1. FC Nürnberg, Bayern München, FC Zürich
WM-Spiele:	7
WM-Tore:	–
Länderspiele:	9
Tore:	–
WM-Teilnahmen:	1986

Alves de Souza Neto „Edmundo"

Er schoss seinen Verein Vasco da Gama 1997 zur brasilianischen Meisterschaft und wurde mit 29 Toren Torschützenkönig in Brasilien. Trotzdem kam Edmundo bei seiner einzigen WM-Teilnahme 1998 nicht über eine Reservistenrolle hinaus. Grund: In der Stürmerhierarchie von Trainer Mario Zagalo nahm Edmundo nur Platz 4 ein – hinter Ronaldo, Romario und Bebeto. Dadurch reichte es nur zu zwei Einwechslungen: im Vorrundenspiel gegen Marokko (3:0) und im Finale gegen Frankreich (0:3), jeweils etwa 15 Minuten vor Schluss.

Geburtsdatum:	2. April 1971
Geburtsland:	Brasilien
Stationen:	Vasco da Gama, AC Florenz
WM-Spiele:	2
WM-Tore:	–
Länderspiele:	37
Tore:	9
WM-Teilnahmen:	1998

Ralf Edström

Er hatte schon den zweimaligen Weltmeister Uruguay mit zwei Toren beim 3:0-Erfolg aus dem Turnier geschossen. Edström verbreitete auch in der deutschen Nationalmannschaft Angst und Schrecken: Mit seinem Tor zum 1:0 im Zwischenrundenspiel nährte der Stürmer des PSV Eindhoven die Hoffnungen der Schweden auf den Einzug ins Halbfinale der WM 1974. Gastgeber Deutschland jedoch drehte das Spiel noch und gewann 4:2. Im Spiel gegen Jugoslawien (2:1) erzielte Edström noch sein viertes WM-Tor.

Geburtsdatum:	7. Oktober 1952
Geburtsland:	Schweden
Stationen:	Atvidabergs FF, IFK Göteborg, AS Monaco
WM-Spiele:	9
WM-Tore:	4
Länderspiele:	40
Tore:	15
WM-Teilnahmen:	1974, 1978

Duncan Edwards

Er galt als eines der größten Talente in England. Duncan Edwards war mit 15 Jahren zu Manchester United gekommen. In 175 Spielen hatte der defensive Mittelfeldspieler 21 Tore erzielt und 1956 und 57 mit Manchester die Meisterschaft gefeiert. Bei der Flugzeugkatastrophe von München-Riem am 6. Februar 1958 war Edwards einer von acht Spielern, die den Absturz auf dem Rückweg vom Europapokalspiel in Belgrad nicht überlebten. In seiner Geburtsstadt Dudley wurde ihm ein Denkmal gesetzt.

Geburtsdatum:	1. Oktober 1936
	† 21. Februar 1958
Geburtsland:	England
Stationen:	Manchester United
WM-Spiele:	–
WM-Tore:	–
Länderspiele:	18
Tore:	5
WM-Teilnahmen:	–

Stefan „Effe" Effenberg

Das Finale der Champions League 2001 war das Spiel seines Lebens. Stefan Effenberg führte den FC Bayern zum ersten Meisterpokalsieg seit 25 Jahren. Gegen den FC Valencia gewannen die Bayern mit 5:4 (1:1, 0:1) n.E. Als Kapitän verwandelte Effenberg in der regulären Spielzeit und im Elfmeterschießen jeweils einen Strafstoß. Der gebürtige Hamburger wurde dreimal Deutscher Meister und zweimal Pokalsieger, einmal mit Borussia Mönchengladbach. Am Bökelberg lernte „Effe" in der Saison 1997/98 auch den Abstiegskampf kennen. Nach der Rettung „seiner" Gladbacher wechselte er zum FC Bayern. In der Nationalmannschaft kam Effenberg nur zu 35 Spielen. Die „Stinkefinger"-Affäre bei der Weltmeisterschaft 1994 führte zu seinem Rauswurf aus dem DFB-Team.

Geburtsdatum:	2. August 1968
Geburtsland:	Deutschland
Stationen:	Borussia Mönchengladbach, AC Florenz, FC Bayern München, VfL Wolfsburg, Al Arabi Doha
WM-Spiele:	3
WM-Tore:	–
Länderspiele:	35
Tore:	5
WM-Teilnahmen:	1994

Giovane Elber

Er war viermal Deutscher Meister und viermal Pokalsieger, 2001 Champions-League-Sieger. 2003 wurde er im Trikot des FC Bayern Torschützenkönig in der Bundesliga, musste sich den Titel aber mit Thomas Christiansen (VfL Bochum), der ebenfalls 21 Tore schoss, teilen. Elber kam mit 21 Jahren aus Brasilien zum AC Mailand. Von dort wechselte er nur ein Jahr später zu den Grasshoppers Zürich. Ab 1994 wurde er beim VfB Stuttgart und FC Bayern einer der gefährlichsten Stürmer in der Bundesliga. Auch aufgrund seiner sympathischen Wesensart war er einer der großen Publikumslieblinge. Er bestritt in der Bundesliga 256 Spiele, in denen er 133 Tore erzielte. Nach einem durchwachsenen Engagement bei Olympique Lyon (2003 bis 2005) in Frankreich kehrte der Goalgetter nach Deutschland zurück und schloss sich der Gladbacher Borussia an. Im Januar 2006 wechselte er in seine brasilianische Heimat zurück.

Geburtsdatum:	23. Juli 1972
Geburtsland:	Brasilien
Stationen:	AC Mailand, Grasshoppers Zürich, VfB Stuttgart, Bayern München, Olympique Lyon, Bor. Mönchengladbach
WM-Spiele:	–
WM-Tore:	–
Länderspiele:	15
Tore:	7
WM-Teilnahmen:	–

Dieter Eilts

Sein Geburtsort heißt Upgant-Schott und liegt im Herzen Ostfrieslands. Sein Trainer Otto Rehhagel hat den berühmtesten Sohn des Ortes auch gerne den „Ostfriesen-Alemao" genannt. Dieter Eilts war nie der elegante Techniker. Vielmehr war er der klassische Zerstörer, der beim Gewinn der EM 1996 mit der deutschen Nationalmannschaft zur Überraschung vieler allerdings auch spielerische Akzente setzte. Eilts wurde mit Werder Bremen zweimal Deutscher Meister, dreimal Pokalsieger und gewann 1992 den Europapokal der Pokalsieger.

Geburtsdatum:	13. Dezember 1964
Geburtsland:	Deutschland
Stationen:	Werder Bremen
WM-Spiele:	–
WM-Tore:	–
Länderspiele:	31
Tore:	–
WM-Teilnahmen:	–

Preben Elkjaer-Larsen (links)

Er schoss „Danish Dynamite" ins Halbfinale der EM 1984. Preben Elkjaer-Larsen war mit seinen Toren beim 3:2 gegen Belgien und 5:0 gegen Jugoslawien bei den bis dahin größten Siegen der dänischen Fußballgeschichte erfolgreich. Im Elfmeterschießen des Halbfinales gegen Spanien versagten ihm jedoch die Nerven. Er schoss den entscheidenden Strafstoß übers Tor. Bei der WM zwei Jahre später in Mexiko glänzte er mit vier Toren in vier Spielen. Die Vereinskarriere des Rechtsaußen ging über den 1. FC Köln, KSC Lokeren und Hellas Verona (Italienischer Meister 1985) zu Vejle BK.

Geburtsdatum:	11. September 1957
Geburtsland:	Dänemark
Stationen :	1. FC Köln, Hellas Verona
WM-Spiele:	4
WM-Tore:	4
Länderspiele:	69
Tore:	38
WM-Teilnahmen:	1986

Franky van der Elst

Für RWD Molenbeek und Club Brügge bestritt Franky insgesamt 567 Erstligaspiele in Belgien. Im Europapokal kam der defensive Mittelfeldspieler zu 78 Einsätzen. Zwischen 1986 und 1998 lief Franky van der Elst mit dem Nationalteam bei vier WM-Endrunden auf. 1990 und 1996 Belgiens Fußballer des Jahres, nahm Pelé ihn im März 2004 in die Liste der 125 besten lebenden Fußballer auf. Nach den Cheftrainer-Stationen bei Germinal Beerschot (1999–2003) und in Lokeren trat er 2005 bei Club Brügge das Amt des Assistenztrainers an.

Geburtsdatum:	30. April 1961
Geburtsland:	Belgien
Stationen :	Club Brügge
WM-Spiele:	17
WM-Tore:	–
Länderspiele:	86
Tore:	1
WM-Teilnahmen:	1986, 1990, 1994, 1998

Emerson Ferreira da Rosa

In einer Elf voller Ballvirtuosen spielt Emerson den wichtigsten Part: Im defensiven Mittelfeld erkämpft und erläuft er sich die Bälle. Emerson wechselte 2004 für 14 Millionen Euro vom AS Rom zu Juventus Turin. Im Nationaltrikot plagte Emerson zuletzt bei der WM 2002 das Verletzungspech: Vor der Auftaktpartie Brasilien gegen die Türkei kugelte er sich in einem Trainingsspielchen die Schulter aus und erlebte das Turnier als Zuschauer. Dagegen war er beim Gewinn des Confederations-Cup 2005 sowie bei der WM 2006 wieder eine feste Größe.

Geburtsdatum:	4. April 1976
Geburtsland:	Brasilien
Stationen:	Leverkusen, Rom, Juve
WM-Spiele:	5
WM-Tore:	–
Länderspiele:	73
Tore:	6
WM-Teilnahmen:	1998, 2006

Lothar „Emma" Emmerich

Er brachte es „nur" auf fünf Länderspieleinsätze. Trotzdem drückte Lothar Emmerich der WM 1966 seinen Stempel auf. Im Viertelfinale gegen Spanien erzielte „Emma" mit einem fulminanten Linksschuss aus spitzestem Winkel den 1:1-Ausgleichstreffer (Endstand 2:1 durch Seeler). Der Vize-WM-Titel war der zweite Triumph 1966: gegen den FC Liverpool gewann er den Europapokal der Pokalsieger mit dem BVB, mit dem er in 183 Bundesliga-Spielen 115 Tore erzielte.

Geburtsdatum:	29. November 1941
	† 13. August 2003
Geburtsland:	Deutschland
Stationen:	Bor. Dortmund, AC Beerschot, Würzburger FV
WM-Spiele:	4
WM-Tore:	1
Länderspiele:	5
Tore:	2
WM-Teilnahmen:	1966

Luis „Lucho" Enrique Martinez Garcia

International hatte seine Karriere 1991 in Cáceres gegen Rumänien (0:2) begonnen. Mit Real Madrid war Luis Enrique 1995 Spanischer Meister. Im ersten Jahr nach dem Wechsel zum FC Barcelona holte er mit den Katalanen 1997 den Europapokal der Pokalsieger. Die spanische Olympiamannschaft führte Luis Enrique 1992 zur Goldmedaille. In der Nationalmannschaft hatte der Mittelfeldrackerer bei den WM-Turnieren 1994, 98 und 2002 einen Stammplatz sicher, kam dabei aber nie über das Viertelfinale (1994 und 2002) hinaus.

Geburtsdatum:	8. Mai 1970
Geburtsland:	Spanien
Stationen:	FC Barcelona
WM-Spiele:	12
WM-Tore:	2
Länderspiele:	62
Tore:	12
WM-Teilnahmen:	1994, 1998, 2002

Herbert Erhardt

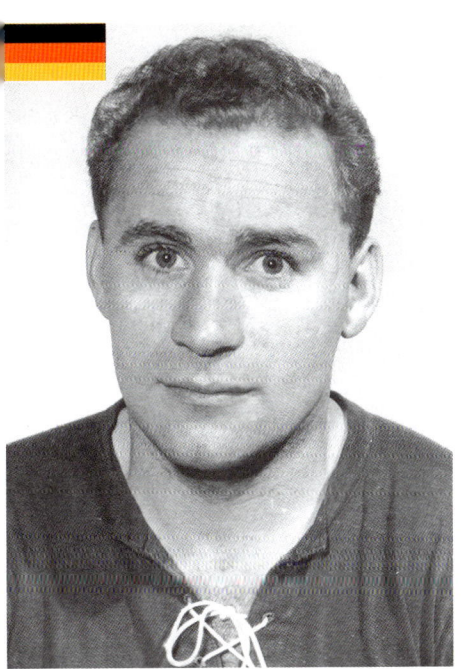

Die Weltmeisterschaft 1954 in der Schweiz erlebte der klassische Verteidiger als Reservist. Herbert Erhardt (SpVgg Fürth) war zwar immer auf dem Sprung in die Mannschaft. Doch letztlich gab Bundestrainer Sepp Herberger stets Werner Kohlmeyer vom 1. FC Kaiserslautern den Vorzug. Erhardt erkämpfte sich erst nach dem „Wunder von Bern" einen Stammplatz in der Nationalelf: 1958 beim Endrundenturnier in Schweden bot Erhardt Weltklasseleistungen am Fließband. Dennoch reichte es am Ende nur zum vierten Platz hinter Frankreich, Schweden und dem neuen Weltmeister Brasilien. Mit seinem 50. Einsatz am 30. September 1962 in Zagreb beim 3:2-Sieg gegen Jugoslawien beendete er seine Länderspiellaufbahn. Zu Saisonbeginn war er für ein Handgeld von 50.000 Mark aus Fürth zum FC Bayern nach München gewechselt. Mit 34 Jahren beendete Herbert Erhardt 1964 seine Laufbahn in der bayerischen Landeshauptstadt.

Geburtsdatum:	6. Juli 1930
Geburtsland:	Deutschland
Stationen:	SpVgg Fürth, FC Bayern München
WM-Spiele:	10
WM-Tore:	–
Länderspiele:	50
Tore:	1
WM-Teilnahmen:	1954, 1958, 1962

ESS – EVE

Michael Essien

38 Millionen Euro zahlte der FC Chelsea 2005 an Lyon und machte den Ghanaer damit zum teuersten Fußballer in der Geschichte Afrikas. Essien zeichnen Kraft, Dynamik und eine beeindruckende Präsenz im Mittelfeld aus. Mit 17 Jahren unterzeichnete er seinen ersten Profivertrag beim französischen Erstligisten Bastia. 2003 wechselte er für 7,8 Millionen Euro nach Lyon, wo er zwei Mal Meister wurde. 2005 wählten ihn seine Profikollegen zum Spieler des Jahres in Frankreich. Bei der WM 2006 musste Essien im Achtelfinale gegen Brasilien (0:3) eine Gelbsperre absitzen.

Geburtsdatum:	3. Dezember 1982
Geburtsland:	Ghana
Stationen:	Bastia, Olympique Lyon, Chelsea
WM-Spiele:	3
WM-Tore:	–
Länderspiele:	21
Tore:	5
WM-Teilnahmen:	2006

Samuel Eto'o Fils

Mit 17 Jahren feierte er 1998 beim Spiel gegen Italien sein WM-Debüt. Zu diesem Zeitpunkt stand er bereits bei Real Madrid unter Vertrag, war aber an den Zweitligisten Leganes ausgeliehen. Der RCD Mallorca erwarb 2000 die Transferrechte an dem Kameruner. Dort reifte Eto'o zu einem Weltklassestürmer und wechselte 2004 zum FC Barcelona. Mit dem Real-Erzrivalen wurde er auf Anhieb Meister und 2006 Champions-League-Sieger. Weitere Erfolge und Auszeichnungen: Olympisches Gold 2000, Afrika Cup-Sieger 2000 und 2002 sowie zuletzt dreimal hintereinander Afrikas Fußballer des Jahres (2003 bis 05).

Geburtsdatum:	10. März 1981
Geburtsland:	Kamerun
Stationen:	Mallorca, FC Barcelona
WM-Spiele:	4
WM-Tore:	1
Länderspiele:	60
Tore:	24
WM-Teilnahmen:	1998, 2002

Eusébio Ferreira da Silva

Mit neun Treffern war der „Pantera Negra" Torschützenkönig der Weltmeisterschaft 1966. Vor Helmut Haller (6 Tore), Geoffrey Hurst und Franz Beckenbauer (beide 4 Tore). Eusébio führte Portugal auf den dritten Platz bei der Weltmeisterschaft. 1965 war der Mosambiker „Europas Fußballer des Jahres" und galt als „neuer Pelé". Mit Benfica wurde er elfmal Portugiesischer Meister und 1962 Europapokalsieger bei den Landesmeistern. 1968 (43 Tore) und 1973 (40 Tore) war er Europas erfolgreichster Torschütze. In 715 Einsätzen für Benfica erzielte der erste Weltstar vom „schwarzen Kontinent" 727 Tore. 1974 wechselte er in die USA, dann nach Kanada und Mexiko.

Geburtsdatum:	25. Januar 1942
Geburtsland:	Mosambik
Stationen:	Benfica Lissabon
WM-Spiele:	6
WM-Tore:	9
Länderspiele:	64
Tore:	41
WM-Teilnahmen:	1966

Marques da Silva „Everaldo"

Als linker Verteidiger war er aus Brasiliens Weltmeisterelf von 1970 nicht wegzudenken. Everaldo (Gremio Porto Alegre) war der Außenläufer in der großen Elf der Brasilianer, die ungeschlagen Weltmeister wurde. Er schlug die Flanken, die Pelé, Jairzinho und Rivelino in Tore umwandelten. Everaldo war mit seinem Verein Gremio Porto Alegre viermal Meister im südlichsten brasilianischen Bundesstaat Rio Grande do Sul. Er starb am 27. Oktober 1974 mit 30 Jahren bei einem Autounfall.

Geburtsdatum:	11. September 1944 † 27. Oktober 1974
Geburtsland:	Brasilien
Stationen:	Gremio Porto Alegre
WM-Spiele:	5
WM-Tore:	–
Länderspiele:	24
Tore:	–
WM-Teilnahmen:	1970

Zwei Jahrzehnte auf Torjagd

Am 2. Mai 1962 wurde Eusébio auf einen Schlag berühmt. Gegen die Königlichen von Real Madrid erzielte der Offensivallrounder die Treffer zum 4:3 und 5:3 und führte Benfica Lissabon fast im Alleingang zum Triumph im Landesmeisterpokal. Dabei kostete der afrikanische Akteur umgerechnet nur 100.000 Mark, als Benfica Lissabon ihn sich 1960 angelte. Auch bei der Weltmeisterschaft 1966 sorgte der in der portugiesischen Kolonie Mosambik Aufgewachsene für Furore. Im Viertelfinale in Liverpool lagen die Portugiesen überraschend mit 0:3 gegen Nordkorea zurück, die ihrerseits zuvor Italien sensationell ausgeschaltet hatten. Nach 25 Minuten beriet sich sogar der brasilianische Trainer Otto Gloria mit seinem Star über die weitere Taktik. Mit Erfolg! Was folgte war das „Wunder vom Goodison Park", der Heimat des FC Everton. Eusébio, 24 jährig, bog mit seinen vier Treffern die Partie im Alleingang um, den Treffer zum 5:3-Endstand durch Augusto bereitete er vor. Natürlich wurde er Torschützenkönig. Zwei Jahrzehnte lang sind Tore sein Markenzeichen, bei der Wahl zu Europas Fußballer des Jahres kam er in zehn Jahren gleich siebenmal unter die Top 10.

FAC – FAT

Francesc „Cesc" Fàbregas Soler – Giacinto Facchetti – Paulo Roberto Falcao – Jacques „Jacky" Fatton – Laszlo „Kapa" Fazekas – Mate Fenyvesi – Luis Fernandez – Giovanni Ferrari – Klaus Fichtel – Luis Filipe Madeira Caeiro Figo – Elias Ricardo Brander Figueroa – Ubaldo „Pato" Matildo Fillol – Rio Gavin Ferdinand – Thomas „Tom" Finney – Klaus Fischer – Heinz Flohe – Bernd Förster – Karlheinz Förster – Just Fontaine – William Anthony Foulkes – Francoaldo Sena de Souza „Franca" – Enzo Uriarte Francescoli – Trevor John Francis – Henning Frenzel – Steffen Freund – Arthur Friedenreich – Arne Friedrich – Torsten Frings – Eduard „Edi" Frühwirth – Friedhelm Funkel

Giacinto Facchetti

Er war eine der zentralen Figuren im italienischen Catenaccio, mit dem die Squadra Azzurra Europameister 1968 und Vizeweltmeister 1970 wurde. Giacinto Facchetti war ein schneller und schussstarker Abwehrspieler, der mit Inter Mailand viermal Italienischer Meister wurde und zweimal den Europapokal der Landesmeister gewann. Facchetti nahm von 1966 bis 74 an drei Weltmeisterschaften teil. Der Gewinn der EM 1968 war sein größter Triumph im Nationaltrikot. Sein erstes Spiel absolvierte er mit der italienischen Nationalmannschaft am 27. März 1963 in Istanbul gegen die Türkei, das die Italiener mit 1:0 gewannen. Er bestritt während seiner Spielerkarriere 476 Ligaspiele, in denen er 59-mal ins Tor traf. 70-mal führte er die italienische Mannschaft als Kapitän in ein internationales Spiel.

Geburtsdatum: 18. Juli 1942
 † 4. September 2006
Geburtsland: Italien
Stationen: Inter Mailand
WM-Spiele: 12
WM-Tore: –
Länderspiele: 94
Tore: 3
WM-Teilnahmen: 1966, 1970, 1974

Paulo Roberto Falcao

Der Mittelfeldspieler begann seine internationale Karriere im Jahre 1976 gegen Argentinien (2:1). Er war einer der Superstars in der Elf, die den schönsten und gleichzeitig erfolglosesten Samba-Fußball der Welt spielte. Als es gegen Italien um den Einzug ins WM-Finale 1982 ging, starben Brasiliens Ballzauberer in Schönheit. Ein Remis hätte gereicht. Und Falcao, seit 1980 beim AS Rom unter Vertrag, hatte im bis dahin dramatischsten Spiel des Turniers das 2:2 erzielt. Doch Brasilien verlor mit 2:3 und schied aus. Falcao wurde 1983 mit dem AS Rom Italienischer Meister und zog 1984 ins Finale des Europapokals der Landesmeister gegen den FC Liverpool ein (3:5 n.E.). Als Trainer wechselte er 1993 zu FC America Mexiko City.

Geburtsdatum: 16. Oktober 1953
Geburtsland: Brasilien
Stationen: Int. Porto Alegre, AS Rom, FC São Paulo
WM-Spiele: 7
WM-Tore: 3
Länderspiele: 28
Tore: 6
WM-Teilnahmen: 1982, 1986

Jacques „Jacky" Fatton

Nationaltrainer Karl Rappan bezeichnete ihn als den „besten Linksaußen, den es je in der Schweizer Nationalmannschaft gab". Jacques Fatton absolvierte von 1946 bis 1955 53 Länderspiele für die Schweiz und wurde mit Servette Genf viermal Schweizer Meister und einmal Pokalsieger. Dank seiner ausgezeichneten Technik genoss sein Schuss den Ruf, präziser als eine Schweizer Uhr zu sein. Fatton war WM-Teilnehmer 1950 und 1954. Unvergessen sind vor allem seine beiden Treffer beim beachtlichen 2:2 gegen WM-Gastgeber Brasilien 1950. Nach einer 0:3-Niederlage gegen Jugoslawien schieden die Eidgenossen dennoch vorzeitig aus dem WM-Turnier aus.

Geburtsdatum: 19. Dezember 1925
Geburtsland: Schweiz
Stationen: Servette Genf, Ol. Lyon
WM-Spiele: 7
WM-Tore: 3
Länderspiele: 53
Tore: 29
WM-Teilnahmen: 1950, 1954

Laszlo „Kapa" Fazekas

Mit 92 Länderspielen hat Fazekas hinter Jozsef Bozik die zweitmeisten Einsätze in der Geschichte des ungarischen Fußballs absolviert. 21-jährig wurde er 1968 in Mexiko City Olympiasieger. Bei der WM 1982, als Ungarn beim 10:1 gegen El Salvador ein WM-Rekordergebnis erzielte, gelangen dem Angreifer, der 1976, 78 und 1980 im Dress von Ujpest Dosza ungarischer Torschützenkönig war, die Treffer zum 3:0 und 5:0. Fazekas, später in Belgien aktiv, stand mit Ujpest 1974 im Halbfinale des Europacup der Landesmeister. Beim 1:1 im Hinspiel gegen Bayern München erzielte er in der 81. Minute das einzige Tor für den Ungarischen Meister.

Geburtsdatum:	15. Oktober 1947
Geburtsland:	Ungarn
Stationen:	Újpest Budap., RSC Anderl.
WM-Spiele:	4
WM-Tore:	2
Länderspiele:	92
Tore:	24
WM-Teilnahmen:	1978, 1982

Francesc „Cesc" Fàbregas Soler

Mit 16 Jahren und 177 Tagen debütierte Fàbregas als jüngster Spieler aller Zeiten im ersten Team von Arsenal. Fünf Wochen später wurde er auch zum jüngsten Torschützen des Klubs. Der Katalane kam im September 2003 zu den „Gunners", mit denen er 2006 im Champions-League-Finale seinem Heimatverein FC Barcelona unterlag. Bei Arsenal besetzt er bereits mit 20 Jahren die Chefrolle. Als jüngster Debütant verewigte sich das Mittelfeld-Ass auch im spanischen Nationalteam (März 2006).

Geburtsdatum:	4. Mai 1987
Geburtsland:	Spanien
Stationen:	FC Barcelona, Arsenal
WM-Spiele:	4
WM-Tore:	–
Länderspiele:	18
Tore:	–
WM-Teilnahmen:	2006

Dr. Mate Fenyvesi

Seine Zeit begann, als einige der ganz Großen des ungarischen Fußballs anlässlich des Volksaufstandes 1956 ihrer Heimat den Rücken zugekehrt hatten. So machte Zoltan Czibor auf der Position des Linksaußen Platz für Mate Fenyvesi. 1958 bestritt er sein erstes WM-Turnier. Nach zwei 1:2-Niederlagen gegen Schweden und Wales schied der Vizeweltmeister schon in der Vorrunde aus. Daran konnte auch der Einsatz von Fenyvesi, einem Dribbelkünstler auf der Außenbahn, nichts ändern. Bei der WM 1962 zog er mit Ungarn ins Viertelfinale ein, 1964 erreichten die Magyaren mit Fenyvesi Platz 3 im Europapokal der Nationen, dem Vorläufer der EM.

Geburtsdatum:	19. September 1933
Geburtsland:	Ungarn
Stationen:	Ferencváros Budapest
WM-Spiele:	6
WM-Tore:	–
Länderspiele:	76
Tore:	8
WM-Teilnahmen:	1958, 1962, 1966

Luis Fernandez

Mit Paris St. Germain holte er 1986 erstmals die französische Meisterschaft für den 1970 gegründeten Hauptstadt-Klub. Mit der Nationalmannschaft wurde er 1984 Europameister und zog 1986 ins Halbfinale der WM ein. Luis Fernandez, Fußballer des Jahres 1985 in Frankreich, war der Kämpfer in Frankreichs Mittelfeld – neben den Filigrantechnikern Platini, Giresse und Tigana. Gefürchtet war sein knallharter Torschuss, mit dem er in Mexiko das wichtige Tor zum 1:1-Endstand gegen die UdSSR schoss. Nach acht Jahren bei PSG wechselte er 1986 zu Matra Racing und 1989 weiter zum AS Cannes. Dort beendete er seine Spielerkarriere und begann zugleich die Laufbahn als Trainer. 1994 kehrte er zum PSG zurück, das er bis 1996 und erneut von 2000 bis 2003 coachte.

Geburtsdatum:	2. Oktober 1959
Geburtsland:	Frankreich
Stationen:	Paris St. Germain, Matra Racing Paris, AS Cannes
WM-Spiele:	6
WM-Tore:	1
Länderspiele:	60
Tore:	6
WM-Teilnahmen:	1986

Giovanni Ferrari

Ferrari war mit Juve fünfmal hintereinander Meister (1931–1935), feierte zwei Titel mit Inter (38, 40) und holte 1941 mit Bologna seinen achten Scudetto. Ferrari ist einer der erfolgreichsten Fußballer aller Zeiten. Mit der italienischen Nationalmannschaft wurde er 1934 und 38 Weltmeister. Und schoss als „Halblinker" in acht WM-Spielen zwei Tore. Der wichtigste Treffer: das Tor zum 1:1-Endstand im Viertelfinale gegen Spanien 1934. Im Wiederholungsspiel am nächsten Tag gewann die Squadra Azzurra schließlich in Florenz mit 1:0 und zog ins Halbfinale ein. Nur noch Meazza und Monzeglio wurden wie Ferrari Doppelweltmeister. Bei der Titelverteidigung blieb er zwar torlos, riss aber Lücken für seine Mitspieler. Später wurde er Trainer der Italiener.

Geburtsdatum:	6. Dezember 1907
	† 2. Dezember 1982
Geburtsland:	Italien
Stationen:	Alessandria, SSC Neapel, Juventus Turin, Inter Mailand, FC Bologna
WM-Spiele:	8
WM-Tore:	2
Länderspiele:	44
Tore:	14
WM-Teilnahmen:	1934, 1938

Klaus Fichtel

Er war der älteste Bundesligaspieler aller Zeiten. Als der Abwehrspieler Klaus Fichtel am 21. Mai 1988 beim Spiel gegen Werder Bremen zum letzten Mal das „Knappen"-Trikot überstreifte, war der gebürtige Castrop-Rauxeler fast 44 Jahre alt. Es war sein 552. Bundesliga-Spiel (14 Tore). Schalke verlor 1:4, stand allerdings schon vor dem Spiel als Absteiger fest. Fichtel spielte von 1965 bis 80 und 1984 bis 88 bei Schalke. 1970 stand er im Kader bei der Weltmeisterschaft in Mexiko und kam fünfmal zum Einsatz. Sein Treffer zum 1:1 im Qualifikationsspiel gegen Schottland (Endstand 3:2) war Fichtels einziges Tor in 23 Länderspielen.

Geburtsdatum:	19. November 1944
Geburtsland:	Deutschland
Stationen:	FC Schalke 04, Werder Bremen
WM-Spiele:	5
WM-Tore:	–
Länderspiele:	23
Tore:	1
WM-Teilnahmen:	1970

Luis Filipe Madeira Caeiro Figo

Bei der WM 2006 zeigte er noch einmal sein einzigartiges Können. Als bester Torvorbereiter und Flankengeber des Turniers führte er Portugal ins Halbfinale gegen Frankreich (0:1). Figo war Schlüsselspieler der so genannten „Goldenen Generation", die 1991 U 20-Weltmeister wurde. Mit Barcelona und Real, das ihn 2000 für 59 Millionen Euro vom Erzrivalen loseiste, holte er je zwei Meistertitel. Mit den Katalanen 1997 zudem im Pokal der Pokalsieger erfolgreich, gewann er mit den „Königlichen" 2002 die Champions League. Als persönliche Ehrungen ragen die zu Europas Fußballers des Jahres (2000) und die zum Weltfußballer des Jahres (2001) heraus.

Geburtsdatum:	4. November 1972
Geburtsland:	Portugal
Stationen:	Sp. Lissabon, FC Barcelona, Real Madrid, Inter
WM-Spiele:	7
WM-Tore:	–
Länderspiele:	127
Tore:	32
WM-Teilnahmen:	2002, 2006

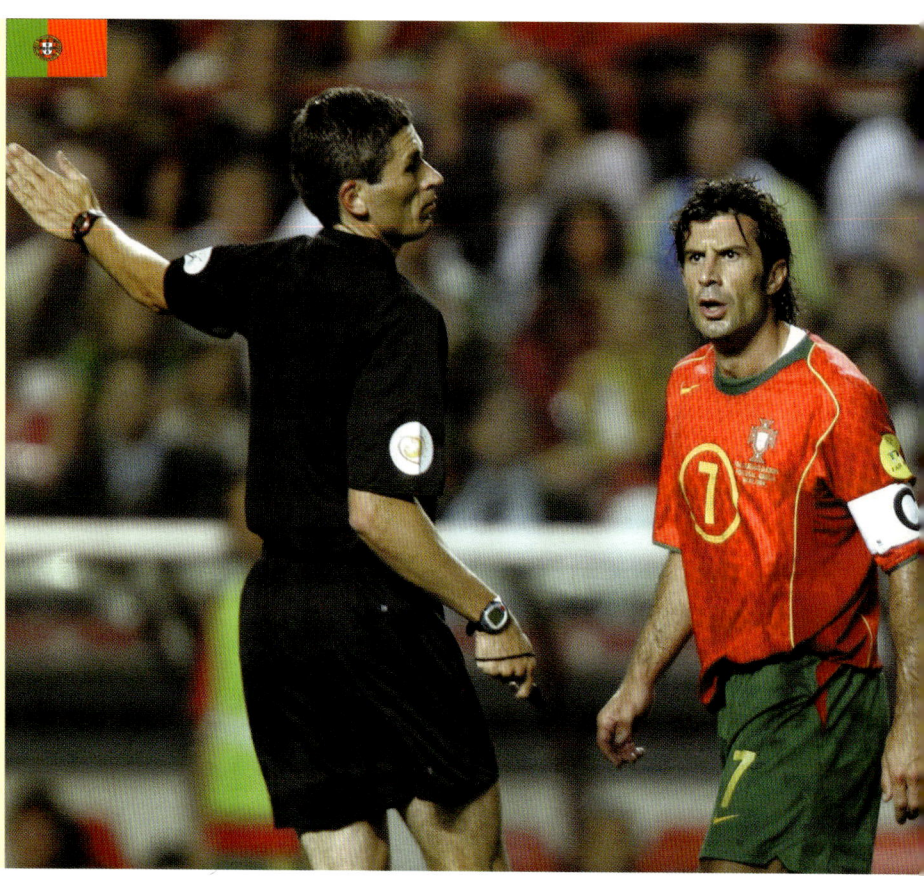

Elias Ricardo Brander Figueroa

Er ist einer der größten chilenischen Nationalspieler aller Zeiten. Abwehrspieler Elias Figueroa nahm mit Chile zwischen 1966 und 82 an drei Weltmeisterschaften teil und fehlte dabei bei keiner Partie. Von 1974 bis 76 wurde er dreimal in Folge Südamerikas Fußballer des Jahres. Und das, obwohl sein Team bei der WM 1974, genau wie 1966 und 82, in der Vorrunde ausschied! Mit Figueroa als Abwehrchef kassierten die Chilenen bei den Turnieren in England und Deutschland in sechs Spielen nur sieben Gegentore.

Geburtsdatum:	25. Oktober 1946
Geburtsland:	Chile
Stationen:	Santiago Wanderers, Peñarol Montevideo, Colo Colo Santiago
WM-Spiele:	9
WM-Tore:	–
Länderspiele:	47
Tore:	2
WM-Teilnahmen:	1966, 1974, 1982

Ubaldo „Pato" Matildo Fillol (oben rechts)

Bei der WM 1974 in Deutschland feierte Fillol gegen die DDR (1:1) sein Nationalmannschaftsdebüt. Vier Jahre später holte der Torwart mit den Gauchos im eigenen Land den Pokal. Im ersten Spiel der zweiten Finalrunde hielt er gegen Polen (2:0) einen Elfmeter. Von 1973 bis 1983 bestritt er 361 Ligaspiele für River Plate. 1975 und 1979 gewann Fillol mit dem Nobelklub beide Meistertitel. In Argentinien werden pro Jahr zwei eigenständige Wettbewerbe ausgespielt (Apertura, Clausura).

Geburtsdatum:	21. Juli 1950
Geburtsland:	Argentinien
Stationen:	Racing Club, River Plate, Argentinos Juniors, Flamengo, Velez Sarsfield
WM-Spiele:	13
WM-Tore:	–
Länderspiele:	58
Tore:	–
WM-Teilnahmen:	1974, 1978, 1982

Rio Gavin Ferdinand

Mit 47 Millionen Euro, die 2002 an Leeds gezahlt wurden, ist Ferdinand der teuerste Transfer in der Geschichte von ManU. Der elegante Innenverteidiger entstammt der „Academy of Football" von West Ham, zu deren „Absolventen" auch Frank Lampard gehört. Acht Tage nach seinem 19. Geburtstag debütierte Ferdinand im Trikot der „Three Lions", mit denen er 2002 und 2006 das WM-Viertelfinale erreichte. Bereits 1998 hatte er mit seinem Cousin Les zum Aufgebot gehört. Mit Rios jüngerem Bruder Anton, aktueller U 21-Nationalspieler, steht der nächste Ferdinand auf dem Sprung.

Geburtsdatum:	7. November 1978
Geburtsland:	England
Stationen:	West Ham, Leeds, ManU
WM-Spiele:	10
WM-Tore:	1
Länderspiele:	62
Tore:	2
WM-Teilnahmen:	1998, 2002, 2006

Thomas „Tom" Finney

Er wurde einen Steinwurf vom Stadion von Preston North End entfernt geboren. Und zeichnete sich durch eine einzigartige Treue zu seinem Heimatverein aus. Bis 1960, bis zu seinem 38. Lebensjahr, trug er die Farben von Preston North End und erzielte in 433 Spielen 187 Tore – ohne jemals eine große Trophäe zu gewinnen. Für das Mutterland des Fußballs nahm der Linksfuß, der es bevorzugte auf dem rechten Flügel zu spielen, an drei Weltmeisterschaften teil und erzielte dabei zwei Tore in sieben Spielen. 1952 lehnte Englands zweifacher Fußballer des Jahres ein Traumangebot des US Palermo ab. Der „Preston Plumber" blieb in seiner Heimatstadt und wurde 1998 von der Queen zum Ritter geschlagen.

Geburtsdatum:	5. April 1922
Geburtsland:	England
Stationen:	Preston North End
WM-Spiele:	7
WM-Tore:	2
Länderspiele:	76
Tore:	30
WM-Teilnahmen:	1950, 1954, 1958

FIS – FÖR

Heinz Flohe (im Vordergrund)

Im erfolgreichsten Jahr der Vereinsgeschichte war er der Kapitän. 1978, im Jahr des Double-Gewinns, führte Heinz Flohe den 1. FC Köln als Spielführer aufs Feld. Trainer war Hennes Weisweiler. Der Halbstürmer Flohe erzielte in 343 Bundesligaspielen 81 Tore. Er gefiel dabei insbesondere durch seinen Ideenreichtum, seine Ballfertigkeit und seine blitzartigen Täuschungsmanöver. Schon 1968 und 1977 hatte er mit den „Geißböcken" den Pokalsieg gefeiert. Er wurde Weltmeister mit der deutschen Nationalmannschaft 1974, Vizeeuropameister 1976 und erzielte zwei Tore in vier Spielen bei der für Deutschland verkorksten WM 1978. Sein wichtigster Treffer im Nationaltrikot war das 1:2-Anschlusstor im EM-Halbfinale gegen Jugoslawien 1976 (Endstand 4:2 n.V.), mit dem Flohe Deutschland zurück in die Erfolgsspur schoss. Am 17. November 1976, bei der EM-Revanche gegen die CSSR, war es Flohe, der mit einem spektakulären Fernschuss das 1000. Tor in der deutschen Länderspielgeschichte erzielte. Der gebürtige Euskirchener wechselte 1979 zum TSV 1860 München.

Geburtsdatum:	28. Januar 1948
Geburtsland:	Deutschland
Stationen:	1. FC Köln, TSV 1860 München
WM-Spiele:	7
WM-Tore:	2
Länderspiele:	39
Tore:	8
WM-Teilnahmen:	1974, 1978

Klaus Fischer

Mit seinen Fallrückziehern hat der Mittelstürmer Glanzlichter gesetzt. Seine Sternstunde aber war das WM-Halbfinale 1982 in Sevilla gegen Frankreich. Mit dem „Tor des Jahres" zum 3:3 rettete Fischer die deutsche Nationalmannschaft ins Elfmeterschießen und ebnete den Weg ins Finale von Madrid. Er ist mit 268 Toren für 1860 München, Schalke 04, den 1. FC Köln und VfL Bochum nach Gerd Müller der zweitbeste Bundesliga-Stürmer aller Zeiten. Mit Schalke (72) und Köln (83) gewann er den DFB-Pokal.

Geburtsdatum:	27. Dezember 1949
Geburtsland:	Deutschland
Stationen:	TSV 1860 München, Schalke, 1. FC Köln, Bochum
WM-Spiele:	11
WM-Tore:	2
Länderspiele:	45
Tore:	32
WM-Teilnahmen:	1978, 1982

Bernd Förster

Er ist der große Bruder, der häufig im Schatten des Jüngeren stand. Den Ruhm seines zwei Jahre jüngeren Bruders Karlheinz hat Bernd Förster (291 Erstligaspiele, 25 Tore) nie erlangt. Erst über den Umweg Mannheim, München und Saarbrücken kam er nach Stuttgart – wo sich Karlheinz schon lange einen Namen gemacht hatte. Auch als rechter Verteidiger lehrte er die Gegenspieler nie so sehr das Fürchten wie Karlheinz. Trotzdem: Die deutsche Meisterschaft 1984, den EM-Titel 1980 und die Vize-WM 1982 genossen die Förster-Brüder Seite an Seite.

Geburtsdatum:	3. Mai 1956
Geburtsland:	Deutschland
Stationen:	Bayern München, VfB Stuttgart
WM-Spiele:	4
WM-Tore:	–
Länderspiele:	33
Tore:	–
WM-Teilnahmen:	1982

Karlheinz Förster (rechts)

Die Wahl zum „Fußballer des Jahres 1982" fiel schwer. Deutschland war Vizeweltmeister, doch das „Skandalspiel von Gijon" gegen Österreich und Toni Schumachers Boxeinlage gegen Battiston trübten den Gesamteindruck. Also wurde Karlheinz Förster Fußballer des Jahres. Der eisenharte Manndecker vom VfB Stuttgart war auch während der skandalumwobenen Weltmeisterschaft Vorbild geblieben wegen seines fairen Spiels und tollen Charakters.

Geburtsdatum:	25. Juli 1958
Geburtsland:	Deutschland
Stationen:	Waldhof-Mannheim, VfB Stuttgart, Olympique Marseille, FC Schwarzach
WM-Spiele:	14
WM-Tore:	–
Länderspiele:	81
Tore:	2
WM-Teilnahmen:	1982, 1986

Just „Monsieur Dynamite" Fontaine

Die WM 1958 war „sein" Turnier. In jedem WM-Spiel traf Fontaine mindestens einmal, wurde mit 13 Treffern Torschützenkönig. Unter anderem beim 2:5 im Halbfinale gegen den späteren Weltmeister Brasilien traf er einmal. Beim 6:3 im Spiel um Platz 3 schoss er den Ball viermal ins Netz der Deutschen. Seinen Verein Stade Reims schoss Fontaine 1959 mit zehn Toren ins Finale um den Europacup der Landesmeister gegen Real Madrid. Nach einem Beinbruch fand seine Karriere mit 27 Jahren ein jähes Ende.

Geburtsdatum:	18. August 1933
Geburtsland:	Marokko
Stationen:	OGC Nizza, Stade Reims
WM-Spiele:	6
WM-Tore:	13
Länderspiele:	20
Tore:	27
WM-Teilnahmen:	1958

William Anthony „Bill" Foulkes

Er ist eine der großen Fußballlegenden von Manchester United. Als er 1970 seine Karriere beendete, hatte „Bill" Foulkes 679-mal das Trikot der ersten Mannschaft getragen und war viermal Englischer Meister geworden. Er überlebte den Flugzeugabsturz von München 1958. 1968 führte er das Team zum ersten Gewinn des Europapokals der Landesmeister. Manchester United gewann mit 4:1 nach Verlängerung gegen Benfica Lissabon. Im Halbfinale bei Real Madrid (3:3, Hinspiel 1:0) schoss der defensive Mittelfeldspieler eines seiner wenigen Tore, aber erst sein 3:3 stellte die Endspiel-Teilnahme sicher.

Geburtsdatum:	5. Januar 1932
Geburtsland:	England
Stationen:	Manchester United
WM-Spiele:	–
WM-Tore:	–
Länderspiele:	1
Tore:	–
WM-Teilnahmen:	–

Francoaldo Sena de Souza „Franca"

8,5 Millionen Euro Ablöse überwies der damalige Vize-Champions-League-Sieger Bayer Leverkusen 2002 an den FC São Paulo, um sich die Dienste von Franca zu sichern. Der achtfache brasilianische Nationalspieler schlug bei den Rheinländern in der zweiten Saison groß ein und führte die Mannschaft mit 14 Toren und 13 Vorlagen auf Platz 3 in der Bundesliga. In der Folgesaison zog die Elf von Trainer Klaus Augenthaler ins Achtelfinale der Champions League ein. Im Sommer 2005 löste Bayer den noch bis 2007 laufenden Vertrag auf und Franca wechselte nach Japan.

Geburtsdatum:	2. März 1976
Geburtsland:	Brasilien
Stationen:	FC São Paulo, Bayer Leverkusen
WM-Spiele:	–
WM-Tore:	–
Länderspiele:	8
Tore:	1
WM-Teilnahmen:	–

Enzo „El Principe" Uriarte Francescoli

Er wurde „El Prinicipe", der Prinz, genannt. Enzo Francescoli war Südamerikas Fußballer des Jahres 1984 und 95. 1995 führte er Uruguay als Kapitän zum Gewinn der Copa América – durch einen Endspielsieg gegen den großen Nachbarn Brasilien. Damals war er bereits von einem achtjährigen Europa-Gastspiel (Stationen: Racing Paris, Olympique Marseille, US Cagliari, AC Turin) nach Südamerika zurückgekehrt und spielte für River Plate Buenos Aires. Bei den Weltmeisterschaften 1986 und 90 schied Francescoli mit den Urus im Achtelfinale aus.

Geburtsdatum:	12. November 1961
Geburtsland:	Uruguay
Stationen:	Wanderers Montevideo, River Plate, Racing Paris, Olympique Marseille, US Cagliari, AC Turin
WM-Spiele:	8
WM-Tore:	1
Länderspiele:	72
Tore:	15
WM-Teilnahmen:	1986, 1990

Trevor John Francis

Er war der erste Millioneneinkauf in der englischen Transfergeschichte. Nottingham Forest zahlte für Francis in der Saison 1978/79 eine Million Pfund Ablöse an Birmingham City. Francis zahlte sie gleich zurück: Im Finale des Europapokals der Landesmeister im Münchener Olympiastadion erzielte er das 1:0-Siegtor gegen Malmö FF. Bei der Titelverteidigung ein Jahr später gegen den Hamburger SV (1:0 in Madrid) fehlte Francis wegen einer Verletzung. Bei der WM 1982 schoss er zwei Tore in fünf Spielen und wechselte nach dem Turnier von Manchester City zu Sampdoria Genua nach Italien.

Geburtsdatum:	19. April 1954
Geburtsland:	England
Stationen:	Birmingham City, Nottingham Forest, Manchester City, Sampdoria Genua, Atalanta Bergamo, Glasgow Rangers, Sheffield Wednesday
WM-Spiele:	5
WM-Tore:	2
Länderspiele:	52
Tore:	12
WM-Teilnahmen:	1982

Henning Frenzel

1964 holte er mit der DDR die Bronzemedaille bei den olympischen Spielen in Tokio. Mit 152 Toren in 420 Oberligaspielen war Henning Frenzel einer der Rekordspieler in Deutschlands Osten. Trotzdem wurde der Stürmer von Lok Leipzig – aus seiner Sicht grundlos – nicht in den WM-Kader 1974 berufen. Frenzel hatte insbesondere im Jahr 1967 mit seinen drei Toren beim 4:3 gegen Holland und mit seinem Siegtor zum 1:0 gegen Ungarn Länderspielgeschichte geschrieben. Es war im neunten Anlauf der erste Sieg der DDR gegen Ungarn. Frenzel wurde nie DDR-Meister. Sein größter Triumph war der Pokalsieg 1976. Beim 3:0 von Lok Leipzig über den FC Vorwärts Frankfurt/Oder schoss er zwei Tore.

Geburtsdatum:	3. Mai 1942
Geburtsland:	Deutschland
Stationen:	1. FC Lokomotive Leipzig
WM-Spiele:	–
WM-Tore:	–
Länderspiele:	56
Tore:	19
WM-Teilnahmen:	–

Steffen Freund

Mit Borussia Dortmund wurde er 1995 und 96 Deutscher Meister und 1997 Champions-League- und Weltpokalsieger. Bei der EM 1996 beackerte Freund in vier Spielen das deutsche Mittelfeld, fiel im Finale aber verletzt aus. Der Brandenburger war 1991 von der BSB Stahl zu Schalke 04 und 1993 zum Revier-Rivalen BVB gewechselt. Er wurde immer wieder vom Verletzungspech geplagt, ehe er Anfang 1999 nach London ging. Mit Tottenham Hotspur konnte er nie an die große Zeit in Dortmund anknüpfen. Beste Platzierung: Platz 9. Zu neun Toren in 178 Bundesligaspielen zwischen 1991 und 2004 kamen 50 Gelbe Karten und eine Gelb-Rote Karte auf sein Konto. Nach einem erfolglosen Bundesliga-Comeback 2003 in Kaiserslautern endete seine Karriere bei Leicester City.

Geburtsdatum:	19. Januar 1970
Geburtsland:	DDR
Stationen:	BSB Stahl Brandenburg, Schalke 04, Borussia Dortmund, Tottenham Hotspur, 1. FC Kaiserslautern, Leicester City
WM-Spiele:	–
WM-Tore:	–
Länderspiele:	21
Tore:	–
WM-Teilnahmen:	1998

Arthur „El Tigre" Friedenreich

Er war Mitglied der ersten 1914 gegründeten Nationalmannschaft und gewann mit Brasilien 1919 (durch seinen 1:0 Siegtreffer) und 1922 die Copa América. Da im Brasilien der 1920er Jahre dunkelhäutige Fußballer diskriminiert wurden, musste sich der Sohn eines Hamburger Ingenieurs und einer Farbigen die krausen Haare glatt föhnen. 1929 durchbrach Friedenreich als erster Fußballer die 1000-Tore-Marke. Die WM 1930 verpasste er nur aufgrund seines Alters von 38 Jahren. In seiner gesamten Laufbahn schoss der Mittelstürmer 1329 Tore, bis heute Weltrekord, und wurde 1925 in Paris zum „König des Fußballs" gewählt. Die FIFA kürte ihn zum besten Stürmer des 20. Jahrhunderts.

Geburtsdatum:	18. Juli 1892
	† 6. September 1969
Geburtsland:	Brasilien
Stationen:	FC Germania, Ypirana São Paulo, Mackenzie São Paulo, Paulisto São Paulo, São Paulo da Floresta, Flamengo Rio de Janeiro
WM-Spiele:	–
WM-Tore:	–
Länderspiele:	23
Tore:	12
WM-Teilnahmen:	–

Arne Friedrich

Er gilt als einer der stärksten und komplettesten deutschen Abwehrspieler der Gegenwart. Arne Friedrich ist zweikampf-, sprint- und kopfballstark, hat dazu ein hervorragendes Spielverständnis und ist aufgrund seiner Persönlichkeit ein absoluter Führungsspieler. Nach seinem Wechsel von Arminia Bielefeld zu Hertha BSC Berlin zog er mit dem Hauptstadt-Klub 2003 und 2005 in den UEFA-Pokal ein. Bei der EM 2004 trug er in allen drei Spielen das Trikot der deutschen Nationalmannschaft. Unter Bundestrainer Jürgen Klinsmann war er bei der WM 2006 als Rechtsverteidiger gesetzt. Seine stärkste Partie bestritt er im Achtelfinale gegen Schweden, als er Fredrik Ljungberg ausschaltete.

Geburtsdatum:	29. Mai 1979
Geburtsland:	Deutschland
Stationen:	Arminia Bielefeld, Hertha BSC Berlin
WM-Spiele:	6
WM-Tore:	–
Länderspiele:	52
Tore:	–
WM-Teilnahmen:	2006

FRI – FUN

Torsten Frings

Er ist einer der spiel- und kampfstärksten Mittelfeldspieler in Deutschland. Torsten Frings schaffte kurz vor der WM 2002 den internationalen Durchbruch und entwickelte sich beim Weltturnier in Japan und Korea mit sieben Einsätzen zum Stammspieler beim Vizeweltmeister. Nach seinem Wechsel von Borussia Dortmund zu Bayern München wurde er 2005 im ersten Jahr Deutscher Meister und Pokalsieger. Er wechselte zur Saison 2005/06 zurück zu seinem Ex-Verein Werder Bremen. Bei der WM 2006 gehörte er zu den herausragenden Spielern. Auf seiner Position zentral vor der Abwehr meldete er die gegnerische Offensive ab. Mit seinem Faustschlag gegen Cruz im Anschluss an das Argentinien-Spiel brachte er sich aber selbst um den Lohn seiner aufopferungsvollen Arbeit. Die FIFA sperrte ihn für das Halbfinale gegen Italien (0:2).

Geburtsdatum:	22. November 1976
Geburtsland:	Deutschland
Stationen:	Alemannia Aachen, Werder Bremen, Borussia Dortmund, FC Bayern München
WM-Spiele:	13
WM-Tore:	1
Länderspiele:	68
Tore:	10
WM-Teilnahmen:	2002, 2006

Eduard „Edi" Frühwirth

Mit ihm als Trainer wurde Schalke 04 1958 zum letzten Mal Deutscher Meister. Eduard Frühwirth, der 1954 mit Walter Nausch (Cheftrainer) und Hans Pesser die österreichische Nationalmannschaft in der Schweiz betreute, kam nach der Weltmeisterschaft in die Glückaufkampfbahn. Dort coachte er fünf Jahre, bevor er weiter zum Karlsruher SC wechselte. Von 1964 bis 67 übernahm er erneut die Nationalmannschaft Österreichs. Seine Spielerlaufbahn begann beim Erstligisten Rapid, für den er in der Saison 1927/28 aber nur ein Meisterschaftsspiel bestritt und schnürte anschließend für die Wiener Vereine WAC (1930/31), FS Elektra und FC Libertas die Stiefel. 1936 wechselte er zum Floridsdorfer AC. Dort begann 1940 seine Trainer-Karriere.

Geburtsdatum:	17. November 1908 † 23. Februar 1973
Geburtsland:	Österreich
Stationen:	Rapid Wien
WM-Spiele:	–
WM-Tore:	–
Länderspiele:	–
Tore:	–
WM-Teilnahmen:	–

Friedhelm Funkel (rechts Bruder Wolfgang)

Er gilt als Spezialist in Sachen Bundesliga-Aufstieg. Friedhelm Funkel stieg als Trainer mit vier Vereinen fünfmal in die Bundesliga auf – zuletzt mit Eintracht Frankfurt 2005. Sein größter Erfolg als Spieler war der sensationelle DFB-Pokalsieg mit Bayer Uerdingen gegen Bayern München 1985 (2:1). Ein Jahr später zog er mit dem Europacup-Neuling aus Krefeld sensationell ins Halbfinale ein, wo man an Atlético Madrid scheiterte (0:1, 2:3). Unvergessen bleibt das 7:3 (1:3) im Viertelfinal-Rückspiel zuvor gegen Dynamo Dresden.

Geburtsdatum:	10. Dezember 1953
Geburtsland:	Deutschland
Stationen:	Bayer 05 Uerdingen, 1. FC Kaiserslautern
WM-Spiele:	–
WM-Tore:	–
Länderspiele:	–
Tore:	–
WM-Teilnahmen:	–

Der portugiesische Deserteur

Der Empfang für Luis Felipe Medeiro Caeiro Figo war äußerst unfreundlich. Ein Schweinekopf flog von den Rängen des „Camp Nou"-Stadions in Barcelona, als sich „Luuiiiiiis" den Ball zur Ecke zurecht legte. Es war das erste Wiedersehen mit den Fans des FC Barcelona, für die er von 1995 bis 2000 die Stiefel schnürte, nun im Dress des Erzrivalen Real Madrid. Das Tribunal von den Rängen nahm der dribbelstarke Rechtsfuß in Kauf. Real-Trainer Jupp Heynckes nannte ihn einmal den „besten Spieler der Welt", bereits im Jahr 2000 erschien ein Buch über ihn mit dem Titel „Figo – zum Triumph geboren". Mit der Nationalmannschaft allerdings konnte er dies, sieht man einmal vom zweiten Platz bei der EM 2004 im eigenen Land ab, nicht unter Beweis stellen. Von seiner unnachahmlichen Spielweise geht etwas aristokratisch Würdevolles aus. Er kann mit seinen technisch versierten Dribblings und einem satten Schuss Spiele allein entscheiden, gehört aber auch zu den besten Vorlagengebern für die Stürmer.

GAD – GAL

Robert Gadocha – Tomás Galásek – Milan Galic – William Gallas – Américo Rubén Gallego – „Garrincha" Manoel Francisco dos Santos – Paul John „Gazza" Gascoigne – Gennaro Gattuso – Claudio Francisco Gentile – Francisco Gento López – Finidi George – Erik Maria Gerets – Steven Gerrard – Gerson de Oliveira Nunes – Alcides Ghiggia – Ryan Giggs – John Giles – Gilmar dos Santos Neves – Alain „Giggi" Giresse – Jon Andoni Goikoetxea Lasa – Ludwig Goldbrunner – Falko Götz – Fernando Mendes Soares Gomes – Jerzy Pawel Gorgoń – Sergio Goycochea – Jürgen Grabowski – Francesco Graziani – James Peter „Jimmy" Greaves – Harry Gregg – Gunnar Gren – Gyula Grosics – Fritz Gschweidl – Fabio Grosso – Rudi Dil „Ruud" Gullit

Robert Gadocha

Er war Olympiasieger mit Polen 1972 und hatte bei der Weltmeisterschaft 1974 in fünf Spielen fünf Siege gefeiert. Dann traf der flinke polnische Linksaußen Robert Gadocha (Legia Warschau) in der „Wasserschlacht von Frankfurt" auf den deutschen Terrier Berti Vogts. Deutschland gewann das Spiel um den Finaleinzug mit 1:0. Gadocha musste seine Titelträume mit den Polen begraben. Gadocha wechselte 1975 von Warschau zum FC Nantes und wurde 1977 Französischer Meister. Nach dem Rückzug aus dem aktiven Sport gründete er in Chicago eine Fußballschule.

Geburtsdatum: 10. Januar 1946
Geburtsland: Polen
Stationen: W. Garbarnia, W. Krakow, Legia Warschau, FC Nantes, Chicago Stings, Hellions Hartford
WM-Spiele: 7
WM-Tore: –
Länderspiele: 62
Tore: 16
WM-Teilnahmen: 1974

Milan Galic

Einer der erfolgreichsten Stürmer in der jugoslawischen Fußballgeschichte startete am 31. Mai 1959 gegen Bulgarien (2:0) seine internationale Laufbahn. Mit seinen vier Toren in fünf Spielen schoss der Stürmer von Partizan Belgrad sein Land 1960 zum Gewinn der Vizeeuropameisterschaft. 1962 bei der Weltmeisterschaft in Chile erzielte er auf dem Weg ins Halbfinale drei Tore. Galic wurde 1960 Olympiasieger und traf in 51 Länderspielen 37-mal ins Tor. Der gebürtige Belgrader wechselte 1969 mit 31 Jahren zu Standard Lüttich und später weiter zu Stade Reims.

Geburtsdatum: 8. März 1938
Geburtsland: Jugoslawien
Stationen: Partizan Belgrad, Standard Lüttich, Stade Reims
WM-Spiele: 6
WM-Tore: 3
Länderspiele: 51
Tore: 37
WM-Teilnahmen: 1962

William Gallas

Gallas gehört zu den auffälligsten Spielern im Starensemble des FC Chelsea. Trotz des harten Konkurrenzkampfes hat der Mann auf der rechten Außenbahn seinen Stammplatz sicher und feierte 2005 und 2006 die Meisterschaft in der Premier League. Variabel als Verteidiger und Mittelfeldspieler einsetzbar, ist Gallas auch im Nationalteam gesetzt. In der Qualifikation für die WM 2006 bestritt er alle zehn Partien und stand auch beim Endrundenturnier in Deutschland jede Sekunde auf dem Platz.

Geburtsdatum: 17. August 1977
Geburtsland: Frankreich
Stationen: SM Caen, Olympique Marseille, Chelsea
WM-Spiele: 7
WM-Tore: –
Länderspiele: 56
Tore: 2
WM-Teilnahmen: 2006

Manoel „Mané" Francisco dos Santos „Garrincha"

Er war Weltmeister 1958 und 1962. In 50 Länderspielen schoss er 12 Tore. Bekannt war Garrincha aber nicht nur wegen seiner Erfolge. Sein unverwechselbares Markenzeichen waren sein rechtes X- und linkes O Bein, die seinen Gegenspielern beim Dribbling heftigste Kopfschmerzen bereiteten. Von 1958 bis 1968 galt Garrincha als der beste Außenstürmer der Welt. Er starb im Januar 1983 im Alter von 49 Jahren nach zahlreichen erfolglosen Alkoholentziehungskuren. Seine Biografie „Estrela solitária" (Einsamer Stern) erzählt von seinen Siegen und Niederlagen.

Geburtsdatum:	18. Oktober 1933
	† 20. Januar 1983
Geburtsland:	Brasilien
Stationen:	Botafogo Rio de Janeiro, Corinthians São Paulo, Portuguesa São Paulo, Atlético Junior, Flamengo
WM-Spiele:	12
WM-Tore:	5
Länderspiele:	50
Tore:	12
WM-Teilnahmen:	1958, 1962, 1966

Américo „Tolo" Rubén Gallego

Er erledigte die Drecksarbeit im Team der Superstars. Américo Rubén Gallego war die Arbeitsbiene im argentinischen Mittelfeld beim Titelgewinn 1978. In allen sieben Partien kam der Mann vom Provinzverein Newell's Old Boys Rosario zum Einsatz und gab seinen schon nach der Weltmeisterschaft 1974 ergatterten Stammplatz nicht mehr her. Neben Kapitän Passarella galt er als der zuverlässigste und fleißigste Akteur in der Weltmeister-Elf. Im Finale, beim 3:1-Erfolg in der Verlängerung gegen Holland, machte er gegen Johnny Rep ein bärenstarkes Spiel und legte ihn in seiner unnachahmlichen Manier an die Kette. Nach dem Ende seiner aktiven Laufbahn ist Gallego zu einem der erfolgreichsten Vereinstrainer Argentiniens geworden, der mit drei verschiedenen Teams die Landesmeisterschaft gewann: River Plate, Independiente und zuletzt 2004 mit seinem Heimatverein Rosario.

Geburtsdatum:	25. April 1955
Geburtsland:	Argentinien
Stationen:	Newell's Old Boys Rosario, River Plate Buenos Aires
WM-Spiele:	11
WM-Tore:	–
Länderspiele:	71
Tore:	3
WM-Teilnahmen:	1978, 1982

Paul John „Gazza" Gascoigne

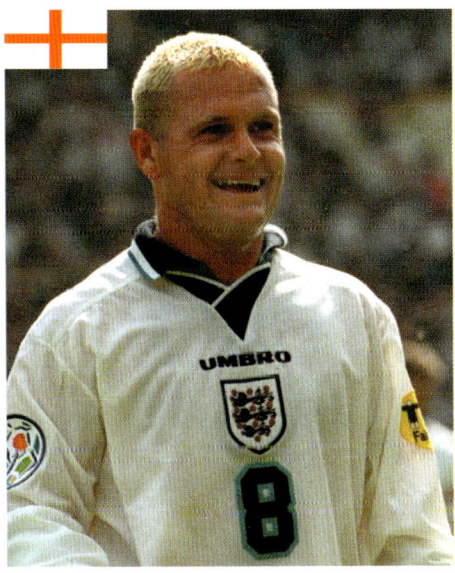

Für wilde Eskapaden war „The Clown Prince of English Soccer" genauso bekannt wie für genialen Fußball. Franz Beckenbauer sah in Gascoigne das größte Fußballgenie auf der Insel aller Zeiten. Trotzdem konnte der Mittelfeldstar nicht verhindern, dass England bei der Weltmeisterschaft 1990 und der Europameisterschaft 1996 jeweils im Elfmeterschießen des Halbfinals gegen Deutschland ausschied. Gascoigne war 1996 und 97 mit den Glasgow Rangers Schottischer Meister und 1995 mit Lazio Rom italienischer Vizemeister. Eine kontinuierliche, seinem fußballerischen Talent entsprechende Karriere verhinderte seine ständigen Alkoholeskapaden verbunden mit zahllosen anderen Exzessen. 2004 war er Trainer beim Viertligisten Boston United. Im Dezember 2005 wurde er vom Sechstligisten Kettering Town entlassen.

Geburtsdatum:	27. Mai 1967
Geburtsland:	England
Stationen:	Newcastle United, Tottenham Hotspur, Lazio Rom, Glasgow Rangers, FC Middlesbrough, FC Everton, FC Burnley
WM-Spiele:	6
WM-Tore:	–
Länderspiele:	57
Tore:	10
WM-Teilnahmen:	1990

Gennaro Ivan Gattuso

Der wegen seines agressiven Aufretens „Ringhio" (Knurrer) genannte Mittelfeldspieler startete seine Laufbahn bei Perugia. 1997 wechselte er für eine Saison zu den Glasgow Rangers, mit denen er schottischer Ligapokalsieger wurde. Zurück in Italien entwickelte sich Gattuso zu einem Schlüsselspieler beim AC Mailand und der Squadra Azzura. Mit Milan gewann er Champions League (2003) und den Scudetto (2004), ehe er bei der WM 2006 zusammen mit Andrea Pirlo ein herausragendes Duo im defensiven Mittelfeld der Azzurri bildete und den WM-Titel gewann. Perus Fußball-Legende Teófilo Cubillas, Mitglied der Technischen Studien-Gruppe der FIFA, verlieh ihm das Prädikat „Herausragend". Zusammen mit Pirlo verrichtete Gattuso auch im Champions League-Finale 2007 gegen Liverpool wieder einmal ganze Arbeit, so dass den „Rossoneri" die Revanche für das Finale 2005 gelang (2:1).

Geburtsdatum:	9. Januar 1978
Geburtsland:	Italien
Stationen:	AC Perugia, Glasgow Rangers, Salernitana Sport, Milan
WM-Spiele:	8
WM-Tore:	–
Länderspiele:	53
Tore:	1
WM-Teilnahmen:	2002, 2006

Claudio Francisco Gentile (links)

Gentile debütierte international am 19. April 1975 in Rom gegen die Auswahl Polens mit einem Unentschieden (0:0). In Italiens Weltmeister-Elf von 1982 rührte er mit Scirea, Bergomi und Collovati in der Abwehr den Beton an. Claudio Gentile war der Inbegriff des „Eisenfußes". In seinen 71 Länderspielen zwischen 1975 und 84 erzielte er ein einziges Tor. Gentile stand in der großen Mannschaft von Juventus Turin, die von 1975 bis 84 sechsmal Italienischer Meister wurde. Mit Gentile gewann Juve 1977 den UEFA-Pokal und 1984 den Europapokal der Pokalsieger. Er schoss in 283 Erstligaspielen neun Tore. Seit 2000 ist er Coach der italienischen U21-Nationalmannschaft, mit der er 2004 Europameister wurde.

Geburtsdatum:	27. September 1953
Geburtsland:	Libyen
Stationen:	HM Arona, Varese, Juventus Turin, AC Florenz, FC Piacenza
WM-Spiele:	13
WM-Tore:	–
Länderspiele:	71
Tore:	1
WM-Teilnahmen:	1978, 1982

Francisco „Paco" Gento López

Von 1956 bis 1960 gewann Real Madrid fünfmal in Folge den Europapokal der Landesmeister – mit dem wieselflinken Francisco Gento als Linksaußen. Der sechste Europapokalsieg war 1966 so etwas wie die Krönung seiner Laufbahn. Gento ist bis heute der weltweit einzige Spieler, der sechs Europapokale gewonnen hat. Wahrhaft königlich sind auch zwei weitere Bilanzen: Von 1953 bis 1971 bestritt er für Real 761 Partien (253 Tore) und gewann mit dem „weißen Ballet" nicht weniger als 12 spanische Meistertitel. Weil er seine Gegner mit einer unglaublichen Leichtigkeit austanzte, bekam er den Spitznamen „El Supersonico" verpasst. Zwischen 1955 und 1969 spielte Gento 43-mal für die spanische Nationalelf und war WM-Teilnehmer 1962 und 1966.

Geburtsdatum:	21. Oktober 1933
Geburtsland:	Spanien
Stationen:	Racing Santander, Real Madrid
WM-Spiele:	5
WM-Tore:	–
Länderspiele:	43
Tore:	5
WM-Teilnahmen:	1962, 1966

Tomás Galásek

Bevor er den Fußball entdeckte, wollte er Busfahrer werden. Später hieß sein Idol Jürgen Klinsmann, dem er auf dem Platz aber eher als Führungspersönlichkeit denn als Torjäger nacheifern sollte. Als zentraler defensiver Mittelfeldspieler vor der Abwehr füllt Galasek die Position des „Sechsers" aus, die sich im modernen Fußball immer mehr zur wichtigsten Figur entwickelt. Mit seinen großen taktischen Fähigkeiten machte sich der Tscheche zunächst in Holland, dann in Deutschland einen Namen. Willem II führte er in die Champions League, ehe er 2000 zu Ajax wechselte und je zwei Mal Meister, Pokalsieger und Supercup-Gewinner wurde. Unter der Regie des Chefstrategen aus Ostrau holte Nürnberg 2007 den ersten Titel seit 39 Jahren (DFB-Pokal).

Geburtsdatum:	15. Januar 1973
Geburtsland:	Tschechoslowakei
Stationen:	Banik Ostrava, Willem II, Ajax, 1. FC Nürnberg
WM-Spiele:	2
WM-Tore:	–
Länderspiele:	59
Tore:	1
WM-Teilnahmen:	2006

Finidi George

Er war einer der Leistungsträger im Team von Ajax Amsterdam, das 1995 gegen den AC Mailand die Champions League gewann. Finidi George stürmte neben Jari Litmanen und Marc Overmars, hatte beim 5:2 gegen Bayern München mit einem wuchtigen Schuss ins Dreiangel das 2:1 erzielt. Für die Nationalmannschaft Nigerias absolvierte George je vier Spiele bei den Weltmeisterschaftsturnieren 1994 und 1998. In den USA traf er im letzten Vorrundenspiel zum 1:0 gegen Griechenland (Endstand 2:0). Nach dem Titel-Hattrick in Holland (1994 bis 96) wechselte George zu Betis Sevilla nach Spanien. Der pfeilschnelle Flügelflitzer wurde von einem ganz Großen seiner Zunft geadelt. Der brasilianische Weltmeister Roberto Carlos wurde gefragt, ob er schon einmal gegen einen Akteur gespielt hätte, der schneller war als er. Seine lapidare Antwort: „Finidi George". Aus Protest gegen eine Schmiergeldaffäre, bei der Auswahltrainer Adegboye Onigbinde bestimmte Spieler zur WM 2002 mitnehmen wollte, erklärte George, wie auch Kapitän Sunday Oliseh, seinen Rücktritt aus der Nationalmannschaft.

Geburtsdatum:	15. April 1971
Geburtsland:	Nigeria
Stationen:	Ajax Amsterdam, Betis Sevilla, RCD Mallorca Ipswich Town
WM-Spiele:	8
WM-Tore:	1
Länderspiele:	62
Tore:	6
WM-Teilnahmen:	1994, 1998

Erik Maria Gerets

Er war einer der stärksten belgischen Abwehrspieler aller Zeiten. Erik Gerets führte die „Roten Teufel" 1980 zum sensationellen Gewinn der Vizeeuropameisterschaft und erzielte beim 2:1-Sieg im Vorrundenspiel gegen Spanien eins seiner zwei Tore in 86 Länderspielen. Mit Standard Lüttich wurde er 1982 und 83 Belgischer Meister und war 1982 Fußballer des Jahres. In sechs Jahren beim PSV Eindhoven (1986 bis 92) gewann er sechsmal den holländischen Titel und holte zudem 1988 den Europapokal der Landesmeister. Als Trainer des PSV wurde Gerets zweimal Meister. Nach Stationen in Kaiserslautern, Wolfsburg und Galatasaray Istanbul unterschrieb er September 2007 in Marseille.

Geburtsdatum:	18. Mai 1954
Geburtsland:	Belgien
Stationen:	AA Rekem, Standard Lüttich, AC Mailand, MVV Maastricht, PSV Eindhoven
WM-Spiele:	12
WM-Tore:	–
Länderspiele:	86
Tore:	2
WM-Teilnahmen:	1982, 1986, 1990

Steven George Gerrard

Auch ihm, Herz und Motor des FC Liverpool, versagten die Nerven. Als zweiter Schütze scheiterte er wie zuvor Lampard und anschließend Carragher an Portugals Keeper Ricardo, so dass England im WM-Viertelfinale 2006 zum fünften Mal bei einem Großereignis im Elfmeterschießen ausschied. Taktisch vielseitig einsetzbar, kommt Gerrard überall im Mittelfeld oder sogar hinter den Spitzen zum Zuge. Seine Stärken im Zweikampf und im Passspiel paaren sich mit Schusskraft, so dass es ihm immer wieder gelingt, ganze Spiele an sich zu reißen. 2001 verhalf er den „Reds" zum Triple (englischer Ligapokal, FA Cup, UEFA-Pokal) und war 2005 Kapitän jenes legendären Teams, das im Champions League-Finale gegen Milan einen 0:3-Rückstand wettmachte und später im Elfmeterschießen gewann.

Geburtsdatum:	30. Mai 1980
Geburtsland:	England
Stationen:	FC Liverpool
WM-Spiele:	5
WM-Tore:	2
Länderspiele:	59
Tore:	12
WM-Teilnahmen:	2006

Gerson de Oliveira Nunes

Mit seinem Treffer zum 2:1 brachte er die Brasilianer auf die Siegerstraße. Mittelfeldregisseur Gerson glänzte im WM-Finale 1970 gegen Italien (4:1) nicht nur durch seine blitzgescheiten, genauen Pässe, sondern auch als Torschütze. Dem Mann vom FC São Paulo gelang im Finale praktisch alles. Anekdote am Rande: Tabak galt als bestes „Doping" für den Kettenraucher. Er soll in der Halbzeitpause des Finales mehrere Zigaretten geraucht haben. An normalen Tagen brachte er es auf drei Schachteln.

Geburtsdatum:	11. Januar 1941
Geburtsland:	Brasilien
Stationen:	Flamengo, Botafogo
WM-Spiele:	5
WM-Tore:	1
Länderspiele:	71
Tore:	14
WM-Teilnahmen:	1966, 1970

Alcides Ghiggia

Er schoss das wichtigste Tor in der Fußballgeschichte Uruguays. Ghiggia traf im entscheidenden Spiel der WM 1950 zum 2:1 gegen den Nachbarn Brasilien und versetzte das kleine Land damit in einen Ausnahmezustand. Gastgeber Brasilien musste sich im eigenen Maracana-Stadion geschlagen geben. Ghiggia war der überragende Akteur in diesem „Endspiel", hatte auch das 1:1-Ausgleichstor vorbereitet. 1953 wechselte der Rechtsaußen von Peñarol Montevideo zum AS Rom und bestritt noch acht Länderspiele für Italien.

Geburtsdatum:	22. Dezember 1926
Geburtsland:	Uruguay
Stationen:	Peñarol Montevideo
WM-Spiele:	4
WM-Tore:	4
Länderspiele:	17
Tore:	5
WM-Teilnahmen:	1950

Ryan Giggs

Er ist der erfolgreichste Spieler in der Klubgeschichte von Manchester United. Ryan Giggs gewann mit den „Red Devils" neun englische Meisterschaften, viermal den FA-Cup und 1999 die Champions League. Im Alter von 17 Jahren und 321 Tagen war er der jüngste Debütant in der walisischen Nationalmannschaft. Ein Wunsch blieb Giggs jedoch versagt: die Teilnahme mit Wales an einem großen Turnier. 2004 standen die Chancen so gut wie selten zuvor, als die „Red Dragons" erst in der Relegation an Russland scheiterten.

Geburtsdatum:	29. November 1973
Geburtsland:	Wales
Stationen:	Manchester United
WM-Spiele:	–
WM-Tore:	–
Länderspiele:	64
Tore:	13
WM-Teilnahmen:	–

Michael John Giles

Er war mit Leeds United zweimal Englischer Meister, einmal FA-Cup-Sieger und gewann 1968 und 71 den UEFA-Cup. John Giles gilt als einer der kampfstärksten Spieler auf der Insel aller Zeiten. In zwölf Jahren im Trikot von Leeds United erzielte der Mittelfeldspieler 114 Tore in 521 Spielen. 1973 wurde er der erste Spielertrainer der irischen Nationalmannschaft, verpasste jedoch die Qualifikation zur EM 1976. Giles absolvierte insgesamt 59 Länderspiele für die „grüne Insel".

Geburtsdatum:	6. Januar 1940
Geburtsland:	Irland
Stationen:	Manchester United, Leeds United, West Bromwich Albion
WM-Spiele:	–
WM-Tore:	–
Länderspiele:	59
Tore:	5
WM-Teilnahmen:	–

Gilmar dos Santos Neves

Sein erstes Spiel in der Seleçao hatte der Torhüter am 1. März 1953 in Lima gegen Bolivien, das die Brasilianer mit 8:1 klar gewannen. Bei der Weltmeisterschaft 1958 ließ er in sechs Spielen vier Gegentore zu. Vier Jahre später waren es fünf. Gilmar war der ruhende Pol im brasilianischen Tor auf dem Weg zu den ersten beiden Weltmeisterschaften der Seleção 1958 und 1962. Der Torhüter von Corinthians São Paulo blieb bei beiden Weltmeisterschaftsturnieren nahezu fehlerlos. Nach dem Ende seiner Karriere dauerte es Jahrzehnte, ehe in Brasilien mit Claudio Taffarel ein Keeper geboren wurde, der zumindest annähernd die Klasse des großen Gilmar erreichte. Sein letztes Länderspiel gewann er am 12. Juni 1969 in Rio de Janeiro gegen England mit 2:1. Nach Beendigung seiner Karriere arbeitete er mit der brasilianischen Nationalmannschaft, dann wurde er Besitzer zweier Autovertretungen.

Geburtsdatum:	22. August 1930
Geburtsland:	Brasilien
Stationen:	Corinthians São Paulo, FC Santos
WM-Spiele:	14
WM-Tore:	–
Länderspiele:	94
Tore:	–
WM-Teilnahmen:	1958, 1962, 1966

GIR – GOL

Alain „Giggi" Giresse

Die Franzosen nannten ihn liebevoll auch den „Grashalm von Bordeaux". Alain Giresse, nur 1,68 Meter großer Ballzauberer im Trikot der Franzosen, bildete mit Platini, Tigana und Fernandez das großartige Mittelfeldgespann, das die Franzosen 1984 zum Gewinn der Europameisterschaft im eigenen Land führte. Schon 1982 hatte Giresse eine riesige WM gespielt. Im Halbfinale von Sevilla erzielte er in der Verlängerung das 3:1 gegen Deutschland. Im Elfmeterschießen verwandelte er den ersten Strafstoß gegen Harald Schumacher.

Geburtsdatum:	2. August 1952
Geburtsland:	Frankreich
Stationen:	Girondins B., O. Marseille
WM-Spiele:	12
WM-Tore:	3
Länderspiele:	47
Tore:	6
WM-Teilnahmen:	1982, 1986

Jon Andoni Goikoetxea Lasa

An Goikoetxeas verunglückte Flanke wird Bodo Illgner noch heute mit Schrecken denken. Im WM-Vorrundenspiel 1994 brachte dem deutschen Torwart das erste Gegentor des Turniers ein. Goikoetxea, eigentlich alles andere als ein Torjäger, hatte zuvor auch beim 2:2 gegen Südkorea zum 2:0 getroffen. Er gehörte zu der großen Barca-Mannschaft von Trainer Johan Cruijff, die Anfang der 1990er Jahre den spanischen Fußball dominierte, und gewann mit den Katalanen 1992 den Europapokal der Landesmeister.

Geburtsdatum:	21. Oktober 1965
Geburtsland:	Spanien
Stationen:	FC Barcelona
WM-Spiele:	5
WM-Tore:	2
Länderspiele:	36
Tore:	4
WM-Teilnahmen:	1994

Ludwig Goldbrunner

Ab 1927 spielte Ludwig Goldbrunner für den FC Bayern München, mit dem er 1932 die erste deutsche Meisterschaft für den Verein holte. Für die Nationalmannschaft absolvierte „Goldi" zwischen 1933 und 1940 als Mittelläufer (Vorstopper) insgesamt 39 Länderspiele. Er gehörte zu den Spielern, die 1937 in Breslau nach einem 8:0 über Dänemark als „Breslau-Elf" in die Geschichte eingingen. 1938 schied er mit Deutschland bei der Weltmeisterschaft in Frankreich frühzeitig aus.

Geburtsdatum:	5. März 1908
	† 26. September 1981
Geburtsland:	Deutschland
Stationen:	Bayern München
WM-Spiele:	1
WM-Tore:	–
Länderspiele:	39
Tore:	–
WM-Teilnahmen:	1938

Falko Götz (links)

Er gewann 1988 mit Bayer Leverkusen den UEFA-Pokal und wurde mit Galatasaray Istanbul 1993 und 94 Türkischer Meister. Noch berühmter wurde Götz allerdings durch seine spektakuläre Flucht (1983) aus der damaligen DDR in den Westen. Am Rande eines Europacupspiels mit dem BFC Dynamo Berlin floh Götz zusammen mit Mannschaftskollege Dirk Schlegel von Belgrad aus über Österreich in die Bundesrepublik. Der torgefährliche Mittelfeldspieler wurde später Trainer bei Hertha BSC und schaffte auf Anhieb den Einzug in den UEFA-Pokal mit dem Hauptstadt-Klub.

Geburtsdatum:	26. März 1962
Geburtsland:	DDR
Stationen:	Bayer 04, Hertha BSC
WM-Spiele:	–
WM-Tore:	–
Länderspiele:	–
Tore:	–
WM-Teilnahmen:	–

Fernando Mendes Soares Gomes

Im Trikot des FC Porto war er 1983 (36 Tore) und 1985 (39 Tore) Europas Torschützenkönig des Jahres. Von 1977 bis 79 und 83 bis 85 war Gomes, den vor dem Tor eine unheimliche Kaltschnäuzigkeit auszeichnete, je dreimal hintereinander der beste Torjäger in Portugal. Insgesamt erzielte er für Porto 288 Treffer. Doch Fernando Gomes enttäuschte in den entscheidenden Spielen im Trikot der Nationalmannschaft. Weder bei der für Portugal erfolgreichen Europameisterschaft 1984 noch bei der Weltmeisterschaft zwei Jahre später in Mexiko gelang dem Rekord-Torjäger ein Treffer. Nach dem Auftaktsieg gegen England schied Portugal durch Niederlagen gegen Polen (0:1) und Marokko (1:3) in der Vorrunde aus.

Geburtsdatum:	22. November 1956
Geburtsland:	Portugal
Stationen:	Sporting Gijon, FC Porto
WM-Spiele:	3
WM-Tore:	–
Länderspiele:	48
Tore:	13
WM-Teilnahmen:	1986

Jerzy Pawel Gorgoń

Er war der Abwehrchef der großen polnischen Mannschaft, die 1972 Olympiasieger und 1974 WM-Dritter wurde. Jerzy Gorgoń, der Mann mit dem langen Haar, organisierte wie kaum ein Zweiter in den 70er-Jahren (abgesehen von Franz Beckenbauer) den Defensivverbund seiner Mannschaft. Bei zwölf Einsätzen in den WM-Turnieren 1974 und 78 schoss er ein Tor (das 4:0 beim 7:0-Sieg über Haiti). Mit seinem Heimatverein Górnik Zabrze wurde er 1971 und 72 Polnischer Meister, von 1968 bis 72 fünfmal in Folge Pokalsieger und erreichte 1970 das Finale des Europapokals der Pokalsieger.

Geburtsdatum:	18. Juli 1949
Geburtsland:	Polen
Stationen:	Górnik Zabrze, FC St. Gallen
WM-Spiele:	12
WM-Tore:	1
Länderspiele:	55
Tore:	6
WM-Teilnahmen:	1974, 1978

Sergio Javier Goycochea

Mit vier gehaltenen Strafstößen sicherte er Argentinien den Einzug ins Weltmeisterschaftsfinale 1990. Sergio Goycochea parierte im Elfmeterschießen des Viertelfinales gegen die Jugoslawen Brnovic und Hadzibegic und im Halbfinale gegen die Italiener Donadoni und Serena. Im Endspiel schließlich war der gefürchtete Elfmetertöter gegen den Schuss von Andreas Brehme chancenlos. Goycochea durfte bei der Weltmeisterschaft nur das Tor hüten, weil sich Argentiniens Nummer eins Pumpido im Spiel gegen Russland das Bein gebrochen hatte.

Geburtsdatum:	17. Oktober 1963
Geburtsland:	Argentinien
Stationen:	River Plate Buenos Aires
WM-Spiele:	6
WM-Tore:	–
Länderspiele:	44
Tore:	–
WM-Teilnahmen:	1990

Jürgen „Grabi" Grabowski

Mit seinem Tor zum 3:2 gegen Schweden in der WM-Zwischenrunde 1974 stellte er die Weichen in Richtung Finale. Jürgen Grabowski, Mittelfeldspieler von Eintracht Frankfurt, fühlte sich im WM-Aufgebot trotzdem nie so wirklich dazugehörig. Die Spieler aus den Starensembles von Bayern München und Borussia Mönchengladbach waren zu dominant. Deshalb trat Grabowski nach dem Titelgewinn 1974 aus der Nationalmannschaft zurück und ließ sich von Helmut Schön vor den Titelkämpfen in Argentinien vier Jahre später auch nicht mehr zu einem Comeback bewegen. Schon bei der WM 1970 hatte Grabowski als Einwechselspieler immer wieder für frischen Wind im deutschen Spiel gesorgt. Die Fachwelt feierte ihn damals als „besten Joker des Turniers". Bei der WM 1966 stand er zwar im Kader des Vizeweltmeisters, kam über die Rolle eines Reservisten jedoch nicht hinaus. Der 44-fache Nationalspieler trug von 1965 bis 1980 ununterbrochen die Farben von Eintracht Frankfurt und wurde 1974 und 75 deutscher Pokalsieger. Eine schwere Verletzung beendete im März 1980 nach 441 Spielen im Eintracht-Trikot seine Karriere (109 Tore).

Geburtsdatum: 7. Juli 1944
Geburtsland: Deutschland
Stationen: Eintracht Frankfurt
WM-Spiele: 11
WM-Tore: 1
Länderspiele: 44
Tore: 5
WM-Teilnahmen: 1966, 1970, 1974

Francesco „Ciccio" Graziani (rechts, im blauen Trikot)

Am größten Triumph der jüngeren italienischen Fußballgeschichte war er nur kurz beteiligt. Im WM-Finale 1982 zwischen Italien und Deutschland (3:1) schied Francesco Graziani bereits nach acht Minuten mit einer schmerzhaften Schulterverletzung aus. Bei einem Zusammenprall mit dem deutschen Wolfgang Dremmler landete Graziani so unglücklich auf der rechten Schulter, dass er für Alessandro Altobelli Platz machen musste. Graziani hatte zuvor beim 1:1 gegen Kamerun das zweite Tor für die Tifosi auf dem Weg zum WM-Titel geschossen. Graziani gewann mit dem AC Turin 1976 die Italienische Meisterschaft. Mit dem AC Florenz (1982) und dem AS Rom (1984) wurde er später zweimal Vizemeister. Den größten Triumph als Vereinsspieler verpasste er im Endspiel des Europapokals der Landesmeister 1984 im Trikot des AS Rom. Beim 2:4 (1:1) nach Elfmeterschießen gegen den FC Liverpool im Olympiastadion zu Rom verschossen ausgerechnet die Weltmeister Graziani und Conti ihre Elfmeter (Di Bartolomei und Righetti verwandelten). Es war das erste Landesmeisterfinale überhaupt, das im Elfmeterschießen entschieden wurde. Insgesamt schoss Graziani in 353 Ligaspielen 131 Tore für Turin, Florenz, Rom und Udine. Nach dem Ende seiner aktiven Laufbahn wechselte der Mittelstürmer auf die Trainerbank. Mit der Fiorentina erreichte er 1990 das Finale im UEFA Cup gegen Juventus Turin (1:3, 0:0).

Geburtsdatum: 16. Dezember 1952
Geburtsland: Italien
Stationen: Arezzo, AC Turin, AC Florenz, AS Rom, Udinese Calcio
WM-Spiele: 10
WM-Tore: 1
Länderspiele: 64
Tore: 23
WM-Teilnahmen: 1978, 1982

James Peter „Jimmy" Greaves

Die Sternstunde des englischen Fußballs erlebte er auf der Ersatzbank, nachdem er im letzten Vorrundenspiel sich verletzt hatte und in den nächsten Spielen durch Hurst ersetzt wurde, der im Finale dreimal traf. Jimmy Greaves ist mit 44 Toren in 57 Länderspielen zwar der drittbeste Torjäger auf der Insel (nur Bobby Charlton und Gary Lineker trafen bis heute häufiger). Greaves war schon mit 20 Jahren vom FC Chelsea zum AC Mailand gewechselt, blieb aber nur für zwölf Wochen in Italien. Grund: Die Tottenham Hotspur lockten ihn zurück auf die Insel – für die Ablöse von 99.999 Pfund. Spurs-Manager Jim Nicholson wollte Greaves im Jahr 1961 nicht die Bürde auflasten, als erster Spieler die 100.000 Pfund-Ablöse-Schallmauer zu durchbrechen. Mit Tottenham gewann er 1963 den Europapokal und erzielte zwei Treffer im Finale beim 5:1 gegen Atletico Madrid. In neun Jahren an der White Hart Lane wurde er sechsmal englischer Torschützenkönig, ein Rekord, der bis heute ungebrochen ist.

Geburtsdatum:	20. Februar 1940
Geburtsland:	England
Stationen:	Chelsea London, AC Mailand, Tottenham Hotspur, West Ham United, Brentwood, Chelmsford, Barnet
WM-Spiele:	7
WM-Tore:	1
Länderspiele:	57
Tore:	44
WM-Teilnahmen:	1962, 1966

Harry Gregg

Mit 15 Jahren wechselte der gebürtige Nordire zu Manchester United und erlebte mit ManU alle Höhen und Tiefen. Torhüter Harry Gregg überlebte den Flugzeugabsturz von München-Riem 1958. 1952, 56, 57 und 65 wurde er Englischer Meister. Mit der nordirischen Nationalmannschaft schaffte Gregg 1958 die Qualifikation zur WM. Nach zwei Siegen über die CSSR, einer Niederlage gegen Argentinien und einem 2:2 gegen Deutschland gelang der Sprung ins Viertelfinale. Als unverkennbares Markenzeichen galt sein gelber Sweater.

Geburtsdatum:	25. Oktober 1932
Geburtsland:	Nordirland
Stationen:	Manchester United
WM-Spiele:	4
WM-Tore:	–
Länderspiele:	25
Tore:	–
WM-Teilnahmen:	1958

Gunnar „Gärda" Gren

Der Stürmer des IFK Göteborg wechselte 1949 mit 28 Jahren zum AC Mailand. Mit Milan wurde Gunnar Gren 1951 Italienischer Meister – an der Seite seiner beiden schwedischen Landsleute Nordahl und Liedholm. 1952 wechselte er zum AC Florenz und war für das Drei-Kronen-Team selbst bei der WM 1958 im Alter von 37 Jahren noch unverzichtbar. Im Halbfinale gegen Titelverteidiger Deutschland stellte Schwedens erster Fußballer des Jahres (1946) mit seinem Treffer zum 2:1 (81. Minute) die Weichen auf Sieg.

Geburtsdatum:	31. Oktober 1920
	† 10. November 1991
Geburtsland:	Schweden
Stationen:	IFK Göteborg, Milan, Florenz
WM-Spiele:	5
WM-Tore:	1
Länderspiele:	57
Tore:	32
WM-Teilnahmen:	1958

Gyula Grosics

1952 holte der „schwarze Panther" Olympia-Gold und hütete 1953 das Tor beim legendären 6:3-Sieg der Ungarn in Wembley. Die Nationalelf der Ungarn, die in vier Jahren 28 Spiele gewann und nur viermal unentschieden spielte, galt als unbesiegbar, als sie – angeführt von Kapitän Puskas und Torhüter Grosics – 1954 zum WM-Finale ins Berner Wankdorfstadion einlief. Die Krönung der „goldenen ungarischen Jahre" blieb aus. Sie endete im Albtraum, dem 2:3 gegen Deutschland.

Geburtsdatum:	4. Februar 1926
Geburtsland:	Ungarn
Stationen:	H. Budapest, B. Tatabanya
WM-Spiele:	11
WM-Tore:	–
Länderspiele:	86
Tore:	–
WM-Teilnahmen:	1954, 1958, 1962

Fritz Gschweidl

Der Stürmer von Vienna Wien war Mitglied des österreichischen Wunderteams, das vom 12. April 1931 bis 23. Oktober 1932 14 Spiele in Folge ungeschlagen blieb (elf Siege, drei Remis). Neben Zischek, Sindelar, Schall und Vogl bildete Fritz Gschweidl die Angriffsreihe. Bei den Kantersiegen über Deutschland (6:0 in Berlin, 5:0 in Wien) zählte der „lange Fritz", wie er aufgrund seiner Körpergröße genannt wurde, zu den Torschützen. Ein 3:4 gegen das Fußball-Mutterland England am 7. Dezember 1933 in London beendete schließlich diese einmalige Serie. Mit der Vienna holte Gschweidl fünf Meistertitel und gehörte 1942 zu jener Mannschaft, die Schalke 04 im Endspiel um d[ie] Deutsche Meisterschaft mit 0:2 unterlag.

Geburtsdatum:	13. Dezember 1901
	† 15. April 1970
Geburtsland:	Österreich
Stationen:	Vienna Wien
WM-Spiele:	–
WM-Tore:	–
Länderspiele:	44
Tore:	11
WM-Teilnahmen:	–

Fabio Grosso

Im Elfmeterschießen des WM-Finales 2006 traf er als letzter Schütze und kürte Italien zum Weltmeister. In die Herzen der Tifosi hatte sich Grosso aber bereits im Halbfinale geschossen, als er Deutschland kurz vor Ende der Nachspielzeit aus dem Turnier schlenzte. Und auch am Achtelfinalerfolg gegen Australien war der Linksfuß entscheidend beteiligt – mit einem exquisiten Dribbling holte er in letzter Sekunde den von Totti verwandelten Elfmeter heraus. Der groß gewachsene Abwehrspieler, der Mängel in der Schnelligkeit mit Durchsetzungsstärke und gutem Stellungsspiel ausgleicht, reifte beim US Palermo und wechselte nach der WM zu Inter Mailand. Nach 23 Einsätzen, zwei Toren und dem Gewinn der Meisterschaft kehrte er den „Nerazurri" aber bereits nach einer Saison wieder den Rücken und unterschrieb für vier Jahre beim französischen Serienmeister Olympique Lyon.

Geburtsdatum:	28. November 1977
Geburtsland:	Italien
Stationen:	Chieti, Teramo, Perugia, Palermo, Inter, Lyon
WM-Spiele:	6
WM-Tore:	1
Länderspiele:	26
Tore:	2
WM-Teilnahmen:	2006

Rudi Dil „Ruud" Gullit

Mit seinem Kopfballtor zum 1:0 im EM-Finale 1988 gegen die UdSSR hievte er die Niederlande endlich auf den Fußballthron. Ruud Gullit war der Kapitän der erfolgreichsten holländischen Nationalelf aller Zeiten. Lange Rastazöpfe und eine brillante Technik waren sein Markenzeichen – so verzauberte er Millionen von Fußballfans. Doch nicht nur im Oranje-Team stellte das Offensivgenie Weltklasse dar. Gullit wechselte 1987 vom PSV Eindhoven zum AC Mailand. Beim großen lombardischen Klub, dem Verein von Patriarch Silvio Berlusconi, stand er stellvertretend für eine Epoche, die der Holländer. Zusammen mit Marco van Basten und Frank Rijkaard bildete er das Grundgerüst der „Rossoneri" wie auch in der „Elftal". Europas Thron auf Vereinsebene erklommen er und seine Mitstreiter erstmals 1989, als sie den Landesmeisterpokal in den Himmel hoben. Ein Jahr später wiederholt[e] „Ruud" den Triumph und verteidigte mit Mila[n] den Europapokal der Landesmeister. Im gle[i]chen Jahr sollte der absolute Höhepunkt geli[n]gen: 1990 der WM-Titelgewinn in seiner spor[t]lichen Heimat Italien. Doch der lange m[it] Knieproblemen kämpfende Gullit unterlag be[-] reits im Achtelfinale Deutschland mit 1:2.

Geburtsdatum:	1. September 1962
Geburtsland:	Niederlande
Stationen:	FC Haarlem, Feyenoord, PSV, Milan, Samp. Genua, Chelsea
WM-Spiele:	4
WM-Tore:	1
Länderspiele:	65
Tore:	17
WM-Teilnahmen:	1990

Der legendäre Mittelläufer

Als Mittelläufer prägte Franz Goldbrunner maßgeblich das Bayern-Team, das 1932 durch einen 2:0-Sieg über Eintracht Frankfurt erstmals Deutscher Meister wurde. Der gebürtige Münchner kam über die Sportfreunde München 1927 zum FC Bayern und wurde dort vor allem technisch von dem ungarischen Trainer Konrad Weiss sowie dem Österreicher Dombi geschult. 1933 fand er seinen Weg in die deutsche Nationalmannschaft und bestritt bis 1940 insgesamt 39 Länderspiele. Er gehörte zur legendären Breslau-Elf und war dazu WM-Teilnehmer 1938. In der Spielzeit 1937/38 agierte er als Spielertrainer beim FC Bayern und trug bis 1941 die Kapitänsbinde. Nach dem Zweiten Weltkrieg zog es ihn als Spielertrainer zu 1860 München. Er arbeitete später als städtischer Beamter.

H
HAA – HAD

Arend „Arie" Haan – Mustapha Hadji – Helmut Haller – Thomas Häßler – Gheorghe Hagi – Reinhard Häfner – Dietmar Hamann – Kurt „Kurre" Hamrin – Gerhard Hanappi – Wilhelmus „Wim" van Hanegem – Wilfried Hannes – Jonny Hansen – Ernst „Aschyl" Franz Hermann Happel – Otto „Tull" Harder – William „Jimmy" Hartwig – Franz Hasil – Hossam Hussein Hassan – John Norman Haynes – Jan Heintze – Siegfried „Siggi" Held – Iván Helguera Bujia – Ronnie Carl Hellström – Thomas Helmer – Thomas Lund Helveg – Thierry Henry – Josef „Sepp" Herberger – Fritz Herkenrath – Heinz Hermann – Luis Arturio Carreón Hernandez – Andreas „Andy" Herzog – Josef „Jupp" Heynckes – Nándor „Öreg" Hidegkúti – Rudolf Hiden – Fernando Ruiz Hierro – José René Higuita – Timo Hildebrand – Ottmar Hitzfeld – Glenn Hoddle – Paul van Himst – Bernd Hölzenbein – Dieter Hoeneß – Ulrich Hoeneß – Horst-Dieter Höttges – Martin Hoffmann – Marco van Hoogdalem – Horst Hrubesch – Richard Hofmann – Ivan „Ivica" Horvat – Emlyn Walter Hughes – Marc Hughes – Bernardus Adriaan Hulshoff – Manuel Jesús Coelho Humberto – Roger Hunt – Geoffrey Hurst

Arend „Arie" Haan

Er war zweimal Vizeweltmeister, gewann mit Ajax Amsterdam dreimal in Serie den Europacup der Landesmeister, war viermal Holländischer und dreimal Belgischer Meister. Arie Haan war einer der erfolgreichsten holländischen Fußballer aller Zeiten. Bei der Weltmeisterschaft 1978 schoss er die „Oranjes" mit einem Traumtor aus 40 Metern zum 2:1-Sieg gegen Italien ins Endspiel. Im Finale verloren sie dann gegen Argentinien mit 1:3. Zuvor hatte er Weltmeister-Torwart Sepp Maier beim 2:2 gegen Deutschland mit dem zwischenzeitlichen 1:1-Ausgleich den ersten Gegentreffer beim Weltturnier in Argentinien eingeschenkt.

Geburtsdatum: 16. November 1948
Geburtsland: Niederlande
Stationen: Ajax Amsterdam, RSC Anderlecht, Standard Lüttich, PSV Eindhoven
WM-Spiele: 13
WM-Tore: 2
Länderspiele: 35
Tore: 6
WM-Teilnahmen: 1974, 1978

Mustapha Hadji

Mit seinem Zaubertor bescherte er Marokko einen tollen Auftakt in die Weltmeisterschaft 1998. Mustapha Hadji, ein Jahr zuvor von Sporting Lissabon zu Deportivo La Coruña gewechselt, nährte mit seinem Tor zum 1:0 gegen Norwegen die Träume der Marokkaner auf einen erneuten Einzug ins Achtelfinale. Marokkos Rekord-WM-Spieler (sechs Einsätze) konnte jedoch nicht verhindern, dass sein Land Schiffbruch erlitt. Nach dem 2:2 gegen Norwegen und trotz eines 3:0-Erfolges gegen Schottland schied Marokko aus, weil die Brasilianer ihr letztes Gruppenspiel gegen Norwegen mit 1:2 verloren.

Geburtsdatum: 16. November 1971
Geburtsland: Marokko
Stationen: AS Nancy, Sporting Lissabon, Deportivo La Coruña, Coventry City, Aston Villa, Espanyol Barcelona, Emirates, 1. FC Saarbrücken
WM-Spiele: 6
WM-Tore: 1
Länderspiele: 36
Tore: 7
WM-Teilnahmen: 1994, 1998

Helmut „Hemad" Haller (2. v. r.)

Es zog ihn schon ins Ausland, als die Bundesliga noch gar nicht gegründet war. Helmut Haller wechselte 1962 mit 23 Jahren zum AC Bologna. 1964 wurde er Italienischer Meister, wechselte 1968 zu Juventus Turin und gewann 1972 und 73 zwei weitere Titel. Haller war damit der erste Deutsche, der Italienischer Meister wurde, und verdiente früher als andere ein Millionengehalt. Mit 19 Jahren absolvierte der Offensivstar des BC Augsburg sein erstes von insgesamt 33 Länderspielen.

Geburtsdatum:	21. Juli 1939
Geburtsland:	Deutschland
Stationen:	BC Augsb., Juventus
WM-Spiele:	9
WM-Tore:	6
Länderspiele:	33
Tore:	13
WM-Teilnahmen:	1962, 1966, 1970

Thomas Häßler

Er war Weltmeister 1990 und Europameister 1996. Beim Gewinn der Vize-EM 1992 in Schweden wurde Thomas Häßler als bester Spieler ausgezeichnet, hatte mit seinen Freistoßtoren gegen die GUS und im Halbfinale gegen Schweden für die Glanzlichter dieser Europameisterschaft gesorgt. Im Vereinsfußball gewann Häßler keine Titel. Bei Juventus Turin kickte er nur ein Jahr (1990/91), mit dem AS Rom und dem 1. FC Köln stand er stets im Schatten anderer Klubs.

Geburtsdatum:	30. Mai 1966
Geburtsland:	Deutschland
Stationen:	1. FC Köln, AS Rom, Karlsruher SC, 1860 München
WM-Spiele:	14
WM-Tore:	–
Länderspiele:	101
Tore:	11
WM-Teilnahmen:	1990, 1994, 1998

Gheorghe „Gica" Hagi

Er war der Superstar des rumänischen Fußballs am Ende des 20. Jahrhunderts. Gheorghe Hagi spielte von 1984 bis 2000 je drei Welt- und Europameisterschaften. Höhepunkt war der Einzug ins Weltmeisterschafts-Viertelfinale in den USA 1994. Hagi schoss in fünf Spielen drei Tore. Nach der Weltmeisterschaft wechselte er zum FC Barcelona und 1996 weiter zu Galatasaray Istanbul. Dort wurde er in fünf Jahren viermal Türkischer Meister und gewann 2000 den UEFA-Pokal.

Geburtsdatum:	5. Februar 1965
Geburtsland:	Rumänien
Stationen:	Galatasaray Istanbul
WM-Spiele:	12
WM-Tore:	3
Länderspiele:	125
Tore:	35
WM-Teilnahmen:	1990, 1994, 1998

Reinhard Häfner (rechts)

Er war Olympiasieger mit der DDR 1976 und schoss das entscheidende 3:1 im Finale gegen Polen. Reinhard Häfner, Mittelfeld-Motor von Dynamo Dresden, bezeichnet den Gewinn der Goldmedaille noch heute als seinen größten Erfolg. Er war mit Dynamo viermal Oberligameister und viermal Pokalsieger. 1990 wurde der frühere Assistent von Eduard Geyer Oberligatrainer der „Gelb-Schwarzen" und schaffte 1991 den Aufstieg in die Bundesliga. Vereinschef Wolf-Rüdiger Ziegenbalg wollte aber lieber mit einem Trainer aus Westdeutschland in die Bundesliga gehen.

Geburtsdatum:	2. Februar 1952
Geburtsland:	DDR
Stationen:	Dynamo Dresden
WM-Spiele:	–
WM-Tore:	–
Länderspiele:	54
Tore:	4
WM-Teilnahmen:	–

Dietmar „Didi" Hamann

In England kennt ihn inzwischen jeder Fußball-Fan, und nicht nur weil er für den FC Liverpool spielt: Dietmar Hamann, bei seinen je zwei Welt- (1998, 02) und Europameisterschaften (2000, 04) in 17 Spielen ohne Torerfolg, traf die Engländer mitten ins Herz. Im WM-Qualifikationsspiel am 7. Oktober 2000 schoss er mit einem Freistoß aus 30 Metern das „goldene" 1:0-Siegtor für Deutschland im berühmten Londoner Wembleystadion. Es war das letzte Tor in der alten Arena, die einem Stadionneubau weichen musste. Hamann gewann in der gleichen Saison mit dem FC Liverpool den UEFA-Pokal. Es war bereits sein zweiter Erfolg in diesem Wettbewerb nach 1996 mit Bayern München. An der Isar wurde er 1994 und 97 Deutscher Meister sowie 98 Pokalsieger. Sein größter Triumph war 2005 der Gewinn der Champions League mit den „Reds". Ein Jahr später wurde er als „Citizen" in Manchester ein „Blauer".

Geburtsdatum: 27. August 1973
Geburtsland: Deutschland
Stationen: FC Bayern München, Newcastle United, FC Liverpool, Manchester City
WM-Spiele: 11
WM-Tore: -
Länderspiele: 58
Tore: 5
WM-Teilnahmen: 1998, 2002

Kurt „Kurre" Roland Hamrin

Für Erich Juskowiak ist er zum Albtraum geworden. Beim WM-Halbfinale 1958, der „Schlacht von Göteborg", soll Juskowiak gegen Hamrin nachgetreten haben. Juskowiak flog vom Platz und ging damit als erster deutscher Nationalspieler in die WM-Geschichte ein, der des Feldes verwiesen wurde. Und „Kurre" nutzte die numerische Überlegenheit. Hamrin erzielte gegen zehn Deutsche ein Tor zum 3:1-Erfolg und zog mit Schweden ins Finale ein. Dort unterlagen die Gastgeber gegen Brasilien. Ausgerechnet gegen die Deutschen verabschiedete er sich 1965 beim 1:2 in Stockholm aus der Nationalmannschaft. Nach seiner Zeit bei AIK Stockholm startete der Außenstürmer eine Karriere in Italien. Er wechselte zuerst zu Juventus Turin und spielte weiter beim AC Padua, FC Florenz, AC Mailand, SSC Neapel und beendete seine Italienlaufbahn 1971 bei Caserta. In Italien schoss er sagenhafte 190 Tore in 400 Spielen. Treffsicher war er schon zu Beginn seiner Außenstürmerlaufbahn in der Heimat. 1955 sicherte er sich schon im Trikot von AIK Stockholm die Torjägerkrone mit 22 Treffern.

Geburtsdatum: 19. Dezember 1934
Geburtsland: Schweden
Stationen: AIK Stockholm, Juve, Padua, Florenz, AC Mailand, SSC Neapel
WM-Spiele: 5
WM-Tore: 4
Länderspiele: 32
Tore: 17
WM-Teilnahmen: 1958

Gerhard „Gschropp" Hanappi

Er war ein unermüdlicher Antreiber im Mittelfeld. Gerhard Hanappi war maßgeblich beteiligt an Österreichs bestem WM-Ergebnis, dem dritten Platz beim Welt-Championat 1954 in der Schweiz. Siebenmal wurde Hanappi mit Rapid Wien Österreichischer Meister und feierte zudem einen Pokalsieg. 93-mal trug er das Nationaltrikot – darunter während der tollen Serie zwischen Juni 1960 und Oktober 1961, als Österreich in neun Spielen nur eine Niederlage hinnehmen musste. Nach seinem frühen Tod 1980 wurde das Wiener Weststadion, Rapids Heimstätte, in Hanappi-Stadion umbenannt. Gerhard Hanappi hatte es nach Ende seiner Laufbahn 1965 als Architekt selbst geplant.

Geburtsdatum: 16. Februar 1929 † 23. August 1980
Geburtsland: Österreich
Stationen: Rapid Wien
WM-Spiele: 8
WM-Tore: –
Länderspiele: 93
Tore: 12
WM-Teilnahmen: 1954, 1958

Wilhelmus „Wim" van Hanegem (rechts)

Der Mittelfeldspieler von Feyenoord Rotterdam gehörte zum niederländischen Aufgebot, das 1974 in Deutschland Vizeweltmeister wurde. Er absolvierte sieben Spiele, darunter auch das Finale gegen die DFB-Elf. Zwei Jahre später nahm er an der EM in Jugoslawien teil. Im Halbfinale gegen die Tschechoslowakei (1:3 n.V.) wurde er in der 37. Minute eingewechselt und flog in der 116. Minute vom Platz. Mit Feyenoord gewann er 1970 den Europapokal der Landesmeister und den Weltpokal.

Geburtsdatum:	20. Februar 1944
Geburtsland:	Niederlande
Stationen:	Feyenoord Rotterdam
WM-Spiele:	7
WM-Tore:	–
Länderspiele:	52
Tore:	6
WM-Teilnahmen:	1974

Wilfried Hannes

Mit Borussia Mönchengladbach gewann er an der Seite von Berti Vogts und Rainer Bonhof 1979 den UEFA-Pokal und 1976 und 77 die deutsche Meisterschaft. Hannes war unbestrittener Abwehrchef der „Fohlen-Elf" Anfang der 80er-Jahre. Seine Position im Verein bescherte ihm 1982 die Teilnahme an der Fußball-WM. Eingesetzt wurde er allerdings nicht. Von Hannes' acht Länderspielen waren drei WM-Qualifikationsspiele. Hannes ist sehbehindert, weil ihm wegen eines Tumors das rechte Auge entfernt werden musste.

Geburtsdatum:	17. Mai 1957
Geburtsland:	Deutschland
Stationen:	Bor. Mönchengl., Schalke 04
WM-Spiele:	–
WM-Tore:	–
Länderspiele:	8
Tore:	–
WM-Teilnahmen:	1982

Jonny Hansen (rechts)

Neben dem Schweden Torstensson war er der zweite, der im großen Bayernteam der 70er-Jahre den Platz eines Ausländers einnahm. Jonny Hansen stand als Verteidiger in der Erfolgself, die 1974 und 76 die Europacup-Endspiele der Landesmeister für die Bayern gewannen – 1974 gegen Atlético Madrid und 76 gegen St. Etienne. Hansen war 1968 von Vejle BK zum 1. FC Nürnberg in die Bundesliga gewechselt. Zwei Jahre später zog es ihn nach München, wo er von 1972 bis 74 dreimal Deutscher Meister wurde. Hansen bestritt 45 Länderspiele für Dänemark.

Geburtsdatum:	14. November 1943
Geburtsland:	Dänemark
Stationen:	FC Bayern München
WM-Spiele:	–
WM-Tore:	–
Länderspiele:	45
Tore:	3
WM-Teilnahmen:	–

Ernst „Aschyl" Franz Hermann Happel

Als Trainer gewann er mit sechs Vereinen 18 Titel in vier Ländern. Mit Feyenoord Rotterdam (1970) und dem Hamburger SV (1983) wurde er Sieger im Europapokal der Landesmeister. Ernst Happel war einer der erfolgreichsten Fußballtrainer der Welt. Der Einzug ins Weltmeisterschaftsfinale 1978 mit der holländischen Nationalmannschaft war nur einer seiner großen Triumphe. Ernst Happel, gebürtiger Wiener, spielte seit seinem achten Lebensjahr bei Rapid Wien und verteidigte in der österreichischen Nationalmannschaft, die 1954 Weltmeisterschaftsdritter wurde. Sein erstes Länderspiel bestritt der Außenverteidiger und Stopper in Wien gegen Ungarn im Jahre 1947 (4:3). Auch sein letztes Länderspiel fand in Wien gegen Jugoslawien am 14. September 1958 statt. Jugoslawien gewann mit 4:3. Das ehemalige Prater-Stadion trägt seit Happels Tod seinen Namen.

Geburtsdatum:	29. November 1925
	† 14. November 1992
Geburtsland:	Österreich
Stationen:	Rapid Wien, Racing Club Paris
WM-Spiele:	7
WM-Tore:	–
Länderspiele:	61
Tore:	5
WM-Teilnahmen:	1954, 1958

Otto „Tull" Harder (links)

Zwischen 1914 und 1926 schoss er in 15 Länderspielen 14 Tore für Deutschland. „Tull" Harder, Mittelstürmer von Eintracht Braunschweig und dem Hamburger SV, war der Spielertyp der Spiele im Alleingang entscheiden konnte. 1923 und 1928 war der große Blonde Deutscher Meister mit dem HSV. In der Nationalmannschaft, die in den 20er-Jahren von Spielern aus Nürnberg und Fürth dominiert wurde, galt er als Stimmungskanone, die auch unter Süddeutschen höchst beliebt war.

Geburtsdatum:	25. November 1892
	† 4. März 1956
Geburtsland:	Deutschland
Stationen:	Eintr. Braunschw., Hamb. SV
WM-Spiele:	–
WM-Tore:	–
Länderspiele:	15
Tore:	14
WM-Teilnahmen:	–

William „Jimmy" Hartwig

Seine erfolgreichste Zeit erlebte er beim Hamburger SV. Der gebürtige Offenbacher Jimmy Hartwig trug von 1978 bis 84 die Farben der Hanseaten. Die drei deutschen Meisterschaften krönte er mit dem Gewinn des Europapokals der Landesmeister 1983 unter Trainer Ernst Happel. Hartwig absolvierte 47 Europapokalspiele und wurde zweimal in der Nationalmannschaft eingesetzt. Bei den Freundschaftsspielen 1979 in Irland und Island wechselte ihn Trainer Jupp Derwall ein.

Geburtsdatum:	5. Oktober 1954
Geburtsland:	Deutschland
Stationen:	Kickers Offenbach, 1860 München, HSV, 1. FC Köln
WM-Spiele:	–
WM-Tore:	–
Länderspiele:	2
Tore:	–
WM-Teilnahmen:	–

Franz Hasil

Er war einer der besten Stürmer Österreichs in den 60er-Jahren. Mit Rapid Wien war Franz Hasil dreimal Meister in der Alpenrepublik geworden. Da verwundert es nicht, dass er Begehrlichkeiten bei Vereinen im Ausland weckte. 1968 wechselte Hasil für ein Jahr zu Schalke 04 in die Bundesliga. Dort erreichte seine Mannschaft 1969 das DFB-Pokalendspiel und Platz 7 in der Bundesliga. Dann zog es ihn zum Holländischen Meister Feyenoord Rotterdam, mit dem er 1970 den Europapokal der Landesmeister gewann (2:1 nach Verlängerung gegen Celtic Glasgow) sowie den Weltpokal (2:2, 1:0 gegen Estudiantes de la Plata). In der Nationalmannschaft kam Hasil zu 21 Einsätzen und erzielte zwei Treffer.

Geburtsdatum:	28. Juli 1944
Geburtsland:	Österreich
Stationen:	Rapid Wien, Schalke 04, Feyenoord Rotterdam, Austria Klagenfurt
WM-Spiele:	–
WM-Tore:	–
Länderspiele:	21
Tore:	2
WM-Teilnahmen:	–

Hossam Hussein Hassan

Er gewann mit Ägypten den Afrika Cup 2006. Mit seinen drei Einsätzen erhöhte Hassan, seit 1985 Nationalspieler, zugleich sein Länderspielkonto auf 170 und verzeichnet damit weltweit die drittmeisten Einsätze. Das wohl wichtigste Tor seiner langen Karriere war der 1:0-Siegtreffer 1989 gegen Algerien, mit dem er Ägypten zur WM nach Italien schoss. Dort spielte Ägypten Remis gegen Holland (1:1) und Irland (0:0) und verlor gegen England (0:1). Er gewann 1987 mit Al Ahly und 2002 mit Zamalek die afrikanische Champions League.

Geburtsdatum:	10. August 1966
Geburtsland:	Ägypten
Stationen:	Al-Ahly Cairo, X. Neuchatel, PAOK Saloniki
WM-Spiele:	3
WM-Tore:	–
Länderspiele:	170
Tore:	69
WM-Teilnahmen:	1990

John Norman „Johnny" Haynes

In 22 seiner 56 Länderspiele war John Haynes Kapitän der englischen Nationalmannschaft. Der Mittelstürmer vom FC Fulham schoss dabei 18 Tore. Einer seiner größten Triumphe war der Gewinn der British Champions Trophy 1961, als England im Wembleystadion mit 9:3 gegen Schottland gewann. Haynes erzielte zwei Treffer. Von 1952 bis 70 trug er die Farben von Fulham. Von 1954 bis 62 nahm er an drei Weltmeisterschaften teil. Haynes beendete seine Nationalmannschaftskarriere beim 1:3 gegen Brasilien in Chile 1962.

Geburtsdatum:	17. Oktober 1934
	† 18. Oktober 2005
Geburtsland:	England
Stationen:	FC Fulham
WM-Spiele:	8
WM-Tore:	1
Länderspiele:	56
Tore:	18
WM-Teilnahmen:	1954, 1958, 1962

Jan Heintze

Mit 38 Jahren führte er Danish Dynamite als Kapitän zur WM 2002. Jan Heintze, Linksverteidiger vom PSV Eindhoven, wurde mit seinem Verein neunmal Holländischer Meister, gewann dreimal den Pokal und holte 1988 den Europapokal der Landesmeister. Von 1994 bis 99 spielte Heintze in der deutschen Bundesliga beim KFC Uerdingen und bei Bayer Leverkusen, bevor er zum PSV zurückkehrte. Seine erste EM spielte Heintze 1988. Der EM-Titel 1992, den größten Triumph in der dänischen Fußballgeschichte, verpasste er wegen eines Streits mit Nationaltrainer Richard Möller-Nielsen.

Geburtsdatum:	17. August 1963
Geburtsland:	Dänemark
Stationen:	PSV, Uerdingen, Bayer 04
WM-Spiele:	7
WM-Tore:	–
Länderspiele:	86
Tore:	4
WM-Teilnahmen:	1998, 2002

Iván Helguera Bujia

Mit Real Madrid feierte der in der Defensive vielseitig verwendbare Helguera seine größten Erfolge. Drei Meistertitel (2001, 2003, 2007), zwei Erfolge in der Champions-League (2002, 2002) sowie ein Weltpokal (2002) stehen in der Vita des Mannes, der den Stars wie Zidane und Figo den Rücken freihielt. „Real möchte Iván für seinen Einsatz, seine Leistung und seine Arbeit danken, die er in seiner brillanten Karriere gezeigt hat", verkündeten die „Königlichen" auf ihrer Homepage, als Helguera im Sommer 2007 nach acht Spielzeiten und 229 Ligaspielen zum CF Valencia wechselte. Im Nationaldress war Helguera bei den Europameisterschaften 2000 und 2004 sowie bei der WM 2002 Stammspieler. In Asien scheiterte Spanien im Viertelfinale an Südkorea (3:5 nach Elfmeterschießen), nachdem den Iberern im Spiel zuvor zwei reguläre Treffer aberkannt wurden. Sein letztes von 47 Länderspielen bestritt Helguera im September 2004 gegen Bosnien-Herzegowina. Unter dem einen Monat zuvor inthronisierten Nationaltrainer Luis Aragones spielte er danach keine Rolle mehr.

Geburtsdatum:	28. März 1975
Geburtsland:	Spanien
Stationen:	Albacete, Roma, Espanyol, Real, CF Valencia
WM-Spiele:	5
WM-Tore:	–
Länderspiele:	47
Tore:	3
WM-Teilnahmen:	2002

Siegfried „Siggi" Held

Der Außen- und Mittelstürmer schoss das erste Tor für Deutschland bei der Weltmeisterschaft 1966 in England: Beim 5:0-Sieg über die Schweiz erzielte Siegfried Held das 1:0. Held verpasste keine Minute auf dem Weg zum Vizeweltmeistertitel, kam 1970 in Mexiko auf drei Weltmeisterschaftseinsätze. Mit seinem Verein Borussia Dortmund gewann Held 1966 den Europapokal der Pokalsieger und wurde im gleichen Jahr deutscher Vizemeister. In 41 Länderspielen erzielte Held fünf Tore. Seine Trainerlaufbahn begann 1981 bei Schalke 04. Er trainierte die Nationalelf von Island und war technischer Direktor bei Galatasaray Istanbul. Weitere Trainerstationen waren Admira-Wacker Wien, Dynamo Dresden, Gamba Osaka und der VfB Leipzig. 2003 war er dann nach dem Olympiatrainerjob in Ägypten Nationaltrainer von Malta.

Geburtsdatum:	7. August 1942
Geburtsland:	Deutschland
Stationen:	Kickers Offenbach, Borussia Dortmund, Bayer Uerdingen
WM-Spiele:	9
WM-Tore:	1
Länderspiele:	41
Tore:	5
WM-Teilnahmen:	1966, 1970

Ronnie Carl Hellström

Mit gerade mal 20 Jahren sicherte Hellström den Schweden mit seinen Paraden die Qualifikation zur Weltmeisterschaft 1970. Beim 2:0-Heimerfolg über Frankreich bissen sich die Stürmer der Equipe Tricolore an Hellström die Zähne aus. Auch wenn das Drei-Kronen-Team bei den drei WM-Turnieren in den 70er-Jahren jeweils in der Vor- bzw. Zwischenrunde ausschied – Hellström war stets einer der besten Torhüter. Nach der Weltmeisterschaft 1974 in Deutschland wechselte er zum 1. FC Kaiserslautern und bestritt 266 Bundesligaspiele. Nach seiner aktiven Karriere betätigte er sich als Torwarttrainer in verschiedenen schwedischen Vereinen.

Geburtsdatum:	21. Februar 1949
Geburtsland:	Schweden
Stationen:	Hammarby IF, 1. FC Kaiserslautern
WM-Spiele:	10
WM-Tore:	–
Länderspiele:	77
Tore:	–
WM-Teilnahmen:	1970, 1974, 1978

Thomas Helmer

Mit seinem Wechsel von Borussia Dortmund zu Bayern München schlüpfte er 1992 in die Rolle des Titel-Hamsters. Helmer gewann in seiner Karriere alles, was es zu gewinnen gab – außer WM-Titel und Champions League. Er wurde 1996 Europameister mit der deutschen Nationalmannschaft (sechs Einsätze), gewann im gleichen Jahr mit dem FC Bayern den UEFA-Pokal und feierte 1994, 97 und 99 drei Meisterschaften mit den Münchnern. Helmer wurde nach dem Ende seiner aktiven Laufbahn Moderator beim Deutschen Sportfernsehen (DSF).

Geburtsdatum:	21. April 1965
Geburtsland:	Deutschland
Stationen:	Arminia Bielefeld, Borussia Dortmund, Bayern München, Hertha BSC, FC Sunderland
WM-Spiele:	5
WM-Tore:	–
Länderspiele:	68
Tore:	5
WM-Teilnahmen:	1994, 1998

Thomas Lund Helveg

Er war Dänemarks Kapitän auf dem Weg ins Viertelfinale der EM 2004. Mit der Erfahrung von zwei vorherigen Europa- und zwei Weltmeisterschaften war Thomas Helveg als rechter Verteidiger und Mittelfeldspieler einer der Erfolgsgaranten der Dänen bei ihrer sechsten EM Teilnahme in Folge. Nach seinem Fortgang von Odense BK spielte er von 1993 bis 2004 elf Jahre in der italienischen Serie A bei Udinese Calcio, AC und Inter Mailand. 2004 wechselte er zu Norwich City in die Premier League, stieg dort sofort ab und spielt seit Juli 2005 bei Borussia Mönchengladbach.

Geburtsdatum:	24. Juni 1971
Geburtsland:	Dänemark
Stationen:	Odense BK, Udinese Calcio, Milan, Norwich City
WM-Spiele:	9
WM-Tore:	1
Länderspiele:	98
Tore:	2
WM-Teilnahmen:	1998, 2002

Thierry Henry (rechts im Vordergrund)

Mit jeweils drei Toren hatte er großen Anteil an den Titelgewinnen der Franzosen bei der WM 1998 und der EM 2000. Und auch bei der Vizeweltmeisterschaft 2006 schoss Henry drei „Buden". 2006 wurde der vierfache Torschützenkönig der Premier League (2002, 04, 05, 06) zum dritten Mal „Fußballer des Jahres" in England – dies war zuvor noch keinem Spieler gelungen. In Frankreich gewann er diese Wahl vier Mal. Mit Arsenal feierte er zwei Meisterschaften, drei FA Cup-Siege und zog 2006 ins Champions League-Finale ein. Nach acht Jahren in London zog es ihn 2007 zum FC Barcelona.

Geburtsdatum:	17. August 1977
Geburtsland:	Frankreich
Stationen:	Monaco, Arsenal, Barcelona
WM-Spiele:	15
WM-Tore:	6
Länderspiele:	94
Tore:	40
WM-Teilnahmen:	1998, 2002, 2006

Josef „Sepp" Herberger

Er war der Vater des „Wunders von Bern". Sepp Herberger, Trainer der deutschen Nationalmannschaft, die 1954 in der Schweiz erstmals Weltmeister wurde. Herbergers Weg zum Nationaltrainer wurde frei, als der frühere „Reichsfußballtrainer" in den Entnazifizierungsprozessen als „Mitläufer" eingestuft worden war. In seiner aktiven Laufbahn absolvierte der gebürtige Mannheimer nur drei Länderspiele. Beim 3:3 am 18. September 1921 in Finnland erzielte er seine einzigen zwei Tore für Deutschland. Der Weltmeistercoach blieb bis Juni 1964 Cheftrainer der deutschen Nationalmannschaft.

Geburtsdatum:	28. März 1897
	† 28. April 1977
Geburtsland:	Deutschland
Stationen:	Waldhof und VfR Mannheim, Tennis Borussia
WM-Spiele:	–
WM-Tore:	–
Länderspiele:	3
Tore:	2
WM-Teilnahmen:	–

Als Trainer der Nationalmannschaft:
WM-Spiele:	18
Länderspiele:	162
WM-Teilnahmen:	1938, 1954, 1958, 1962

Fritz Herkenrath

Im Schatten von Star-Keeper Toni Turek und als Vorgänger von Hans Tilkowski brachte es Fritz Herkenrath zwischen 1954 und 1958 auf 21 Länderspiele. 1955 gewann er mit Rot-Weiss Essen den einzigen Meistertitel des Traditionsvereins. Bei der Weltmeisterschaft 1958 kreideten ihm Journalisten jedoch die beiden Gegentreffer beim 2:2 gegen Nordirland in Malmö an. Im Spiel um Platz 3 (3:6 gegen Frankreich) musste er seinen Platz für Heini Kwiatkowski freimachen. Deutschland belegte nach der dennoch verlorenen Partie Platz 4 der Weltmeisterschaft.

Geburtsdatum:	9. September 1928
Geburtsland:	Deutschland
Stationen:	1. FC Köln, Rot-Weiss Essen
WM-Spiele:	5
WM-Tore:	–
Länderspiele:	21
Tore:	–
WM-Teilnahmen:	1958

Heinz Hermann

Seine Länderspielkarriere zeichnete den „blonden Engel" als einen tragischen Helden aus. Mit 117 Auswahlspielen für die Schweiz ist er Rekordnationalspieler vor Alain Geiger (112) und Stephane Chapuisat (103). Der frühe Einstieg in die erfolgreiche Länderspielkarriere verlief glänzend. Sein Debüt gab Heinz Hermann mit gerade einmal 20 Jahren im September 1978 beim 2:0-Erfolg der Schweiz über die USA. Doch trotz seines „Titels" als Rekordinternationaler: An einer Welt- oder Europameisterschaft hat Hermann, der für seine exzellente Ballführung und hervorragende Übersicht bekannt war, trotzdem nie teilgenommen. Als die Eidgenossen die Qualifikation für die Weltmeisterschaft 1994 in den USA schafften, war Hermanns internationale Karriere bereits seit drei Jahren beendet. Die letzte Partie im Schweizer Dress hatte er im November 1991 gegen Rumänien (0:1) bestritten. Dagegen feierte er auf Vereinsebene zahlreiche Erfolge. Mit seinen Klubs Grasshoppers Zürich (1978, 82, 83, 84) und Xamax Neuchâtel (1987, 88) wurde der gelernte Glasbläser sechsmal Schweizer Meister. Von 1984 bis 1988 wurde er fünfmal in Folge Schweizer „Fußballer des Jahres". Später arbeitete Hermann in Deutschland und der Schweiz als Co- und Nachwuchstrainer und betreute u.a. die U17-Mannschaft des FC Basel.

Geburtsdatum:	28. März 1958
Geburtsland:	Schweiz
Stationen:	Grasshoppers Zürich, Xamax Neuchâtel, Servette Genf, FC Aarau
WM-Spiele:	–
WM-Tore:	–
Länderspiele:	117 (Rekordnationalspieler Schweiz)
Tore:	15
WM-Teilnahmen:	–

Luis Arturio Carreón Hernandez

„El Matador" war längst der mexikanische Volksheld. Mit seinen zwei Toren beim 3:1-Sieg gegen Südkorea und dem 2:2-Ausgleichstor in der 93. Minute gegen Holland hatte Luis Hernandez die Mexikaner fast im Alleingang ins Achtelfinale der Weltmeisterschaft 1998 geschossen. Dort sorgte er auch bei Gegner Deutschland für das große Zittern. In der 47. Minute traf er zum 1:0, vergab kurze Zeit später fahrlässig die große Chance zur Entscheidung. Deutschland drehte das Spiel in der Schlussphase – und der Stern von Hernandez ging schnell wieder unter. Bei der Weltmeisterschaft 2002 kam er nur zu drei Kurzeinsätzen und blieb ohne Torerfolg.

Geburtsdatum:	22. Dezember 1968
Geburtsland:	Mexiko
Stationen:	Tigres, America Mexico
WM-Spiele:	7
WM-Tore:	4
Länderspiele:	85
Tore:	34
WM-Teilnahmen:	1998, 2002

Andreas „Andy" Herzog

Beeindruckend führte „Anderl" seine Österreicher zur Weltmeisterschaft 1990 in Italien und 1998 zur WM-Endrunde nach Frankreich. Jedoch schied er im Dress der Alpenrepublik jeweils in der Vorrunde aus. Der Mittelfeldregisseur erzielte in 103 Länderspielen 26 Tore. Recht jung an Jahren, gewann er mit Rapid Wien die Meisterschaft (1987 und 1988) und ergatterte den Pokal (1987). 1992 wechselte er dann ins Ausland. Die längste Zeit seiner Fußballerkarriere verbrachte der exzellente Techniker im Trikot von Werder Bremen in der Bundesliga. An der Weser holte sich der Austria-Kicker einen Meistertitel (1993) und zwei DFB-Pokalerfolge (1994 sowie 1999). Das kurze, jedoch nicht so erfolgreich wie gewünscht ablaufende Intermezzo beim FC Bayern bescherte ihm den UEFA-Cup-Sieg 1996 gegen Girondins Bordeaux. Doch schon allein wegen seiner Erfolge mit den Mannen von der Weser avancierte er zum bislang erfolgreichsten österreichischen Spieler in der Bundesliga.

Geburtsdatum:	10. September 1968
Geburtsland:	Österreich
Stationen:	Rapid Wien, Werder Bremen, Bayern München, LA Galaxy
WM-Spiele:	6
WM-Tore:	1
Länderspiele:	103
Tore:	26
WM-Teilnahmen:	1990, 1998

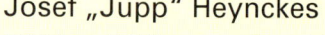

Josef „Jupp" Heynckes

Mit 30 und 27 Toren wurde er 1974 und 75 Torschützenkönig in der Bundesliga. Unter Hennes Weisweiler (1971, 75) und Udo Lattek (76, 77) gewann er mit Borussia Mönchengladbach viermal die deutsche Meisterschaft. 1972 wurde Jupp Heynckes Europameister, 1974 spielte er gegen Chile und Australien zwei Begegnungen auf dem Weg zum Gewinn des Weltmeistertitels. Trotzdem stand Heynckes als Spieler fast immer im Schatten von Gerd Müller. Erst als Trainer erlangte er wahren Weltruhm. Er coachte in Mönchengladbach, Bayern München, Athletic Bilbao, Eintracht Frankfurt, CD Teneriffa, bevor er mit Real Madrid die Champions League gewann. Seine Rückkehr in die Bundesliga 2003 zu Schalke 04 war dagegen weniger erfolgreich. 2006 kehrte er als Coach nach Gladbach zurück.

Geburtsdatum: 9. Mai 1945
Geburtsland: Deutschland
Stationen: Borussia Mönchengladbach, Hannover 96
WM-Spiele: 2
WM-Tore: –
Länderspiele: 39
Tore: 14
WM-Teilnahmen: 1974

Nándor „Öreg" Hidegkúti

In seinen 69 Länderspielen für Ungarn schoss Hidegkúti 39 Tore. Mindestens drei davon waren legendär – erzielt beim historischen 6:3-Erfolg der Ungarn in England, der ersten Niederlage Englands auf eigenem Boden. Hidegkúti gewann mit dem MTK Budapest 1951, 53 und 58 den ungarischen Meistertitel. Er bekleidete die Position eines „hängenden Mittelstürmers" – ein Posten, mit dem er einen neuen Typus Stürmer kreierte.

Geburtsdatum: 3. März 1922, † 14. Februar 2002
Geburtsland: Ungarn
Stationen: MTK Budapest
WM-Spiele: 6
WM-Tore: 4
Länderspiele: 69
Tore: 39
WM-Teilnahmen: 1954, 1958

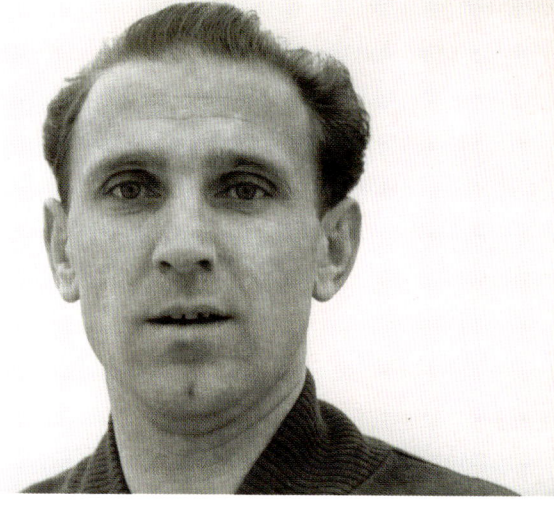

Rudolf „Rudi" Hiden (unten Mitte)

Er war der Torwart des österreichischen Wunderteams zwischen 1928 und 1933. Nach dem grandiosen 4:0-Erfolg am 12. Februar 1933 in Paris gegen Frankreich wollten die Gastgeber Hiden nicht mehr gehen lassen. Er heuerte bei Racing Paris an, wurde einmal Französischer Meister und dreimal Pokalsieger. Nach dem „Anschluss" Österreichs an Deutschland nahm der gebürtige Grazer die französische Staatsbürgerschaft an und hütete einmal das Tor für die Equipe Tricolore.

Geburtsdatum: 19. März 1909
† 11. September 1973
Geburtsland: Österreich
Stationen: Grazer AK, Wiener AC, Racing Club Paris
WM-Spiele: –
WM-Tore: –
Länderspiele: 21
Tore: –
WM-Teilnahmen: –

Fernando Ruiz Hierro

Sein erstes Länderspiel hatte der als Libero eingesetzte Spieler am 20. September 1989 in La Coruña gegen Polen (1:0). Als Abwehrchef führte er Real Madrid 1998, 2000 und 2002 zum Gewinn der Champions League und wurde mit den Königlichen zweimal Weltpokalsieger. In seinen 14 Jahren bei Real Madrid wurde er fünfmal Spanischer Meister und war Stammspieler in der spanischen Nationalmannschaft bei drei Weltmeisterschaften und zwei Europameisterschaften zwischen 1994 und 2002. Während der Weltmeisterschaft absolvierte er auch sein letztes Länderspiel in Gwangju gegen Korea (3:5 nach Elfmeterschießen). Hierro wechselte 2003 zu den Bolton Wanderers in die englische Premier League. Zum krönenden Abschluss seiner Karriere zog er mit dem Provinzverein in den UEFA-Pokal ein. Bis 2003 hat er in 481 Spielen der Primera Division 105-mal getroffen.

Geburtsdatum:	23. März 1968
Geburtsland:	Spanien
Stationen:	Valladolid, Real Madrid, Al Nayyan Doha, Bolton Wanderers
WM-Spiele:	12
WM-Tore:	5
Länderspiele:	89
Tore:	29
WM-Teilnahmen:	1990, 1994, 1998, 2002

José „El Loco" René Higuita

Seine Show bei der Weltmeisterschaft 1990 endete in der größten anzunehmenden Blamage. René Higuita, Nationaltorwart Kolumbiens, hatte sich mit seinen Ausflügen aus dem Strafraum so lange Respekt verschafft, solange sie nicht im folgenschweren Ballverlust endeten. Dies änderte sich in der 109. Minute des Achtelfinales gegen Kamerun. Higuita ließ sich von Kameruns „Oldie" Roger Milla den Ball abjagen. Dieser schob ihn zum vorentscheidenden 2:0 ins von Higuita verlassene leere Tor. Bei der Weltmeisterschaft 1994 nahm Oscar Cordoba für den erst 28-jährigen José Higuita den Platz im kolumbianischen Fußballtor ein.

Geburtsdatum:	28. August 1966
Geburtsland:	Kolumbien
Stationen:	Nacional Medellin
WM-Spiele:	4
WM-Tore:	–
Länderspiele:	72
Tore:	3
WM-Teilnahmen:	1990

HIL – HOD

Timo Hildebrand

Mit 25 Jahren nahm er 2004 an seiner ersten Europameisterschaft teil. Und gilt seitdem als einer der heißesten Anwärter auf die Nachfolge von Oliver Kahn im Tor der deutschen Nationalmannschaft. Timo Hildebrand (VfB Stuttgart) ist vor allem in puncto Reaktionsschnelligkeit und Strafraumbeherrschung ein überragender Torhüter. Mit dem VfB Stuttgart wurde er 2007 sensationell Deutscher Meister und gab anschließend seinen Wechsel zum CF Valencia bekannt. Frustrierend sein Länderspieldebüt: in Rumänien im April 2004 wurde er beim Stand von 0:4 zu Beginn der zweiten Halbzeit eingewechselt (Endstand 1:5).

Geburtsdatum:	5. April 1979
Geburtsland:	Deutschland
Stationen:	VfB Stuttgart, CF Valencia
WM-Spiele:	–
WM-Tore:	–
Länderspiele:	6
Tore:	–
WM-Teilnahmen:	2006

Ottmar Hitzfeld

Mit Borussia Dortmund und Bayern München gewann er 1997 und 2001 als Trainer die Champions League. Mit beiden Vereinen wurde er insgesamt fünfmal Deutscher Meister. Ottmar Hitzfeld ist der erfolgreichste deutsche Vereinstrainer seit Udo Lattek. Vor seinem Wechsel in die Bundesliga hatte er in der Schweiz mit dem FC Aarau sowie Grasshoppers Zürich fünf Titel errungen. In seiner aktiven Laufbahn wurde er mit dem FC Basel Meister (1972 u. 73), Pokalsieger (75) und Torschützenkönig (73). An der Seite von Uli Hoeneß stürmte er 1972 im deutschen Olympiateam.

Geburtsdatum:	12. Januar 1949
Geburtsland:	Deutschland
Stationen:	FC Basel, VfB Stuttgart, FC Lugano, FC Luzern
WM-Spiele:	–
WM-Tore:	–
Länderspiele:	–
Tore:	–
WM-Teilnahmen:	–

Glenn Hoddle

Argentinien war zweimal sein Schicksal. Bei der WM 1986 war Glenn Hoddle der überragende Akteur im Trikot der Engländer, als sie im Viertelfinale durch Maradonas Hand-Tor unglücklich ausschieden. 1998 in Frankreich hatte Hoddle den Posten des Nationaltrainers eingenommen – und scheiterte im Elfmeterschießen des Achtelfinals erneut an Argentinien. David Beckham hatte in dem Spiel beim Stand von 2:2 wegen einer Tätlichkeit die Rote Karte gesehen. Als Spieler gewann Hoddle mit Tottenham Hotspur 1984 den UEFA-Pokal und wurde mit dem AS Monaco 1988 Französischer Meister.

Geburtsdatum:	27. Oktober 1957
Geburtsland:	England
Stationen:	Tottenh. Hotspur, AS Monaco
WM-Spiele:	7
WM-Tore:	–
Länderspiele:	53
Tore:	8
WM-Teilnahmen:	1982, 1986

Paul „Popol" van Himst

Belgiens Fußballer des Jahrhunderts gab schon mit 16 Jahren sein Debüt beim RSC Anderlecht (460 Spiele, 235 Tore). Ein Jahr später folgte die Länderspiel-Premiere und die erste Ehrung als Fußballer des Jahres. 1961, 1965 und 1975 gewann van Himst diese Auszeichnung erneut. Dreimal wurde der elegante Techniker zudem Torschützenkönig der belgischen Liga und ist bis heute zusammen mit Bernard Voorhoof Rekordschütze des Nationalteams. Mit Anderlecht holte er acht Meisterschaften und vier Pokalsiege. Als sich 1970 bei der WM in Mexiko sein Nationalteam nicht mit Ruhm bekleckerte, kehrte er den „Roten Teufeln" den Rücken. Dass er zur Europameisterschaft 1972 doch ins Nationaltrikot zurückkehrte, bereute er nicht: Mit Belgien holte er den dritten Platz. Bei der WM 1994 war er Trainer der „Roten Teufel".

Geburtsdatum:	2. Oktober 1943
Geburtsland:	Belgien
Stationen:	RSC Anderlecht, RWD Molenbeek, FC Brüssel
WM-Spiele:	3
WM-Tore:	–
Länderspiele:	81
Tore:	30
WM-Teilnahmen:	1970

Bernd „Holz" Hölzenbein

In Holland kennt ihn jeder. Aber gut zu sprechen ist dort niemand auf ihn. Bernd Hölzenbein war es, der den Anfang vom Ende des holländischen Traums vom Weltmeisterschaftstitel im Finale 1974 einläutete. Mit einer spektakulären Flugeinlage holte er den Elfmeter zum 1:1-Ausgleich heraus. Hölzenbein erzielte in 420 Bundesligaspielen 160 Tore für Eintracht Frankfurt. Mit den Hessen gewann er 1980 den UEFA-Pokal. Bundestrainer Helmut Schön berief ihn zu 40 Länderspielen mit der Nationalmannschaft. Nach seinem Karriereende wurde er zuerst Vizepräsident, dann Manager von Eintracht Frankfurt.

Geburtsdatum:	9. März 1946
Geburtsland:	Deutschland
Stationen:	Eintracht Frankfurt
WM-Spiele:	9
WM-Tore:	1
Länderspiele:	40
Tore:	5
WM-Teilnahmen:	1974, 1978

Ulrich „Uli" Hoeneß

Er war Welt- und Europameister, mehrmaliger Deutscher Meister und Europapokalsieger mit dem FC Bayern München. Trotzdem verbinden viele Fußballfans mit dem Namen Uli Hoeneß jenen Elfmeter, der Deutschland 1976 den Titel-Hattrick kostete. Im EM-Finale gegen die Tschechoslowakei schickte Hoeneß den Ball in den Nachthimmel von Belgrad. Nach Beendigung seiner Fußballkarriere mit 250 Ligaspielen (davon elf in der Saison 78/79 für den 1. FC Nürnberg) und 86 Toren wurde er mit 27 Jahren Manager beim FC Bayern. Kein zweiter deutscher Fußballclub hatte in den folgenden Jahren einen so erfolgreichen Macher.

Geburtsdatum:	5. Januar 1952
Geburtsland:	Deutschland
Stationen:	FC Bayern München, 1. FC Nürnberg
WM-Spiele:	7
WM-Tore:	1
Länderspiele:	35
Tore:	5
WM-Teilnahmen:	1974

Dieter Hoeneß

Mit dem FC Bayern München wurde er fünfmal Deutscher Meister und dreimal Pokalsieger. In 288 Bundesligaspielen für die Bayern und den VfB Stuttgart erzielte er 127 Tore. Dieter Hoeneß galt neben Horst Hrubesch als das gefährlichste „Kopfball-Ungeheuer" in Deutschland. Franz Beckenbauer nahm ihn mit der Empfehlung von vier Toren in vier Länderspielen 1986 mit zur Weltmeisterschaft nach Mexiko – es blieb für Hoeneß die einzige WM-Teilnahme. Der gebürtige Schwabe hatte mit dem FC Bayern gerade das Double gewonnen. Er wurde später erfolgreicher Manager beim VfB Stuttgart und bei Hertha BSC Berlin. Der Metzgersohn hatte wenig Interesse am elterlichen Geschäft. Wie sein Bruder Uli machte er sein Abitur und studierte zudem anschließend Sport und Geographie. Schon mit fünf Jahren schnürte er die Fußballstiefel. Mit 14 wechselte er zum SSV Ulm und galt als talentierter Torwart. Als die beiden Fußballvereine in Ulm fusionierten, war ihm der Platz im Kasten versperrt. Fortan stürmte er eben. Und das erfolgreich: 56 Treffer gelangen ihm schon in der Saison 1974/75, da noch für den VfR Aalen, das ließ dann den VfB Stuttgart aufmerksam werden.

Geburtsdatum:	7. Januar 1953
Geburtsland:	Deutschland
Stationen:	VfB Stuttgart, FC Bayern München
WM-Spiele:	2
WM-Tore:	–
Länderspiele:	6
Tore:	4
WM-Teilnahmen:	1986

Horst-Dieter „Eisenfuß" Höttges

Seinen größten Triumph im Vereinsfußball feierte Horst-Dieter Höttges schon mit 21 Jahren. Mit dem SV Werder Bremen wurde der gebürtige Mönchengladbacher 1965 überraschend Deutscher Meister. In der Nationalmannschaft war Horst-Dieter Höttges so etwas wie der „Mister Zuverlässigkeit". In 66 Länderspielen erzielte er nur ein Tor – beim 12:0-Sieg gegen Zypern in der Weltmeisterschaftsqualifikation für Mexiko 1970. Höttges wurde 1972 Europameister, 1974 Weltmeister und 1966 Vizeweltmeister.

Geburtsdatum:	10. September 1943
Geburtsland:	Deutschland
Stationen:	SV Werder Bremen, Borussia Mönchengladbach
WM-Spiele:	10
WM-Tore:	–
Länderspiele:	66
Tore:	1
WM-Teilnahmen:	1966, 1970, 1974

Martin Hoffmann

Es gab kaum einen internationalen Erfolg in der Geschichte des DDR-Fußballs, an dem Martin Hoffmann keine Aktien hatte. Mit dem 1. FC Magdeburg gewann er 1974 in Rotterdam den Europacup der Pokalsieger gegen den AC Mailand. Es war der einzige Europapokalsieg eines DDR-Oberliga-Vereins. Bei der Weltmeisterschaft 1974 erzielte der gelernte Linksaußen beim 1:1 im Vorrundenspiel gegen Chile das 1:0-Führungstor. Und im Olympia-Finale von Montréal 1976 gegen Polen traf er mit einem strammen Schuss ins lange Eck zum vorentscheidenden 2:0. In seinen 255 Oberligaspielen für Magdeburg schoss Hoffmann 78 Tore.

Geburtsdatum:	22. März 1955
Geburtsland:	DDR
Stationen:	1. FC Magdeburg
WM-Spiele:	6
WM-Tore:	1
Länderspiele:	66
Tore:	16
WM-Teilnahmen:	1974

Marco van Hoogdalem

1997 hielt er mit Schalke 04 den UEFA-Pokal in den Mailänder Nachthimmel. Sein größter Erfolg in seiner langen Profikarriere. Mit „Königsblau" holte der Verteidiger noch zwei weitere Titel. 2001 und auch 2002 wurde er im blau-weißen Trikot DFB-Pokalsieger. Insgesamt lief der verlässliche Holländer 151-mal in der Bundesliga auf, schoss dabei zehn Tore und absolvierte insgesamt 24 Europapokalpartien, in denen ihm drei Treffer gelangen. Trotz seines internationalen Renommees wurde van Hoogdalem nie in die holländische Landesauswahl berufen.

Geburtsdatum:	23. Mai 1972
Geburtsland:	Niederlande
Stationen:	Roda Kerkrade, Schalke 04
WM-Spiele:	–
WM-Tore:	–
Länderspiele:	–
Tore:	–
WM-Teilnahmen:	–

Horst Hrubesch (links)

Mit seinen ersten beiden Länderspieltoren machte der konsequente Angreifer Deutschland 1980 zum Europameister. Im Finale von Rom gegen Belgien sorgte Horst Hrubesch für die Tore zum 2:1-Erfolg und bescherte Jupp Derwall einen glänzenden Einstand als Bundestrainer. Mit seinem Verein, dem Hamburger SV, wurde Hrubesch 1979, 1982 und 1983 Deutscher Meister. In 224 Bundesligaspielen für Rot-Weiß Essen (48), den HSV (159) und Borussia Dortmund (17) erzielte das „Kopfball-Ungeheuer" 134 Tore.

Geburtsdatum:	17. April 1951
Geburtsland:	Deutschland
Stationen:	Rot-Weiss Essen, Hamburger SV, Standard Lüttich, Borussia Dortmund
WM-Spiele:	5
WM-Tore:	1
Länderspiele:	21
Tore:	6
WM-Teilnahmen:	1982

Richard Hofmann

„König Richard" zählte zu den besten Mittelstürmern Europas vor dem Zweiten Weltkrieg. Seinen Einstieg auf dem internationalen Rasen begann er am 2. Oktober 1927 in Kopenhagen gegen Dänemark (1:3). Richard Hofmann glänzte mit Energie und Ausdauer, verbunden mit Spielwitz und Schusskraft. Als Olympiateilnehmer 1928 erzielte er gegen die Schweiz drei Tore, wurde jedoch nach einem Platzverweis gegen Uruguay für ein Jahr vom DFB gesperrt. Hofmann erzielte als erster deutscher Nationalspieler einen Hattrick – am 10. Mai 1930 im Länderspiel gegen England. Sein letztes Länderspiel bestritt er am 19. März 1933 in Berlin gegen Frankreich (3:3). Zusammen mit Helmut Schön holte er 1943 und 1944 die Meisterschaft nach Dresden zum DSC und wurde 1940 und 1941 Pokalsieger. Nach dem Krieg versuchte Hofmann ein Comeback in Dresden, spielte auch noch einmal kurz für die legendäre SG Friedrichstadt, ehe er Trainer u.a. bei Vorwärts Gotha, beim SC Turbine und verschiedenen Auswahlmannschaften wurde. Eine Hüftoperation 1969 beendete seine Trainerkarriere. 77-jährig starb er 1983 in Freital. Sein Sohn Bernd war in den 60er-Jahren Stammspieler bei der SG Dynamo Dresden.

Geburtsdatum:	8. Februar 1906
	† 5. Mai 1983
Geburtsland:	Deutschland
Stationen:	Dresdner SC
WM-Spiele:	–
WM-Tore:	–
Länderspiele:	25
Tore:	24
WM-Teilnahmen:	–

Ivan „Ivica" Horvat

Mit Dinamo Zagreb wurde er 1948 und 1954 Jugoslawischer Meister. 1957 wechselte Ivica Horvat nach Deutschland zu Eintracht Frankfurt und gewann 1959 erneut die nationale Meisterschaft. Nach seiner aktiven Laufbahn wurde Horvat Trainer und führte zusammen mit Branko Zebec Dinamo Zagreb 1967 zum UEFA-Cup-Sieg. Er feierte mit dem FC Schalke 04 1972 den DFB-Pokalsieg und die deutsche Vizemeisterschaft. 1979 wechselte er zu Westfalia Herne in die zweite Liga Nord. Nachdem der Klassenerhalt sportlich gelungen war, begann durch einen Lizenzentzug die Talfahrt des Traditionsvereins.

Geburtsdatum:	16. Juli 1926
Geburtsland:	Jugoslawien
Stationen:	Din. Zagreb, Eintr. Frankfurt
WM-Spiele:	6
WM-Tore:	–
Länderspiele:	60
Tore:	–
WM-Teilnahmen:	1950, 1954

Emlyn Walter „Crazy Horse" Hughes

In der erfolgreichsten Epoche des FC Liverpool war er der Kapitän der „Reds". Emlyn Hughes führte die Mannschaft als beinharter Innenverteidiger 1977 und 78 zum Gewinn des Europapokals der Landesmeister. In zwölf Jahren an der Anfield Road wurde er viermal Englischer Meister und gewann 1973 und 76 den UEFA-Pokal. Mit der Nationalelf verpasste er 1974 und 78 die Qualifikation zur Weltmeisterschaft. Mit der Niederlage gegen Deutschland 1970 hatten für Englands Nationalmannschaft zehn erfolglose Jahre begonnen. Emlyn Hughes, 1977 Spieler des Jahres in England, wurde nach seiner aktiven Karriere im Jahre 1981 Spielertrainer beim FC Rotherham und später Sportkommentator bei der BBC.

Geburtsdatum:	28. August 1947
	† 9. November 2004
Geburtsland:	England
Stationen:	FC Blackpool, FC Liverpool, Wolverhampton Wanderers
WM-Spiele:	–
WM-Tore:	–
Länderspiele:	62
Tore:	1
WM-Teilnahmen:	1970

Mark „Sparky" Hughes

Seine größten Erfolge feierte er mit ManU. Englischer Meister 1993 und 94, FA-Cup-Sieger 85, 90, 94 sowie der Triumph im Europapokal der Pokalsieger 1991. Hughes war in den 1980er-Jahren einer der stärksten Stürmer in Europa, konnte sich aber außerhalb der Insel weder beim FC Barcelona (86/87) noch bei den Bayern (87/88) wie gewohnt in Szene setzen. 1995 wechselte er zu Chelsea und gewann dort 1997 den FA Cup und 1998 den Europapokal der Pokalsieger. Von 1999 bis 2004 war er Nationaltrainer von Wales und scheiterte in der Qualifikation für die EM 2004 erst im Play-off gegen Russland.

Geburtsdatum:	1. November 1963
Geburtsland:	Wales
Stationen:	Manchester United, FC Barcelona, Bayern München, Chelsea London, FC Southampton
WM-Spiele:	–
WM-Tore:	–
Länderspiele:	72
Tore:	16
WM-Teilnahmen:	–

Bernardus Adriaan „Barry" Hulshoff

Mit Ajax Amsterdam gewann er von 1971 bis 73 dreimal in Folge den Europapokal der Landesmeister. Der schlaksige Innenverteidiger sorgte in einer Abwehrreihe mit Neeskens, Suurbier und Krol dafür, dass Ajax Amsterdam kaum Gegentreffer kassierte. Für die Weltmeisterschaft 1974 war „Barry" Hulshoff unter seinem ehemaligen Ajax-Coach Rinus Michels gesetzt, fiel wegen einer schweren Knieverletzung letztlich jedoch aus. Der Ausnahmeverteidiger brachte es nur auf 14 Länderspiele, erzielte aber sechs Tore. In elf Jahren bei Ajax wurde er siebenmal Meister. Beim Grazer AK ließ er 1982/83 die Karriere ausklingen.

Geburtsdatum:	30. September 1946
Geburtsland:	Niederlande
Stationen:	Ajax Amsterdam, Grazer AK
WM-Spiele:	–
WM-Tore:	–
Länderspiele:	14
Tore:	6
WM-Teilnahmen:	–

Manuel Jesús Coelho „Humberto"

Er war Libero in der Mannschaft von Benfica Lissabon, die erfolgreich das Erbe von Eusébio antrat. Zwischen 1967 und 85 wurde Coelho zehnmal Portugiesischer Meister mit Benfica. Nur von 1974 bis 76 wurde er dem Klub für zwei Jahre untreu und wechselte zu Paris St. Germain in die französische Hauptstadt. Coelho wurde nach seiner aktiven Laufbahn Trainer der portugiesischen Nationalmannschaft und führte das Team ins Halbfinale der EM 2000. Von März 2003 bis November 2004 coachte er das Nationalteam Südkoreas. Nach einem Remis gegen die Malediven folgte jedoch der Rausschmiss.

Geburtsdatum:	20. April 1950
Geburtsland:	Portugal
Stationen:	Benfica Lissabon, Paris St. Germain
WM-Spiele:	–
WM-Tore:	–
Länderspiele:	64
Tore:	6
WM-Teilnahmen:	–

Roger Hunt

Fast im Alleingang schoss er England ins Viertelfinale der Weltmeisterschaft 1966. Roger Hunt (FC Liverpool) erzielte drei der vier Vorrundentore. Gegen Mexiko und Frankreich gewann der Weltmeisterschafts-Gastgeber jeweils mit 2:0 und trennte sich von Uruguay torlos 0:0. In 34 Länderspielen erzielte der Mittelstürmer 18 Tore. Hunt war eine der großen Säulen des FC Liverpool in den 60er-Jahren und gewann 1964 und 66 zweimal die Englische Meisterschaft mit den „Reds". 1969 wechselte er zu den Bolton Wanderers und ließ dort die Karriere nach drei weiteren Jahren allmählich ausklingen.

Geburtsdatum:	20. Juli 1938
Geburtsland:	England
Stationen:	FC Liverpool, Bolton Wanderes
WM-Spiele:	6
WM-Tore:	3
Länderspiele:	34
Tore:	18
WM-Teilnahmen:	1962, 1966

Geoffrey „Geoff" Charles Hurst

Wembleystadion London, England gegen Deutschland, WM-Finale 1966. Geoffrey Hurst, 24 Jahre, Mittelstürmer von West Ham United, stand in der 98. Minute der Verlängerung beim Stand von 2:2 am Eck des Fünf-Meter-Raumes und hämmerte den Ball an die Unterkante der Latte des deutschen Tores. Das Leder sauste nach unten und wurde von den Deutschen anschließend zur Ecke geklärt. Die Engländer aber hatten den Ball hinter der Linie gesehen. Referee Dienst aus der Schweiz war sich nicht sicher. Nach Rücksprache mit dem russischen Linienrichter, der vermeintlich besser gestanden hatte, entschied der Schiedsrichter auf Tor. England ging mit dem bis heute umstrittensten Treffer der WM-Geschichte 3:2 in Führung und war kurze Zeit später Weltmeister, nachdem Hurst mit dem 4:2, seinem dritten Tor im Spiel, endgültig alles klar gemacht hatte. Bis heute ist der Stürmer der einzige Spieler, dem in einem WM-Finale drei Treffer gelangen. Beim Unternehmen Titelverteidigung 1970 in Mexiko kam Hurst dreimal zum Einsatz, im Viertelfinale gegen das DFB-Team war mit einem 2:3 nach Verlängerung jedoch Endstation. Auch sein letztes Spiel für die „Three Lions" endete mit einer schmerzvollen Niederlage: Deutschland siegte im EM-Viertelfinale 1972 ausgerechnet im Wembley-Stadion, der Stätte von Hursts größtem Triumph, mit 3:1. 1976/77 ließ er seine Karriere bei den Seattle Sounders ausklingen, wechselte die Sportart und spielte noch eine Zeit lang auf hohem Niveau in der Cricket-Liga für Essex. Später wurde Geoffrey Hurst ein erfolgreicher Geschäftsmann. 1998 schlug ihn die britische Queen zum Ritter.

Geburtsdatum:	8. Dezember 1941
Geburtsland:	England
Stationen:	West Ham United, Stoke City, West Bromwich Albion
WM-Spiele:	6
WM-Tore:	5
Länderspiele:	49
Tore:	24
WM-Teilnahmen:	1966, 1970

Kurzes Nationalmannschaftsabenteuer

Dass Josef „Sepp" Herberger seinen allseits bekannten Werdegang ein schlug, war wohl der Unachtsamkeit eines Ordners zu verdanken. Als dieser im Endspiel um die Deutsche Meisterschaft 1907 in Herbergers Heimatstadt Mannheim zwischen dem Freiburger FC und Viktoria 89 Berlin gerade nicht aufpasste, mogelte sich der zehnjährige Herberger ins Stadion. Beeindruckt von der Atmosphäre gab es für „Scheppes", wie er wegen seines etwas schiefen Ganges genannt wurde, nur noch eines: Fußball! Als 17-Jähriger debütierte er 1914 als Stürmer beim SV Waldhof Mannheim, für den er bis 1921 aktiv war. Es folgte der Wechsel zum Lokalrivalen VfR Mannheim. Da alle Spieler damals noch „anständigen" Berufen nachzugehen hatten, arbeitete Herberger nebenbei für die Dresdner Bank. In seinem ersten Jahr beim VfR wurde er in die Nationalelf berufen und debütierte am 18. September beim 3:3 gegen Finnland. Obwohl er zwei Treffer erzielte, musste Herberger drei Jahre auf seine nächste Einladung warten. 1924 durfte er gegen Italien (0:1) und die Niederlande (1:2) noch zweimal ran. Danach war seine Karriere im Nationaldress beendet. Von 1926 bis 1930 spielte er in Berlin für Tennis Borussia, anschließend schlug er seine erfolgreiche Trainerlaufbahn ein.

IBR – III

Zlatan Ibrahimovic – Adrian Ilie – Bodo Illgner – Eike Immel – Paul Ince – Filippo „Pippo" Inzaghi – Harald Irmscher – Valentin Ivanov

Zlatan Ibrahimovic

19 Millionen Euro Ablöse zahlte Juventus Turin, um ihn im August 2004 von Ajax Amsterdam zur „alten Dame" zu holen. Die Investition machte sich bezahlt: Zlatan Ibrahimovic schoss Juve schon in seiner ersten Saison mit 16 Toren zur Meisterschaft. Bei der EM 2004 hatte der schwedische Nationalspieler im zweiten Vorrundenspiel gegen Italien mit seinem Traumtor zum 1:1 (85. Min.) ausgeglichen und damit das spätere Aus der Italiener eingeleitet. 2006 in Deutschland enttäuschte der Sohn bosnischer Einwanderer. Im Sommer 2006 wechselte er zu Inter und hatte mit 15 Toren in 27 Spielen großen Anteil an der Meisterschaft der „Nerazurri".

Geburtsdatum:	3. Oktober 1981
Geburtsland:	Schweden
Stationen:	Malmö FF, Ajax Amsterdam, Juventus Turin, Inter
WM-Spiele:	5
WM-Tore:	–
Länderspiele:	46
Tore:	18
WM-Teilnahmen:	2002, 2006

Adrian Ilie

Mit seinem 1:0-Siegtor gegen Kolumbien brachte er Rumänien 1998 in Frankreich auf die Erfolgsspur. Adrian Ilie wollte mit seinen Treffern dazu beitragen, dass sein Land nach dem Viertelfinal-Aus im Elfmeterschießen 1994 auch 1998 wieder in die Runde der letzten Acht vorstößt. Doch der Stürmer des FC Valencia ließ im Achtelfinale gegen Kroatien (0:1) zu viele Chancen ungenutzt. Ilies größter Erfolg war der Einzug ins Champions-League-Finale mit dem FC Valencia gegen Real Madrid im Jahr 2000 (0:3). Danach hatte Ilie kurze Gastspielstationen bei CD Alaves, Besiktas Istanbul und dem FC Zürich.

Geburtsdatum:	20. April 1974
Geburtsland:	Rumänien
Stationen:	Steaua Bukarest, Galatasaray, FC Valencia, Alaves, Besiktas, FC Zürich
WM-Spiele:	4
WM-Tore:	1
Länderspiele:	54
Tore:	13
WM-Teilnahmen:	1998

Bodo Illgner

Als Elfmeter-Töter war er nie gefürchtet. Trotzdem brachte Bodo Illgner Deutschland mit seinem gehaltenen Strafstoß im WM-Halbfinale 1990 gegen England ins Endspiel. Kritiker sagten hinterher, der Brite Stuart Pearce habe Illgner nur zufällig ans Knie geschossen, sodass von einer Parade kaum die Rede sein könnte. Nach dem Gewinn der Weltmeisterschaft zog Illgner mit Deutschland 1992 noch ins EM-Finale ein. 1996 wechselte er nach elf Jahren beim 1. FC Köln zu Real Madrid und gewann 1998 die Champions League.

Geburtsdatum:	7. April 1967
Geburtsland:	Deutschland
Stationen:	1. FC Köln, Real Madrid
WM-Spiele:	12
WM-Tore:	–
Länderspiele:	54
Tore:	–
WM-Teilnahmen:	1990, 1994

Eike Immel

Mit 17 Jahren debütierte er im Tor von Borussia Dortmund und absolvierte bis zum Karriereende 534 Bundesligaspiele. Seinen größten Triumph feierte Torhüter Eike Immel, als er nach seinem Wechsel zum VfB Stuttgart 1992 Deutscher Meister wurde. Nach zwei Vizeweltmeisterschaften als Ersatz von Toni Schumacher 1982 und 86 hatte Immel bei der EM 1988 in Deutschland endlich seinen Stammplatz im Tor der Nationalmannschaft. Er trat zurück, als Teamchef Franz Beckenbauer nach der EM dem Kölner Bodo Illgner den Vorzug vor Immel gab.

Geburtsdatum:	27. November 1960
Geburtsland:	Deutschland
Stationen:	Borussia Dortmund, VfB Stuttgart, Manchester City
WM-Spiele:	–
WM-Tore:	–
Länderspiele:	19
Tore:	–
WM-Teilnahmen:	1982, 1986

Paul „The Guv'nor" Ince

Lange Zeit galt er als einer der größten englischen Mittelfeldspieler aller Zeiten. Aufgrund seiner Autorität und Präsenz im Zentrum des Feldes wurde er als „The Guv'nor" bekannt. Paul Ince war 1989 mit 21 Jahren für 2,4 Millionen Pfund von West Ham United nach Manchester gewechselt und führte ManU 1993 und 94 zur englischen Meisterschaft. 1991 gewann er mit den „Red Devils" bereits den Pokal der Pokalsieger gegen den FC Barcelona. Zwei Jahre später wurde er im Nationaltrikot geadelt, in dem er den Ritterschlag im englischen Fußball erhielt: Fortan trug er die Kapitänsbinde – als erster Schwarzer überhaupt. Nach seinem Wechsel zu Inter Mailand 1995 konnte er jedoch an die großen Erfolge nicht mehr anknüpfen. Mit Inter stand er 1997 im UEFA-Pokal-Finale, verlor allerdings im Elfmeterschießen gegen Schalke 04. Danach kehrte der zweikampfstarke Mittelfeldrenner wieder auf die britische Insel zurück, um sich diesmal dem Traditionsklub FC Liverpool anzuschließen. Nach zwei erfolglosen Jahren an der Anfield Road wandte sich Ince dem FC Middlesbrough und dann den Wolverhampton Wanderers zu. In der Nationalmannschaft führte er im Mittelfeld gleich in drei Turnieren Regie. Trotz der EM 1996 im eigenen Land: Zu einem Finaleinzug oder gar Titelgewinn reichte es nie. Das Ausscheiden im Halbfinale der 96er-Europameisterschaft war der größte Erfolg. Bei der Weltmeisterschaft 1998 verschoss er im Achtelfinale einen Elfmeter im Elfmeterschießen und England schied gegen Argentinien aus.

Geburtsdatum:	21. Oktober 1967
Geburtsland:	England
Stationen:	West Ham, Manchester Utd., Inter, FC Liverpool
WM-Spiele:	4
WM-Tore:	–
Länderspiele:	53
Tore:	2
WM-Teilnahmen:	1998

Filippo „Pippo" Inzaghi

Im fortgeschrittenen Fußball-Alter von 33 Jahren zeigte er es noch einmal allen: Mit seiner beiden Toren zum 2:1-Erfolg über Liverpool entschied Inzaghi das Champions League-Finale 2007 fast im Alleingang. Für „Superpippo" waren es die Treffer 37 und 38 in der europäischen Königsklasse und sein zweiter Triumph mit Milan. 2003 hatten die „Rossoneri" mit 3:2 im Elfmeterschießen gegen Juve gewonnen. Eben jenem Verein, für den Inzaghi von 1997 bis 2001 auf Torejagd gegangen war und als Trophäe 1998 den Scudetto errang. Nach seinem Wechsel in die Modemetropole konnte er sich neben den Champions League-Titeln mit erneuten Meisterehren (2004), zwei europäischen Supercups (2003, 07) und einer Coppa Italia (2003) schmücken. Im Nationalteam war Inzaghi stets umstritten. Im Endspiel der EURO 2000 gegen Frankreich (1:2) saß er ebenso auf der Bank wie beim WM-Triumph sechs Jahre später. Dabei hatte er in beiden Turnieren seinen Torriecher unter Beweis gestellt und jeweils einmal getroffen.

Geburtsdatum:	9. August 1973
Geburtsland:	Italien
Stationen:	FC Piacenza, AC Parma, Atalanta Bergamo, Juventus Turin, AC Mailand
WM-Spiele:	5
WM-Tore:	1
Länderspiele:	56
Tore:	25
WM-Teilnahmen:	1998, 2002, 2006

Harald Irmscher

Nach dem 1:0-Sieg der DDR über die Bundesrepublik bei der WM 1974 war er es, der mit Franz Beckenbauer das Trikot tauschte. Harald Irmscher, Olympiadritter von 1972, hatte dem „Kaiser" im Kabinentrakt „aufgelauert", da ein offizieller Tausch vor laufenden Fernsehkameras verboten war. Neben den sportlichen Höhepunkten im Nationaltrikot feierte Irmscher auch im Trikot des FC Carl Zeiss Jena große Erfolge: 1970 wurde er mit den Thüringern Meister in der DDR-Oberliga und gewann 1972 und 74 den FDGB-Pokal.

Geburtsdatum:	12. Februar 1946
Geburtsland:	Deutschland
Stationen:	Sachsenring Zwickau, Carl Zeiss Jena
WM-Spiele:	4
WM-Tore:	–
Länderspiele:	41
Tore:	4
WM-Teilnahmen:	1974

Valentin Ivanov

Mit vier Toren in vier Spielen schoss er die Sowjetunion 1962 fast im Alleingang ins WM-Viertelfinale gegen Gastgeber Chile. Valentin Ivanov war neben Torwartlegende Lew Jaschin der beste Fußballer der UdSSR in den 50er- und 60er-Jahren. 1956 wurde er Olympiasieger. Im EM-Halbfinale 1960 gegen die Tschechoslowakei (3:0) erzielte der Stürmer von Torpedo Moskau zwei Tore, die Sowjets wurden im Endspiel gegen Jugoslawien (2:1 n. V.) Europameister. Ivanov trug 18 Jahre die Farben von Torpedo Moskau und wurde 1960 und 65 Sowjetischer Meister. In 287 Ligaspielen erzielte er 124 Tore.

Geburtsdatum:	19. November 1934
Geburtsland:	Sowjetunion
Stationen:	Torpedo Moskau
WM-Spiele:	9
WM-Tore:	5
Länderspiele:	59
Tore:	26
WM-Teilnahmen:	1958, 1962

Der Nationaltorwart

Toni Schumachers Buch „Anpfiff" wurde für Bodo Illgner zum Anpfiff als Nummer eins im Tor des 1. FC Köln. Und der Rücktritt des Kollegen Eike Immel aus der Nationalelf nach der EM 1988 ebnete ihm den Weg zwischen die Pfosten des DFB-Gehäuses. Franz Beckenbauer beförderte ihn zur Nummer eins in der bundesdeutschen Torwarthierarchie, obwohl die Konkurrenz in der Republik groß war. Bei der WM 1990 stand Illgner zwischen den Pfosten, parierte im Halbfinal-Elfmeterschießen gegen England einen Elfer und wurde nach dem Finalsieg über Argentinien jüngster Keeper aller Zeiten in einem Weltmeisterteam. Vier Jahre später konnte der 1,87 Meter große Mann das Viertelfinal-Aus gegen Bulgarien nicht verhindern und gab Berti Vogts seinen Rücktritt bekannt. Erfolgreich war er danach im Dress von Real Madrid: 1997 Meister und ein Jahr später gelang der Triumph im Champions-League-Finale.

JAC – JAK

David Bone Nightingale Jack – Jair da Costa – Jair Ventura Filho „Jairzinho" – Hans Jakob – Ditmar Jakobs – Carsten Jancker – Paul Janes – Wilhelmus „Wim" Marinus Jansen – Kurt Jara – Mario Almeida Ribero Jardel – Robert Jarni – Lew Jaschin – Patrick „Pat" Jennings – Henning Jensen – Jens Jeremies – Cobi Jones – Jan Jongbloed – Robert Jonquet – Jorge de Amorim Campos „Jorginho" – Leovegildo Lins Gama Junior – Erich Juskowiak – Fahrudin Mahmud Jusufi

David Bone Nightingale Jack

Er schoss das erste Tor in der langen und legendären Geschichte des Cup-Finales im Londoner Wembley-Stadion. Vor geschätzten 200.000 (!) Zuschauern traf David Jack in der zweiten Spielminute zum 1:0 für die Bolton Wanderers gegen West Ham United (Endstand 2:0). Das Datum war der 28. April 1923. Jack wechselte fünf Jahre später zum FC Arsenal nach London – ein Transfer, bei dem erstmals die Schallmauer von 10.000 Pfund Ablöse durchbrochen wurde. Arsenal zahlte 10.750 Pfund an Bolton. Bei der Rückkehr nach Bolton im Trikot von Arsenal erzielte Jack beide Treffer zum 2:1-Erfolg seines neuen Klubs.

Geburtsdatum:	3. April 1899
	† 10. September 1958
Geburtsland:	England
Stationen:	Arsenal London
WM-Spiele:	–
WM-Tore:	–
Länderspiele:	9
Tore:	3
WM-Teilnahmen:	–

Jair da Costa

Als Jair 1962 nach Mailand wechselte, begann für Inter die große Zeit: Italienischer Meister 1963, 65, 66 und 71. Siege im Europapokal der Landesmeister 1964 und 65. Bei der Titelverteidigung gegen Benfica Lissabon 1965 schoss Jair im Finale von Mailand das Tor zum 1:0-Endstand. In der Nationalmannschaft hatte Jair nicht so viel Erfolg: Bei der WM 1962 drückte er die harte Ersatzbank. Für die Weltturniere 1966 und 70 fand er keine Berücksichtigung.

Geburtsdatum:	9. Juli 1940
Geburtsland:	Brasilien
Stationen:	Portuguesa, São Paulo, Inter Mailand, AS Rom
WM-Spiele:	–
WM-Tore:	–
Länderspiele:	1
Tore:	–
WM-Teilnahmen:	1962

Jair Ventura Filho „Jairzinho"

Er war der Stürmer mit der eingebauten Torgarantie. Bei der WM 1970 in Mexiko schoss Jairzinho in jedem der sechs Spiele mindestens ein Tor für Brasilien – insgesamt sogar sieben. Auch 1974 bei der WM war der Mann mit der Lockenpracht Stammspieler, schoss in der Zwischenrunde das wichtige Siegtor zum 2:1 gegen Argentinien. Nach der WM wechselte der Rechtsaußen von Botafogo Rio de Janeiro zu Olympique Marseille und kehrte ein Jahr später zurück nach Brasilien zu Cruzeiro Belo Horizonte. Im Jahr 2003 wurde Jairzinho Nationaltrainer von Gabun.

Geburtsdatum:	25. Dezember 1944
Geburtsland:	Brasilien
Stationen:	Botafogo, Olympique Marseille, Cruzeiro Belo Horizonte
WM-Spiele:	16
WM-Tore:	9
Länderspiele:	82
Tore:	36
WM-Teilnahmen:	1966, 1970, 1974

Hans Jakob

Der Keeper von Jahn Regensburg war von 1930 bis 39 deutscher Nationaltorhüter (38 Länderspiele). Hans Jakob zählte zu der legendären „Elf von Breslau", die am 16. Mai 1937 mit 8:0 gegen Dänemark gewann und als bis dahin stärkstes deutsches Team aller Zeiten galt. Der lange Torhüter nahm an den Olympischen Spielen 1936 in Berlin sowie an den Weltmeisterschaften 1934 und 38 teil. 1934 wurde Jakob mit Deutschland im „kleinen" Finale gegen Österreich Dritter.

Geburtsdatum:	16. Juni 1908
	† 24. März 1994
Geburtsland:	Deutschland
Stationen:	Jahn Regensburg
WM-Spiele:	1
WM-Tore:	–
Länderspiele:	38
Tore:	–
WM-Teilnahmen:	1934, 1938

Ditmar Jakobs

Wie kaum ein Zweiter prägte er die goldenen 80er Jahre beim Hamburger SV. Ditmar Jakobs war als Manndecker die Zuverlässigkeit in Person. Nach seinem Wechsel vom MSV Duisburg an die Alster 1979 wurde er 1982 und 83 Deutscher Meister mit dem HSV und gewann 1983 den Europapokal der Landesmeister gegen die hoch favorisierten Italiener von Juventus Turin (1:0 im Endspiel von Athen). Bis 1990 bestritt er 493 Bundesligaspiele. Aufgrund seiner Erfahrung und Zuverlässigkeit nahm Teamchef Franz Beckenbauer Jakobs 1986 mit zur WM nach Mexiko, wo er bei sechs Einsätzen bis ins Finale die deutsche Abwehr stabilisierte.

Geburtsdatum:	28. August 1953
Geburtsland:	Deutschland
Stationen:	Rot-Weiß Oberhausen, Tennis Borussia Berlin, MSV Duisburg, Hamburger SV
WM-Spiele:	6
WM-Tore:	–
Länderspiele:	20
Tore:	1
WM-Teilnahmen:	1986

Carsten Jancker

Sein Markenzeichen ist der Kuss auf den Ringfinger nach jedem seiner Tore. Carsten Jancker drückt mit diesem Ritual die Verbundenheit zu seiner Frau aus. In der Saison 2001/02 freilich hatte der Bayern-Stürmer auf dem Fußballplatz nicht viele Küsse zu verteilen. In der Bundesliga erzielte er keinen einzigen Treffer für seinen Verein. Teamchef Rudi Völler nahm Jancker trotzdem mit zur Weltmeisterschaft nach Japan – und ließ stattdessen Torschützenkönig Martin Max von Bayerns Lokalrivalen 1860 zu Hause. Jancker wurde Völlers Vertrauen bei der Weltmeisterschaft nicht gerecht. Der Teamchef wechselte ihn in jedem seiner drei (Vorrunden-)Einsätze vorzeitig aus. Jancker wechselte nach der Weltmeisterschaft zu Udinese Calcio und kehrte 2004 zurück nach Deutschland zum 1. FC Kaiserslautern. Mit den Bayern gewann er 2001 die Champions League und den Weltpokal.

Geburtsdatum:	28. August 1974
Geburtsland:	DDR
Stationen:	Hansa Rostock, 1. FC Köln, Rapid Wien, FC Bayern München, Udinese Calcio, 1. FC Kaiserslautern
WM-Spiele:	3
WM-Tore:	1
Länderspiele:	33
Tore:	10
WM-Teilnahmen:	2002

Paul Janes

1933 wurde „der große Schweiger" Paul Janes Deutscher Meister mit Fortuna Düsseldorf und war damals an einem einzigartigen Rekord beteiligt. Auf dem Weg zum Titel kassierte die Fortuna kein einziges Gegentor. Zwischen 1932 und 42 absolvierte Janes 71 Länderspiele als rechter Verteidiger und wurde 1934 in Neapel mit 22 Jahren Weltmeisterschaftsdritter. Er war ein Freistoß- und Elfmeterspezialist, erzielte zwei seiner sieben Tore für Deutschland vom Elfmeterpunkt. Nach der Beendigung seiner Fußball-Laufbahn arbeitete er als Trainer bei verschiedenen Vereinen wie Alemannia Lendersdorf und Eintracht Trier.

Geburtsdatum:	11. März 1912 † 12. Juni 1987
Geburtsland:	Deutschland
Stationen:	Fortuna Düsseldorf
WM-Spiele:	4
WM-Tore:	–
Länderspiele:	71
Tore:	7
WM-Teilnahmen:	1934, 1938

JAN – JAR

Wilhelmus „Wim" Marinus Anthonius Jansen

Neben Cruyff, Neeskens und Haan war er einer der erfolgreichsten holländischen Fußballer in den 70er-Jahren. Unter Trainer Ernst Happel führte Wim Jansen Feyenoord Rotterdam 1970 zum Gewinn des Europapokals der Landesmeister. Durch Tore von Jansen und van Hanegem schaltete der holländische Titelträger in der zweiten Runde den Weltpokalsieger AC Mailand aus. 1974 wurde Jansen erneut Meister in den Niederlanden und gewann zudem den UEFA-Pokal. Im gleichen Jahr absolvierte er im Nationaltrikot sieben Spiele auf dem Weg zur Vizeweltmeisterschaft. Diesen Triumph wiederholte er vier Jahre später in Argentinien.

Geburtsdatum:	28. Oktober 1946
Geburtsland:	Niederlande
Stationen:	Feyenoord Rotterdam
WM-Spiele:	14
WM-Tore:	–
Länderspiele:	65
Tore:	1
WM-Teilnahmen:	1974, 1978

Kurt „Yolanda" Jara

Mit der österreichischen Nationalmannschaft schaffte er bei der Weltmeisterschaft 1978 sensationell den Einzug in die Zwischenrunde. Jara war ein typischer Mittelfeldregisseur, eine echte Nummer zehn. Kaum ein zweiter Fußballer aus der Alpenrepublik zeichnete sich durch eine derart hohe Spielintelligenz wie Jara aus. Mit den „Zebras" zog er 1979 ins UEFA-Pokal-Halbfinale ein.

Geburtsdatum:	14. Oktober 1950
Geburtsland:	Österreich
Stationen:	Wacker Innsb., FC Valencia, MSV Duisburg, Schalke 04, Grasshoppers Zürich
WM-Spiele:	5
WM-Tore:	–
Länderspiele:	59
Tore:	15
WM-Teilnahmen:	1978, 1982

Mario Almeida Ribero Jardel

Mit privaten Problemen kam auch der Karriereknick. Nachdem sich seine Frau mit den Kindern im Sommer 2002 von Mario Jardel trennte, fand Europas Torschützenkönig der Jahre 1999 und 2002 nicht mehr auf die Erfolgsspur zurück. Jardel war mit dem FC Porto von 1997 bis 99 dreimal portugiesischer Meister geworden, erzielte 1999 36 Treffer. 2001 kam er zu Sporting Lissabon und verbesserte die Marke auf 42 Tore. Diesmal feierte er die Meisterschaft mit Sporting. Über Bolton, Ancona und Alaves kehrte Jardel 2004 nach Südamerika zurück und spielt für die Newells Old Boys in Argentinien.

Geburtsdatum:	18. September 1973
Geburtsland:	Brasilien
Stationen:	Vasco da Gama, FC Porto, Newell's Old Boys
WM-Spiele:	–
WM-Tore:	–
Länderspiele:	6
Tore:	1
WM-Teilnahmen:	–

Robert Jarni

Mit seinem Tor begann der Untergang für Deutschland. Im WM-Viertelfinale 1998 erzielte Robert Jarni (Betis Sevilla) das 1:0 für Kroatien gegen Deutschland (45.) und versetzte dem Europameister damit einen Schlag, von dem sich das Team von Berti Vogts nicht mehr erholte. Kurz nach dem Platzverweis gegen Christian Wörns hatte Jarni einen Pass von Stanic unbedrängt zum Führungstor eingeschossen. Jarni wechselte nach der WM zu Real Madrid, konnte sich bei den Königlichen allerdings nicht mehr entscheidend durchsetzen. In Las Palmas und Athen ließ er seine Karriere von 1999 bis 2002 ausklingen.

Geburtsdatum:	26. Oktober 1968
Geburtsland:	Jugoslawien
Stationen:	Hajduk Split, Juventus Turin, Panathinaikos Athen
WM-Spiele:	11
WM-Tore:	1
Länderspiele:	88
Tore:	2
WM-Teilnahmen:	1990, 1998, 2002

Lew „Schwarzer Panther" Jaschin

20 Jahre lang, von 1950 bis 1970, hütete Lew Jaschin das Tor von Dynamo Moskau und galt als bester Torwart der Welt. 1960 gewann er den Europapokal für Nationalmannschaften, den Vorläufer der späteren Europameisterschaften. Die erfolgreichste seiner vier Weltmeisterschaften war die von 1966, als Jaschin die 1:2-Halbfinalniederlage gegen Deutschland allerdings nicht verhindern konnte. 1963 wurde Jaschin, der 813 Einsätze für Dynamo bestritt, als erster und bis heute einziger Torwart zu Europas „Fußballer des Jahres" gewählt. Im Moskauer Lushniki-Sportpark erinnert ein Denkmal an den Torhüter des Jahrhunderts.

Geburtsdatum:	22. Oktober 1929
	† 20. März 1990
Geburtsland:	UdSSR
Stationen:	Dynamo Moskau
WM-Spiele:	13
WM-Tore:	–
Länderspiele:	78
Tore:	–
WM-Teilnahmen:	1958, 1962, 1966, 1970

Patrick „Pat" Anthony Jennings (rechts)

1980 war er schon einmal zurückgetreten. Pat Jennings, 35 Jahre alt, hatte 83 Länderspiele auf dem Buckel und hatte in Jim Platt einen Nachfolger gefunden. Nordirlands Nationaltrainer Billy Bingham jedoch holte ihn zurück und bescherte dem Torhüter von Tottenham Hotspur, Arsenal London und FC Everton noch zwei echte Karrierehöhepunkte. Mit Jennings im Tor qualifizierte sich Nordirland für die Weltturniere 1982 und 86. Ausgerechnet am 12. Juni 1986, seinem 41. Geburtstag, bestritt Jennings in Mexiko beim 0:3 gegen Brasilien sein 119. und letztes Länderspiel.

Geburtsdatum:	12. Juni 1945
Geburtsland:	Nordirland
Stationen:	FC Watford, Tottenham Hotspur, Arsenal London, FC Everton
WM-Spiele:	7
WM-Tore:	–
Länderspiele:	119
Tore:	–
WM-Teilnahmen:	1982, 1986

Henning Jensen

Zusammen mit Landsmann Alan Simonsen und Jupp Heynckes bildete er den Erfolgssturm der Gladbacher Fohlen-Elf in den 70er-Jahren. Henning Jensen schoss in 125 Bundesligaspielen 44 Tore, wurde mit der Borussia zweimal Deutscher Meister (1976 und 77) und gewann 1973 den DFB-Pokal sowie 1975 den UEFA-Cup. Mit seinen großen Leistungen erhaschte Jensen die Aufmerksamkeit von Real Madrid. Nach vier Jahren Mönchengladbach wechselte er 1976 in die spanische Hauptstadt und erweiterte seine Titelsammlung 1978 und 79 um zwei spanische Meisterschaften.

Geburtsdatum:	17. August 1949
Geburtsland:	Dänemark
Stationen:	Borussia Mönchengladbach, Real Madrid
WM-Spiele:	–
WM-Tore:	–
Länderspiele:	22
Tore:	1
WM-Teilnahmen:	–

Jens Jeremies

Er ist ein Mittelfeldspieler der rustikaleren Sorte. Seine Stärken liegen mehr in der Balleroberung und in der Willenskraft als in der Feinmotorik. Der gebürtige Sachse Jens Jeremies wechselte 1995 von Dynamo Dresden zu 1860 München und von dort 1998 weiter zum großen FC Bayern. Bis 2005 feierte er fünf Deutsche Meisterschaften, drei Pokalsiege und den Gewinn der Champions League 2001. Mit der Nationalmannschaft wurde Jeremies 2002 Vizeweltmeister und kam auf dem Weg ins Finale zu sieben Einsätzen. Unter Trainer Felix Magath verlor er 2004/05 seinen Stammplatz bei den Bayern und absolvierte kein Bundesligaspiel über 90 Minuten. 2006 beendete „Jerry" seine Karriere.

Geburtsdatum:	5. März 1974
Geburtsland:	DDR
Stationen:	Dynamo Dresden, TSV 1860 München, FC Bayern München
WM-Spiele:	10
WM-Tore:	–
Länderspiele:	55
Tore:	1
WM-Teilnahmen:	1998, 2002

Cobi Jones

Einer der erfolgreichsten und beliebtesten Spieler der Vereinigten Staaten absolvierte jedes Match für die US-Boys bei den Weltmeisterschaftsendrunden 1994 in der Heimat und 1998 in Frankreich. So auch 2002 in Asien, als der Mann, der auf beiden Außenbahnen bestens aufgehoben war, im Viertelfinale gegen Deutschland eingewechselt, die Niederlage auch nicht verhindern konnte. Er gilt als der jüngste Spieler (27 Jahre), der die 100-Länderspiel-Marke überschritt. Cobi Jones verzeichnet die meisten Einsätze in der Geschichte des noch jungen US-Fußballs. Sein 164. und zugleich letztes Länderspiel bestritt er 2004 in der WM-Qualifikation in El Salvador (2:0).

Geburtsdatum:	16. Juni 1970
Geburtsland:	USA
Stationen:	Los Angeles Galaxy
WM-Spiele:	11
WM-Tore:	–
Länderspiele:	164
Tore:	15
WM-Teilnahmen:	1994, 1998, 2002

Jan Jongbloed

Auf dem Weg ins Finale kassierte er einen einzigen Gegentreffer. Jan Jongbloed war der große Rückhalt der holländischen Nationalelf bei der Weltmeisterschaft 1974. Gegen Titelverteidiger Brasilien und gegen Argentinien ließ der Torhüter des FC Amsterdam kein Gegentor zu. Nur im Finale gegen Deutschland wurde er durch einen Elfmeter von Paul Breitner und von Gerd Müller bezwungen, sodass die Niederlande das Endspiel verloren. Trainer Rinus Michels hatte Jongbloed überraschend den Vorzug vor Piet Shrijvers und Jan van Beveren gegeben, da Jongbloed der bessere Fußballer war und notfalls auch eine Art Ersatzlibero spielen konnte.

Geburtsdatum:	25. November 1940
Geburtsland:	Niederlande
Stationen:	FC Amsterdam, Roda Kerkrade
WM-Spiele:	12
WM-Tore:	–
Länderspiele:	24
Tore:	–
WM-Teilnahmen:	1974, 1978

Robert Jonquet

Er war der Kapitän der französischen Nationalmannschaft, die bei der WM 1958 erst im Halbfinale an Brasilien scheiterte (2:5). In diesem Spiel zog sich Jonquet beim Stand von 1:1 eine schwere Verletzung zu. Er blieb auf dem Platz, doch mit nur noch zehn gesunden Spielern war seine Equipe ab der 26. Minute chancenlos. Mit seinem Verein Stade Reims hatte Jonquet gerade das Double in Frankreich gewonnen. Reims dominierte die französische Liga in den 50er-Jahren und wurde zwischen 1949 und 62 sechsmal Französischer Meister. Im Finale des Europapokals der Landesmeister scheiterte das Team um Robert Jonquet zweimal an Real Madrid.

Geburtsdatum:	3. Mai 1925
Geburtsland:	Frankreich
Stationen:	Stade Reims
WM-Spiele:	6
WM-Tore:	–
Länderspiele:	58
Tore:	–
WM-Teilnahmen:	1954, 1958

Jorge de Amorim Campos „Jorginho"

Der rechte Außenverteidiger war ein Weltklassespieler, der nicht nur auf dem Rasen Spuren hinterließ. Als praktizierender Christ gründete Jorginho Sportler-Bibelkreise, um mit seinen Kollegen über Gott zu sprechen. 1989 war er von Flamengo Rio de Janeiro zu Bayer Leverkusen gewechselt. 1993 folgte der Schritt zu Bayern München. Gleich in seinem ersten Jahr an der Isar wurde Jorginho Deutscher Meister und holte im Sommer 1994 mit der Selecao erstmals seit 24 Jahren wieder den WM-Titel nach Brasilien. Im Jahr darauf zog es Jorginho nach Japan, wo er auch mit Kashima zu Meisterehren kam. Heute lebt er wieder in seiner Heimatstadt Rio und führt eine von ihm gegründete Fußballschule, in der 700 Mädchen und Jungen nicht nur am Ball unterrichtet werden.

Geburtsdatum:	17. August 1964
Geburtsland:	Brasilien
Stationen:	América Rio de Janeiro, Flamengo Rio de Janeiro, Bayer Leverkusen, FC Bayern München
WM-Spiele:	11
WM-Tore:	–
Länderspiele:	65
Tore:	3
WM-Teilnahmen:	1990, 1994

Leovegildo Lins Gama Junior

Er sorgte für den Glanz bei Brasiliens Weltturnieren 1982 und 86. In der Defensive war Junior schwer auszuspielen und nach vorne kaum zu stoppen. Unvergessen sein Tor zum 3:0 beim Zwischenrundenspiel 1982 gegen Argentinien, als er mit einem Pass von Zico unnachahmlich davonzog und unhaltbar für Argentiniens Keeper Fillol das Tor schoss. Junior war eine der großen Säulen von Flamengo Rio de Janeiro (fast 800 Spiele) und gewann in 15 Jahren am Zuckerhut viermal den Meistertitel. Von 1984 bis 89 spielte er in Italien beim AC Turin und in Pescara. Nach seiner Rückkehr in die Heimat wurde er 1992 Brasiliens Fußballer des Jahres. Von Pelé wurde er 2004 in die Liste der größten 125 noch lebenden Fußballer aufgenommen.

Geburtsdatum:	29. Juni 1954
Geburtsland:	Brasilien
Stationen:	Flamengo Rio de Janeiro, AC Turin, AC Pescara
WM-Spiele:	10
WM-Tore:	1
Länderspiele:	70
Tore:	6
WM-Teilnahmen:	1982, 1986

Erich Juskowiak

Im wichtigsten Spiel seiner Fußballerkarriere brannten ihm offenbar die Sicherungen durch. Erich Juskowiak, Verteidiger von Fortuna Düsseldorf, lieferte sich 1958 im WM-Halbfinale gegen Gastgeber Schweden ein verbissenes Duell gegen Kurt Hamrin. Beim Stand von 1:1, in der 60. Minute, ließ er sich zu einer Tätlichkeit hinreißen. Juskowiak flog vom Platz, Deutschland verlor 1:3. Der Traum vom zweiten Weltmeistertitel war geplatzt.

Geburtsdatum:	7. September 1926
	† 1. Juli 1983
Geburtsland:	Deutschland
Stationen:	Fortuna Düsseldorf, RW Oberhausen
WM-Spiele:	5
WM-Tore:	–
Länderspiele:	31
Tore:	4
WM-Teilnahmen:	1958

Fahrudin Mahmud Jusufi

Mit Partizan Belgrad war er in den 60er-Jahren viermal Jugoslawischer Meister. Als eisenharter Verteidiger absolvierte Jusufi fünf WM-Spiele für Jugoslawien 1962. Dann wechselte er 1966 zu Eintracht Frankfurt und setzte seine Karriere in Deutschland und Österreich fort. Der Olympiasieger von 1960 übernahm 1972 als Trainer den SV Dornbirn und kehrte 1978 nach Deutschland zurück. Nach einem Jahr als Cheftrainer bei Schalke 04 wurde er entlassen und arbeitete später bei Wattenscheid 09 und 1860 München.

Geburtsdatum:	8. Dezember 1939
Geburtsland:	Jugoslawien
Stationen:	Partizan Belgrad, E. Frankfurt, K. Offenbach
WM-Spiele:	5
WM-Tore:	–
Länderspiele:	55
Tore:	5
WM-Teilnahmen:	1962

Der Weltklasseverteidiger

71 Länderspiele des „großen Schweigers" Paul Janes waren 28 Jahre „deutscher Rekord". Erst in den frühen 70er-Jahren überflügelte ihn Uwe Seeler. Der Verteidiger startetet schon früh durch: Mit 18 Stammspieler bei der Düsseldorfer Fortuna, dann 19-jährig debütierte er im Nationalteam. 1934 als Stammspieler bei der WM dabei, lief er im Spiel um Platz 3 erstmals als rechter Verteidiger auf.
Das olympische Fußballturnier 1936 in Deutschland nebst blamablem Abschneiden verpasste er wegen einer Verletzung. Später war er elementarer Bestandteil der Breslauer Elf, die 1937 8:0 gegen Dänemark gewann. Zusammen mit Münzenberg bildete er in den 30-ern ein Weltklasseverteidigergespann. Alle sieben Treffer, die er im Nationaldress schoss, resultierten aus Freistößen und Elfmetern. „Weltmeister der Präzision" wurde er aufgrund seiner Schussstärke genannt. Trotz seiner schnörkellosen Spielweise leistete er sich eine für ihn untypische Extravaganz: Als erster Fußballer in Deutschland kopierte er den Fallrückzieher der Südamerikaner.

KAD – KAK

Miroslav Kadlec – Oliver Kahn – Ricardo I. Santos Leite „Kaka" – Hans Kalb – Raymond N'Kongo Kalla – Manfred Kaltz – Ernst Kalwitzki – Frédéric Kanouté – Nwankwo Kanu – Christian Karembeu – Rudi Kargus – Srecko Katanec – Roy Maurice Keane – Kevin Keegan – Henryk Lui Kasperczak – Sebastian Kehl – Salif Keita – Peter Keizer – Harry Kewell – Mario Alberto Kempes – Rainer „René" van de Kerkhof – Wilhelmus „Willy" van de Kerkhof – Willem „Wim" Kieft – Ove Bengt Kindvall – Gabor Kiraly – Sergej Kirjakow – Ulf Kirsten – Gerd Kische – Albin Kitzinger – Wolfgang Kleff – Jürgen Klinsmann – Miroslav Klose – Bernhard Klodt – Patrick Kluivert – Georg Knöpfle – Sándor Péter Kocsis – Ronald Koeman – Andreas Köpke – Ludwig Kögl – Horst Köppel – Karl-Heinz Körbel – Werner Kohlmeyer – Jürgen Kohler – Jan Koller – Karl Koller – Friedrich „Friedel" Koncilia – Friedhelm „Timo" Konietzka – Raymond Kopa – Emil Kostadinov – Robert Kovac – Nico Kovac – Johann „Hans" Krankl – Bernd Krauss – Willibald Kreß – Hans-Jürgen Kreische – Manfred Kreuz – Rudolf Jozef „Ruud" Krol – Mladen Krstajic – László Sttecz Kubala – Samuel Osei Kuffour – Pavel Kuka – Stefan Kuntz – Andreas Kupfer – Lothar Kurbjuweit – Dieter „Hoppy" Kurrat – Ernst Kuzorra – Heinrich „Heini" Kwiatkowski

Miroslav Kadlec

Seine Fernschüsse und Freistöße waren gefürchtet. Miroslav Kadlec führte die tschechische Nationalmannschaft 1996 völlig überraschend ins Finale der Europameisterschaft. Im Halbfinale gegen den großen Favoriten Frankreich verwandelte er im Elfmeterschießen den letzten und entscheidenden Elfmeter. Kadlec war 1990 vom TJ Vitkovice zum 1. FC Kaiserslautern gewechselt, wo er unter den Trainern Karlheinz Feldkamp und Otto Rehhagel 1991 und 98 sensationell Deutscher Meister wurde. Zudem feierte der Mann mit der hohen Stirn 1996 den Pokalsieg mit den Pfälzern.

Geburtsdatum:	22. Juni 1964
Geburtsland:	Tschechoslowakei
Stationen:	TJ Vitkovice, 1. FC Kaiserslautern, FC Drnovice
WM-Spiele:	5
WM-Tore:	–
Länderspiele:	64
Tore:	2
WM-Teilnahmen:	1990

Oliver „Oli" Rolf Kahn

Als erster Torwart wurde er 2002 zum besten Spieler der WM gewählt. Doch ausgerechnet im entscheidenden Moment patzte Oliver Kahn. Beim Stand von 0:0 im Finale gegen Brasilien ließ er einen harmlosen Ball vor die Füße des einschussbereiten Ronaldo abprallen. Deutschland verlor mit 0:2. 2001 sicherte Oliver Kahn Bayern München durch seine gehaltenen Strafstöße im Elfmeterschießen den Champions League-Titel. Bei der WM 2006 musste er Jens Lehmann den Vortritt lassen, erwarb sich aber durch sein vorbildlich loyales Verhalten große Sympathien. Als Dank kam er im Spiel um Platz drei gegen Portugal (3:1) zum Einsatz, mit dem der Welttorhüter der Jahre 1999, 2001 und 2002 seine Karriere im Nationaldress beendete.

Geburtsdatum:	15. Juni 1969
Geburtsland:	Deutschland
Stationen:	KSC, Bayern München
WM-Spiele:	8
WM-Tore:	–
Länderspiele:	86
Tore:	–
WM-Teilnahmen:	1994, 1998, 2002, 2006

Ricardo Izecson Santos Leite „Kaka"

Kaka wechselte im zarten Alter von 21 Jahren vom FC São Paulo zum AC Mailand. Gleich in seiner ersten Saison pustete er Rui Costa auf die Ersatzbank und Rivaldo auf die Tribüne. Es war Kaka, der hinter den beiden Milan-Spitzen die Bälle verteilte. „Einen Spieler wie ihn gibt es alle 50 Jahre nur einmal", schwärmt Brasiliens Nationalcoach Parreira. Nachdem er beim WM-Triumph 2002 nur 18 Minuten zum Einsatz gekommen war, glänzte er beim Confederations-Cup 2005 und erzielte bei der WM 2006 den 1:0-Siegtreffer gegen Kroatien. Im Champions League-Finale 2007 gegen Liverpool (2:1) gab er die Vorlage zu Inzaghis zweitem Treffer.

Geburtsdatum:	22. April 1982
Geburtsland:	Brasilien
Stationen:	FC São Paulo, AC Mailand
WM-Spiele:	6
WM-Tore:	1
Länderspiele:	49
Tore:	17
WM-Teilnahmen:	2002, 2006

Hans Kalb

Neben Max Morlock und Heiner Stuhlfauth ist er die größte Nürnberger Fußballlegende aller Zeiten. Hans Kalb holte mit dem „Club" zwischen 1920 und 27 fünfmal die deutsche Meisterschaft. Die mögliche dritte Meisterschaft in Folge nach 1920 und 21 verpassten die „Cluberer" unter anderem, weil Kalb mit einem Beinbruch verletzt fehlte. Der Doktor der Zahnmedizin war ein eifriger Läufer und genialer Ballverteiler im Mittelfeld. In seinen 15 Länderspielen für Deutschland schoss er zwei Tore. Im April 1945 starb er an den Folgen einer Blutvergiftung, die er sich durch eine Infektion in seiner Praxis zugezogen hatte.

Geburtsdatum:	3. August 1899
	† 5. April 1945
Geburtsland:	Deutschland
Stationen:	1. FC Nürnberg
WM-Spiele:	–
WM-Tore:	–
Länderspiele:	15
Tore:	2
WM-Teilnahmen:	–

Raymond N´Kongo Kalla

Er war der Chef in Kameruns Vierer-Abwehrkette bei der Weltmeisterschaft 2002 in Japan und Südkorea. Raymond Kalla wechselte auf Rat von Nationaltrainer Winfried Schäfer nach der Weltmeisterschaft zum VfL Bochum in die deutsche Bundesliga. „Wenn Kalla bei einem Flutlichtspiel zum Kopfball hochgeht, wird es dunkel im Stadion", unkte der damalige VfL-Trainer Peter Neururer. Mit Kalla als Abwehrchef zog der VfL Bochum 2004 zum zweiten Mal in der Vereinsgeschichte in den Europapokal ein und wurde vor den Reviernachbarn Borussia Dortmund und Schalke 04 der „Meister im Ruhrgebiet".

Geburtsdatum:	22. April 1975
Geburtsland:	Kamerun
Stationen:	Canon Yaoundé, Panachaiki Patras, CF Extremadura, VfL Bochum, Sivasspor
WM-Spiele:	8
WM-Tore:	–
Länderspiele:	85
Tore:	4
WM-Teilnahmen:	1994, 1998, 2002

Manfred „Manni" Kaltz

Die große Zeit des Hamburger SV ist eng verbunden mit dem Namen Manfred Kaltz. Er begann seine Länderspielkarriere 1975 in Wien gegen die österreichische Nationalelf (2:0). Unter Trainer Ernst Happel gewann Kaltz 1983 den Europacup der Landesmeister durch einen 1:0-Endspielsieg gegen Juventus Turin. Kaltz, eigentlich Außenverteidiger, galt wegen seiner Flankenläufe und gefürchteten „Bananen-Flanken" als bester Rechtsaußen Deutschlands. Er wurde dreimal Deutscher Meister, zweimal Pokalsieger, gewann 1977 den Europacup der Pokalsieger und 1980 mit Deutschland die Europameisterschaft.

Geburtsdatum:	6. Januar 1953
Geburtsland:	Deutschland
Stationen:	Hamburger SV, Girondins Bordeaux, FC Mulhouse
WM-Spiele:	13
WM-Tore:	–
Länderspiele:	69
Tore:	8
WM-Teilnahmen:	1978, 1982

Ernst Kalwitzki

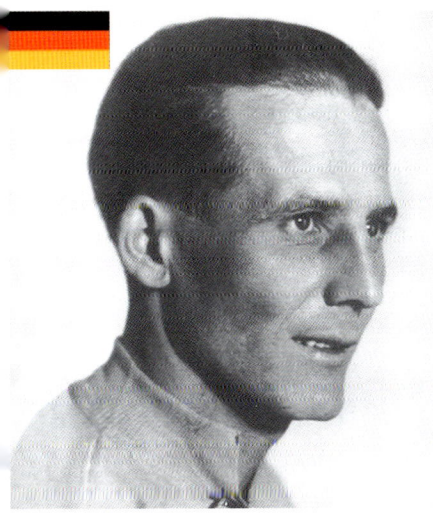

Er stellte einen Rekord für die Ewigkeit auf. Im Endspiel um die deutsche Meisterschaft 1939 erzielte Ernst Kalwitzki beim 9:0 von Schalke 04 gegen Admira Wien fünf Tore. Auch die zehn Tore, die der Schalker „Knappe" in acht deutschen Meisterschaftsendspielen schoss, sind ungebrochener Rekord in der Fußballgeschichte. Kalwitzki wurde mit Schalke sechsmal Meister und einmal Pokalsieger. Nur zu einem Länderspiel kam er nie, da die Trainer Nerz und Herberger stets dem Augsburger Ernst Lehner den Vorzug gaben. Kalwitzki musste seine Laufbahn aufgrund schwerer Kriegsverletzungen vorzeitig beenden. Bis zum Umzug ins Parkstadion war er Platzwart der legendären Glückauf-Kampfbahn.

Geburtsdatum:	3. Oktober 1909
	† 3. Februar 1991
Geburtsland:	Deutschland
Heimatverein:	FC Schalke 04
WM-Spiele:	–
WM-Tore:	–
Länderspiele:	–
Tore:	–
WM-Teilnahmen:	–

KAN – KAR

Nwankwo Kanu

Er ist einer der erfolgreichsten Fußballer vom „schwarzen Kontinent". Nwankwo Kanu kam mit 17 Jahren aus Nigeria in die Fußballschule von Ajax nach Amsterdam und gewann 1995, mit 18 Jahren, die Champions League. Im gleichen Jahr wurde er Holländischer Meister mit Ajax und verteidigte den Titel ein Jahr später. Der Olympiasieg mit Nigeria 1996 krönte Kanus zweites Erfolgsjahr. Im Anschluss an Olympia wechselte der Nigerianer zu Inter Mailand und wurde 1998 UEFA-Cup-Sieger. Nach seinem Wechsel zu Arsenal London 1999 gewann der Stürmer 2002 das Double, 2003 den Pokal und 2004 erneut die Meisterschaft. Kanu nahm mit Nigeria an den Weltturnieren 1998 und 2002 teil.

Geburtsdatum:	1. August 1976
Geburtsland:	Nigeria
Stationen:	Ajax Amsterdam, Inter Mailand, Arsenal London, West Bromwich Albion
WM-Spiele:	5
WM-Tore:	–
Länderspiele:	44
Tore:	10
WM-Teilnahmen:	1998, 2002

Frédéric Kanouté

Von Mai 2006 bis August 2007 triumphierte der FC Sevilla in fünf bedeutenden Endspielen – dank Frédéric Kanouté, der jedes Mal traf. So stehen in der Erfolgsbilanz des 1,92 Meter großen Mittelstürmers zwei UEFA-Cup-Titel, der europäische und spanische Supercup sowie die Copa del Rey. Kanouté wuchs in Lyon auf, war französischer U 21-Nationalspieler, entschied sich 2004 aber für die Heimat seines Vaters. Mit Mali nahm er im gleichen Jahr an der Endrunde der Afrikameisterschaft teil und gehörte mit vier Treffern zu den besten Schützen des Turniers.

Geburtsdatum:	2. Sepember 1977
Geburtsland:	Frankreich
Stationen:	Olympique Lyon, West Ham, Tottenham, FC Sevilla
WM-Spiele:	–
WM-Tore:	–
Länderspiele:	20
Tore:	12
WM-Teilnahmen:	–

Christian Karembeu

Mit Frankreich wurde er Welt- und Europameister 1998 und 2000. Mit Real Madrid gewann Christian Karembeu 1998 die Champions League. Der in Neukaledonien geborene Franzose war einer der weltbesten Mittelfeldstrategen Ende der 90er-Jahre. Sein Markenzeichen sind die Zauberlocken. 1995 wurde er mit dem FC Nantes Französischer Meister. 2002 und 2003 folgten zwei weitere nationale Titel mit Olympiakos Piräus in Griechenland. Karembeu wurde 1995 und 1998 zu Ozeaniens „Fußballer des Jahres" gewählt.

Geburtsdatum:	3. Dezember 1970
Geburtsland:	Lifou/Neukaledonien
Stationen:	Sampdoria Genua, FC Nantes, Real Madrid, Olympiakos Piräus
WM-Spiele:	4
WM-Tore:	–
Länderspiele:	53
Tore:	1
WM-Teilnahmen:	1998

Rudolf „Rudi" Kargus

In 408 Bundesligaspielen parierte er 24 Elfmeter und ist damit bis heute der erfolgreichste „Elfmeter-Töter" in der höchsten deutschen Spielklasse. Rudi Kargus war bei der EM 1976 und der WM 78 die deutsche Nummer zwei hinter Sepp Maier. Mit dem Hamburger SV wurde der gebürtige Pfälzer 1976 Pokalsieger, 1979 Deutscher Meister und gewann 1977 den Europapokal der Pokalsieger – im Team mit Peter Nogly, Georg Volkert, Felix Magath und Manfred Kaltz. Trainer Branko Zebec sortierte ihn später beim Hamburger SV aus. Kargus setzte seine Laufbahn beim 1. FC Nürnberg, Karlsruher SC und Fortuna Düsseldorf fort.

Geburtsdatum:	15. August 1952
Geburtsland:	Deutschland
Stationen:	HSV, 1. FC Nürnberg
WM-Spiele:	–
WM-Tore:	–
Länderspiele:	3
Tore:	–
WM-Teilnahmen:	1978

Kevin „Mighty Mouse" Keegan

Aus Liverpool verabschiedete er sich mit dem Europapokal der Landesmeister. Im Endspiel 1977 gewannen die „Reds" mit Kevin Keegan gegen Borussia Mönchengladbach. Für 2,5 Millionen Mark wechselte die „Mighty Mouse" vom Mersey River an die Alster und wurde 1979 mit dem Hamburger SV Deutscher Meister. Keegan wurde 1978 und 79 „Europas Fußballer des Jahres" und war 63-facher englischer Nationalspieler.

Geburtsdatum:	14. Februar 1951
Geburtsland:	England
Stationen:	Liverpool, HSV, FC Southampton, Newcastle Utd.
WM-Spiele:	1
WM-Tore:	–
Länderspiele:	63
Tore:	21
WM-Teilnahmen:	1982

Srecko Katanec

Wo immer er arbeitete: Srecko Katanec hatte den Erfolg stets als treuen Wegbegleiter bei sich. 1987 wurde er Jugoslawischer Meister mit Partizan Belgrad. 1989 zog er mit dem VfB Stuttgart ins Finale des UEFA-Cups gegen Diego Maradonas SSC Neapel ein. Mit Sampdoria Genua gewann der Mittelfeldstar 1990 den Europapokal der Pokalsieger und wurde 1991 Italienischer Meister. Die nächsten Höhepunkte folgten als Trainer: Srecko Katanec führte sein junges Heimatland Slowenien zur EM 2000 und zur WM 2002 und löste eine bis dahin nicht gekannte Fußballeuphorie aus.

Geburtsdatum:	16. Juli 1963
Geburtsland:	Jugoslawien
Stationen:	Dinamo Zagreb, Partizan Belgrad, VfB Stuttgart, Sampdoria Genua
WM-Spiele:	3
WM-Tore:	–
Länderspiele:	36
Tore:	6
WM-Teilnahmen:	1990

Roy „Keano" Maurice Keane

Keane spielte von 1993 bis 2005 für ManU. Mit seinem Verein gewann der zentrale Mittelfeldspieler siebenmal die Englische Meisterschaft und viermal den englischen Pokal. 1999 war er zudem mit Manchester United in der Champions League erfolgreich. Nach einem Streit mit dem ehemaligen Coach Mick McCarthy lief er bei der WM 2002 nicht auf. Keane verkündete, er werde nie wieder für Irland spielen. Unter dem neuen Nationaltrainer Brian Kerr gab's aber ein Comeback, doch mit dem Scheitern in der Qualifikation für die WM 2006 endete seine Nationalmannschaftskarriere endgültig. Im Juni 2006 beendete „Keano" seine Laufbahn bei Celtic Glasgow.

Geburtsdatum:	10. August 1971
Geburtsland:	Irland
Stationen:	Nottingham Forest, Manchester United
WM-Spiele:	4
WM-Tore:	–
Länderspiele:	65
Tore:	9
WM-Teilnahmen:	1994

Henryk „Lui" Kasperczak

Er stand in der großen polnischen Nationalmannschaft, die bei der Weltmeisterschaft 1974 nach nur einer Niederlage in sieben Spielen den dritten Platz belegte. Henryk Kasperczak war einer der fleißigsten Mittelfeldspieler der 70er-Jahre. Mit Stal Mielec wurde er 1973 und 76 Polnischer Meister. 1978 kehrte er seinem Heimatland den Rücken und kickte noch zwei Jahre für den FC Metz, bevor seine Trainerlaufbahn ihn um die ganze Welt brachte. Tunesiens Nationalmannschaft führte Kasperczak zur WM 1998, bevor er 2002 nach Polen zurück-kehrte – als Trainer von Wisla Krakau. Dort knüpfte er an seine großen Erfolge an und wurde 2003 Polnischer Meister.

Geburtsdatum:	10. Juli 1946
Geburtsland:	Polen
Stationen:	Stal Mielec, FC Metz
WM-Spiele:	13
WM-Tore:	–
Länderspiele:	63
Tore:	5
WM-Teilnahmen:	1974, 1978

KEH – KEW

Sebastian Kehl

Er war der gefragteste Mittelfeldspieler Deutschlands. Nachdem Sebastian Kehl mit dem Provinz-Klub SC Freiburg 2001 in den UEFA-Cup eingezogen war, rissen sich Bayern München und Borussia Dortmund um seine Dienste. Die Westfalen bekamen den Zuschlag, da sie den deutschen Rekordmeister finanziell überboten. Kehl wurde mit dem BVB 2002 Deutscher Meister. Mit der Nationalmannschaft nahm Kehl an den Weltmeisterschaften 2002 und 2006 teil, kam aber jeweils nicht über die Rolle des Ersatzmannes hinaus. In Deutschland rückte er im Halbfinale gegen Italien (0:2) für den gesperrten Frings in die Startelf.

Geburtsdatum:	13. Februar 1980
Geburtsland:	Deutschland
Stationen:	Hannover 96, SC Freiburg, Borussia Dortmund
WM-Spiele:	6
WM-Tore:	–
Länderspiele:	31
Tore:	3
WM-Teilnahmen:	2002, 2006

Salif „Domingo" Keita

Sein erstes Länderspiel für Mali bestritt er mit 15 Jahren. Salif Keita entwickelte sich in den 70er-Jahren zu einer echten Fußballlegende. Mit dem AS St. Etienne wurde er dreimal in Folge Französischer Meister. 1977 wurde er als zweitbester Torschütze Europas mit dem silbernen Fußballschuh ausgezeichnet. Von St. Etienne wechselte er über Marseille und Valencia zu Sporting Lissabon. Nach dem Ende seiner aktiven Laufbahn eröffnete Keita ein erfolgreiches Fußball-Nachwuchszentrum in Mali, das entscheidend zu den Erfolgen der Nationalmannschaft beiträgt. Seydoun Keita, Salifs Neffe, schaffte von dort den Sprung in die französische Ligue 1 zu RC Lens.

Geburtsdatum:	6. Dezember 1946
Geburtsland:	Mali
Stationen:	AS St. Etienne, O. Marseille, FC Valencia, Sport. Lissabon
WM-Spiele:	–
WM-Tore:	–
Länderspiele:	13
Tore:	11
WM-Teilnahmen:	–

Peter Johannes „Piet" Keizer

Er wurde sechsmal Holländischer Meister mit Ajax Amsterdam. Von 1971 bis 73 gewann er dreimal in Folge den Europapokal der Landesmeister. Doch bei der WM 1974 verhalfen diese Erfolge dem Nachfolger von Johann Cruyff als Ajax-Kapitän nur zu einem Stammplatz auf der Ersatzbank. Bondscoach Rinus Michels ließ in jedem WM-Spiel die gleiche Elf starten. Nur im letzten, unbedeutenden Vorrundenspiel gegen Schweden (0:0) machte er eine Ausnahme. Keizer spielte für Rensenbrink. Es war nicht mehr als eine Geste.

Geburtsdatum:	14. Juni 1943
Geburtsland:	Niederlande
Stationen:	Ajax Amsterdam
WM-Spiele:	1
WM-Tore:	–
Länderspiele:	34
Tore:	11
WM-Teilnahmen:	1974

Harry Kewell

Der Linksfuß bescherte Australien den größten Erfolg seiner Fußballgeschichte: Gegen Kroatien traf er im dritten Vorrundenspiel zum 2:2-Endstand, so dass sich die Socceroos bei ihrer zweiten WM-Teilnahme erstmals für das Achtelfinale qualifizierten. Kewell, den eine feine Ballbehandlung auszeichnet, gilt als berühmtester australischer Fußballer seiner Generation, wenn nicht gar aller Zeiten. Mit Leeds stand er 2001 im Halbfinale der Champions League, mit Liverpool gewann er diesen Wettbewerb 2005.

Geburtsdatum:	22. September 1978
Geburtsland:	Australien
Stationen:	Leeds Utd., FC Liverpool
WM-Spiele:	3
WM-Tore:	1
Länderspiele:	28
Tore:	9
WM-Teilnahmen:	2006

Mario Alberto „Matador" Kempes

Mit seinen sechs Toren bei der WM im eigenen Land 1978 schoss Mario Kempes Argentinien zum ersten WM-Titel und wurde damit zum großen Volkshelden in seiner Heimat. Im Finale gegen die Niederlande brachte Kempes den Gastgeber auf die Siegerstraße, erzielte das 1:0 und in der Verlängerung das vorentscheidende 2:1. Im Trikot des FC Valencia war Kempes 1977 und 1978 Torschützenkönig in Spanien.

Geburtsdatum:	15. Juli 1954
Geburtsland:	Argentinien
Stationen:	Atlético Córdoba, Rosario Central, River Plate, FC Valencia, Alicante
WM-Spiele:	18
WM-Tore:	6
Länderspiele:	43
Tore:	20
WM-Teilnahmen:	1974, 1978, 1982

Rainer „René" van de Kerkhof

Anders als sein Bruder durfte er wenigstens ein paar Minuten der Weltmeisterschaft 74 vom Platz statt von der Bank aus verfolgen. Im Endspiel kam er in der zweiten Hälfte für Rob Rensenbrink, konnte jedoch die Niederlage auch nicht verhindern. Vier Jahre später unterlagen er und sein Zwillingsbruder erneut im Kampf um den Titel, diesmal jedoch als Stammspieler. Bis heute bildet „René" zusammen mit seinem Bruder „Willy" das einzige Zwillingsbruderpaar, bei dem beide bei einer Weltmeisterschaftsendrunde ein Tor erzielten.

Geburtsdatum:	16. September 1951
Geburtsland:	Niederlande
Stationen:	PSV Eindhoven
WM-Spiele:	8
WM-Tore:	1
Länderspiele:	47
Tore:	5
WM-Teilnahmen:	1974, 1978

Wilhelmus „Willy" van de Kerkhof

Bis heute bildet der Mittelfeldmann zusammen mit seinem Bruder René das einzige Zwillingsbruderpaar, bei dem beide bei einer WM-Endrunde ein Tor erzielten. Nur reichten die Tore bei der 78er-WM in Argentinien, wie zuvor schon 1974 nur zum Vizeweltmeistertitel. Mit dem PSV Eindhoven gewannen die van de Kerkhof-Zwillinge 1978 den UEFA-Cup und feierten drei Meisterschaften und zwei Pokalsiege, darunter das Double 1976.

Geburtsdatum:	16. September 1951
Geburtsland:	Niederlande
Stationen:	PSV Eindhoven
WM-Spiele:	7
WM-Tore:	1
Länderspiele:	63
Tore:	5
WM-Teilnahmen:	1974, 1978

Willem „Wim" Kieft

Er ist der wertvollste Joker in der holländischen Fußballgeschichte. Das entscheidende Vorrundenspiel bei der Europameisterschaft 1988 – Bondscoach Rinus Michels wechselte Wim Kieft beim Stand von 0:0 gegen Irland in der 79. Minute ein. Drei Minuten später traf Kieft nach einem verunglückten Fernschuss von Libero Koeman zum 1:0. Statt Irland zog Holland ins Halbfinale ein – und wurde später Europameister. Kieft hatte im gleichen Jahr mit dem PSV Eindhoven bereits den Europapokal der Landesmeister gewonnen. Insgesamt feierte er mit Ajax Amsterdam (1980, 82, 83) und Eindhoven (1988, 89, 92) sechs holländische Meisterschaften. 1982 war er im zarten Alter von 20 Jahren mit 32 Toren Europas bester Torschütze geworden.

Geburtsdatum:	12. November 1962
Geburtsland:	Niederlande
Stationen:	Ajax Amsterdam, PSV Eindhoven
WM-Spiele:	4
WM-Tore:	1
Länderspiele:	43
Tore:	11
WM-Teilnahmen:	1990

KIN – KIR

Ove Bengt Kindvall

In der Verlängerung des Europapokal-Endspiels der Landesmeister 1970 schoss er das 2:1-Siegtor für Feyenoord Rotterdam gegen Celtic Glasgow. Der schwedische Nationalstürmer Ove Kindvall sorgte damit für den größten Erfolg in der Vereinsgeschichte der Niederländer. Er war 1967 von seinem Heimatverein IFK Norrköpping in die Hafenstadt gewechselt. In den gelb-blauen Farben Schwedens lief er bei den Weltturnieren 1970 und 74 auf – ohne allerdings ein Tor zu erzielen.

Geburtsdatum:	16. Mai 1943
Geburtsland:	Schweden
Stationen:	IFK Norrköping, Feyenoord Rotterdam
WM-Spiele:	5
WM-Tore:	–
Länderspiele:	43
Tore:	16
WM-Teilnahmen:	1970, 1974

Gabor Kiraly

Sein Markenzeichen ist die graue Schlabberhose. Kiraly würde sich niemals in einem anderen Outfit ins Tor stellen als in der bequemen Baumwollhose. Schließlich hat diese ihm in Deutschland zumeist viel Glück gebracht. Als Torwart von Hertha BSC Berlin schaffte er von 1999 bis 2003 fünfmal in Folge den Sprung ins obere Tabellendrittel der Bundesliga. In der ungarischen Nationalmannschaft wurde er genauso zur unumstrittenen Nummer eins wie in Berlin. Doch als Fiedler ihn in der Saison 2003/2004 aus dem Hertha-Tor verdrängte, wechselte Kiraly zu Crystal Palace.

Geburtsdatum:	1. April 1976
Geburtsland:	Ungarn
Stationen:	Hertha BSC Berlin, Crystal Palace
WM-Spiele:	–
WM-Tore:	–
Länderspiele:	70
Tore:	–
WM-Teilnahmen:	–

Sergej Kirjakov

Der erfolgreichsten Phase in der Vereinsgeschichte des Karlsruher SC drückte er seinen Stempel auf. Sergej Kirjakov, der Stürmer mit den feuerroten Haaren, zog mit den Badenern 1994 ins Halbfinale des UEFA-Cups ein und schaffte in der Bundesliga 1993, 94 sowie 97 den Sprung ins obere Tabellendrittel. Kirjakov erzielte in 174 Bundesligaspielen 34 Tore und nahm an den Europameisterschaften 1992 und 96 teil.

Geburtsdatum:	1. Januar 1970
Geburtsland:	Sowjetunion
Stationen:	Dynamo Moskau, Karlsruher SC, HSV, Tennis Borussia Berlin
WM-Spiele:	–
WM-Tore:	–
Länderspiele:	38
Tore:	15
WM-Teilnahmen:	–

Ulf „Schwatte" Kirsten

1993, 97 und 98 wurde er Torschützenkönig in der Bundesliga. Insgesamt erzielte Ulf Kirsten in 350 Bundesligaspielen für Bayer Leverkusen 182 Tore. Ulf Kirsten war nach der deutschen Wiedervereinigung einer der ersten Fußballer, die aus dem Osten in den Westen gewechselt waren. Schon für Dresden hatte „Schwatte" 57 Tore in 154 Oberligaspielen geschossen und wurde mit Dynamo zweimal Meister und dreimal Pokalsieger. 1993 köpfte er Leverkusen zum DFB-Pokalsieg. Auch in seinen 51 Länderspielen für die DFB-Auswahl wurde Kirsten seinem Ruf als Knipser gerecht und erzielte 20 Treffer.

Geburtsdatum:	4. Dezember 1965
Geburtsland:	DDR
Stationen:	Dynamo Dresden, Bayer 04
WM-Spiele:	4
WM-Tore:	–
Länderspiele:	100 (49 DDR/51 DFB)
Tore:	34 (14 DDR/20 DFB)
WM-Teilnahmen:	1994, 1998

Gerd Kische

Schnelligkeit, Ausdauer und Athletik zeichneten den WM-Teilnehmer von 1974 (sechs Einsätze) und Olympiasieger von 1976 aus. Kische begann bei Einheit Teterow und kam 1970 über Neubrandenburg zu Hansa Rostock. Diesem Klub hielt er trotz der Abstiege 1975, 77 und 79 die Treue und absolvierte bis 1980 248 Punktspiele (181 davon in der Oberliga, der höchsten Spielklasse in der DDR). Nach der Wende war Gerd Kische erst Vizepräsident, dann Präsident und später Manager des FC Hansa.

Geburtsdatum:	23. Oktober 1951
Geburtsland:	DDR
Stationen:	Hansa Rostock
WM-Spiele:	6
WM-Tore:	–
Länderspiele:	63
Tore:	–
WM-Teilnahmen:	1974

Albin Kitzinger

Der Mittelfeldspieler Albin Kitzinger war in den 30er-Jahren Deutschlands überragender Außenläufer. Zusammen mit Albert Kupfer bildete Albin Kitzinger in der „Elf von Breslau" 1937 die gefürchtete Flügelzange der deutschen Nationalmannschaft, für die er unter Sepp Herberger 44 Spiele bestritt. Für Kitzinger, den Sicherheit und Ruhe beim Abspiel auszeichneten, gab es nie einen anderen Klub als seinen Heimatverein FC Schweinfurt 05 (826 Spiele).

Geburtsdatum:	1. Februar 1912
	† 6. August 1970
Geburtsland:	Deutschland
Stationen:	Schweinfurt 05
WM-Spiele:	1
WM-Tore:	–
Länderspiele:	44
Tore:	2
WM-Teilnahmen:	1938

Wolfgang Kleff

Er ist der Meistertorwart von Borussia Mönchengladbach. In den goldenen 70er-Jahren hütete Wolfgang Kleff das Tor der Fohlen-Elf und wurde unter den Trainern Weisweiler und Lattek fünfmal Deutscher Meister, einmal Pokalsieger und zweimal UEFA-Cup-Sieger. In der Nationalelf kam Kleff nie an Torwartlegende Sepp Maier vorbei und erlebte die Weltmeisterschaft 1974 auf der Reservebank. Kleff hat eine verblüffende Ähnlichkeit mit Komiker Otto Waalkes, tritt in der Öffentlichkeit als dessen Doppelgänger auf und wird von Freunden und Fans liebevoll „Otto" genannt.

Geburtsdatum:	16. November 1946
Geburtsland:	Deutschland
Stationen:	Bor. M'gladbach, Hertha BSC
WM-Spiele:	–
WM-Tore:	–
Länderspiele:	6
Tore:	–
WM-Teilnahmen:	1974

Jürgen „Klinsi" Klinsmann

Von Stuttgart hinaus in die weite Welt. Zu Inter Mailand. Zum AS Monaco. Zu den Tottenham Hotspur und zurück nach Deutschland zum FC Bayern. Zusammen mit Völler bildete Klinsmann den deutschen Traumsturm beim Gewinn der WM 1990. Aufgrund seines sympathischen Wesens war Klinsmann an (fast) allen Stationen seiner Laufbahn der Liebling der Massen. Nach dem Ende seiner aktiven Laufbahn zog er mit seiner Familie in die USA und wurde 2004 Trainer der deutschen Nationalmannschaft. Unter Vogts hatte Klinsmann die Nationalmannschaft als Kapitän zur EM 1996 geführt. Der ehemalige Top-Stürmer kehrte beim DFB mit hartem Besen und begann sofort, verkrustete Strukturen aufzubrechen. Die Erfolge folgten auf dem Fuß: Sowohl beim Confederations-Cup 2005 als auch bei der WM 2006 spielte das deutsche Team begeisternden Offensivfußball und wurde jeweils Dritter. Anschließend trat Klinsmann von seinem Amt zurück.

Geburtsdatum:	30. Juli 1964
Geburtsland:	Deutschland
Stationen:	St. Kickers, VfB, Inter, Monaco, Tottenham, B. München
WM-Spiele:	17
WM-Tore:	11
Länderspiele:	108
Tore:	47
WM-Teilnahmen:	1990, 1994, 1998

KLO – KNÖ

Miroslav Klose

Als zweiter Deutscher nach Gerd Müller wurde er 2006 WM-Torschützenkönig (5 Treffer). Der gebürtige Oberschlesier kam mit seinen Eltern als Kind nach Deutschland. Im April 2000 debütierte er für Kaiserslautern in der Bundesliga. Nach der EM 2004 wechselte der sprunggewaltige Mann, der seinen Jubel gern mit einem Salto verbindet, zu Werder Bremen. An der Weser wurde er in der Saison 2005/06 erstmals Torschützenkönig (25 Treffer). Ein Jahr vor Ablauf seines Vertrages wechselte Klose 2007 zu Bayern München.

Geburtsdatum:	9. Juni 1978
Geburtsland:	Polen
Stationen:	1. FC Kaiserslautern, Werder Bremen, FC Bayern
WM-Spiele:	14
WM-Tore:	10
Länderspiele:	70
Tore:	35
WM-Teilnahmen:	2002, 2006

Bernhard Klodt

Sepp Herberger bezeichnete ihn als seinen „wertvollsten Ersatzmann". Bernhard Klodt war in den 50er-Jahren einer der besten deutschen Rechtsaußen. Doch bei der WM 1954 war diese Position an Helmut Rahn, den Boss, vergeben. Auf dem Weg zum „Wunder von Bern" kam Klodt deshalb nur zu zwei Einsätzen (ein Tor) gegen die Türkei. „Berni" war gebürtiger Gelsenkirchener und schoss in 330 Oberligaspielen 131 Tore für den FC Schalke 04. Als Mannschaftskapitän führte der dribbelstarke Flügelstürmer die „Knappen" 1958 zur deutschen Meisterschaft.

Geburtsdatum:	26. Oktober 1926
	† 23. Mai 1996
Geburtsland:	Deutschland
Stationen:	FC Schalke 04
WM-Spiele:	4
WM-Tore:	1
Länderspiele:	19
Tore:	3
WM-Teilnahmen:	1954, 1958

Patrick Stephan Kluivert

„Black Magic" war noch keine 20 Jahre alt, als er erstmals Europas Fußballthron bestieg. Im Finale der Champions League 95 erzielte Patrick Kluivert das 1:0-Siegtor für Ajax Amsterdam gegen den AC Mailand. In der Folgezeit blieben dem Holländer jedoch die ganz großen Triumphe verwehrt. Bei der EM 2000 wurde er zwar mit fünf Toren Torschützenkönig. Im Halbfinale gegen Italien (1:3 n.E.) schoss er jedoch beim Stand von 0:0 in der 62. Minute einen Elfmeter an den Pfosten. Kluivert wechselte 1998 zum FC Barcelona, wurde dort in fünf Jahren jedoch nur einmal Spanischer Meister (1999).

Geburtsdatum:	1. Juli 1976
Geburtsland:	Niederlande
Stationen:	Ajax, Milan, Barcelona, Newcastle Utd., Valencia
WM-Spiele:	4
WM-Tore:	2
Länderspiele:	79
Tore:	40
WM-Teilnahmen:	1998

Georg Knöpfle

Er ist der erste Meistertrainer in der Geschichte der Bundesliga. Knöpfle führte den 1. FC Köln 1964 zum Titelgewinn. Sein Team verlor nur zwei von 30 Spielen. Knöpfle begann seine aktive Laufbahn als Kind bei der SpVgg. Fürth. Er wechselte später für jeweils acht Jahre zum FSV Frankfurt und Eintracht Braunschweig und schaffte aufgrund seines Kampfgeistes und der Spielübersicht den Sprung in die Nationalelf. Seine Trainerlaufbahn begann der gebürtige Schwarzwälder als Assistent von Nerz. Schon in jungen Jahren war die hohe Stirn sein Markenzeichen.

Geburtsdatum:	15. Mai 1904
	† 14. Dezember 1987
Geburtsland:	Deutschland
Stationen:	SpVgg. Fürth, FSV Frankfurt, Eintr. Braunschweig
WM-Spiele:	–
WM-Tore:	–
Länderspiele:	23
Tore:	–
WM-Teilnahmen:	–

Sándor „Schani" Péter Kocsis

Mit elf Toren war er Torschützenkönig der WM 1954. Sándor Kocsis erzielte allein beim 8:3-Erfolg über Deutschland in der Vorrunde vier Tore. Im Halbfinale gegen Uruguay gelangen Kocsis die wichtigen Treffer zum 3:2 und 4:2 in der Verlängerung. Nur im Finale gegen Deutschland blieb er torlos. Der gebürtige Budapester, der in 68 Länderspielen beeindruckende 75 Tore erzielte, wurde wegen seiner Kopfballstärke „Goldköpfchen" genannt. Nach dem Scheitern des Ungarn-Aufstandes 1956 blieb der Honvéd-Stürmer, der bereits mit 17 Jahren in der ersten Mannschaft von Ferencvaros gespielt hatte, im Westen. Mit dem FC Barcelona wurde er je zweimal Spanischer Meister und Pokalsieger.

Geburtsdatum:	23. September 1929 † 22. Juli 1978
Geburtsland:	Ungarn
Stationen:	Ferencvaros, Honvéd, FC Barcelona
WM-Spiele:	5
WM-Tore:	11
Länderspiele:	68
Tore:	75
WM-Teilnahmen:	1954

Ronald Koeman

Seine Erfolgsbilanz sucht ihresgleichen: Ronald Koeman gewann 1988 mit dem PSV Eindhoven den Europapokal der Landesmeister und 1992 mit dem FC Barcelona die Champions League. Im Finale erzielte der umsichtige Abwehrspieler mit einem seiner gefürchteten Distanzschüsse per Freistoß das entscheidende 1:0 gegen Sampdoria Genua. Mit der holländischen Nationalelf feierte Ronald Koeman 1988 den Gewinn der Europameisterschaft in Deutschland. Bei den Welt- und Europameisterschaften 1990, 92 und 94 konnte Koeman mit „Oranje" diesen Erfolg allerdings nicht wiederholen.

Geburtsdatum:	21. März 1963
Geburtsland:	Niederlande
Stationen:	FC Groningen, Ajax Amsterdam, PSV Eindhoven, FC Barcelona, Feyenoord
WM-Spiele:	9
WM-Tore:	1
Länderspiele:	78
Tore:	14
WM-Teilnahmen:	1990, 1994

Andreas Köpke

EM-Halbfinale 1996, England gegen Deutschland im Londoner Wembley-Stadion. Die ersten zehn Elfmeter waren allesamt drin, als Deutschlands Torwart Andreas Köpke gegen Gareth Southgate parierte und den Weg ins Endspiel eröffnete. In den sechs Spielen auf dem Weg zum EM-Titel kassierte Köpke nur drei Gegentreffer und wurde 1996 zum Welttorhüter des Jahres gewählt. Er wechselte nach der Europameisterschaft von Frankfurt zu Olympique Marseille und beendete mit 59 Länderspielen nach der WM 1998 seine Laufbahn als Nationalspieler. Unter Bundestrainer Jürgen Klinsmann ist Köpke inzwischen Nachfolger von Sepp Maier als „Bundestorwarttrainer" geworden.

Geburtsdatum:	12. März 1962
Geburtsland:	Deutschland
Stationen:	KSV Holstein, Hertha, FC Nürnberg, Eintr. Frankfurt, Olympique Marseille
WM-Spiele:	5
WM-Tore:	–
Länderspiele:	59
Tore:	–
WM-Teilnahmen:	1990, 1994, 1998

Ludwig Kögl

Er war die bayerische Antwort auf Rüdiger Abramczyk. Ludwig Kögl war gefürchtet für seine Dribbelstärke auf der linken Seite. Was Abramczyk auf rechts, beherrschte Kögl auf links: unnachahmliche Flügelläufe und präzise Flanken. Der Münchener debütierte bereits mit 19 Jahren in der Nationalelf. Nur eine schwere Verletzung brachte ihn um die WM-Teilnahme 1986 in Mexiko. Mit dem FC Bayern wurde Kögl fünfmal Deutscher Meister. Einen sechsten Titel setzte er nach seinem Wechsel zum VfB Stuttgart 1992 oben drauf. Sein berühmtestes Tor erzielte der gebürtige Penzberger im Europa-Cup-Finale 1987 gegen den FC Porto. Per Kopf traf der 1,70 Meter kleine Flügelflitzer zum 1:0. Pech: Die Bayern verloren trotzdem mit 1:2.

Geburtsdatum:	7. März 1966
Geburtsland:	Deutschland
Stationen:	FC Bayern München, VfB Stuttgart, SpVgg Unterhaching
WM-Spiele:	–
WM-Tore:	–
Länderspiele:	2
Tore:	–
WM-Teilnahmen:	–

KÖP – KOH

Horst Köppel

In 308 Bundesligaspielen schoss er 83 Tore für Borussia Mönchengladbach und den VfB Stuttgart. Horst Köppel zählte in den 70er-Jahren zu den torgefährlichsten Mittelfeldspielern in Deutschland. Bei der Europameisterschaft 1972 zählte Köppel zum Kader der deutschen Erfolgsmannschaft. Nach fünf Meisterschaften und zwei UEFA-Cup-Siegen mit Borussia Mönchengladbach beendete er seine aktive Laufbahn. Als Nationaltrainer unter Teamchef Franz Beckenbauer wurde Köppel 1986 Vizeweltmeister. Mit Borussia Dortmund gewann er 1989 den DFB-Pokal. Von 2005 bis Sommer 2006 war er Trainer bei Borussia Mönchengladbach.

Geburtsdatum:	17. Mai 1948
Geburtsland:	Deutschland
Stationen:	VfB Stuttgart, Bor. Mönchengladbach
WM-Spiele:	–
WM-Tore:	–
Länderspiele:	11
Tore:	2
WM-Teilnahmen:	–

Karl-Heinz „Charly" Körbel

Seine 602 Bundesligaspiele in Frankfurt sind ein kaum zu brechender Rekord. Mit der Verbundenheit zu seinem Heimatverein erwarb sich Körbel den Beinamen „treuer Charly". In den 20 Jahren bei der Eintracht wurde er viermal Pokalsieger und gewann 1980 den UEFA-Pokal. Im Pokalendspiel gegen den MSV Duisburg 1975 erzielte der Abwehrspieler das Siegtor zum 1:0. Als eisenharter Manndecker war Körbel die Zuverlässigkeit in Person. Körbel wurde am Riederwald später Cheftrainer, Scout und Jugendtrainer. Über die Spieler der Frankfurter Aufstiegself 2005 sagte er: „Die wissen gar nicht, was 602 Bundesligaspiele sind, und rechnen, wie lange sie bei der Eintracht spielen müssten, um das zu erreichen."

Geburtsdatum:	1. Dezember 1954
Geburtsland:	Deutschland
Stationen:	Eintracht Frankfurt
WM-Spiele:	–
WM-Tore:	–
Länderspiele:	6
Tore:	–
WM-Teilnahmen:	–

Werner Kohlmeyer

Werner Kohlmeyer war in der berühmten Lauterer „Walter-Elf" der linke Verteidiger und holte an der Seite von Fritz und Ottmar Walter zwei deutsche Meisterschaften und drei Vizemeisterschaften in die Pfalz. Unter Sepp Herberger bestritt Kohlmeyer 22 Länderspiele und war dabei, als die deutsche Nationalmannschaft 1954 das „Wunder von Bern" vollbrachte. Er trug schon als Jugendlicher das Trikot der „Roten Teufel vom Betzenberg" und debütierte mit 17 Jahren in der ersten Mannschaft.

Geburtsdatum:	19. April 1924
	† 26. März 1974
Geburtsland:	Deutschland
Stationen:	1. FC Kaiserslautern, FC Homburg
WM-Spiele:	5
WM-Tore:	–
Länderspiele:	22
Tore:	–
WM-Teilnahmen:	1954

Jürgen „Kokser" Kohler

Er hat alle Titel gewonnen, die es zu gewinnen gibt: Jürgen Kohler war mit der Nationalmannschaft Welt- und Europameister 1990 und 96. Mit Borussia Dortmund gewann der eisenharte Manndecker 1997 die Champions League, mit Juventus Turin 1993 den UEFA-Pokal. Jürgen Kohler kam über Mannheim und den 1. FC Köln 1989 zum FC Bayern München. Mit den Bayern wurde er 1990 Deutscher Meister, mit Borussia Dortmund 1997 und 2002. Zudem gewann er mit Juventus Turin 1995 den Scudetto. Kohler beendete seine fabelhafte Karriere allerdings unglücklich: Im UEFA-Cup-Finale 2002 gegen Feyenoord Rotterdam (2:3) sah er wegen einer Notbremse die Rote Karte.

Geburtsdatum:	6. Oktober 1965
Geburtsland:	Deutschland
Stationen:	Waldhof Mannheim, 1. FC Köln, Bayern München, Juventus Turin, Borussia Dortmund
WM-Spiele:	13
WM-Tore:	–
Länderspiele:	105
Tore:	3
WM-Teilnahmen:	1990, 1994, 1998

Jan Koller

Er ist Tschechiens erfolgreichster Stürmer aller Zeiten. Mit seinem 35. Länderspieltor beim 8:1 gegen Andorra im Juni 2005 stellte Jan Koller den 66 Jahre alten Rekord von Antonin Puc ein. Der 2,02 Meter große Sturmführer von Borussia Dortmund trumpfte mit seinem Land bei der EM 2004 groß auf und erzielte zwei Tore in vier Spielen. Durch ein 0:1 in der Verlängerung gegen Griechenland verpasste Tschechien jedoch den Sprung ins Finale. Bei der WM 2006 köpfte Koller sein Team gegen die USA in Führung, musste aber kurz darauf verletzt das Turnier beenden. Nach der WM zog es ihn aus dem Ruhrgebiet, wo er 2002 mit dem BVB Deutscher Meister geworden war, an die Côte d'Azur (AS Monaco).

Geburtsdatum:	30. März 1973
Geburtsland:	Tschechoslowakei
Stationen:	Sparta Prag, RSC Anderlecht, BVB, Monaco
WM-Spiele:	1
WM-Tore:	1
Länderspiele:	80
Tore:	50
WM-Teilnahmen:	2006

Karl Koller

Er war einer der ganz großen Fußballer, die die blau-gelben Farben von Vienna Wien getragen haben. Karl Koller schoss in 836 Spielen 101 Tore für Vienna. 1954/55 gewann er den letzten Meistertitel mit dem Traditionsverein. Im Jahr zuvor hatte der Läufer im Mittelfeld mit der Nationalmannschaft sensationell den dritten Platz bei der WM in der Schweiz belegt. Bei der WM 1958 in Schweden trug Koller erneut das Trikot von „Felix Austria". Im letzten Gruppenspiel gegen England (2:2) erzielte er mit einem fulminanten Schuss aus 25 Metern das 1:0. Nach Niederlagen gegen Brasilien und die Sowjetunion schied Österreich in der Vorrunde aus.

Geburtsdatum:	8. Februar 1929
Geburtsland:	Österreich
Stationen:	Vienna Wien
WM-Spiele:	8
WM-Tore:	1
Länderspiele:	86
Tore:	5
WM-Teilnahmen:	1954, 1958

Friedrich „Friedl" Koncilia

Es war das Spiel, das alle seine 84 Länderspiele überstrahlte. Friedl Koncilia hütete 1978 in Argentinien das Tor der österreichischen Nationalmannschaft, die dem großen Nachbarn Deutschland beim 2:3 „die Schmach von Cordoba" beibrachte. In Innsbruck und später ab 1979 mit Austria Wien wurde er jeweils viermal Meister und gewann jeweils dreimal den Pokal. 1982 spielte Koncilia seine zweite, aber weniger glanzvolle WM. Negativer Höhepunkt war die 0:1-Niederlage gegen Deutschland, die beiden Teams das Weiterkommen ermöglichte. Algerien schied aus.

Geburtsdatum:	25. Februar 1948
Geburtsland:	Österreich
Stationen:	Wacker Innsbruck, Austria Wien
WM-Spiele:	11
WM-Tore:	–
Länderspiele:	84
Tore:	–
WM-Teilnahmen:	1978, 1982

Friedhelm „Timo" Konietzka (links)

Er erzielte das erste Tor in der Geschichte der Bundesliga. Am ersten Spieltag der Saison 1963/64 traf „Timo" nach 58 Sekunden zum 1:0 für Borussia Dortmund beim SV Werder Bremen (Endstand 2:3). Konietzka wurde mit Dortmund Deutscher Meister (1963) und Pokalsieger (1965) und gewann 1966 mit 1860 München erneut die Meisterschaft. Hinter Seeler (HSV), Brunnenmeier (1860 München) und Emmerich (Borussia Dortmund) wurde er in den ersten drei Bundesligajahren jeweils Zweiter in der Torschützenliste. In 100 Bundesligaspielen schoss er 72 Tore.

Geburtsdatum:	2. August 1938
Geburtsland:	Deutschland
Stationen:	Borussia Dortmund, 1860 München, FC Winterthur
WM-Spiele:	–
WM-Tore:	–
Länderspiele:	9
Tore:	3
WM-Teilnahmen:	–

KOP – KOV

Raymond Kopa

Raymond Kopa war Frankreichs „Michel Platini der 50er-Jahre". 1956 wechselte der Innenstürmer von Stade Reims zu Real Madrid. Dort gewann er dreimal hintereinander (1957 bis 1959) den Europapokal der Landesmeister. Unter Kopas Regie wurde Frankreich 1958 WM-Dritter in Schweden. Im gleichen Jahr wurde er „Europas Fußballer des Jahres". Mit Stade Reims wurde er 1953, 1955, 1960 und 1962 Französischer Meister, mit Real Madrid 1957 und 58 Spanischer Meister. Er ist nach seiner aktiven Laufbahn als TV-Kommentator und Journalist tätig.

Geburtsdatum:	13. Oktober 1931
Geburtsland:	Frankreich
Stationen:	SCO Angers, Stade Reims, Real Madrid
WM-Spiele:	8
WM-Tore:	4
Länderspiele:	45
Tore:	18
WM-Teilnahmen:	1954, 1958

Emil Kostadinov

Sein Schuss traf mitten ins Herz einer ganzen Fußballnation. Emil Kostadinov brachte für die Franzosen die Qualifikation zur Weltmeisterschaft 1994 zum Scheitern. Im Pariser Prinzenpark hatte der Stürmer des FC Porto in der Schlussminute das 2:1 erzielt und damit die Bulgaren zur WM geschossen. Dort schaltete die große Mannschaft um Stoitchkov, Letchkov und Balakov im Viertelfinale den Titelverteidiger Deutschland aus. Kostadinov wechselte nach der WM vom FC Porto zu Bayern München. Mit dem deutschen Rekordmeister gewann er 1996 den UEFA-Pokal.

Geburtsdatum:	12. August 1967
Geburtsland:	Bulgarien
Stationen:	ZSKA Sofia, FC Porto, Bayern München, Fennerbahçe
WM-Spiele:	10
WM-Tore:	1
Länderspiele:	70
Tore:	26
WM-Teilnahmen:	1994, 1998

Robert Kovac

Er ist einer der antrittsschnellsten Verteidiger Europas. Robert Kovac übertrumpfte seinen älteren Bruder Niko in der Titelsammlung und feierte mit dem FC Bayern 2005 den Gewinn des Doubles in Deutschland. Kovac hat seinen Stammplatz im Deckungszentrum der kroatischen Nationalmannschaft genauso sicher wie im Verein. Kovac, der in der Jugend von Hertha Zehlendorf Berlin den Grundstein zu seiner großen Karriere legte, folgte im Sommer 2005 dem Lockruf von Juventus Turin nach Italien.

Geburtsdatum:	6. April 1974
Geburtsland:	Deutschland
Stationen:	1. FC Nürnberg, Bayer Leverkusen, FC Bayern München, Juventus Turin
WM-Spiele:	5
WM-Tore:	–
Länderspiele:	60
Tore:	–
WM-Teilnahmen:	2002, 2006

Nico Kovac

Im zentralen defensiven Mittelfeld gibt es in Europa kaum einen Besseren: Niko Kovac, kroatischer Nationalspieler von Hertha BSC Berlin, ist mit seiner Zweikampf- und Laufstärke ein genialer Stratege im internationalen Fußball. Mit Kroatien spielte Kovac die Weltmeisterschaften 2002 und 2006 sowie die EM 2004. In Portugal erzielte er im entscheidenden Vorrundenspiel gegen England die 1:0-Führung (Endstand 2:4). Der in Berlin geborene Sohn kroatischer Eltern gewann 2003 mit Bayern München das Double. Danach kehrte er zu seinem Heimatverein an die Spree zurück und erreichte dort 2005 die Qualifikation für den UEFA-Pokal.

Geburtsdatum:	15. Oktober 1971
Geburtsland:	Deutschland
Stationen:	Hertha BSC Berlin, Bayer Leverkusen, Hamburger SV, FC Bayern München, RB Salzburg
WM-Spiele:	6
WM-Tore:	1
Länderspiele:	70
Tore:	10
WM-Teilnahmen:	2002, 2006

Johann „Hans" Krankl

Er hatte sich warm geschossen: 41 Tore hatte Krankl in der Saison 1977/78 für Rapid Wien erzielt und den „Goldenen Schuh" als Europas bester Torschütze gewonnen. Bei der WM in Argentinien erlangte er dann endlich Weltruhm. Mit seinen zwei Toren zum 3:2-Sieg für Österreich bescherte Krankl dem Titelverteidiger Deutschland die „Schmach von Cordoba". Nach der WM wechselte Krankl zum FC Barcelona – und brach mit 29 Saisontoren den von Mario Kempes gehaltenen spanischen Ligarekord. Er wurde schon im ersten Jahr Torschützenkönig in Spanien und gewann im Endspiel gegen Fortuna Düsseldorf den Europapokal der Pokalsieger. In 427 Bundesligaspielen in Österreich erzielte Krankl 320 Tore. Er wurde fünfmal als „Fußballer des Jahres" in Österreich ausgezeichnet.

Geburtsdatum:	14. Februar 1953
Geburtsland:	Österreich
Stationen:	Rapid Wien, FC Barcelona
WM-Spiele:	10
WM-Tore:	5
Länderspiele:	69
Tore:	34
WM-Teilnahmen:	1978, 1982

Bernd Krauss

Bei seinem ersten Verein, Borussia Dortmund, sah er keine Aussichten auf Erfolg mehr und wechselte deshalb 1977 zu Rapid Wien. Eine kluge Entscheidung von Bernd Krauss: Auf dem Posten des rechten Verteidigers weckte Krauss das Interesse des österreichischen Nationaltrainers und gab deshalb die deutsche Staatsbürgerschaft ab. Bei der Weltmeisterschaft 1982 entwickelte er sich im Team neben Prohaska, Krankl und Schachner zum Stammspieler – und kehrte 1983 zu Borussia Mönchengladbach nach Deutschland zurück. Er wurde später Cheftrainer der Fohlen und führte die Truppe um Stefan Effenberg, Martin Dahlin und Heiko Herrlich zum DFB-Pokalsieg 1995.

Geburtsdatum:	8. Mai 1957
Geburtsland:	Deutschland
Stationen:	Borussia Dortmund, Rapid Wien, Borussia Mönchengladbach
WM-Spiele:	5
WM-Tore:	–
Länderspiele:	22
Tore:	–
WM-Teilnahmen:	1982

Willibald Kreß

Deutscher Meister mit dem Dresdner SC 1943 und 1944, WM-Dritter 1934 – Willibald Kreß war in den 30er-Jahren neben dem Nürnberger Heiner Stuhlfauth Deutschlands bester Torhüter. In 16 Länderspielen hütete er den Kasten der Nationalmannschaft. Die 1:3-Halbfinalniederlage gegen die Tschechoslowakei 1934 in Italien konnte freilich auch Kreß nicht verhindern. Ihm unterlief ein böser Fehler, der Deutschland vermutlich den Einzug ins Finale kostete. Reichstrainer Otto Nerz verzieh dem DSC-Keeper seinen Fehler nicht und sortierte ihn aus. Und das, obwohl Kreß zusammen mit Zamora, Hiden und Combi zu den besten Torhütern der Welt zählte. Kreß kehrte nach dem Krieg in seine Heimat zu Rot-Weiß Frankfurt zurück.

Geburtsdatum:	13. November 1906
	† 27. Januar 1989
Geburtsland:	Deutschland
Stationen:	Dresdner SC, FSV Frankf.
WM-Spiele:	3
WM-Tore:	–
Länderspiele:	16
Tore:	–
WM-Teilnahmen:	1934

Hans-Jürgen „Hansi" Kreische

Mit Dynamo Dresden wurde er viermal Meister und viermal Torschützenkönig in der DDR-Oberliga. Kreische war ein so begnadeter Techniker und Torjäger, dass an seiner Nominierung für die Weltmeisterschaft 1974 kein Weg vorbeiführte. Kreische stand nur bei einem der sechs WM-Spiele 90 Minuten auf dem Feld: Beim einzigen Sieg der DDR-Auswahl – ausgerechnet gegen die BRD (1:0). Kreische erzielte in 256 Oberligaspielen 143 Tore für Dynamo Dresden und in 50 Länderspielen 25 Tore für die DDR. Bei der Weltmeisterschaft 1974 sorgte er mit einer Wette für Aufsehen: Kreische tippte nach dem sensationellen 1:0 über die BRD auf dem Flug von Hamburg nach Düsseldorf auf die Bundesrepublik Deutschland als neuen Weltmeister. Sein Nachbar im Flugzeug setzte fünf Flaschen Whiskey dagegen. Was der DDR-Stürmer nicht wusste: Sein Wettkontrahent war Bundesfinanzminister Hans Apel. Dieser löste seine Wettschuld tatsächlich ein.

Geburtsdatum:	19. Juli 1947
Geburtsland:	Deutschland
Stationen:	Dynamo Dresden
WM-Spiele:	3
WM-Tore:	–
Länderspiele:	50
Tore:	25
WM-Teilnahmen:	1974

KRE – KUB

Manfred Kreuz (rechts)

Er wurde 1958 Deutscher Meister mit dem FC Schalke 04. Manfred Kreuz erzielte im Endspiel gegen Uwe Seelers HSV das Tor zum 3:0-Endstand. Kreuz ist gebürtiger Gelsenkirchener und bestritt zwischen 1957 und 1969 218 Ober- und Bundesligaspiele für Schalke (83 Tore). Zu einer Länderspielberufung hat es für Kreuz nie gereicht. „Ich war einer, der nach dem Spiel sein Bier getrunken und seine Zigarette geraucht hat", sagt er selbstkritisch. „Mit so einer Einstellung hatte man bei Trainer Sepp Herberger keine Chance."

Geburtsdatum:	7. März 1936
Geburtsland:	Deutschland
Stationen:	FC Schalke
WM-Spiele:	–
WM-Tore:	–
Länderspiele:	–
Tore:	–
WM-Teilnahmen:	–

Rudolf Jozef „Ruud" Krol

Er war eine der Säulen der niederländischen „totalen Fußball-Revolution". Mit Ajax gewann der Libero zwischen 1971 und 1973 dreimal in Folge den Europapokal der Landesmeister. Mit den Niederlanden verlor er die Endspiele der FIFA-WM 1974 in München und 1978 in Buenos Aires jeweils gegen die Gastgeberländer. Aufgrund seiner Schnelligkeit, seiner Spielintelligenz und seiner Ausdauer passte Krol perfekt in das System des Verschiebens, das die Niederlande unter Trainer Rinus Michels entwickelt hatten. Nach einem Abstecher nach Kanada wechselte Krol 1980 zum SSC Neapel und beeindruckte auch dort durch seine fantasievolle Interpretation des „freien Mannes".

Geburtsdatum:	24. März 1949
Geburtsland:	Niederlande
Stationen:	Ajax, Vancouver Whitecaps, SSC Neapel, AS Cannes
WM-Spiele:	14
WM-Tore:	1
Länderspiele:	83
Tore:	4
WM-Teilnahmen:	1974, 1978

Mladen Krstajic

Das Double aus Meisterschaft und Pokal 2004 mit Werder Bremen war der bisher größte Karriereerfolg des offensivstarken Innenverteidigers. Nach vier sehr erfolgreichen Jahren wechselte Krstajic zu Schalke 04. Und sorgte mit seinem Wechsel von der Weser ins Ruhrgebiet erheblichen Wirbel aus, weil Schalke auch noch Ailton den Bremern weggeschnappt und Bordon von Stuttgart unter Vertrag genommen hatte. Vor seinem Bundesligaengagement agierte er in der Verteidigung von Partizan Belgrad. Auch in der Nationalmannschaft Serbiens und Montenegros bekleidet er diese Position und führte sein Heimatland als Kapitän zur Weltmeisterschaft 2006.

Geburtsdatum:	4. März 1974
Geburtsland:	Jugoslawien
Stationen:	Partizan Belgrad, Werder Bremen, Schalke 04
WM-Spiele:	3
WM-Tore:	–
Länderspiele:	56
Tore:	2
WM-Teilnahmen:	2006

„Laszli" László Sttecz Kubala

Er trug das Nationaltrikot von Ungarn (3-mal), der Tschechoslowakei (6-mal) und Spanien (19-mal) und wurde Landesmeister mit Ferencváros, Bratislava und Barcelona. László Kubala war einer der ersten Fußballglobetrotter. In elf Jahren beim FC Barcelona erzielte er in 329 Spielen 243 Tore, wurde mehrfach Spanischer Meister und Pokalsieger. In den 50er-Jahren galt er neben Alfredo di Stefano und Stanley Matthews als bester Fußballer der Welt.

Geburtsdatum:	10. Juni 1927 † 17. Mai 2002
Geburtsland:	Ungarn
Stationen:	Ferencváros Budapest, Slovan Bratislava, FC Barcelona
WM-Spiele:	–
WM-Tore:	–
Länderspiele:	28
Tore:	15
WM-Teilnahmen:	–

Samuel Osei Kuffour

Höchstpersönlich erzielte der kopfballstarke Verteidiger den 1:0-Siegtreffer im Weltpokalfinale 2001 gegen die Boca Juniors Buenos Aires. In den insgesamt zwölf Bayern Jahren sammelte Sammy Trophäen en masse: Champions-League-Sieger 2001, sechs Meisterschaften, vier Pokaltriumphe und fünf Erfolge im Ligapokal. Auch in seinem Heimatland blieb der Erfolg nicht aus. Als Kapitän der Nationalmannschaft wurde der kraftvolle Abwehrspieler 1998 und 1999 zum besten Spieler in Ghana gewählt. Mit seinem Land nahm er 2006 an der WM in Deutschland teil, kam aber nur in der Auftaktpartie gegen Italien zum Einsatz (0:2).

Geburtsdatum:	3. September 1976
Geburtsland:	Ghana
Stationen:	1. FC Nürnberg, AS Rom, FC Bayern München
WM-Spiele:	1
WM-Tore:	–
Länderspiele:	59
Tore:	3
WM-Teilnahmen:	2006

Pavel Kuka

Sportlich war der Stürmer mit Deutschland eng verbandelt. Im Europameisterschaftsfinale 1996 unterlag er seinen Kollegen aus der Bundesliga nur knapp mit 1:2 nach Golden Goal in der Verlängerung – auch, weil Pavel Kuka kein Treffer gelang. Mit den „Roten Teufeln" vom 1. FC Kaiserslautern hingegen fuhr er Titel ein: 1998 gelang überraschend der Gewinn der Deutschen Meisterschaft, und zwei Jahre zuvor holte er den DFB-Pokal in die Pfalz.

Geburtsdatum:	19. Juli 1968
Geburtsland:	Tschechoslowakei
Stationen:	1. FC Kaiserslautern, 1. FC Nürnberg, VfB Stuttgart, Slavia Prag
WM-Spiele:	–
WM-Tore:	–
Länderspiele:	87
Tore:	29
WM-Teilnahmen:	–

Stefan Kuntz

Erst im Herbst seiner Karriere erfüllte sich der größte Traum des Angreifers: 1996 wurde er mit Deutschland Europameister. Davor standen große Erfolge im Vereinstrikot und herbe Schicksalsschläge in der Nationalmannschaft, in der Verletzungen immer wieder die Einsätze zunichte machten. Der Bundesliga-Torschützenkönig von 1986 und 1994 schaffte seinen Durchbruch beim VfL Bochum und gewann mit dem 1. FC Kaiserslautern Meisterschaft (1991) und Pokal (1990).

Geburtsdatum:	30. Oktober 1962
Geburtsland:	Deutschland
Stationen:	VfL Bochum, Bayer Uerdingen, 1. FC Kaiserslautern, Besiktas, Arminia Bielefeld
WM-Spiele:	1
WM-Tore:	–
Länderspiele:	25
Tore:	6
WM-Teilnahmen:	1994

Andreas „Anderl" Kupfer

Einer der besten Läufer in der DFB-Historie nahm als Einziger am letzten Länderspiel (1942) vor und am ersten (1950) nach dem 2. Weltkrieg teil. In diesem Spiel, es war zugleich sein 44. und letztes im Nationaltrikot, führte Kupfer das deutsche Team als Kapitän auf den Platz. „Anderl" stellte sich nach 1945 wieder Schweinfurt 05 zur Verfügung, bis 1954. Dann, 40-jährig, nach 650 Spielen für die 05er, beendete der Mann, der wie kein Zweiter mit Schüssen aus dem Fußgelenk überraschte, seine Karriere.

Geburtsdatum:	7. Mai 1914
	† 30. April 2001
Geburtsland:	Deutschland
Stationen:	Schweinfurt 05
WM-Spiele:	2
WM-Tore:	–
Länderspiele:	44
Tore:	1
WM-Teilnahmen:	1938

Lothar Kurbjuweit

Im Mai 1970 schaffte der Defensivmann das Kunststück eines A-Länderspiels als erster und letzter Akteur von Stahl Riesa. Danach absolvierte der Dauerbrenner weitere 65 Länderspiele – jedoch im Dress von Carl Zeiss Jena. 1972, 1974 und 1980 holte er den FDGB-Pokal an den Kernberg. 1981 stand er im Finale des Pokals der Pokalsieger gegen Dynamo Tiblissi. 1972 gewann er in München Olympiabronze, und 1976 gelang dann sogar der ganz große Wurf – Gold bei Olympia in Montreal.

Geburtsdatum:	6. November 1950
Geburtsland:	DDR
Stationen:	Stahl Riesa, Carl Zeiss Jena, Halle Chemie
WM-Spiele:	4
WM-Tore:	–
Länderspiele:	66
Tore:	4
WM-Teilnahmen:	1974

Dieter „Hoppy" Kurrat

„Hoppy" bewies seine Treue zu Borussia Dortmund beispiellos: Als Einziger der siegreichen 66er-Europacupmannschaft ging er sechs Jahre später mit seinem BVB den bitteren Weg in die Zweitklassigkeit. 354 Spiele machten den kleinen Mann zu einem der populärsten Spieler der Dortmunder Borussia. Als Sonderbewacher für gegnerische Spielmacher war er schnell auf internationalem Parkett bekannt und errang 1963 die Meisterschaft und 1965 den DFB-Pokal mit den Schwarz-Gelben. Ein Länderspiel blieb ihm jedoch verwehrt.

Geburtsdatum:	15. Mai 1942
Geburtsland:	Deutschland
Stationen:	Borussia Dortmund
WM-Spiele:	–
WM-Tore:	–
Länderspiele:	–
Tore:	–
WM-Teilnahmen:	–

Ernst „Clemens" Kuzorra

Gemeinsam mit Fritz Szepan begründete er den Schalker Ruhm und den „Schalker Kreisel" der 30er-Jahre. Es ging nichts ohne die faszinierenden Dribblings des Regisseurs und Managers in einer Person. Trotz sechs Schalker Meisterschaften: In der Nationalelf regierte Reichstrainer Dr. Nerz, und so kam „Clemens" zwar als erster Schalker zu einem Einsatz im Nationaldress, aber nur zu insgesamt zwölf Spielen. Bei den Olympischen Spielen 1928 in Amsterdam saß er nur auf der Bank. Erstaunlich für einen Spieler seiner Klasse.

Geburtsdatum:	16. Oktober 1905
	† 1. Januar 1990
Geburtsland:	Deutschland
Stationen:	FC Schalke 04
WM-Spiele:	–
WM-Tore:	–
Länderspiele:	12
Tore:	7
WM-Teilnahmen:	–

Heinrich „Heini" Kwiatkowski

1200 Spiele stand Kwiatkowski in seiner Laufbahn zwischen den Pfosten. So sehr „Heini Fausten" die Bälle im Vereinstrikot aus dem Strafraum beförderte, so selten gelang es ihm im Nationaltrikot. Einmal musste er als „Prügelknabe" herhalten: beim von Bundestrainer Herberger einkalkulierten 3:8 gegen die Ungarn 1954. Dagegen hielt er mit Borussia Dortmund drei Meistertrophäen in den Händen (1956, 57 und 1963, da aber nur als Nummer zwei hinter Bernhard Wessel). Seine Laufbahn begann Kwiatkowski bei Schalke 04. Über Rot-Weiss Essen wechselte er 1952 nach Dortmund. 37-jährig stand der 54er-Weltmeister noch dreimal in der neuen höchsten Spielklasse, der Bundesliga, im BVB-Tor.

Geburtsdatum:	16. Juli 1926
Geburtsland:	Deutschland
Stationen:	Schalke 04, Rot-Weiss Essen, Borussia Dortmund
WM-Spiele:	2
WM-Tore:	–
Länderspiele:	4
Tore:	–
WM-Teilnahmen:	1954, 1958

Von Mexiko bis Portugal

Wie immer mit vollem Einsatz dabei. Jürgen Klinsmann (vorne), Stürmer der deutschen Nationalelf im Achtelfinale der WM 1998 gegen Mexiko. Der schwäbische Bäckerbursche sorgte höchstpersönlich für den 1:1-Ausgleich, den kurz vor dem Ende Sturmpartner Oliver Bierhoff in einen 2:1-Sieg umwandelte. Ein paar Jährchen später war die Situation ähnlich. Zwar bildeten Bierhoff und Klinsi noch immer ein Duo, nun jedoch neben der Seitenlinie. Nach der nicht ganz so erfolgreichen EM 2004 löste Jürgen Klinsmann Rudi Völler als Bundestrainer ab, installierte Oliver Bierhoff als Teammanager und entfachte wenig später Aufbruchstimmung im DFB-Tross. Schnell, direkt und nach vorn: Die Direktiven des einstigen Weltklasseangreifers setzten die zuvor behäbig agierenden Deutschen schnell um. Bei der WM 2006 sorgte der neue Offensivstil der Nationalmannschaft in ganz Deutschland für überschäumende Begeisterung. Selbst das unglückliche Ausscheiden im Halbfinale, durch zwei Tore kurz vor Ende der Verlängerung gegen Italien, konnte die Euphorie um Klinsmann und seine Mannschaft nicht bremsen. Der dritte Platz, nach einem 3:1 im „kleinen Finale" gegen Portugal, wurde im ganzen Land wie der Gewinn des WM-Titels gefeiert.

LAB – LAC

Bruno Labbadia – Angel Amadeo Labruna – Bernard Lacombe – Philipp Lahm – Paul Lambert – Frank James Lampard – Mihaly Lantos – Henrik Larsson – Radoslav Latal – Brian Laudrup – Grzegorz Boleslaw Lato – Michael Laudrup – Herbert Laumen – Denis Law – Emerson Leao – Jens Lehmann – Ernst Lehner – James „Jim" Leighton – Leonardo Nascimento de Araujo – José Leonidas da Silva – Søren Lerby – Reinhard „Stan" Libuda – Werner Liebrich – Nils „Nisse" Liedholm – Gary Winston Lineker – Thomas Linke – Marcello Lippi – Pierre Littbarski – Jari Litmanen – Bixente Vincent Lizarazu – Angelo di Livio – Valerij Lobanovski – Johannes „Hennes" Löhr – Fredrik Ljungberg – Nathaniel „Nat" Lofthouse – Gyula Lóránt – Max Lorenz – Wlodzimierz Leonard Lubanski – Lucimar da Silva Ferrera Lucio – Ioan Lupescu – Leopoldo Jacinto Luque

Bruno Labbadia

Der gebürtige Darmstädter bestritt in seiner aktiven Zeit 328 Bundesligaspiele und erzielte 103 Treffer. Mit dem 1. FC Kaiserslautern wurde er 1990 DFB-Pokalsieger und ein Jahr darauf Deutscher Meister. Mit dem FC Bayern München folgte 1994 ein weiterer Meistertitel. In der Nationalmannschaft kam Labbadia auf zwei Einsätze. 2003 übernahm er das Traineramt bei seinem Heimatverein Darmstadt 98, mit den „Lilien" schaffte er auf Anhieb den Aufstieg in die Regionalliga. 2007 übernahm er in der zweiten Liga Greuther Fürth.

Geburtsdatum:	8. Februar 1966
Geburtsland:	Deutschland
Stationen:	Darmstadt 98, HSV, 1. FC Kaiserslautern, Bayern München, 1. FC Köln, Werder Bremen, Arminia Bielefeld, Karlsruher SC
WM-Spiele:	–
WM-Tore:	–
Länderspiele:	2
Tore:	–
WM-Teilnahmen:	–

Angel „Angelito" Amadeo Labruna

Mit 292 Treffern ist Angel Labruna Rekordtorschütze des argentinischen Renommierklubs River Plate Buenos Aires, für den er zwischen 1939 und 59 insgesamt 515 Spiele absolvierte. Die Nationalelf nahm seine Dienste 36-mal in Anspruch, Labruna bedankte sich mit 17 Treffern. Die legendäre Sturmreihe, der „Máquina-Angriff", mit Moreno, Pedernera, Labruna und Lostau gehörte zum Edelsten, was der Fußball jener Zeit zu bieten hatte. Bei der Weltmeisterschaft 1958 schied er mit den „Gauchos" bereits in der Vorrunde aus. Später arbeitete Angel Labruna als Trainer bei Platense Buenos Aires, dann in seiner Heimat bei Argentinos Juniors und Rosario Central. Er verstarb 1983 mit nur 64 Jahren.

Geburtsdatum:	28. September 1918 † 19. September 1983
Geburtsland:	Argentinien
Stationen:	River Plate, Rampla Juniors Montevideo, Rangers de Talca, Platense Buenos Aires
WM-Spiele:	2
WM-Tore:	–
Länderspiele:	36
Tore:	17
WM-Teilnahmen:	1958

Bernard Lacombe

1984 feierte Bernard Lacombe seinen größten Triumph als Spieler: In Frankreich wurde er vor heimischem Publikum Europameister. Zuvor absolvierte der gelernte Stürmer zwei WM-Turniere (1978 und 82). Dabei gelang ihm in Argentinien 1978 beim Spiel gegen Italien das schnellste Tor der Endrunde. Nach nur 31 Sekunden überwand er den großen Dino Zoff im italienischen Kasten. Von 1997 bis 2000 coachte Lacombe Olympique Lyon und übernahm anschließend den Posten des Sportdirektors. In seiner Heimatstadt Lyon hatte auch seine Karriere begonnen (1968–78). Über St. Etienne (78/79) wechselte er zu Girondins Bordeaux, wo er seine erfolgreichste Zeit erlebte (Französischer Meister 84, 85, 87,; Pokalsieger 86).

Geburtsdatum:	15. August 1952
Geburtsland:	Frankreich
Stationen:	Olympique Lyon, Girondins Bordeaux
WM-Spiele:	5
WM-Tore:	1
Länderspiele:	38
Tore:	12
WM-Teilnahmen:	1978, 1982

Philipp Lahm

Der kleine Münchner avancierte zum Shootingstar der WM 2006. Mit seinem wunderbaren Tor im Auftaktspiel gegen Costa Rica brachte er die Euphoriewelle in Gang, die die Deutsche Elf auf Platz drei spülte und zum „Weltmeister der Herzen" machte. Der Treffer gegen die Mittelamerikaner resultierte aus der bevorzugten Spielweise des Außenverteidigers, den es am liebsten von der linken Seite nach innen zieht, wo er sich den Ball auf den rechten Fuß legt. Lahm entstammt der Jugend des FC Bayern München, schaffte seinen Durchbruch aber erst unter Trainer Felix Magath beim VfB Stuttgart (Saison 2003/04). 2005 folgte er Magath an die Isar und errang mit seinem Heimatverein gleich im ersten Jahr das Double.

Geburtsdatum:	11. November 1983
Geburtsland:	Deutschland
Stationen:	VfB Stuttgart, Bayern München
WM-Spiele:	7
WM-Tore:	1
Länderspiele:	35
Tore:	2
WM-Teilnahmen:	2006

Paul Lambert

Paul Lambert begann seine Profilaufbahn 85 in seiner Heimatstadt beim FC Saint Mirren. 1993 wechselte er den Verein Richtung Motherwell. Drei Jahre später holte ihn Ottmar Hitzfeld nach Dortmund. Lambert wurde eine feste Größe im Mittelfeld und gewann 97 die Champions League. Anschließend ging er zurück nach Schottland und spielte sehr erfolgreich in Glasgow, holte vier Meistertitel. 98 war er für Schottland bei der WM am Ball.

Geburtsdatum:	7. August 1969
Geburtsland:	Schottland
Stationen:	FC St. Mirren, FC Motherwell, Bor. Dortmund, Celtic Glasgow
WM-Spiele:	3
WM-Tore:	–
Länderspiele:	40
Tore:	1
WM-Teilnahmen:	1998

Frank James Lampard

2005 und 2006 feierte der Mittelfeldspieler mit Chelsea den Titel in der Premier League. Lampard stammt aus einer waschechten Fußballerfamilie, sein Vater Frank sen. wurde mit West Ham zwei Mal FA-Cup-Sieger, Onkel Harry Redknapp trainierte den FC Portsmouth. 2004 und 2005 wurde er zu Englands Fußballer des Jahres gewählt. Im Elfmeterschießen des WM-Viertelfinales gegen Portugal (1:3) scheiterte der ansonsten sichere Lampard als erster Schütze.

Geburtsdatum:	20. Juni 1978
Geburtsland:	England
Stationen:	West Ham Utd., FC Chelsea
WM-Spiele:	5
WM-Tore:	–
Länderspiele:	56
Tore:	13
WM-Teilnahmen:	2006

Mihaly Lantos (Lendenmayer)

52 Länderspiele bestritt der Verteidiger für Ungarn. Sein wohl schönstes 1952, als Ungarn durch ein 2:0 über Jugoslawien in Helsinki Olympiasieger wurde. Sein bitterstes mit Sicherheit zwei Jahre später: Die haushoch favorisierten Magyaren verloren das Weltmeisterschaftsfinale von Bern mit 2:3 gegen Deutschland. Nach seiner aktiven Zeit trainierte Mihaly Lantos Olympiakos Piräus (Griechenland), Nagykanizsa und Videoton Szekesfehervar in Ungarn.

Geburtsdatum:	29. September 1928
Geburtsland:	Ungarn
Stationen:	MTKV Budapest
WM-Spiele:	5
WM-Tore:	2
Länderspiele:	52
Tore:	5
WM-Teilnahmen:	1954

Henrik Larsson

Bereits 1994 gehörte er der Nationalmannschaft Schwedens an, die bei der WM in den USA sensationell den dritten Platz erreichte. 2006 spielte der Stürmer in Deutschland sein letztes großes Turnier. Zur Legende wurde Larsson bei Celtic Glasgow (1997-2004), wo ihn die Fans nur „God" nannten. Seinen größten Erfolg im Vereinsfußball feierte er 2006 mit Barcelona. Als Einwechselspieler drehte er das Champions League-Finale gegen Arsenal durch zwei mustergültige Vorlagen für Eto'o und Belletti (2:1).

Geburtsdatum:	20. September 1971
Geburtsland:	Schweden
Stationen:	Helsingborg IF, Celtic Glasgow, FC Barcelona
WM-Spiele:	13
WM-Tore:	5
Länderspiele:	93
Tore:	36
WM-Teilnahmen:	1994, 2002, 2006

Radoslav Latal

1988 gab Radoslav Latal bei Sigma Olmütz sein Debüt in der ersten tschechoslowakischen Liga. 1994 holte ihn Schalke-Manager Rudi Assauer in den „Pott". Der Mittelfeldspieler avancierte zu einer festen Größe im Team der Königsblauen, das 1997 überraschend UEFA-Cup-Sieger wurde. 2001 ging Latal, der mit Tschechien an zwei Europameisterschaften (1996, 2000) teilnahm, in seine Heimat zurück. Mit Banik Ostrau wurde er 2004 Meister und 2005 Pokalsieger. Nach diesem Triumph beendete er 2005 seine Karriere.

Geburtsdatum:	6. Januar 1970
Geburtsland:	Tschechoslowakei
Stationen:	Olmütz, Schalke, Banik Ostrau
WM-Spiele:	–
WM-Tore:	–
Länderspiele:	58
Tore:	3
WM-Teilnahmen:	–

Brian Laudrup

Der jüngere der beiden Laudrup-Brüder hat reichlich Deutschland-Erfahrung. Nach einer Saison bei Bayer 05 Uerdingen nahm ihn Rekordmeister Bayern München unter Vertrag. 1992 verließ Laudrup Deutschland in Richtung Florenz. Im gleichen Jahr wurde er mit Dänemark völlig überraschend Europameister. Nach diversen Vereinsstationen beendete der viermalige dänische Fußballer des Jahres im Jahr 2000 seine Karriere.

Geburtsdatum:	22. Februar 1969
Geburtsland:	Dänemark
Stationen:	Brøndby, Uerdingen 05, B. München, Florenz, Milan, Glasgow Rangers, Chelsea, FC Kopenhagen, Ajax
WM-Spiele:	5
WM-Tore:	2
Länderspiele:	82
Tore:	21
WM-Teilnahmen:	1998

Grzegorz „Bolek" Boleslaw Lato

Der Rechtsaußen debütierte 1971 international gegen Deutschland (0:0). Es war die Glanzzeit des polnischen Fußballs. Durch ein 1:1 im Londoner Wembley-Stadion qualifizierten sich die Polen für die Weltmeisterschaft 1974. England, der Weltmeister von 1966, musste zuschauen. Immer dabei: Grzegorz Lato, der die Polen in seinen 100 Länderspielen 1974 und 1982 ins Halbfinale der Weltmeisterschaft führte. Beim 1:0-Erfolg im „kleinen Finale" gegen Brasilien 1974 schoss Lato die Polen mit seinem Tor auf den dritten Platz. Von 1962 bis 80 spielte er für seinen Verein Stal Mielec und wurde zweimal Meister (1973, 76) und Torschützenkönig 1973 und 75. Sein letztes Länderspiel absolvierte er 1984 in Warschau gegen Belgien, das Polen 0:1 verlor. Nach Beendigung seiner Spielerlaufbahn wurde er Trainer in seinem Heimatklub.

Geburtsdatum:	8. April 1950
Geburtsland:	Polen
Stationen:	Stal Mielec, KSC Lokeren, Atlanta Mexico
WM-Spiele:	20
WM-Tore:	10
Länderspiele:	100
Tore:	45
WM-Teilnahmen:	1974, 1978, 1982

Michael Laudrup

Die Karriere von Michael Laudrup verlief noch erfolgreicher als die seines Bruders Brian. Einer der weltweit besten Spielmacher startete seine internationale Karriere am 15. Juni 1982 in Oslo gegen Norwegen (1:2). Anlässlich des 100. FIFA-Geburtstages wurden beide Brüder im Jahr 2004 in die Liste der 125 besten noch lebenden Fußballer aufgenommen. Michael Laudrup spielte bei zahlreichen Topvereinen, darunter Juventus Turin (Weltpokalsieger 1985, Meister 1986), FC Barcelona (Champions-League-Sieger 1992, vier Meistertitel), Real Madrid (einmal Meister) und Ajax Amsterdam (Meisterschaft und Pokal). Dreimal wurde er Dänemarks Fußballer des Jahres (1982, 1985, 1994), nahm an zwei Weltmeisterschafts- und drei Europameisterschaftsturnieren teil. Allerdings: Wegen eines Konfliktes mit dem Nationaltrainer Richard Möller-Nielsen stand er nicht im Kader für die EM 1992, so dass ausgerechnet Dänemarks wohl größter Spieler aller Zeiten den bis heute einzigen internationalen Titel des kleinen skandinavischen Landes verpasste. Später war Laudrup Co-Trainer der Nationalelf und übernahm nach der WM 2002 in Südkorea und Japan den Spitzenklub Bröndby IF Kopenhagen.

Geburtsdatum:	15. Juni 1964
Geburtsland:	Dänemark
Stationen:	Brøndby Kopenhagen, Lazio Rom, Juventus Turin, FC Barcelona, Real Madrid, Vissel Kobe, Ajax Amsterdam
WM-Spiele:	9
WM-Tore:	2
Länderspiele:	104
Tore:	37
WM-Teilnahmen:	1986, 1998

Herbert Laumen

Der zweifache Nationalspieler (ein Tor) ist mitverantwortlich, dass es heutzutage nur noch Torpfosten aus Aluminium gibt. In der Saison 1970/71 fiel der Gladbacher Stürmer im Spiel gegen Bremen ins Tornetz und brachte das Gehäuse zum Einsturz – Pfostenbruch! Das Spiel wurde für Bremen gewertet, Gladbach am Ende dennoch Meister. Es war Laumens zweiter Titel mit der Borussia. Und sein letzter – 1971 wechselte er nach Bremen und war bei den weiteren glanzvollen Erfolgen der „Fohlen" nur Zuschauer.

Geburtsdatum:	11. August 1943
Geburtsland:	Deutschland
Stationen:	Borussia Mönchengladbach, Werder Bremen, 1. FC Kaiserslautern
WM-Spiele:	–
WM-Tore:	–
Länderspiele:	2
Tore:	1
WM-Teilnahmen:	–

Denis „The King" Law

In England war er nur zum Geldverdienen. Denis Law, 55-facher schottischer Nationalspieler und WM-Teilnehmer 1974, schnürte von 1962 bis 73 die Stiefel für Manchester United. 1965 und 67 wurde er Englischer Meister, 1963 Pokalsieger und 1964 „Europas Fußballer des Jahres". Als guter Schotte mochte er die Engländer nicht besonders. Das Weltmeisterschafts-Finale 1966 ließ er auf einem Golfplatz verstreichen. Bei der Nachricht vom englischen Sieg soll der gebürtige Aberdeener geflucht haben: „Diese Bastards haben mir den Nachmittag verdorben."

Geburtsdatum:	24. Februar 1940
Geburtsland:	Schottland
Stationen:	Huddersfield Town, Manchester City, AC Turin, Manchester United
WM-Spiele:	1
WM-Tore:	–
Länderspiele:	55
Tore:	30
WM-Teilnahmen:	1974

LEA – LEI

Emerson Leao

Emerson Leao nahm an vier Weltmeisterschaften teil, war aber „nur" 1974 und 1978 Stammkeeper der WM-Elf. Leao fiel in Brasiliens Torhüterriege aus dem Rahmen: Er war ein guter Torwart, nicht umsonst wurde er in Brasilien hinter Torhüterlegende Gilmar zum zweitbesten Keeper des Jahrhunderts gewählt. 1998 betreute er als Trainer für kurze Zeit die Nationalelf, dann, 2002, den FC Santos und Cruzeiro Belo Horizonte.

Geburtsdatum:	11. Juli 1949
Geburtsland:	Brasilien
Stationen:	Palmeiras São Paulo, Vasco da Gama, Gremio Porto Allegre
WM-Spiele:	14
WM-Tore:	–
Länderspiele:	81
Tore:	–
WM-Teilnahmen:	1970, 1974, 1978, 1986

James „Jim" Leighton

Allein sein Erscheinungsbild sorgte für Aufsehen: Eine dicke Schicht Vaseline auf den Augenbrauen und ein zerschundenes „Rugby-Spieler-Gebiss" waren die Markenzeichen von Schottlands „Kultkeeper" James Leighton. Bei vier Weltmeisterschaftsturnieren (1982, 1986, 1990, 1998) stand der Keeper, der seine Karriere 1974 beim FC Aberdeen begann, im Kader der „Bravehearts". Erst 2000 beendete Leighton, mittlerweile 42 Jahre alt, seine Laufbahn – natürlich beim FC Aberdeen, mit dem er 1983 den Europapokal der Pokalsieger gewonnen hatte und mit dem er 1984 und 85 vor den Glasgower Klubs Celtic und Rangers Schottischer Meister wurde.

Geburtsdatum:	24. Juli 1958
Geburtsland:	Schottland
Stationen:	FC Aberdeen, FC Dundee, Hibernian Edinburgh
WM-Spiele:	9
WM-Tore:	–
Länderspiele:	91
Tore:	–
WM-Teilnahmen:	1982, 1986, 1990, 1998

Jens Lehmann

Neben Buffon avancierte Lehmann zum besten Torwart der WM 2006. Zuvor hatte er bei großen Turnieren acht Jahre auf der Bank gesessen. Deutschlands Keeper hielt im Elfmeterschießen gegen Argentinien die Versuche von Ayala und Cambiasso und ebnete so den Weg ins Halbfinale. Er feierte sowohl mit Schalke 04 (1997 UEFA-Cup) als auch Borussia Dortmund (Deutscher Meister 2002) Triumphe. Mit Arsenal holte er 2004 den Titel in der Premier League und stand 2006 im Champions League-Finale gegen Barcelona (1:2).

Geburtsdatum:	10. November 1969
Geburtsland:	Deutschland
Stationen:	Bor. Dortmund, Arsenal, Schalke 04, Milan
WM-Spiele:	6
WM-Tore:	–
Länderspiele:	48
Tore:	–
WM-Teilnahmen:	1998, 2002, 2006

Ernst Lehner

Beim Spiel um Platz 3 in Italien 1934 schoss er zwei Tore zum 3:2-Erfolg über Österreich. Ernst Lehner von Schwaben Augsburg war einer der besten Rechtsaußen der Welt. In 65 Länderspielen zwischen 1933 und 42 erzielte er 31 Tore. Seine Spezialität waren Eckbälle, die er zuweilen auch direkt verwandelte. Experten hielten ihn auf seiner Position für ähnlich stark wie Stanley Matthews und Garrincha.

Geburtsdatum:	7. November 1912
	† 10. Januar 1986
Geburtsland:	Deutschland
Stationen:	Schwaben Augsburg, Blau-Weiß 90 Berlin
WM-Spiele:	6
WM-Tore:	2
Länderspiele:	65
Tore:	31
WM-Teilnahmen:	1934, 1938

Leonardo Nascimento de Araujo

Der technisch äußerst versierte linke Außenverteidiger war die tragische Figur in Brasiliens Weltmeister-Elf 1994. Im Achtelfinale gegen die USA flog er nach einer Tätlichkeit gegen Tab Ramos vom Platz. Nutznießer war Teamkamerad Branco, der Leonardo in den folgenden Spielen erfolgreich vertrat und sich den Stammplatz erkämpfte. 1998 war Leonardo noch einmal bei einer Weltmeisterschaft dabei, absolvierte alle sieben Partien. Seit 2004 ist der erfolgreiche Spieler nach Beendigung seiner Karriere im Management des AC Mailand tätig.

Geburtsdatum:	5. September 1969
Geburtsland:	Brasilien
Stationen:	Flamengo Rio de Janeiro, FC São Paulo, FC Valencia, Kashima Antlers, Paris St. Germain, AC Mailand
WM-Spiele:	11
WM-Tore:	–
Länderspiele:	56
Tore:	7
WM-Teilnahmen:	1994, 1998

José Leonidas da Silva

Mit acht Toren in vier Spielen wurde Leonidas, der „Schwarze Diamant" (Diamante Negro), Torschützenkönig der WM 1938 in Frankreich. Unvergessen bleiben seine drei Treffer im Achtelfinale gegen Polen (6:5). Nie richtig geklärt wurde allerdings, weshalb er im Halbfinale gegen Italien für das Endspiel geschont werden sollte. Ohne seinen besten Spieler, der ebenso trickreich und elegant wie kämpferisch agierte, schied Brasilien mit 1:2 aus. Der „Gummi-Mann", wie Leonidas wegen seiner Geschmeidigkeit auf dem Platz auch genannt wurde, trug entscheidend zur Abschaffung vieler Vorurteile gegen Schwarze im brasilianischen Fußball und der Gesellschaft allgemein bei und arbeitete später als Radiokommentator. Im hohem Alter erkrankte die Fußballlegende an Alzheimer und lebte in einem Seniorenheim in seiner Heimatstadt Sao Paulo.

Geburtsdatum:	6. September 1913 † 24. Januar 2004
Geburtsland:	Brasilien
Stationen:	Vasco da Gama, Penarol Montevideo, Botafogo und Flamengo Rio de Janeiro, FC São Paulo
WM-Spiele:	5
WM-Tore:	9
Länderspiele:	19
Tore:	21
WM-Teilnahmen:	1934, 1938

Søren Lerby

Bis 1989 war Søren Lerby aus der dänischen Nationalelf nicht wegzudenken, übernahm im defensiven Mittelfeld des „Danish Dynamites" eine Schlüsselrolle. Lerby spielte zwei Europameisterschaften (1984, 1988) und die Weltmeisterschaft 1986. Auf Vereinsebene kickte er u.a. drei Jahre in der Bundesliga bei Bayern München, wurde jeweils zweimal Meister und DFB-Pokalsieger. 1991 übernahm er das Traineramt bei den Bayern, wurde aber nach nur fünf Monaten wieder entlassen. Ab 2003 wurde er Direktor und Europachef einer Spielervermittlungsagentur. Heute ist er Manager von Hollands Jungstar Rafael van der Vaart.

Geburtsdatum:	1. Februar 1958
Geburtsland:	Dänemark
Stationen:	BK 1903 Kopenhagen, Ajax Amsterdam, FC Bayern München, AS Monaco, PSV Eindhoven
WM-Spiele:	4
WM-Tore:	1
Länderspiele:	67
Tore:	10
WM-Teilnahmen:	1986

Reinhard „Stan" Libuda

„An Jesus kommt keiner vorbei" hieß es auf einem christlichen Plakat an der Reinoldikirche in Dortmund. „außer Libuda" schrieb ein Fan darunter, der scheinbar großes Vertrauen in Libudas Dribbelkünste legte. In der Tat war „Stan", der seinen Spitznamen in Anlehnung an Englands Stanley Matthews erhielt, ein begnadeter Techniker. Libuda spielte für die beiden großen Rivalen Dortmund und Schalke, wurde 1966 mit dem BVB Europacup-Sieger. 1972 sperrte ihn der DFB aufgrund seiner Verwicklungen im Bundesligaskandal und hob die lebenslange Sperre 1974 wieder auf. „Stan" verstarb 1996 nach einem Schlaganfall.

Geburtsdatum:	10. Oktober 1943
	† 25. August 1996
Geburtsland:	Deutschland
Stationen:	Schalke 04, Bor. Dortmund
WM-Spiele:	5
WM-Tore:	1
Länderspiele:	26
Tore:	3
WM-Teilnahmen:	1970

Werner Liebrich

Liebrich war der geborene Abwehrspieler. Kompromisslos, zweikampf- und kopfballstark – in der Deckung des 1. FC Kaiserslautern räumte Werner Liebrich alles ab und verhalf den „Roten Teufeln" als Mitglied der Walter-Elf zu zwei Meistertiteln. Im Weltmeisterschaftsfinale von Bern 1954 mussten nach ihrer 2:0-Führung auch die Ungarn dranglauben. Der blonde Weltklasseverteidiger bildete beim späteren 3:2-Erfolg das Fundament für „das Wunder von Bern".

Geburtsdatum:	18. Januar 1927
	† 20. März 1995
Geburtsland:	Deutschland
Stationen:	1. FC Kaiserslautern
WM-Spiele:	4
WM-Tore:	–
Länderspiele:	16
Tore:	–
WM-Teilnahmen:	1954

Nils „Nisse" Liedholm

Liedholm gehörte neben Gren und Nordahl zum legendären schwedischen Sturmtrio „Gre-No-Li", mit dem der AC Mailand 1951 den Scudetto holte. 1948 gewann er durch ein 3:1 gegen Jugoslawien olympisches Gold. Zehn Jahre später wurde er mit Schweden Vizeweltmeister. Im Finale gegen Brasilien (2:5) erzielte er nach vier Minuten das 1:0. Nach Ende seiner Spielerkarriere machte er sich auch als Trainer einen Namen und saß in 646 Spielen der italienischen Serie A auf der Bank. Mit Milan (1979) und dem AS Rom (1983) wurde er Meister. Die Roma führte er zudem 1984 ins Finale des Europacup der Landesmeister.

Geburtsdatum:	8. Oktober 1922
Geburtsland:	Schweden
Stationen:	IFK Norrköping, AC Mailand
WM-Spiele:	5
WM-Tore:	2
Länderspiele:	23
Tore:	12
WM-Teilnahmen:	1958

Gary Winston Lineker

Stürmer Gary Lineker war ein Spieler alter englischer Prägung, suchte schnörkellos immer den direkten Weg zum Tor. Mit Erfolg: Bei der Weltmeisterschaft 1986 wurde Englands Fußballer des Jahres (1986 und 1992) Torschützenkönig des Turniers. Durch seine sechs Treffer wurde er mit dem OBE-Orden (Offizier des Britischen Empires) geehrt. In den folgenden Jahren arbeitete er als Co-Kommentator im englischen Fernsehen.

Geburtsdatum:	30. November 1960
Geburtsland:	England
Stationen:	Leicester, Everton, FC Barcelona, Tottenham
WM-Spiele:	12
WM-Tore:	10
Länderspiele:	80
Tore:	48
WM-Teilnahmen:	1986, 1990

Thomas Linke

Die Titelsammlung des Abwehrspielers Thomas Linke kann sich sehen lassen: Mit Schalke 04 holte er 1997 den UEFA-Pokal. Nach seinem Wechsel zum FC Bayern München kamen fünf deutsche Meisterschaften, drei DFB-Pokalsiege und ein Champions-League-Titel hinzu. 2002 wurde er mit der deutschen Nationalelf Vizeweltmeister. 2005 wechselte Thomas Linke, der sich trotz harter Konkurrenz bei den Bayern immer durchgesetzt hatte, zum RB Salzburg.

Geburtsdatum:	26. Dezember 1969
Geburtsland:	DDR
Stationen:	Rot-Weiß Erfurt, Schalke 04, FC Bayern München, RB Salzburg
WM-Spiele:	7
WM-Tore:	1
Länderspiele:	43
Tore:	1
WM-Teilnahmen:	2002

Marcello Lippi

Marcello Lippis Fußballerkarriere verlief eher unauffällig. Von 1970 bis 1979 kickte er in der Hafenstadt Genua für Sampdoria. Erst als Trainer machte er sich einen Namen: Coachte er anfänglich kleine Klubs wie Pontedera, Siena, Pistoiese oder Carrarese, ging es später über Neapel nach Turin. Mit der „alten Dame" Juventus wurde er in zwei Amtszeiten fünfmal Meister und gewann 1996 die Champions League. Nach der EM 2004 übernahm er die Nationalmannschaft und führte Italien 2006 in Deutschland zum vierten WM-Titel.

Geburtsdatum:	11. April 1948
Geburtsland:	Italien
Stationen:	Sampdoria Genua
WM-Spiele:	–
WM-Tore:	–
Länderspiele:	–
Tore:	–
WM-Teilnahmen:	–

Pierre „Litti" Littbarski (rechts)

Littbarski schoss gleich zwei Tore bei seinem Debüt in der Nationalmannschaft im WM-Qualifikationsspiel in Wien gegen Österreich am 14. Oktober 1981 zum 3:1-Sieg. 1990 wurde „Litti" in Italien Weltmeister. 1993 wechselte er nach 406 Spielen (116 Tore) für den 1. FC Köln, mir dem er 1983 Pokalsieger geworden war, nach Japan. Zwei Jahre später beendete er dort seine Karriere und wurde Trainer. Zu Beginn des Jahres 2006 gewann Littbarski mit dem FC Sydney die Meisterschaft in Australien.

Geburtsdatum:	16. April 1960
Geburtsland:	Deutschland
Stationen:	1. FC Köln, Racing Paris, JR East Furukawa
WM-Spiele:	18
WM-Tore:	3
Länderspiele:	73
Tore:	18
WM-Teilnahmen:	1982, 1986, 1990

Jari Litmanen

Es war eine Sensation: Im Februar 2005 verpflichtete der spätere Absteiger FC Hansa Rostock den Finnen Jari Litmanen. Ein Weltstar bei dem kleinen Klub von der Ostseeküste, das hätte niemand für möglich gehalten. Seine größten Erfolge feierte der offensive Mittelfeldspieler mit Ajax Amsterdam. Zwischen 1992 und 1999 erzielte er in 178 Spielen 96 Tore, wurde viermal Meister, gewann die Champions League und holte den Weltpokal. Nach den Stationen Barcelona, Liverpool, nochmals Ajax und dem FC Lathi unterschrieb er in Rostock für ein Jahr, verließ den Klub jedoch nach dem Abstieg. In seiner Heimat wurde Litmanen gleich neunmal zu Finnlands Fußballer des Jahres gewählt.

Geburtsdatum:	20. Februar 1971
Geburtsland:	Finnland
Stationen:	HJK Helsinki, MyPa, Ajax Amsterdam, FC Barcelona, FC Liverpool, FC Hansa Rostock, FC Lahti
WM-Spiele:	–
WM-Tore:	–
Länderspiele:	108
Tore:	28
WM-Teilnahmen:	–

Bixente Vincent Lizarazu

Das Debüt gab Lizarazu international am 14. November 1992 in Paris gegen Finnland (2:1). Der 1,69 Meter kleine Abwehrspieler hat in seiner Karriere alle nur erdenklichen Titel gewonnen. Mit dem FC Bayern München wurde er zwischen 1997 und 2005 fünfmal Meister, viermal DFB-Pokalsieger, gewann 2001 obendrein die Champions League und den Weltpokal. Mit der französischen Nationalelf, aus der er sich 2004 verabschiedete, wurde er 1998 Welt- und 2000 Europameister. Da er im Baskenland geboren wurde, durfte Lizarazu 1996/97 trotz „falscher" Nationalität für Athletic Bilbao spielen, die ausschließlich Basken verpflichteten.

Geburtsdatum: 9. Dezember 1969
Geburtsland: Frankreich
Stationen: Girondins Bordeaux, Athletic Bilbao, FC Bayern München, Olympique Marseille
WM-Spiele: 9
WM-Tore: 1
Länderspiele: 97
Tore: 2
WM-Teilnahmen: 1998, 2002

Angelo di Livio

Den Durchbruch in seiner Karriere schaffte er erst mit 27 Jahren. Angelo di Livio wechselte 1993 vom Zweitligisten AC Padua zu Juventus Turin und machte bei der „alten Dame" sechs erfolgreiche Jahre mit – mit drei italienischen Meisterschaften und dem Gewinn der Champions League 1996. Im gleichen Jahr spielte er bei der Europameisterschaft sein erstes internationales Turnier mit der Nationalmannschaft. Auch bei den folgenden drei Turnieren wollten die Trainer auf seine Routine nicht verzichten. 1999 wechselte er zum AC Florenz, mit dem er 2001 den italienischen Pokal gewann

Geburtsdatum: 26. Juli 1966
Geburtsland: Italien
Stationen: AC Perugia, AC Padua, Juventus Turin, AC Florenz
WM-Spiele: 6
WM-Tore: –
Länderspiele: 40
Tore: –
WM-Teilnahmen: 1998, 2002

Valerij Lobanovski

Für Dynamo Kiew, FC Odessa und Schachtjor Donezk bestritt er 257 Spiele in der sowjetischen Eliteliga (71 Tore). Mit Dynamo wurde der linke Flügelspieler 1961 Meister. Als Trainer übernahm Lobanowski 1973 Kiew und führte seinen Heimatverein 1975 und 1986 zum Triumph im Europapokal der Pokalsieger. Mit der sowjetischen Auswahl schaffte er bei der EM 1988 den Einzug ins Finale. Danach Nationaltrainer in den Vereinigten Arabischen Emiraten und in Kuwait, kehrte er 1997 zurück und trainierte gleichzeitig Dynamo Kiew und die ukrainische Nationalelf. Die Trainer-Legende starb am 13. Mai 2003 infolge einer Hirnblutung.

Geburtsdatum: 6. Januar 1939
† 13. Mai 2002
Geburtsland: Sowjetunion
Stationen: Dynamo Kiew
WM-Spiele: –
WM-Tore: –
Länderspiele: 2
Tore: –
WM-Teilnahmen: –

Johannes „Hennes" Löhr

Als Hennes Löhr 1964 von den Sportfreunden Saarbrücken zum 1. FC Köln wechselte, begann in der Domstadt eine neue Ära. 14 Jahre spielte Löhr für die Geißböcke, erzielte in 381 Bundesligaspielen 166 Treffer. Damit war er Rekordtorschütze der Kölner und die Nummer neun in der ewigen Bundesliga-Torschützenliste. In seiner letzten Saison 1977/78 wurde er mit dem „FC" Deutscher Meister. Mit der Nationalmannschaft wurde er 1970 WM-Dritter und 1972 Europameister. Von 1983 bis 1986 trainierte er den 1. FC Köln, wurde anschließend Coach beim DFB. Mit der Olympia-Auswahl gewann er 1988 in Seoul Bronze

Geburtsdatum: 5. Juli 1942
Geburtsland: Deutschland
Stationen: Sportfreunde Saarbrücken, 1. FC Köln
WM-Spiele: 6
WM-Tore: –
Länderspiele: 20
Tore: 5
WM-Teilnahmen: 1970

Fredrik Ljungberg

Schwedens Fußballer des Jahres 2002 macht auf und außerhalb des Platzes eine gute Figur. Als Unterhosen-Model für Calvin Klein überzeugte der exzentrische Frauenschwarm ebenso wie zunächst im Dress von Halmstads BK, wo er sich vor allem durch seine blitzschnellen Antritte einen Namen machte. 1998 wechselte er zu Arsenal London und hatte mit seinen späten Toren entscheidenden Anteil am Gewinn des Doubles 2002. Vier Jahre später erreichte Ljungberg mit den „Gunners" das Champions-League-Finale gegen Barcelona (1:2). Während er im Verein oft die Position auf dem Flügel besetzt, spielt er für Schweden im zentralen Mittelfeld. Mit seinem Kopfballtor in der 89. Minute zum 1:0-Sieg gegen Paraguay legte er den Grundstein für den WM-Achtelfinaleinzug der Skandinavier 2006. Nach 325 Partien und 72 Toren für Arsenal wechselte der Schwede zur Saison 2007/08 innerhalb der Stadtgrenzen Londons. Bei West Ham United erhielt er einen Vierjahresvertrag.

Geburtsdatum:	16. April 1977
Geburtsland:	Schweden
Stationen:	Halmstads BK, Arsenal London, West Ham
WM-Spiele:	6
WM-Tore:	1
Länderspiele:	67
Tore:	13
WM-Teilnahmen:	2002, 2006

Nathaniel „Nat" Lofthouse (am Ball)

Nat Lofthouse, Englands Fußballer des Jahres von 1953, bestritt zwischen 1945 und 1960 503 Spiele für Bolton, in denen er 285 Tore erzielte. 1953 verlor er mit den Wanderers im FA Cup-Finale gegen Blackpool trotz einer 3:1-Führung mit 3:4. Von 1950 bis 1958 trug er das englische Nationaltrikot und nahm 1954 an der Weltmeisterschaft in der Schweiz teil. Vier Jahre später hielt dann auch einer der größten englischen Mittelstürmer aller Zeiten den FA Cup in den Händen. Beim 2:0 über Manchester United markierte Lofthouse beide Treffer für Bolton.

Geburtsdatum:	27. August 1925
Geburtsland:	England
Stationen:	Bolton Wanderers
WM-Spiele:	2
WM-Tore:	3
Länderspiele:	33
Tore:	30
WM-Teilnahmen:	1954

Gyula Lóránt

Der Ungar spielte bei Honvéd Budapest Seite an Seite mit Stars wie Ferenc Puskas. Seinen ersten großen Erfolg feierte Lóránt 1952 mit dem Gewinn der olympischen Goldmedaille. Zwei Jahre später stand der Abwehrmann im WM-Aufgebot und absolvierte fünf Turnierspiele. 1963 ging Lóránt als Trainer nach Deutschland, wo er bis 1980 u.a. die Mannschaften von Eintracht Frankfurt, Bayern München und Schalke 04 betreute. 1981 erlitt er als Coach von PAOK Saloniki einen tödlichen Herzinfarkt auf der Trainerbank – Gegner der Griechen war Schalke 04.

Geburtsdatum:	6. Februar 1923
	† 31. Mai 1981
Geburtsland:	Ungarn
Stationen:	Honvéd Budapest
WM-Spiele:	5
WM-Tore:	–
Länderspiele:	37
Tore:	–
WM-Teilnahmen:	1954

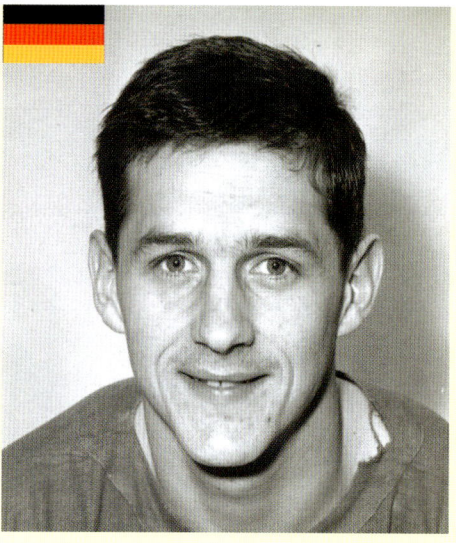

Max Lorenz

Von 1965 bis 1970 spielte Max Lorenz 19-mal in der deutschen Nationalmannschaft, erzielte dabei ein Tor. Lorenz gehörte 1966 dem Weltmeisterschaftskader an, der in England Vizeweltmeister wurde. 1970 holte er mit der DFB-Auswahl Platz 3 in Mexiko. Bundestrainer Helmut Schön ernannte ihn zum „Spielführer der Ersatzspieler", da kaum ein anderer Akteur bei Länderspielen so oft auf der Bank saß wie der Bremer. Mit Werder wurde er 1965 Deutscher Meister. In 247 Spielen schoss er zwischen 1963 und 1972 18-mal ins Netz.

Geburtsdatum:	19. August 1939
Geburtsland:	Deutschland
Stationen:	Werder Bremen, Eintracht Braunschweig
WM-Spiele:	1
WM-Tore:	–
Länderspiele:	19
Tore:	1
WM-Teilnahmen:	1966, 1970

Wlodzimierz Leonard Lubanski

„Wlodek" Lubanski stürmte für Gornik Sosnica, GKS Gliwice und Gornik Zabrze. 1966 bis 1969 war er viermal in Folge polnischer Torschützenkönig. Mit Zabrze holte Lubanski sieben Meisterschaften und sechs nationale Pokale. 1972 gewann er als Kapitän der polnischen Elf die Goldmedaille bei den Olympischen Spielen in München. An der WM zwei Jahre später konnte er aufgrund eines Kreuzbandrisses, von dem er sich nie mehr ganz erholte, nicht teilnehmen. 1978 absolvierte er fünf WM-Spiele in Argentinien, ohne jedoch zu glänzen. Seine alte Verletzung machte sich wieder bemerkbar.

Geburtsdatum:	28. Februar 1947
Geburtsland:	Polen
Stationen:	Gornik Zabrze, KSC Lokeren
WM-Spiele:	5
WM-Tore:	–
Länderspiele:	75
Tore:	48
WM-Teilnahmen:	1978

Lucimar da Silva Ferrera Lucio

Der bullige Verteidiger kam im Jahr 2000 von Internacional Porto Alegre zu Bayer Leverkusen. Vier Jahre kickte er für die Werkself, wurde mit Leverkusen in sämtlichen Wettbewerben zum „ewigen Zweiten". Mehr Glück hatte er in der Nationalelf, mit der er 2002 Weltmeister wurde. Mit seinem Wechsel zu den Bayern kam der Erfolg und 2005 und 2006 wurde Lucio Deutsche Meister und Pokalsieger. Bei der WM 2006 fehlte er wie bereits 2002 keine Sekunde.

Geburtsdatum:	8. Mai 1978
Geburtsland:	Brasilien
Stationen:	Int. Porto Alegre, Bayer 04, FC Bayern München
WM-Spiele:	12
WM-Tore:	–
Länderspiele:	63
Tore:	3
WM-Teilnahmen:	2002, 2006

Ioan Lupescu

Sein fußballerisches Talent bekam Mittelfeldspieler Ioan Lupescu buchstäblich in die Wiege gelegt. Vater Nicolae war zwischen 1960 und 1972 rumänischer Nationalspieler (21 Länderspiele), nahm 1970 an der WM teil. Ioan spielte bis 1990 bei Dinamo Bukarest, wurde Meister und Pokalsieger. Im gleichen Jahr nahm er an der WM in Italien teil. Anschließend verpflichtete ihn Leverkusen. Mit Bayer gewann Lupescu 1993 den DFB-Pokal. Es folgte ein weiteres Bundesligaengagement in Gladbach (1996–1998), danach ging der 73-malige Nationalspieler zu Dinamo Bukarest zurück. Zuletzt spielte er in Saudi-Arabien für Al-Hilal.

Geburtsdatum:	9. Dezember 1968
Geburtsland:	Rumänien
Stationen:	Dinamo Bukarest, Bayer Leverkusen, Borussia Mönchengladbach
WM-Spiele:	8
WM-Tore:	–
Länderspiele:	74
Tore:	6
WM-Teilnahmen:	1990, 1994

Leopoldo Jacinto Luque

In seinem „Wohnzimmer", dem Estadio Monumental von Buenos Aires, feierte River-Plate-Stürmer Leopoldo Luque 1978 seinen größten Erfolg, wurde mit Argentinien Weltmeister. Trotz einer Armverletzung, die ihn in der zweiten Finalrunde zunächst zum Zuschauen verdammte, erzielte Luque vier Treffer und war somit hinter Mario Kempes (6) zweitbester argentinischer Angreifer im Turnier. Insgesamt spielte Luque, dessen Bruder bei einem schweren Autounfall ums Leben kam, bis 1981 45-mal für die „Gauchos", erzielte 22 Tore. Für Rosario, River Plate, Racing Club und Chacarita Juniors erzielte er in der argentinischen Liga 100 Treffer.

Geburtsdatum:	3. Mai 1949
Geburtsland:	Argentinien
Stationen:	River Plate Buenos Aires
WM-Spiele:	5
WM-Tore:	4
Länderspiele:	45
Tore:	22
WM-Teilnahmen:	1978

Keeper ohne Niederlage

Besser hätte sein Premierenjahr in Englands Eliteliga nicht verlaufen können: Auf Anhieb holte er im Tor von Arsenal London die Premiership (2003/04) und verlor von 38 Partien der Saison nicht ein einziges Match. Das Kunststück gelang zuletzt Preston North 1888/89 – bei weniger Begegnungen. Doch selbst der zusätzliche Gewinn des FA-Cups 2005 ließ seine Kritiker nicht verstummen. Riskante Ausflüge brachten Gegentore und kosteten Punkte und Siege. An seinem trotzdem selbstbewussten Auftreten rieben sich die Fans seit jeher, unterstellten dem Modellathleten schon mal Arroganz. Sein UEFA-Cup-Erfolg 1997 mit dem volksnahen Klub Schalke 04, bei dem er im Finale einen Elfer im Elfmeterschießen parierte, war der erste große Titel. Mit dem Revierrivalen aus Dortmund gewann er 2002 die Deutsche Meisterschaft, bevor er 2003 nach England wechselte. Im Adlertrikot stand Lehmann ständig im Schatten des mehrfachen Welttorhüters Oliver Kahn, so bei der Weltmeisterschaft 2002. Das änderte sich erst vor der WM 2006. Aufgrund seiner überragender Leistungen in der Champions League, ohne Gegentor marschierte er mit Arsenal durch die K.o.-Runde bis ins Finale, wurde er von Jürgen Klinsmann zur Nummer eins befördert.

MAC – MAD

Antonio Maceda – Rabah Madjer – Felix Wolfgang Magath – Karl Mai – Josef „Sepp" Dieter Maier – Roy Rudolphus Anton Makaay – Cesare Maldini – Paolo Maldini – Claude Makelele – Florent Malouda – Diego Armando Maradona – Josef Masopust – Nuno Ricardo Oliveira Ribeiro „Maniche" – Pedro Manuel Torres „Mantorras" – Daniele Massaro – Ramos di Oliveira „Mauro" – Lothar Herbert Matthäus – Stanley Matthews – Rafael Marquez – Marco Materazzi – Ladislao Mazurkiewicz – Alessandro Mazzola – Valentino Mazzola – Per Mertesacker – Alistair Murdoch McCoist – Samuel Baxter McIlroy – William McNeill – Paul Michael Lyons McStay – Giuseppe Meazza – Max Merkel – Lionel Messi – Slawa Metreweli – Christoph Metzelder – Alexej Michailitschenko – Max Michallek – José Miguel „Michel" González del Campo – Marinus „Rinus" Michels – Predrag Mijatovic – Albert Roger Mook Miller – Frank Mill – Severino Minelli – Jürgen Milewski – Rajko Mitic – Andreas Möller – Luis Fernando Monti – Eraldo Monzeglio – Robert „Bobby" Frederick Moore – Lubomir „Lubo" Moravcik – Fernando Morientes Sánchez – Max Morlock – Dieter Müller – Gerhard „Gerd" Müller – Hans „Hansi" Müller – Ludwig „Luggi" Müller – René Müller – Reinhold Münzenberg – Miguel Muñoz

Antonio Maceda

Sein Kopfballtor nach 90 Minuten im Vorrundenspiel gegen Deutschland bei der Europameisterschaft 1984 stellte den Sieg für Spanien sicher und beförderte die DFB-Auswahl aus dem Wettbewerb, was deren Trainer Jupp Derwall den Job kostete. Auch das 1:1 im folgenden Halbfinale gegen Dänemark war eminent wichtig, rettete es die Iberer doch ins gewonnene Elfmeterschießen. Leider holte sich der Verteidiger noch eine Gelbe Karte ab, weswegen er im Endspiel fehlte, das dann mit 0:2 gegen Frankreich verloren ging. Bei den Weltmeisterschaftsteilnahmen 1982 sowie 1986 kam Maceda nicht über das Viertelfinale hinaus.

Geburtsdatum:	16. Mai 1957
Geburtsland:	Spanien
Stationen:	Sporting Gijon, Real Madrid
WM-Spiele:	2
WM-Tore:	–
Länderspiele:	36
Tore:	8
WM-Teilnahmen:	1982, 1986

Rabah „Mustapha" Madjer

Ihm verdankt die deutsche Fußballnation gleich zwei Albträume. Zuerst leitete er 1982 bei der WM das deutsche Debakel gegen Algerien ein – mit seinem Treffer zum 1:0. 1987 folgte sein zweiter großer Auftritt. Im Europapokalfinale von Wien sorgte er im Trikot des FC Porto mit seinem Hackentor zum 1:1 beim 2:1-Sieg für eine der schmerzlichsten Niederlagen des FC Bayern München. Dank Madjer mussten die Bayern danach 14 Jahre auf ihren vierten Triumph im Meister-Cup warten. Seit 1991 ist er Trainer und war von 1999 bis 2002 Nationalcoach seines Heimatlandes.

Geburtsdatum:	15. Februar 1958
Geburtsland:	Algerien
Stationen:	Athletic Hussein De Algier, Racing Paris, FC Porto, FC Valencia, Nadi Al Qatari
WM-Spiele:	6
WM-Tore:	1
Länderspiele:	87
Tore:	40
WM-Teilnahmen:	1982, 1986

Felix Wolfgang Magath

Den Weltstars von Juventus Turin stahl er die Show. Nicht Michel Platini und nicht Zbigniew Boniek – es war Felix Magath, der im Trikot des Hamburger SV zum großen Sieger des Endspiels um den Europapokal der Landesmeister 1983 wurde. Im wohl besten Spiel seiner Karriere bezwang er Dino Zoff mit seinem Schuss aus 18 Metern zum 1:0-Siegtor. Magath wurde mit dem HSV dreimal Deutscher Meister und mit der Nationalelf 1982 und 86 zweimal Vizeweltmeister. In 306 Bundesligaspielen für den HSV schoss der Mittelfeldspieler 46 Tore. Als Trainer gewann er mit Bayern München sowohl 2005 als auch 2006 Meisterschaft und DFB-Pokal.

Geburtsdatum:	26. Juli 1953
Geburtsland:	Deutschland
Stationen:	Viktoria Aschaffenburg, 1. FC Saarbrücken, HSV
WM-Spiele:	10
WM-Tore:	–
Länderspiele:	43
Tore:	3
WM-Teilnahmen:	1982, 1986

Karl Mai

Keinen geringeren als Sandor Kocsis schaltete „Charly" im WM-Endspiel 1954 aus und war so unmittelbar am „Wunder von Bern" beteiligt. Dabei rückte er nur zufällig ins Blickfeld von Herberger, der sich in Fürth eigentlich Richard Gottinger anschauen wollte, dann aber von Mai so begeistert war, dass er ihn zum Qualifikationsspiel gegen die Saar-Auswahl einlud. Fortan war Mai Stammspieler. Der im Waisenhaus groß gewordene Mai gehört zur letzten großen Spielergeneration der SpVgg Fürth. Schon ganz früh trug er das Kleeblatttrikot und schaffte immerhin den Sprung in die Endrunden zur deutschen Meisterschaft 1950 und 1951. Später wechselte der gelernte Bäcker zum FC Bayern München, verdiente auch bei Young Fellows Zürich und dem FC Dornbirn als Fußballrentner nicht nur Taschengeld. Am Ende zog es ihn wieder in seine fränkische Heimat zurück, wo er als Sportlehrer wirkte.

Geburtsdatum:	27. Juli 1928
	† 15. März 1993
Geburtsland:	Deutschland
Stationen:	SpVgg Fürth, FC Bayern, München, Young Fellows Zürich, FC Dornbirn
WM-Spiele:	5
WM-Tore:	–
Länderspiele:	21
Tore:	1
WM-Teilnahmen:	1954

Josef „Sepp" Dieter Maier

Seine internationale Karriere begann frühzeitig. Bereits als 17-Jähriger streifte Sepp Maier ein DFB-Auswahldress über. Drei Jahre zuvor war er vom TSV Haar zum FC Bayern München gewechselt, nun debütierte er am 12. März 1961 in der Jugendnationalmannschaft gegen England (2:0). Über die Amateurauswahl führte der Weg in die A-Elf unter Trainer Helmut Schön. Am 4. Mai 1966 trat er erstmals für die deutschen Farben in Dublin gegen Irland an. Deutschland gewann mit 4:0. Bei der WM-Endrunde in England 1966 stand vor ihm noch Hans Tilkowski im deutschen Kasten. Maier beerbte ihn anschließend und war fortan die Nummer eins in der Auswahl ebenso wie schon seit 1963 im Verein. Zwischen dem 20. August 1966 und dem Saisonende 1979 bestritt Sepp Maier, die „Katze von Anzing", 473 Bundesligaspiele für den FC Bayern München – davon 442 hintereinander. Er wurde Deutscher Meister, Europa- und Weltpokalsieger, Welt- und Europameister und ist Deutschlands erfolgreichster Torwart aller Zeiten (Rang 5 in Europa). Fußballer des Jahres wurde er 1975, 1977 und 1978. Weil er ein unvergleichlicher Spaßvogel war, genoss Maier eine enorme Popularität. So auch bei dem Spiel gegen Bochum, als er einer Wildente hinterherhechtete. Nach einem schweren Verkehrsunfall am 14. Juli 1979 musste er seine Karriere vorzeitig beenden. Von 1987 bis 2004 war er Bundestorwarttrainer.

Geburtsdatum:	28. Februar 1944
Geburtsland:	Deutschland
Stationen:	FC Bayern München
WM-Spiele:	18
WM-Tore:	–
Länderspiele:	95
Tore:	
WM-Teilnahmen:	1966, 1970, 1974, 1978

Roy Rudolphus Anton Makaay

Im März 2007 erzielte er das schnellste Tor in der Geschichte der Champions League. Nach 10 Sekunden traf der Bayern-Stürmer gegen Real Madrid. Die Karriere des „Tor-Phantoms" nahm in La Coruna richtig Fahrt auf, wo er Vizemeister und Meister wurde. Mit 29 Treffern errang er 2002/03 die Torjägerkrone der Primera Division und den „Goldenen Schuh" der UEFA für den besten Schützen Europas. Für die damalige Rekordablöse von 18,75 Millionen Euro sicherte sich der FC Bayern 2004 seine Dienste. An der Säbener Straße feierte Makaay 2005 und 2006 das Double. Mit 78 Treffern in 129 Ligaspielen und einer Quote von 0,60 Toren pro Partie verewigte er sich in der Klubhistorie als treffsicherster Stürmer nach Gerd Müller (0,85). 2007 wechselte Makaay zu Feyenoord Rotterdam. Im Oranjeteam kam er zumeist nur als Einwechselspieler zum Zuge.

Geburtsdatum:	9. März 1975
Geburtsland:	Niederlande
Stationen:	NEC Nijmwegen, Vitesse Arnheim, CD Teneriffa, Deportivo La Coruña, FC Bayern, Feyenoord
WM-Spiele:	–
WM-Tore:	–
Länderspiele:	43
Tore:	6
WM-Teilnahmen:	–

Cesare Maldini

Sowohl als Spieler wie auch als Trainer war der wegen des Zweiten Weltkriegs spät zum Fußball Gekommene äußerst erfolgreich. 1963 gewann der Mittelläufer mit dem AC Mailand den ersten Landesmeistercup einer italienischen Mannschaft überhaupt. Vier Meistertitel errang der zweikampfstarke Maldini ebenso. Bei der Nationalelf war er zwar Kapitän, jedoch längst nicht so erfolgreich. Erst als Assistent gewann er im Trainerstab von Enzo Bearzot 1982 den WM-Sieg. Mit der U21 holte Maldini einen Titel-Hattrick 92, 94, 96. Als Nationaltrainer der A-Mannschaft blieb ihm ein Erfolg versagt.

Geburtsdatum:	5. Februar 1932
Geburtsland:	Italien
Stationen:	AC Mailand, AC Turin
WM-Spiele:	2
WM-Tore:	–
Länderspiele:	14
Tore:	–
WM-Teilnahmen:	1962

Paolo Maldini

Am 23. Mai 2007 feierte Paolo Maldini seinen fünften Triumph in der europäischen Königsklasse. Den ersten hatte er 1989 noch an der Seite von Gullit, Rijkaard sowie seines heutigen Trainers Carlo Ancelotti bejubelt. In der ruhmreichen Geschichte des AC Milan hat kein Spieler mehr Titel errungen als der Linksverteidiger. 7 Scudetti, 2 Weltpokalsiege, 4 europäische und 5 italienische Supercups sowie eine Coppa Italia stehen als weitere Erfolge in der Statistik. Mit 16 Jahren hatte Paolo am 20. Januar 1985 sein erstes Pflichtspiel für den AC bestritten und damit die von seinem Vater Cesare begründete Ära fortgesetzt. Im Nationaldress blieben der Milan-Ikone dagegen Titel verwehrt. Zwei Mal erreichte Maldini, der an sieben großen Turnieren teilnahm, das Finale. Bei der 1994er-WM fehlte im Elfmeterschießen gegen Brasilien ebenso das Glück wie im EM-Endspiel 2000 (1:2 durch Golden Goal gegen Frankreich).

Geburtsdatum:	26. Juni 1968
Geburtsland:	Italien
Stationen:	AC Mailand
WM-Spiele:	23
WM-Tore:	–
Länderspiele:	126
Tore:	7
WM-Teilnahmen:	1990, 1994, 1998, 2002

Claude Makelele

Frankreichs Finaleinzug bei der WM 2006 basierte auf einer kompakten Defensive, die in Makelele ihren herausragenden Interpreten hatte. Zusammen mit seinem kongenialen Partner Patrick Vieira bildete das 1,74 Meter große Kraftpaket ein kaum zu überwindendes Bollwerk vor der Abwehr. Seine Energie, Schnelligkeit und die Fähigkeit, Spielzüge zu antizipieren, machten den in Kinshasa geborenen Mittelfeldstrategen zu einem begehrten Spieler. Für Real Madrid, wo er zwei Meisterschaften (2001, 2003) sowie die Champions League und den Weltpokal (beide 2002) gewann, und ab 2003 für Chelsea. Mit den „Blues" holte er 2005 und 2006 den Titel in der Premier League.

Geburtsdatum:	18. Februar 1973
Geburtsland:	Zaire
Stationen:	Nantes, Ol. Marseille, Celta de Vigo, Real Madrid, Chelsea
WM-Spiele:	8
WM-Tore:	–
Länderspiele:	61
Tore:	–
WM-Teilnahmen:	2002, 2006

„El Pibe de Oro" Diego Armando Maradona

Das Herz eines jeden Fußballfans schlug höher, wenn er die Fußballarenen der Welt betrat. Für viele war er sicher der beste Fußballer aller Zeiten, nicht nur in seiner Heimat Argentinien, wo „Dieguito" angehimmelt wurde. Geboren in einem Armenviertel von Buenos Aires, spielte sich der Ausnahmespieler in die Herzen einer ganzen Nation. Früh war er der Dreh- und Angelpunkt der Albiceleste, Argentiniens Nationalelf. Verblüffte mit unglaublichen Dribblings, schoss unnachahmliche Freistöße, schlug erstaunliche Haken durch gegnerische Abwehrreihen und strahlte absolute Siegermentalität aus. Ein Fußballer von einem anderen Stern, der sich dann selbst in die Nähe Gottes rückte. Bei der 86er-WM bugsierte er das Spielgerät mit der linken Hand über Englands Torhüter Shilton zum 1:0 hinweg, mit der Hand Gottes und dem Kopf Maradonas, wie er später erklärte. „Die Hand Gottes" wurde zum berühmtesten Handspiel der Fußballgeschichte und verdrängte sein Jahrhunderttor zum 2:0 im gleichen Spiel – fast. Im Finale des gleichen Turniers führte sein Pass zum 3:2-Sieg über „Germania", der Argentinien den zweiten und bis heute letzten WM-Titel bescherte. 1990 dann sein letzter großer Auftritt im Nationaltrikot, in sportlicher Hinsicht. Die Deutschen nahmen erfolgreich Revanche und besiegten den 1,67 Meter großen Fußballästheten im Endspiel mit 1:0. 1994 sorgte der nun durch Skandale und Drogenprobleme Aufgefallene nochmal für Schlagzeilen: Wegen Kokainmissbrauchs wurde er vom WM-Turnier ausgeschlossen.

Geburtsdatum:	30. Oktober 1960
Geburtsland:	Argentinien
Stationen:	Argentinos Juniors, Boca Juniors, FC Barcelona, SSC Neapel, FC Sevilla, Newell's Old Boys Rosario
WM-Spiele:	21
WM-Tore:	8
Länderspiele:	91
Tore:	34
WM-Teilnahmen:	1982, 1986, 1990, 1994

Florent Malouda

So ändern sich die Zeiten. Einst auf Grund seiner Schwäche im Abschluss als „Maladroit" (ungeschickte Person) verspottet, wurde der Linksfuß in der Saison 2006/07 zum besten Spieler der französischen Ligue 1 gewählt. Anschließend wechselte Malouda, mit Olympique Lyon vier Mal in Serie Meister, für 21 Millionen Euro zum FC Chelsea. Bei der Weltmeisterschaft 2006 in Deutschland fehlte er nur zum Auftakt gegen die Schweiz (0:0). Die übrigen sechs Partien bestritt der im französischen Überseedépartement Guayana geborene Mittelfeldspieler von Beginn an. Im Finale konnte ihn Italiens Verteidiger Materazzi nur mit einem Foul stoppen, das nach sechs Minuten zu dem von Zidane verwandelten Elfmeter führte.

Geburtsdatum:	13. Juni 1980
Geburtsland:	Französisch-Guyana
Stationen:	Chateauroux, Guingamp, Lyon, Chelsea
WM-Spiele:	6
WM-Tore:	–
Länderspiele:	33
Tore:	3
WM-Teilnahmen:	2006

Josef Masopust

Das Mittelfeld-Laufwunder erlebte 1962 unbestritten seinen Karrierehöhepunkt. Im WM-Finale 1962 den Brasilianern 1:3 unterlegen, nachdem der Regisseur ein langes Solo zur 1:0-Führung abschloss, verlieh man ihm den Titel Fußballer des Jahres in Europa. 1958 schied der Stratege mit seinem Team schon in der Vorrunde aus, um dann 1960 beim Europapokal der Nationen (EM-Vorläufer) Bronze zu holen. Masopust wurde mit Dukla bzw. dem Vorgängerverein UDA Prag zwischen 1953 und 1966 achtmal Meister und gewann dreimal den Pokal (1961, 65, 66) Beim belgischen Verein RWD Molenbeek verdiente der füllig wirkende Star dann noch etwas Geld, bevor er als Trainer u.a. bei Dukla Prag und der Nationalmannschaft wirkte – bei weitem nicht so erfolgreich.

Geburtsdatum:	9. Februar 1931
Geburtsland:	Tschechoslowakei
Stationen:	Dukla Prag
WM-Spiele:	10
WM-Tore:	1
Länderspiele:	63
Tore:	10
WM-Teilnahmen:	1958, 1962

Nuno Ricardo Oliveira Ribeiro „Maniche"

Bei der EM 2004 erzielte er im Halbfinale gegen Holland das vorentscheidende 2:0. Auch bei der WM 2006 war er gegen Mexiko (1:0, Endstand 2:1) und erneut die Niederlande (1:0) erfolgreich. Schon im Alter von neun Jahren staubte er von seinem Idol Michael Manniche – ein Däne, der damals bei Benfica spielte – seinen Spitznamen ab. Anfang 2006 folgte der Mittelfeldspieler seinem Mentor Mourinho, unter dem er mit Porto UEFA-Pokal (2003) und Champions League (2004) gewonnen hatte, zu Chelsea.

Geburtsdatum:	11. November 1977
Geburtsland:	Portugal
Stationen:	Benfica, Porto, Chelsea
WM-Spiele:	7
WM-Tore:	2
Länderspiele:	42
Tore:	7
WM-Teilnahmen:	2006

Pedro Manuel Torres „Mantorras"

Seit 2001 ist Mantorras der Star im angolanischen Fußball. In diesem Jahr führte er die U 20-Nationalmannschaft bei der Afrika-Meisterschaft der Junioren zum Sieg und damit zum ersten internationalen Titel für sein Land. Und als die Qualifikation für die WM 2006 in ihre entscheidende Phase ging, kehrte der Stürmer, der in seiner Heimat auch wegen seines sozialen Engagements ein Volksheld ist, nach langer Verletzungspause ins Team zurück und sicherte durch Treffer in den beiden letzten Spielen gegen Gabun und Ruanda die erste Endrundenteilnahme.

Geburtsdatum:	18. März 1982
Geburtsland:	Angola
Stationen:	Alverca, Benfica Lissabon
WM-Spiele:	2
WM-Tore:	–
Länderspiele:	13
Tore:	3
WM-Teilnahmen:	2006

Daniele Massaro (Vordergrund)

Gleich zu Beginn der äußerst erfolgreichen Karriere gelang der bisher größte sportliche Erfolg: 1982 in Spanien wurde Massaro Weltmeister – allerdings ohne eine Minute gespielt zu haben. Erst 1994 spielte der in Monza geborene Massaro für die Squadra Azzurra, verschoss aber im Elfmeterschießen des Finales wie Baresi und Baggio einen Strafstoß, so dass der WM-Titel an Brasilien ging. Vier Meisterschaften fuhr er in den 90ern mit seinem AC Mailand ein, dazu kamen zwei Champions-League-Erfolge (90, 94), zwei europäische und drei italienische Supercups – jeweils mit dem AC Mailand.

Geburtsdatum: 23. Mai 1961
Geburtsland: Italien
Stationen: FC Monza, AC Florenz, AS Rom, AC Mailand
WM-Spiele: 6
WM-Tore: 1
Länderspiele: 15
Tore: 1
WM-Teilnahmen: 1982, 1994

Lothar „Loddar" Herbert Matthäus

Mit 150 Länderspielen für Deutschland schaffte er einen Rekord für die Ewigkeit. Matthäus führte sein Land 1990 als Kapitän zum dritten WM-Titel. Mit den Bayern wurde der Junge aus Herzogenaurach mehrmals Deutscher Meister und Pokalsieger und setzte seine Erfolge bei Inter Mailand fort. „Tragischer Held" wurde Matthäus in seinem letzten Spiel für seinen alten Verein Borussia Mönchengladbach. Im Pokalfinale 1984 verschoss er ausgerechnet gegen seinen neuen Klub Bayern München einen Elfmeter.

Geburtsdatum: 21. März 1961
Geburtsland: Deutschland
Stationen: Bor. M'gladbach, B. München, Inter, New York Metro Stars
WM-Spiele: 25
WM-Tore: 6
Länderspiele: 150
Tore: 23
WM-Teilnahmen: 1982, 1986, 1990, 1994, 1998

Stanley „Stan" Matthews

Noch mit 50 Jahren spielte er in der ersten englischen Division. Matthews kam 1930, mit 15 Jahren, zu Stoke City. Nach 17 Jahren wechselte er 1947 zum FC Blackpool und kehrte 1961, mit 46, nach Stoke zurück. 1963 stieg Matthews mit seinem Heimatverein in die First Division auf. 1965, im Alter von 50 Jahren und fünf Tagen, absolvierte er schließlich seine letzte Partie. Matthews war „Europas Fußballer des Jahres" 1956. Und das mit 41! Als erster englischer Fußballer wurde er 1965 geadelt.

Geburtsdatum: 1. Februar 1915
† 23. Februar 2000
Geburtsland: England
Stationen: Stoke City, FC Blackpool
WM-Spiele: 3
WM-Tore: –
Länderspiele: 54
Tore: 11
WM-Teilnahmen: 1950, 1954

Ramos di Oliveira „Mauro"

„Aller guten Dinge sind drei", traf auch beim sicheren Abwehrrückhalt Mauro zu. Zumindest, was seine Nationalmannschaftskarriere betraf. 1954 sowie 1958 noch für den FC São Paulo kickend, kam er bei den beiden WM-Endrunden nicht zum Einsatz. Doch 1962 in Chile, mittlerweile beim FC Santos, spielte der kopfballstarke Defensivspezialist sicher und nahm sogar als Kapitän nach dem Finale den WM-Pokal entgegen.

Geburtsdatum: 30. August 1930
† 18. September 2002
Geburtsland: Brasilien
Stationen: FC São Paulo, FC Santos
WM-Spiele: 6
WM-Tore: –
Länderspiele: 28
Tore: –
WM-Teilnahmen: 1954, 1958, 1962

MAR – MAZ

Rafael Marquez

„Kaiser von Michoacan" nennen sie ihn daheim im Land der Azteken. Seit Hugo Sanchez hat kein anderer mexikanischer Spieler im Ausland derart stark aufgetrumpft wie der elegante Innenverteidiger. Mit dem AS Monaco wurde er 2000 französischer Meister, mit Barcelona spanischer Titelträger (2005, 2006) und Champions-League-Sieger (2006). Technisch versiert, stark in der Luft und sicher im Passspiel zeichnen Marquez zudem Übersicht und konsequentes Tackling aus. Bei der WM 2006 brachte er Mexiko im Achtelfinale gegen Argentinien in Führung, doch am Ende schied „El Tri" wie bereits 2002 in der Runde der letzten 16 Teams aus.

Geburtsdatum:	13. Februar 1979
Geburtsland:	Mexiko
Stationen:	Atlas, AS Monaco, FC Barcelona
WM-Spiele:	8
WM-Tore:	1
Länderspiele:	79
Tore:	9
WM-Teilnahmen:	2002, 2006

Marco Materazzi

Er sorgte für den Skandal der WM 2006: In der Verlängerung des Finales (5:3 i. E. für Italien) beleidigte er Zidane derart schwer, dass der große Franzose seine einzigartige Karriere mit einem Kopfstoß gegen die Brust des Inter-Spielers beendete. In der regulären Spielzeit (1:1) war er durch ein Wechselbad der Gefühle gegangen. Erst verursachte er den Elfmeter zur französischen Führung, dann traf er zum Ausgleich. Erst als Einwechselspieler für den verletzten Nesta ins Team gerückt, hatte er gegen Tschechien das 1:0 erzielt. Im folgenden Achtelfinale erhielt er die rote Karte.

Geburtsdatum:	19. August 1973
Geburtsland:	Italien
Stationen:	Perugia, Everton, Inter
WM-Spiele:	4
WM-Tore:	2
Länderspiele:	39
Tore:	2
WM-Teilnahmen:	2002, 2006

Ladislao „Chiquito" Mazurkiewicz

Des Keepers Markenzeichen war der schwarze Pullover. Als der herausragende Torhüter beim 66er-WM-Eröffnungsspiel gegen England das 0:0 hielt, war er der erste nicht britische Spieler, der keinen Treffer im Wembley Stadion hinnehmen musste. Gegen Deutschland musste er beim Viertelfinal-Aus gleich viermal hinter sich greifen. Mazurkiewicz gewann 1966 mit Penarol Montevideo zunächst die Copa Libertadores, die südamerikanische Vereinsmeisterschaft, und dann den Weltpokal gegen Real Madrid.

Geburtsdatum:	14. Februar 1945
Geburtsland:	Uruguay
Stationen:	Penarol, Atlético Madrid
WM-Spiele:	13
WM-Tore:	–
Länderspiele:	36
Tore:	–
WM-Teilnahmen:	1966, 1970, 1974

Alessandro „Sandro" Mazzola

Wie sein Vater Valentino war er Stürmer. Allerdings bei Inter Mailand statt dem AC Turin unter Vertrag, räumte „Sandro" alles ab, was zu holen war: 1964 und 1965 gelang der Sieg im Europapokal der Landesmeister und jeweils der folgende Weltpokalsieg. Viermal triumphierte er mit Inter in der Meisterschaft (1963, 65, 66, 71). In 418 Ligaspielen erzielte er 116 Tore. 1966 mit der Squadra Azzurra noch bei der Weltmeisterschaft in der Vorrunde ausgeschieden, sicherte der auch im Mittelfeld kickende 1968 den Europameistertitel. Im 70er-WM-Finale scheiterte Mazzola erst an Brasilien. 1974 scheiterte Italien dagegen schon in der Vorrunde.

Geburtsdatum:	8. November 1942
Geburtsland:	Italien
Stationen:	Inter Mailand
WM-Spiele:	12
WM-Tore:	1
Länderspiele:	70
Tore:	22
WM-Teilnahmen:	1966, 1970, 1974

Valentino Mazzola

Beim Flugzeugabsturz 1949 am Superga-hügel bei Turin, aus Lissabon kommend, kamen alle 28 Spieler, Betreuer und das Management des AC Turin ums Leben, so auch der Vater von Alessandro, dem späteren Top-Stürmer von Inter Mailand. Valentino beherrschte in seinem kurzen Leben mit dem AC Turin (5 Meistertitel) Italiens Fußball der 40er-Jahre. Das Team war eines der besten, das jemals in der Serie A spielte und wurde „Il Grande Torino" genannt. 1948 gewannen Mazzola und Co. den Scudetto mit 16 Punkten Vorsprung vor Milan – bis heute unerreicht. Im Mai 1947 standen im Länderspiel gegen Ungarn nicht weniger als zehn Torino-Spieler in der Startelf. Die Katastrophe nach dem Auswärtsspiel in Lissabon beendete jäh eine grandiose Karriere.

Geburtsdatum:	26. Januar 1919
	† 4. Mai 1949
Geburtsland:	Italien
Stationen:	AC Turin
WM-Spiele:	–
WM-Tore:	–
Länderspiele:	12
Tore:	4
WM-Teilnahmen:	–

Per Mertesacker

Bei der WM 2006 wies ihn die Statistik als besten Zweikämpfer aus. 83,6 Prozent der Duelle Mann gegen Mann entschied der Hannoveraner für sich. Mertesacker feierte 2004 nach nur 20 Bundesligaspielen sein Debüt im Nationalteam und ist seitdem eine feste Größe. Als einer von zwei Spielern absolvierte er 2005 beim Confederations-Cup jede Minute. Auch bei der WM 2006 fehlte Mertesacker als einziger deutscher Akteur bis zum Spiel um den dritten Platz keine Sekunde, ehe ihn eine Fersenverletzung stoppte. Der Blondschopf gilt als Prototyp des modernen Innenverteidigers, für dessen Position angesichts eines immer komplexer werdenden Spielverständnisses zunehmend intellektuelle Fähigkeiten gefragt sind. Zur Saison 2006/07 wechselte er zu Werder Bremen.

Geburtsdatum:	29. September 1984
Geburtsland:	Deutschland
Stationen:	Hannover 96, Werder Bremen
WM-Spiele:	6
WM-Tore:	–
Länderspiele:	35
Tore:	1
WM-Teilnahmen:	2006

Alistair „Ally" Murdoch McCoist

Bereits mit 16 einen Profivertrag bei FC St. Johnstone unterschrieben, schaffte er erst nach seiner Rückkehr vom FC Sunderland in die schottische Liga den Durchbruch als Stürmer. Von 1983 bis 1998 erzielte er für Glasgow Rangers 355 Treffer in 581 Einsätzen. Er gewann zehn schottische Meisterschaften und war 1992 Schottischer Fußballer des Jahres. Seine größte Enttäuschung war die Nichtnominierung zur WM 1986. Seit November 1986 im Dress der „tartan army", stand er bei der WM 1990 nur gegen Brasilien in der Startelf.

Geburtsdatum:	24. September 1962
Geburtsland:	Schottland
Stationen:	FC St. Johnstone, FC Sunderland, Glasgow Rangers
WM-Spiele:	3
WM-Tore:	–
Länderspiele:	61
Tore:	19
WM-Teilnahmen:	1990

Samuel „Sammy" Baxter McIlroy

Elf Jahre kickte „Sammy" bei Manchester United (1971–82). Danach folgten Stationen bei Stoke City, Manchester City, Örgryte IS, VfB Mödling, FC Bury und Preston North End. Der Mann aus Belfast nahm an den WM-Endrunden 1982 und 1986 teil. Als Mittelfeldspieler erreichte er 1982 sogar die zweite Runde. Bei der WM 1986 in Mexiko führten ein Unentschieden sowie zwei Niederlagen zum Aus in der Vorrunde. Von 2000 bis 2003 war er Trainer der nordirischen Nationalmannschaft.

Geburtsdatum:	2. August 1954
Geburtsland:	Nordirland
Stationen:	Manchester United, Manchester City, Preston North End
WM-Spiele:	8
WM-Tore:	–
Länderspiele:	88
Tore:	5
WM-Teilnahmen:	1982, 1986

William „Cesar" McNeill

Als Kapitän von Celtic Glasgow gewann der Mittelfeldspieler den ersten Europacup überhaupt mit einer britischen Mannschaft. 1967 glückte ein 2:1-Erfolg über Inter Mailand im Finale der Landesmeister. Unter Manager Jock Stein verbrachte er seine Karriere bei den Celtics und gewann neun Meisterschaften in Folge, sicherte sich siebenmal den Pokal. Der 29-fache Nationalspieler trug auch einige Zeit die Kapitänsbinde der „Bravehearts". Nach der aktiven Zeit managte er erfolgreich u.a. Aberdeen, Celtic, ManCity und Aston Villa. 1965 war er Schottlands erster Fußballer des Jahres.

Geburtsdatum:	2. März 1940
Geburtsland:	Schottland
Stationen:	Celtic Glasgow
WM-Spiele:	–
WM-Tore:	–
Länderspiele:	29
Tore:	3
WM-Teilnahmen:	–

Paul Michael Lyons McStay

17-jährig schlüpfte Paul McStay 1981 zum ersten Mal ins Dress von Celtic Glasgow und wurde gleich in seiner ersten Saison schottischer Meister. In den folgenden Jahren stand der „katholische" Glasgower Klub aber zunehmend im Schatten der „protestantischen" Rangers, so dass Mc Stay bis zu seinem Abschied 1997 „nur" 1986 und 88 zwei weitere Championships gewinnen konnte. Immerhin gesellten sich vier Pokalsiege hinzu (85, 88, 89, 95). Mit den „Bravehearts" feierte der Mittelfeldspieler 1982 den Gewinn der Europameisterschaft der U 18-Junioren. Bei den „Großen" nahm er an drei Turnieren teil. Bei der WM 1986 nur gegen Uruguay im Einsatz, bestritt er 1990 und bei der EM 1992 alle Spiele, schied aber jeweils mit Schottland in der Vorrunde aus.

Geburtsdatum:	22. Oktober 1964
Geburtsland:	Schottland
Stationen:	Celtic Glasgow
WM-Spiele:	4
WM-Tore:	–
Länderspiele:	76
Tore:	9
WM-Teilnahmen:	1986, 1990

Giuseppe „Peppino" Mcazza

Noch im Teenageralter führte „Peppino" mit seinen Toren Inter Mailand erstmals nach 10 Jahren wieder zum Titelgewinn und sicherte sich die Torjägerkanone (1930). Insgesamt holte der durch lange Sololäufe nebst Torabschluss legendäre Mittelstürmer mit Inter zwei Scudetti und den italienischen Pokal (1939). Meazza bestritt von 1927 bis 1947 400 Spiele für Inter und erzielte dabei 287 Tore. An den beiden Weltmeisterschafts-Titelgewinnen 1934 und 1938 war Meazza entscheidend beteiligt. Später beendeten Verletzungen die Karriere der Mailänder Institution, nach dessen Tod 1979 das Mailänder San-Siro-Stadion in Giuseppe Meazza-Stadion umbenannt wurde.

Geburtsdatum:	23. August 1910
	† 21. August 1979
Geburtsland:	Italien
Stationen:	Inter Mailand, AC Mailand, Juventus Turin, AC Varese, Atalanta Bergamo
WM-Spiele:	9
WM-Tore:	3
Länderspiele:	54
Tore:	33
WM-Teilnahmen:	1934, 1938

Max Merkel

Mit Rapid Wien wurde Max Merkel viermal österreichischer Meister (1948, 51, 52, 54). Selbst im Dress der deutschen Nationalelf tauchte er auf, nach der Annektion Österreichs durch Hitler. Jedoch nur einmal (1939), genau wie für die Nationalmannschaft seines Heimatlandes (1952). Als Coach hatte der „Zampano" wesentlich mehr Erfolg. Mit Rapid Wien (1957), 1860 München (1966), 1. FC Nürnberg (1968) und Atletico Madrid (1973) gewann er gleich in drei Ländern die nationale Meisterschaft.

Geburtsdatum:	7. Dezember 1918
Geburtsland:	Österreich
Stationen:	Rapid Wien
WM-Spiele:	–
WM-Tore:	–
Länderspiele:	2
Tore:	–
WM-Teilnahmen:	–

Lionel Andrés Messi

Er gilt als neuer Messias des argentinischen Fußballs. Neben überragender Spielübersicht und feiner Technik zeichnet Lionel Messi ein ausgeprägter Toriecher aus, der ihn im Alter von 17 Jahren, zehn Monaten und sieben Tagen zum jüngsten Liga-Torschützen in der Geschichte des FC Barcelona werden ließ. Sein Heimatland Argentinien führte er gut zwei Monate später, im Juli 2005, als bester Spieler und Torschütze zum Weltmeistertitel der U 20-Junioren. Bei der WM 2006 erzielte der Linksfuß gegen Serbien und Montenegro den 6:0-Endstand.

Geburtsdatum:	24. Juni 1987
Geburtsland:	Argentinien
Stationen:	FC Barcelona
WM-Spiele:	3
WM-Tore:	1
Länderspiele:	22
Tore:	6
WM-Teilnahmen:	2006

Slawa Metreweli

Der Außenstürmer gewann 1960 den Europapokal der Nationen mit der Sowjetunion. Metreweli gelang im Finale gegen Jugoslawien der wichtige Ausgleichstreffer (Endstand 2:1). 1962 bei der Weltmeisterschaft in Chile scheiterte er mit seiner Mannschaft im Viertelfinale am Gastgeber (1:2). 1966 unterlagen Metreweli und Co. Portugal im Spiel um Platz drei. In seiner Spielerlaufbahn erzielte er in 375 Ligaspielen 113 Tore.

Geburtsdatum:	30. Mai 1936
Geburtsland:	Sowjetunion
Stationen:	Torpedo Gorki, Torpedo Moskau, Dynamo Tiflis
WM-Spiele:	3
WM-Tore:	–
Länderspiele:	48
Tore:	11
WM-Teilnahmen:	1962, 1966, 1970

Christoph Metzelder

2002 startete der eloquente Jungstar durch. In seinem zweiten Bundesligajahr wurde der Innenverteidiger mit Dortmund Meister und stand mit Deutschland im WM-Finale gegen Brasilien. Beim Turnier in Asien bestritt er alle Partien. 2006 verlor er verletzungsbedingt seinen Stammplatz beim BVB. Dennoch hielt Bundestrainer Jürgen Klinsmann an ihm fest und sollte nicht enttäuscht werden. Pünktlich zum Turnierbeginn blühte der Einser-Abiturient auf und bot eine Weltklasseleistung. Im Sommer 2007 unterschrieb er bei Real Madrid.

Geburtsdatum:	5. November 1980
Geburtsland:	Deutschland
Stationen:	Dortmund, Real Madrid
WM-Spiele:	13
WM-Tore:	–
Länderspiele:	35
Tore:	–
WM-Teilnahmen:	2002, 2006

Alexej Michailitschenko

1988 war das Jahr des Mittelfeldspielers von Dynamo Kiev: Erst im EM-Finale an Holland gescheitert, hing sich der Rotschopf kurze Zeit später Olympiagold um den Hals. 1986 bedeutete eine Zäsur in der Karriere. Mit Kiew den Europapokal der Pokalsieger geholt, war er danach Stammspieler im Verein. Im gleichen Jahr wurde er auch Meister wie 1985 und 90. Nachdem einer der begehrtesten europäischen Spieler bei der 90er-WM aufgrund von Verletzungen fehlte, wurde er 1991 mit Sampdoria Genua Italienischer Meister, ohne viel dazu beizutragen. Bei den Glasgow Rangers kam er nur ein Jahr später auf Anhieb besser zurecht.

Geburtsdatum:	30. März 1963
Geburtsland:	Sowjetunion
Stationen:	Dynamo Kiew, Sampdoria Genua, Glasgow Rangers
WM-Spiele:	–
WM-Tore:	–
Länderspiele:	43 (41 UdSSR/2 Ukraine)
Tore:	9
WM-Teilnahmen:	–

Max Michallek

Als modern spielender Supertechniker stellte er den Kopf der Dortmunder Meistermannschaft 1956 und 1957 dar. Eher die Rolle eines Liberos einnehmend, kann man ihn als den Netzer der 50er-Jahre bezeichnen und „Spinne" bestach mit kraftvollen Vorstößen. Dass er nie Nationalspieler wurde, kann man wohl nicht nur Nationaltrainer Herberger ankreiden. „Ich glaube, den Max interessierte die Nationalmannschaft nicht so. Da hätte er ja ein oder zwei Tage von Dortmund weggemusst", so sein ehemaliger Mannschaftskamerad Helmut Bracht.

Geburtsdatum:	29. August 1922
	† 7. Juni 1985
Geburtsland:	Deutschland
Stationen:	Borussia Dortmund
WM-Spiele:	–
WM-Tore:	–
Länderspiele:	–
Tore:	–
WM-Teilnahmen:	–

José Miguel „Michel" González Martin del Campo

Wie sein berühmter Vater Miguel spielte auch Spaniens Fußballer des Jahres 1986 und 1993 bei Real Madrid, obwohl dieser ihn lieber bei Atlético gesehen hätte. Michel feierte mit den „Königlichen" sechs spanische Meisterschaften zwei Pokalsiege und zwei UEFA-Cup-Triumphe. In der spanischen Nationalelf gelang dem Mittelfeldspieler bei der Weltmeisterschaft 1986 der Durchbruch. Allerdings war der Viertelfinaleinzug das beste Ergebnis, denn bei der 88er-Europameisterschaft und der 1990er-Weltmeisterschaft – trotz vier „Michel"-Treffer – kam das Aus noch früher. Angefangen hatte alles 1981 beim FC Castilla. Der erste internationale Einsatz war am 20. November 1985 in Saragossa gegen Österreich (0:0), sein letzter Einsatz war das Spiel am 18. November 1992 in Sevilla gegen Irland (0:0). Während seiner Spielerlaufbahn wurde der Mittelfeldspieler in 404 Ligaspielen eingesetzt.

Geburtsdatum:	23. März 1963
Geburtsland:	Spanien
Stationen:	FC Castilla, Real Madrid, Atlético Celaya
WM-Spiele:	9
WM-Tore:	4
Länderspiele:	66
Tore:	21
WM-Teilnahmen:	1986, 1990

Marinus „Rinus" Michels

General „Rinus" triumphierte 88 bei der EM – als Trainer. Selbst ein athletischer und kopfballstarker Mittelstürmer war er 1950, 52 und 54 bester Torschütze seines Vereins Ajax Amsterdam, mit dem er 1947 und 1957 Meister wurde. Später formte er dort als Trainer um den jungen Cruyff eine der besten Vereinsmannschaften der Welt, begeisterte bei der WM 1974 mit „Fußball total" und verlor das Endspiel gegen Deutschland. Engagements in der Bundesliga beim 1. FC Köln und später bei Bayer Leverkusen endeten vorzeitig und erfolglos, den Pokalsieg (1983) mit Köln ausgenommen.

Geburtsdatum:	9. Februar 1928
	† 3. März 2005
Geburtsland:	Niederlande
Stationen:	Ajax Amsterdam
WM-Spiele:	–
WM-Tore:	–
Länderspiele:	5
Tore:	–
WM-Teilnahmen:	–

Predrag Mijatovic

Mit seinem Treffer entschied er das Champions-League-Finale 1998 gegen Juventus Turin und führte Real Madrid zum größten Triumph der Klubgeschichte nach 32 Jahren. Doch nur vier Wochen später wurde Predrag Mijatovic zum großen Versager. Im WM-Achtelfinale gegen Holland schoss er beim Stand von 1:1 einen Elfmeter an die Latte. Holland gewann durch einen Treffer von Davids in der Schlussminute mit 2:1. Mijatovic hatte Jugoslawien in der Vorrunde gegen Deutschland (2:2) mit 1:0 in Führung gebracht.

Geburtsdatum:	19. Januar 1969
Geburtsland:	Jugoslawien
Stationen:	Partizan Belgrad, Valencia, Real Madrid, AC Florenz
WM-Spiele:	4
WM-Tore:	1
Länderspiele:	73
Tore:	27
WM-Teilnahmen:	1998

Albert Roger Mook Miller „Milla"

1990, nach seinem Rücktritt durch den Staatspräsidenten reaktiviert, verhalf der Stürmer mit seinen Toren Kamerun als ersten afrikanischen Land zu einer Viertelfinalteilnahme bei einer WM. Und Milla avancierte zu einem der Stars bei diesem Weltchampionat – mit 38 Jahren. Bei der ersten WM-Teilnahme 82 schied er mit Kamerun ungeschlagen in der Vorrunde aus. 1994 erzielte er beim 1:6 gegen Russland den Ehrentreffer und wurde mit 42 Jahren ältester Torschütze der WM-Geschichte. Milla wurde zum „Spieler des Jahrhunderts" seines Kontinentes gewählt.

Geburtsdatum:	20. Mai 1952
Geburtsland:	Kamerun
Stationen:	Tonnerre Yaounde
WM-Spiele:	10
WM-Tore:	5
Länderspiele:	79
Tore:	30
WM-Teilnahmen:	1982, 1990, 1994

Frank Mill

Den größten sportlichen Erfolg erlebte der Stürmer als Bankdrücker – 1990 beim WM-Sieg. Dafür stürmte „Frankie" bei Olympia 88 und sicherte sich Bronze. 1982 verhinderte eine Rückenverletzung den Einsatz des wendigen Angreifers. Im Klubdress eckte er des Öfteren an und holte den DFB-Pokal 1989 mit Borussia Dortmund. 1993 verlor er mit den Borussen erst im UEFA-Cup-Finale gegen Juventus Turin. Und 1984 verpasste der Torjäger mit Gladbach den DFB-Pokalerfolg im Elfmeterschießen, obwohl ihm gegen Bayern München die 1:0-Führung geglückt war.

Geburtsdatum:	23. Juli 1958
Geburtsland:	Deutschland
Stationen:	Rot-Weiss Essen, Bor. M'gladbach, Bor. Dortm., Fort. Düssel.
WM-Spiele:	–
WM-Tore:	–
Länderspiele:	17
Tore:	–
WM-Teilnahmen:	1990

MIN – MÖL

Severino „Sevi" Minelli

29-mal lief „Sevi" als Kapitän der Schweizer Nationalmannschaft auf. A[n] zwei Endrunden der Weltmeisterschaft nahm er teil, ohne dabei jedoc[h] großen Erfolg zu haben. Die Italiener hätten ihn gern in ihrer Nationa[l-] mannschaft gehabt, doch schon wegen der Aversion gegen Mussolini[s] Faschismus kam das für den Verteidiger nicht in Frage. Erfolgreiche[r] verlief die Vereinskarriere. Sechs Meisterschaften mit Servette Gen[f] (1930) und Grasshoppers Zürich (31, 37, 39, 42, 43). Mit den Grass[-] hoppers errang er zudem acht Pokalsiege.

Geburtsdatum:	6. September 1909
	† 23. September 1994
Geburtsland:	Schweiz
Stationen:	FC Küsnacht, Servette Genf, Grasshoppers Zürich, FC Zürich
WM-Spiele:	4
WM-Tore:	–
Länderspiele:	80
Tore:	–
WM-Teilnahmen:	1934, 1938

Jürgen Milewski

Milewskis Traumverein bescherte dem offensivstarken Mittelfeldspieler das Highlight in seiner Fußballerkarriere. 1983, nach dem zweimaligen Meisterschaftstriumph, siegte er mit dem Hamburger SV im Landesmeisterwettbewerb des Europapokals. 1982 verhinderte eine Verletzung die sichere WM-Teilnahme. Bereits mit dem dritten Länderspiel, 1984, verabschiedete sich das Leichtgewicht aus der Nationalmannschaft. Und ein Jahr später ging er zum französichen Zweitligisten AS St. Etienne, doch nach einem Jahr kehrte er wieder an die Alster zurück.

Geburtsdatum:	19. Oktober 1957
Geburtsland:	Deutschland
Stationen:	Hannover 96, Hertha BSC Berlin, Hamburger SV
WM-Spiele:	–
WM-Tore:	–
Länderspiele:	3
Tore:	–
WM-Teilnahmen:	–

Rajko Mitic

Gleich zweimal schrammte der Mittelfeldspieler mit seiner Landesauswahl am begehrtesten olympischen Edelmetall vorbei. 1948 sowie 1952 scheiterten die Jugoslawen erst im Endspiel, obwohl Kapitän Mitic, zusammen mit seinem Mannschaftskollegen Branco Zebec, Torschützenkönig der Spiele wurde – mit sieben Treffern. Auch an den Weltmeisterschafts-Endrunden 1950 sowie 1954 nahm der Mann von Roter Stern Belgrad teil. 1950 war schon nach der Vorrunde Schluss und vier Jahre später scheiterten Mitic & Co. an Deutschland im Viertelfinale (0:2).

Geburtsdatum:	6. November 1922
Geburtsland:	Jugoslawien
Stationen:	Roter Stern Belgrad
WM-Spiele:	6
WM-Tore:	–
Länderspiele:	59
Tore:	32
WM-Teilnahmen:	1950, 1954

Andreas „Andy" Möller

In den UEFA-Cup-Finalspielen 1993 bewies der dynamische Mittelfeldspieler seinen Wert. Maßgeblich beteiligte „Andy" sich am Sieg mit Juventus Turin über seinen früheren Arbeitgeber Borussia Dortmund. Wieder zum BVB zurückgekehrt, gelangen neben zwei deutschen Meisterschaften (1995, 96) auch der Champions-League-Erfolg nebst Weltpokaltriumph 1997. Mit Schalke gewann er später den DFB-Pokal (01, 02), den der schnelle Rechtsfuß schon mit Dortmund errungen hatte (1989). Im Nationaldress wurde Möller Welt- und Europameister (1990, 96).

Geburtsdatum:	2. September 1967
Geburtsland:	Deutschland
Stationen:	Eintracht Frankfurt, Borussia Dortmund, Schalke 04
WM-Spiele:	9
WM-Tore:	1
Länderspiele:	85
Tore:	29
WM-Teilnahmen:	1990, 1994, 1998

Luis „Luisito" Fernando Monti
(stehend, 2. v. r.)

Er brachte als Einziger das Kunststück fertig, mit zwei verschiedenen Nationen ein Endspiel zu bestreiten. 1930 bestritt Monti die Länderspiele für Argentinien in Uruguay, 1934 war er dann für Italien im Einsatz – und holte den Weltmeistertitel. Der wegen seiner rüden Attacken gefürchtete Mittelfeldspieler war zuvor als Luigi Monti zu Juventus Turin gewechselt. Mit Argentinien Südamerikameister (1927) und Silbermedaillengewinner (1928), gewann er mit der „alten Dame" vier Scudetti.

Geburtsdatum:	15. Mai 1901
	† 9. September 1983
Geburtsland:	Argentinien
Stationen:	Boca Juniors, San Lorenzo, Juventus Turin
WM-Spiele:	9
WM-Tore:	2
Länderspiele:	34
Tore:	6
WM-Teilnahmen:	1930, 1934

Eraldo Monzeglio

Zusammen mit Giuseppe Meazza und Giovanni Ferrari gehört er zu den drei Azzurris, die sowohl 1934 als auch 38 Weltmeister wurden. Den ersten Titel holte der Verteidiger als Spieler des FC Bologna, beim zweiten gehörte er dem AS Rom an. An der Seite des großen Angelo Schiavio feierte Monzeglio seine größten Erfolge im Vereinstrikot des FC Bologna: 1929 die italienische Meisterschaft, den Scudetto, sowie 1932 den damals renommierten Mitropa-Cup.

Geburtsdatum:	5. Mai 1906
	† 3. November 1981
Geburtsland:	Italien
Stationen:	AS Rom, FC Bologna
WM-Spiele:	5
WM-Tore:	–
Länderspiele:	33
Tore:	–
WM-Teilnahmen:	1934, 1938

Robert „Bobby" Frederick Chelsea Moore

1966 erhielt Team-Captain „Bobby" den Weltmeisterschaftspokal von Elizabeth II. Damit hatten beide schon Übung, überreichte die Queen dem gebürtigen Londoner doch bereits in den Jahren zuvor den FA Cup (1964) und den Europapokal der Pokalsieger (1965), als er mit West Ham United die Münchener Löwen schlug. Trotz Schwächen im Kopfball und im Antritt wurde der 108-fache Nationalspieler, der das englische Team 90 Mal als Kapitän anführte, zum besten Defensivspieler seiner Zeit. 1975 unterlag er mit dem Zweitligisten Fulham ausgerechnet jenem Team, dessen Trikot er in 544 Ligaspielen (24 Tore) getragen hatte: West Ham United. 2003 wurde Moore, der zehn Jahre zuvor an Krebs verstorben war, zum größten englischen Fußballer der vergangenen 50 Jahre gewählt.

Geburtsdatum:	12. April 1941
	† 24. Februar 1993
Geburtsland:	England
Stationen:	West Ham United, FC Fulham, Antonio Thunder
WM-Spiele:	14
WM-Tore:	–
Länderspiele:	108
Tore:	2
WM-Teilnahmen:	1962, 1966, 1970

Lubomir „Lubo" Moravcik

Bei der WM 1990 war er eine der Stützen der Tschechoslowakei. Er absolvierte 80 Länderspiele, davon 38 für die Slowakei. Sein Glück fand er in Schottland. Mit Celtic Glasgow gewann der Mittelfeldregisseur in vier Spielzeiten je zwei Meisterschaften und Pokalsiege und wurde zu einem der legendären Spieler der Celtics.

Geburtsdatum:	22. Juni 1965
Geburtsland:	Tschechoslowakei
Stationen:	FC Nitra, MSV Duisburg, Celtic Glasgow
WM-Spiele:	5
WM-Tore:	–
Länderspiele:	80
Tore:	12
WM-Teilnahmen:	1990

Fernando Morientes Sánchez

Obwohl bei Champions-League-Sieger 2005 FC Liverpool angestellt, konnte sich der Mittelstürmer nicht als Gewinner fühlen. Der Wintertransfer kickte in der Vorrunde des Wettbewerbs noch für Real Madrid und war daher für die „Reds" nicht spielberechtigt. Berühmt wurde der kopfballstarke Stürmer durch seine Tore für den AS Monaco in der Champions-League-Saison 03/04: Von Real Madrid ausgeliehen, besiegelten seine beiden Treffer das Madrider Viertelfinal-Aus, mit denen er zuvor noch Spanischer Meister wurde. Für España spielte Morientes bei den Weltmeisterschaften 1998 und 2002 (Viertelfinale) sowie bei der Europameisterschaft 2004.

Geburtsdatum:	5. April 1976
Geburtsland:	Spanien
Stationen:	Albacete, Real Saragossa, Real Madrid, AS Monaco, FC Liverpool, CF Valencia
WM-Spiele:	7
WM-Tore:	5
Länderspiele:	42
Tore:	26
WM-Teilnahmen:	1998, 2002

Maximilian „Max" Morlock

Mit seinem Tor zum 1:2 gegen Ungarn blies er im WM-Finale 1954 zur Aufholjagd. Morlock krönte mit dem WM-Titel seine unvergleichliche Fußballerlaufbahn. 1948 und 1961 wurde Morlock mit dem „Club" Deutscher Meister. Am letzten Spieltag der ersten Bundesligasaison absolvierte er beim 2:2 im Hamburger Volkspark-Stadion sein letztes Pflichtspiel für Nürnberg. Mit seinen sechs WM-Toren 1954 war er zweitbester Torschütze hinter dem Ungarn Sandor Kocsis. In seiner langen Karriere von 1941 bis 1964 wurde er für den 1. FC Nürnberg in 451 Meisterschaftsspielen eingesetzt, in denen er 286 Treffer erzielte.

Geburtsdatum:	11. Mai 1925 † 10. September 1994
Geburtsland:	Deutschland
Stationen:	1. FC Nürnberg
WM-Spiele:	5
WM-Tore:	6
Länderspiele:	26
Tore:	21
WM-Teilnahmen:	1954

Dieter Müller

Grandios verlief sein Nationalmannschaftsdebüt: Im EM-Halbfinale 1976 kam er nach 79 Minuten bei 1:2-Rückstand gegen Jugoslawien ins Spiel. Am Ende der Verlängerung stand es nach drei Müller-Toren 4:2 für Deutschland. Sein Endspieltreffer reichte nicht zum EM-Triumph. Gegen Werder Bremen gelangen dem zweimaligen Bundesligatorschützenkönig im August 1977 gleich sechs Treffer im Trikot des 1. FC Köln. Im Herbst der Karriere feierte er mit Girondins Bordeaux zwei Meistertitel und zum Abschiedsspiel 1989 in Offenbach, dem Ausgangspunkt der Karriere, erschien geballte Fußballprominenz wie Tigana, Giresse, Blochin, Beckenbauer und Seeler. Er steht mit 177 Toren auf Rang 7 der Bundesliga-Rekordliste. Im Mai 1992 trat er als Manager von Dynamo Dresden zurück und wurde im November 2000 Präsident seines Heimatvereins Kickers Offenbach.

Geburtsdatum:	1. April 1954
Geburtsland:	Deutschland
Stationen:	Kickers Offenbach, 1. FC Köln, VfB Stuttgart, Girondins Bordeaux, 1. FC Saarbrücken
WM-Spiele:	4
WM-Tore:	2
Länderspiele:	12
Tore:	9
WM-Teilnahmen:	1978

Gerhard „Gerd" Müller

In 62 Länderspielen schoss er 68 Tore. Mit 40 Toren für den FC Bayern wurde Gerd Müller 1972 unerreichter Rekordtorschütze in der deutschen Bundesliga (365 Tore). Bei seiner ersten WM 1970 in Mexiko wurde er mit zehn Treffern Torschützenkönig. 1974 schoss er Deutschland mit seinem Tor zum 2:1 gegen Holland zum Fußball-Weltmeister. Mit den Bayern gewann er 1967 den Europapokal der Pokalsieger und dreimal hintereinander den Europapokal der Landesmeister (1974–76). „Kleines dickes Müller" (Trainer Tschik Cajkovski) ist Deutschlands erfolgreichster Stürmer aller Zeiten.

Geburtsdatum:	3. November 1945
Geburtsland:	Deutschland
Stationen:	FC Bayern München
WM-Spiele:	13
WM-Tore:	14
Länderspiele:	62
Tore:	68
WM-Teilnahmen:	1970, 1974

Hans „Hansi" Peter Müller

Er gewann nur zwei Titel: 1980 mit Deutschland die Europameisterschaft und schon zuvor den Ruf, der schönste Spieler der Bundesliga zu sein. Hansi Müller erzielte in fünf Bundesligajahren 54 Tore für den VfB Stuttgart. Mit knapp 21 fuhr er 1978 mit zur WM nach Argentinien. 1982 wechselte er zu Inter Mailand. Dort verdiente er viel und gewann nichts. Müller wechselte 1985 zum AC Como und weiter zu Wacker Innsbruck. Im Schatten der großen internationalen Fußballbühne erlebte er in Österreich seinen dritten Frühling.

Geburtsdatum:	27. Juli 1957
Geburtsland:	Deutschland
Stationen:	VfB Stuttgart, Inter, AC Como, Wacker Tirol
WM-Spiele:	6
WM-Tore:	1
Länderspiele:	42
Tore:	5
WM-Teilnahmen:	1978, 1982

Ludwig „Luggi" Müller

„Luggi" schämte sich der Tränen nicht, als sein 1. FC Nürnberg in die zweite Liga abstieg – 1969, als Deutscher Meister. Der energiegeladene Abwehrspieler prägte die ersten zehn Jahre der taufrischen Bundesliga mit. Nach dem Wechsel zu Borussia Mönchengladbach hob er zweimal in drei Spielzeiten die Meisterschale in die Höhe. Tragisch dann die Verletzung im Wiederholungsspiel 1971 gegen Inter Mailand: Boninsegna brach ihm Schien- und Wadenbein. 1972 heuerte Müller bei der Hertha in Berlin an und verabschiedete sich 1975 als Vizemeister und Kapitän nach drei deutschen Meisterschaften und sechs Länderspielen.

Geburtsdatum:	25. August 1941
Geburtsland:	Deutschland
Stationen:	1. FC Nürnberg, Borussia Mönchengladbach, Hertha BSC Berlin
WM-Spiele:	–
WM-Tore:	–
Länderspiele:	6
Tore:	–
WM-Teilnahmen:	–

René Müller

Ein Patzer im Qualifikationsspiel gegen die Sowjetunion kostete der DDR die Teilnahme an der EM-Endrunde 1988 – und den reaktionsschnellen Tormann vom 1. FC Lok Leipzig die letzte Chance auf eine Turnierteilnahme, nachdem ihm der Olympiaboykott 1984 in die Quere gekommen war. Ein unhaltbarer Van-Basten-Kopfball zum 1:0-Sieg verhinderte im Finale des Pokals der Pokalsieger 1987 Müllers Triumph über Ajax Amsterdam. Fußballer des Jahres 1986 und 87 in der DDR, wurde der fangsichere Keeper zweimal FDGB-Pokalsieger mit den Sachsen.

Geburtsdatum:	11. Februar 1959
Geburtsland:	DDR
Stationen:	Lok Leipzig, Dynamo Dresden
WM-Spiele:	–
WM-Tore:	–
Länderspiele:	46
Tore:	–
WM-Teilnahmen:	–

Reinhold Münzenberg

Er war einer der ersten großen und gefürchteten deutschen Verteidiger. Reinhold Münzenberg blieb seinem Heimatverein Alemannia Aachen während seiner gesamten Laufbahn treu. Zwischen 1930 und 1939 vertrat er die schwarz-gelben Alemannia-Farben 41-mal im Trikot der deutschen Nationalelf. Münzenberg, genannt der „Eiserne", nahm 1934 und 1938 an den Weltmeisterschaften teil und wurde 1934 Weltmeisterschaftsdritter.

Geburtsdatum:	25. Januar 1909
	† 25. Juni 1986
Geburtsland:	Deutschland
Stationen:	Alemannia Aachen
WM-Spiele:	1
WM-Tore:	–
Länderspiele:	41
Tore:	–
WM-Teilnahmen:	1934, 1938

Miguel Muñoz

1956 erzielte er Real Madrids erstes Europapokaltor überhaupt. Von zehn Jahren im Real-Trikot trug er acht Spielzeiten die Kapitänsbinde. Als er 1958 die aktive Laufbahn beendete, standen vier Meisterschaften und drei Erfolge im Landesmeistercup zu Buche. Nur sechs Länderspiele bestritt er für Spanien. Doch als Trainer wurde er Vizeeuropameister 1984. Neun spanische Meisterschaften, zwei Pokalerfolge und zwei Erfolge im Landesmeistercup errang er als Übungsleiter der „Königlichen".

Geburtsdatum:	19. Januar 1922
	† 16. Juli 1990
Geburtsland:	Spanien
Stationen:	Real Madrid
WM-Spiele:	–
WM-Tore:	–
Länderspiele:	6
Tore:	–
WM-Teilnahmen:	1986 (als Trainer)

Der Schuss zur Krone

Der deutsche Stürmer Gerd Müller (Mitte) auf dem Weg zu einem ganz besonderen Tor im Münchner Olympiastadion. Obwohl ihm mit Wim Jansen (links) und Ruud Krol gleich zwei Holländer scheinbar den Weg versperren, ebnet er sich diesen in unnachahmlicher Manier und schiebt den Ball zum 2:1 für Deutschland im WM-Finale 1974 ein. Es sollte der Siegtreffer sein – und für Gerd Müller nach dem WM-Pokal auch der Schuss zur zweiten Krone. Nachdem er bereits in Mexiko 1970 Torschützenkönig der Titelkämpfe geworden war, setzte er sich mit seinen vier Treffern beim Turnier im eigenen Land an die Spitze der ewigen Torschützen und überholte mit seinen 14 „Buden" den legendären Just Fontaine, der 1958 insgesamt 13-mal in die gegnerischen Maschen traf. Für Gerd Müller ist das WM-Finale Abschluss einer beeindruckenden Länderspielkarriere, in deren Vorlauf der „Bomber der Nation" mit 68 Toren bei 62 Einsätzen einen weiteren Rekord für die Ewigkeit aufstellte.

NAC – NAK

Norbert Nachtweih – Miguel Angel Nadal Homar – Hidetoshi Nakata – Masashi Nakayama – Fernando De Napoli – José Nasazzi – Philip Neal – Pavel Nedved – Johannes Jacobus Neeskens – Zdenek Nehoda – Oldrich Nejedly – Jiri Nemec – Manuel Baptista Gomes „Nené" – Alessandro Nesta – Igor Netto – Günter Netzer – Frank Neubarth – Willi Neuberger – Bernd Nickel – Norbert Nigbur – „Nilton" dos Santos Reis – Ruud van Nistelrooy – Jürgen Nöldner – Gunnar Nordahl – Björn Nordqvist – Ladislav Novák – Jens Nowotny – Miguel Pereira Ribeira „Nuno" Gomes – Tibor Nyilasi

Norbert Nachtweih

Kurz bevor ihn der Ruf zu einem A-Länderspiel für die DDR ereilte, verließ der Mann des HFC Chemie im Oktober 1976 die DDR. Bei einem Junioren-Länderspiel in der Türkei setzte er sich mit Jürgen Pahl von der Mannschaft ab und ging in den Westen. Er erhielt eine einjährige Sperre und heuerte bei Eintracht Frankfurt an. Mit den Hessen gelang ihm der UEFA-Pokal-Sieg 1980 und der DFB-Pokalsieg 1981, mit Bayern München fuhr der Verteidiger dreimal in Folge die deutsche Meisterschaft ein (1985 bis 1987), 1984 und 86 stemmte er den DFB-Pokal in die Höhe. Für die deutsche Nationalelf durfte Nachtweih allerdings trotz seines Talents nicht auflaufen, da die damaligen FIFA-Regularien einen Einsatz des Ex-DDR-Juniorennationalspielers in der DFB-Auswahl nicht zuließen. Nach seiner aktiven Laufbahn war er kurzzeitig als Trainer beim FK Pirmasens tätig.

Geburtsdatum:	4. Juni 1957
Geburtsland:	DDR
Stationen:	Chemie Halle, Eintr. Frankfurt, B. München, AS Cannes, Waldhof Mannheim
WM-Spiele:	–
WM-Tore:	–
Länderspiele:	–
Tore:	–
WM-Teilnahmen:	–

Miguel Angel Nadal Homar

Der Name des großen und kopfballstarken Verteidigers war eng mit Barcelonas großer Zeit unter Trainer Cruyff verbunden. Drei Meisterschaften in Folge (1992 bis 94) nebst Champions League 1992, allerdings fehlte er im Finale, holte Nadal mit Barca. Bei großen Turnieren waren seine Allroundfähigkeiten gefragt, doch die Rote Karte bei der WM-Endrunde 1994 verkürzte seine Einsatzzeiten. Auch beim Gewinn des Europapokals der Pokalsieger 1997 (Barcelona) spielte er nicht, da er wegen einer Herausstellung im Halbfinale noch gesperrt war.

Geburtsdatum:	28. Juli 1966
Geburtsland:	Spanien
Stationen:	Real Mallorca, FC Barcelona
WM-Spiele:	9
WM-Tore:	–
Länderspiele:	63
Tore:	3
WM-Teilnahmen:	1994, 1998, 2002

Hidetoshi Nakata

Zwei Treffer erzielte der Regisseur für den AC Perugia 1998 bei seinem Serie-A-Debüt – ausgerechnet gegen Juve. Bereits mit 20 Jahren Pass- und Ideengeber seiner Nationalmannschaft, konnte „Hide" die Fachwelt schnell überzeugen. Bei der 98er-WM und auch der Weltmeisterschaft 2002, als die Japaner erst im Achtelfinale ausschieden, sorgte er dafür, dass „Nippon" im Konzert der Großen mithalten konnte. Nach der WM 2006 hängte er völlig überraschend seine Fußballschuhe an den Nagel.

Geburtsdatum:	22. Januar 1977
Geburtsland:	Japan
Stationen:	AC Perugia, AS Rom, AC Parma, AC Florenz, Bolton Wanderers
WM-Spiele:	10
WM-Tore:	1
Länderspiele:	77
Tore:	11
WM-Teilnahmen:	1998, 2002, 2006

Masashi „Gon" Nakayama

Er erzielte Japans erstes Tor bei einer WM. Im abschließenden Gruppenspiel 1998 in Frankreich gegen Jamaika traf Nakayama zum 1:2-Endstand. Nakayama war einer der großen Hoffnungsträger im Land der aufgehenden Sonne vor der WM in Japan 2002. Berühmtheit hatte er vor allem wegen eines Aberglaubens erlangt: Vor jedem Spiel machte er einen Spaziergang und wertete die Begegnung mit einem Tier als untrügliches Zeichen, ein Tor zu schießen. In der J-League waren ihm vor der WM in fünf Spielen vier Hattricks und 16 Tore gelungen.

Geburtsdatum:	23. September 1967
Geburtsland:	Japan
Stationen:	Nirasaki High School, Jubilo Iwata
WM-Spiele:	4
WM-Tore:	1
Länderspiele:	53
Tore:	21
WM-Teilnahmen:	1998, 2002

Fernando De Napoli

Wo sonst, als beim SSC Neapel sollte ein Spieler mit diesem Namen auflaufen? Doch bevor der Mittelfeldspieler beim damaligen Maradona-Klub anheuerte und auf Anhieb Meister wurde (1987 sowie 1990), begann er bei US Avellino. Sein Nationalmannschaftsdebüt gab er 1986 gegen China – in Napoli. Da es gut verlief, rutschte er in letzter Minute in den 86er-WM-Kader und war in Mexiko bei allen Spielen dabei. Mit Neapel sicherte er sich noch 1989 den UEFA-Cup gegen den VfB Stuttgart.

Geburtsdatum:	15. März 1964
Geburtsland:	Italien
Stationen:	Avellino, SSC Neapel, Milan, AC Reggiana
WM-Spiele:	10
WM-Tore:	–
Länderspiele:	54
Tore:	1
WM-Teilnahmen:	1986, 1990

José „El Mariscal" Nasazzi

Nasazzi integrierte Prinzipien in sein Spiel, die Jahrzehnte später Facchetti oder Beckenbauer die Bezeichnung „Libero" einbrachten. Nominell rechter Verteidiger, rückte der Kapitän meist auf eine zentrale Abwehrposition und kurbelte das Offensivspiel Uruguays an, mit denen er 1924 und 1928 olympisches Gold holten. 1930 gewann „El Mariscal" (Der Marschall) mit seiner Auswahl im eigenen Land das erste WM-Turnier.

Geburtsdatum:	24. Mai 1901
	† 17. Juni 1968
Geburtsland:	Uruguay
Stationen:	Bella Vista Montevideo, Nacional Montevideo
WM-Spiele:	4
WM-Tore:	–
Länderspiele:	59
Tore:	–
WM-Teilnahmen:	1930

Philip „Phil" Neal

1977 verwandelte der Verteidiger im Finale des Landesmeistercups für seinen FC Liverpool einen „Elfer" zum 3:1-Endstand. Gegner war Borussia Mönchengladbach. Insgesamt gewann Neal fünf europäische Endspiele, von denen er die „Reds" zweimal als Kapitän aufs Feld führte. Er sicherte sich sieben Meistertitel und vier Siege im englischen Liga-Pokal. Trotz seiner 50 Einsätze im Nationaltrikot kam er jedoch nur bei zwei Turnieren, der EM 1980 und WM 1982, zum Einsatz. Lediglich zwei Einsätze konnte er pro Turnier verzeichnen.

Geburtsdatum:	20. Februar 1951
Geburtsland:	England
Stationen:	FC Liverpool
WM-Spiele:	2
WM-Tore:	–
Länderspiele:	50
Tore:	5
WM-Teilnahmen:	1982

Pavel Nedved

Er bestritt sein erstes Länderspiel am 5. Juni 1994 in Dublin gegen Irland, das seine Mannschaft mit 3:1 für sich entscheiden konnte. Dynamisch, zweikampfstark wie kein Zweiter und mit einem tollen Schuss ausgestattet, wurde er 2003 Europas Fußballer des Jahres. Bis dahin holte er 1996 den Vizeeuropameistertitel. Mit Lazio Rom errang er den Pokal der Pokalsieger 1999 und wurde 2000 Meister. Ebenfalls den Scudetto ergatterte der Blondschopf mit Juventus Turin (02, 03, 05, 06). Dagegen konnte er im Nationaldress an keinem weiteren Finale teilnehmen, bei der EM 2004 scheiterte Tschechien im Halbfinale an Griechenland. Nach dem Turnier in Portugal verkündete Nedved seinen Rücktritt, kehrte aber für die Relegationsspiele zur WM 2006 gegen Norwegen zurück. Mit ihrem Superstar schaffte die Elf von Trainer Karel Brückner die erste Endrundenteilnahme seit 1990, kam aber nicht über die Vorrunde hinaus.

Geburtsdatum:	30. August 1972
Geburtsland:	Tschechoslowakei
Stationen:	Sparta Prag, Lazio Rom, Juventus Turin
WM-Spiele:	3
WM-Tore:	–
Länderspiele:	90
Tore:	18
WM-Teilnahmen:	2006

Johannes „Johan" Jacobus Neeskens

22-jährig verwandelte „Johan" im Nationaltrikot den „Elfer" zum 1:0 gegen Deutschland – im 74er-Weltmeisterschaftsfinale, das dann mit 1:2 verloren ging. Nach den Europapokalsiegen des Weltklassemittelfeldspielers mit Ajax Amsterdam und der Roten Karte im 76er-Europameisterschafts-Halbfinale, das gegen die Tschechoslowakei verloren ging, wiederholte er mit Oranje den zweiten Platz bei der Weltmeisterschaft 1978. Mit dem FC Barcelona gewann er kurze Zeit später (1979) in einem dramatischen Finale gegen Fortuna Düsseldorf den Pokal der Pokalsieger. Nach seiner aktiven Zeit arbeitete der ehemalige Mittelfeldspieler als Coach beim NEC Nimwegen.

Geburtsdatum:	15. September 1951
Geburtsland:	Niederlande
Stationen:	Ajax Amsterdam, FC Barcelona, Cosmos New York, FC Groningen
WM-Spiele:	12
WM-Tore:	5
Länderspiele:	49
Tore:	17
WM-Teilnahmen:	1974, 1978

Zdenek Nehoda

Erster großer Auftritt im Nationaldress und gleich ein Volltreffer für den Stürmer: 1976 besiegte er im EM-Finale Deutschland. Vier Jahre später ging es erneut mit dem damaligen Dukla-Prag-Angreifer zur Europameisterschaft. Dabei verwandelte Nehoda einen Elfer im Elfmeterschießen im Spiel um Platz 3, das gegen Italien gewonnen wurde. Dagegen war bei der 82er-WM schon nach der Vorrunde Feierabend. Danach schnürte er in der zweiten Liga für Darmstadt 98 die Torjägerstiefel.

Geburtsdatum:	9. Mai 1952
Geburtsland:	Tschechoslowakei
Stationen:	Dukla Prag, Darmstadt 98
WM-Spiele:	3
WM-Tore:	–
Länderspiele:	90
Tore:	31
WM-Teilnahmen:	1982

Jiri Nemec

Nur knapp verpasste der nimmermüde Mittelfeldrenner seinen größten Erfolg mit der Nationalelf. Bei der EM 96 unterlag der Lockenkopf erst im Finale den Deutschen. Und damit seinen Kollegen aus der Bundesliga. Beim FC Schalke 04 kickte er von 1993 bis 2003 und prägte eine große Ära, die im UEFA-Cup-Sieg 1997 ihren Höhepunkt fand. Des Weiteren triumphierte er mit Königsblau bei den Pokalendspielen 2001 und 2002. Zuvor hatte er mit seiner Nationalelf versucht, bei der 2000er-EM gut abzuschneiden. Doch diesmal lag das Finale in weiter Ferne, Vorrunden-Aus.

Geburtsdatum:	15. Mai 1966
Geburtsland:	Tschechoslowakei
Stationen:	Ceske Budejovice, Dukla Prag, Sparta Prag, FC Schalke 04, Chmel Blsany
WM-Spiele:	–
WM-Tore:	–
Länderspiele:	84
Tore:	1
WM-Teilnahmen:	1990

Oldrich Nejedly

Mit fünf Toren wurde er Torschützenkönig der Weltmeisterschaft 1934 in Italien. Im Halbfinale (3:1) besiegte Oldrich Nejedly die deutsche Mannschaft mit seinen drei Treffern fast im Alleingang. Im Endspiel gegen Italien (1:2 n. V.) hatte Nejedly jedoch Ladehemmung. Der Titel blieb den Tschechoslowaken versagt. Nejedly erzielte in 421 Spielen 391 Tore für Sparta Prag. Zwischen 1931 und 39 absolvierte er 44 Länderspiele.

Geburtsdatum:	26. Dezember 1909
	† 11. Juni 1990
Geburtsland:	Tschechoslowakei
Stationen:	Sparta Prag
WM-Spiele:	6
WM-Tore:	7
Länderspiele:	44
Tore:	29
WM-Teilnahmen:	1934, 1938

Manuel Tamagnini Baptista Gomes „Nené" (hockend, links)

Als Fußballer des Jahres 1971 in Portugal und in der Nationalelf der Iberer tätig, stammte der Mittelstürmer aus Mosambik. Schnell wechselte er vom Heimatverein Ferroviário da Namanga zu Benfica Lissabon, für die er von 1966–1986 am Ball war. Zwölfmal gelang der Meisterschaftstriumph mit dem Hauptstadtklub, sechsmal der Pokalerfolg und zweimal der Supercup. Auch in 72 Europacupspielen traf der Mittelstürmer 29-mal ins Netz. Bei der Europameisterschaft 1984 machte sein 1:0-Siegtor über Rumänien den Einzug ins Halbfinale perfekt. Portugals Weltmeisterschaftsteilnahme 1986 kam für den inzwischen 36-Jährigen zu spät.

Geburtsdatum:	20. November 1949
Geburtsland:	Mosambik
Stationen:	Ferroviário da Namanga, Benfica Lissabon
WM-Spiele:	–
WM-Tore:	–
Länderspiele:	66
Tore:	22
WM-Teilnahmen:	–

Alessandro Nesta

Als Erster in der Geschichte Lazio Roms stemmte Kapitän Nesta einen europäischen Cup in die Höhe. Dem Pokal der Pokalsieger-Triumph 1999 folgte sogleich die Italienische Meisterschaft 2000. Doch trotz der Erfolge wechselte der gebürtige Römer zum AC Mailand, um dort Champions League, Weltpokal und nochmal die Meisterschaft zu gewinnen. Für Italien gewann er 1996 die U21-EM und saß im gleichen Jahr bei der Europameisterschaft für das A-Team auf der Bank. Ebenso spielte einer der besten Innenverteidiger weltweit bei der 98er-Weltmeisterschaft und verpasste nur knapp den Europameisterschaftstitel 2000. 2006 zog er sich im dritten Gruppenspiel gegen Tschechien eine schwere Verletzung zu, so dass er den WM-Triumph von der Bank aus verfolgen musste.

Geburtsdatum:	19. März 1976
Geburtsland:	Italien
Stationen:	Lazio Rom, AC Mailand
WM-Spiele:	9
WM-Tore:	–
Länderspiele:	78
Tore:	–
WM-Teilnahmen:	1998, 2002, 2006

Igor Netto

Als Kapitän gewann er 1960 mit der Sowjetunion den „Europapokal der Nationen", den Vorläufer der Europameisterschaften. Igor Netto war der Spielmacher der Russen bei ihrem größten internationalen Erfolg, den sie auch bei der Vize-EM 1988 in Deutschland nicht toppen konnten. Netto war mit seinem Heimatverein Spartak Moskau fünfmal Sowjetischer Meister und dreimal Pokalsieger und bestritt von 1948 bis 1966 367 Ligaspiele. 1956 hatte er als Spielführer die „Sputniks" in Melbourne zu Olympiagold geführt. Zehn Jahre später beendete er seine Karriere und widmete sich seiner „ersten Liebe": Er wirkte als Trainer eines Eishockeyteams.

Geburtsdatum:	9. Januar 1930
	† 30. März 1999
Geburtsland:	Sowjetunion
Stationen:	Spartak Moskau
WM-Spiele:	5
WM-Tore:	–
Länderspiele:	54
Tore:	4
WM-Teilnahmen:	1958, 1962

Günter Netzer

Er war der Spielmacher in der vielleicht brillantesten deutschen Nationalmannschaft aller Zeiten. Günter Netzer führte Regie, als Deutschland 1972 in Brüssel durch ein 3:0 gegen die UdSSR erstmals Europameister wurde. Nach zehn Jahren in Mönchengladbach wechselte Netzer 1973 zu Real Madrid und wurde zweimal Spanischer Meister und zweimal Pokalsieger. Er absolvierte „nur" 37 Länderspiele – und erlebte den Weltmeisterschaftstitel 1974 als Tribünengast. Von 1979 bis 1986 war er Manager beim Hamburger SV. In diese Zeit fallen drei Deutsche Meisterschaften und 1983 der Triumph im Europacup der Landesmeister.

Geburtsdatum:	14. September 1944
Geburtsland:	Deutschland
Stationen:	Borussia Mönchengladbach, Real Madrid, Grasshoppers Zürich
WM-Spiele:	1
WM-Tore:	–
Länderspiele:	37
Tore:	6
WM-Teilnahmen:	1974

NEU – NIG

Frank Neubarth

Schwer tat sich der geborene Hamburger zu Beginn im bezahlten Fußball. Doch Otto Rehhagel machte aus dem schlaksigen Stürmer in Bremen zuerst einen „Joker" und 1985/86 einen Angreifer mit 20 Bundesligatoren. Mit den Werderanern gelang auch der größte Coup: Europas Pokalsiegerchampion 1992. Zwei deutsche Meisterschaften (88, 93) und Pokalsiege (91, 94) komplettieren die Titelsammlung. Länderspielmeriten verhinderten jeweils schwere Verletzungen, doch 1988 war es dann so weit. Gegen Argentinien absolvierte er seinen einzigen Nationalmannschaftseinsatz. Für die Saison 2002/03 ging er als Vereinstrainer zu Schalke 04.

Geburtsdatum: 29. Juli 1962
Geburtsland: Deutschland
Stationen: Werder Bremen
WM-Spiele: –
WM-Tore: –
Länderspiele: 1
Tore: –
WM-Teilnahmen: –

Willi Neuberger

Der technisch hoch begabte Allroundfußballer wirkte im Dress von Borussia Dortmund, Werder Bremen, Wuppertaler SV und Eintracht Frankfurt. Mal als Linksaußen, mal als rechter Verteidiger – das „Leichtgewicht" kam auf jeder Position zurecht. Mit der Eintracht verzeichnete der ursprüngliche Stürmer seinen größten sportlichen Erfolg: den Gewinn des UEFA-Cups 1980. 1975 und 81 wurde er mit Frankfurt DFB-Pokalsieger. Bei so einer Karriere verwundert es, dass er lediglich zu zwei Länderspielen 1968 kam. In insgesamt 520 Spielen schoss er 63 Tore.

Geburtsdatum: 15. April 1946
Geburtsland: Deutschland
Stationen: Borussia Dortmund, Werder Bremen, Wuppertaler SV, Eintracht Frankfurt
WM-Spiele: –
WM-Tore: –
Länderspiele: 2
Tore: –
WM-Teilnahmen: –

Bernd Nickel

1974, nach der WM im eigenen Land, bestritt er beim 1:0-Sieg gegen Malta sein einziges Länderspiel. Der wegen der Härte seiner Schüsse als „Dr. Hammer" gefürchtete Linksfuß gehörte jedoch zum Stamm der Bundeswehrauswahl und der Amateurnationalelf. 1972 gehörte er zur Olympiamannschaft. Für die Frankfurter Eintracht hingegen spielte er von 1967 bis 1983 satte 426 Bundesligaspiele. Er stand für die erfolgreichste Periode der Hessen, die mit dem UEFA-Cup-Sieg 1980 ihren Höhepunkt hatte. Zudem holte Bernd Nickel dreimal den deutschen Pokal (1974, 1975 und 1981).

Geburtsdatum: 15. März 1949
Geburtsland: Deutschland
Stationen: Eintracht Frankfurt
WM-Spiele: –
WM-Tore: –
Länderspiele: 1
Tore: –
WM-Teilnahmen: –

Norbert Nigbur

Reaktionsschnell und mit einem weiten Abschlag ausgestattet, halten ihn viele Schalker nach wie vor für einen der besten Torhüter, die je das Knappen-Trikot trugen. 355-mal hütete er das Gelsenkirchener Gehäuse, jedoch nur sechsmal das Auswahltor. Ein dominierender Sepp Maier und die temperamentvolle Art des Hobby-Trabrennfahrers machten ihm den Status der Nummer eins im Adlertrikot unmöglich. 1974 stand er zumindest im Kader der Nationalelf, war jedoch nur dritter Keeper. Immerhin einen Rekord für die Ewigkeit stellte der Elfmeter-Killer auf: Nigbur war der erste Fußballer, der in allen Auswahlmannschaften des DFB stand.

Geburtsdatum: 8. Mai 1948
Geburtsland: Deutschland
Stationen: FC Schalke 04, Hertha BSC Berlin
WM-Spiele: –
WM-Tore: –
Länderspiele: 6
Tore: –
WM-Teilnahmen: 1974

„Nilton" dos Santos Reis

Der Botafogo-Verteidiger (von 1948–64) nahm an insgesamt vier Weltmeisterschaftsendrunden teil. 1950 noch nicht eingesetzt, kam er 1954 in der Schweiz nicht über das Viertelfinale hinaus, bei dem er im hitzigen Duell gegen die Ungarn aufgrund einer Roten Karte den Platz verlassen musste. 1958 und 1962 hatte das Warten ein Ende: Nilton gewann in beiden Weltmeisterschaftsendrunden den begehrtesten Titel im Nationalmannschaftsfußball. Nach seiner aktiven Laufbahn blieb er seinem Verein als Trainer und Berater treu. In den 90er-Jahren eröffnete er eine Fußballschule für besonders bedürftige Kinder seiner Heimat.

Geburtsdatum:	16. Mai 1925
Geburtsland:	Brasilien
Stationen:	Botafogo Rio de Janeiro
WM-Spiele:	15
WM-Tore:	1
Länderspiele:	83
Tore:	3
WM-Teilnahmen:	1950, 1954, 1958, 1962

Rutgerus „Ruud" Johannes Martinus van Nistelrooy

Welttorjäger des Jahres 2002, Torschützenkönig in Holland (1999, 2000), England (2003) und Spanien (2007): „Van the Man" ist die personifizierte Torgefahr. Für ManU erzielte er in 200 Spielen 150 Treffer. Gleich drei Mal wurde er bester Schütze der Champions League (2002, 03, 05). Dennoch kam es zwischen ihm und Trainer Alec Ferguson, der ihn 2001 für 30 Millionen Euro verpflichtet hatte, zum Bruch. Nach der WM 2006, wo ihm das Vertrauen von Bondscoach Marco van Basten fehlte, wechselte er zu Real Madrid. Gegen Lazio Rom markierte der Literatur-Liebhaber im Oktober 2007 seine Tore 51 und 52 in der europäischen Königsklasse.

Geburtsdatum:	1. Juli 1976
Geburtsland:	Niederlande
Stationen:	Den Bosch, Heerenveen, Eindhoven, ManU, Real
WM-Spiele:	3
WM-Tore:	1
Länderspiele:	57
Tore:	30
WM-Teilnahmen:	2006

Jürgen „Kuppe" Nöldner

„Kuppe" markierte 1960 gegen die Wolverhampton Wanderers den ersten Treffer für den ASK Vorwärts Berlin im Europapokal. 1966 löste er „Moppel" Schröter als DDR-Rekordtorschützen ab und wurde DDR-Fußballer des Jahres. 1965 erzielte Nöldner gegen Österreich in der ersten Minute den 1:0-Siegtreffer und damit eines der schnellsten Tore in der DDR-Länderspielgeschichte. Er wurde mit dem ASK bzw. FC Vorwärts Berlin fünfmal DDR-Meister und erzielte 1970 im Pokalfinale gegen Lok Leipzig den 4:2-Endstand. Ein Jahr später wurde der Verein in eine andere Stadt verlegt und hieß fortan FC Vorwärts Frankfurt/Oder.

Geburtsdatum:	22. Februar 1941
Geburtsland:	Deutschland
Stationen:	ASK/FC Vorwärts Berlin, FC Vorwärts Frankfurt/Oder
WM-Spiele:	–
WM-Tore:	–
Länderspiele:	30
Tore:	16
WM-Teilnahmen:	–

Gunnar „Il Cannoniere" Nordahl

1947 Schwedens Fußballer des Jahres, wechselte Nordahl 1949 zu Milan, wo er bis 1956 fünfmal Torschützenkönig der Serie A wurde. Mit dem legendären schwedischen Sturm Gre-No-Li (Gren-Nordahl-Liedholm) wurde der AC 1951 Meister. Anschließend stürmte Nordahl noch für die Roma und ist mit 225 Treffern nach wie vor einer der besten Schützen aller Zeiten in Italiens Eliteliga. Sein Wechsel nach Italien beendete auch seine Nationalmannschaftskarriere, da dort nur Amateure spielen durften. Als Torschützenkönig kanonierte er die Schweden zum Olympiasieg 1948.

Geburtsdatum:	19. Oktober 1921
	† 15. September 1995
Geburtsland:	Schweden
Stationen:	Degerfors IF/FK Norrköping, Milan, AS Rom
WM-Spiele:	3
WM-Tore:	–
Länderspiele:	33
Tore:	43
WM-Teilnahmen:	–

Björn Nordqvist (rechts)

Zwischen 1963 und 78 absolvierte der Abwehrspieler 115 Länderspiele und führte damit bis Mitte der 1980er Jahre den elitären „100er" Klub an. Für IFK Norrköping, mit dem er 1962 und 63 Meister sowie 69 Pokalsieger wurde, bestritt er 245 Ligaspiele, ehe er 1972 nach Eindhoven wechselte. Mit dem PSV holte Nordquist ebenfalls Pokal (1974) und Meisterschaft (1975). Seine Verlässlichkeit sorgte dafür, dass er gleich an drei WM-Endrunden teilnahm.

Geburtsdatum:	6. Oktober 1942
Geburtsland:	Schweden
Stationen:	IFK Norrköping, PSV Eindhoven, IFK Göteborg
WM-Spiele:	10
WM-Tore:	–
Länderspiele:	115
Tore:	–
WM-Teilnahmen:	1970, 1974, 1978

Ladislav Novák (rechts)

Bereits mit 21 Jahren wurde Novák Kapitän der tschechoslowakischen Nationalmannschaft, die er in 71 seiner insgesamt 75 Länderspielen aufs Feld führte. Bei der EM 1960 besiegte der Spieler von Dukla Prag mit der Tschechoslowakei im Spiel um Platz 3 Frankreich und scheiterte 1962 erst im WM-Finale knapp an Brasilien.

Geburtsdatum:	5. Dezember 1931
Geburtsland:	Tschechoslowakei
Stationen:	Dukla Prag, LIAZ Jablonec
WM-Spiele:	12
WM-Tore:	–
Länderspiele:	75
Tore:	1
WM-Teilnahmen:	1954, 1958, 1962

Jens Nowotny

Bei der WM 2006 rutschte er überraschend in den deutschen Kader und kam in der Partie um Platz drei gegen Portugal (3:1) zu seinem ersten Endrundeneinsatz überhaupt. Die Weltmeisterschaften 1998 und 2002 hatte er verletzt absagen müssen. Besonders schlimm erwischte es ihn vor der Endrunde in Asien, als er sich im Halbfinal-Rückspiel der Champions League gegen ManU (1:1) einen Kreuzbandriss zuzog – es war sein zweiter von insgesamt vieren (!). In der Bundesliga wurde Nowotny mit Leverkusen viermal Vizemeister (1997, 99, 2000, 2002). Im Sommer 2006 unterschrieb er bei Dinamo Zagreb.

Geburtsdatum:	11. Januar 1974
Geburtsland:	Deutschland
Stationen:	Karlsruher SC, Bayer Leverkusen, D. Zagreb
WM-Spiele:	1
WM-Tore:	–
Länderspiele:	47
Tore:	1
WM-Teilnahmen:	2006

Nino Miguel Soares Pereira Ribeiro „Nuno" Gomes

Den endgültigen Durchbruch des U18-Europameisters besorgten seine vier Treffer bei der Europameisterschaft 2000. Insbesondere das Siegtor gegen England und die Treffer gegen die Türkei verschafften dem wendigen Leichtgewicht Renommee. Im Jahr 2000 wechselte er für 17 Millionen Euro zum AC Florenz. Als der Verein 2002 Konkurs anmeldete, war er wieder bei Benfica unter Vertrag. Bei der EM 2004 im eigenen Land schoss er sein Team gegen Spanien (1:0) zu drei wichtigen Punkten. Er bestritt alle sieben Spiele, auch das Finale gegen die Griechen (0:1). Dagegen kam er bei der WM 2006 nur zu zwei Kurzeinsätzen, erzielte im „kleinen Finale" gegen Deutschland aber den Ehrentreffer zum 1:3.

Geburtsdatum:	5. Juli 1976
Geburtsland:	Portugal
Stationen:	Boavista Porto, Benfica Lissabon, AC Florenz
WM-Spiele:	4
WM-Tore:	1
Länderspiele:	66
Tore:	27
WM-Teilnahmen:	2002, 2006

Tibor „Nyil" Nyilasi (Mitte)

Eines der größten Talente im ungarischen Fußball dirigierte Ende der 70er- bis in die 80er-Jahre hinein die Auswahl der Magyaren. Drei Pokalsiege, zwei Meistertitel, und erst im Finale des Pokalsiegerwettbewerbs 1975 scheiterte er mit Ferencváros Budapest an Dynamo Kiew. 1976 schien ein Schädelbruch die Karriere zu beenden. Er kam jedoch wieder, musste 1978 bei der WM im ersten Spiel mit Rot vom Platz und Ungarn schied enttäuscht aus. 1982 rehabilitierte er sich und erzielte in Spanien bei der WM zwei Tore in drei Partien. Trotzdem war auch hier nach der Vorrunde Schluss.

Geburtsdatum:	18. Januar 1955
Geburtsland:	Ungarn
Stationen:	Ferencváros Budapest, Austria Wien
WM-Spiele:	5
WM-Tore:	2
Länderspiele:	70
Tore:	32
WM-Teilnahmen:	1978, 1982

Der komplette Stürmer

36 Treffer in seinem ersten Pflichtspieljahr bei Manchester United, das war die passende Antwort des holländischen Stürmers Ruud van Nistelrooy (li. im Zweikampf mit dem Portugiesen Fernando Couto) für alle Zweifler. Gerade von einer schweren Knieoperation genesen, zeigte er, dass er die 18 Millionen Pfund wert ist, die ManU an den PSV Eindhoven überweisen musste, um sich die Dienste des Vollblutstürmers zu sichern. Folgerichtig war er auch eine feste Größe der Nationalmannschaft, kam aber erst bei der EM 2004 zu seinem ersten großen Turnier. 2000, bei der EM im eigenen Land, musste er verletzt am Fernseher zuschauen, 2002 qualifizierte sich das Oranje-Team erst gar nicht für die WM. Die Karriere des treffsicheren Angreifers begann 1993 beim FC Den Bosch hinter den Spitzen. Dann wechselte er zum SC Heerenveen und wurde auf Anraten des damaligen Trainers Foppe de Haan Sturmpartner von Denis Bergkamp. Van Nistelrooy gilt als kompletter Stürmer, die Torjägerkrone bei der EM 2004 blieb ihm allerdings verwehrt – der Tscheche Milan Baros (fünf Tore) toppte seine vier Treffer.

OBL – OKO

Branco Oblak – Ernst Ocwirk – Massimo Oddo – Augustine Okocha – Yasuhiko Okudera – Sunday Oliseh – Jesper Olsen – Morten Olsen – François Omam-Biyik – Anton Ondrus – Gabriele Oriali – Pecanha de Carvalho Orlando – Raimondo Bibiani Orsi – Oscar Ortiz – José Bernardi Oscar – Ivica Osim – Stanislaw Oslizlo – Wolfgang Overath – Marc Overmars – Michael Owen

Branco „Branko" Oblak

Ein Jahr nachdem der Mittelfeldspieler bei der Weltmeisterschaft in Deutschland geglänzt hatte, wechselte er in die Bundesliga – zu Schalke 04. Doch erst mit den Bayern gelang dem Stammspieler in der Nationalelf der Gewinn der deutschen Meisterschaft (1980). Bei der 72er-Europameisterschaft im Viertelfinale an der UdSSR gescheitert, unterlag er vier Jahre später seinen Bundesligakollegen: Im Europameisterschafts-Halbfinale verlor er mit Jugoslawien gegen Deutschland erst in der Verlängerung. Oblak wurde nach Beendigung seiner Karriere zuerst Trainer in Sibenik, dann Nationaltrainer der Slowenen.

Geburtsdatum:	27. Mai 1947
Geburtsland:	Jugoslawien
Stationen:	Olimpija Ljubljana, Hajduk Split, Schalke 04, FC Bayern München
WM-Spiele:	5
WM-Tore:	1
Länderspiele:	46
Tore:	6
WM-Teilnahmen:	1974

Ernst „Ossie" Ocwirk

Der gelernte Modelltischler, der 1947 zum ersten Mal für Austria Wien kickte, galt als Schlüsselfigur der Wiener Fußballschule und wechselte als erster Austria-Kicker nach Italien. Bei Sampdoria Genua agierte der komplette Fußballer erfolgreich, sowohl als Kapitän als auch als Trainer, und führte nach seiner Rückkehr zu Austria Wien dort als Coach den Profifußball ein. Der dritte Platz bei der WM in der Schweiz war sein größter sportlicher Erfolg. Seine Berufung als Kapitän der Weltauswahl (1953 und 55) bestätigte seine Ausnahmestellung. Im Alter von nur 53 Jahren starb Ocwirk am 23. Januar 1980 an multipler Sklerose.

Geburtsdatum:	7. März 1926
	† 23. Januar 1980
Geburtsland:	Österreich
Stationen:	Austria Wien, Sampdoria Genua
WM-Spiele:	5
WM-Tore:	2
Länderspiele:	62
Tore:	6
WM-Teilnahmen:	1954

Massimo Oddo

Beim WM-Titel 2006 kam der torgefährliche Rechtsverteidiger nur für 22 Minuten im Viertelfinale gegen die Ukraine (3:0) zum Einsatz. Azzurri-Coach Lippi bevorzugte auf seiner Position Gianluca Zambrotta. Oddo wurde bei Milan groß, ohne aber den Durchbruch zu schaffen. Nach vier Stationen in der dritten Liga und zwei Vereinen in der Serie B kam Oddo 2002 zu Lazio Rom. Beim Hauptstadt-Klub wurde er Kapitän und machte sich einen Namen als sicherer Elfmeterschütze. Im Januar 2007 kehrte er für 8 Millionen Euro plus Pasquale Foggia zu seinem Heimatverein zurück, mit dem er auf Anhieb die Champions League gewann.

Geburtsdatum:	14. Juni 1976
Geburtsland:	Italien
Stationen:	Lazio Rom, Monza, SSC Neapel, Hellas Verona, Milan
WM-Spiele:	1
WM-Tore:	–
Länderspiele:	29
Tore:	1
WM-Teilnahmen:	2006

Augustine „Jay Jay" Okocha

1993 tanzte er im Trikot von Eintracht Frankfurt im Spiel gegen den Karlsruher SC die gesamte Abwehr inklusive Torhüter Kahn aus und erzielte eines der spektakulärsten Tore der Bundesligageschichte. Mit Nigeria gewann er 1994 die Afrika-Meisterschaft und wurde 1996 Olympiasieger. Bei den WM-Endrunden 1994 und 98 scheiterten die „Super Eagles" jeweils im Achtelfinale. 2002 war nach der Vorrunde Schluss. Okocha begeisterte die Fans mit atemberaubenden Dribblings, tollen Tricks und einer kaltschnäuzigen Spielweise.

Geburtsdatum:	14. August 1973
Geburtsland:	Nigeria
Stationen:	Enugu Rangers, Borussia Neunkirchen, Eintracht Frankfurt, Fenerbahçe Istanbul, Paris St. Germain, Bolton Wanderers
WM-Spiele:	9
WM-Tore:	–
Länderspiele:	94
Tore:	18
WM-Teilnahmen:	1994, 1998, 2002

OKU – OLS

Yasuhiko Okudera

Am 22. Oktober 1977 begann für den japanischen Fußball ein neues Kapitel. An diesem Tag feierte Yasuhiko Okudera im Trikot des 1. FC Köln sein Debüt in der Bundesliga und wurde damit zum Wegbereiter für zahlreiche japanische Fussballer, die nach ihm nach Europa kamen. Okudera, der gleich in seiner ersten Saison am Rhein das Double gewann, war der erste Spieler seines Landes, der internationale Karriere machte. Nach dem Weggang seines Mentors Hennes Weisweiler 1980 zu Cosmos New York wechselte Okudera in die zweite Liga zu Hertha BSC Berlin, das um den Aufstieg mitspielte. Nach der 1:2-Niederlage im entscheidenden Spiel gegen Werder Bremen verpassten die Berliner zwar den Aufstieg, nicht aber Okudera. Bremens Trainer Otto Rehhagel lotste den Linksfuß an die Weser, wo er drei Mal Vizemeister wurde. 1986 kehrte er nach Japan zurück und beendete dort zwei Jahre später seine Karriere. Später wirkte er bei JEF United als Manager und Cheftrainer und führt heute die Geschäfte des FC Yokohama. Eine Weltmeisterschaftsteilnahme blieb Okudera versagt, erst 1998 feierte Japan seine Premiere bei einer WM-Endrunde.

Geburtsdatum:	12. März 1952
Geburtsland:	Japan
Stationen:	FC Furukawa Tokio, 1. FC Köln, Werder Bremen
WM-Spiele:	–
WM-Tore:	–
Länderspiele:	32
Tore:	9
WM-Teilnahmen:	–

Sunday Oliseh

Bereits seit 1990 spielte er in Europa. Nach der Premiere beim FC Lüttich heuerte der nigerianische Mittelfeldspieler in Reggiana und Köln an. Den erfolgreichen Gastspielen bei Ajax Amsterdam und Juventus Turin folgte erneut das Abenteuer Bundesliga mit Dortmund und Bochum. Mit der Borussia wurde er 2002 Deutscher Meister. 1996 holte er mit Nigeria Olympiagold in Atlanta.

Geburtsdatum:	14. September 1974
Geburtsland:	Nigeria
Stationen:	FC Lüttich, AC Reggiana, 1. FC Köln, Ajax, Juventus Turin, Borussia Dortmund, KRC Genk
WM-Spiele:	8
WM-Tore:	1
Länderspiele:	62
Tore:	4
WM-Teilnahmen:	1994, 1998

Jesper Olsen

Der Mittelfeldspieler war in den 80er-Jahren bei den Topklubs Ajax und Manchester United unter Vertrag. Danach spielte er noch vier Jahre in Frankreichs Eliteliga bei Bordeaux und Caen. Für Dänemark stand er sogar im Halbfinale der EM 1984, versenkte seinen Elfer im Elfmeterschießen und verlor trotzdem gegen Spanien.

Geburtsdatum:	20. März 1961
Geburtsland:	Dänemark
Stationen:	Ajax Amsterdam, Manchester United, Girondins Bordeaux, AS Caen
WM-Spiele:	4
WM-Tore:	3
Länderspiele:	43
Tore:	5
WM-Teilnahmen:	1986

Morten Olsen

Er war der Kapitän von „Danish Dynamite". Morten Olsen führte 1984 und 1986 eine Nationalmannschaft, die mit ihrem Angriffsfußball die Herzen der Fußballfans eroberte. Bei der EM 1984 schlug sie Jugoslawien 5:0 und machte gegen Belgien aus einem 0:2 ein 3:2. 1986 in Mexiko besiegte Dänemark zuerst Uruguay (6:1) und dann Deutschland (2:0). Olsen war mit Anderlecht dreimal Belgischer Meister und wechselte 1986 zum 1. FC Köln.

Geburtsdatum:	14. August 1949
Geburtsland:	Dänemark
Stationen:	1903 Kopenhagen, Cercle Brügge, FC Brüssel, RSC Anderlecht, 1. FC Köln
WM-Spiele:	4
WM-Tore:	–
Länderspiele:	102
Tore:	2
WM-Teilnahmen:	1986

Anton Ondrus

Für einen Stürmer zu langsam, setzte Trainer Vaclav Jezek den Mann von SK Slovan Bratislava im defensiven Mittelfeld ein. Und so wurde aus ihm ein exzellenter, torgefährlicher Mittelfeldspieler, der als Kapitän seine Mannschaft 1976 zum Europameistertitel führte. Insbesonders im Halbfinale stach er den holländischen Kapitän Johan Cruijff aus. Auch vier Jahre später, bei der Europameisterschaft 1980, hatte er entscheidenden Anteil am Erreichen des dritten Platzes.

Geburtsdatum:	27. März 1950
Geburtsland:	Tschechoslowakei
Heimatverein:	SK Slovan Bratislava
WM-Spiele:	–
WM-Tore:	–
Länderspiele:	58
Tore:	9
WM-Teilnahmen:	–

François Omam-Biyik

Ein Paukenschlag eröffnete die WM in Italien 1990: Kameruns Stürmer übersprang im Eröffnungsspiel den Keeper von Titelverteidiger Argentinien und köpfte zum 1:0 ein – der Sieg. Es sollte sein einziger Treffer bei dieser WM sein und trotzdem spielte sein Team eine herausragende Endrunde, bis ins Viertelfinale. 1994 in den USA wiederholte der sprunggewaltige Angreifer sein Bravourstück: erstes Spiel, einziges Turniertor. Das gelang ihm bei der dritten WM-Teilnahme 1998 nicht mehr.

Geburtsdatum:	21. Mai 1966
Geburtsland:	Kamerun
Stationen:	Lavallois, Rennes, Cannes, O. Marseille, Lens, FC America, Sampdoria Genua
WM-Spiele:	11
WM-Tore:	2
Länderspiele:	76
Tore:	45
WM-Teilnahmen:	1990, 1994, 1998

Gabriele Oriali (Mitte)

In Como geboren, verbrachte Oriali fast seine gesamte Laufbahn bei Inter Mailand. Von 1971 bis 1983 streifte er in 392 Partien das schwarz-blaue Dress über. Gleich in seiner ersten Saison sowie 1980 wurde er Italienischer Meister. 1978 und 82 gewann er den nationalen Pokal, die Coppa Italia. Oriali gehörte in den 1970er Jahren zu den besten zentralen Mittelfeldspielern Europas. Den größten Erfolg in seiner Laufbahn feierte er 1982 mit dem Gewinn der Weltmeisterschaft in Spanien.

Geburtsdatum:	25. November 1952
Geburtsland:	Italien
Stationen:	Inter Mailand
WM-Spiele:	5
WM-Tore:	–
Länderspiele:	28
Tore:	1
WM-Teilnahmen:	1982

Pecanha de Carvalho Orlando

Zu den vier Jüngsten im Weltmeisterteam 1958 gehörend, hob er sich als wichtige Stütze bei der Endrunde in Schweden hervor – und das trotz seiner erst 22 Jahre. In allen sechs Spielen bestach der Verteidiger durch sein kompromissloses Auftreten. Die WM 1966 verlief für den Abwehrspieler, der nach den Stationen Vasco da Gama und Boca Juniors inzwischen für den FC Santos spielte, nicht so glücklich. Im letzten Vorrundenspiel sollte seine Erfahrung gegen Portugal das frühe Aus verhindern. Doch sein Einsatz kam zu spät. Nur ein Spiel absolviert, trat er mit Brasilien die Heimreise an.

Geburtsdatum:	20. September 1935
Geburtsland:	Brasilien
Stationen:	FC Santos, Vasco da Gama
WM-Spiele:	7
WM-Tore:	–
Länderspiele:	30
Tore:	–
WM-Teilnahmen:	1958, 1966

Raimondo Bibiani Orsi

1928 noch Silbermedaillengewinner bei den Olympischen Spielen in Amsterdam mit Argentinien, wechselte der Linksaußen zu Juventus Turin und schlüpfte ins Trikot der Squadra Azzurra. Das sollte sich für beide auszahlen: Gleich in seinem ersten Länderspiel 1929 erzielte er beim 6:1-Erfolg über Portugal zwei Treffer für Italien. Bei der Weltmeisterschaft 1934 erzielte Orsi den 1:1-Ausgleich im Finale gegen die Tschechoslowakei und legte den Grundstein für Italiens ersten WM-Titel.

Geburtsdatum:	2. Dezember 1901 † 6. April 1986
Geburtsland:	Argentinien
Stationen:	Independiente Buenos Aires, Juventus Turin, San Lorenzo, Peñarol Montevideo, Flamengo Rio de Janeiro
WM-Spiele:	5
WM-Tore:	3
Länderspiele:	48
Tore:	16
WM-Teilnahmen:	1934

Oscar Ortiz

Der Stürmer aus Buenos Aires erlebte bei der WM 1978 im eigenen Land seine Sternstunde, als er mit Argentinien Weltmeister wurde und zu insgesamt sechs Einsätzen kam, ohne jedoch Stammspieler zu sein. Er konnte nie den verletzten Luqué ersetzen, blieb an der Seite von Mario Kempes blass und ohne eigenen Treffer. Auch im Finale gegen die Niederlande wurde der Linksaußen vom zweifachen Torschützen Kempes in den Schatten gestellt und musste nach 74 Minuten dem Publikumsliebling Housemann weichen. Seine Laufbahn begann Ortiz 1970 bei Talleres Cordoba, ehe er zu River Plate in die Hauptstadt wechselte. Dort blieb er bis zum Ende seiner aktiven Karriere 1980.

Geburtsdatum:	8. April 1953
Geburtsland:	Argentinien
Stationen:	River Plate Buenos Aires
WM-Spiele:	6
WM-Tore:	–
Länderspiele:	29
Tore:	2
WM-Teilnahmen:	1978

José Bernardi Oscar

Als einer der ersten Brasilianer ging er am Karriereende in die japanische J-League. Zuvor hatte er Ende der 70er ein Gastspiel bei Cosmos New York. 1986 feierte er die brasilianische Meisterschaft mit São Paulo. Da hatte der Abwehrspieler bereits zwei Weltmeisterschaftsturniere in den Beinen. Doch wie 1978 gelang ihm auch 1982 kein Titelgewinn mit der Seleção. Beim dritten und letzten Versuch, Weltmeister zu werden, kam er nicht über die Reservistenrolle hinaus.

Geburtsdatum:	20. Juni 1954
Geburtsland:	Brasilien
Stationen:	Ponte Preta, Cosmos New York, FC São Paulo, Yokohama F. Marinos
WM-Spiele:	12
WM-Tore:	1
Länderspiele:	60
Tore:	2
WM-Teilnahmen:	1978, 1982, 1986

Ivica Osim

Als Mitglied der jugoslawischen Nationalelf, die 1968 Vize-Europameister wurde, empfahl sich der Verteidiger für ein Auslandsengagement in Frankreich. Seinen Platz in der Fußballhistorie sicherte sich der Bosnier indes als Trainer. Sein Heimatland führte er 1984 bei den Olympischen Spielen zu Bronze und 1990 bei der WM ins Viertelfinale, wo das Aus erst im Elfmeterschießen gegen Argentinien kam. In Graz machte er aus dem Provinzverein SK Sturm das beste Team Österreichs (Meister 1998, 99) und führte den Arbeiterklub drei Mal hintereinander in die Champions League. 2003 übernahm Osim in Japan JEF United. Nach der WM 2006 wurde er Nationaltrainer Nippons.

Geburtsdatum:	6. Mai 1941
Geburtsland:	Jugoslawien
Stationen:	Sarajevo, Racing Straßbourg
WM-Spiele:	–
WM-Tore:	–
Länderspiele:	20
Tore:	8
WM-Teilnahmen:	

Stanislaw Oslizo

Mit seinem Verein Gornik Zabrze gewann Oslizlo zwischen 1961 und 1972 acht Meisterschaften und sechs Pokaltitel. Als einzige polnische Mannschaft erreichte Zabrze je ein Europacupfinale. Im Endspiel des Wettbewerbs der Pokalsieger 1970 erzielte Oslizlo gegen Manchester City den Treffer zum 1:2-Endstand. Oslizlo wurde 1966 und 1968 Polens Fußballer des Jahres und ist heute Pressesprecher des Klubs.

Geburtsdatum:	29. November 1937
Geburtsland:	Polen
Stationen:	Gornik Zabrze
WM-Spiele:	–
WM-Tore:	–
Länderspiele:	57
Tore:	1
WM-Teilnahmen:	–

Wolfgang Overath

In der ersten Bundesligasaison wurde er mit dem 1. FC Köln 1964 Deutscher Meister. In 81 Länderspielen führte Overath Regie in der deutschen Nationalmannschaft. 1966 wurde er Vizeweltmeister und 1970 WM-Dritter, um vier Jahre später in München erstmals den Gipfel des Weltfußballs zu erklimmen. Neben Franz Beckenbauer war er der Einzige aus der Elf von Wembley, der 1974 Weltmeister wurde. Beim 1. FC Köln schoss er in 409 Spielen 83 Tore.

Geburtsdatum:	29. September 1943
Geburtsland:	Deutschland
Stationen:	1. FC Köln
WM-Spiele:	19
WM-Tore:	3
Länderspiele:	81
Tore:	17
WM-Teilnahmen:	1966, 1970, 1974

Marc „Roadrunner" Overmars

Der Niederländer war ein wichtiger Bestandteil der Mannschaft von Ajax, die 1995 die Champions League gewann. Zwei Jahre später zog es den „Roadrunner", wie er aufgrund seiner schnellen Flügelläufe genannt wird, zu Arsenal London. Mit den „Gunners" holte er 1998 das „Double". Von 2000 bis 2004 spielte er für den FC Barcelona.

Geburtsdatum:	29. März 1973
Geburtsland:	Niederlande
Stationen:	Willem II Tilburg, Ajax, Arsenal, FC Barcelona
WM-Spiele:	11
WM-Tore:	1
Länderspiele:	86
Tore:	16
WM-Teilnahmen:	1994, 1998

Michael James Owen

Bereits mit 18 Jahren stieg er 1998 bei der WM in Frankreich zum absoluten Topstar auf. Mit seinem Traumtor zum 2:1 gegen Argentinien (Endstand 7:8 nach Elfmeterschießen) wurde Michael Owen zur großen Entdeckung des Turniers. Von 1998 bis zu seinem Wechsel 2004 zu Real Madrid avancierte Owen in jeder Saison zum Top-Scorer des FC Liverpool (insgesamt 158 Tore in 297 Spielen). 2001 drehte er mit seinen beiden Treffern in den letzten sieben Minuten das FA Cup-Finale gegen Arsenal (2:1), gewann mit den „Reds" den UEFA-Pokal und wurde Europas Fußballer des Jahres. 2005 kehrte er auf die Insel zu Newcastle United zurück. Bei der WM 2006 zog er sich im Gruppenspiel gegen Schweden bereits nach zwei Minuten einen Kreuzbandriss im rechten Knie zu.

Geburtsdatum:	14. Dezember 1979
Geburtsland:	England
Stationen:	FC Liverpool, Real Madrid, Newcastle United
WM-Spiele:	12
WM-Tore:	4
Länderspiele:	85
Tore:	40
WM-Teilnahmen:	1998, 2002, 2006

König hinter dem Kaiser

Wolfgang Overath (re.) setzt sich in diesem harten Zweikampf gegen den Spanier Ignacio Zoco durch. Deutschland gewann dieses WM-Spiel bei der Endrunde 1966 in England mit 2:1. Overath wurde bei allen sechs Turnierspielen eingesetzt und war trotz seiner Jugend (22 Jahre) eine wichtige Stütze im deutschen Team. Wegen seines haargenauen Passspiels und der Fähigkeit, ein Spiel zu lesen, beorderte ihn Bundestrainer Helmut Schön in die zentrale Mittelfeldposition, um dort den Aufbau zu organisieren. Overath war neben Franz Beckenbauer der einzige Spieler, der sowohl 1966 als auch acht Jahre später im Finale der Weltmeisterschaft stand. Wie der bayrische „Kaiser" holte sich der Kölner „König" die gesamte Medaillenkollektion ab. Neben dem Titel 1974 und der Silbermedaille 1966 gelang ihm mit Deutschland der dritte Platz bei den Titelkämpfen 1970 in Mexiko. Mit seinen 19 WM-Einsätzen lag Overath in der ewigen Bestenliste auf Rang 6 und wurde mit seinen gespielten 1734 WM Minuten der siebthäufigst eingesetzte Akteur bei Endrundenturnieren.

PAC – PAG

Enrique Perez Diaz „Pachin" – Frank Pagelsdorf – Gianluca Pagliuca – Robert „Bob" Paisley – Pak Doo-Ik – Martin Palermo – Karoly Palotai – Antonin Panenka – Christian Panucci – Jean-Pierre Papin – Pavel Pardo – Daniel Alberto Passarella – Paulo César Lima – Park Ji Sung – Edson Arantes do Nascimento Pelé – Angelo Peruzzi – Dimitar Duszkov Penev – Martin Stanford Peters – Emmanuel Petit – Dan Vasile Petrescu – Pedro Petrone – Bruno Pezzey – Jean-Marie Pfaff – Andrea Pirlo – Armando Picchi – Alessandro Del Piero – Silvio Piola – Robert Pirés – José Martinez Sánchez Pirri – Frantisek Planicka – Michel Platini – David Andrew Platt – Lukas Podolski – Svatopluk Pluskál – Karel Poborsky – Anton „Toni" Polster – Jürgen Pommerenke – Gheorghe Popescu – Jan Popluhár – Josef „Jupp" Posipal – Christian Poulsen – Flemming Povlsen – Adol Alfred „Adi" Preißler – Michel Preud´homme – Herbert Prohaska – Robert Prosinecki – Oleg Protasov – Dado Prso – Antonin Puc – Carles Puyol Saforcada – Ferenc Biro Puskás

Enrique Perez Diaz „Pachin"

Von 1959 bis 1968 bestritt der athletische Verteidiger 148 Ligaspiele im Dress der „Königlichen" von Real Madrid. In dieser Zeit dominierten er und das „Weiße Ballett" nicht nur die spanische Liga, sondern auch den europäischen Klubfußball. Nicht weniger als sieben Ligatitel, einen Pokaltriumph und zwei europäische Cupsiege stehen als bedeutendste Erfolge in der sportlichen Vita des Linksfußes, der erstmals 1960 gegen Eintracht Frankfurt ein europäisches Cup-Finale erreichte. Trotzdem kam er auf lediglich acht Einsätze im Nationalteam, davon zwei Spiele bei der 62er-Weltmeisterschaft, wo er mit Martin Vergés das Stopperpaar in den Spielen gegen Mexiko (1:0) und Brasilien (1:2) bildete.

Geburtsdatum:	28. Dezember 1938
Geburtsland:	Spanien
Stationen:	Real Madrid
WM-Spiele:	2
WM-Tore:	–
Länderspiele:	8
Tore:	–
WM-Teilnahmen:	1962

Frank Pagelsdorf

Ursprünglich als Mittelfeldspieler begonnen, verkörperte er später einen Libero modernster Prägung. Allerdings reichte es nur zu ein paar Spielen in der Olympiaauswahl des DFB. Später sorgte der frühere Jugendnationalspieler für Furore als Trainer. Sportlich den Aufstieg zweimal geschafft, wurde ihm mit Union der Aufstieg in die zweite Bundesliga aufgrund eines Lizenzbetrugs seines Arbeitgebers 1. FC Union verweigert. 1994 wechselte Pagelsdorf zu Hansa Rostock und führte den Ost-Klub in die Bundesliga. Mit dem HSV qualifizierte er sich 2001 für die Champions League. Nach kurzem Engagement beim VfL Osnabrück übernahm er 2005 erneut Hansa Rostock.

Geburtsdatum:	5. Februar 1958
Geburtsland:	Deutschland
Stationen:	Hannover 96, Arminia Bielefeld, Bor. Dortmund
WM-Spiele:	–
WM-Tore:	–
Länderspiele:	–
Tore:	–
WM-Teilnahmen:	–

Gianluca Pagliuca

Zu Beginn seiner Laufbahn noch als Stürmer aktiv, begann er die Karriere im Tor beim AC Bologna. Der Wechsel zu Sampdoria Genua mit Mancini und Vialli brachte die erfolgreichste Zeit zwischen den Pfosten. Triumph im Europapokal der Pokalsieger 1990, Italienischer Meister 1991 und Pokalsieger 1988 und 1989. Im Landesmeisterfinale 1992 scheiterte er nur knapp am FC Barcelona. Später im Dress von Inter Mailand ging das UEFA-Cup-Finale 1997 gegen den FC Schalke verloren. Bei der WM 1994 verlor er mit Italien das Finale gegen Brasilien im Elfmeterschießen.

Geburtsdatum:	18. Dezember 1966
Geburtsland:	Italien
Stationen:	Sampdoria Genua, AC Bologna, Inter Mailand
WM-Spiele:	10
WM-Tore:	–
Länderspiele:	39
Tore:	–
WM-Teilnahmen:	1990, 1994, 1998

Robert „Bob" Paisley

Paisley spielte von 1939 bis 1954 beim FC Liverpool und wurde 1947 mit den „Reds" Meister. Kultstatus erlangen sollte er aber als Trainer. In neun Spielzeiten gewann Paisley sechs Meisterschaften (1976, 77, 79, 80, 82, 83), einen FA Cup (1974) sowie vier Europacups. Nach dem UEFA-Cup 1976 sicherte sich Liverpool 1977 erstmals den Pokal der Landesmeister. Nach den Schotten Jock Stein (1967 mit Celtic Glasgow) und Matt Busby (1968 mit ManU) war er damit der erste Engländer, der einen britischen Klub zum Gewinn des bedeutendsten Titel im europäischen Klubfußball führte. 1978 und 1981 sicherte sich Liverpool unter „Bob's-Regie" diese Trophäe erneut.

Geburtsdatum:	23. Januar 1919
	† 14. Februar 1996
Geburtsland:	England
Stationen:	FC Liverpool
WM-Spiele:	–
WM-Tore:	–
Länderspiele:	–
Tore:	–
WM-Teilnahmen:	–

Pak Doo-Ik

Er sorgte für eine der größten Sensationen in der Geschichte der Fußball-Weltmeisterschaft: Pak Doo-Ik erzielte bei der WM 1966 das Tor zum 1:0-Sieg der Nordkoreaner über Italien. Durch diesen Triumph erreichten die unbekannten Fußballzwerge aus dem kommunistischen Korea das Viertelfinale, während die Azzuris bereits nach der Vorrunde die Koffer packen mussten. Im Viertelfinale führten die Asiaten nach 25 Minuten gegen Portugal mit 3:0. Nur dank eines großartigen Eusebio, der vier Treffer hintereinander erzielte (darunter allerdings zwei Elfmeter), gewannen die Iberer am Ende gegen „die etwas anderen Helden von 1966" mit 5:3.

Geburtsdatum:	17. März 1942
Geburtsland:	Nordkorea
Stationen:	Moranbong Pjönjang
WM-Spiele:	4
WM-Tore:	1
Länderspiele:	82
Tore:	17
WM-Teilnahmen:	1966

Martin „El Loco" Palermo

Alle Scoring-Rekorde brach „El Loco", der Verrückte (aufgrund seines extrovertierten Aussehens und Torjubels), in der argentinischen Liga. Der südamerikanische Spieler des Jahres 1998 war einer der begehrtesten Akteure in Europa. Bis er bei der Copa America 1999 drei Elfmeter in einem Spiel verschoss – bisher einzigartig in internationalen Vergleichen. Der Nationaltrainer berücksichtigte ihn nicht mehr. Mit den Boca Juniors gewann er den Weltpokal 2000, die Copa Libertadores 2000 und die argentinische Meisterschaft 1998 und 1999.

Geburtsdatum:	7. November 1973
Geburtsland:	Argentinien
Stationen:	Estudiantes, Boca Juniors, FC Villareal, Betis Sevilla
WM-Spiele:	–
WM-Tore:	–
Länderspiele:	7
Tore:	3
WM-Teilnahmen:	–

Karoly Palotai

Im Halbfinale des olympischen Turniers verletzte er sich und konnte das Finale nicht bestreiten. Und da nur die im Endspiel eingesetzten Akteure eine Goldmedaille erhielten, hatte der Kapitän der Mannschaft keinen „Nachweis" seines größten sportlichen Triumphs – dem Olympiasieg 1964. Für seinen Heimatverein ETO Vasas Györ bestritt er über 200 Spiele und nach dem verletzungsbedingten Karriereende startete er eine ebenso erfolgreiche: Als FIFA-Schiedsrichter blieb ihm lediglich die Leitung eines Weltmeisterschaftsendspiels versagt.

Geburtsdatum:	11. September 1935
Geburtsland:	Ungarn
Stationen:	ETO Vasas Györ
WM-Spiele:	–
WM-Tore:	
Länderspiele:	33
Tore:	6
WM-Teilnahmen:	1974, 1978, 1982 (als Schiedsrichter)

Pavel Pardo

Als erste Mexikaner wechselten Pardo und sein Landsmann Ricardo Osorio nach der WM 2006 in die deutsche Bundesliga zum VfB Stuttgart. An der sensationellen Meisterschaft der Schwaben hatte vor allem Pardo maßgeblichen Anteil. Lauf- und zweikampfstark sowie mit guter Technik und einem harten Schuss ausgestattet, avancierte er auf der „Sechser-Position" zur Schlüsselfigur beim VfB. Von seinem Onkel, einem Philosophen, hat der Mittelfeldspieler die Liebe zu Büchern übernommen.

Geburtsdatum:	26. Juli 1976
Geburtsland:	Mexiko
Stationen:	CF America, UA Guadalajara, Atlas Guadalajara, VfB Stuttgart
WM-Spiele:	7
WM-Tore:	–
Länderspiele:	134
Tore:	5
WM-Teilnahmen:	1998, 2006

Antonin Panenka

Zu Berühmtheit gelangte der schlitzohrige, technisch versierte Mittelfeldspieler, als er im EM-Finale 1976 im Elfmeterschießen mit einem gefühlvollen Heber Torwart Maier überwand. Auch bei der 80er-EM verwandelte er seinen Elfer, der Sieg im Elfmeterschießen über Italien sicherte jedoch „nur" Platz 3. Bei der 82er-WM sank dann der Stern des lange Zeit für Rapid Wien agierenden Offensivstars: Das Aus kam nach der Vorrunde.

Geburtsdatum:	2. Dezember 1948
Geburtsland:	Tschechoslowakei
Stationen:	Bohemians Prag, Rapid Wien, VSE St. Pölten
WM-Spiele:	2
WM-Tore:	2
Länderspiele:	59
Tore:	17
WM-Teilnahmen:	1982

Christian Panucci

Beachtlich die Vereine, für die der offensiv starke Verteidiger schon auflief: Genua 93, AC Mailand, Real Madrid, Inter Mailand, FC Chelsea, AS Monaco und der AS Rom waren seine Stationen. Obwohl er bereits 1994 in der Nationalelf debütierte, spielte Panucci sein erstes großes Turnier bei der WM 2002 in Asien. Dort im Achtelfinale an Südkorea gescheitert, war beim folgenden EM-Turnier schon nach der Vorrunde Schluss. 1998 gewann er mit Real Madrid die Champions League.

Geburtsdatum:	12. April 1973
Geburtsland:	Italien
Stationen:	Milan, Real Madrid, Inter, Chelsea, Monaco, AS Rom
WM-Spiele:	4
WM-Tore:	–
Länderspiele:	48
Tore:	2
WM-Teilnahmen:	2002

Jean-Pierre Papin „JPP"

Den Zenit seiner Karriere schon überschritten, feierte er seinen größten Erfolg im Dress des FC Bayern: 1996 wurde der Mittelstürmer UEFA-Cup-Sieger. Die beste Zeit hatte Papin in Frankreich: Mit Olympique Marseille holte er fünfmal in Folge die Torjägerkanone, sicherte sich viermal die Meisterschaft und wurde Pokalsieger. Mit Milan wurde er zweimal Meister (1993, 94). In der „Equipe Tricolore" kam er bei der WM 1986 und der EM 1992 zum Einsatz. 1991 war er Europas Fußballer des Jahres.

Geburtsdatum:	5. November 1963
Geburtsland:	Frankreich
Stationen:	Valenciennes, O. Marseille, Milan, B. München, Girondins Bordeaux, Guingamp
WM-Spiele:	4
WM-Tore:	2
Länderspiele:	54
Tore:	30
WM-Teilnahmen:	1986

Daniel „El Guerrero" Alberto Passarella

„El gran capitan", der große Kapitän, führte seine Landesauswahl 1978 25-jährig zum WM-Titel. Nur 1,74 Meter groß, besaß der Abwehrspieler aufgrund seiner überragenden Sprungkraft ein tolles Kopfballspiel. Überragend auch seine Fähigkeiten als Freistoß- und Torschütze und vor allem als Teamleader. Diese Fähigkeiten demonstrierte er bei River Plate und dem AC Florenz. Dorthin wechselte er, nachdem bei der WM 1982 bereits in der Zwischenrunde Schluss war. Auch als Coach sorgte er für Furore, allerdings nicht nur für positive: 1994 und 1998 WM-Trainer, legte er danach sein Amt nieder.

Geburtsdatum:	25. Mai 1953
Geburtsland:	Argentinien
Stationen:	River Plate Buenos Aires, AC Florenz, Inter Mailand
WM-Spiele:	12
WM-Tore:	3
Länderspiele:	69
Tore:	24
WM-Teilnahmen:	1978, 1982, 1986

Paulo César Lima

Nicht weniger als in sechs Vereinen seines Heimatlandes stand der Mittelfeldakteur unter Vertrag. Mit der Auswahlmannschaft Brasiliens erreichte er 1970 den Gipfel seines sportlichen Schaffens, als er den WM-Pokal in den Händen halten durfte. Vier Jahre später auch mit zur Titelverteidigung angetreten, misslang die Titelverteidigung. Selbst das Spiel um Platz 3 gegen Polen verloren die enttäuschten Brasilianer.

Geburtsdatum:	16. Juni 1949
Geburtsland:	Brasilien
Stationen:	Botafogo Flamengo, O. Marseille, Fluminense
WM-Spiele:	9
WM-Tore:	–
Länderspiele:	58
Tore:	11
WM-Teilnahmen:	1970, 1974

Park Ji Sung

Er gilt als der erfolgreichste koreanische Spieler seit dem legendären Bum-Kun Cha. 2002 gehörte er zu den Helden, die bei der WM im eigenen Land bis ins Halbfinale vordrangen. Unvergessen sein Siegtor im entscheidenden Gruppenspiel gegen Portugal, als er eine Flanke mit der Brust annahm, den Ball um seinen Gegenspieler herumbugsierte und ihn dann volley in die Maschen drosch. Südkoreas damaliger Nationaltrainer Guus Hiddink lotste seinen Musterschüler 2003 nach Eindhoven. Zwei Jahre später wechselte der ausdauerstarke Mittelfeldspieler zu Manchester United.

Geburtsdatum:	25. Februar 1981
Geburtsland:	Südkorea
Stationen:	Kyoto Purple Sanga, Eindhoven, Man U
WM-Spiele:	10
WM-Tore:	2
Länderspiele:	67
Tore:	6
WM-Teilnahmen:	2002, 2006

Edson Arantes do Nascimento Pelé

Mit zwei Toren schoss er Brasilien 1958 im WM-Endspiel gegen Schweden zum Titel – im Alter von 17 Jahren. Pelé ist der wahrscheinlich beste Fußballer aller Zeiten, nahm von 1958 bis 1970 an vier Weltmeisterschaften teil und gewann drei. Er verbrachte nahezu seine gesamte Karriere beim FC Santos, wo er 1088 Treffer in 1114 Spielen erzielte. 1975 wechselte der Ausnahmespieler, der neben seinem unglaublichen Tordrang durch Spritzigkeit, Technik und natürliche Eleganz begeisterte, zu Cosmos New York.

Geburtsdatum:	23. Oktober 1940
Geburtsland:	Brasilien
Stationen:	FC Santos, New York
WM-Spiele:	14
WM-Tore:	12
Länderspiele:	91
Tore:	77
WM-Teilnahmen:	1958, 1962, 1966, 1970

Angelo Peruzzi

Immer mit Gewichtsproblemen kämpfend, gehörte der Mann aus Viterbo zu den besten Torleuten der 90er-Jahre in Italien. Bei Vereinen wie AS Rom, Inter Mailand und Juventus Turin unter Vertrag, war er dann lange Zeit die Nummer eins bei Lazio Rom. Mit „Juve" holte er Meisterschaft, UEFA-Cup und Champions League. Kein Wunder, dass er 1996 bei der EM in England Italiens Tor hütete. Nach dem Vorrunden-Aus begleitete er Italia erst wieder zur EM 2004 – und schied nach der Vorrunde aus, ohne gespielt zu haben.

Geburtsdatum:	16. Februar 1970
Geburtsland:	Italien
Stationen:	AS Rom, Juventus, Inter, Lazio Rom
WM-Spiele:	–
WM-Tore:	–
Länderspiele:	31
Tore:	–
WM-Teilnahmen:	2006

Dimitar Duszkov Penev

An drei Weltmeisterschaften nahm der Verteidiger für sein Heimatland teil. Allerdings kam er bei den WM-Endrunden von 1966, 70 und 74 nicht über die Gruppenphase hinaus. 1968 scheiterten die Bulgaren in den beiden Viertelfinalspielen für das EM-Endrundenturnier an Italien (3:2, 0:2). Besser erging es ihm als Coach der Balkan-Zauberer: Bei der Weltmeisterschaft in den USA 1994 besiegten sie erst die deutsche Mannschaft im Viertelfinale und verloren später das Spiel um Platz 3 gegen Schweden.

Geburtsdatum:	12. Juli 1945
Geburtsland:	Bulgarien
Stationen:	Lokomotive Sofia, ZSKA Sofia
WM-Spiele:	9
WM-Tore:	–
Länderspiele:	90
Tore:	2
WM-Teilnahmen:	1966, 1970, 1974

Emmanuel Petit

Im Mittelfeld von „Les Bleus" rackernd, schoss er das Tor zum 3:0 im WM-Finale gegen Brasilien 1998. Nach dem WM-Triumph wurde der Blondschopf mit der Equipe Tricolore auch Europameister 2000. Im Klubtrikot verlor er dagegen zwei Endspiele: 1992 im Pokal der Pokalsieger und 2000 das im UEFA-Cup. Nachdem er mit dem AS Monaco Meister und Pokalsieger geworden war, gelang ihm mit Arsenal sogar das Double (1998).

Geburtsdatum:	22. September 1970
Geburtsland:	Frankreich
Stationen:	Monaco, Arsenal, FC Barcelona, Chelsea London
WM-Spiele:	8
WM-Tore:	2
Länderspiele:	63
Tore:	6
WM-Teilnahmen:	1998, 2002

Martin Stanford Peters

Zwischen Schnellinger und Tilkowski hindurch jagte er das Leder zur 2:1-Führung im legendären WM-Finale von 1966 in die Maschen und trug mit seinem einzigen Turniertor unmittelbar zum Titelgewinn bei. Vier Jahre später: gleicher Gegner und wieder trifft der Stürmer. Erneut ist es sein einziger Treffer im Wettbewerb. Diesmal ist es das 2:0. Die Vorentscheidung – scheinbar. Denn Franz Beckenbauer & Co. drehen das Spiel und revanchieren sich mit 3:2. Von 1962 bis 1970 spielte Peters an der Seite von Bobby Moore und Geoff Hurst für West Ham United. Die größten Erfolge waren 1964 der FA Cup-Sieg und im Jahr darauf der Triumph im Europapokal der Pokalsieger.

Geburtsdatum:	8. November 1943
Geburtsland:	England
Stationen:	Tottenham, West Ham
WM-Spiele:	9
WM-Tore:	2
Länderspiele:	67
Tore:	20
WM-Teilnahmen:	1966, 1970

Dan Vasile Petrescu

Stolze 95-mal trug der Abwehrspieler das Trikot seines Landes. Ausgerechnet beim ersten großen Turnier, der WM 1994, versagte er beim Elfmeterschießen im Viertelfinale gegen Schweden, dessen Keeper Ravelli seinen Versuch hielt. Bei der 96er-EM schon nach den Gruppenspielen draußen, verläuft die Endrunde 1998 zuerst glücklicher. In der 90. Minute erzielte der Verteidiger das 2:1-Siegtor im Gruppenspiel gegen England. Nur war dann im Achtelfinale gegen Kroatien (0:1) Schluss.

Geburtsdatum:	22. Dezember 1967
Geburtsland:	Rumänien
Stationen:	Steaua Bukarest, Foggia, Genoa 93, Chelsea
WM-Spiele:	9
WM-Tore:	2
Länderspiele:	95
Tore:	12
WM-Teilnahmen:	1994, 1998

Pedro „Perucho" Petrone

1924 Torschützenkönig beim olympischen Fußballturnier, fuhr er gleich die Goldmedaille mit ein. 1928 errang „Perucho" zwar nicht die Torjägerkrone, sicherte sich jedoch erneut den Olympiasieg. Die Krönung seiner Laufbahn erfolgte dann zwei Jahre später, als er in seiner südamerikanischen Heimat Weltmeister wurde. 1931 wechselte Petrone zum AC Florenz und wurde prompt Torschützenkönig der Serie A.

Geburtsdatum:	11. Mai 1905
	† 13. Dezember 1964
Geburtsland:	Uruguay
Stationen:	Nacional Montevideo, AC Florenz
WM-Spiele:	1
WM-Tore:	–
Länderspiele:	28
Tore:	24
WM-Teilnahmen:	1930

Bruno Pezzey

Er wurde als „Beckenbauer" vom Bodensee bezeichnet. Bruno Pezzey begann seine Fußballerlaufbahn im heimischen Bregenz am Bodensee. Bei den Weltmeisterschaften 1978 und 1982 zählte er als Libero zu den überragenden Akteuren im österreichischen Trikot. In Cordoba führte Pezzey ausgezeichnet Regie beim 3:2-Erfolg Österreichs über Deutschland. Er wechselte nach der WM 1978 zu Eintracht Frankfurt und gewann 1980 den UEFA-Cup und wurde 1981 DFB-Pokalsieger.

Geburtsdatum:	3. Februar 1955
	† 31. Dezember 1994
Geburtsland:	Österreich
Stationen:	Wacker Innsbruck, Eintr. Frankfurt, Werder Bremen
WM-Spiele:	11
WM-Tore:	1
Länderspiele:	84
Tore:	9
WM-Teilnahmen:	1978, 1982

Jean-Marie Pfaff

Vizeeuropameister 1980 in Italien, WM-Vierter in Mexiko – Anfang der 80er-Jahre erlebte das kleine Land Belgien seine Blütezeit im Fußball. Und verdankte diese insbesondere ihrem überragenden Torwart Jean-Marie Pfaff. Er wechselte 1982 vom SK Beveren zum FC Bayern, wo er einen Titel nach dem anderen hamsterte. Mit seinem angenehmen, offenen Wesen wurde Pfaff zu einem großen Sympathieträger in München und schaffte es, als erster Torwart aus dem langen Schatten von Sepp Maier zumindest hervorzugucken.

Geburtsdatum:	4. Dezember 1953
Geburtsland:	Belgien
Stationen:	SK Beveren, FC Bayern München, Lierse SK, Trabzonspor
WM-Spiele:	10
WM-Tore:	–
Länderspiele:	64
Tore:	–
WM-Teilnahmen:	1982, 1986

PFL – PIO

Andrea Pirlo

Gleich dreimal wurde er bei der WM 2006 zum „Man of the Match", zum besten Spieler der Partie, gewählt. Auf dem Weg zum vierten Titelgewinn bestimmte Pirlo den Rhythmus der Azzurri und überzeugte als Zerstörer und Spielgestalter in einer Person. Der Mittelfeldspieler mit dem präzisen Passspiel, der insbesondere auch bei Standardsituationen glänzt, gewann 2000 den U 21-Europameistertitel und 2004 Olympisches Bronze. Mit Milan holte er 2003 und 2007 die Champions League sowie 2004 den Scudetto.

Geburtsdatum:	19. Mai 1979
Geburtsland:	Italien
Stationen:	Brescia, Inter, AC Mailand
WM-Spiele:	7
WM-Tore:	1
Länderspiele:	39
Tore:	5
WM-Teilnahmen:	2006

Armando Picchi

Obwohl er der führende Kopf Inter Mailands der 60er-Jahre war, ist er der Volksheld in Livorno, deren Stadion seit 2000 seinen Namen trägt. Der „große Kapitän Inters" stammte aus einer armen Livorner Familie, verkörperte das moralische Gewissen Mailands, stand für Fairness und Siegeswillen. Dreimal holte er den Scudetto (1963, 65, 66) sowie je zweimal den Europacup der Landesmeister (1964, 65) und den Weltpokal (1965, 66). Im Alter von 35 Jahren starb Picchi an einer Krebserkrankung.

Geburtsdatum:	20. Juni 1935
	† 26. Mai 1971
Geburtsland:	Italien
Stationen:	Inter Mailand
WM-Spiele:	–
WM-Tore:	–
Länderspiele:	12
Tore:	–
WM-Teilnahmen:	–

Silvio Piola

Mit seinen beiden Toren im WM-Finale 1938 führte Silvio Piola, der „Adler von Vercelli", Italien zum zweiten WM-Titel. Im Finale von Paris gegen Ungarn erzielte der Mittelstürmer von Lazio Rom das 2:1 und das 4:2. Piola war in den 30er-Jahren Italiens populärster Fußballer. Er beherrschte den Fallrückzieher so perfekt wie später nur noch Klaus Fischer. In 566 Meisterschaftsspielen erzielte er 290 Tore.

Geburtsdatum:	29. September 1913
	† 4. Oktober 1996
Geburtsland:	Italien
Stationen:	USC Pro Vercelli, Lazio Rom, Juventus Turin, AC Novara
WM-Spiele:	4
WM-Tore:	5
Länderspiele:	34
Tore:	30
WM-Teilnahmen:	1938

Alessandro del Piero

„Ein Kavalier verlässt seine Dame nicht" – auch nach dem Zwangsabstieg bekannte sich Del Piero im Sommer 2006 zu Juve. Seit 1993 spielt der Mittelfeldspieler in Turin und weist eine nahezu einzigartige Erfolgsbilanz auf: Weltpokal, Champions League, europäischer Supercup (alle 1996) sowie gleich sieben Scudetti (die Titel 2005, 06 wurden als Folge der Manipulationsaffäre aberkannt). „Pinturicchio" hat ihn einst der langjährige Vereinspatron Gianni Agnelli mit einem Maler der italienischen Renaissance verglichen. Damit spielte der ehemalige FIAT-Boss auf del Pieros Fähigkeiten an, mit denen er den Fußball auf eine neue künstlerische Ebene gehoben hat. Beim WM-Triumph 2006 gefiel der Juve-Star in seiner Rolle als Joker. Im Halbfinale erzielte er gegen Deutschland das 2:0, im Elfmeterschießen des Finales traf er als vorletzter italienischer Schütze.

Geburtsdatum:	9. November 1974
Geburtsland:	Italien
Stationen:	Juventus Turin
WM-Spiele:	12
WM-Tore:	2
Länderspiele:	84
Tore:	27
WM-Teilnahmen:	1998, 2002, 2006

Robert Pirés

Bereits zu Beginn seiner internationalen Karriere feierte er seinen größten Triumph: 1998 eroberte der Mittelfeldspieler den WM-Titel im eigenen Land. Gleich zwei Jahre später legte er im Nationaldress nach, mit dem EM-Titel in Belgien und Holland. Pires' Karriere begann in seiner Heimatstadt Reims. Von 1992 bis 1998 spielte er für den FC Metz. Nach zwei Jahren bei Olympique Marseille unterschrieb er im Jahr 2000 bei Arsenal. Mit den „Gunners" holte der spielstarke Passgeber Zwei Meistertitel (2002 und 2004) und drei FA Cup-Siege (2002, 2003, 2005).

Geburtsdatum:	29. Oktober 1973
Geburtsland:	Frankreich
Stationen:	FC Metz, O. Marseille, Arsenal
WM-Spiele:	3
WM-Tore:	–
Länderspiele:	79
Tore:	14
WM-Teilnahmen:	1998

José Martinez Sánchez Pirri

Später als Dr. med. Mannschaftsarzt bei Real Madrid, hielt er den „Königlichen" schon als Spieler von 1964–1980 die Treue. Im weißen Dress gewann er 1966 den Europacup der Landesmeister, zehn spanische Meisterschaften und vier Pokaltitel. Seinen ersten WM-Einsatz verzeichnete der Mittelfeldspieler bei der Endrunde 1966, wo ihm im Gruppenspiel gegen Argentinien der zwischenzeitliche 1:1-Ausgleich gelang. 1970 wurde er zum Spieler des Jahres in Spanien gewählt.

Geburtsdatum:	11. März 1945
Geburtsland:	Spanien
Stationen:	Real Madrid
WM-Spiele:	4
WM-Tore:	1
Länderspiele:	41
Tore:	16
WM-Teilnahmen:	1966, 1978

Frantisek „Franta" Planicka

„Die Katze von Prag" erlitt 1938 im WM-Viertelfinale gegen Belgien (1:1) einen Armbruch, spielte jedoch in der Verlängerung weiter und hielt den Kasten sauber. Ohne ihn ging das Wiederholungsspiel mit 1:2 verloren. Vier Jahre zuvor hatten die Tschechoslowaken mit Planicka das Finale von Rom erreicht, in dem sie Italien unterlagen. Mit seinem Klub, für den er in 15 Jahren 969 Einsätze bestritt, gewann er u. a. acht Meisterschaften sowie 1938 den damals prestigeträchtigen Mitropa-Cup, an dem die Spitzenvereine aus Mitteleuropa teilnahmen.

Geburtsdatum:	2. Juni 1904
	† 20. Juli 1996
Geburtsland:	Tschechoslowakei
Stationen:	Slavia Prag
WM-Spiele:	6
WM-Tore:	–
Länderspiele:	73
Tore:	–
WM-Teilnahmen:	1934, 1938

Michel „La Platine" Platini

Mit neun Toren wurde er Torschützenkönig der EM 1984 und führte sein Land zum ersten internationalen Titelgewinn. Platini war ein brillanter Spielmacher und gleichzeitig torgefährlichster Mittelfeldspieler der 80er-Jahre. Bei der WM 1982 und 86 scheiterte Platini mit den Franzosen jeweils im Halbfinale an Deutschland. Er war dreimal hintereinander Europas Fußballer des Jahres (1983–85).

Geburtsdatum:	21. Juni 1955
Geburtsland:	Frankreich
Stationen:	Nancy, AS St. Etienne, Juventus Turin
WM-Spiele:	14
WM-Tore:	5
Länderspiele:	72
Tore:	41
WM-Teilnahmen:	1978, 1982, 1986

PLA – POB

David Andrew Platt

Ein Treffer machte den Torjäger über Nacht berühmt. Lediglich als Ergänzungsspieler angereist, bewahrte sein 1:0-Siegtreffer n. V. gegen Belgien die „Three Lions" vor dem Ausscheiden im Achtelfinale bei der 90er-WM. Und von da an war er Stammspieler und bestritt eine herausragende Endrunde. Von der englischen Spielervereinigung wurde er 1990 zu Englands Fußballer des Jahres gewählt und wechselte nach der WM nach Italien zum AS Bari. Platt war in den frühen 1990er-Jahren der beständigste Akteur in den Reihen Englands, schoss dabei regelmäßig Tore und bewies Führungsqualitäten. Während er im Nationalteam auch bei den Europameisterschaften 1992 und 96 leer ausging, gewann er nach seiner Rückkehr auf die Insel mit Arsenal 1998 das Double.

Geburtsdatum:	10. Juni 1966
Geburtsland:	England
Stationen:	Crewe Alexandra, Aston Villa, AS Bari, Juventus Turin, Sampdoria Genua, Arsenal London, Nottingham Forest
WM-Spiele:	6
WM-Tore:	3
Länderspiele:	62
Tore:	27
WM-Teilnahmen:	1990

Lukas Podolski

Mit drei Toren gehörte er zu den besten Schützen der WM 2006 und wurde von der FIFA zum besten Nachwuchsspieler des Turniers gekürt. Mit 18 Jahren erzielte er in 19 Spielen für den 1. FC Köln zehn Treffer, was zuvor noch nie einem Altersgenossen in der Geschichte der Bundesliga gelungen war. Nach dem Abstieg schoss er die Geißbock-Elf mit 24 Treffern zum sofortigen Wiederaufstieg, doch nach nur einem Jahr musste der „FC" 2006 erneut den Gang in die zweite Liga antreten. Allerdings ohne seine Integrationsfigur: „Prinz Poldi" stürmt künftig beim FC Bayern.

Geburtsdatum:	4. Juni 1985
Geburtsland:	Polen
Stationen:	1. FC Köln, FC Bayern
WM-Spiele:	7
WM-Tore:	3
Länderspiele:	40
Tore:	23
WM-Teilnahmen:	2006

Svatopluk „Svata" Pluskál

Zusammen mit Josef Masopust bildete er ein unvergessliches Duo bei Dukla Prag und in der Nationalmannschaft in den 60er-Jahren. Gleich acht Titel sicherte sich der Mittelfeldspieler in der heimischen Liga – in 282 Spielen. Mit der Landesauswahl nahm er an drei großen Turnieren teil, wobei der zweite Platz bei der 62er-WM den größten Erfolg darstellte. Er wurde sowohl in die Weltauswahl als auch in die europäische Vertretung gewählt.

Geburtsdatum:	28. Oktober 1930 † 29. Mai 2005
Geburtsland:	Tschechoslowakei
Stationen:	Dukla Prag, LIAZ Jablonec
WM-Spiele:	9
WM-Tore:	–
Länderspiele:	56
Tore:	1
WM-Teilnahmen:	1954, 1958, 1962

Karel „Express Train" Poborsky

Sein erstes Länderspieltor katapultierte ihn in die europäische Fußballelite: Im Viertelfinale der EM 1996 ließ er gleich mehrere Portugiesen stehen und markierte den 1:0-Siegtreffer. Nach dem Turnier wechselte Tschechiens frisch gebackener Fußballer des Jahres zu Manchester United. Es folgten die Stationen Benfica Lissabon und Lazio Rom, ehe der technisch äußerst versierte Mittelfeldspieler 2002 in seine Heimat zurückkehrte.

Geburtsdatum:	30. März 1972
Geburtsland:	Tschechoslowakei
Stationen:	Ceske Budejovice, Slavia Prag, Manchester United, Benfica Lissabon, Lazio Rom, Sparta Prag
WM-Spiele:	13
WM-Tore:	–
Länderspiele:	118
Tore:	8
WM-Teilnahmen:	2006

Anton „Toni" Polster

Seine Sprüche, sein trockener Schmäh und seine Tore sind legendär. Kein Spieler vor ihm spaltete derart die Alpenrepublik. Unvergessen seine Galavorstellung im WM-Qualifikationsspiel 1989 gegen die DDR, mit der er Österreich zur WM nach Italien schoss. Ausgebuht, beleidigt und gedemütigt wurde er von den „Fans" vor dem Spiel, 90 Minuten und drei Polster-Tore später, war er für die gleichen, „sowieso immer schon der beste Stürmer auf Erden". Sein Torinstinkt und das Spiel auf engstem Raum waren die großen Stärken des Wieners, der 1987 den „Goldenen Schuh" als Europas bester Torjäger gewann. Seinen Spitznamen „Toni Doppelpack" erhielt er in Deutschland, wo er für den 1. FC Köln und Mönchengladbach (90 Tore in 181 Erstligaspielen) des Öfteren zweimal in einer Partie traf.

Geburtsdatum:	10. März 1964
Geburtsland:	Österreich
Stationen:	Austria Wien, AC Turin, FC Sevilla, Deportivo Logronés, Rayo Vallecano, 1. FC Köln, Borussia Mönchengladbach, Austria Salzburg
WM-Spiele:	6
WM-Tore:	1
Länderspiele:	95
Tore:	44
WM-Teilnahmen:	1990, 1998

Jürgen „Pomme" Pommerenke (rechts)

Höhepunkt in seiner Karriere ist sicher der Europacupsieg 1974 mit dem 1. FC Magdeburg über den AC Mailand. Bereits 1967 schnürte „Pomme" die Schuhe für die Elbestädter. 301 Oberligaspiele und 80 Tore später verabschiedete sich der Mittelfeldspieler von der Fußballbühne. Der zweite große Coup gelang ihm mit der DDR-Auswahl: 1976 in Montreal holte er überraschend die Goldmedaille bei den Olympischen Spielen. Zwei Jahre zuvor hatte er drei Spiele bei der WM-Endrunde in Deutschland absolviert, kam jedoch beim legendären 1:0-Sieg über den Gastgeber nicht zum Einsatz.

Geburtsdatum:	22. Januar 1953
Geburtsland:	DDR
Stationen:	1. FC Magdeburg
WM-Spiele:	3
WM-Tore:	–
Länderspiele:	57
Tore:	3
WM-Teilnahmen:	1974

Gheorghe Popescu

1990 und auch 1994 versäumte der Mann von Universitea Craiova keine Minute der Spiele seines Nationalteams. Bei der WM in Italien gab er einen erstklassigen Libero, um dann in den USA im Mittelfeld zu glänzen. Nach erfolgreichen Jahren bei PSV Eindhoven (Meister 91 und 92), hatte er ein erfolgloses Intermezzo bei Tottenham Hotspur. Erst bei den Katalanen vom FC Barcelona war er wieder der gewohnte Leistungsträger.

Geburtsdatum:	9. Oktober 1967
Geburtsland:	Rumänien
Stationen:	Steaua Bukarest, Universitea Craiova, PSV Eindhoven, Tottenham, FC Barcelona, Galatasaray, US Lecce, Dinamo Bukarest, Hannover 96
WM-Spiele:	13
WM-Tore:	–
Länderspiele:	115
Tore:	16
WM-Teilnahmen:	1990, 1994, 1998

Jan Popluhár

Eine der größten Legenden des Nachkriegsfußballs in der Tschechoslowakei gab einen äußerst modernen Libero und war Bestandteil verschiedener All-Star-Mannschaften in Europa und der Welt. Begonnen bei SK Slovan Bratislava, schlüpfte er, erst als er nach Brno gewechselt hatte, ins Nationaltrikot. Nachdem er bei der WM 1958 gegen den amtierenden Weltmeister Deutschland beim 2:2 überzeugte, war er fester Bestandteil des Nationalteams. 1960 bei der Europameisterschaft holte der Abwehrspieler Bronze und bei der folgenden Weltmeisterschaft scheiterte er erst im Endspiel an Brasilien.

Geburtsdatum:	12. August 1935
Geburtsland:	Tschechoslowakei
Stationen:	Slovan Bratislava, Brno
WM-Spiele:	9
WM-Tore:	–
Länderspiele:	62
Tore:	1
WM-Teilnahmen:	1958, 1962

POP – PRE

Christian Poulsen

Zusammen mit einem betrunkenen Zuschauer sorgte Poulsen für den Skandal der EM-Qualifikation 2008. Im Strafraum streckte er seinen schwedischen Gegenspieler mit einem Faustschlag in den Magen nieder. Der Referee entschied auf Platzverweis und Elfmeter, wurde aber vor der Ausführung von einem Fan attackiert, so dass er die Partie abbrach. „Typisch Poulsen" rumorte es. Der Däne gilt als einer der besten defensiven Mittelfeldspieler der Welt, ist aber auch für seine verstecken Fouls und Provokationen bekannt. Bei der EM 2004 reizte er Totti so lange, bis dieser ihm ins Gesicht spuckte. 2007 krönte Poulsen seine überragende Saison beim FC Sevilla mit dem Sieg im UEFA-Cup.

Geburtsdatum:	28. Februar 1980
Geburtsland:	Dänemark
Stationen:	FC Kopenhagen, Schalke 04, FC Sevilla
WM-Spiele:	3
WM-Tore:	–
Länderspiele:	48
Tore:	2
WM-Teilnahmen:	2002

Josef „Jupp" Posipal

Nach Haltung und Herkunft galt er als Hanseat aus dem Banat. Eine historische Region im ehemaligen Königreich Ungarn, die nach dem 1. Weltkrieg zwischen Serbien, Rumänien und den Magyaren aufgeteilt wurde. Als Junge kam Jupp Posipal mit seinen Eltern nach Norddeutschland, wo er 1949 beim Hamburger SV seine zweite Heimat fand. Während er mit den „Rothosen" keine Titel feiern konnte, wurde er mit Deutschland 1954 in der Schweiz Weltmeister. Im Endspiel von Bern stand der etatmäßige Mittelläufer auf der Position des rechten Verteidigers jenem Mann gegenüber, mit dem er einst zur Schule gegangen war: Ungarns Linksaußen Zoltan Czibor.

Geburtsdatum:	20. Juni 1927
	† 21. Februar 1997
Geburtsland:	Rumänien
Stationen:	Linden 07, A. Hannover, HSV
WM-Spiele:	5
WM-Tore:	–
Länderspiele:	32
Tore:	1
WM-Teilnahmen:	1954

Adolf Alfred „Adi" Preißler

Nach Ende des Zweiten Weltkrieges kam der Mechaniker zu Dortmund und holte sich mit den Borussen zweimal die deutsche Meisterschaft. Der glänzende Techniker mit dem Torjägerinstinkt wurde 1949 mit 25 Treffern Torschützenkönig in Deutschland. „Adi" ging zu Preußen Münster und wurde 1951 Vizemeister. Und nach nur einem Jahr wieder in Dortmund zurück, führte er Schwarz-Gelb 1956 und 57 zur deutschen Meisterschaft. Im Gegensatz zu seiner langen Vereinskarriere dauerte die im Nationaldress nur 24 Tage – 1951 mit Spielen in Österreich und Irland. Legendär wurde er durch einen Spruch: „Grau is alle Theorie – entscheidend is auf'm Platz."

Geburtsdatum:	9. April 1921
	† 17. Juli 2003
Geburtsland:	Deutschland
Stationen:	BVB, Preußen Münster
WM-Spiele:	–
WM-Tore:	–
Länderspiele:	2
Tore:	–
WM-Teilnahmen:	–

Flemming Povlsen

In der Bundesliga mauserte sich der wieselflinke Flügelstürmer schnell zum Publikumsliebling. Und das, obwohl er mit seinem Nationalteam den favorisierten Deutschen im Finale 1992 die Europameisterschaftskrone stibitzte. Bereits vier Jahre zuvor griff er für „Danish Dynamite" bei er EM in Deutschland an. Damals spielte er beim 1. FC Köln und wechselte zur Saison 1990 ins Revier zu Borussia Dortmund. Mit dem BVB holte er 1995 die deutsche Meisterschaft, musste dann jedoch aufgrund einer Knieverletzung seine Karriere beenden. Zehntausende von Fans verabschiedeten sich von ihrem Liebling auf dem Dortmunder Friedensplatz während der Meisterschaftsfeier im Jahr 1995.

Geburtsdatum:	3. Dezember 1966
Geburtsland:	Dänemark
Stationen:	Vilby JF, Aarhus GF, FC Castilla, 1. FC Köln, PSV Eindhoven, Borussia Dortmund
WM-Spiele:	–
WM-Tore:	–
Länderspiele:	62
Tore:	21
WM-Teilnahmen:	–

Michel Preud'homme

Bereits mit 18 Jahren debütierte der Lockenkopf in Belgiens höchster Spielklasse bei Standard Lüttich, nur zwei Jahre später dann auch in der Landesauswahl. Als der herausragende Keeper wie die meisten seiner Mannschaftskameraden 1982 wegen einer Bestechungsaffäre für fast drei Jahre gesperrt wurde, schien seine Karriere beendet. Doch der Wechsel zum KV Mechelen ließ ihn nochmal durchstarten: 1988 holte der Provinzklub den Europapokal der Pokalsieger. Er wurde Meister, Pokalsieger und Supercupsieger in Belgien und verdrängte nach der 86er-WM Pfaff aus dem Nationaltor und stand 1990 sowie 1994 bis zum Ausscheiden jeweils im Achtelfinale im Tor der „Roten Teufel".

Geburtsdatum: 24. Januar 1959
Geburtsland: Belgien
Stationen: Lüttich, KV Mechelen, Benfica Lissabon
WM-Spiele: 8
WM-Tore: –
Länderspiele: 58
Tore: –
WM-Teilnahmen: 1990, 1994

Herbert „Schneckerl" Prohaska

Bei den Weltmeisterschaften 1978 und 1982 führte er den Außenseiter Österreich jeweils in die Zwischenrunde und feierte mit Österreich mit dem 3:2 in Cordoba den ersten Sieg über Deutschland nach 47 Jahren. Prohaska wechselte nach sieben Meistertiteln von Austria Wien zu Inter Mailand und wurde 1983 mit dem AS Rom Italienischer Meister. Nach seiner aktiven Zeit, war er bei der Austria zunächst als sportlicher Direktor und dann als Trainer (je zwei Meistertitel und Pokalsiege) tätig. 1993 übernahm er das Nationalteam, aber er 1999 nach einem 0:9-Debakel in der WM-Qualifikation gegen Spanien zurücktrat.

Geburtsdatum: 8. August 1955
Geburtsland: Österreich
Stationen: Austria Wien, Inter Mailand, AS Rom
WM-Spiele: 11
WM-Tore: –
Länderspiele: 83
Tore: 10
WM-Teilnahmen: 1978, 1982

Robert Prosinecki

1987 holte der in Schwenningen im Schwarzwald geborene Robert mit Jugoslawien den U21-Weltmeistertitel und wurde zum Spieler des Turniers gewählt. Eine große Karriere deutete sich an, die mit dem Gewinn des Europapokals der Meister 1991 mit Roter Stern Belgrad seinen vorläufigen Höhepunkt fand. Leider verhinderten ständige Verletzungen die Laufbahn des genialen Mittelfeldspielers. Er führte Regie bei Real Madrid und Barcelona. 1990 in Italien spielte er erstmalig ein großes Turnier, die Wirren in Jugoslawien wirkten sich auch negativ auf die Auswahl aus und erst 1996 bei der EM in England und 1998 bei der WM in Frankreich konnte er jetzt für Kroatien sein Können wieder aufblitzen lassen.

Geburtsdatum: 12. Januar 1969
Geburtsland: Deutschland
Stationen: RS Belgrad, Real Madrid
WM-Spiele: 9
WM-Tore: 3
Länderspiele: 64
Tore: 14
WM-Teilnahmen: 1990, 1998, 2002

Oleg „Protas" Protasov

Der „Wunderknabe aus der Ukraine" verhalf zusammen mit Gennadi Litovchenko seinem Verein Dnepr Dneprpetrovsk, für den beide zusammen ab 1982 kickten, zu einem steilen Aufstieg, an dessen Ende die sowjetische Meisterschaft 1983 stand. Seither hatte er im Nationalteam einen Stammplatz, verletzte sich jedoch in der Top-Saison 1985, als er bei der Wahl zum Fußballer des Jahres in Europa immerhin Siebter wurde, schwer am Knie. Nur schleppend erholte er sich und spielte bei der 86er-WM nur sporadisch. Auch deshalb, weil Neu-Trainer Lobanowski fast nur auf Spieler von Dynamo Kiev setzte.

Geburtsdatum: 4. Februar 1964
Geburtsland: Sowjetunion
Stationen: Dnepr Dneprpetrovsk, Dynamo Kiev, Olympiakos Piräus
WM-Spiele: 4
WM-Tore: 1
Länderspiele: 65
Tore: 29
WM-Teilnahmen: 1986, 1990

Dado Prso

Erst mit 28 Jahren debütierte der Spätstarter im kroatischen Nationalteam. In der Saison 2002/03 bildete er mit Shabani Nondi ein unschlagbares Stürmer-Duo, das den AS Monaco zum Pokalsieg und zur Vizemeisterschaft führte. Schlagzeilen machten vor allem seine vier Tore in der Champions League-Partie gegen Deportivo La Coruna (8:3) im November 2003. In den darauf folgenden zwei Wochen erzielte Prso beide kroatischen Treffer in den Relegationsspielen gegen Slowenien (1:1, 1:0) und schoss sein Heimatland damit zur EM in Portugal.

Geburtsdatum:	5. November 1974
Geburtsland:	Jugoslawien
Stationen:	AS Monaco, Glasgow Rangers
WM-Spiele:	3
WM-Tore:	–
Länderspiele:	32
Tore:	9
WM-Teilnahmen:	2006

Antonin „Toni" Puc

Erst im Jahre 2005 löste Jan Koller den Stürmer von Slavia Prag als Rekordtorschützen Tschechiens ab. Seinen wichtigsten von 35 Treffern erzielte Puc im Weltmeisterschaftsfinale von 1934 zum 1:0. Doch Orsi und Schiavio sorgten für den 2:1-Sieg der Gastgeber. Auch bei der folgenden Weltmeisterschaft 1938 agierte er im Angriff, scheiterte jedoch in der zweiten Runde an Brasilien. Die internationale Karriere dauerte von 1926 bis 1939 an, danach arbeitete er als Trainer.

Geburtsdatum:	16. Mai 1907
	† 18. April 1988
Geburtsland:	Tschechoslowakei
Stationen:	SK Smichov, Slavia Prag
WM-Spiele:	7
WM-Tore:	2
Länderspiele:	61
Tore:	35
WM-Teilnahmen:	1934, 1938

Carles Puyol Saforcada

Der 17. Mai 2006 war ein ganz besonderer Tag im Leben des Katalanen: Nach dem 2:1 seines FC Barcelona über Arsenal liftete Puyol als Erster den Champions-League-Cup in die Höhe. Der Verteidiger arbeitete sich aus der eigenen Nachwuchs zum Kapitän der ersten Mannschaft hoch und erfüllte sich mit den spanischen Meisterschaften 2005 und 2006 einen Kindheitstraum. Mit dem Nationalteam gewann er 2000 Olympisches Silber und war bei den WM-Endrunden 2002 und 2006 unumstrittener Stammspieler.

Geburtsdatum:	13. April 1978
Geburtsland:	Spanien
Stationen:	FC Barcelona
WM-Spiele:	7
WM-Tore:	-
Länderspiele:	56
Tore:	1
WM-Teilnahmen:	2002, 2006

Ferenc „Öcsi" Biro Puskás

Er war Kapitän der „goldenen Mannschaft" Ungarns, die 1954 im WM-Finale von Bern sensationell Deutschland unterlag (2:3). Für die Magyaren war es die erste Niederlage nach vier (!) Jahren. 1956, nach fünf Meistertiteln mit Honvéd, nutzte Puskas ein Europapokalspiel in Bilbao, um im Westen zu bleiben. Er hatte im Radio gehört, dass der Volksaufstand in Budapest niedergeschlagen worden war. Im Trikot von Real Madrid wurde er fünfmal Spanischer Meister, viermal Torschützenkönig und gewann dreimal den Europapokal der Landesmeister (1959, 60 und 66). Mit Alfredo di Stefano bildete der Linksfuß eines der besten Sturmduos aller Zeiten.

Geburtsdatum:	2. April 1927
	† 17. November 2006
Geburtsland:	Ungarn
Stationen:	Honvéd Budapest, Real Madrid
WM-Spiele:	6
WM-Tore:	4
Länderspiele:	89
Tore:	84
WM-Teilnahmen:	1954, 1962

Die schwarze Perle

Pelé mit einem Glücksschwein bei der WM 1962 in Chile. Der brasilianische Stürmer benötigt Fortuna eigentlich gar nicht, ist er doch mit Gaben ausgerüstet, von denen andere Fußballspieler nur träumen. Der wohl beste Fußballer aller Zeiten debütierte als 17-Jähriger bei der WM 1958 in Schweden und war auch in Chile der Medienstar. Doch dann verletzte er sich im zweiten Vorrundenspiel gegen die Tschechoslowakei und konnte im weiteren WM-Turnier nicht mehr eingesetzt werden. 1970 führte er die Samba-Künstler zu ihrem und auch seinem dritten WM-Titel.

RAD – RAH

Petar Radenkovic – Marcel Raducanu – Helmut Rahn – Uwe Rahn – Raimondo Souza Vieira de Oliveira – Antonio Ramallets – Alfred „Alf" Ramsey – Hany Ramzy – Claudio Ranieri – Karl Rappan – Raúl González Blanco – Fabrizio Ravanelli – Pietro Rava – Thomas Ravelli – Otto Rehhagel – Uwe Reinders – Michael Reiziger – Pieter Robert Rensenbrink – Nicolaas Johannes Rep – Stefan Reuter – Hervé Revelli – José Antonio Reyes – José Hector Rial – Franck Ribéry – Ricardo Alexandre Martins Soares Pereira – Lars Ricken – Karlheinz Riedle – Franklin Edmundo Rijkaard – Wilhelmus Rijsbergen – Freddy Eusébio Rincón Valencia – Juan Roman Riquelme – Luigi Riva – Victor Borba Ferreira Rivaldo – Roberto Rivelino – Giovanni Rivera – Arjen Robben – Roberto Carlos da Silva – Bryan Robson – Robert W. „Bobby" Robson – Nereo Rocco – Dominique Rocheteau – Róbson de Souza „Robinho" – Wolfgang Rolff – Romário De Souza Faria – Ronaldo de Assis Moreira „Ronaldinho" – Cristiano Ronaldo Santos Aveiro – Luiz Nazário de Lima Ronaldo – Wayne Rooney – Tomás Rosicky – Daniele de Rossi – Nestor Rossi – Paolo Rossi – Franz Roth – Alan Roderick Rough – Rolf Rüssmann – Wynton Rufer – Karl-Heinz Rummenigge – Rui Manuel Cesar Costa – Oscar Alfredo Ruggeri – Ian James Rush

Petar Radenkovic

Im Tor von 1860 München wurde Petar Radenkovic in den 60er-Jahren zu einer Legende. Mit seinen Ausflügen ins Mittelfeld sorgte er immer wieder für Aufsehen – ohne dabei allerdings leichtsinnig Gegentore zu riskieren. Die größten Erfolge des 3-fachen jugoslawischen Nationaltorwarts waren der Gewinn der Silbermedaille bei Olympia in Melbourne 1956, der Pokalsieg im Jahre 1964, die deutsche Meisterschaft 1966 mit den „Löwen", der zweite Platz im darauf folgenden Jahr und der Einzug ins Endspiel des Europapokals der Pokalsieger 1965 gegen West Ham United.

Geburtsdatum:	1. Oktober 1934
Geburtsland:	Jugoslawien
Stationen:	OFK Belgrad, Wormatia Worms, 1860 München
WM-Spiele:	–
WM-Tore:	–
Länderspiele:	3
Tore:	–
WM-Teilnahmen:	–

Marcel Raducanu

1981 gelang dem Mittelfeldspieler von Steaua Bukarest während eines Freundschaftsspiels bei Borussia Dortmund in der Halbzeitpause die Flucht in den Westen. Nach dem Absitzen einer einjährigen Sperre der FIFA fasste der torgefährliche Regisseur schnell Fuß in der Bundesliga. Mit seiner filigranen Technik entwickelte er sich zum Publikumsliebling in Dortmund, wo er sechs Jahre im Mittelfeld die Fäden zog. Nachdem er beim FC Zürich (1988 bis 1990) seine aktive Laufbahn ausklingen ließ, kehrte er 1994 nach Dortmund zurück und eröffnete eine Fußballschule für Kinder.

Geburtsdatum:	21. Oktober 1954
Geburtsland:	Rumänien
Stationen:	Steaua Bukarest, Borussia Dortmund, FC Zürich
WM-Spiele:	–
WM-Tore:	–
Länderspiele:	21
Tore:	3
WM-Teilnahmen:	–

Helmut „Boss" Rahn

Mit seinen beiden Toren machte er das „Wunder von Bern" perfekt. Helmut Rahn, genannt „der Boss", schoss Deutschland im WM-Finale von Bern gegen Ungarn in den siebten Fußballhimmel. Rahn wurde zu einem Volkshelden und erlebte 1958 in Schweden seine zweite Weltmeisterschaft. Neben Fontaine und Pelé wurde Rahn erneut zu einem der erfolgreichsten Torschützen. Mit seinem Heimatverein Rot-Weiss Essen wurde er Deutscher Meister (1955) und Pokalsieger (1953).

Geburtsdatum:	16. August 1929 † 13. August 2003
Geburtsland:	Deutschland
Stationen:	Rot-Weiss Essen, 1. FC Köln, Twente Enschede, MSV Duisburg
WM-Spiele:	10
WM-Tore:	10
Länderspiele:	40
Tore:	21
WM-Teilnahmen:	1954, 1958

Uwe Rahn

Die Saison 1986/87 war die Saison des Uwe Rahn. Der Blondschopf von Borussia Mönchengladbach, wo er von 1980 bis 1989 spielte, wurde am Ende mit 24 Treffern Torschützenkönig der Bundesliga und wurde von den deutschen Journalisten zum Fußballer des Jahres gewählt. Von seinen 14 Länderspielen bleibt vor allem das Weltmeisterschaftsqualifikationsspiel gegen Schweden am 17. Oktober 1984 in Erinnerung. Sekunden nach seiner Einwechslung in der 75. Minute gelang dem Debütanten im Nationaldress die 1:0-Führung (Endstand 2:0). Nach seiner Zeit in Gladbach war Rahn noch für den 1. FC Köln, Hertha BSC, Fortuna Düsseldorf und Eintracht Frankfurt in der Bundesliga aktiv. In 318 Bundesligaspielen erzielte der Stürmer und Mittelfeldspieler 107 Tore.

Geburtsdatum:	21. Mai 1962
Geburtsland:	Deutschland
Stationen:	Borussia Mönchengladbach, 1. FC Köln, Hertha BSC Berlin, Fortuna Düsseldorf, Eintracht Frankfurt
WM-Spiele:	–
WM-Tore:	–
Länderspiele:	14
Tore:	5
WM-Teilnahmen:	1986

Raimondo „Rai" Souza Vieira de Oliveira

Dem jüngeren Bruder von Socrates gelang 1994 bei seiner ersten und einzigen Weltmeisterschaft, was dem brasilianischen Idol aus den 80er-Jahren 1982 und 1986 nicht vergönnt war, mit der „Seleção" den WM-Titel zu gewinnen. In der Auftaktpartie beim 2:0 gegen Russland gelang dem Mittelfeldspieler sein einziger Turniertreffer per Elfmeter. Im Gegensatz zu seinem Bruder, der nie für einen europäischen Klub spielte, zog es Rai schon frühzeitig über den großen Teich, wo er viele Jahre in Frankreich für Paris Saint Germain im Mittelfeld die Fäden zog.

Geburtsdatum:	15. Mai 1965
Geburtsland:	Brasilien
Stationen:	Botafogo Rio de Janeiro, FC São Paulo, Paris St. Germain
WM-Spiele:	5
WM-Tore:	1
Länderspiele:	49
Tore:	16
WM-Teilnahmen:	1994

Antonio Ramallets

Den Beinahmen „El Gato de Maracana" (die Katze von Maracana) verdiente sich der gewandte Keeper durch seine katzenartigen Paraden im Spiel gegen England bei der WM 1950. Eigentlich sollte er nur Reservetorwart sein, nutzte die sich bietende Chance schon im zweiten Match gegen Chile. Auch beim FC Barcelona kam er nur durch die Verletzung der Nummer eins zwischen die Pfosten – und war danach nicht mehr aus dem Barca-Gehäuse wegzudenken. Fünffacher spanischer Champion, ebenso oft holte er den Pokal und 1958 und 60 gewann er mit den Katalanen den Messepokal. Platz 4 bei der 50er-WM-Endrunde blieb sein größter Erfolg im Nationaltrikot, ehe mit 37 Jahren Schluss war.

Geburtsdatum:	4. Juli 1924
Geburtsland:	Spanien
Stationen:	FC Barcelona
WM-Spiele:	4
WM-Tore:	–
Länderspiele:	35
Tore:	–
WM-Teilnahmen:	1950

Alfred „Alf" Ramsey

Wembley nahm eine entscheidende Bedeutung in „Sir Alfs" Sportlerkarriere ein. Dort beendete der Verteidiger seine Nationalmannschaftskarriere – 1953, beim 3:6-Debakel gegen des Wunderteam aus der Ungarn. Später feierte er am selben Ort – nun als Trainer den größten Triumph – 1966, beim 4:2 gegen Deutschland im WM Finale. Bislang der einzige Weltmeisterschaftstitel für das Mutterland des Fußballs. Ursprünglich als Angreifer gestartet, spielte er für Southampton und Tottenham Hotspur. Ramsey gewann mit den Spurs die Meisterschaft 1951.

Geburtsdatum:	22. Januar 1920
	† 28. April 1999
Geburtsland:	England
Stationen:	FC Southampton, Tottenham Hotspur
WM-Spiele:	3
WM-Tore:	–
Länderspiele:	32
Tore:	3
WM-Teilnahmen:	1950

Hany Guda Ramzy

Als der langjährige Abwehrchef von Werder Bremen Rune Bratseth 1994 seine Karriere beendete, überraschte Trainer Rehhagel die Fachwelt bei der Präsentation des Nachfolgers: „Jetzt habe ich erstmals einen Spieler im Tal der Könige gefunden." Nun, ganz so war es nicht, der Ägypter wechselte von Xamax Neuchâtel an die Weser. Nach vier Jahren Bremen holte Rehhagel, inzwischen bei Kaiserslautern, Ramzy in die Pfalz, wo er bis zum August 2003 aktiv war.

Geburtsdatum:	10. März 1969
Geburtsland:	Ägypten
Stationen:	Al Ahly, Xamax Neuchâtel, Bremen, 1. FC Kaiserslautern
WM-Spiele:	3
WM-Tore:	–
Länderspiele:	124
Tore:	6
WM-Teilnahmen:	1990

Claudio Ranieri

Als Spieler des AS Rom konnte sich Claudio Ranieri keine Meriten verdienen. Erst als Trainer rückte er ins Licht der Öffentlichkeit. 1989 übernahm er den Drittligisten Cagliari und führte ihn in die Serie A. Nach zwei Jahren in Neapel (91 bis 93) führte er den AC Florenz in die Erstklassigkeit zurück. 1996 wurde er mit der „Fiorentina" italienischer Pokalsieger. Von 1999 bis 2000 coachte er Atlético Madrid, wechselte zum FC Chelsea und etablierte die Londoner unter den Top-Klubs. 2004 musste Ranieri dennoch gehen.

Geburtsdatum:	20. Oktober 1951
Geburtsland:	Italien
Stationen:	AS Rom
WM-Spiele:	–
WM-Tore:	–
Länderspiele:	–
Tore:	–
WM-Teilnahmen:	–

Karl Rappan

1927 absolvierte er seine einzigen beiden Länderspiele. Sensationell gewann er mit Rapid Wien 1930 den Mitropa-Cup und die Meisterschaft. Als Spielertrainer gewann er mit Servette Genf zweimal die Meisterschaft, 16 weitere Titel hamsterte der Coach in der Schweiz. Als Trainer führte Rappan die Eidgenossen 1938 sowie 1954 bei der WM-Endrunden ins Viertelfinale. Bei der 62er-WM kam das Aus bereits in der Vorrunde.

Geburtsdatum:	26. September 1905
	† 2. Januar 1996
Geburtsland:	Österreich
Stationen:	Wacker Wien, Austria Wien, Rapid Wien, Servette Genf
WM-Spiele:	–
WM-Tore:	–
Länderspiele:	2
Tore:	1
WM-Teilnahmen:	–

Raúl González Blanco (Mitte)

Mit 17 Jahren lief der Stürmer zum ersten Mal für die Königlichen auf. Seitdem ist er praktisch Stammspieler. Raúl ohne Real, Real ohne Raúl sind unvorstellbar. Trotz regelmäßiger neuer Millioneneinkäufe von Ballartisten aus aller Welt ist er der Star der Mannschaft und das Idol der Fans. Mit den Galaktischen sammelte er Titel und Trophäen, schoss Tore am Fließband, nur mit der Nationalmannschaft wollte es nicht klappen. Besonders bitter für ihn war das Ausscheiden der Spanier bei der EM 2000 in Belgien und Holland. Raúl verschoss im Viertelfinale gegen den späteren Europameister Frankreich beim Stand von 1:2 in letzter Sekunde einen Foulelfmeter.

Geburtsdatum:	27. Juni 1977
Geburtsland:	Spanien
Stationen:	Real Madrid
WM-Spiele:	11
WM-Tore:	5
Länderspiele:	102
Tore:	44
WM-Teilnahmen:	1998, 2002, 2006

Fabrizio Ravanelli

Nur ein Turnier, die Europameisterschaft 1996, bestritt der Stürmer im Trikot der Squadra Azzurra. Erfolglos, zwei Einsätze, null Tore und das Aus nach der Vorrunde. Mit Juventus wurde er 1995 Meister und gewann 1996 die Champions League. Im Finale gegen Ajax Amsterdam erzielte er das 1:0. Mit Lazio holte er 2000 das Double. Ravanelli spielte für elf Klubs in vier Ländern. 2004 kehrte er nach Italien zurück und beendete seine Karriere dort, wo er sie 1986/87 begonnen hatte: in seiner Heimatstadt Perugia.

Geburtsdatum:	11. Dezember 1968
Geburtsland:	Italien
Stationen:	Perugia, Avellino, Casertana, Reggiana, Juventus, FC Middlesbrough, O. Marseille, Lazio Rom, Derby County
WM-Spiele:	–
WM-Tore:	–
Länderspiele:	22
Tore:	8
WM-Teilnahmen:	–

Pietro Rava

In der letzten Saison seiner 15-jährigen Juventus-Zugehörigkeit gelang Rava endlich der Gewinn der italienischen Meisterschaft. Davor holten die Turiner zweimal den nationalen Pokal „Coppa d' Italia" mit ihrem Linksverteidiger. Den größten Erfolg verbuchte Rava im Trikot der „Squadra Azzurra": 1938 gewann die Auswahlmannschaft in Paris den Weltmeisterschaftstitel. Zusammen mit Alfredo Foni von Juventus Turin bildete Rava das italienische Abwehrbollwerk, das gegen Ungarn (4:2) entscheidend zur Titelverteidigung beitrug. Zwei Jahre zuvor hängte sich der Defensivmann die Goldmedaille bei den Olympischen Spielen in Berlin um den Hals, nachdem Österreich mit 2:1 nach Verlängerung bezwungen worden war. Sein letztes Länderspiel absolvierte Rava am 1. Dezember 1946 ebenfalls gegen Österreich in Mailand.

Geburtsdatum:	20. Januar 1916
Geburtsland:	Italien
Stationen:	Juventus Turin
WM-Spiele:	4
WM-Tore:	–
Länderspiele:	30
Tore:	–
WM-Teilnahmen:	1938

Thomas Ravelli

Sein internationales Debüt gab der Keeper am 15. Februar 1981 in Lahti gegen Finnland (1:2). Sein Markenzeichen war sein stechender Blick, mit dem er Ball und Gegner fixierte. Seitdem war Ravelli die unumstrittene Nummer eins im Kasten der Gelb-Blauen. Nach seinem Höhepunkt, dem dritten Platz bei der Weltmeisterschaft 1994 in den USA, nahm Ravelli Abschied von der großen Bühne. Insgesamt 143 Länderspiele und fast 430 Ligaspiele, bei denen er mit Östers IF (2) und IFK Göteborg (6) acht schwedische Meisterschaften gewann, hatte er bestritten.

Geburtsdatum:	13. August 1959
Geburtsland:	Schweden
Stationen:	Atvidaberg FF, Östers IF Växjö, IFK Göteborg, Tampa Bay Mutiny
WM-Spiele:	10
WM-Tore:	–
Länderspiele:	143
Tore:	
WM-Teilnahmen:	1990, 1994
Rekordnationalspieler Schweden	

Otto Rehhagel

Das selbsternannte Kind der Bundesliga begann seine Karriere als Spieler 1963 bei Hertha BSC, wo sich der gebürtige Essener zwei Jahre als knallharter Verteidiger einen Namen machte. Beim 1. FC Kaiserslautern (1966 bis 72) beendete er seine aktive Laufbahn und wurde Trainer. 14 Jahre, von 1981 bis 1995, saß er in Bremen auf der Kommandobrücke, wurde zweimal Deutscher Meister (1988, 93), holte zweimal den DFB-Pokal (1991, 94) und gewann auch den Europapokal der Pokalsieger (92). Mit dem 1. FC Kaiserslautern gelang ihm in der Saison 1997/98 ein Novum in der Bundesligageschichte. Zum ersten und einzigen Mal holte sich ein Aufsteiger die deutsche Meisterschaft. Doch die endgültige Krönung gelang „König Otto" als Nationaltrainer von Griechenland, als der Außenseiter 2004 die Europameisterschaft holte.

Geburtsdatum:	9. August 1938
Geburtsland:	Deutschland
Stationen:	Hertha BSC Berlin, 1. FC Kaiserslautern
WM-Spiele:	–
WM-Tore:	–
Länderspiele:	–
Tore:	–
WM-Teilnahmen:	–

José Antonio Reyes

Als Einwechselspieler schoss er Real Madrid am letzten Spieltag der Saison 2006/07 zur 30. spanischen Meisterschaft. Dank des zweifachen Torschützen Reyes gewannen die „Königlichen" gegen Mallorca noch mit 3:1. Anschließend unterschrieb der Linksfuß beim Lokalrivalen Atlético (12 Millionen € Ablöse). Die „Rojiblancos" sind bereits die vierte Station in der noch jungen Karriere des Mittelfeldspielers. Bereits mit 16 Jahren debütierte er für Sevilla in der Primera Division. In der Winterpause 2003/04 wechselte er zu Arsenal und gewann mit den „Gunners" Meisterschaft (2004) und FA Cup (2005).

Geburtsdatum:	1. September 1983
Geburtsland:	Spanien
Stationen:	FC Sevilla, Arsenal, Real, Atlético Madrid
WM-Spiele:	1
WM-Tore:	–
Länderspiele:	21
Tore:	4
WM-Teilnahmen:	2006

Uwe Reinders

Dem viermaligen Nationalspieler gelang, im wahrsten Sinn des Wortes, sein großer Wurf am ersten Spieltag der Saison 1982/83, als er den neuen Keeper, immerhin Belgiens Nationaltorhüter Jean-Marie Pfaff von Bayern München, mit einem weiten Einwurf überlistete. Der Stürmer, der in der Bundesliga nur für Werder Bremen spielte (1977 bis 1985), war WM-Teilnehmer 1982, wo ihm ein Tor beim 4:1 über Chile gelang. Als Trainer gewann er 1991 mit Hansa Rostock die letztmals ausgetragene Meisterschaft der DDR und holte mit dem FDGB-Pokal auch das Double.

Geburtsdatum:	19. Januar 1955
Geburtsland:	Deutschland
Stationen:	Werder Bremen, Girondins Bordeaux, Stade Rennes
WM-Spiele:	3
WM-Tore:	1
Länderspiele:	4
Tore:	1
WM-Teilnahmen:	1982

Michael Reiziger

Der Verteidiger gehörte zusammen mit Edgar Davids, Clarence Seedorf und Patrick Kluivert der „Surinam-Fraktion" an, die mit Ajax Amsterdam 1995 die Champions League gewann und ab Ende der 90er-Jahre maßgeblich das Spiel der Oranjes bestimmte. Bei der Weltmeisterschaft 1998 kam er erst im dritten Spiel gegen Mexiko zum Einsatz und war von dort an neben Jaap Stam und Frank de Boer fester Bestandteil der Defensive. Bei der Europameisterschaft 2000 lief es genau konträr für den Akteur vom FC Barcelona. Nach zwei Partien (Tschechien, Dänemark) kam Reiziger nicht mehr zum Einsatz.

Geburtsdatum:	3. Mai 1973
Geburtsland:	Niederlande
Stationen:	Ajax, Milan, FC Barcelona, FC Middlesbrough
WM-Spiele:	4
WM-Tore:	–
Länderspiele:	72
Tore:	1
WM-Teilnahmen:	1998

Pieter Robert „Rob" Rensenbrink

1973 startete er in seine internationale Karriere in Amsterdam gegen Schottland, das 0:0 endete. 1974 bei der Weltmeisterschaft in Deutschland stand der Linksaußen noch im Schatten der Stars Cruyff, Neeskens und Rep. Es gelang ihm nur ein Tor beim 2:0 über die DDR. Im Endspiel gegen Deutschland wurde Rensenbrink in der Halbzeit ausgetauscht. Vier Jahre später wurde der 30-jährige Star vom RSC Anderlecht gegen Gastgeber Argentinien zum tragischen Helden. Beim Stand von 1:1 setzte er in der 89. Minute den Ball gegen den Pfosten, so kam es zur Verlängerung und der zweiten Weltmeisterschafts-Endspielniederlage in Folge. Ausgerechnet Rensenbrink, der mit fünf Toren den größten Anteil daran hatte, dass Holland erneut das Finale erreichte. Während seiner Laufbahn erzielte er in Ligaspielen 170 Tore, im Europacup waren es 33.

Geburtsdatum:	3. Juli 1947
Geburtsland:	Niederlande
Stationen:	SV Oostzaan, DWS Amsterdam, Cercle Brügge, RSC Anderlecht, FC Toulouse, Portland Timbers
WM-Spiele:	13
WM-Tore:	6
Länderspiele:	46
Tore:	14
WM-Teilnahmen:	1974, 1978

Nicolaas Johannes „Johnny" Rep

1972 erzielte Rep beim Weltpokalsieg von Ajax gegen Independiente Buenos Aires im Rückspiel zwei Treffer beim 3:0-Erfolg. Ein Jahr später avancierte er im Europacupfinale der Landesmeister gegen Juventus Turin mit seinem „goldenen Tor" zum Matchwinner. Mit der Erfahrung von vier Länderspielen reiste er 1974 zur WM nach Deutschland. Bondscoach Rinus Michels setzte auf den damals 22-Jährigen und sollte nicht enttäuscht werden. Im ersten WM-Spiel gegen Uruguay erzielte Rep beide Tor. Er bestritt alle sieben Partien des Turniers an der Seite von Johan Cruyff und traf noch gegen Bulgarien und Argentinien. Am Ende reichte es aber wie 1978, wo er drei Treffer erzielte, nur zur Vizeweltmeisterschaft.

Geburtsdatum:	25. November 1951
Geburtsland:	Niederlande
Stationen:	Zaadam, Ajax Amsterdam, FC Valencia, SEC Bastia, AS St. Etienne
WM-Spiele:	14
WM-Tore:	7
Länderspiele:	42
Tore:	12
WM-Teilnahmen:	1974, 1978

Stefan „Turbo" Reuter (links)

Sein Stern ging beim 1. FC Nürnberg auf. Vom Club wechselte er 1988 zu den Bayern, wo er zwei Meisterschaften feierte (1989, 1990). Nach einem Jahr bei Juventus Turin (1991/92) kehrte er nach Deutschland zum BVB zurück, wo er noch drei weitere Meisterschaften bejubelte (1995, 1996, 2002). Zudem gewann er 1997 mit Dortmund die Champions League und im gleichen Jahr den Weltpokal. Mit der Nationalmannschaft wurde Reuter 1990 Welt- und 1996 Europameister. Nach 502 Bundesligaspielen und 69 Einsätzen in der Nationalmannschaft beendete Reuter im Sommer 2004 seine Karriere.

Geburtsdatum:	16. Oktober 1966
Geburtsland:	Deutschland
Stationen:	1. FC Nürnberg, B. München, Juve, B. Dortmund
WM-Spiele:	7
WM-Tore:	–
Länderspiele:	69
Tore:	2
WM-Teilnahmen:	1990, 1998

Hervé Revelli (links)

Nur knapp verpasste der Stürmer den Gewinn des Landesmeisterpokals mit St. Etienne. 1976 scheiterten die Franzosen mit 0:1 am FC Bayern München. Dagegen errang der Fußballer des Jahres 1969 in Frankreich mehrere Trophäen in seiner Heimat. Siebenfacher Meister (1967 bis 1970, 1974 bis 1976) durfte er sich nennen. Den französischen Pokal sicherte er sich ganze fünfmal. Von den 30 Spielen für die Equipe Tricolore bestritt er jedoch keines bei einem großen Turnier. Später wurde er Nationaltrainer in Benin, arbeitete in Gabun und Mauritius.

Geburtsdatum:	5. Juni 1946
Geburtsland:	Frankreich
Stationen:	OGC Nizza
WM-Spiele:	–
WM-Tore:	–
Länderspiele:	30
Tore:	15
WM-Teilnahmen:	–

José Hector Rial

Zwei Meisterschaften in Uruguay mit Nacional de Montevideo im Gepäck, kam er 1954 zu den Königlichen von Real Madrid und begründete mit di Stefano, Puskas & Co. eine unglaubliche Ära. An deren Ende standen ein Weltpokalerfolg (1956) und fünf aufeinander folgende Siege im Landesmeisterwettbewerb (1956 bis 1960) sowie vier spanische Meisterschaften. Der Argentinier kam auf fünf Länderspieleinsätze für sein Heimatland. Später trainierte Hector Rial die spanische Olympia-Auswahl.

Geburtsdatum:	14. Oktober 1928
	† 24. Februar 1991
Geburtsland:	Argentinien
Stationen:	Nacional de Montevideo, Real Madrid
WM-Spiele:	–
WM-Tore:	–
Länderspiele:	5
Tore:	–
WM-Teilnahmen:	–

Ricardo Alexandre Martins Soares Pereira

Als erster Torwart in der WM-Geschichte wehrte Ricardo im Elfmeterschießen des WM-Viertelfinales 2006 drei gegnerische Versuche ab. Die Engländer Lampard, Gerrard und Carragher scheiterten an dem Keeper, der das Mutterland des Fußballs bereits bei der EM 2004 zur Verzweiflung gebracht hatte. Damals parierte er mit bloßen Händen gegen Vassel, um anschließend selbst an den Punkt zu treten und das Elfmeterschießen zu entscheiden. 2001 war Ricardo Garant der bislang einzigen portugiesischen Meisterschaft von Boavista Porto.

Geburtsdatum:	11. Februar 1976
Geburtsland:	Portugal
Stationen:	Boavista Porto, Sporting Lissabon
WM-Spiele:	7
WM-Tore:	–
Länderspiele:	68
Tore:	–
WM-Teilnahmen:	2006

Lars Ricken

16 Sekunden machten Lars Ricken mit einem Schlag weltberühmt. An jenem 28. Mai 1997 beobachtet er auf der Bank sitzend beim Finale der Champions League zwischen seiner Dortmunder Borussia und Juventus Turin, dass sich der italienische Keeper Peruzzi meist weit vor seinem Tor postierte. In der 70. Minute wurde er beim Stand von 2:1 für den BVB für Stéphane Chapuisat eingewechselt, und nur wenige Augenblicke später überlupfte Ricken den verdutzten Peruzzi bei seinem ersten Ballkontakt mit einem Heber aus 30 Metern und sorgte damit für die Entscheidung. Dieser Treffer wurde später in Deutschland auch zum „Tor des Jahres" gewählt.

Geburtsdatum:	10. Juli 1976
Geburtsland:	Deutschland
Stationen:	Borussia Dortmund
WM-Spiele:	–
WM-Tore:	–
Länderspiele:	16
Tore:	1
WM-Teilnahmen:	2002

Franck Ribéry

„Er trickst, als wären Garrincha, Libuda und George Best gemeinsam wieder auferstanden", lobte ein deutscher TV-Reporter die Auftritte des Ballvirtuosen. Nach seinem Wechsel von Marseille zu Bayern München im Sommer 2007 verzauberte Ribéry Journalisten, Fans und Gegenspieler gleichermaßen. Deutschland ist für den antrittsschnellen Dribbler ein gutes Pflaster. Erst kurz vor der WM 2006 in den Kader gerutscht, avancierte er während des Turniers zum Shooting-Star. Unvergessen bleibt sein Ausgleichstreffer im Achtelfinale, als er Spaniens Torwart Casillas im TGV-Tempo umkurvte.

Geburtsdatum:	1. April 1983
Geburtsland:	Frankreich
Stationen:	FC Metz, Galatasaray, Olympique Marseille, Bayern
WM-Spiele:	7
WM-Tore:	1
Länderspiele:	21
Tore:	2
WM-Teilnahmen:	2006

Karlheinz „Kalle" Riedle

In seiner ersten Bundesligasaison 1986/87 machte er mit zehn Toren für Absteiger Blau-Weiß 90 Berlin auf sich aufmerksam. Er wechselte danach zu Werder Bremen, wo er in drei Jahren seinen Ruf als Torjäger bestätigte. So sehr, dass ihn Lazio Rom nach Italien lockte. Von dort wechselte er nach drei weiteren Jahren zurück in die Bundesliga zu Borussia Dortmund. Insgesamt wurde der Stürmer wegen seiner immensen Kopfballstärke „Air Riedle" genannt, der dreimal Deutscher Meister (1988, 1995, 1996) wurde. International hatte er im Endspiel der Champions League 1997 gegen Juventus Turin seinen großen Auftritt, als ihm zwei Tore beim 3:1-Sieg des BVB gelangen. Mit der Nationalmannschaft wurde Riedle 1990 Weltmeister, er selbst war einer der erfolgreichen Elfmeterschützen beim 4:3 i. E. im Halbfinale gegen England. 1994 gehörte der gebürtige Allgäuer zum Kader der WM-Mannschaft in den USA, wo ihm gegen Südkorea (3:2) ein Treffer gelang.

Geburtsdatum:	16. September 1965
Geburtsland:	Deutschland
Stationen:	FC Augsburg, Blau-Weiß 90, W. Bremen, Lazio Rom, Bor. Dortmund, FC Liverpool
WM-Spiele:	6
WM-Tore:	1
Länderspiele:	42
Tore:	16
WM-Teilnahmen:	1990, 1994

Franklin „Frank" Edmundo Rijkaard

Zusammen mit Ruud Gullit und Marco van Basten bildete er ein Traumgespann in der holländischen Nationalmannschaft und beim AC Mailand. Die drei Holländer gewannen mit Milan 1989 und 1990 den Europapokal der Landesmeister. Zuvor triumphierten sie bei der Europmeisterschaft 1988 in Deutschland und machten die beiden Vizewelttitel von 1974 und 1978 endlich vergessen. 1988 wurde er von Königin Beatrix der Niederlande für „Verdienste um die Niederlande" geehrt. Für die EM 2000 in den Niederlanden und Belgien wurde er zum Bondscoach der holländischen Nationalmannschaft berufen. 2003 wurde er Trainer beim FC Barcelona. Mit den Katalanen wurde er 2005 Spanischer Meister und gewann 2006 neben der Meisterschaft noch die Champions League.

Geburtsdatum:	30. September 1962
Geburtsland:	Niederlande
Stationen:	Ajax Amsterdam, Real Saragossa, AC Mailand
WM-Spiele:	8
WM-Tore:	–
Länderspiele:	73
Tore:	10
WM-Teilnahmen:	1990, 1994

Wilhelmus „Wim" Rijsbergen

Fast die Hälfte seiner 28 Länderspiele bestritt der einstige Weltklasseverteidiger bei großen Turnieren für Oranje. An der Seite des großen Johan Cruyff spielte er „Fußball total" bei der Weltmeisterschaft 1974, der folgenden Europameisterschaft und den Welttitelkämpfen 1978 in Argentinien. Gleich bei seiner ersten Weltmeisterschaft marschierte „Wim" bis ins Finale. Doch das ging gegen Deutschland verloren. Vier Jahre später sollte es gegen Gastgeber Argentinien gelingen. Doch auch dieses Endspiel ging verloren. Wahrscheinlich, weil der damalige Rotterdamer im Finale nicht mehr eingesetzt wurde. 1976 unterlag er dem späteren Europameister Tschechoslowakei im EM-Halbfinale.

Geburtsdatum:	18. Januar 1952
Geburtsland:	Niederlande
Stationen:	Feyenoord Rotterdam
WM-Spiele:	10
WM-Tore:	–
Länderspiele:	28
Tore:	1
WM-Teilnahmen:	1974, 1978

Freddy Eusébio Rincón Valencia

Sein Beinschuss gegen Bodo Illgner zum 1:1 bei der WM 1990 bescherte seiner Heimat die erste WM-Achtelfinalteilnahme. Der vielseitig einsetzbare Rincón stach bei diesem Turnier aus der kolumbianischen Mannschaft heraus und schaffte den internationalen Durchbruch. Allerdings blieb dem WM-Teilnehmer von 1994 und 1998 das erneute Vordringen ins Achtelfinale verwehrt. Auch, weil Rincón diesmal nicht traf. Einen Titel sicherte sich der Shootingstar mit CD América Cali. Mit dem Klub gewann der Dritte bei der Wahl zum Fußballer des Jahres in Südamerika (1993) die kolumbianische Meisterschaft. Bei der Copa América wurde er 1993 Dritter.

Geburtsdatum:	14. August 1966
Geburtsland:	Kolumbien
Stationen:	América Cali, SSC Neapel, Corinthians
WM-Spiele:	10
WM-Tore:	1
Länderspiele:	75
Tore:	16
WM-Teilnahmen:	1990, 1994, 1998

Juan Roman Riquelme

Ein Ruf wie Donnerhall eilte ihm voraus, von dessen Last der sensible Mittelfeldregisseur fast erdrückt worden wäre. Denn mit keinem Geringeren als Maradona wurde er verglichen. Kein Wunder: Mit 17 Jahren Debüt bei den Boca Juniors, zwei Jahre später U20-Südamerikameister, U20-Weltmeister, drei Ligatitel, zwei Copa Libertadores und die Silbermedaille bei Olympia 2000 in Sydney. 2002 kam der wendige Juan zum FC Barcelona – und scheiterte. Erst der Wechsel zum FC Villareal gab ihm das benötigte Selbstvertrauen zurück. Seitdem lenkt er wieder unumstritten die Geschicke in der Albiceleste, mit der er bei der WM 2006 im Viertelfinale gegen Deutschland ausschied.

Geburtsdatum:	24. Juni 1978
Geburtsland:	Argentinien
Stationen:	Boca Juniors, FC Barcelona, FC Villareal
WM-Spiele:	5
WM-Tore:	–
Länderspiele:	42
Tore:	13
WM-Teilnahmen:	2006

Luigi „Gigi" Riva

Mit 35 Toren ist der Stürmerstar von US Cagliari noch immer der erfolgreichste Torschütze in der italienischen Nationalmannschaft. So traf „Gigi" auch im Wiederholungsspiel des Finals bei der Europameisterschaft 1968 gegen Jugoslawien zum 1:0 (2:0) und beteiligte sich so direkt an seinem einzigen Titelgewinn mit Italien. Auch im Jahrhundertspiel gegen Deutschland (4:3 n.V.) bei der WM in Mexiko zwei Jahre später gehörte er zu den Torschützen. Doch zum Titelgewinn reichte es für Italiens Fußballer der Jahre 1967 und 1970 trotzdem nicht. Sein Abschied aus der Squadra Azzurra war dann weniger umjubelt. Riva gehörte zu der italienischen Mannschaft, die 1974 in Deutschland bereits in der Vorrunde ausschied und danach im Bus auf Schleichwegen mit heruntergezogenen Rollos die Heimreise antreten musste.

Geburtsdatum:	7. November 1944
Geburtsland:	Italien
Stationen:	US Cagliari
WM-Spiele:	8
WM-Tore:	3
Länderspiele:	42
Tore:	35
WM-Teilnahmen:	1970, 1974

Victor Borba Ferreira Rivaldo

Drei Tore erzielte der Mittelfeldspieler bei der Weltmeisterschaft 1998 in Frankreich, gereicht hat dies nicht zum Weltmeistertitel. Vier Jahre später traf der schlaksige Welt- und Europafußballer des Jahres 1999 gar fünfmal und war auch im Finale eine herausragende Figur. Sein Schuss war es, den Deutschlands Torhüter Oliver Kahn in der 67. Minute prallen ließ und der somit Ronaldo die Chance zur vorentscheidenden Führung ermöglichte. Die größten Erfolge auf Vereinsebene feierte Rivaldo mit dem FC Barcelona, mit dem er Spanischer Meister und Pokalsieger wurde.

Geburtsdatum:	19. April 1972
Geburtsland:	Brasilien
Stationen:	Corinthians São Paulo, Palmeiras São Paulo, Deportivo La Coruña, FC Barcelona, AC Mailand, Cruzeiro Belo Horizonte, Olympiakos Piräus
WM-Spiele:	14
WM-Tore:	8
Länderspiele:	75
Tore:	36
WM-Teilnahmen:	1998, 2002

Roberto Rivelino

Pelé persönlich bezeichnete Roberto Rivelino als seinen Nachfolger. Nach dem Gewinn der Weltmeisterschaft 1970 sollte der Sohn italienischer Einwanderer Brasilien auch beim Weltturnier 1974 in Deutschland zum Titel führen. Trainer Mario Zagallo bot den Halbstürmer jedoch nicht offensiv hinter den Spitzen auf, sondern beorderte ihn ins defensive Mittelfeld. Er entschärfte damit seine beste Waffe, Brasilien schied frühzeitig aus, und es blieb bei dem einen Weltmeisterschaftstitel in Rivelinos Nationalmannschaftskarriere. Berühmt war er für seine knallharten und präzisen Freistöße. Später wurde er TV-Kommentator in São Paulo und eröffnete eine Fußballschule.

Geburtsdatum:	1. Januar 1946
Geburtsland:	Brasilien
Stationen:	Corinthians São Paulo, Fluminense Rio de Janeiro, Al-Hilal Riad
WM-Spiele:	15
WM-Tore:	6
Länderspiele:	92
Tore:	24
WM-Teilnahmen:	1970, 1974, 1978

Giovanni „Gianni" Rivera

„Ragazzo d'oro", den „goldenen Jungen", nannte man Gianni Rivera in Italien ob seiner Eleganz, seiner Technik und Spielübersicht. Mit dem AC Mailand, für den er 501 Partien in der Serie A absolvierte (insgesamt 527), holte er den Weltpokal (1969), wurde Europacupsieger der Landesmeister (63, 69), der Pokalsieger (68, 73) und jubelte über drei Scudetti (62, 68, 79) sowie vier „Coppe Italia" (67, 72, 73, 77). 1969 Europas Fußballer des Jahres, entschied Rivera ein Jahr später das „Jahrhundertspiel" zwischen Deutschland und Italien bei der WM in Mexiko. In der Verlängerung erzielte er das entscheidende 4:3. Nach seiner Karriere war er von 1979 bis 1986 Vizepräsident bei Milan, ehe er in die Politik ging und auch dort erfolgreich war.

Geburtsdatum:	18. August 1943
Geburtsland:	Italien
Stationen:	US Alessandria, AC Mailand
WM-Spiele:	9
WM-Tore:	3
Länderspiele:	60
Tore:	14
WM-Teilnahmen:	1962, 1966, 1970, 1974

Arjen Robben

Der laufstarke und trickreiche Flügelstürmer gilt als eines der größten Talente im Weltfußball. Mit gerade einmal 20 Jahren begeisterte er die Fachwelt bei der EM 2004, wo er Marc Overmars aus der Stammelf verdrängte und im Viertelfinale gegen Schweden den entscheidenden Elfmeter verwandelte. Zwei Jahre später erzielte er zum WM-Auftakt gegen Serbien & Montenegro den 1:0-Siegtreffer und wurde wie auch nach dem Sieg gegen die Elfenbeinküste zum besten Spieler („Man of the Match") gewählt. Mit Eindhoven (2003) sowie Chelsea (2005, 2006) wurde er bereits drei Mal nationaler Meister. Im August 2007 wechselte Robben zu Real Madrid. Spanische Medien bezifferten die Ablöse auf 36 Millionen Euro.

Geburtsdatum:	23. Januar 1984
Geburtsland:	Niederlande
Stationen:	FC Groningen, PSV Eindhoven, Chelsea, Real
WM-Spiele:	3
WM-Tore:	1
Länderspiele:	29
Tore:	8
WM-Teilnahmen:	2006

Roberto Carlos da Silva

Wenn der Brasilianer sich den Ball zu einem direkten Freistoß zurechtlegt, zittern die gegnerischen Torhüter. Die wuchtigen Schüsse des Linksfußes erreichen regelmäßig neue Rekordgeschwindigkeiten, was die Experten vor allem auf seinen Oberschenkelumfang von 58 Zentimetern zurückführen. Roberto Carlos gilt seit Ende der 1990er-Jahre als bester offensiver Linksverteidiger der Welt. Mit Brasilien wurde er 2002 Weltmeister und scheiterte 1998 und 2006 jeweils an Frankreich. Im Dress von Real Madrid feierte er vier spanische Meisterschaften (1997, 2001, 2003, 2007) und drei Champions League-Erfolge (1998, 2000, 2002). Nach 11 Jahren, 584 Spielen und 71 Toren verließ Roberto Carlos 2007 Madrid Richtung Istanbul (Fenerbahçe).

Geburtsdatum:	10. April 1973
Geburtsland:	Brasilien
Stationen:	Palmeiras São Paulo, Inter Mailand, Real Madrid, Fenerbahçe
WM-Spiele:	17
WM-Tore:	1
Länderspiele:	132
Tore:	10
WM-Teilnahmen:	1998, 2002, 2006

Bryan Robson

Im Oktober 1981 war er der bis dato kostspieligste Transfer auf der Insel. Als Team-Captain von West Bromwich Albion wechselte der Mittelfeldspieler zu Manchester United. Von 1981 bis 1994 bestritt er 434 Spiele (97 Tore) für ManU, gewann 2 Meisterschaften (1993, 94), drei FA Cups (83, 85, 90) und 1991 den Europapokal der Pokalsieger. Kein Spieler in der Klubgeschichte trug länger die Kapitänsbinde (12 Jahre). Später ging er als Manager und Trainer wieder zum Ausgangspunkt seiner Karriere zurück: West Bromwich Albion.

Geburtsdatum:	11. Januar 1957
Geburtsland:	England
Stationen:	West Bromwich, Manchester United, FC Middlesbrough
WM-Spiele:	8
WM-Tore:	2
Länderspiele:	90
Tore:	26
WM-Teilnahmen:	1982, 1986, 1990

Robert W. „Bobby" Robson

133 Tore in 584 Ligaspielen erzielte „Bobby" für West Bromwich und Fulham von 1950 bis 1967. Als Trainer führte er Ipswich Town 1981 zum UEFA-Cup-Sieg und den FC Barcelona 1997 zum Triumph im Europacup der Pokalsieger. Meister wurde Robson mit Eindhoven in Holland (1991, 92) und dem FC Porto in Portugal (1995, 96). Er betreute die englische Auswahl bei den WM-Turnieren 1986 und 1990. Seit Beginn des Jahres 2006 steht er dem Trainerneuling Steve Staunton als Berater der irischen Nationalmannschaft zur Seite.

Geburtsdatum:	18. Februar 1933
Geburtsland:	England
Stationen:	FC Fulham, West Bromwich
WM-Spiele:	3
WM-Tore:	–
Länderspiele:	20
Tore:	4
WM-Teilnahmen:	1958, 1962

Nereo Rocco

In die Geschichte des Fußballs ist Rocco als Erfinder des berühmten italienischen Abwehrriegels Catenaccio eingegangen. Dieses ultradefensive System ließ er Ende der 1950er Jahre in Padua praktizieren. 1961 übernahm er das Traineramt beim AC Mailand. Mit Rocco, der für Triest 235 Spiele in der Serie A bestritt (62 Tore), gewann der AC, neben den Scudetti 1962 und 68 und drei Cupsiegen, den Europacup der Landesmeister (63, 69), den der Pokalsieger (68, 73) sowie den Weltpokal 1969.

Geburtsdatum:	20. Mai 1912
	† 20. Februar 1979
Geburtsland:	Italien
Stationen:	Triest, FC Neapel, Padua
WM-Spiele:	–
WM-Tore:	–
Länderspiele:	–
Tore:	–
WM-Teilnahmen:	–

Dominique Rocheteau

An insgesamt drei Weltmeisterschaften nahm der Stürmer teil. Beim Ausscheiden nach der Vorrunde 1978 traf er nur beim 3:1 über Ungarn. 1982 traf er insgesamt zweimal beim 4:1 in der zweiten Finalrunde gegen Nordirland. Zwar verwandelte er im Halbfinale gegen Deutschland (3:3 nach Verlängerung) seinen „Elfer", doch Frankreich schied im Elfmeterkrimi trotzdem aus. Auch 1986, als er ein Tor in der Vorrunde gegen Ungarn erzielte, war im Halbfinale Deutschland der Stolperstein – 0:2. So blieb der Europameisterschaftstitel von 1984 im eigenen Land für Dominique Rocheteau der größte internationale Erfolg. Er wurde mit St. Etienne zwischen 1974 und 1976 dreimal hintereinander Französischer Meister und 1977 Pokalsieger. Beide Titel holte er später auch mit PSG (Meisterschaft 1986; Pokal 82 und 83). Nach seiner aktiven Karriere wurde Rocheteau Präsident der Ethikkommission des französischen Fußballverbandes FFF.

Geburtsdatum:	14. Januar 1955
Geburtsland:	Frankreich
Stationen:	AS St. Etienne, Paris St. Germain, FC Toulouse
WM-Spiele:	10
WM-Tore:	4
Länderspiele:	49
Tore:	15
WM-Teilnahmen:	1978, 1982, 1986

Róbson de Souza „Robinho"

Die Dribbelkünste des leichtgewichtigen Stürmers erinnern an Garrincha. Sein Spezialtrick ist der sogenannte „Pedalada", eine besondere Übersteiger-Variante. Robinho wurde beim Pelé-Klub FC Santos groß, mit dem er 2002 und 2004 die brasilianische Meisterschaft feierte. 2005 verpflichtete Real Madrid den Rohdiamanten für 24 Millionen Euro. Beim Gewinn des Confederations-Cup im gleichen Jahr glänzte Brasiliens Fußball-Juwel erstmals auf der Weltbühne.

Geburtsdatum:	25. Januar 1984
Geburtsland:	Brasilien
Stationen:	FC Santos, Real Madrid
WM-Spiele:	4
WM-Tore:	–
Länderspiele:	33
Tore:	7
WM-Teilnahmen:	2006

Wolfgang Rolff (links)

Die Profikarriere des gebürtigen Niedersachsen begann 1980 in der Zweiten Liga bei Fortuna Köln. Beständig gute Leistungen ließen ihn nicht nur in der U21-Nationalmannschaft debütieren, auch die Bundesliga wurde auf den Mittelfeldspieler aufmerksam. Das Rennen machte der HSV, wo er von 1982 bis 1986 große Erfolge feierte. Im Finale des europäischen Landesmeisterwettbewerbs 1983 schaltete er gegen Juventus Turin Spielmacher Michel Platini komplett aus und war damit der Garant für den 1:0-Sieg. Mittlerweile in der Nationalmannschaft gelang ihm dies noch einmal bei der WM 1986 in Mexiko im Halbfinale gegen Frankreich. Damit war er einer der Wegbereiter für des Erreichen des Endspiels.

Geburtsdatum:	26. Dezember 1959
Geburtsland:	Deutschland
Stationen:	Fortuna Köln, HSV, B. Leverkusen, Racing Straßbourg, Uerdingen 05, Karlsruher SC, 1. FC Köln
WM-Spiele:	2
WM-Tore:	–
Länderspiele:	37
Tore:	–
WM-Teilnahmen:	1986

„Baixinho" Romário de Souza Faria

Mit fünf Toren und seinem verwandelten Elfmeter im Finale gegen Italien schoss Romário Brasilien 1994 zum vierten WM-Titel. Seine Doppelpässe mit Bebeto waren eine Augenweide für die Fans und der Horror für die Gegner. Er wurde als bester Spieler des Turniers ausgezeichnet und zum Weltfußballer des Jahres gewählt. Der technisch brillante Torjäger, der in seiner Heimat auch liebevoll „Baixinho" – „Kleiner" – genannt wurde, war zuvor in seiner Premierensaison beim FC Barcelona Torschützenkönig und Meister in Spanien geworden. Dabei gelang ihm in fünf Spielen ein Hattrick. Die Katalanen hatten für Romário im Sommer 1993 6,8 Millionen Mark Ablöse an den PSV Eindhoven überwiesen. Doch er blieb nur ein Jahr in Barcelona, spielte anschließend bis 1996 für Flamengo Rio. Nach einem kurzen Intermezzo beim FC Valencia kehrte Romário zu Flamengo zurück, wurde 1999 aber wegen Disziplinlosigkeit entlassen und an Vasco da Gama weitergereicht. 2001 wurde der streitbare Exzentriker mit Vasco Brasilianischer Meister. Im November 2004 gab Romário sein Abschiedsspiel mit der Nationalelf in Los Angeles. Einen Monat später verabschiedete er sich auch vom Vereinsfußball, kehrte aber bereits im folgenden Januar 2005 als Spieler von Vasco da Gama zurück.

Geburtsdatum:	29. Januar 1966
Geburtsland:	Brasilien
Stationen:	Vasco da Gama, PSV Eindhoven, FC Barcelona, Flamengo, FC Valencia, Fluminense Rio de Janeiro, Al-Sadd
WM-Spiele:	8
WM-Tore:	5
Länderspiele:	74
Tore:	56
WM-Teilnahmen:	1990, 1994

Ronaldo de Assis Moreira „Ronaldinho"

Bereits mit 19 Jahren gewann der exzellente Techniker mit der brasilianischen Nationalmannschaft die Copa América 1999. Endgültig zum Superstar wurde der Mittelfeldspieler bei der WM 2002, als er mit der Seleção im Endspiel Deutschland mit 2:0 bezwang und so den fünften WM-Titel sicherte. 2003 wechselte Ronaldinho vom französischen Hauptstadtclub Paris St. Germain für 30 Millionen Euro Ablöse zum FC Barcelona. Nach langer Durststrecke wurde Barca mit dem brasilianischen „Ballzauberer" wieder Spanischer Meister (2005 und 2006) und gewann die Champions League (2006). Der Brasilianer selbst wurde 2004 und 2005 zum Weltfußballer des Jahres gewählt. Im Juni 2005 führte er als Kapitän Brasilien in Deutschland zum Gewinn des Confederations-Cups. Bei der WM 2006 enttäuschte der aktuell beste Fußballer der Welt ebenso wie die gesamte „Seleção".

Geburtsdatum:	21. März 1980
Geburtsland:	Brasilien
Stationen:	Gremio Porto Alegre, Paris St. Germain, FC Barcelona
WM-Spiele:	10
WM-Tore:	2
Länderspiele:	79
Tore:	31
WM-Teilnahmen:	2002, 2006

Cristiano „O puto" Ronaldo Santos Aveiro

In der siebten Minute des WM-Achtelfinals 2006 wurde er von Holland-Rambo Boulahrouz brutal gefoult. Der Schiedsrichter ahndete diese Attacke nur mit Gelb – anschließend war Gift im Spiel, an dessen Ende ein trauriger WM-Rekord stand: Viermal Gelb-Rot und achtmal Gelb. Der Portugiese, der am Ende mit seinem Team Vierter wurde, war bei der EM 2004 der jüngste Spieler im Team des Vize-Europameisters. Sein Kopfballtor im Halbfinale gegen Holland öffnete die Tür zum Endspiel. 2003 zahlte Manchester United 17,5 Millionen Euro für den offensiven Mittelfeldspieler. Nach der WM spielte er seine bisher beste Saison und setzte zusammen mit Rooney die Meilensteine auf dem Weg zum 16. Meistertitel der „Red Devils". Im April 2007 unterzeichnete „Ronny" einen neuen Fünfjahresvertrag.

Geburtsdatum:	5. Februar 1985
Geburtsland:	Portugal
Stationen:	Sporting Lissabon, Manchester United
WM-Spiele:	6
WM-Tore:	1
Länderspiele:	50
Tore:	19
WM-Teilnahmen:	2006

Luiz Nazário de Lima Ronaldo „Il Fenômeno"

Mit 17 Jahren gehörte er zum WM-Kader Brasiliens, der 1994 den Titel gewann. Mit der „Seleção" scheiterte der Weltfußballer der Jahre 1996, 1997 und 2002 im Finale an Frankreich. 2002 war es dann soweit. Mit zwei Treffern gewann der Stürmerstar das Endspiel gegen Deutschland praktisch im Alleingang. 2006 verspotteten ihn die Medien wegen erkennbaren Übergewichts zwar als „Pummenaldo", doch mit seinen drei „Buden" brach er den Rekord von Gerd Müller und ist mit nunmehr 15 Treffern bester WM-Torschütze aller Zeiten.

Geburtsdatum:	22. September 1976
Geburtsland:	Brasilien
Stationen:	PSV, FC Barcelona, Inter, Real Madrid, Milan
WM-Spiele:	19
WM-Tore:	15
Länderspiele:	104
Tore:	67
WM-Teilnahmen:	1994, 1998, 2002, 2006

Wayne Mark „Roonaldo" Rooney

Der Mittelstürmer erzielte im Schülerclub Copplehouse der Walton and Kirkdale Junior Football League bis 1995 99 Tore. Im Februar 2003 gab Rooney sein Debüt in der Nationalmannschaft in London gegen Australien, das die Engländer mit 1:3 verloren. Mit 17 Jahren und acht Monaten war er dabei der jüngste Nationalspieler in Englands Fußballgeschichte. Sein erstes Premier-League-Tor hatte er mit 16 Jahren beim 2:1 für Everton gegen Arsenal erzielt. Bei der Europameisterschaft 2004 in Portugal wurde Rooney mit vier Toren endgültig zum Superstar auf der Insel. Ende August wechselte der Stürmer vom FC Everton für umgerechnet 43 Millionen Euro zu Manchester United. Sein Debüt für Manchester hätte nicht besser laufen können, als er in der Champions League gegen Fenerbahçe Istanbul einen Hattrick erzielte. Auch außerhalb des Spielfeldes sorgte Rooney wegen diverser Prügeleien immer wieder für Schlagzeilen. Unbeherrscht zeigte sich der Sohn eines Amateurboxers aus dem Liverpooler Arbeiterviertel Croxteth auch im WM-Viertelfinale 2006 gegen Portugal (1:3 i. E.). In der 62. Minute trat er seinem Gegenspieler Ricardo Carvalho in den Unterleib – Rot! Zuvor hatte eine ganze Nation um die Endrundenteilnahme des „golden boy des englischen Fußballs", so Trainer Sven-Göran Eriksson, gebangt. Im April 2006 hatte er sich wie bereits bei der EURO 2004 den Mittelfußknochen gebrochen.

Geburtsdatum:	24. Oktober 1985
Geburtsland:	England
Stationen:	FC Everton, Manchester United
WM-Spiele:	4
WM-Tore:	–
Länderspiele:	38
Tore:	12
WM-Teilnahmen:	2006

Tomás Rosicky

Das Talent wurde ihm praktisch mit in die Wiege gelegt. Schon sein Vater Jiri war in der ehemaligen Tschechoslowakei ein bekannter Fußballer und feierte mit Sparta Prag die nationale Meisterschaft. Sein Filius tat es ihm nach, debütierte mit 17 Jahren in Spartas erster Mannschaft, mit der er 1999 und 2000 Meister wurde. 2001 wechselte der Mittelfeldspieler zu Borussia Dortmund, wo er 2002 Deutscher Meister wurde und in das Finale des UEFA-Pokals einzog. In seiner Heimat wurde er 2001 und 2002 zum „Fußballer des Jahres" gekürt. Bei der WM 2006 schoss der künftige Spieler von Arsenal London zum Auftakt gegen die USA (3:0) zwei sehenswerte Tore.

Geburtsdatum:	4. Oktober 1980
Geburtsland:	Tschechoslowakai
Stationen:	Sparta Prag, Borussia Dortmund, Arsenal
WM-Spiele:	3
WM-Tore:	2
Länderspiele:	66
Tore:	18
WM-Teilnahmen:	2006

Nestor Rossi

Im Eröffnungsspiel der Weltmeisterschaft am 8. Juni 1958 führte der Mittelfeldspieler die argentinische Nationalmannschaft mit präzisen Pässen zur Führung gegen Deutschland. Doch dann wurde das Spiel immer härter. Unvergessen bleibt der Tritt Nestor Rossis gegen Fritz Walter, der das Spiel nur unter größten Schmerzen beenden konnte. Nach einer 2:1-Führung für Deutschland endete das Spiel 3:1. Dennoch gilt der hervorragende Ballkünstler auch heute noch bei den „Gauchos" als einer der besten Spieler der 50er-Jahre.

Geburtsdatum:	10. Mai 1925
Geburtsland:	Argentinien
Stationen:	River Plate Buenos Aires, Millionarios Bogota, Huracan Buenos Aires
WM-Spiele:	3
WM-Tore:	–
Länderspiele:	30
Tore:	–
WM-Teilnahmen:	1958

Paolo „Pablito" Rossi

Erstmals betrat „das Engelsgesicht" die große Bühne des Fußballs bei der WM 1978 in Argentinien. Dem Stürmer, der alle sieben Spiele der Azzurri komplett bestritt, gelangen drei Tore, Italien wurde Vierter. Ein Jahr später war Rossi in einen Skandal um ein verschobenes Ligaspiel verwickelt und wurde vom italienischen Verband für drei Jahre gesperrt. Später wurde die Strafe auf zwei Jahre abgemildert und er war ab April 1982 wieder spielberechtigt. Trotz mangelnder Spielpraxis wurde Rossi von Nationaltrainer Bearzot für die WM nominiert. Er hielt auch nach einer schwachen Vorrunde an ihm fest. Bearzots Beharrlichkeit wurde belohnt, als „Pablito" Brasilien mit drei Toren fast allein besiegte – Endstand 3:2. Auch im Halbfinale erzielte Rossi beide Treffer zum 2:0 über Polen. Im Endspiel, 3:1 gegen Deutschland, brachte Rossi die Italiener mit dem 1:0 auf die Siegerstraße. Italien wurde Weltmeister und Paolo Rossi mit sechs Treffern Torschützenkönig. Gekrönt wurde er 1982 auch noch als Fußballer des Jahres in Europa.

Geburtsdatum:	23. September 1956
Geburtsland:	Italien
Stationen:	Como, Vicenza, AC Perugia, Juventus Turin, AC Mailand, Hellas Verona
WM-Spiele:	14
WM-Tore:	9
Länderspiele:	48
Tore:	20
WM-Teilnahmen:	1978, 1982, 1986

Daniele de Rossi

Wie Francesco Totti ist Daniele de Rossi Römer durch und durch. Im WM-Finale 2006 gegen Frankreich wurde er nach 61 Minuten für seinen Vereinskollegen eingewechselt. Vom Elfmeterpunkt zeigte sich de Rossi nach Trezeguets Fehlversuch nervenstark und erhöhte auf 3:1. Am Ende hatte Italien mit 5:3 die Nase vorn und feierte seinen vierten WM-Titel. Im zweiten Gruppenspiel gegen die USA hatte der technisch versierte und zugleich kampfstarke Mittelfeldspieler zuvor für eine der hässlichsten Szenen des Turniers gesorgt, als er Brian Mc Bride mit einem Ellbogencheck niederstreckte. Die FIFA belegte ihn mit einer Strafe von vier Spielen, die de Rossi bis zum Finale abgesessen hatte.

Geburtsdatum:	24. Juli 1983
Geburtsland:	Italien
Stationen:	AS Rom
WM-Spiele:	3
WM-Tore:	–
Länderspiele:	27
Tore:	4
WM-Teilnahmen:	2006

Franz „Bulle" Roth

Er war der „Mister Europapokal" beim FC Bayern. Der dynamische Mittelfeldspieler, den alle nur „Bulle" nannten, war der 1:0-Siegtorschütze in der Verlängerung im Endspiel um den Europapokal der Pokalsieger 1967 gegen die Glasgow Rangers. Im Wettbewerb der Landesmeister gelang Roth 1975 im Endspiel gegen Leeds United das vorentscheidende 1:0 für den Titelverteidiger, dem Gerd Müller noch das 2:0 folgen ließ. Ein Jahr später entschied der schussgewaltige viermalige Nationalspieler mit einem Freistoß das Finale gegen den AS St. Etienne und machte somit den Hattrick des FC Bayern München auf dem europäischen Fußballthron perfekt. „Nebenbei" wurde Bulle Roth auch noch viermal Deutscher Meister (1969, 1972, 1973, 1974) und dreimal DFB-Pokalsieger (1967, 1969, 1971). In der Saison 1978/79 ließ Roth seine Karriere bei Casino Salzburg ausklingen.

Geburtsdatum:	27. April 1946
Geburtsland:	Deutschland
Stationen:	B. München, Casino Salzburg
WM-Spiele:	–
WM-Tore:	–
Länderspiele:	4
Tore:	–
WM-Teilnahmen:	–

Alan Roderick Rough

Der Keeper war Mitglied der berühmten Mannschaft von Patrick Thistle FC, die 1972 im schottischen Liga-Cup-Finale das mächtige Celtic mit 4:1 schlug. 624 Einsätze später wechselte das Patrick-Urgestein zu Hibernian. Auch in der „Tartan Army", Schottlands Auswahlmannschaft, bestach Rough als Stammspieler und stand bei den WM-Endrunden 1978 sowie 1982 im Kasten Schottlands. Allerdings sprangen jedesmal nicht mehr als drei Einsätze heraus, fuhren die Bravehearts doch schon jeweils nach der Vorrunde nach Hause.

Geburtsdatum:	25. November 1951
Geburtsland:	Schottland
Stationen:	Patrick Thistle, Hibernian Edinburgh
WM-Spiele:	6
WM-Tore:	–
Länderspiele:	53
Tore:	–
WM-Teilnahmen:	1978, 1982, 1986

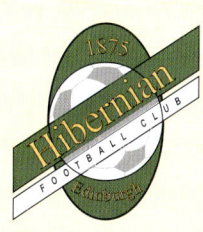

Rolf Rüssmann

Er war ein begnadeter Abwehrspieler und gefürchteter Kopfballspezialist. Einen Titel jedoch konnte Rüssmann nach seinem Pokalsieg mit Schalke 1972 nicht mehr erringen. Er war verwickelt in den Bundesligaskandal von 1971. Bei der WM 1978 in Argentinien gehörte er in der Innenverteidigung mit Kaltz zur Stammformation, machte aber bei der „Schmach von Cordoba" seinem österreichischen Gegenspieler Krankl in der 88. Minute den Weg zum 2:3 frei. Dennoch galt er auf seiner linken Vorstopperposition als einer der Besten seiner Zeit, bestritt bis zum WM-Fiasko 19 Länderspiele. Beim Vorbereitungsspiel gegen die UdSSR schoss er am 8. März 1978 den „goldenen" Treffer – sein einziges Länderspieltor. Unter dem neuen Trainer Jupp Derwall wurde er nach der WM aber nur noch ein einziges Mal beim wegen Nebels nach 60 Minuten abgebrochenen Länderspiel gegen Ungarn berücksichtigt.

Geburtsdatum:	13. Oktober 1950
Geburtsland:	Deutschland
Stationen:	FC Schalke 04, Borussia Dortmund
WM-Spiele:	6
WM-Tore:	–
Länderspiele:	20
Tore:	1
WM-Teilnahmen:	1978

Wynton „Kiwi" Rufer

1989 überraschte Bremens damaliger Trainer Otto Rehhagel wiederholt die Fans und Fachwelt gleichermaßen. Mit Wynton Rufer betrat der erste Neuseeländer in der Geschichte die Bundesligabühne. Mit großem Erfolg, in seiner ersten Saison wurde „Kiwi" in allen Spielen eingesetzt und erzielte zehn Tore. Der Publikumsliebling blieb insgesamt sechs Jahre an der Weser und wurde 1993 Deutscher Meister sowie 1991 und 1994 Pokalsieger. Seinen größten Triumph feierte der Stürmer im Endspiel des Europacups der Pokalsieger 1992. Im Finale gegen den AS Monaco bereitete Ozeaniens Fußballer des Jahrhunderts das 1:0 von Klaus Allofs per Kopf vor und erzielte das 2:0 nach einem Alleingang. Nach Beendigung seiner aktiven Karriere war er mehrere Jahre Trainer in Neuseeland und Fußballbotschafter seines Heimatlandes.

Geburtsdatum:	29. Dezember 1962
Geburtsland:	Neuseeland
Stationen:	Wellington Diamond United, Miramar Rangers, FC Zürich, FC Aarau, Grasshoppers Zürich, Werder Bremen, JEF United Ishihara
WM-Spiele:	3
WM-Tore:	–
Länderspiele:	39
Tore:	20
WM-Teilnahmen:	1982

RUM – RUS

Karl-Heinz „Kalle" Rummenigge

Für 11,4 Millionen Mark wechselte Karl-Heinz Rummenigge 1984 vo[n] den Bayern zu Inter Mailand. Es war das meiste Geld, das bis dahin fü[r] einen deutschen Fußballer bezahlt wurde. Rummenigges erstes große[s] Jahr war 1980, als er Europameister, Deutscher Meister und Torschü[t]zenkönig in der Bundesliga wurde. In diesem Jahr wurde er auch erst[mals zu Europas Fußballer des Jahres gewählt. 1981 erhielt er dies[e] Auszeichnung erneut. Es war Rummenigge, der die Bayern in der Är[a] nach Beckenbauer und Müller zurück in die Erfolgsspur führte. Im Natio[naltrikot hatte Rummenigge weniger Glück. 1982 und 1986 reichte e[s] „nur" zu zwei Vizeweltmeisterschaftstiteln.

Geburtsdatum:	25. September 1955
Geburtsland:	Deutschland
Stationen:	FC Bayern München, Inter Mailand, Servette Genf
WM-Spiele:	19
WM-Tore:	9
Länderspiele:	95
Tore:	45
WM-Teilnahmen:	1978, 1982, 1986

Rui Manuel Cesar Costa

Seit 1991, als er beim Endspiel um die Juniorenweltmeisterschaft gegen Brasilien den entscheidenden Elfmeter verwandelte, galt er in seiner Heimat als Volksheld. Insgesamt bestritt der Mittelfeldspieler 94 Länderspiele, gehörte mit Luis Figo zu der „goldenen Generation" Portugals, die aber bei den Senioren nie einen Titel gewinnen konnte. Nach dem verlorenen Endspiel bei der EM 2004 im eigenen Land gegen Griechenland erklärte Rui Costa seinen Rücktritt aus der Nationalmannschaft. Mit dem AC Mailand gewann der Filigrantechniker 2003 die Champions League.

Geburtsdatum:	29. März 1972
Geburtsland:	Portugal
Stationen:	AD Fafe, Benfica, AC Florenz, Milan
WM-Spiele:	2
WM-Tore:	1
Länderspiele:	94
Tore:	26
WM-Teilnahmen:	2002

Oscar Alfredo Ruggeri (rechts)

„El Cabezón", der große Kopf, bestach durch seine ungemeine Kopfballstärke sowie Kampfkraft. Als Schlüsselspieler verhalf der Verteidiger seiner Albiceleste zum WM-Triumph 1986, gleich bei seiner ersten Weltmeisterschaft. Nur vier Jahre später schickte sich Ruggeri erneut an, den Goldpokal in die Höhe zu stemmen – vergebliche. Deutschland gewann im Finale, in dem der Defensivakteur zur Halbzeit ausgewechselt wurde. 1994, nach dem WM-Aus gegen Rumänien, verkündete er nach 97 Länderspielen seinen Rücktritt.

Geburtsdatum:	26. Januar 1962
Geburtsland:	Argentinien
Stationen:	River Plate Buenos Aires, Real Madrid, San Lorenzo
WM-Spiele:	16
WM-Tore:	1
Länderspiele:	97
Tore:	8
WM-Teilnahmen:	1986, 1990, 1994

Ian „Rushie" James Rush

In Liverpool fühlte sich der Waliser zu Hause. Im Sturm treffsicher, war er ein bedeutender Bestandteil der Mannschaft, die in den 80er-Jahren Europas Klubfußball dominierte. Vier Meisterschaften, einen FA-Cup und vier Ligapokale holte er mit den „Reds". 1984, in dem Jahr, als er Europas Torschützenkönig wurde, gewannen sie den Europapokal. 1985 verlor er das Landesmeisterendspiel gegen Juventus Turin bei der Tragödie im Heyselstadion. Wenig später heuerte er bei Juve an, doch nach einer enttäuschenden Spielzeit war er wieder für Liverpool aktiv und gewann erneut Meisterschaft, Pokal und Ligapokal.

Geburtsdatum:	20. Oktober 1961
Geburtsland:	Wales
Stationen:	FC Liverpool, Juventus
WM-Spiele:	–
WM-Tore:	–
Länderspiele:	73
Tore:	28
WM-Teilnahmen:	–

Il Fenômeno ...

... das Phänomen, am Ziel seiner Träume. Nach dem Doppelpack im Finale gegen Deutschland ließ sich Ronaldo feiern, zu Recht. Bereits 1994 triumphierte der explosive Stürmer mit der Seleção in den USA – als Bankdrücker. Bei der 98er-WM schon als Superstar mit goldenen Schuhen angetreten, überschattete sein mysteriöser Schwächeanfall vor dem Endspiel gegen Frankreich die Karriere des Torgaranten. Epileptische Anfälle, Schaum vor dem Mund, Mutmaßungen gab es viele. Sicher ist nur: Ronaldo agierte im Endspiel geschwächt, und am Ende stand es 3:0 für die Franzosen. Neuer Anlauf 2002 in Japan und Südkorea. Zuvor plagten das Kraftpaket jahrelang Knieprobleme. Kaum Spielpraxis, stimmte die Fitness? Der WM-Einsatz schien in Gefahr. Doch dann stand der Topstürmer auf dem Platz. Von Beginn an. Auch im Endspiel gegen Deutschland. Als Kahn den Rivaldo-Aufsetzer prallen ließ, war er zur Stelle. 1:0! Zwölf Minuten später überwand Ronaldo erneut den DFB-Keeper. 2:0, die Entscheidung! Ronaldo wurde zum Matchwinner, Torschützenkönig der WM (8) und schaffte das Comeback des Jahres – phänomenal.

SAG – SAL

Willy Sagnol – José Marcelo Salas – Oleg Salenko – Hasan Salihamidzic – Julio Salinas Fernandez – Matthias Sammer – Hugo Sanchez – Manuel Sanchis Martinez – Manuel Sanchis Hontiyuelo – Ebbe Sand – Károly Sándor – Roque Luis Santa Cruz – José Emilio Santamaria – Kenneth „Kenny" Graham Sansom – Carlos Alonso González „Santillana" – Jacques Santini – Laszlo Sarosi – Edwin van der Sar – Dejan Savicevic – Jaiver Saviola – Hector Pedro Scarone – Walter Schachner – Hartmut Schade – Hans Schäfer – Alfred „Spezi" Schaffer – Anton „Toni" Schall – Andrej Schewtchenko – Juan Alberto Schiaffino – Angelo Schiavio – Robert Schlienz – Salvatore Schillaci – Peter Schmeichel – Alfred Schmidt – Bernd Schneider – Karl-Heinz Schnellinger – Rüdiger Schnuphase – Helmut Schön – Paul Scholes – Mehmet Scholl – Günter Schröter – Piet Schrijvers – Viliam Schrojf – Wilhelm „Willi" Schulz – Jürgen Schütz – Harald „Toni" Schumacher – Bernd Schuster – Stefan Schwarz – Hans Georg Schwarzenbeck – Bastian „Basti" Schweinsteiger – Vicenzo Scifo – Gaetano Scirea – David Seaman – Clarence Seedorf – Uwe Seeler – Wolfgang Seguin – Dragoslav Sekularac – Aldo Serena – Francisco Serena – Sergio Conceicao – Karl Sesta – Sergio Bernadino „Serginho" – Alan Shearer – Ciriaco Sforza – Teddy Sheringham – Peter Leslie Shilton – Günter Siebert – Otto Siffling – Asgeir Sigurvinsson – Allan Simonsen – Sonny Silooy – Diego Simeone – Giancarlo de Sisti – Omar Sivori – Matthias Sindelar – Ferenc Sipos – Josip Skoblar – Didier Six – Lennart Skoglund – Josef Smistik – Wlodzimierz Smolarek – Wesley Sneijder – Brasileiro Sampaio de Souza Viera de Oliveira „Socrates" – Zvonimir Soldo – Luis del Sol – Ole Gunnar Solskjær – Paulo Sousa – Graeme James Souness – Neville Southall – Jürgen Sparwasser – Mordechai Spiegler – Guillermo Stábile – Frank Anthony Stapleton – Stephen „Steve" Staunton – Alfredo di Stefano – Jacob „Jaap" Stam – Ulrich „Uli" Stein – Norbert „Nobby" Stiles – Ulrich „Uli" Stielike – Hristo Stoichkov – Dragan „Piksi" Stojkovic – Georg „Schorsch" Stollenwerk – Gordon David Strachan – Joachim Streich – Jacob Streitle – Eduard Streltsov – Thomas Strunz – Heinrich „Heiner" Stuhlfauth – Klaus Stürmer – Cláudio Suárez Sánchez – Luis Suarez Miramontes – Hakan Sükür – Davor Suker – Wim Suurbier – Alain Sutter – Frank Swift – Andrzej Szarmach – Fritz Szepan – Horst Szymaniak

Willy Sagnol

Das Rüstzeug für seine Karriere bekam der Franzose im Fußballinternat des AS St. Etienne. Dann wechselte er zum Spitzenklub AS Monaco, mit dem er im Jahr 2000 Französischer Meister wurde. Just in diesem Jahr suchte der FC Bayern München einen Ersatz für den nach England abgewanderten Stammverteidiger Markus Babbel. Dem deutschen Rekordmeister war der Rechtsfuß 15 Millionen Mark Ablöse wert. Sagnol wurde auf Anhieb ein unverzichtbarer Bestandteil der Defensivabteilung der Münchner. Über die Bayern gelang ihm der Sprung in die französische Nationalmannschaft, mit der er 2006 Vizeweltmeister wurde. An der Isar wurde Sagnol 2001, 2003, 2005 und 2006 Deutscher Meister und gewann drei Mal den DFB-Pokal. Höhepunkt war sicherlich der Triumph in der Champions League 2001.

Geburtsdatum: 18. März 1977
Geburtsland: Frankreich
Stationen: AS St. Etienne, AS Monaco, Bayern München
WM-Spiele: 7
WM-Tore: –
Länderspiele: 53
Tore: –
WM-Teilnahmen: 2002, 2006

José Marcelo Salas Melinao

Sie überboten sich gegenseitig. Lazio Rom, Juventus Turin, Manchester United, Glasgow Rangers – sie alle wollten Marcelo Salas. Den Zuschlag beim Wechsel des Chilenen von River Plate Buenos Aires bekam Lazio Rom. Eine Investition, die sich auszahlte. Salas schoss Lazio 1999 zum Europacup der Pokalsieger und im Jahr 2000 zum Double. Bei der WM 1998 erzielte er vier Tore in vier Spielen. Salas, der mit 35 Treffern in 65 Länderspielen Chiles bester Torschütze aller Zeiten ist, wurde mit Juve 2002 und 2003 Meister.

Geburtsdatum: 24. Dezember 1974
Geburtsland: Chile
Stationen: Universidad de Chile, River Plate Buenos Aires, Lazio Rom, Juventus Turin
WM-Spiele: 4
WM-Tore: 4
Länderspiele: 64
Tore: 35
WM-Teilnahmen: 1998

Oleg Salenko

Bei der WM 1994 in den USA trug sich Salenko am 28. Juni 1994 in die WM-Geschichtsbücher ein. In San Francisco erzielte er fünf der sechs russischen Tore beim 6:1 über Kamerun. Genutzt hatte den Russen dieser Kantersieg nicht mehr, sie flogen nach der Vorrunde aus dem Turnier, doch Salenko hält bis heute den alleinigen Rekord: fünf Tore in einem Spiel der WM-Endrunde. Mit insgesamt sechs Toren wurde er zusammen mit dem Bulgaren Stoitchkov Torschützenkönig. Es blieb seine einzige WM, da er im Frühjahr 1997 mit 26 Jahren nach drei schweren Knieoperationen Sportinvalide wurde.

Geburtsdatum:	25. Oktober 1969
Geburtsland:	Sowjetunion
Stationen:	Dynamo Kiew, CD Logrones, FC Valencia
WM-Spiele:	3
WM-Tore:	6
Länderspiele:	8
Tore:	6
WM-Teilnahmen:	1994

Hasan Salihamidzic

Bereits als 15-Jähriger floh „Brazzo", was in seiner Muttersprache so viel wie „Bürschchen" bedeutet, aus dem bürgerkriegszerrütteten Bosnien nach Deutschland, wo er beim Hamburger SV anheuerte. 1998 wechselte Salihamidzic zum FC Bayern München und wurde dank seiner Vielseitigkeit zum festen Bestandteil des Rekordmeisters. In neun Jahren an der Säbener Straße wurde er sechsmal Meister, viermal Pokalsieger und 2001 Champions League-Sieger. Im Elfmeterschießen gegen Valencia verwandelte er sicher. 2007 wechselte er ablösefrei zu Juve."

Geburtsdatum:	1. Januar 1977
Geburtsland:	Jugoslawien
Stationen:	Hamburger SV, FC Bayern München, Juve
WM-Spiele:	–
WM-Tore:	–
Länderspiele:	41
Tore:	6
WM-Teilnahmen:	–

Julio Salinas Fernandez

Mit dem FC Barcelona wurde er von 1991 bis 1994 viermal in Serie Spanischer Meister. Zudem gewann Julio Salinas im Trikot des katalanischen Erfolgsklubs zwei Europapokale – den Landesmeister-Cup 1992 und den Pokalsieger-Cup 1989. Julio Salinas hatte schon während seiner ersten Profistation mit Athletic Bilbao 1983 und 1984 den spanischen Titel gewonnen. Über Atlético Madrid wechselte er zu Barca, wo der Stern von Salinas 1993 zu sinken begann: Der Klub verpflichtete den brasilianischen Weltstar Romario. Salinas erzielte in 395 Meisterschaftsspielen in Spanien 152 Tore.

Geburtsdatum:	11. September 1962
Geburtsland:	Spanien
Stationen:	Athletic Bilbao, Atlético Madrid, FC Barcelona
WM-Spiele:	12
WM-Tore:	3
Länderspiele:	56
Tore:	22
WM-Teilnahmen:	1986, 1990, 1994

Matthias „Sammi" Sammer

1990 ist der gebürtige Dresdner (102 Oberligaspiele für Dynamo) der erste DDR-Fußballer, der in der deutschen Nationalmannschaft eingesetzt wird. Die Liste seiner Erfolge ist lang: Deutscher Meister mit dem VfB Stuttgart 1992 sowie mit Borussia Dortmund 1995 und 1996. Mit den Schwarz-Gelben gewann der Rotschopf 1997 auch die Champions League und den Weltpokal. In England war Sammer 1996 maßgeblich am Gewinn der Europameisterschaft beteiligt und wurde in diesem Jahr auch Europas Fußballer des Jahres. Auch nach seinem Karriereende 1998 wegen einer komplizierten Knieverletzung riss die Erfolgsserie nicht ab. Als Trainer wurde er mit der Dortmunder Borussia 2002 Deutscher Meister. Seit dem 1. April 2006 ist Sammer Sportdirektor des Deutschen Fußball-Bundes (DFB).

Geburtsdatum:	5. September 1967
Geburtsland:	DDR
Stationen:	Dynamo Dresden, VfB Stuttgart, Inter Mailand, Borussia Dortmund
WM-Spiele:	4
WM-Tore:	–
Länderspiele:	74 (23 DDR/51 DFB)
Tore:	14 (6 DDR/8 DFB)
WM-Teilnahmen:	1994

Hugo „Hugol" Marquez Sanchez (rechts)
Er war in seinem Heimatland so populär wie Franz Beckenbauer in Deutschland oder Pelé in Brasilien. Der Stürmer nahm an drei WMs teil (1978, 86 und als 36-Jähriger noch 94) und galt als bester mexikanischer Spieler aller Zeiten. Sanchez war es, der den spektakulären Salto nach einem Torerfolg salonfähig machte. Besonders oft sahen ihn die Fans von Real Madrid, wo er insgesamt sieben Jahre aktiv war und jeweils fünfmal die Meisterschaft und Spaniens Torjägerkanone gewann. Zudem holte er mit den Königlichen den UEFA-Pokal 1986.

Geburtsdatum:	11. November 1958
Geburtsland:	Mexiko
Stationen:	UNAM Mexico City, Atlético Madrid, Real Madrid
WM-Spiele:	8
WM-Tore:	1
Länderspiele:	60
Tore:	29
WM-Teilnahmen:	1978, 1986, 1994

Manuel Sanchis Martinez

Gerade hatte er mit Real Madrid gegen Partizan Belgrad (2:1) den Europapokal der Landesmeister gewonnen, als Manuel Sanchis auch bei der WM 1966 mit der Nationalmannschaft große Erfolge feiern wollte. Mit seinem Tor beim 2:1-Sieg gegen die Schweiz hatte der unerbittliche Abwehrspieler die Weichen für den Einzug in Runde 2 gestellt. Doch im entscheidenden Spiel gegen Deutschland konnte Sanchis den deutschen Linksaußen Emmerich nicht entscheidend abmelden. Spanien unterlag 1:2 – Deutschland und Argentinien kamen weiter.

Geburtsdatum:	26. März 1938
Geburtsland:	Spanien
Stationen:	Real Madrid
WM-Spiele:	3
WM-Tore:	1
Länderspiele:	11
Tore:	1
WM-Teilnahmen:	1966

Manuel Sanchis Hontiyuelo

Der Apfel fällt nicht weit vom Stamm. Nachdem Manuel Sanchis' gleichnamiger Vater 1966 den Europapokal der Landesmeister gewonnen hatte, übertrumpfte ihn der Sohn mit zwei Champions-League-Siegen im Trikot von Real Madrid 1998 und 2000. Sanchis spielte von 1983 bis 2001 und ist mit 101 Europapokal-Einsätzen Rekordspieler der Madrilenen. Er wurde achtmal Spanischer Meister und gewann zweimal den UEFA-Pokal. Der Abwehrspieler nahm an der Europameisterschaft 1988 und der Weltmeisterschaft 1990 teil.

Geburtsdatum:	23. Mai 1965
Geburtsland:	Spanien
Stationen:	Real Madrid
WM-Spiele:	4
WM-Tore:	–
Länderspiele:	48
Tore:	1
WM-Teilnahmen:	1990

Ebbe Sand

Auf Anhieb eroberte er die Herzen der Fans „auf Schalke". In seiner zweiten Saison holte der Vollblutstürmer mit 22 Treffern die Torjägerkanone der Bundesliga. Doch für S04 hat sein Instinkt vor den Toren nur zu dem Titel „Meister der Herzen" gereicht, weil Bayern München am letzten Spieltag in Hamburg in der fünften Nachspielminute noch der Ausgleich gelang. 2005 gesellte sich noch ein weiterer Vizemeistertitel dazu, sodass für den sympathischen Dänen die Pokalerfolge von 2001 und 2002 die einzigen Titel in Deutschland blieben.

Geburtsdatum:	19. Juli 1972
Geburtsland:	Dänemark
Stationen:	Bröndby IF, FC Schalke 04
WM-Spiele:	8
WM-Tore:	1
Länderspiele:	66
Tore:	22
WM-Teilnahmen:	1998, 2002

Károly Sándor (Mitte)

1954 waren die Magyaren im Endspiel überraschend an den Deutschen gescheitert. Dort noch nicht zugegen, kam der Außenläufer 1958 in Schweden dann zu seinem ersten Turniereinsatz für Ungarn. Doch trotz eines Tores beim 4:0-Erfolg über Mexiko kamen die Ungarn nicht mal ins Viertelfinale. Vier Jahre später, bei der WM 1962 in Chile, gelang dann dieses Ansinnen. Nur war die Tschechoslowakei mit 1:0 erfolgreich. Bei seinem dritten großen Turnier ergatterte Károly dann endlich eine Medaille. Bei der EM 1964 im Spiel um Platz 3 wurde Dänemark mit 3:1 nach Verlängerung bezwungen.

Geburtsdatum:	29. November 1928
Geburtsland:	Ungarn
Stationen:	Vörös Lobogo, Textiles Budapest, MTK-VM Budapest
WM-Spiele:	6
WM-Tore:	1
Länderspiele:	75
Tore:	27
WM-Teilnahmen:	1958, 1962

Roque Luis „Chico" Santa Cruz

Als Elfjähriger schoss der kleine Roque für seinen Klub Olimpia de Asunción 53 Tore in nur elf Spielen. Mit 17 Jahren debütierte er bereits in der Nationalmannschaft Paraguays. Im gleichen Jahr sicherte sich der FC Bayern die Dienste von Roque. 1999 war der Transfer dem Rekordmeister fünf Millionen Mark wert. Der Schwarm der Mädchen reihte seitdem den drei Meistertiteln in Paraguay weitere Triumphe hinzu. Neben deutschen Meister- und Pokalerfolgen gewann Roque mit den Bayern 2001 die Champions League. 2002 war er WM-Teilnehmer und stieß bis ins Achtelfinale vor. 2006 war bereits nach der Vorrunde Schluss.

Geburtsdatum:	16. August 1981
Geburtsland:	Paraguay
Stationen:	Olimpia Asunción, FC Bayern, Blackburn
WM-Spiele:	7
WM-Tore:	1
Länderspiele:	49
Tore:	16
WM-Teilnahmen:	2002, 2006

José Emilio Iglesias Santamaria

In den 50er-Jahren galt er als einer der besten Stopper der Welt. José Emilio Santamaria, in Uruguay geborener Sohn spanischer Eltern, wurde mit Nacional Montevideo viermal Meister in Uruguay. Bei der WM 1954 scheiterte er mit der Nationalmannschaft erst im Halbfinale am vermeintlichen Wunderteam aus Ungarn. Santamaria wechselte 1957 zu Real Madrid, gewann mit den Königlichen viermal den Europapokal der Landesmeister und feierte sechs spanische Meisterschaften. Santamaria nahm die spanische Staatsbürgerschaft an und trainierte die Nationalmannschaft 1982 bei der WM im eigenen Land.

Geburtsdatum:	31. Juli 1929
Geburtsland:	Uruguay
Stationen:	Nacional Montevideo, Real Madrid
WM-Spiele:	7
WM-Tore:	–
Länderspiele:	41
Tore:	–
WM-Teilnahmen:	1954, 1962

Kenneth „Kenny" Graham Sansom

Im WM-Viertelfinale 1986 gegen Argentinien zählte er zu den Statisten, die Maradona auf dem Weg zu seinem „Jahrhunderttor" wie Slalomstangen umdribbelte. Auf der Bühne des Spitzenfußballs nahm „King Kenny" ansonsten die Rolle eines Hauptdarstellers ein. Fast ein Jahrzehnt war die Arsenal-Legende der beste Linksverteidiger auf der Insel. Mit 86 Länderspielen (1979-88) ist Sansom der am Häufigsten berufene Außenverteidiger in der Geschichte der „Three Lions". Ein Rekord, dem Gary Neville mit seinem 85. Einsatz im Februar 2007 inzwischen aber sehr nahe gekommen ist.

Geburtsdatum:	26. September 1958
Geburtsland:	England
Stationen:	Crystal Palace, Arsenal, Newcastle, Queens Park Rangers
WM-Spiele:	9
WM-Tore:	
Länderspiele:	86
Tore:	1
WM-Teilnahmen:	1982, 1986

Carlos Alonso Gonzáles „Santillana" (links)

Nach Alfredo di Stefano ist er der beste Torschütze in der Vereinsgeschichte von Real Madrid. Carlos Santillana erzielte 352 Tore in 643 Spielen zwischen 1971 und 1988. De[r] Stürmer gewann neun spanische Meistertite[l] mit den Königlichen und zweimal den UEFA Pokal (1985 und 1986). In den Endspiele[n] gegen Videoton Szekesfehervar und den 1. F[C] Köln erzielte Santillana je ein Tor (insgesamt 4[?] Tore in 87 Europacupspielen). Santillana nahm mit der spanischen Nationalmannschaft an je zwei Welt- und Europameisterschaften teil[.] Größter Triumph war der Einzug ins Finale vo[n] Paris 1984 gegen Gastgeber Frankreich.

Geburtsdatum:	23. August 1952
Geburtsland:	Spanien
Stationen:	Rayo Cantabria, Racing Santander, Real Madrid
WM-Spiele:	4
WM-Tore:	–
Länderspiele:	56
Tore:	15
WM-Teilnahmen:	1978, 1982

Jacques Santini

Im Starensemble von AS St. Etienne galt er als der zuverlässige Wasserträger. Jacques Santini wurde als Spieler viermal Meister und zweimal Pokalsieger mit seinem Verein. 1976 zog er mit „ASSE" ins Endspiel des Europapokals der Landesmeister gegen Bayern München (0:1) ein. Als Trainer führte Santini Olympique Lyon 2002 zur ersten französischen Meisterschaft und übernahm danach die bei der WM maßlos enttäuschende Nationalmannschaft. Bei der EM 2004 scheiterte das als Favorit gestartete Team von Santini jedoch im Viertelfinale am Überraschungsteam aus Griechenland (0:1).

Geburtsdatum:	25. April 1952
Geburtsland:	Frankreich
Stationen:	St. Etienne, Montpellier
WM-Spiele:	–
WM-Tore:	–
Länderspiele:	–
Tore:	–
WM-Teilnahmen:	–

Laszlo Sarosi

Er ist nicht zu verwechseln mit Gyorgy Sarosi, dem Kapitän und Mittelstürmer der ungarischen Vizeweltmeister-Elf von 1938. Laszlo Sarosi war Abwehrspieler bei Vasas Budapest und wurde 1961 und 1962 Ungarischer Meister. Bei den Weltmeisterschaften 1958 und 62 hatte er einen Stammplatz inne. Er war aus der Deckung der Magyaren nicht wegzudenken, konnte allerdings nicht verhindern, dass der Vizeweltmeister von 1954 über das Viertelfinale bei der Weltmeisterschaft 1962 nicht hinauskam.

Geburtsdatum:	27. Februar 1932
Geburtsland:	Ungarn
Stationen:	Vasas Budapest
WM-Spiele:	8
WM-Tore:	–
Länderspiele:	46
Tore:	–
WM-Teilnahmen:	1958, 1962

Edwin van der Sar

Im WM-Achtelfinale 2006 gegen Portugal (0:1) bestritt Edwin van der Sar sein 113. Länderspiel und ist nunmehr neuer Rekordnationalspieler der Oranjes. Seit 1995 die unumstrittene Nummer 1, erreichte er mit den Niederländern gleich bei drei großen Turnieren das Halbfinale. Bei der WM 1998 (gegen Brasilien) und der EM 2000 (gegen Italien) schieden die Holländer jeweils im Elfmeterschießen aus, bei der EM 2004 kam das Aus gegen Gastgeber Portugal. Van der Sar gehörte zu der großen Ajax-Generation, die 1995 die Champions League gewann.

Geburtsdatum:	29. Oktober 1970
Geburtsland:	Niederlande
Stationen:	Ajax, Juve, Fulham, ManU
WM-Spiele:	11
WM-Tore:	–
Länderspiele:	121
Tore:	–
WM-Teilnahmen:	1998, 2006

Dejan Savicevic

Mit dem AC Mailand (1994) und Roter Stern Belgrad (1991) gewann er den Europapokal der Landesmeister. Dejan Savicevic war zusammen mit Prosinecki und Mihailovic einer der Erfolgreichsten des untergehenden Jugoslawiens. Als der Bürgerkrieg in seiner Heimat 1992 an Schärfe gewann, wechselte Savicevic zum AC Mailand und gewann dort dreimal den Scudetto. Im Endspiel der Champions League 1994 gegen den FC Barcelona (4:0) erzielte er einen Treffer. Später wurde Savicevic Nationaltrainer seines Heimatlandes, das im März 2003 erstmals unter dem Namen Serbien und Montenegro auflief, und trat nach einer 1:2-Niederlage in der EM-Qualifikation in Aserbaidschan 2003 zurück.

Geburtsdatum:	15. September 1966
Geburtsland:	Jugoslawien
Stationen:	Buducnost Titograd, Roter Stern Belgrad, AC Mailand
WM-Spiele:	5
WM-Tore:	–
Länderspiele:	56
Tore:	20
WM-Teilnahmen:	1990, 1998

Javier Pedro Saviola Fernández

Bereits mit 18 war „El Conejo" (das Kaninchen) Südamerikas Fußballer des Jahres und galt als neuer Maradona. Zwei Jahre später schoss er Argentinien mit elf Treffern zum Sieg der U 20-Weltmeisterschaft und wurde als bester Spieler ausgezeichnet. Für 25 Millionen Euro wechselte der Stürmer anschließend von River Plate zu Barcelona, wo er aber hinter den Erwartungen blieb. 2005 kam er über Monaco zum FC Sevilla und gewann den UEFA-Cup. Bei der WM 2006 wurde Saviola gegen die Elfenbeinküste (2:1) zum „Man of the Match" gewählt.

Geburtsdatum:	11. Dezember 1981
Geburtsland:	Argentinien
Stationen:	FC Barcelona, Monaco, FC Sevilla, Real
WM-Spiele:	3
WM-Tore:	1
Länderspiele:	30
Tore:	11
WM-Teilnahmen:	2006

Hector „El Mago" Pedro Scarone

Er war Weltmeister 1930 und ist mit 31 Länderspieltoren noch heute Uruguays Rekordtorschütze. Hector Scarone war einer der stärksten Spieler bei der WM 1930 und erzielte beim 4:0 im Auftaktspiel gegen Rumänien einen Treffer. Er glänzte mit seiner Übersicht und Ballsicherheit, konnte vor dem Tor jedoch explodieren wie eine Kanone. Von 1931 bis 1934 spielte Scarone drei Jahre in Italien bei Inter Mailand und US Palermo.

Geburtsdatum:	26. November 1898 † 4. April 1967
Geburtsland:	Uruguay
Stationen:	Nacional Montevideo, FC Barcelona, Inter, US Palermo
WM-Spiele:	3
WM-Tore:	1
Länderspiele:	51
Tore:	31
WM-Teilnahmen:	1930

Walter „Schoko" Schachner

Er war 21 Jahre alt, spielte beim DSV Alpine Donawitz und kam bei der WM 1978 wie Phönix aus der Asche. Schachner erzielte beim 2:1-Vorrundensieg gegen Spanien das 1:0 für Österreich. Es folgte der Wechsel zu Austria Wien. Schachner wurde dreimal Meister in Österreich und zog 1979 ins Halbfinale des Europapokals der Landesmeister ein, bevor er 1981 für sieben Jahre nach Italien wechselte. Nach dem Ende seiner aktiven Laufbahn wurde Schachner Trainer und führte den Grazer AK 2004 zur ersten Meisterschaft in der Vereinsgeschichte.

Geburtsdatum:	1. Februar 1957
Geburtsland:	Österreich
Stationen:	Austria Wien, AC Cesena, AC Turin, US Avellino
WM-Spiele:	8
WM-Tore:	3
Länderspiele:	64
Tore:	23
WM-Teilnahmen:	1978, 1982

Hartmut Schade

Legendär waren die Ausrufe des Sportreporters Heinz-Florian Oertel „Schade, Schade". Im olympischen Finale 1976 in Montreal klang dies allerdings anders. Der Mittelfeldspieler, der insgesamt 31 Länderspiele bestritt (fünf Tore), brachte seine Mannschaft bereits in der siebten Minute auf die Siegerstraße – Endstand 3:1. Für die DDR-Auswahlmannschaft blieb diese Goldmedaille neben der WM-Teilnahme 1974 der größte Erfolg. Hartmut Schade gelang mit seinem Verein Dynamo Dresden, für den er in 183 Oberligaspielen auflief und dabei 34 Tore schoss, zwischen 1976 und 1978 der Titelhattrick. In den Jahren 1977, 1982 und noch einmal 1984, kurz vor dem Ende seiner Karriere, konnte Hartmut Schade zudem den FDGB-Pokal in die Höhe stemmen.

Geburtsdatum:	13. November 1954
Geburtsland:	DDR
Stationen:	Dynamo Dresden
WM-Spiele:	–
WM-Tore:	–
Länderspiele:	31
Tore:	5
WM-Teilnahmen:	–

Hans „Hänschen" Schäfer

Weltmeister 1954, Deutscher Meister mit dem 1. FC Köln 1962 und 1964 – Hans Schäfer war einer der wenigen der „Helden von Bern", die die Gründung der deutschen Bundesliga noch miterlebt haben. Schäfer prägte den klassischen Linksaußen, seine Flanken und Flügelläufe waren gefürchtet. Zudem war er bis ins hohe Alter torgefährlich. Für den 1. FC Köln erzielte er 750 Tore in 515 Spielen. Nach der Beendigung seiner Fußballerkarriere wurde er Co-Trainer und Berater des FC.

Geburtsdatum:	19. Oktober 1927
Geburtsland:	Deutschland
Stationen:	Rot-Weiß Köln-Zollstock, VfR Volkmarsen, 1. FC Köln
WM-Spiele:	15
WM-Tore:	7
Länderspiele:	39
Tore:	15
WM-Teilnahmen:	1954, 1958, 1962

Alfred „Spezi" Schaffer

Er war einer der ersten Wandervögel im internationalen Spitzenfußball. Geboren wurde Alfred Schaffer als so genannter Donauschwabe in Budapest. Er stürmte für den MTK Budapest genauso wie für den 1. FC Nürnberg und den FC Basel. In 15 Länderspielen für Ungarn schoss „Spezi" Schaffer 17 Tore. Nach dem Ende seiner aktiven Laufbahn wurde er Trainer und führte die ungarische Nationalmannschaft 1938 ins Weltmeisterschaftsfinale gegen Italien (1:2). Schaffer trainierte später unter anderem den 1. FC Nürnberg und gewann 1942 mit dem AS Rom die italienische Meisterschaft.

Geburtsdatum:	13. Februar 1893
	† 30. August 1945
Geburtsland:	Ungarn
Stationen:	MTK Budapest, 1. FC Nürnberg, FC Basel, Sparta Prag
WM-Spiele:	–
WM-Tore:	–
Länderspiele:	15
Tore:	17
WM-Teilnahmen:	–

Anton „Toni" Schall

Er war einer der besten Stürmer Österreichs aller Zeiten. Anton Schall war im Trikot von Admira Wien zwischen 1927 und 1932 fünfmal Torschützenkönig in Österreich. Mit Admira Wien holte er sieben Meisterschaften und drei Pokalsiege. Aus dem berühmten Wunderteam, das zwischen 1931 und 1932 in 14 Spielen hintereinander ungeschlagen blieb, war er nicht wegzudenken. Anton Schall schoss in seinen 28 Länderspielen 28 Tore für Österreich. Sein wichtigster Treffer: Das 2:1 in der 95. Minute im WM-Achtelfinale 1934 gegen Frankreich. Österreich gewann mit 3:2 n. V. und scheiterte erst im Halbfinale am späteren Weltmeister Italien unglücklich mit 0:1.

Geburtsdatum:	22. Juni 1907
	† 10. August 1947
Geburtsland:	Österreich
Stationen:	Admira Wien
WM-Spiele:	2
WM-Tore:	1
Länderspiele:	28
Tore:	28
WM-Teilnahmen:	1934

Andrej „Sheva" Schewtchenko

Er gilt als Europas bester Torjäger nach der Jahrtausendwende. Andrej Schewtchenko wechselte 1999 von Dynamo Kiew zum AC Mailand. 2003 gewann er die Champions-League mit Milan und feierte mit der Mannschaft von Staatspräsident und Medienmogul Silvio Berlusconi 2004 den Gewinn des Scudetto. In drei Jahren schoss Schewtchenko in 29 Champions League-Spielen 14 Tore. Mit der Ukraine konnte er sich 2006 zum ersten Mal für eine WM-Endrunde qualifizieren und scheiterte im Viertelfinale erst am späteren Weltmeister Italien (0:3). Bereits vor dem Turnier hatte Europas Fußballer des Jahres 2004 seinen Wechsel zum FC Chelsea bekannt gegeben.

Geburtsdatum:	29. September 1976
Geburtsland:	Sowjetunion
Stationen:	Dynamo Kiew, AC Mailand, FC Chelsea
WM-Spiele:	5
WM-Tore:	2
Länderspiele:	76
Tore:	34
WM-Teilnahmen:	2006

Juan Alberto Schiaffino

Schiaffino gilt als der beste Spieler, den es in Uruguay je gab. Bei der WM 1950 in Brasilien war er Spielmacher und Torjäger in einer Person. „Unsterblich" machte ihn im entscheidenden Spiel gegen die Gastgeber sein Treffer zum 1:1, als er mit einem wunderschönen Schuss die Weichen für den 2:1-Sensationssieg stellte. 1954 unterlag er mit den „Urus" im Halbfinale Ungarn (2:4 n. V.). Anschließend wechselte „Pepe" zum AC Mailand (Meister 1955, 57, 59) und 1960 weiter zum AS Rom.

Geburtsdatum:	28. Juli 1925
	† 13. November 2002
Geburtsland:	Uruguay
Stationen:	Peñarol Montevideo, AC Mailand, AS Rom
WM-Spiele:	9
WM-Tore:	7
Länderspiele:	25
Tore:	8
WM-Teilnahmen:	1950, 1954

Angelo Schiavio

Mit dem Siegtor in der Verlängerung des WM-Finales 1934 hat er sich in Italien unsterblich gemacht. Angelo Schiavio traf in der 95. Minute zum 2:1 gegen die Tschechoslowakei und hatte die Tifosi schon im Auftaktspiel mit drei Toren beim 7:1 über die USA in die Erfolgsspur geschossen. Schiavio (FC Bologna) war der stärkste Mittelstürmer des Weltmeisterschaftsturniers, auch wenn ihm der Tscheche Oldrich Nejedly mit fünf Toren die Torjägerkrone wegschnappte.

Geburtsdatum:	15. Oktober 1905
	† 17. April 1990
Geburtsland:	Italien
Stationen:	FC Bologna
WM-Spiele:	5
WM-Tore:	4
Länderspiele:	21
Tore:	15
WM-Teilnahmen:	1934

Robert Schlienz

Der 14. August 1948 war ein Schicksalstag im Leben des Robert Schlienz. Nach einem Autounfall auf dem Weg zum Pokalspiel seines VfB Stuttgart beim VfR Aalen musste ihm der linke Arm amputiert werden. Der Mittelstürmer stemmte sich unbändig gegen sein Schicksal. Nur zehn Wochen nach der Operation stürmte er wieder für den VfB in der Oberliga Süd. Sepp Herberger berief ihn 1955 und 56 sogar zu drei Länderspieleinsätzen. Nach einem Spiel des VfB Stuttgart gegen die spanische Nationalelf sagte Alfredo di Stefano: „Was der Einarmige geleistet hat, war für mich bis dahin unvorstellbar." Schlienz wurde mit den Schwaben zweimal Deutscher Meister und zweimal Pokalsieger.

Geburtsdatum:	3. Februar 1924
	† 19. Juni 1995
Geburtsland:	Deutschland
Stationen:	VfB Stuttgart
WM-Spiele:	–
WM-Tore:	–
Länderspiele:	3
Tore:	–
WM-Teilnahmen:	–

Salvatore „Toto" Schillaci

Er wurde mit sechs Treffern Torschützenkönig der WM 1990. Nicht Vialli, nicht Baggio und nicht Giannini – es war mit „Toto" Schillaci ein gebürtiger Sizilianer, der für die Italiener zum Helden der WM im eigenen Land wurde. Im Auftaktspiel gegen Österreich traf er zwei Minuten nach seiner Einwechslung zum entscheidenden 1:0. Auch im Viertelfinale gegen Irland schoss er das 1:0-Siegtor. 1994 wechselte Schillaci zu Jubilo Iwata nach Japan, wo er 1999 seine Karriere beendete. Ein Jahr später ließ er sich wieder im heimischen Sizilien nieder, eröffnete in Palermo ein Sportzentrum und leitet heute eine Fussballschule.

Geburtsdatum:	1. Dezember 1964
Geburtsland:	Italien
Stationen:	FC Messina, Juventus, Inter, Jubilio Iwata
WM-Spiele:	7
WM-Tore:	6
Länderspiele:	17
Tore:	7
WM-Teilnahmen:	1990

Peter Schmeichel

Wo er im Tor stand, war der Erfolg. Schmeichel wurde mit Dänemark 1992 sensationell Europameister. Mit Bröndby IF wurde er dreimal Meister, mit Manchester United gewann er fünfmal die Premier League und mit Sporting Lissabon wurde der große Blonde 2000 Portugiesischer Meister. Zuvor hatte er mit ManU durch ein 2:1 im Finale gegen Bayern München die Champions League gewonnen und sich mit dem Gewinn des Triples 1999 von Old Trafford verabschiedet.

Geburtsdatum:	18. November 1963
Geburtsland:	Dänemark
Stationen:	Bröndby IF, Manchester United, Sporting Lissabon, Aston Villa, Manch. City
WM-Spiele:	5
WM-Tore:	–
Länderspiele:	129
Tore:	1
WM-Teilnahmen:	1998

Alfred „Aki" Schmidt

„Aki" Schmidt holte mit Borussia Dortmund den ersten europäischen Titel auf Vereinsebene nach Deutschland. Der 25-fache Nationalspieler gehörte zur Dortmunder Elf, die im Pokalsiegerwettbewerb 1966 den FC Liverpool mit 2:1 n.V. besiegte. Der größte Triumph in seiner kurzen Trainerkarriere war das Finale im DFB-Pokal 1970, wo seine Offenbacher Kickers den Favoriten 1. FC Köln mit 2:1 besiegten. Beim BVB, mit dem er auch Deutscher Meister (1963) und Pokalsieger (1965) wurde, ist er seit 1997 in verschiedenen Bereichen tätig, so unter anderem als Kontaktmann zu den zahlreichen Fanclubs oder als Organisator von Führungen durch das Westfalenstadion.

Geburtsdatum:	5. September 1935
Geburtsland:	Deutschland
Stationen:	Borussia Dortmund
WM-Spiele:	2
WM-Tore:	–
Länderspiele:	25
Tore:	8
WM-Teilnahmen:	1958

Bernd Schneider

Als einziger deutscher Spieler neben Klose bestritt Schneider sowohl 2002 als auch 2006 alle sieben WM-Partien. Der „weiße Brasilianer", wie der trickreiche Mittelfeldspieler seit seinem grandiosen Auftritt im WM-Finale 2002 gegen Brasilien genannt wird, lernte sein fußballerisches Handwerk in Jena. 1998 wechselte er zu Eintracht Frankfurt. Er war einer der Torschützen beim legendären 5:1 am letzten Spieltag der Saison gegen den 1. FC Kaiserslautern, womit sich die Eintracht buchstäblich in letzter Sekunde vor dem Abstieg rettete. Trotzdem zog Schneider weiter zu Bayer Leverkusen, wo der vielseitig einsetzbare Mittelfeldspieler zur festen Größe wurde und maßgeblich am Einzug von Bayer ins CL-Finale 2002 (1:2-Niederlage gegen Real Madrid) beteiligt war.

Geburtsdatum:	17. November 1973
Geburtsland:	DDR
Stationen:	Carl Zeiss Jena, Eintracht Frankfurt, Bayer Leverkusen
WM-Spiele:	14
WM-Tore:	1
Länderspiele:	80
Tore:	4
WM-Teilnahmen:	2002, 2006

Karl-Heinz „Carlo" Schnellinger

Sein erstes Länderspiel bestritt der Innenverteidiger in Prag am 2. April 1958 gegen die Tschechoslowakei (2:3). Ausgerechnet der Italienlegionär Karl-Heinz Schnellinger erzwang die Verlängerung im Weltmeisterschaftshalbfinale 1970 in Mexiko City, Deutschland gegen Italien. Die Schlussminute läuft. Italien führt 1:0. Der Ball kommt zu Schnellinger, er trifft zum 1:1 für Deutschland, drückte dem legendären Halbfinale damit seinen Stempel auf. Schnellinger war mit dem 1. FC Köln 1962 Deutscher Meister und mit Milan Meister, Italienischer Pokalsieger und Europapokalsieger.

Geburtsdatum:	31. März 1939
Geburtsland:	Deutschland
Stationen:	1. FC Köln, AS Rom, AC Mailand, Tennis Borussia Berlin
WM-Spiele:	17
WM-Tore:	1
Länderspiele:	47
Tore:	1
WM-Teilnahmen:	1958, 1962, 1966, 1970

Rüdiger „Hase" Schnuphase

Nach Ende der Oberligasaison 1981/82 rieben sich die Statistiker ungläubig die Augen. Mit 19 Treffern wurde Rüdiger Schnuphase tatsächlich Torschützenkönig. Rüdiger Schnuphase – der Libero von Carl Zeiss Jena! Kein Wunder, dass der stürmende Abwehrchef in diesem Jahr auch zum „Fußballer des Jahres" in der DDR gewählt wurde. Ansonsten blieb dem 45-fachen Nationalspieler 1980 nur der Gewinn des FDGB-Pokals, weil sich Jena im Finale des Europapokals der Pokalsieger 1981 Dynamo Tiflis mit 1:2 geschlagen geben musste. 1986 hing Rüdiger Schnuphase nach 320 Oberligaspielen mit 123 Toren die Schuhe an den Nagel.

Geburtsdatum:	23. Januar 1954
Geburtsland:	DDR
Stationen:	Traktor Weringshausen, Rot-Weiß Erfurt, Carl Zeiss Jena
WM-Spiele:	2
WM-Tore:	–
Länderspiele:	45
Tore:	6
WM-Teilnahmen:	1974

Helmut Schön

Seine Erfolge als Spieler fielen in die Nazizeit in Deutschland. Zwischen 1937 und 1941 erzielte Helmut Schön in 16 Länderspielen 17 Tore. 1943 und 1944 feierte er mit dem Dresdner SC den deutschen Meistertitel. Als Trainer der deutschen Nationalmannschaft (1964 bis 1978) wurde „der Mann mit der Mütze" 1972 Europameister und zwei Jahre später Weltmeister und damit zum erfolgreichsten Coach der deutschen Länderspielgeschichte. Zuvor war er mit seiner Nationalmannschaft bereits 1970 Weltmeisterschaftsdritter und im Jahre 1976 dann Europameisterschaftszweiter geworden.

Geburtsdatum:	15. September 1915
	† 23. Februar 1996
Geburtsland:	Deutschland
Stationen:	Dresdner SC
WM-Spiele:	–
WM-Tore:	–
Länderspiele:	16
Tore:	17
WM-Teilnahmen:	–

„Mensch, das isser ..."

... könnte sich Helmut Schön (mit Pokal) angesichts des ihm überreichten Goldpokals denken. Doch was auch immer dem „Mann mit der Mütze" durch den Kopf ging: Der WM-Titel war Schöns Höhepunkt in seiner Trainerkarriere. Bereits 1966 saß er in Wembley auf der Bank. Endspiel gegen England – 2:4 verloren. Auch bei der 70er-WM wurde Platz 1 verfehlt – Bronze. 1972 erklomm der Coach die Vorstufe zur Krönung: Gewinn der Europameisterschaft mit der, wie bis heute hartnäckig behauptet wird, spielstärksten deutschen Mannschaft aller Zeiten. Und nun die WM im eigenen Land. Auf die Jungs war Verlass – fast immer. Sensationell unterlag Schöns Truppe im innerdeutschen Duell gegen die DDR in der Vorrunde. Keinem war das so wichtig, wie dem ehemaligen Dresdner Schön. Doch „Ende gut, alles gut" könnte Franz Beckenbauer gesagt haben, als er ihm den Goldpokal überreichte.

Paul Scholes

Seit der Saison 1994/95 ist er eine der großen Stützen bei Manchester United. Den Mittelfeldspieler zeichnen Torgefährlichkeit, Spielintelligenz und enorme Kampfkraft aus. Auch im englischen Nationalteam war Paul Scholes seit seinem Debüt am 24. Mai 1997 gegen Südafrika eine feste Größe. Zwischen 1998 und 2004 nahm der Rotschopf an je zwei Welt- und Europameisterschaften teil. Nach dem EM-Turnier in Portugal erklärte er allerdings 2004 seinen Rücktritt. Paul Scholes war der erste englische Nationalspieler, der im Wembley-Stadion vom Platz flog. Mit ManU gewann er sieben Meisterschaften, einmal die Champions League und dreimal den Pokal.

Geburtsdatum:	16. November 1974
Geburtsland:	England
Stationen:	Manchester United
WM-Spiele:	9
WM-Tore:	1
Länderspiele:	66
Tore:	14
WM-Teilnahmen:	1998, 2002

Mehmet Scholl

Der Sohn eines türkischen Ingenieurs und einer deutschen Physiotherapeutin wuchs in Karlsruhe auf, wo er beim KSC in der Saison 1989/90 in der Bundesliga debütierte. 1992 ließen sich die Bayern die Dienste des fintenreichen Mittelfeldspielers sechs Millionen Mark Ablöse kosten. Zu Beginn der Saison 2005/06 war Scholl der dienstälteste Spieler beim Rekordmeister und kam bereits auf 360 Bundesligaspiele, in denen er 94 Tore erzielte. Eine lange Liste mit Erfolgen kennzeichnet seine Karriere. Scholl wurde insgesamt acht Mal Deutscher Meister, fünf Mal Pokalsieger und gewann 1996 den UEFA-Pokal und 2001 die Champions League. Mit der Nationalmannschaft wurde er 1996 Europameister, woran er indirekt einen großen Anteil hatte. Im Endspiel gegen Tschechien wurde Mehmet Scholl in der 69. Minute beim Stand von 0:1 für Oliver Bierhoff ausgewechselt. Jener Bierhoff, der dann mit zwei Toren das Finale noch drehte.

Geburtsdatum:	16. Oktober 1970
Geburtsland:	Deutschland
Stationen:	Karlsruher SC, B. München
WM-Spiele:	–
WM-Tore:	–
Länderspiele:	36
Tore:	8
WM-Teilnahmen:	–

Günter „Moppel" Schröter

Der Halbstürmer debütierte international da[s] erste Mal in Warschau am 21. September 195[2] in Polen (0:3). Er war der erste Spieler der DDR, der in einem Länderspiel drei Tore erzielte (i[m] August 1958 beim 5:6 in Oslo gegen Nor[wegen]). Für Volkspolizei Potsdam, SV Volkspo[lizei] Dresden bzw. Dynamo Dresden un[d] Dynamo Berlin erzielte Schröter 142 Treffer i[n] 321 Oberligaspielen. Sein größtes Spiel war da[s] 5:0 gegen Lokomotive Leipzig am 10. Mai 195[9], als er sich als fünffacher Torschütze auszeich[-]nete. Später kümmerte er sich um den Nach[-]wuchs als Trainer.

Geburtsdatum:	3. Mai 1927
Geburtsland:	Deutschland
Stationen:	Volkspolizei Potsdam, BFC Dynamo
WM-Spiele:	–
WM-Tore:	–
Länderspiele:	39
Tore:	13
WM-Teilnahmen:	–

Piet Schrijvers

Die erfolgreichste Zeit der Nationalmannschaft verbrachte er auf der Ersatzbank. Piet Schrijvers kam bei der WM 1978 erst ins Tor, als die Nummer eins, Jan Jongbloed, von Bondscoach Ernst Happel nach einer schwachen Vorrunde auf die Bank gesetzt wurde, verletzte sich dann aber vor dem Finale. Auch die Vize-WM 1974 erlebte Schrijvers auf der Ersatzbank. In neun Jahren bei Ajax Amsterdam wurde er fünf Mal Holländischer Meister.

Geburtsdatum:	15. Dezember 1946
Geburtsland:	Niederlande
Stationen:	Twente Enschede, Ajax Amsterdam
WM-Spiele:	3
WM-Tore:	–
Länderspiele:	46
Tore:	–
WM-Teilnahmen:	1974, 1978

Viliam Schrojf

Bei der Weltmeisterschaft 1962 galt er als der „Wundertorwart". Viliam Schrojf hatte bis ins Finale die gegnerischen Stürmer zur Verzweiflung getrieben. Doch ausgerechnet im Endspiel, als die Tschechen mit 1:0 gegen Brasilien führten, leistete er sich einen Patzer. Als Amarildo fast an der Torauslinie an den Ball kam, erwartete Schrojf eine Flanke. Und ließ sich von Amarildo zum 1:1 düpieren. Bei den WMs 1954 und 58 war Schrojf nicht zum Einsatz gekommen. 1960 verhalf er der Tschechoslowakei zum dritten Platz beim Europapokal der Nationen. Schrojf verließ die Tschechoslowakei 1966 und kam über Australien zu Vienna Wien nach Österreich.

Geburtsdatum:	2. August 1931
Geburtsland:	Tschechoslowakei
Stationen:	Slovan Bratislava
WM-Spiele:	6
WM-Tore:	–
Länderspiele:	39
Tore:	–
WM-Teilnahmen:	1954, 1958, 1962

Willi Schulz

Seine internationale Karriere startete der Mittelfeldspieler am 20. Dezember 1959 in Hannover gegen Jugoslawien (1:1). Er galt als der weltbeste Libero. Auch wenn Willi Schulz die Position gänzlich defensiv und damit anders als sein anfänglicher Konkurrent und späterer Nachfolger Franz Beckenbauer interpretierte. Der Junge aus dem Ruhrgebiet (Bochumer Stadtteil Günnigfeld) bestritt 52 Bundesligaspiele für Schalke 04, ehe er 1965 zum Hamburger SV wechselte. Bei der WM 1966 in England wurde ihm der Spitzname „World-Cup-Willi" angetragen. Das letzte seiner 66 Länderspiele war das legendäre 3:4 gegen Italien bei der Weltmeisterschaft 1970.

Geburtsdatum:	4. Oktober 1938
Geburtsland:	Deutschland
Stationen:	Schalke 04, Hamburger SV
WM-Spiele:	13
WM-Tore:	–
Länderspiele:	66
Tore:	–
WM-Teilnahmen:	1962, 1966, 1970

Jürgen „Charly" Schütz

Zwischen 1959 und 63 schoss „Charly" Schütz in 114 Oberligaspielen 104 Tore. Zusammen mit seinem kongenialen Sturmpartner Timo Konietzka, die beide „Max und Moritz" genannt wurden, holte er 1963 die deutsche Meisterschaft, ehe es einen der ersten Stars der Bundesliga als Legionär nach Italien zog, wo er für den AS Rom, den FC Messina, den AC Turin und AC Brescia auf Torejagd ging. 1968 kehrte er nach Deutschland zurück, wo er dann noch ein Jahr für 1860 München und drei Jahre für Borussia Dortmund (bis zum Abstieg 72) in der Bundesliga stürmte.

Geburtsdatum:	1. Juli 1939
	† 19. März 1995
Geburtsland:	Deutschland
Stationen:	Bor. Dortmund, AS Rom, Messina, AC Turin, Brescia, 1860 München
WM-Spiele:	–
WM-Tore:	–
Länderspiele:	6
Tore:	2
WM-Teilnahmen:	–

Harald Anton „Toni" Schumacher

Er wurde Europameister 1980 und Vizeweltmeister 1982 und 1986. 1978 holte Toni Schumacher mit dem 1. FC Köln erstmals nach 14 Jahren die deutsche Meisterschaft in die Domstadt, wurde zudem dreimal Pokalsieger. Trotzdem: In Erinnerung bleibt Schumacher in erster Linie mit seinen Skandalen, dem brutalen Foul am Franzosen Patrick Battiston im Weltmeisterschaftshalbfinale 1982. Und mit seinem Buch „Anpfiff", in dem er die gesamte Fußballerzunft mit Dreck bewarf und deshalb aus der Nationalmannschaft flog. Nach dem Ende seiner Spielerlaufbahn trainierte er in Dortmund und bei Bayer Leverkusen die Keeper.

Geburtsdatum:	6. März 1954
Geburtsland:	Deutschland
Stationen:	1. FC Köln, Schalke 04, Fenerbahçe Istanbul, FC Bayern München, Borussia Dortmund
WM-Spiele:	14
WM-Tore:	–
Länderspiele:	76
Tore:	–
WM-Teilnahmen:	1982, 1986

SCH – SCH

Stefan Schwarz

In den 1990er Jahren gehörte er im defensiven Mittelfeld zu den Schlüsselspielern in Schwedens Nationalteam. Bei der EM 1992 im eigenen Land musste Schwarz nach seiner zweiten Gelben Karte im Halbfinale gegen Deutschland (2:3) zuschauen. 1994 wurde er mit der „Landslag" in den USA WM-Dritter. Auf Vereinsebene brachte Schwedens Fußballer des Jahres 1999 das Kunststück fertig, für sieben Klubs in sieben verschiedenen Ländern zu spielen. Erfolgreichste Station war Benfica Lissabon (Meister 1991, 94).

Geburtsdatum:	18. April 1969
Geburtsland:	Schweden
Stationen:	Malmö, Leverkusen, Benfica, Arsenal, Florenz, Valencia, Sunderland
WM-Spiele:	9
WM-Tore:	–
Länderspiele:	69
Tore:	6
WM-Teilnahmen:	1990, 1994

Bernd „blonder Engel" Schuster

Er war einer der genialsten Spielmacher aller Zeiten. Als 20-Jähriger führte Schuster Deutschland 1980 zum EM-Titel. So herausragend seine Fähigkeiten im Umgang mit dem Ball waren, so schwierig war sein Verhältnis zu Teamkollegen, Trainern, Funktionären. So beendete er seine DFB-Karriere bereits nach 21 Spielen. Von 1980 bis 1993 spielte Schuster für die drei großen spanischen Klubs und sammelte Titel in Serie. Als Trainer kehrte er 2007 zu Real zurück.

Geburtsdatum:	22. Dezember 1959
Geburtsland:	Deutschland
Stationen:	1. FC Köln, FC Barcelona, Real, Atl. Madrid, Bayer 04
WM-Spiele:	–
WM-Tore:	–
Länderspiele:	21
Tore:	4
WM-Teilnahmen:	–

Hans-Georg „Katsche" Schwarzenbeck

Die Glanzpunkte setzten andere. Franz Beckenbauer zum Beispiel. Sepp Maier und Gerd Müller. Trotzdem war Schwarzenbeck in den Erfolgsjahren des FC Bayern und der deutschen Nationalmannschaft genauso unverzichtbar wie Beckenbauer, Maier und Müller. Er war es, der die Drecksarbeit verrichtete. Er war es, in dessen Schatten die „Mega-Stars" ihre Glanzlichter setzen konnten. Schwarzenbeck ist gebürtiger Münchener und trug von 1966 bis 1981 ununterbrochen die Farben des FC Bayern (416 Spiele).

Geburtsdatum:	3. April 1948
Geburtsland:	Deutschland
Stationen:	FC Bayern München
WM-Spiele:	7
WM-Tore:	–
Länderspiele:	44
Tore:	–
WM-Teilnahmen:	1974, 1978

Bastian „Basti" Schweinsteiger

Seit der verkorksten EM 2004, wo der damals 19-Jährige der einzige Lichtblick im Trikot der Bundesadler war, gilt „Schweini" als einer der größten Hoffnungsträger im deutschen Fußball. Bei der WM 2006 bereitete der dribbelstarke Münchner in der Vorrunde gleich drei Treffer vor, ließ im weiteren Turnierverlauf aber nach. Im Halbfinale gegen Italien zunächst nur Ersatz, kehrte er im Spiel um Platz drei gegen Portugal (3:1) in die Startelf zurück und begeisterte die Fans mit zwei sehenswerten Treffern. Äußerst robust und selbstbewusst schaffte der torgefährliche Mittelfeldspieler 2003 den Sprung von der Jugend in die Profimannschaft des FC Bayern. Seitdem feierte er bereits drei Mal das Double aus Meisterschaft und Pokal.

Geburtsdatum:	1. August 1984
Geburtsland:	Deutschland
Stationen:	FC Bayern München
WM-Spiele:	7
WM-Tore:	2
Länderspiele:	45
Tore:	13
WM-Teilnahmen:	2006

Vicenzo „Enzo" Scifo

Mit nur 23 Jahren wollte der Sohn italienischer Einwanderer seine Laufbahn beenden. Nachdem es für Vicenzo Scifo Mitte der 80er-Jahre zunächst steil nach oben gegangen war, folgte mit dem Wechsel zu Inter Mailand 1987 ein Karriereknick. Vorbei waren die Zeiten, als das „Wunderkind" 1984 nach einer tollen EM zu Belgiens Fußballer des Jahres gewählt wurde und zwei Jahre später in Mexiko das „kleine" WM-Finale erreichte. Auch ein Wechsel nach Bordeaux gab dem Wallonen den Spaß am Fußball nicht zurück. Erst der Transfer nach Auxerre brachte den Mittelfeldstrategen wieder in Fahrt. Er nahm an den WMs 1990, 1994 und 1998 teil und ist somit einer der wenigen Spieler, die bei vier Endrundenturnieren mitwirkten.

Geburtsdatum: 19. Februar 1966
Geburtsland: Belgien
Stationen: RSC Anderlecht, Inter, Girondins Bordeaux, Auxerre, AS Monaco, SC Charleroi
WM-Spiele: 17
WM-Tore: 3
Länderspiele: 84
Tore: 18
WM-Teilnahmen: 1986, 1990, 1994, 1998

Gaetano Scirea

Ihm zu Ehren wurde das römische Pressezentrum bei der WM-Endrunde 1990 in Italien benannt. Sicher auch, da der Libero und spätere Assistenztrainer von Juventus Turin im Jahr zuvor bei einem Autounfall in Polen ums Leben gekommen war, wo er den Gegner in der ersten Runde des UEFA-Cups, Gornik Zabrze, beobachten wollte. Bis dahin hatte der 77-fache Nationalspieler 391 Punktspiele bestritten. Die meisten für seine „alte Dame" Juve (1974 bis 88), mit der er sieben Scudetti errang, den UEFA-Cup 1977, Pokal der Pokalsieger 1984 und den Landesmeistercup 1985 holte. 1982 wurde er Weltmeister, 1986 verabschiedete sich der Abwehrspieler als Kapitän nach dem 0:2-Achtelfinal-Aus gegen Frankreich aus der Nationalelf.

Geburtsdatum: 25. Mai 1953
† 3. September 1989
Geburtsland: Italien
Stationen: Atalanta Bergamo, Juve
WM-Spiele: 18
WM-Tore: –
Länderspiele: 77
Tore: 2
WM-Teilnahmen: 1978, 1982, 1986

David „Pony" Seaman

Mal Welt-, mal Kreisklasse. Aufgrund seiner tollen Parade gerade noch vom Reporter als „Safe Hands" gewürdigt, wischte Seaman das Lob in der nächsten Sekunde in bester Fliegenfängermanier wieder vom Tisch. Sein Patzer im Europacupfinale der Pokalsieger 1995 mit Arsenal gegen Saragossa, als er einen Schuss von der Mittellinie zum 1:2-Endstand passieren ließ und sein Fauxpas bei einem Ronaldinho-Freistoß im WM-Viertelfinale 2002 gegen Brasilien, der das Aus besiegelte, ließen Seamans zahlreiche Erfolge fast vergessen. In 564 Spielen für Arsenal behielt er 235-mal eine weiße Weste, wurde dreimal Englischer Meister, dazu kamen Erfolge im FA-Pokal, im Ligapokal und der Erfolg im Europapokal der Pokalsieger 1994.

Geburtsdatum: 19. September 1963
Geburtsland: England
Stationen: Birm. City, Queens Park Rang., Arsenal, Manch. City
WM-Spiele: 9
WM-Tore: –
Länderspiele: 75
Tore: –
WM-Teilnahmen: 1990, 1998, 2002

Clarence Clyde Seedorf

Der in Surinam geborene Mittelfeldspieler ist der einzige Spieler, der mit drei verschiedenen Klubs die Champions League gewann. Mit 16 Jahren debütierte Seedorf im Profi-Team von Ajax Amsterdam, wurde Meister und Pokalsieger. In seiner letzten Saison bei Ajax 1995 gewann er die Champions League. Über Sampdoria Genua ging es zu Real Madrid. Auch dort war er überaus erfolgreich. Von 1999 bis 2002 war Seedorf für Inter Mailand aktiv, wechselte dann zum Stadtrivalen AC. 2003 sicherte er sich mit den „Rossoneri" seinen dritten Champions-League-Titel und den italienischen Pokal. 1996 spielte er die EM in England. 1998 nahm er an der WM teil und war bei den EMs 2000 und 2004 dabei.

Geburtsdatum: 1. April 1976
Geburtsland: Surinam
Stationen: Ajax, Sampdoria Genua, Real Madrid, Inter, Milan
WM-Spiele: 4
WM-Tore: –
Länderspiele: 83
Tore: 11
WM-Teilnahmen: 1998

Uwe „Uns Uwe" Seeler

Weltmeister wurde er nie. Auch wenn nur Matthäus und Maldini mehr WM-Spiele bestritten als Uwe Seeler. Seine „WM-Laufbahn" begann 1958 und endete 1970. Die ersten beiden WM-Titel der deutschen Nationalmannschaft 1954 und 1974 verpasste „Uns Uwe". Der Hamburger führte die deutsche Nationalmannschaft als Kapitän ins WM-Finale 1966 in England und war auch 1970 an der Seite des neuen Goalgetters Gerd Müller noch erfolgreich.

Geburtsdatum:	5. November 1936
Geburtsland:	Deutschland
Stationen:	Hamburger SV
WM-Spiele:	21
WM-Tore:	9
Länderspiele:	72
Tore:	43
WM-Teilnahmen:	1958, 1962, 1966, 1970

Wolfgang Seguin

380 Oberligaspiele, davon 219 in Folge in der Startaufstellung, standen nach dem Ende seiner aktiven Laufbahn auf seinem Konto, in dem der Offensivakteur des 1. FC Magdeburg 44 Tore erzielte. Das wichtigste Tor seiner Karriere gelang ihm im Finale des Europapokals der Pokalsieger 1974 gegen den AC Mailand mit den Stars Rivera, Schnellinger und Benetti. Nach Lanzis Eigentor in der 41. Minute war es Seguin, der mit dem 2:0 in der 74. Minute praktisch für die Entscheidung sorgte. Neben dem einzigen europäischen Titel einer Vereinsmannschaft der DDR gewann Seguin mit Magdeburg drei nationale Meisterschaften und fünfmal den FDGB-Pokal.

Geburtsdatum:	14. September 1945
Geburtsland:	Deutschland
Stationen:	1. FC Magdeburg
WM-Spiele:	1
WM-Tore:	–
Länderspiele:	21
Tore:	–
WM-Teilnahmen:	1974

Dragoslav „Sekki" Sekularac

In Deutschland gastierte „Sekki" beim 1860 München sowie dem Karlsruher SC (1966). Da lag der größte Erfolg des Angreifers bereits ein paar Jahre zurück. Erst im Finale der 60er-Europameisterschaft unterlag er der Sowjetunion mit 1:2 n. V. 1962 bei der WM in Chile stoppte Bruderland Nummer zwei, die Tschechoslowakei, seine Jugoslawen erst im Halbfinale. Und auch das Spiel um Platz 3 ging dann gegen Chile verloren. Bei „Sekkis" erstem WM-Einsatz 1958 kam das Aus allerdings schon im Viertelfinale. Meister wurde der Weltenbummler 1972 mit Millionarios Bogota in Kolumbien.

Geburtsdatum:	10. November 1937
Geburtsland:	Jugoslawien
Stationen:	RS Belgrad, 1860 München, Karlsruher SC, Independiente, Bogota
WM-Spiele:	9
WM-Tore:	–
Länderspiele:	41
Tore:	6
WM-Teilnahmen:	1958, 1962

Aldo Serena

Seine große Liebe galt Inter Mailand, wo Aldo Serena in seiner Laufbahn gleich dreimal aktiv war. Seinen ersten Titel gewann er allerdings mit Juventus Turin, wurde 1986 mit der „alten Dame" Italienischer Meister. Gleiches gelang ihm drei Jahre später mit Inter. Aldo Serena spielte 24-mal für die „Squadra Azzurra", erzielte dabei fünf Tore. 1990 nahm er im eigenen Land an der Weltmeisterschaft teil. Im Achtelfinale gegen Uruguay gelang ihm gleich beim ersten seiner drei Turniereinsätze sieben Minuten vor Schluss das entscheidende 2:0.

Geburtsdatum:	25. Juni 1960
Geburtsland:	Italien
Stationen:	Inter Mailand, Bari, Milan, Juventus Turin
WM-Spiele:	3
WM-Tore:	1
Länderspiele:	24
Tore:	5
WM-Teilnahmen:	1986, 1990

Francisco Serena

Am 11. Mai 1966 gelang ihm im Endspiel des Landesmeisterwettbewerbs der 2:1-Siegtreffer – der größte Erfolg in seiner Spielerkarriere. Er war von 1963 bis 1968 Stürmer bei Real Madrid. Und in den fünf Jahren beim spanischen Rekordmeister gelang der Meisterschaftstriumph viermal. Gleich in den ersten beiden Jahren (1964, 1965) glückten die Titelgewinne, wie 1967 und 1968. Allerdings erwarb sich der Vorzeigestürmer in der Landesauswahl keine besonderen Meriten. Im Gegenteil, Partien im spanischen Dress hielten sich in Grenzen. Für die „Selección Española" absolvierte Serena nur ein Länderspiel.

Geburtsdatum:	28. Januar 1941
Geburtsland:	Spanien
Stationen:	Real Madrid
WM-Spiele:	–
WM-Tore:	–
Länderspiele:	1
Tore:	–
WM-Teilnahmen:	–

Sergio Conceicao

Zusammen mit Luis Figo und Rui Costa zog Sergio Conceiaco im Mittelfeld der portugiesischen Nationalelf die Fäden. Seine Sturmläufe über die rechte Seite und seine Torgefährlichkeit waren gefürchtet. Die Deutschen haben keine guten Erinnerungen an Conceicao: Bei der EM 2000 erzielte er beim 3:0 gegen Deutschland alle Treffer und sorgte somit für das Ausscheiden der DFB-Elf. Portugal wurde erst im Halbfinale vom späteren Champion Frankreich gestoppt. 2002 bei der WM in Asien stand er ebenfalls im Kader, schied mit Portugal aber frühzeitig aus. Mit Lazio Rom gewann Conceicao 2000 die italienische Meisterschaft und stieß drei Jahre später mit Inter Mailand ins Champions-League-Halbfinale vor. 2004 gelang ihm der große Wurf, als er mit dem FC Porto Meisterschaft und Champions League gewann. Dann wechselte Conceicao zu Standard Lüttich.

Geburtsdatum:	15. November 1974
Geburtsland:	Portugal
Stationen:	FC Porto, Lazio Rom, Standard Lüttich
WM-Spiele:	3
WM-Tore:	–
Länderspiele:	56
Tore:	12
WM-Teilnahmen:	2002

Karl „Schasti" Sesta

„Schasti" Sesta war Abwehrspieler in Österreichs legendärer „Wunderelf", die nach fast zwei Jahren ohne Niederlage erst 1932 von England im Wembley-Stadion mit 4:3 gestoppt wurde. Anschließend soll der Verteidiger von Austria Wien bei einem Empfang dem englischen König auf dessen Ausspruch „Sie haben einen schönen Beruf" entgegnet haben: „Sie ham a ka schlechte Hack'n". 1934 nahm er mit Österreich an der WM in Italien teil und verlor das Spiel um Platz 3 gegen Deutschland. Dass Sesta nur wenige Jahre später nach dem „Anschluss" Österreichs für genau diesen Gegner drei Länderspiele absolvieren sollte, war Ironie der Geschichte. 1938 wurde er nach einem K.o.-Schlag gegen Hertha Stürmer Dreher für sechs Wochen gesperrt. Nach Ende seiner Laufbahn betrieb Sesta, der 1974 verstarb, eine Hammerbrot-Filiale.

Geburtsdatum:	18. März 1906
	† 12. Juli 1974
Geburtsland:	Österreich
Stationen:	Wiener AC, Austria Wien
WM-Spiele:	4
WM-Tore:	1
Länderspiele:	47
Tore:	1
WM-Teilnahmen:	1934

Sergio Bernadino „Serginho" (obere Reihe, 2. v. r.)

Ihm gelang, wovon jeder Stürmer im Seleçao-Trikot träumt. Ein Tor gegen Fußballerzfeind Argentinien. Das 2:0 bei der WM 1982 legte den Grundstein zum 3:1-Erfolg in der zweiten Finalrunde über die Gauchos, dennoch verpasste Brasilien nach dem 2:3 gegen Italien das Halbfinale. Dreimal holte er die Meisterschaft des Bundesstaates São Paulo (1975, 1980, 1981), wobei er sich als Top-Torjäger der Liga präsentierte (1975, 1977, 1982 und 1984). Und einmal sicherte er sich den Titel in der Heimatliga (1977). Topscorer in Brasilien wurde Serginho 1983.

Geburtsdatum:	23. Dezember 1953
Geburtsland:	Brasilien
Stationen:	FC São Paulo, Corinthians, FC Santos
WM-Spiele:	5
WM-Tore:	2
Länderspiele:	20
Tore:	8
WM-Teilnahmen:	1982

Alan Shearer

Alan Shearer, den Pelé 2004 auf die Liste der besten 125 lebenden Fußballer setzte, hat bis einschließlich der Saison 2004/05 insgesamt 273 Tore in 525 Liga-Spielen erzielt. Zwischen 1987 und 96 kamen erst einmal die Fans des FC Southampton und der Blackburn Rovers in den Genuss von Shearer-Toren. Dann wechselte er zu Newcastle United in seine Heimatstadt. 2005 wollte Englands Fußballer des Jahres 1994 endgültig seine Karriere beenden, wurde jedoch überredet, ein weiteres Jahr dranzuhängen. Shearer konnte in seiner Laufbahn nur eine Meisterschaft mit Blackburn (1995) gewinnen.

Geburtsdatum:	13. August 1970
Geburtsland:	England
Stationen:	Southampton, Blackburn Rovers, Newcastle Utd.
WM-Spiele:	4
WM-Tore:	2
Länderspiele:	63
Tore:	30
WM-Teilnahmen:	1998

Ciriaco „Ciri" Sforza

Die Titelliste des Italo-Schweizers ist lang. Meisterschaften, Pokalsiege, Champions League – alles war dabei. Seine ersten Erfolge feierte Sforza mit den Grasshoppers Zürich, mit denen er Meisterschaft und Pokal gewann. 1993 wechselte der schussstarke Mittelfeldspieler zum 1. FC Kaiserslautern. Nach zwei Jahren in der Pfalz erlag er dem Lockruf des FC Bayern München und wurde auf Anhieb UEFA-Cup-Sieger. Nach einem kurzen Gastspiel bei Inter Mailand kehrte Sforza nach Kaiserslautern zurück und führte die Mannschaft in der Saison 1997/98 zur Deutschen Meisterschaft. Von 2000 bis 02 stand „Ciri" abermals bei den Bayern unter Vertrag, gewann 2001 Champions League und Weltpokal. Von 2002 bis 2005 war der WM-Teilnehmer von 1994 wieder in Kaiserslautern aktiv.

Geburtsdatum:	2. März 1970
Geburtsland:	Schweiz
Stationen:	Grassh. Zürich, 1. FC K'lautern, Bayern München, Inter
WM-Spiele:	4
WM-Tore:	–
Länderspiele:	79
Tore:	6
WM-Teilnahmen:	1994

Edward Paul „Teddy" Sheringham

Seine große Stunde schlug im Champions-League-Finale 1999 in Barcelona. Sheringhams 1:1-Ausgleich gegen Bayern München in der Nachspielzeit hielt ManU am Leben. Sekunden später erzielte Solskjaer das entscheidende 2:1 für die „Red Devils", die sich damit das Triple aus Champions League, FA-Cup und Meisterschaft sicherten. Sheringham gab 1983 sein Profidebüt beim FC Millwall. Bis 1991 spielte der 51-fache Nationalspieler für die Londoner, ehe es ihn für ein Jahr nach Nottingham verschlug. Anschließend war er für die Tottenham Hotspur aktiv, wo er mit Klinsmann ein schlagkräftiges Sturm-Duo bildete. 1997 verließ er die Hauptstadt in Richtung Manchester, wo er neben dem Triple die Meisterschaften 2000 und 2001 feierte.

Geburtsdatum:	2. April 1966
Geburtsland:	England
Stationen:	FC Millwall, Nottingham Forest, Tottenham, Manchester Utd.
WM-Spiele:	6
WM-Tore:	–
Länderspiele:	51
Tore:	11
WM-Teilnahmen:	1998, 2002

Peter „Shilts" Leslie Shilton

Seine ersten Länderspiele bestritt er im Team mit den Weltmeistern von 1966 Bobby Moore und Alan Ball. In den letzten Länderspielen hütete Peter Shilton hinter Gary Lineker, Glen Hoddle und Bryan Robson bei der WM 1990 das Tor der Engländer. Shilton schlug die Brücke zwischen den Generationen im englischen Fußball. In mehr als der Hälfte seiner 125 Länderspiele kassierte er keinen Gegentreffer. Mit Nottingham Forest gewann Shilton 1979 und 80 den Europapokal der Landesmeister und wurde 1978 Englischer Meister. Als eine der größten Spielerlegenden Englands steht er neben Pelé im Wachsfigurenkabinett Madam Tussauds.

Geburtsdatum:	18. September 1949
Geburtsland:	England
Stationen:	Leicester City, Stoke City, Nottingham Forest, FC Southampton, Derby County, Plymouth Argyle, Bolton Wanderers, Leyton Orient
WM-Spiele:	17
WM-Tore:	–
Länderspiele:	125
Tore:	–
WM-Teilnahmen:	1982, 1986, 1990

Giancarlo de Sisti

Europameister 1968, Vize-Weltmeister 1970: Giancarlo de Sisti gehört zu den besten italienischen Mittelfeldspielern der Nachkriegszeit. Den Zenit seiner Karriere erlebte der Römer in Florenz. Als Kapitän gewann er mit der Fiorentina 1966 die Coppa Italia und 1969 die zweite und bis heute letzte Meisterschaft in der Klubgeschichte. 1974 kehrte er zum AS Rom zurück, wo seine Laufbahn 1960 begonnen hatte und 1979 endete. Bei der WM 1970 in Mexiko stand „Picchio" (der Specht) in jeder Minute auf dem Platz. Unvergessen bleibt das als „Jahrhundertspiel" in die Geschichte eingegangene Halbfinale gegen Deutschland, dass die „Azzurri" in der Verlängerung mit 4:3 gewannen.

Geburtsdatum:	13. März 1943
Geburtsland:	Italien
Stationen:	AS Rom, AC Florenz
WM-Spiele:	6
WM-Tore:	–
Länderspiele:	29
Tore:	4
WM-Teilnahmen:	1970

Günter „Oskar" Siebert

1951 kam Günter Siebert zum FC Schalke 04, verließ den Klub aber nach nur zwei Jahren wieder. 1955 holte man den Stürmer ein zweites Mal in den „Pott". Es lohnte sich für Siebert: 1958 gewann er mit den „Knappen" die bislang letzte Meisterschaft. Schon zu dieser Zeit erwies sich der Hesse als sehr geschäftstüchtig, baute „nebenbei" eine Kiosk-Kette in Gelsenkirchen auf. 1967 löste Siebert Fritz Szepan als Präsident ab und war der jüngste Vereinsboss der Liga. Nach Querelen im Verein machte er 1979 Schluss mit Schalke und betrieb fortan eine gut gehende Kneipe auf Gran Canaria. 1987 kehrte er für 20 Monate als Präsident zurück, zog dann aber endgültig die Sonne dem Bundesligaalltag vor.

Geburtsdatum:	15. Dezember 1930
Geburtsland:	Deutschland
Stationen:	FC Schalke 04
WM-Spiele:	–
WM-Tore:	–
Länderspiele:	–
Tore:	–
WM-Teilnahmen:	–

Otto Siffling

Siffling gehörte der legendären Breslau-Elf an, die am 16. Mai 1937 Dänemark mit 8:0 überrollte. Der trickreiche Mittelstürmer erzielte zwischen der 33. und 65. Minute fünf Tore hintereinander. Im gleichen Jahr traf er dreimal beim 3:0 über Norwegen. Insgesamt überwand das Ausnahmetalent in 31 Länderspielen 17-mal die gegnerischen Torhüter. Im Mannheimer Stadtteil Waldhof ist eine Straße nach Siffling benannt, der 27-jährig an einer Rippenfellentzündung verstarb.

Geburtsdatum:	3. August 1912
	† 20. Oktober 1939
Geburtsland:	Deutschland
Stationen:	SV Waldhof Mannheim
WM-Spiele:	4
WM-Tore:	1
Länderspiele:	31
Tore:	17
WM-Teilnahmen:	1934, 1938

Asgeir „Sigi" Sigurvinsson

1981 kam der Mittelfeldspieler von Standard Lüttich zum FC Bayern München. Doch der schussgewaltige Isländer konnte sich nicht gegen den unumstrittenen Chef der Bayern im Mittelfeld, Paul Breitner, durchsetzen, sodass er nach nur einem Jahr weiter zum VfB Stuttgart zog. Insgesamt acht Jahre blieb Sigurvinsson bei den Schwaben, die er 1984 zur doutschen Meisterschaft führte. Nach seiner aktiven Karriere wurde er Nationaltrainer seines Heimatlandes.

Geburtsdatum:	8. Mai 1955
Geburtsland:	Island
Stationen:	Standard Lüttich, FC Bayern München, VfB Stuttgart
WM-Spiele:	–
WM-Tore:	–
Länderspiele:	45
Tore:	5
WM-Teilnahmen:	–

Allan Simonsen

Der nur 1,68 Meter große Däne entwickelte sich von einem Zwerg zu einem Riesen im Sturm von Borussia Mönchengladbach. Das Talent kam 1972 als 19-Jähriger von Vejle BK zu den „Fohlen", wo er zunächst nicht überzeugen konnte und als Fehlinvestition galt. Doch nach zwei Jahren wurde der Däne mit seinen Toren, Tricks und seiner Technik ein Garant für den Titelhattrick der Borussia von 1975 bis 1977. Zwei Tore gelangen ihm bei 5:1 im Finale gegen Twente Enschede, womit Gladbach 1975 erstmals den UEFA-Pokal gewann. Standesgemäß verabschiedete sich Europas Fußballer des Jahres von 1977 mit dem entscheidenden Tor im UEFA-Pokalendspiel 1979 gegen Roter Stern Belgrad in Richtung Barcelona.

Geburtsdatum:	15. Dezember 1952
Geburtsland:	Dänemark
Stationen:	Borussia Mönchengladbach, FC Barcelona, Charlton Athletic
WM-Spiele:	1
WM-Tore:	–
Länderspiele:	56
Tore:	20
WM-Teilnahmen:	1986

Sonny Silooy

Neben Größen wie Johan Cruyff, Rinus Michels und Johnny Rep nahm ihn Ajax Amsterdam in die „Hall of Fame" auf. Kein Wunder, verbrachte der rechte Verteidiger doch 15 Jahre seiner Karriere beim holländischen Renommierklub. 1980/81 bei Ajax begonnen, verließ Silooy Hollands Eliteliga Richtung Deutschland nach Ablauf der Spielzeit 1995/96 zu Arminia Bielefeld. Nach 286 Einsätzen in Rot-Weiß befanden sich beachtliche Erfolge im Gepäck: Bereits 1987 gewann er gegen Lok Leipzig den Pokal der Pokalsieger, 1995 den Landesmeistercup.

Geburtsdatum:	31. August 1963
Geburtsland:	Niederlande
Stationen:	Ajax, Arminia Bielefeld
WM-Spiele:	–
WM-Tore:	–
Länderspiele:	25
Tore:	–
WM-Teilnahmen:	–

Diego Pablo Simeone

Bis 2006 war er Rekordnationalspieler der „Gauchos", kickte zwischen 1988 und 2002 in 106 Partien für Argentinien. Simeone nahm an den Weltmeisterschaften 1994, 1998 und 2002 teil. Der offensive Mittelfeldspieler war in seiner Nationalmannschaftskarriere, beim WM-Turnier 1998 im Achtelfinale gegen England (6:5 n.E.), Opfer einer Nachtreteattacke von David Beckham, der anschließend vom Platz flog. Mit Lazio Rom (2000) und Atlético Madrid (1996) gewann er jeweils das Double. Im Januar 2005 kehrte er in seine Heimat zurück.

Geburtsdatum:	28. April 1970
Geburtsland:	Argentinien
Stationen:	Velez Sarsfield, Pisa, FC Sevilla, Atl. Madrid, Inter, Lazio
WM-Spiele:	11
WM-Tore:	–
Länderspiele:	106
Tore:	11
WM-Teilnahmen:	1994, 1998, 2002

Omar Sivori

Omar Sivori wechselte nach 3 Meistertiteln mit CA River Plate 1957 zu Juventus Turin. Für Juve erzielte er in 257 Spielen 171 Tore und wurde 1961 Fußballer des Jahres in Europa. Der Stürmer absolvierte 9 Länderspiele für Italien, nachdem er 19 Mal für Argentinien angetreten war. Bei der WM 1962 kam er zu 2 Einsätzen, bei denen er seine Klasse nicht beweisen konnte. Nach je 3 Titeln in Meisterschaft und Pokal wechselte er 1965 zum SSC Neapel, für den er bis zu seinem Karriereende 1969 spielte.

Geburtsdatum:	2. Oktober 1935
	† 15. Februar 2005
Geburtsland:	Argentinien
Stationen:	CA River Plate, Juventus Turin, SSC Neapel
WM-Spiele:	2
WM-Tore:	–
Länderspiele:	28
Tore:	17
WM-Teilnahmen:	1962

Matthias „Motzl" Sindelar

Er gilt als das größte Fußballgenie, das Österreich im 20. Jahrhundert hervorgebracht hat: Matthias Sindelar. Der Mittelstürmer der Wiener Austria war „Kopf" des rot-weiß-roten „Wunderteams", das zu Beginn der 1930er Jahre 14 Mal in Folge ungeschlagen blieb. Seine schmächtige Figur sowie sein elegantes und nahezu körperloses Spiel trugen ihm den Spitznamen „der Papierene" ein. Zwischen 1926 und 37 erzielte Sindelar in 43 Länderspielen 27 Tore. 1934 wurde er WM-Vierter. Die Umstände seines frühen Todes konnten nie ganz aufgeklärt werden.

Geburtsdatum:	10. Februar 1903
	† 23. Januar 1939
Geburtsland:	Tschechoslowakei
Stationen:	Hertha Wien, A. Wien
WM-Spiele:	3
WM-Tore:	1
Länderspiele:	43
Tore:	27
WM-Teilnahmen:	1934

Ferenc Sipos

Der Libero der ungarischen Nationalmannschaft nahm an drei Weltmeisterschaftsturnieren teil (1958, 1962 und 1966), gewinnen konnten die „Magyaren" allerdings nichts. Sein größter Erfolg war der dritte Platz mit Ungarn bei der Europameisterschaft 1964 in Spanien. Insgesamt bestritt Ferenc Sipos, der während seiner Laufbahn ausschließlich für Vereine aus Budapest spielte (Budapesti VL, MTK und Honvéd), 77 Länderspiele und erzielte dabei einen Treffer.

Geburtsdatum:	13. Dezember 1932
Geburtsland:	Ungarn
Stationen:	Budapesti VL, MTK Budapest, Honvéd Budapest
WM-Spiele:	12
WM-Tore:	–
Länderspiele:	77
Tore:	1
WM-Teilnahmen:	1958, 1962, 1966

Josip „Joska" Skoblar

Mit 16 Jahren wurde Skoblar vom früheren 1860-München-Keeper Petar Radenkovic entdeckt und vom OFK Belgrad unter Vertrag genommen. 1961 debütierte er in der jugoslawischen Nationalelf. Größter Erfolg: vierter Platz bei der WM 1962, nachdem man zuvor Deutschland im Viertelfinale geschlagen hatte. Nach drei Jahren bei Hannover 96 (1967 bis 1970) wechselte Skoblar nach Marseille und avancierte zum internationalen Topstar, 1971 mit 44 Treffern sogar zu Europas bestem Torjäger. Später arbeitete er als Trainer u.a. beim Hamburger SV.

Geburtsdatum:	12. März 1941
Geburtsland:	Jugoslawien
Stationen:	NK Zadar, OFK Belgrad, Olympique Marseille, Hannover 96
WM-Spiele:	5
WM-Tore:	1
Länderspiele:	32
Tore:	11
WM-Teilnahmen:	1962

Didier Six (links)

Deutschen Fußballfans ist der französische Linksaußen am ehesten durch seine Auftritte im Trikot des VfB Stuttgart bekannt. Bei den Schwaben war Didier Six von 1981 bis 1983 aktiv, erreichte in seiner letzten Saison den dritten Platz. Nach weiteren Auslandsstationen, u.a. bei Galatasaray Istanbul, zog es den Franzosen 1991 noch einmal nach Deutschland. Er heuerte für ein Jahr beim Zweitligisten VfB Leipzig an, absolvierte allerdings nur zwölf Spiele. Seine größten Erfolge feierte Six mit der Nationalmannschaft, mit der er 1984 im eigenen Land Europameister wurde. Zuvor hatte er an den WM-Turnieren 1978 und 1982 teilgenommen. „España '82" blieb ihm allerdings in schlechter Erinnerung: Im Halbfinal-Elfmeterschießen gegen Deutschland scheiterte er an Toni Schumacher. Frankreich schied aus.

Geburtsdatum:	21. August 1954
Geburtsland:	Frankreich
Stationen:	Racing Lens, VfB Stuttgart, FC Mulhouse, Galatasaray
WM-Spiele:	10
WM-Tore:	2
Länderspiele:	52
Tore:	13
WM-Teilnahmen:	1978, 1982

Karl „Nacka" Lennart Skoglund

Neun Weltmeisterschaftsspiele bestritt der schwedische Linksaußen in seiner Laufbahn, seinen einzigen Treffer erzielte er ausgerechnet gegen Deutschland. 1958 beim Turnier im eigenen Land markierte Skoglund im Halbfinale den 1:1-Ausgleichstreffer gegen die Herberger-Elf. Am Ende zogen die Schweden mit einem 3:1 ins Finale ein. Skoglund spielte in seiner Karriere für zahlreiche Topvereine, darunter die beiden Mailänder Klubs Inter und AC. Mit Inter holte er 1953 und 1954 den Scudetto, die italienische Meisterschaft. Skoglund verstarb 1975.

Geburtsdatum:	24. Dezember 1929 † 8. Juli 1975
Geburtsland:	Schweden
Stationen:	AIK Stockholm, Inter, Milan, Sampdoria Genua, SSC Palermo, Hammarby IF
WM-Spiele:	9
WM-Tore:	1
Länderspiele:	11
Tore:	1
WM-Teilnahmen:	1950, 1958

Josef „Pepi" Smistik

Josef Smistik von Rapid Wien absolvierte zwischen 1928 und 1936 insgesamt 39 Länderspiele (zwei Tore) für Österreich. Er war auf der Position des Mittelläufers eine wichtige Größe im so genannten „Wunderteam", das in den Jahren 1931/32 14-mal in Folge ungeschlagen blieb. „Pepi" Smistik nahm an der Weltmeisterschaft 1934 in Italien teil, absolvierte vier Partien. Mit Rapid wurde er dreimal österreichischer Meister und Mitropacup-Sieger (1930). Nach seiner Spielerkarriere arbeitete er als Trainer u. a. beim FC Schaffhausen und als Sektionsleiter bei Austria Wien. 1985 verstarb Josef Smistik an seinem 80. Geburtstag.

Geburtsdatum:	28. November 1905 † 28. November 1985
Geburtsland:	Österreich
Stationen:	Rapid Wien
WM-Spiele:	4
WM-Tore:	–
Länderspiele:	39
Tore:	2
WM-Teilnahmen:	1934

Wlodzimierz Wojciech Smolarek

„España '82" war der Höhepunkt in Wlodzimierz Smolareks Karriere, er wurde mit Polen WM-Dritter. Der Stürmer von Widzew Lodz absolvierte alle Spiele mit Ausnahme der Partie um Platz 3, erzielte dabei einen Treffer. Das WM-Turnier vier Jahre später verlief nicht so erfolgreich, im Achtelfinale (0:4 gegen Brasilien) war bereits Endstation. Smolarek wechselte 1986 in die Bundesliga zu Eintracht Frankfurt, zwei Jahre später gewann er mit den Hessen den DFB-Pokal. Nach einem zweijährigen Engagement bei Feyenoord Rotterdam ließ er seine Karriere 1996 beim FC Utrecht ausklingen. Sein Sohn Ebi trat später in seine Fußstapfen und spielt für Borussia Dortmund in der Bundesliga.

Geburtsdatum:	16. Juli 1957
Geburtsland:	Polen
Stationen:	Widzew Lodz, Legia Warschau, Eintr. Frankfurt, Feyenoord, FC Utrecht
WM-Spiele:	10
WM-Tore:	2
Länderspiele:	60
Tore:	13
WM-Teilnahmen:	1982, 1986

„Socrates" Brasileiro Sampaio de Souza Viera de Oliveira

1979 bestritt der promovierte Mediziner und Kettenraucher beim 6:0 gegen Paraguay sein erstes Länderspiel. Nur ein Jahr später war Socrates bereits Kapitän der mit zahlreichen Ausnahmespielern gespickten Seleção. 1982 und 1986 gingen Socrates und Co. als Favoriten auf den Weltmeisterschaftstitel ins Rennen, schieden jedoch beide Male vorzeitig aus. 1986 unter Socrates gütlicher Mithilfe, der im Viertelfinal-Elfmeterschießen gegen Frankreich patzte. 1988 beendete Socrates seine Laufbahn beim Pelé-Klub FC Santos. Einen internationalen Titel konnte Südamerikas Fußballer von 1983 nicht gewinnen. Den holte stattdessen sein jüngerer Bruder Rai, der 1994 Weltmeister wurde. 2002 ist er zum Ehrenbürger von São Paulo ernannt worden.

Geburtsdatum:	19. Februar 1954
Geburtsland:	Brasilien
Stationen:	Botafogo Rio de Janeiro, Corinthinas São Paulo, AC Florenz, Flamengo Rio de Janeiro, FC Santos
WM-Spiele:	10
WM-Tore:	4
Länderspiele:	60
Tore:	21
WM-Teilnahmen:	1982, 1986

Zvonimir Soldo

Nachdem der defensive Mittelfeldspieler mit Dinamo Zagreb (hieß von 1993 bis 1999 Croatia Zagreb) das Double gewonnen hatte, wagte Soldo mit 28 Jahren den Sprung ins Ausland. Die deutsche Bundesliga lockte, wobei der VfB Stuttgart für zwei Millionen Mark Ablösesumme den Zuschlag bekam. Auf Anhieb war Soldo ein unverzichtbarer Bestandteil im Mittelfeld der Schwaben, mit denen er 1997 den DFB-Pokal gewann. Höhepunkt des 61-fachen Nationalspielers war die WM 1998, als er mit Kroatien überraschend Dritter wurde. In allen Spielen mit Ausnahme des Achtelfinals gegen Rumänien, wo er aufgrund von zwei Gelben Karten gesperrt war, stand Soldo von der ersten bis zur letzten Minute auf dem Feld.

Geburtsdatum:	2. November 1967
Geburtsland:	Jugoslawien
Stationen:	Dinamo Zagreb, VfB Stuttgart, Inter Zapresic
WM-Spiele:	6
WM-Tore:	–
Länderspiele:	61
Tore:	3
WM-Teilnahmen:	1998

Luis del Sol

Er trug das Trikot zwei der der größten Vereine der Welt. Zwei Jahre lang spielte Luis del Sol bei Real Madrid, bevor er 1962 zu Juventus Turin wechselte und 1967 Italienischer Meister wurde. Zuvor stand er neben di Stefano, Puskas und Gento in der Sturmreihe von Real, die 1960 im Finale gegen Eintracht Frankfurt (7:3) zum fünften Mal in Folge den Europapokal der Landesmeister gewann. 1961 wurde der Andalusier mit Real Spanischer Meister und verteidigte den Titel ein Jahr später. Für die spanische Nationalmannschaft spielte er die Weltmeisterschaften 1962 und 1966.

Geburtsdatum:	6. April 1935
Geburtsland:	Spanien
Stationen:	Real Madrid, Juventus Turin, Betis Sevilla
WM-Spiele:	4
WM-Tore:	–
Länderspiele:	16
Tore:	3
WM-Teilnahmen:	1962, 1966

Ole Gunnar Solskjær

Das Champions-League-Finale 1999 zwischen ManU und Bayern München machte Solskjær unsterblich. Neun Minuten vor Schluss ins Spiel gekommen, markierte er nach Sheringhams Ausgleich in der Nachspielzeit noch den 2:1-Siegtreffer für die Engländer. Binnen 60 Sekunden hatte ManU das Spiel gedreht. Dank ihres „Edeljokers" Solskjær, der wohl in jedem anderen Verein der Welt Stammspieler gewesen wäre. Unter Trainer Alex Ferguson kam der WM-Teilnehmer von 98 meist nur zu kurzen, aber äußerst erfolgreichen Einsätzen. Fast immer gelang ihm ein Treffer. Sein größtes Problem war seine Verletzungsanfälligkeit. 2004 fiel Solskjær mit Knieproblemen weitestgehend aus, musste sich einer Reha-Maßnahme unterziehen.

Geburtsdatum:	26. Februar 1973
Geburtsland:	Norwegen
Stationen:	Molde FK, Manchester United
WM-Spiele:	3
WM-Tore:	–
Länderspiele:	62
Tore:	21
WM-Teilnahmen:	1998

Wesley Sneijder

27 Millionen Euro überwies Real Madrid im Sommer 2007 für den klassischen Spielmacher. Zusammen mit Rafael van der Vaart durchlief Sneijder die berühmte Ajax-Schule. Mit 18 Jahren feierte er im Februar 2003 beim 6:0-Auswärtserfolg über Willem II sein Debüt in der ersten Mannschaft. 14 Monate später streifte er gegen Portugal (1:1) erstmals das Nationaltrikot über. Mit „Oranje" nahm er an der EURO 2004 und der WM 2006 teil. Snejder schießt mit beiden Füßen gleich stark und ist wegen seiner platzierten Distanzschüsse gefürchtet. In der Saison vor seinem Wechsel zu Real stieg er zum besten Spieler der holländischen Ehrendivision auf. Nicht zuletzt ein Verdienst von Rückkehrer Edgar Davids, der ihm im Mittelfeld den Rücken freihielt.

Geburtsdatum:	9. Juni 1984
Geburtsland:	Niederlande
Stationen:	Ajax, Real Madrid
WM-Spiele:	4
WM-Tore:	–
Länderspiele:	38
Tore:	7
WM-Teilnahmen:	2006

Paulo Sousa

Der Portugiese hatte mit der Wahl seiner Vereine großes Glück. 1994 wechselte Paulo Sousa von Sporting Lissabon zu Juventus Turin. Zwei Jahre später gewann er mit den Norditalienern die Champions League. Anschließend verabschiedete sich der Mittelfeldspieler in Richtung Dortmund und holte mit dem BVB 1997 erneut die Champions League. Gegner im Finale von München: Sousas Ex-Verein Juventus. In der Bundesliga absolvierte er 27 Spiele für die Borussen, erzielte dabei einen Treffer. Nach seinem Weggang 1998 folgten die Stationen Inter Mailand, AC Parma, Panathinaikos Athen und Espanyol Barcelona (bis 2002).

Geburtsdatum:	30. August 1970
Geburtsland:	Portugal
Stationen:	Benfica Lissabon, Sporting Lissabon, Juventus Turin, Borussia Dortmund, Inter Mailand, AC Parma, Panathinaikos Athen, Espanyol Barcelona
WM-Spiele:	–
WM-Tore:	–
Länderspiele:	51
Tore:	–
WM-Teilnahmen:	2002

Graeme James Souness

Sein Debüt in der Nationalelf gab der Verteidiger 1974 gegen die DDR. Souness, der mit Liverpool fünf englische Meisterschaften und drei Europapokalsiege im Landesmeisterwettbewerb feierte, nahm an drei WM-Turnieren teil (1978, 1982 und 1986). 1984 wechselte er zu Sampdoria Genua, kehrte aber nach nur zwei Jahren auf die britische Insel zurück und spielte noch eine Saison für die Glasgow Rangers. Im Anschluss übernahm er das Traineramt bei den Blauen. Souness führte das Team bis 1991 zu vier Meisterschaften. Zudem sorgte er für Aufsehen, als er mit Mo Johnston den ersten Katholiken ins protestantische Rangers-Team holte und dafür Morddrohungen erhielt. Zuletzt trainerte er Newcastle United.

Geburtsdatum:	6. Mai 1953
Geburtsland:	Schottland
Stationen:	Tottenham Hotspur, Middlesbrough, Liverpool, Samp. Genua, Glasgow Rangers
WM-Spiele:	6
WM-Tore:	1
Länderspiele:	54
Tore:	4
WM-Teilnahmen:	1978, 1982, 1986

Jürgen „Spari" Sparwasser

Ein Antritt, ein Schuss, ein Tor machten Jürgen Sparwasser unsterblich. Der Stürmer vom 1. FC Magdeburg schoss das goldene Tor im einzigen deutsch-deutschen Länderspiel der Geschichte. Das 0:1 der Bundesrepublik gegen die DDR ausgerechnet bei der Weltmeisterschaft im eigenen Land verursachte in den Medien, in der Öffentlichkeit und innerhalb der westdeutschen Mannschaft ein Donnerwetter, welches aber reinigend wirkte, sodass 1974 doch noch der WM-Titel heraussprang. Sparwassers weitere persönliche Bilanz konnte sich mehr als sehen lassen. Drei Meistertitel in der DDR (1972, 74, 75)) und vier Pokalerfolge (1969, 73, 78, 79) sowie mit dem 1. FC Magdeburg der Gewinn des Europapokals der Pokalsieger 1974, der einzige europäische Titel für einen Verein der DDR. Jürgen Sparwasser musste 1979 seine aktive Karriere wegen eines Hüftleidens beenden.

Geburtsdatum:	4. Juni 1948
Geburtsland:	Deutschland
Stationen:	1. FC Magdeburg
WM-Spiele:	6
WM-Tore:	1
Länderspiele:	53
Tore:	14
WM-Teilnahmen:	1974

Mordechai Spiegler

Bei Israels einziger Weltmeisterschaftsteilnahme 1970 in Mexiko schoss der Mittelfeldspieler den einzigen Treffer. Mordechai Spiegler traf zum 1:1-Endstand gegen Schweden. Zuvor hatten die Israelis gegen Italien sogar ein 0:0 erkämpft. Sie schieden trotzdem in der Vorrunde aus. Spiegler allerdings brüstet sich noch heute mit dem Treffer: „Ich habe alle Weltmeisterschaftstore Israels geschossen", sagt er mit einem Augenzwinkern. Spiegler wechselte als erster Israeli ins Ausland, kickte mit Pelé und Beckenbauer bei Cosmos New York. Der offensive Mittelfeldspieler wurde in Russland geboren kam im Alter von fünf Jahren in seine neue Heimat. Zwischen 1966 und 1970 wurde er jedes Jahr Torschützenkönig der israelischen Liga.

Geburtsdatum:	20. August 1948
Geburtsland:	Sowjetunion
Stationen:	Maccabi Netanya, Cosmos New York
WM-Spiele:	3
WM-Tore:	1
Länderspiele:	82
Tore:	32
WM-Teilnahmen:	1970

Guillermo „El Filtrador" Stábile

Er war der erste Torschützenkönig in der WM-Geschichte. Stabile schoss Argentinien mit acht Toren in vier Spielen 1930 zur Vizeweltmeisterschaft. Im Finale war sein Tor gegen Uruguay zu wenig. Nach der WM wechselte er als Profi nach Italien und Frankreich. Sein Europa-Gastspiel verhinderte weitere Berufungen für die Nationalmannschaft, die er nach seiner Rückkehr 1939 als Trainer übernahm. Bis 1960 blieb er im Amt. Sechsmal gewannen die „Gauchos" unter Stabile die Copa America.

Geburtsdatum:	17. Januar 1906
	† 27. Dezember 1966
Geburtsland:	Argentinien
Stationen:	Huracan, Genua 93, AC Neapel, Red Star Paris
WM-Spiele:	4
WM-Tore:	8
Länderspiele:	4
Tore:	8
WM-Teilnahmen:	1930

Stephen „Steve" Staunton

102 Länderspiele zwischen 1988 und 2002 machten Steve Staunton zu Irlands Rekordinternationalem. Der Abwehrspieler nahm an den WM-Turnieren 1990, 1994 und 2002 teil. Sein 100. Länderspiel absolvierte Staunton bei der WM 2002 gegen Deutschland (1:1). Auf Vereinsebene spielte er u.a. beim FC Liverpool (1988–1991 und 1998–2000) und Aston Villa (1991–1998 und 2000–2003). Den englischen Fans blieb Staunton wegen eines spektakulären Eigentors in Erinnerung. 1989 köpfte er im Spiel gegen West Ham aus 20 Metern ins eigene Netz.

Geburtsdatum:	19. Januar 1969
Geburtsland:	Irland
Stationen:	Liverpool, Aston Villa, Coventry
WM-Spiele:	13
WM-Tore:	–
Länderspiele:	102
Tore:	8
WM-Teilnahmen:	1990, 1994, 2002

Alfredo di Stefano

Seine Karriere begann bei River Plate, wo er von 1941 bis 49 spielte, zweimal Meister (45, 47) und einmal Torschützenkönig (47) wurde. 1949 wechselte Di Stefano nach Kolumbien zu Millionarios de Bogotá, holte dort vier Meistertitel und wurde zweimal Torschützenkönig (1951, 1952). 1953 unterschrieb er bei Real Madrid und wurde zur Legende. Mit den „Königlichen" gewann Europas Fußballer der Jahre 1957 und 59 fünfmal in Serie den Europapokal der Landesmeister (1956 bis 1960) und erzielte in jedem Finale mindestens ein Tor.

Geburtsdatum:	4. Juli 1926
Geburtsland:	Argentinien
Stationen:	River Plate, Millionarios de Bogotá, Real Madrid
WM-Spiele:	–
WM-Tore:	–
Länderspiele:	41
Tore:	36
WM-Teilnahmen:	1962

Jacob „Jaap" Stam

Er war ein wesentlicher Bestandteil der niederländischen Nationalelf, die sowohl bei der Weltmeisterschaft 1998 als auch der EM 2000 das Halbfinale erreichte. Beide Male schied Jaap Stam mit seiner Mannschaft erst im Elfmeterschießen aus. Seine größten Erfolge feierte der groß gewachsene Verteidiger 1999 im Trikot von Manchester United, gewann das Triple aus Premiership, FA Cup und Champions League. 1999 und 2000 wurde er zum besten Verteidiger der Champions League gewählt. 2001 wechselte Stam in die Serie A zu Lazio Rom, wurde nach einer positiven Dopingprobe (Nandrolon) zunächst für vier Monate gesperrt. 2004 verpflichtete ihn Ligakonkurrent AC Mailand, mit dem er ein Jahr später das Champions-League-Finale erreichte und einen der bittersten Momente seiner Laufbahn erlebte. Mit 3:0 lag „Milan" zur Pause im Finale von Istanbul gegen den FC Liverpool vorne. Die Engländer schafften jedoch das Unmögliche, glichen binnen sechs Minuten aus und siegten mit 6:5 – nach Elfmeterschießen.

Geburtsdatum:	17. Juli 1972
Geburtsland:	Niederlande
Stationen:	DOS Kampen, FC Zwolle, Cambuur Leeuwarden, Willem II Tilburg, PSV Eindhoven, Manchester United, Lazio Rom, AC Mailand
WM-Spiele:	7
WM-Tore:	–
Länderspiele:	67
Tore:	3
WM-Teilnahmen:	1998

Ulrich „Uli" Stein

Noch als 40-Jähriger stand der Keeper in der Bundesliga für Eintracht Frankfurt zwischen den Pfosten. In insgesamt 512 Spielen wehrte er Schüsse und Kopfbälle in der höchsten deutschen Spielklasse für Bielefeld, den HSV und Frankfurt ab. Stein errang Meisterschaften, gewann den Europapokal der Meister 1983, wurde Nationalspieler, doch noch berühmter wurde er durch seine verbalen und handgreiflichen Tiefflüge bzw. -schläge. So nannte Stein bei der WM 1986 Teamchef Beckenbauer einen „Suppenkaspar" und wurde daraufhin suspendiert. Im Supercupfinale 1987 gegen Bayern München verabreichte er Jürgen Wegmann kurzerhand einen Fausthieb, weil dieser ihm einen Ball ins Netz legte.

Geburtsdatum:	23. Oktober 1954
Geburtsland:	Deutschland
Stationen:	Arminia Bielefeld, Hamburger SV, Eintracht Frankfurt
WM-Spiele:	–
WM-Tore:	–
Länderspiele:	6
Tore:	–
WM-Teilnahmen:	1986

Neville Southall

Der gelernte Maurer aus dem walisischen Seebad Llandudno ist einer der größten „Evertonian" aller Zeiten. Von 1981 bis 1997 bestritt der Torwart 750 Spiele für den älteren der beiden Liverpooler Klubs. Als einziger Spieler in der 1878 begründeten Vereinsgeschichte konnte Southall zwei FA Cup-Siege erringen (1984, 1995). Zudem wurde er mit den „Toffees" Europapokalsieger der Pokalsieger (1985) und holte die bisher beiden letzten der insgesamt neun Meisterschaften (1985, 87). Neben schneller Reflexe zählten 1:1-Situationen und die Strafraumbeherrschung zu seinen Stärken. Für seine Verdienste wurde ihm der Ritterorden „Member of the British Empire" (MBE) verliehen.

Geburtsdatum:	16. September 1958
Geburtsland:	Wales
Stationen:	FC Everton, Port Vale
WM-Spiele:	–
WM-Tore:	–
Länderspiele:	92
Tore:	–
WM-Teilnahmen:	–

Norbert „Nobby" Stiles

Der Publikumsliebling der englischen Fans sorgte 1966 bei der Weltmeisterschaft im eigenen Land für ein Novum: Vor dem Viertelfinale gegen Argentinien erhielt der Mittelfeldspieler eine Abmahnung der FIFA, mit seinen Gegenspielern etwas vorsichtiger umzugehen. In der Tat war Nobby Stiles ein „Wadenbeißer", hatte aber auch Offensivqualitäten und war ein wichtiges Glied in Englands Weltmeisterschaftself. Nach vier Jahren als Trainer bei Preston North End war Stiles ab 1981 für drei Jahre noch einmal als Spieler bei den Vancouver Whitecaps in der nordamerikanischen NASL aktiv. Von 1985 bis 1986 trainierte er West Bromwich Albion.

Geburtsdatum:	18. Mai 1942
Geburtsland:	England
Stationen:	Manchester United, Vancouver Whitecaps
WM-Spiele:	6
WM-Tore:	–
Länderspiele:	28
Tore:	1
WM-Teilnahmen:	1966, 1970

Ulrich „Uli" Stielike

Er folgte Günter Netzer und Paul Breitner zu Real Madrid. Dort war Uli Stielike jahrelang als Libero unumstritten, wurde von 1979 bis 1982 viermal hintereinander zum besten ausländischen Spieler in Spanien gewählt und erlangte in Deutschland trotzdem nie den Ruhm der anderen Spanienlegionäre. Mit seiner zurückhaltenden Art taugte er nicht fürs Superstarimage. 1982 erlebte Stielike die wohl bittersten Minuten seiner Karriere, als er im Weltmeisterschafts-Halbfinale gegen Frankreich im Elfmeterschießen versagte. Letztlich klappte es – nach zwei gehaltenen Elfmetern von Schumacher – doch noch mit dem Einzug ins Finale, das mit einer 1:3-Pleite gegen Italien endete. Stielike beendete seine Karriere mit Erfolgen bei seinem Schweizer Verein Xamax Neuchâtel. Von 1998 bis 2000 war er Assistent von Bundestrainer Erich Ribbeck, anschließend DFB-Nachwuchscoach.

Geburtsdatum:	15. November 1954
Geburtsland:	Deutschland
Stationen:	Borussia Mönchengladbach, Real Madrid, Xamax Neuchâtel
WM-Spiele:	7
WM-Tore:	–
Länderspiele:	42
Tore:	3
WM-Teilnahmen:	1982

Hristo Stoichkov

Deutsche Fußballfans haben schlechte Erinnerungen an den bulgarischen Spielmacher. Im Viertelfinale der WM 1994 erzielte Stoichkov mit einem Freistoßschlenzer das zwischenzeitliche 1:1. Es war der Anfang vom Ende der deutschen Titelträume, nur wenig später kegelte Letchkov den amtierenden Weltmeister per Kopf aus dem Turnier. Nach zwei Niederlagen gegen Italien und Schweden beendeten Stoichkov & Co. die WM als Vierter. Es war der international größte Erfolg des exzentrischen Spielers des FC Barcelona, der im gleichen Jahr zu Europas Fußballer des Jahres gewählt wurde. Nach seiner aktiven Zeit betreut der 84-fache Nationalspieler (37 Tore) die bulgarische Auswahl.

Geburtsdatum:	8. Februar 1966
Geburtsland:	Bulgarien
Stationen:	ZSKA Sofia, FC Barcelona
WM-Spiele:	10
WM-Tore:	6
Länderspiele:	84
Tore:	37
WM-Teilnahmen:	1994, 1998

Georg „Schorsch" Stollenwerk

Der Einstand von „Schorsch" Stollenwerk in der Nationalmannschaft hätte nicht besser sein können. Beim 4:1 gegen Luxemburg am 23. Dezember 1951 gehörte er als rechter Halbstürmer an der Seite von „Boss" Helmut Rahn zu den Torschützen. Der Sprung in den Weltmeisterschaftskader 1954 gelang ihm nicht, dafür gehörte er 1958 in Schweden zum Stammpersonal, dort allerdings als Abwehrspieler. Der Allrounder war auch im Falle einer Verletzung von Keeper Herkenrath für das Tor vorgesehen. Zweimal tauchte Stollenwerk kurzfristig in der Bundesliga als Trainer auf. 1969 bei Alemannia Aachen und in der Saison 1975/76, als er für einige Monate beim 1. FC Köln die Nachfolge von Tschik Caikovski übernahm.

Geburtsdatum:	19. Dezember 1930
Geburtsland:	Deutschland
Stationen:	1. FC Köln
WM-Spiele:	6
WM-Tore:	–
Länderspiele:	23
Tore:	2
WM-Teilnahmen:	1958

Gordon David Strachan

Strachan war einer der erfolgreichsten Spieler in der Geschichte des schottischen Fußballs. In seiner Heimat gewann der nur 1,65 Meter große Mittelfeldspieler nahezu alle möglichen Titel. Auch international konnte Strachan große Erfolge verbuchen. Mit dem FC Aberdeen wurde er 1983 Europapokalsieger der Pokalsieger. Er war der erste Spieler, der sowohl in Schottland (1980) als auch in England (1991) zum Fußballer des Jahres gewählt wurde. 1984 wechselte der WM-Teilnehmer von 1982 und 86 zu Manchester United. Über Leeds ging es 1995 zu Coventry City, wo er zwei Jahre später seine Laufbahn beendete. Seit 2005 ist er Coach bei Celtic Glasgow.

Geburtsdatum:	9. Februar 1957
Geburtsland:	Schottland
Stationen:	FC Dundee, Aberdeen, Manch. Utd., Leeds Utd.
WM-Spiele:	6
WM-Tore:	1
Länderspiele:	50
Tore:	5
WM-Teilnahmen:	1982, 1986

Joachim „Strich" Streich

Er war Rekordmann und „Bomber" in einer Person in der Deutschen Demokratischen Republik. Seine Rekorde im Einzelnen: 102 Länderspiele für die DDR – Rekord, 55 Länderspieltore – Rekord, 229 Oberligatore – natürlich Rekord. Nur sechs Spieler überboten seine 387 Erstligaeinsätze für Hansa Rostock und den 1. FC Magdeburg. Dem zweimaligen Fußballer des Jahres in der DDR (1979 und 1983) blieb ein Meistertitel aber verwehrt. Dafür holte der nur 1,73 Meter große Mittelstürmer mit Magdeburg dreimal den FDGB-Pokal (1978, 1979 und 1983). Als Trainer hatte Joachim Streich nach seiner Laufbahn dann nicht den gewünschten Erfolg. Engagements beim 1. FC Magdeburg, Eintracht Braunschweig und dem FSV Zwickau endeten jeweils vorzeitig.

Geburtsdatum:	13. April 1951
Geburtsland:	DDR
Stationen:	Aufbau Wismar, TSG Wismar, FC Hansa Rostock, 1. FC Magdeburg
WM-Spiele:	4
WM-Tore:	2
Länderspiele:	102
Tore:	55
WM-Teilnahmen:	1974

Frank Anthony Stapleton

Der beste Kopfballspieler in der Geschichte des irischen Fußballs stürmte für zwei der größten englischen Vereine: Arsenal (1972–81) und ManU (81–87). Mit beiden Klubs gewann er den FA Cup (79, 83, 85). In seiner Glanzzeit hatte der Dubliner Pech, dass im Nationalteam Spieler vergleichbaren Kalibers fehlten. Erst als der neue Trainer Jackie Charlton ab 1986 weltweit auf die Suche nach Akteuren mit irischen Vorfahren ging, gewann „Eire" an Stärke. Mit fast 32 Jahren führte „Stapo" bei der EM 1988 sein Land zum historischen 1:0 über England. In der Startelf standen neben ihm nur drei weitere gebürtige Iren (Bonner, Moran, Whelan).

Geburtsdatum:	10. Juli 1956
Geburtsland:	Irland
Stationen:	Arsenal, ManU, Ajax, Derby County
WM-Spiele:	–
WM-Tore:	–
Länderspiele:	71
Tore:	20
WM-Teilnahmen:	1990

Jacob „Jakl" Streitle

Der Verteidiger des FC Bayern München debütierte in der Nationalmannschaft bei der Weltmeisterschaft 1938 in Frankreich. Das 2:4 gegen die Schweiz bedeutete zwar das Aus für Deutschland, doch Streitle war in. Seinen Platz in der Abwehr hatte er auch am 22. November 1950 beim ersten Länderspiel mit deutscher Beteiligung nach dem Zweiten Weltkrieg. Die Schweiz wurde diesmal mit 1:0 bezwungen. Trotz fortgeschrittenem Alter war „Jakl" eine echte Option für die Weltmeisterschaft 1954, na klar in der Schweiz, doch machte ihm eine schwere Verletzung zuvor einen Strich durch die Rechnung.

Geburtsdatum:	11. Dezember 1916
	† 24. Juni 1982
Geburtsland:	Deutschland
Stationen:	FC Bayern München
WM-Spiele:	1
WM-Tore:	–
Länderspiele:	15
Tore:	–
WM-Teilnahmen:	1938

Eduard „Edik" Streltsov

Mittelstürmer Streltsov stand im Kader der UdSSR, die 1956 in Melbourne olympisches Gold gewann. Im Endspiel gegen Jugoslawien (1:0) war er allerdings nur Zuschauer. Streltsov, der auch als russischer Pelé bezeichnet wurde, spielte zunächst bis 1958 bei Torpedo Moskau. Als er sich der Parteiorder, entweder zu ZSKA oder Dynamo Moskau zu wechseln, widersetzte, wurde er zu sieben Jahren Straflager verurteilt. Nach seiner Entlassung 1965 spielte er wieder für Torpedo und führte das Team sofort zur Meisterschaft. „Edik" Streltsov, nach dem im Russischen der Hackentrick benannt wurde, starb 1990 einen Tag vor seinem 53. Geburtstag.

Geburtsdatum:	21. Juli 1937
	† 20. Juli 1990
Geburtsland:	Sowjetunion
Stationen:	Torpedo Moskau
WM-Spiele:	–
WM-Tore:	–
Länderspiele:	38
Tore:	24
WM-Teilnahmen:	–

Thomas Strunz

235 Bundesligaspiele (32 Tore), 41 Länderspiele (ein Tor), fünf deutsche Meisterschaften (1990, 1997, 1999, 2000, 2001), zwei Pokalsiege (1998, 2000), die Champions League 2001, ein UEFA-Pokal (1996) und der Europameistertitel aus dem gleichen Jahr. Die Liste der Erfolge ist lang, doch unsterblich machten ihn drei Minuten und zehn Sekunden, bei denen er nicht mal anwesend war. Am 10. März 1998 wurde aus einer üblichen Pressekonferenz der legendäre Wutauftritt des damaligen Trainers des FC Bayern Giovanni Trapattoni. Seitdem kennt nicht nur jeder Fußballfan die Sätze „Schwach wie eine Flasche leer" oder „Was erlauben Strunz?". Thomas Strunz arbeitete nach seiner Laufbahn erst als Spielerberater, später als Manager beim VfL Wolfsburg. Dort wurde er im Dezember 2005 zusammen Mit Trainer Holger Fach entlassen.

Geburtsdatum:	25. April 1968
Geburtsland:	Deutschland
Stationen:	MSV Duisburg, FC Bayern München, VfB Stuttgart
WM-Spiele:	3
WM-Tore:	–
Länderspiele:	41
Tore:	1
WM-Teilnahmen:	1994

Heinrich „Heiner" Stuhlfauth

Mit dem 1. FC Nürnberg war er 1920, 21, 24, 25 und 27 fünfmal Deutscher Meister. In den Endspielen ließ er keinen einzigen Gegentreffer zu. Stuhlfauth war unbestritten der beste deutsche Torwart der 20er-Jahre, imponierte besonders mit seiner ausgezeichneten Strafraumbeherrschung. In seiner Popularität wurde er später allenfalls von Fritz Walter übertroffen.

Geburtsdatum:	11. Januar 1896
	† 12. September 1966
Geburtsland:	Deutschland
Stationen:	1. FC Nürnberg
WM-Spiele:	–
WM-Tore:	–
Länderspiele:	21
Tore:	–
WM-Teilnahmen:	–

Klaus Stürmer

In den 50er- und frühen 60er-Jahren bildete Klaus Stürmer zusammen mit Uwe Seeler das „Traumduo" im Angriff des Hamburger SV. Sie verstanden sich auf dem Spielfeld nahezu blind und waren privat eng befreundet. 1954 debütierte der erst 19-jährige Stürmer in der Nationalelf gegen Frankreich. Sein zweites und zugleich letztes Länderspiel folgte erst sieben Jahre später gegen Nordirland. Nach dem Meistertitel 1960 liebäugelte der technisch versierte Angreifer mit einem Wechsel ins Ausland. 1961 ging er tatsächlich – zum FC Zürich. In den folgenden Jahren scheiterten mehrere Versuche, ihn zur Rückkehr zu bewegen. 1971 starb Klaus Stürmer mit nur 35 Jahren an Krebs.

Geburtsdatum:	9. August 1935
	† 1. Juni 1971
Geburtsland:	Deutschland
Stationen:	Hamburger SV, FC Zürich
WM-Spiele:	–
WM-Tore:	–
Länderspiele:	2
Tore:	1
WM-Teilnahmen:	–

Dragan „Piksi" Stojkovic

Auf Grund seiner Eleganz am Ball wurde Stojkovic in seiner Heimat „Maradona des Ostens" genannt. Als 21-Jähriger wechselte er im Tausch mit fünf Spielern (!) und einer Flutlichtanlage von Nis zu Roter Stern Belgrad. Mit dem Hauptstadtklub wurde der Edeltechniker jugoslawischer Meister (1988, 90) und Pokalsieger (1990), ehe es ihn nach Marseille zog. Gleich in seiner ersten Saison erreichte er mit den Franzosen das Finale im Europapokal der Landesmeister, in dem OM ausgerechnet Roter Stern unterlag (3:5 im Elfmeterschießen). Ab 1994 spielte Stojkovic in Japan. Von 2002 bis 2005 war er Präsident des Fußballverbandes von Serbien und Montenegro. Heute führt er Roter Stern.

Geburtsdatum:	3. März 1965
Geburtsland:	Jugoslawien/Serbien
Stationen:	Nis, Roter Stern, Marseille, Hellas Verona, Nagoya
WM-Spiele:	9
WM-Tore:	3
Länderspiele:	84
Tore:	15
WM-Teilnahmen:	1990, 1998

Claudio Luis Suárez Sánchez (links)

Nicht weltweit bekannte Akteure wie Hugo Sanchez oder Jorge Campos absolvierten die meisten Spiele für Mexiko. Sein erstes Länderspiel bestritt der Innenverteidiger am 25. Juli 1992 in El Salvador. Es ist Claudio Suárez, der mit nunmehr 174 Spielen (sechs Tore) Rekordnationalspieler der Mexikaner ist und die Messlatte nahezu unerreichbar hoch gesetzt hat. Er nahm an den Weltmeisterschafts-Turnieren 1994 und 1998 teil, bestritt in den USA und Frankreich jeweils vier Spiele. Bei den Tigres Léon, wo er seit 1999 spielt, gehört er immer noch zur ersten Wahl.

Geburtsdatum:	17. Dezember 1968
Geburtsland:	Mexiko
Stationen:	UNAM Pumas Mexico City, CD Guadalajara, Tigres Léon
WM-Spiele:	8
WM-Tore:	–
Länderspiele:	174
Tore:	6
WM-Teilnahmen:	1994, 1998

Luis „Luisito" Suarez Miramontes (links)

Der aus La Coruña stammende Galizier begann seine Karriere beim Amateurklub Hercules und wechselte von dort zu Deportivo La Coruña. 1953 verpflichtete ihn der FC Barcelona, mit dem er 1959 und 1960 Meister wurde. 1961 folgte er seinem Trainer Helenio Hererra nach Italien zu Inter Mailand. Mit den Lombarden holte er drei Meisterschaften, gewann jeweils zweimal den Europapokal der Landesmeister und den Weltpokal. 1964 wurde Suarez zudem mit Spanien Europameister und nahm 1962 und 1966 an den Weltmeisterschaften teil. 1970 verließ er Mailand in Richtung Genua. Nach Ende seiner Spielerlaufbahn war er ein gefragter Coach, trainierte u.a. bei der Weltmeisterschaft 1990 das spanische Team. 1960 wurde Luis Suarez zu Europas Fußballer des Jahres gewählt. Er ist damit bis heute der einzige gebürtige Spanier, dem diese Ehre zuteil wurde.

Geburtsdatum:	2. Mai 1935
Geburtsland:	Spanien
Stationen:	Deportivo La Coruña, FC Barcelona, Inter Mailand, Sampdoria Genua
WM-Spiele:	4
WM-Tore:	–
Länderspiele:	32
Tore:	14
WM-Teilnahmen:	1962, 1966

Hakan Sükür

Der türkische Torjäger schoss sich bei der WM 2002 in die Geschichtsbücher. Im Spiel um Platz 3 gegen Südkorea traf Sükür bereits nach elf Sekunden zum 1:0 und unterbot dabei den 40 Jahre alten Rekord von Vaclav Masek, der 1962 in Chile den späteren Vizeweltmeister Tschechoslowakei gegen Mexiko (1:3) in Führung geschossen hatte, um vier Sekunden. Der Kapitän der Türken war auch bei den beiden anderen Toren von Mansiz als Vorlagengeber maßgeblich beteiligt und sorgte so mit dem 3:2-Sieg für das erfolgreichste Abschneiden einer türkischen Mannschaft bei einer Weltmeisterschaft.

Geburtsdatum:	1. September 1971
Geburtsland:	Türkei
Stationen:	Sakaryaspor, Bursaspor, Galatasaray Istanbul, AC Turin, Inter Mailand, AC Parma, Blackburn Rovers
WM-Spiele:	7
WM-Tore:	1
Länderspiele:	111
Tore:	51
WM-Teilnahmen:	2002

Davor „Suker-Baby" Suker

Der Stürmer von Real Madrid liefert bei der WM 1998 Glanzleistungen am Fließband ab, holte sich mit sechs Treffern die Torjägerkanone und schoss sich in die Herzen seiner Landsleute. Für die junge Nation Kroatien war es nach der EM 1996 in England der zweite große Auftritt auf der Fußballbühne. Und der endete erst nach dem 2:1-Sieg gegen Holland im kleinen Finale mit Platz 3. Mit seinem Siegtor war Suker endgültig zum „König von Kroatien" aufgestiegen. 1990 im WM-Kader Jugoslawiens kam der Goalgetter nicht zum Einsatz.

Geburtsdatum:	1. Januar 1968
Geburtsland:	Jugoslawien
Stationen:	Dinamo Zagreb, Sevilla, Real Madrid, Arsenal, West Ham, TSV München 1860
WM-Spiele:	8
WM-Tore:	6
Länderspiele:	71
Tore:	46
WM-Teilnahmen:	1990, 1998, 2002

Wim Suurbier

Zweimal in Folge stand Wim Suurbier in einem Weltmeisterschaftsfinale, beide Male verließ er den Platz als Verlierer. 1974 scheiterte die niederländische „Elftal" trotz früher Führung mit 1:2 an Deutschland. Suurbier absolvierte alle sieben Spiele, verpasste nach seiner Auswechslung beim 4:0 gegen Argentinien nur vier Turnierminuten. Vier Jahre später bei der zweiten Endspielteilnahme war ebenfalls der Weltmeisterschaftsgastgeber zu stark: Argentinien siegte gegen die „Oranjes" mit 3:1 nach der Verlängerung. Das Finale gegen die „Gauchos" in Buenos Aires war gleichzeitig Suurbiers letztes Länderspiel. Auch bei seiner einzigen Europameisterschaftsteilnahme war ihm der Titel nicht vergönnt. 1976 in Jugoslawien reichte es für den schnellen rechten Verteidiger (11,2 Sekunden über 100 Meter) und die niederländische Elf nur zum dritten Platz. Ein Jahr darauf wechselte Suurbier von Ajax Amsterdam in die Bundesliga zum FC Schalke 04, verließ die „Knappen" aber nach nur einer Saison, in der er gerade einmal zwölf Spiele absolvierte. Über die Stationen FC Metz in Frankreich (1978–1980) und die Los Angeles Aztecs (1980/81) ging es nach San José, wo er 1982 seine Karriere beendete. Mit 393 Pflichtspieleinsätzen für Ajax hat Suurbier die zweit meisten Spiele für den niederländischen Rekordmeister bestritten und gewann mit den Ajacieden zwischen 1971 und 1973 dreimal hintereinander den Europapokal der Landesmeister.

Geburtsdatum:	16. Januar 1945
Geburtsland:	Niederlande
Stationen:	Ajax Amsterdam, FC Schalke 04, FC Metz, Los Angeles Aztecs
WM-Spiele:	11
WM-Tore:	–
Länderspiele:	60
Tore:	3
WM-Teilnahmen:	1974, 1978

Alain Sutter

Bei der Weltmeisterschaft 1994 war er der überragende Akteur im Schweizer Trikot. Alain Sutter heimste beim 4:1-Erfolg gegen Rumänien in der Vorrunde die Traumnote „1" ein. Obwohl er sich im Auftaktspiel gegen die USA (1:1) den kleinen Zeh gebrochen hatte, führte Sutter die Eidgenossen bei ihrer Rückkehr auf die große internationale Fußballbühne ins Achtelfinale. Mit seinem Verein 1. FC Nürnberg war er im gleichen Jahr aus der Bundesliga abgestiegen. Danach wechselte er zum FC Bayern und ein Jahr später weiter zum SC Freiburg. In seinem Heimatland wurde Sutter mit den Grasshoppers Zürich viermal Meister und zweimal Pokalsieger.

Geburtsdatum:	22. Januar 1968
Geburtsland:	Schweiz
Stationen:	Grasshoppers Zürich, 1. FC Nürnberg, FC Bayern München, SC Freiburg
WM-Spiele:	3
WM-Tore:	1
Länderspiele:	62
Tore:	5
WM-Teilnahmen:	1994

Frank Victor Swift

Zwischen 1946 und 1949 hütete Frank Swift 19-mal das Tor der englischen Nationalmannschaft. Dass seine Nationalmannschaftskarriere vergleichsweise bescheidene Erfolge auswies, ist einzig dem Zweiten Weltkrieg zu schulden. Swift war mit Manchester City 1934 Cupsieger und 1937 Englischer Meister. Er starb 1958, als er Manchester United als Sportjournalist nach Belgrad begleitete und in der Unglücksmaschine saß, die beim Start nach einer Zwischenlandung auf dem Flughafen München-Riem während eines Schneesturms verunglückte.

Geburtsdatum:	24. Dezember 1913 † 6. Februar 1958
Geburtsland:	England
Stationen:	Manchester City
WM-Spiele:	–
WM-Tore:	–
Länderspiele:	19
Tore:	–
WM-Teilnahmen:	–

Andrzej Szarmach

Der Stürmer gehörte Polens „goldener Generation" an, die in den 70er- und frühen 80er Jahren für Furore sorgte. Zusammen mit Kazimierz Deyna zog Andrzej Szarmach in „Polskas" Spiel die Fäden. 1972 bei den Olympischen Spielen in München gewann er die Goldmedaille. Zwei Jahre später bei der WM musste sich eine starke polnische Mannschaft nur Deutschland geschlagen geben. Am Ende sprang für Polen der dritte Platz heraus – nicht zuletzt wegen Szarmachs fünf Turniertreffern. Auch bei den Weltmeisterschaften 1978 und 1982 stand Szarmach im polnischen Kader, schloss „España 82" abermals als WM-Dritter ab. 1987 beendete er seine Laufbahn.

Geburtsdatum:	3. Oktober 1950
Geburtsland:	Polen
Stationen:	Górnik Zabrze, Stal Mielec, AJ Auxerre
WM-Spiele:	13
WM-Tore:	7
Länderspiele:	61
Tore:	32
WM-Teilnahmen:	1974, 1978, 1982

Fritz Szepan

Zwischen 1933 und 42 stand er mit Schalke 04 neunmal im Endspiel um die deutsche Meisterschaft und gewann mit den „Knappen" sechsmal den Titel. An der Seite seines Schwagers Ernst Kuzorra bildete Szepan den legendären „Schalker Kreisel". Szepan wurde 1934 WM-Dritter mit der deutschen Nationalmannschaft und zählte zu der berühmten „Elf von Breslau", die mit 8:0 gegen Dänemark gewann und lange als die beste deutsche Nationalelf aller Zeiten galt.

Geburtsdatum:	2. September 1907
	† 14. Dezember 1974
Geburtsland:	Deutschland
Stationen:	FC Schalke 04
WM-Spiele:	5
WM-Tore:	–
Länderspiele:	34
Tore:	8
WM-Teilnahmen:	1934, 1938

Horst „Schimmi" Szymaniak

Bei den zwei WMs 1958 und 1962 war „Schimmi" uneingeschränkter Stammspieler im linken Mittelfeld. In Chile gelang ihm auch ein Tor beim 2:0 gegen den Gastgeber. 1961 wechselte Szymaniak in das Lireparadies Italien, wo er mit Inter Mailand 1964 den Europapokal der Landesmeister gewann. Nach seiner Rückkehr 1965 erlebte er mit Tasmania Berlin das krasse Gegenteil. Sein einziges Bundesligajahr war gespickt mit Negativrekorden. Legendär auch seine Forderung bei einer Vertragsverhandlung: „Ein Drittel? Ich will wenigstens ein Viertel mehr!"

Geburtsdatum:	29. August 1934
Geburtsland:	Deutschland
Stationen:	SpVgg. Erkenschwick, Wuppertaler SV, Karlsruher SC, Inter Mailand, Varese, Tasmania Berlin
WM-Spiele:	10
WM-Tore:	1
Länderspiele:	43
Tore:	2
WM-Teilnahmen:	1958, 1962

Immer war er eine treue Seele: „Uns Uwe"

Immer war er eine treue Seele: „Uns Uwe". Mit neun Jahren fing er beim Hamburger SV an, 1946. 1972 trat er ab, im Dress des HSV. Gegen eine Weltauswahl. Als ehemaliger Weltklassestürmer, der an vier Weltmeisterschaften teilnahm. 1958, 62, 66 und 1970. Dabei auf 21 Einsätze bei den Endrunden kam. Weltrekord, bis ihn Lothar Matthäus 1998 überflügelte. 1950 Minuten stand er bei den Titelkämpfen auf dem Feld, nur einer hielt länger durch: Lothar Matthäus. Doch bei aller Präsenz – Weltmeister wurde Uwe nie. Dabei stand er stets kurz davor. 1958 in Schweden. Gleich fünf Einsätze, zwei Tore. Platz 4. Vier Jahre später in Chile. Wieder zwei „Buden", doch das Aus im Viertelfinale. 1966 in England. Finale. Wembley-Tor. 2:4. Die Silbermedaille. Und dann soll es gelingen: 1970, die letzte Chance. Und im Viertelfinale rettet der kleine Stürmer die Deutschen. 82. Minute, Flanke in den Sechzehner, und mit dem Hinterkopf beförderte er den Ball in den englischen Kasten zum 2:2. 3:2-Sieg in der Verlängerung. Doch das Halbfinale ging verloren. Die Titel sammelte Seeler nur mit seinem Verein, zuhauf. Neunmal in Folge (1955–63) Norddeutscher Meister. Fußballer des Jahres 1960, 64 und 1970. 1960 Deutscher Meister und DFB-Pokalsieger 1963 – alles mit dem HSV, das ist Treue.

TAF – TAR

Claudio André Mergen Taffarel – Alberto César Tarantini – Marco Tardelli – John George Terry – Carlos Alberto Tévez – Andreas Thom – Olaf Thon – Lilian Thuram – Lajos Tichy – Jean Amadou Tigana – Hans Tilkowski – Milton Queiroz da Paixo „Tita" – Jon Dahl Tomasson – Jan Tomaszewski – Luca Toni – Fernando José Torres Sanz – Conny Torstensson – John Toshack – Eduardo Goncalves de Andrade „Tostão" – Francesco Totti – Giovanni Trapattoni – Bernhard Carl „Bert" Trautmann – Marius Trésor – David Trézeguet – Anton „Toni" Turek

Claudio André Mergen Taffarel

Er gilt als der beste brasilianische Keeper überhaupt und nahm an drei WM-Endrunden teil. An seinem einzigen WM-Titel (1994) hatte er maßgeblichen Anteil, als er im Finale gegen Italien den „Elfer" von Massaro im Elfmeterschießen hielt. Gleich zwei davon konnte er vier Jahre darauf im WM-Halbfinale 1998 gegen Holland abwehren. Und so standen er und seine Seleção durch das gewonnene Elfmeterschießen im Endspiel. Das ging allerdings mit 0:3 gegen Frankreich verloren. 2000 triumphierte er erneut in einem Elfmeterschießen, das er mit seinem Klub Galatasaray Istanbul im UEFA Cup-Finale gegen Arsenal gewann.

Geburtsdatum:	8. Mai 1966
Geburtsland:	Brasilien
Stationen:	Internacional, Parma, Reggiana, Atl. Mineiro, Galatasaray
WM-Spiele:	18
WM-Tore:	–
Länderspiele:	102
Tore:	–
WM-Teilnahmen:	1990, 1994, 1998

Alberto „Conejo" César Tarantini

Ohne bei einem Verein unter Vertrag zu sein, bestritt der Abwehrspieler die WM 1978 im eigenen Land. Und der Einsatz des 1,79 Meter großen Tarantini in allen sieben Partien sollte sich auszahlen. Lediglich vier Tore ließ die Abwehr um Alberto zu und holte für Argentinien den zweiten WM-Titel. Dabei gelang ihm beim 6:0 über Peru sogar ein Treffer. Der blieb ihm, nun bei River Plate Buenos Aires unter Vertrag, 1982 beim Weltturnier in Spanien versagt, wie auch die Titelverteidigung.

Geburtsdatum:	3. Dezember 1955
Geburtsland:	Argentinien
Stationen:	Boca Juniors, Birmingham City, River Plate, SEC Bastia, Toulouse, St. Gallen
WM-Spiele:	12
WM-Tore:	1
Länderspiele:	61
Tore:	1
WM-Teilnahmen:	1978, 1982

Marco Tardelli (rechts)

Aus gut 20 Metern überwand der Mittelfeldspieler Deutschlands Keeper Harald Schumacher und brach sogleich in ekstatischen Jubel aus. Kein Wunder, hatte er doch soeben das vorentscheidende 2:0 im 82er-WM-Finale erzielt und damit gleichzeitig seine Fußballerkarriere gekrönt – zumindest die als Nationalspieler. Im Dress der „alten Dame" Juventus Turin holte der komplette und harte Akteur alle europäschen Titel und fünfmal den Scudetto, die italienische Meisterschaft, in die Fiat-Stadt.

Geburtsdatum:	24. September 1954
Geburtsland:	Italien
Stationen:	Pisa, Como, Juventus Turin, Inter Mailand, St. Gallen
WM-Spiele:	13
WM-Tore:	2
Länderspiele:	80
Tore:	6
WM-Teilnahmen:	1978, 1982, 1986

John George Terry

Per Kopf erzielte Englands „Captain" im Juni 2007 gegen Brasilien (1:1) das erste Länderspieltor im neuen Wembley. Die Binde mit dem „C" trägt der Innenverteidiger auch beim FC Chelsea, den er zu jeweils zwei Meisterschaften (2005, 2006), Erfolgen im Ligapokal (2005, 2007) sowie einem FA-Cup (2007) führte. „JT" besticht durch seine Zweikampfstärke am Boden und in der Luft. Der gebürtige Londoner kam mit 14 Jahren an die Stamford Bridge. Durch seine Vertragsverlängerung im Juli 2007 wurde er zum bestbezahltesten Fußballer der Welt. Bis 2012 darf sich „Captain Marvel" (Titel seiner Autobiografie) über ein Wochengehalt von 196 000 Euro freuen.

Geburtsdatum:	7. Dezember 1980
Geburtsland:	England
Stationen:	Chelsea, Nottingham Forest
WM-Spiele:	5
WM-Tore:	–
Länderspiele:	42
Tore:	3
WM-Teilnahmen:	2006

Carlos Alberto Tévez

Am letzten Spieltag der Saison 2006/07 rettete der Argentinier West Ham mit seinem 1:0-Siegtreffer bei Manchester United vor dem Abstieg. Anschließend zahlte er den „Hammers" drei Millionen Euro, damit sie seinem Wechsel zu ManU zustimmen. Die noch junge Karriere von Tévez ist mit Erfolgen nur so gespickt: 2003 Weltpokalsieger und argentinischer Meister (Boca Juniors), 2004 Olympiasieger und Gewinner des „Goldenen Schuh" als bester Torschütze (U 23 Argentinien), 2005 Champion in Brasilien (Corinthians). Gleich dreimal in Folge wurde er zu „Südamerikas Fußballer des Jahres" gewählt (2003–2005).

Geburtsdatum:	5. Februar 1984
Geburtsland:	Argentinien
Stationen:	Boca Juniors, Corinthians, West Ham, ManU
WM-Spiele:	4
WM-Tore:	1
Länderspiele:	35
Tore:	7
WM-Teilnahmen:	2006

Andreas „Andy" Thom

Schon immer ist „Andy" seiner Zeit voraus. Als er 18-jährig im Europapokal debütierte, gelang der Sprung zu den Großen mühelos. Nur wenige Stürmer besaßen in der DDR-Oberliga sein Talent und Durchsetzungsvermögen. Fünf Meistertitel und zwei Pokalsiege später (mit dem BFC Dynamo) wechselte er als erster Fußballer aus der DDR offiziell in die Bundesliga – im Januar 1990. Schnell akklimatisierte er sich nicht nur in der Liga, sondern auch im Nationaltrikot: 20 Sekunden nach seiner Einwechslung im Vereinigungsländerspiel zappelte der Ball im Netz. Allerdings folgten seinen 51 DDR-Einsätzen nur noch zehn im DFB-Dress.

Geburtsdatum:	7. September 1965
Geburtsland:	DDR
Stationen:	Dynamo Berlin, Bayer 04, Celtic Glasgow, Hertha BSC
WM-Spiele:	–
WM-Tore:	–
Länderspiele:	61 (51 DDR/10 DFB)
Tore:	18 (16 DDR/2 DFB)
WM-Teilnahmen:	–

Olaf „Professor" Thon

Gleich drei Tore erzielte er beim legendären 6:6 gegen den FC Bayern München im DFB-Pokal – als 18-Jähriger. Franz Beckenbauer nominierte ihn im gleichen Jahr für das WM-Qualifikationsspiel auf Malta, und mit 18 Jahren und sieben Monaten war er der jüngste Nationalspieler seit Uwe Seeler. Der Jüngste war er auch 1986 bei der WM in Mexiko, jedoch schon Schalker Kapitän. 1990 kam er bei der Weltmeisterschaft nur sporadisch zum Einsatz, verwandelte jedoch den entscheidenden „Elfer" im Halbfinalkrimi gegen England. Das Finale erlebte er dann wieder von der Bank. 1997 war er Kapitän der Schalker „Eurofighter", die sensationell gegen Inter Mailand den UEFA-Cup gewannen.

Geburtsdatum:	1. Mai 1966
Geburtsland:	Deutschland
Stationen:	FC Schalke 04, FC Bayern München
WM-Spiele:	5
WM-Tore:	–
Länderspiele:	52
Tore:	3
WM-Teilnahmen:	1986, 1990, 1998

Lilian Thuram

Im Halbfinale der WM 1998 erzielte der Weltklasseverteidiger beim 2:1 über Kroatien beide französischen Tore und war damit maßgeblich am Titelgewinn beteiligt. Auch bei der EM 2000 verhalf Thuram seiner „Equipe Tricolore" zum Sieg. Nach der EM 2004 trat er zurück, kehrte aber für die WM 2006 ins Nationalteam zurück. In Deutschland fehlte der robuste und zugleich elegante Verteidiger als einer von vier französischen Feldspielern in sieben Spielen keine Sekunde. Nach UEFA-Cup und Pokal mit Parma sowie vier Scudetti mit Juventus Turin wechselte Thuram im Sommer 2006 zum FC Barcelona.

Geburtsdatum:	1. Januar 1972
Geburtsland:	Guadeloupe
Stationen:	AS Monaco, Parma, Juve
WM-Spiele:	16
WM-Tore:	2
Länderspiele:	132
Tore:	2
WM-Teilnahmen:	1998, 2002, 2006

Lajos Tichy

Eine enorme Schusskraft zeichneten den Stürmer von Honvéd Budapest aus. Nur Ferenc Puskas erzielte für Honvéd mehr Tore als Tichy, der 247 Treffer markierte. Bei seinem ersten WM-Auftritt 1958 in Schweden gelangen ihm gleich vier Treffer, die das Ausscheiden der Ungarn nach der Vorrunde aber nicht verhindern konnten. 1962 in Chile erreichten die Magyaren das Viertelfinale und Tichy traf dreimal. Bei der EM-Endrunde 1964 scheiterten er und seine Kollegen im Halbfinale am Gastgeber und späteren Europameister Spanien nach Verlängerung.

Geburtsdatum:	21. März 1935
Geburtsland:	Ungarn
Stationen:	Memosz Sport, Lok Budapest, Honvéd Budapest
WM-Spiele:	8
WM-Tore:	7
Länderspiele:	71
Tore:	49
WM-Teilnahmen:	1958, 1962, 1966

Jean „Titi" Amadou Tigana

Zusammen mit Giresse, Fernandez und Platini bildete „Jeanti" zu seiner aktiven Zeit wahrscheinlich die beste Mittelfeldreihe der Welt. 1984 erlebte er mit eben diesen Mitspielern seinen Karrierehöhepunkt, als er im Dress der „Equipe Tricolore" Europameister wurde. Im gleichen Jahr wurde der aus Mali stammende Tigana auch zum besten Fußballer seines Landes gewählt. Der 1,68 Meter große Mittelfeldstratege trat 86 bei der WM endgültig aus dem Schatten eines Platini heraus, war der überragende Spieler der Franzosen und erzielte beim 3:0-Sieg über Ungarn sein einziges Auswahltor.

Geburtsdatum:	23. Juni 1955
Geburtsland:	Mali
Stationen:	Toulon, O. Lyon, Gir. Bordeaux, O. Marseille
WM-Spiele:	12
WM-Tore:	1
Länderspiele:	52
Tore:	1
WM-Teilnahmen:	1982, 1986

Hans „Til" Tilkowski

Am 3. April 1957 in Amsterdam gegen die Niederlande (2:1) debütierte er international. Im Weltmeisterschaftsendspiel 1966 war er Deutschlands Torwart. Es war Hans Tilkowski, der das ominöse „Wembley-Tor" über sich ergehen lassen musste. Tilkowski hatte zuvor mit Borussia Dortmund den Europapokal der Pokalsieger gewonnen, war 1965 deutscher Pokalsieger geworden. Tilkowskis Stärke waren seine Nerven und sein Stellungsspiel. Er war stets ruhig und zuverlässig, war von äußeren Begebenheiten nie in seiner Leistung einzuschränken. Nach seiner Spielerlaufbahn coachte er Werder Bremen, TSV 1860 München, 1. FC Nürnberg, 1. FC Saarbrücken und AEK Athen.

Geburtsdatum:	12. Juli 1935
Geburtsland:	Deutschland
Stationen:	SC Westfalia Herne, Borussia Dortmund, Eintracht Frankfurt
WM-Spiele:	6
WM-Tore:	–
Länderspiele:	39
Tore:	–
WM-Teilnahmen:	1962, 1966

Milton Queiroz da Paixo „Tita"

0:3 lag sein Team nach dem UEFA-Cup-Finalhinspiel zurück – uneinholbar und aussichtslos. Als dann jedoch Mittelfeldspieler Tita im Rückspiel nach dem Seitenwechsel im heimischen Ulrich-Haberland-Stadion gegen Barcelona zum 1:0 traf, war es das Signal zur unglaublichen Aufholjagd. Und Bayer Leverkusen schaffte das Unmögliche, erzwang mit dem 3:0 n. V. ein Elfmeterschießen. Hier hatten die „Werkskicker" die besseren Nerven, siegten letztlich mit 3:2 und holten den UEFA-Cup ins Rheinland. Eine Schlüsselfigur: Tita, der dribbelstarke und torgefährliche Brasilianer mit dem guten Abschluss. Er kam 1987 als erster Brasilianer von Format in die Bundesliga. Der 31-fache Nationalspieler holte mit seinem ersten Klub Flamengo Rio de Janeiro zahlreiche Titel, der größte war sicher der Weltpokal 1981. Nach dem Triumph mit Leverkusen wollte Tita sein Gehalt aufbessern, doch Manager Reiner Calmund spielte nicht mit. Tita wechselte nach Italien zu Pescara Calcio.

Geburtsdatum: 1. April 1958
Geburtsland: Brasilien
Stationen: Flamengo Rio de Janeiro, Gremio Porto Allegre, Internacional, Bayer Leverkusen 04, Pescara Calcio
WM-Spiele: –
WM-Tore: –
Länderspiele: 31
Tore: 6
WM-Teilnahmen: 1990

Jon Dahl Tomasson

Dribbelstark und schnell schon in jungen Jahren – er machte berechtigte Hoffnungen, das Erbe eines der Laudrup-Brüder antreten zu können. Zuverlässiger Abstauber und immer in Bewegung holte er mit seinem Klub Feyenoord Rotterdam den UEFA-Cup 2002. In den insgesamt vier Jahren in der Hafenstadt errang er den Meistertitel sowie den Supercup Hollands. Gleich nach seinem Wechsel zum AC Mailand wurde er mit den Lombarden Champions-League-Sieger und 2004 Italienischer Meister. Der Durchbruch in der Nationalmannschaft gelang bei der Qualifikation zur EM 2000.

Geburtsdatum: 29. August 1976
Geburtsland: Dänemark
Stationen: SC Heerenveen, Newcastle Utd., Feyenoord, Milan, VfB Stuttgart, CF Villareal
WM-Spiele: 4
WM-Tore: 4
Länderspiele: 93
Tore: 47
WM-Teilnahmen: 2002

Jan Tomaszewski

In der „Wasserschlacht von Frankfurt" parierte er einen Elfmeter von Uli Hoeneß. Durch das spätere Tor von Gerd Müller zum 1:0 war es aber dennoch Deutschland und nicht Polen, das ins WM-Finale 1974 einzog. Jan Tomaszewski war der Torwart der größten polnischen Nationalmannschaft aller Zeiten. Im entscheidenden WM-Qualifikationsspiel im Londoner Wembley-Stadion erreichten die Polen ein 1:1 und verurteilten England zum Zuschauen.

Geburtsdatum: 9. Januar 1948
Geburtsland: Polen
Stationen: LKS Lodz
WM-Spiele: 11
WM-Tore: –
Länderspiele: 63
Tore: –
WM-Teilnahmen: 1974, 1978

Luca Toni

Sein Laufstil erinnere an einen Gaul mit Bügeleisen an den Hufen, lästerten einst die Trainingskiebitze in seiner Heimat Modena. Doch weil Toni vor dem Tor Instinkt und Kaltschnäuzigkeit auszeichnen, entwickelte sich der 1,94 Meter große Hüne zu einem der besten Mittelstürmer seiner Zeit. In der Saison 2003/04 schoss er Palermo nach drei Jahrzehnten wieder in die Serie A (30 Tore). Gar 31 Treffer waren es 2005/06 im Dress des AC Florenz, wodurch er den „Goldenen Schuh" für den besten Torjäger Europas gewann. Sein Markenzeichen ist der Torjubel, bei dem er sich ans Ohr fasst und dabei eine Bewegung vollführt als würde er eine Glühbirne einschrauben.

Geburtsdatum: 26. Mai 1977
Geburtsland: Italien
Stationen: Empoli, Brescia, US Palermo, AC Florenz, Bayern
WM-Spiele: 6
WM-Tore: 2
Länderspiele: 28
Tore: 12
WM-Teilnahmen: 2006

TOR – TOS

Fernando José Torres Sanz

Attraktiv, ein Tick für extravagante Kleidung und zahlreiche Werbeverträge – der Jungstar von Atlético Madrid gilt als Spaniens Antwort auf David Beckham. Mit drei Treffern in vier Spielen legte „El Nino", das Kind, bei der WM 2006 seine Reifeprüfung auf internationalem Parkett ab. Fernando Torres zeichnen Torriecher und Schnelligkeit aus. Mit Spaniens Nachwuchsteams wurde er Europameister der U 16- und U 19-Junioren (2001 bzw. 2002). Fünf Spielzeiten hintereinander war Torres bester Schütze der „Rojiblancos", die er 2007 trotz Vertrages Richtung Liverpool verließ. Dafür überwiesen die „Reds" 36 Millionen Euro.

Geburtsdatum:	20. März 1984
Geburtsland:	Spanien
Stationen:	Atlético Madrid, FC Liverpool
WM-Spiele:	4
WM-Tore:	3
Länderspiele:	45
Tore:	15
WM-Teilnahmen:	2006

Conny Torstensson

Zehn Tore in 21 Einsätzen im Bayern-Trikot machen den Schweden zum Mr. Europacup. Insbesondere, da in seinen vier Münchener Jahren gleich dreimal der Europapokal der Landesmeister an die Isar geholt wurde (1974, 75, 76). Und obwohl er in der zweiten Finalrunde den 2:1-Siegtreffer über Jugoslawien erzielte, erreichte er bei der Weltmeisterschaft 1974 in Deutschland nicht das Halbfinale. Vier Jahre später war das Halbfinale nur ein Traum. Schon nach der ersten Finalrunde fuhren die Wikinger nach Hause, nach nur einem Torstensson-Einsatz.

Geburtsdatum:	28. August 1949
Geburtsland:	Schweden
Stationen:	Atvidabergs FF, B. München
WM-Spiele:	6
WM-Tore:	1
Länderspiele:	40
Tore:	7
WM-Teilnahmen:	1974, 1978

John „The Old Firm" Toshack

Nachdem er mit 16 Jahren sein Ligadebüt für Cardiff City gegeben hatte, bildete der Waliser später zusammen mit Kevin Keegan eines der besten Angriffsduos in Liverpools Klubhistorie. „Little and Large" harmonierten prächtig. Dreimal holte Toshack die Meisterschaft an die Anfield Road (1973, 1976 und 1977) und den FA-Cup 1974. Den UEFA-Cup-Erfolgen (1973 und 1976) ist noch der im Charity-Shield 1976 hinzuzufügen. Als Spielertrainer führte er Swansea City von der fünften in die erste Division und setzte später seine Karriere als erfolgreicher Trainer fort. Neben der Nationalelf, für die er auch spielte, war er an der Seitenlinie für viele namhafte Klubs tätig.

Geburtsdatum:	22. März 1949
Geburtsland:	Wales
Stationen:	Cardiff City, FC Liverpool
WM-Spiele:	–
WM-Tore:	–
Länderspiele:	40
Tore:	13
WM-Teilnahmen:	–

Eduardo Goncalves de Andrade „Tostão"

Das Schicksal hielt für eine der talentiertesten Sturmspitzen, die das Land je gesehen hat, eine kurze, jedoch umso brillantere Karriere bereit. In den sechs Jahren, die er für die Seleção am Ball war (1966 bis 1973), krönte er seine Leistung mit dem Gewinn des Weltmeisterschaftstitels 1970 in Mexiko. Die europäische Presse setzte seine Leistungen noch über die eines Pelé und eines Jarzinho. Als Mittelstürmer verstand er es glänzend, sich ins Mittelfeld zurückfallen zu lassen, um dann seine Attacken aus dem Hintergrund aufzubauen. Dabei verfügte er über eine enorme Ballsicherheit und Präzision im Abschluss. Er beendete seine Laufbahn frühzeitig wegen einer Augenverletzung.

Geburtsdatum:	25. Januar 1947
Geburtsland:	Brasilien
Stationen:	America Belo Horizonte, Cruzeiro Belo Horizonte, Vasco da Gama
WM-Spiele:	7
WM-Tore:	3
Länderspiele:	54
Tore:	32
WM-Teilnahmen:	1966, 1970

Francesco Totti

Mit seinem verwandelten Elfmeter gegen Australien in der Nachspielzeit schoss er Italien ins Viertelfinale der WM 2006. Beim Titelgewinn der „Azzurri" kam Totti zwar in allen sieben Partien zum Einsatz, war aber nach seinem vier Monate zuvor erlittenen Wadenbeinbruch noch nicht wieder in Bestform. „Um ihn zu beschreiben, braucht es nur ein Wort: Genie", hat Italiens Fußball Legende Sandro Mazzola einmal über den Regisseur gesagt, den eine perfekte Ballbehandlung und Übersicht auszeichnen. Seine „Roma" führte er 2001 zur italienischen Meisterschaft. Im Dress der Squadra Azzurra wurde er 1996 U 21-Europameister und erreichte bei der EM 2000 das Finale. Außerhalb des Spielfeldes engagiert er sich als ehrenamtlicher Botschafter für die UNICEF, dem Kinderhilfswerk der Vereinten Nationen.

Geburtsdatum:	27. September 1976
Geburtsland:	Italien
Stationen:	AS Rom
WM-Spiele:	11
WM-Tore:	1
Länderspiele:	58
Tore:	9
WM-Teilnahmen:	2002, 2006

Giovanni „Trap" Trapattoni

Als Spieler holte er bereits mit dem AC Mailand (1953 bis 1971) alle erdenklichen Trophäen. Meister (1962, 1968), italienischer Pokalsieger (1967), Europapokal der Landesmeister (1963, 1969), Europapokal der Pokalsieger (1968) und Weltpokalsieger (1969). Seit seinem emotionalen Ausbruch auf einer Pressekonferenz als Trainer des FC Bayern und dem abschließenden „ich habe fertig" war er auch über die Fußballbranche hinaus sehr bekannt. Als Coach machte der „Maestro" dort weiter, wo er als Spieler aufgehört hatte. Rund 20 nationale Titel fuhr er bereits ein. Doch eine Trophäe mit der Nationalmannschaft blieb ihm sowohl als Trainer als auch als Spieler versagt.

Geburtsdatum:	17. März 1939
Geburtsland:	Italien
Stationen:	AC Mailand, Varese Calcio
WM-Spiele:	–
WM-Tore:	–
Länderspiele:	17
Tore:	1
WM-Teilnahmen:	1962

Bernhard Carl „Bert" Trautmann

Bert Trautmann kam als Kriegsgefangener 1945 nach England und hütete von 1949 bis 1964 das Tor von Manchester City. Zur lebenden Legende wurde Trautmann durch das FA Cup-Finale 1956 gegen Birmingham City. Bei einer im wahrsten Sinne waghalsigen Rettungsaktion erlitt er einen Halswirbelbruch. Trotz wahnsinniger Schmerzen spielte er weiter und rettete Manchester City den 3:1-Erfolg. Im gleichen Jahr wurde er als erster ausländischer Spieler zum Fußballer des Jahres gewählt. Bert Trautmann war Deutschlands beliebtester Botschafter aller Zeiten in England. 1997 wurde ihm das Bundesverdienstkreuz verliehen und 2004 der britische Ritterorden OBE.

Geburtsdatum:	22. Oktober 1923
Geburtsland:	Deutschland
Stationen:	Manchester City
WM-Spiele:	–
WM-Tore:	–
Länderspiele:	–
Tore:	–
WM-Teilnahmen:	–

Marius Trésor

Getreu seinem Namen kickte Trésor in der Verteidigung. Von dort aus bestimmte er zusammen mit Michel Platini, Alain Giresse und Jean Tigana den französischen Fußball der 80er-Jahre. 1976 holte er mit Olympique Marseille den Landespokal – sein erster Titel. 1984 wurde er dann endlich Champion mit Girondins Bordeaux. Im gleichen Jahr fehlte er überraschend bei der Europameisterschaft im eigenen Land, als sich seine Teamkollegen aus der „Equipe Tricolore" den Titel sicherten. Bei seinem Weltmeisterschaftsdebüt 1978 scheiterten „Les bleus" bereits in der Gruppenphase. 1982 spielte sich eine starke französische Elf ins Halbfinale gegen Deutschland vor. Nach Trésors Treffer zum 2:1 in der Verlängerung, dem wenig später das 3:1 durch Giresse folgte, wähnte sich Frankreich schon als Sieger. Zu früh – Deutschland kam zurück und erzwang ein Elfmeterschießen. Trésor trat nicht an, dafür u.a. Six und Bossis. Beide scheiterten, Frankreich war raus.

Geburtsdatum:	15. Januar 1950
Geburtsland:	Guadeloupe
Stationen:	AC Ajaccio, Olympique Marseille, Girondins Bordeaux
WM-Spiele:	10
WM-Tore:	1
Länderspiele:	65
Tore:	4
WM-Teilnahmen:	1978, 1982

David „Trézegol" Trézeguet

Ausgerechnet Trezeguet. Im Elfmeterschießen des WM-Finales 2006 scheiterte der Franzose in Diensten von Juventus Turin als einziger Schütze – Italien wurde Weltmeister. Sechs Jahre zuvor hatte ein Schuss des pfeilschnellen Angreifers ebenfalls großen Jubel ausgelöst, diesmal allerdings im französischen Lager: Mit links hämmerte er in der Verlängerung des EM-Finales den Ball in den Winkel und gab mit seinem „Golden Goal" der Squadra Azzurra das Nachsehen. Beim WM-Triumph im eigenen Land hatte Trezeguet 1998 beim 4:0 gegen Saudi-Arabien getroffen. Mit Monaco (1997, 2000) und Juve (2002, 03, 05, 06) wurde er bisher sechsmal Meister.

Geburtsdatum:	15. Oktober 1977
Geburtsland:	Frankreich
Stationen:	CD Platense, AS Monaco, Juventus Turin
WM-Spiele:	12
WM-Tore:	1
Länderspiele:	70
Tore:	34
WM-Teilnahmen:	1998, 2002, 2006

Anton „Toni" Turek

Rundfunkreporter Herbert Zimmermann adelte ihn als „Fußballgott". Als Toni Turek, Torwart von Fortuna Düsseldorf, im WM-Finale von Bern 1954 beim Stand von 3:2 für Deutschland einen unhaltbar scheinenden Schuss von Czibor abwehrte, hatte Turek Deutschland den Titel gerettet. Die Ungarn hatten sich an dem „Teufelskerl" (Zimmermann) im deutschen Tor die Zähne ausgebissen. Mit seinen 35 Jahren war Turek der Routinier der deutschen Mannschaft. Mit 37 wechselte er zu Borussia Mönchengladbach, weil er in Düsseldorf keinen neuen Vertrag mehr erhielt.

Geburtsdatum:	18. Januar 1919
	† 11. Mai 1984
Geburtsland:	Deutschland
Stationen:	Eintracht Frankfurt, Ulm 1846, Fortuna Düsseldorf, Borussia Mönchengladbach
WM-Spiele:	5
WM-Tore:	–
Länderspiele:	20
Tore:	–
WM-Teilnahmen:	1954

Der „Fußballgott" hielt den WM-Sieg fest

Czibor drückte aus nächster Nähe ab. Unhaltbar, scheinbar. Denn mit einer unglaublichen Parade verhinderte Toni Turek, der Schlussmann, das 3:3 im WM-Finale 1954 gegen Ungarn. Es war der Moment, als ihn Herbert Zimmermann in den Himmel hob. „Toni, du bist ein Fußballgott!", überschlägt sich der Rundfunkreporter am Mikrofon förmlich. Die Szene prägte sich ein, bis heute. Der „Spitzname" auch. Göttlich verlief Tureks Karriere allerdings nicht. Als er im Alter von 17 Jahren bei Duisburg hielt und im Notizblock von Herberger stand, verhinderte der zweite Weltkrieg eine höhere Zahl an Länderspielen für den 19er-Jahrgang. Gleich im ersten Landesvergleich nach der ungewollten Pause steht er jedoch im Kasten – 1950. Bis 1954 verpasste der ruhige, sichere Schlussmann kaum eine DFB-Partie. Und krönte 35-jährig als Senior im deutschen Team seine Laufbahn – als einer der Helden von Bern. Im gleichen Jahr dann der Abschied beim 1:3 gegen Frankreich. Ausklingen ließ der reaktionsschnelle Keeper sein Sportlerleben zwischen den Pfosten von Mönchengladbach. Er wurde Trainer und später Lehrer, arbeitete auch bei der Düsseldorfer Rheinbahn. Eines Morgens dann das böse Erwachen. Die Beine waren gelähmt. Es folgten Magenoperationen und Herzinfarkt. Am 11. Mai 1984 verstarb der „Fußballgott" im Krankenhaus von Neuss.

Lothar Ulsaß

An Eintracht Braunschweigs sensationellem Gewinn der deutschen Meisterschaft des Jahres 1967 hatte er maßgeblichen Anteil. Er brannte vor Ehrgeiz, erst recht, als ihn Bundestrainer Helmut Schön nicht in den 22er-Kader des Weltmeisterschaftsturniers 1966 in England berufen hatte – obwohl dem Halbstürmer beim Test gegen Österreich (4:1) ein Hattrick gelungen war. Anfang der 1970er Jahre war er in den Bundesligaskandal verwickelt und der Deutsche Fußballbund sperrte ihn für eineinhalb Jahre. Daher wechselte er zum Wiener SK und erklärte die Donaumetropole zu seiner neuen Heimat.

Geburtsdatum:	9. September 1940
	† 18. Juni 1999
Geburtsland:	Deutschland
Stationen:	Arminia Hannover, Eintracht Braunschweig, Wiener SK
WM-Spiele:	–
WM-Tore:	–
Länderspiele:	10
Tore:	8
WM-Teilnahmen:	–

Adolf Urban (links)

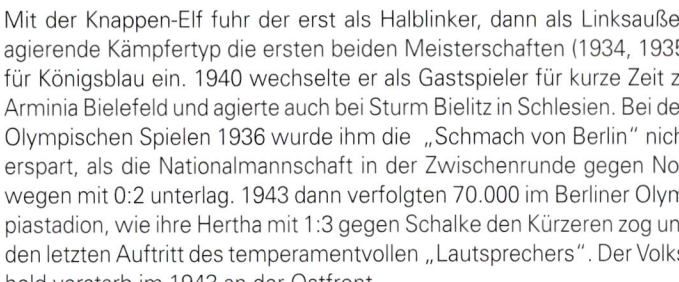

Mit der Knappen-Elf fuhr der erst als Halblinker, dann als Linksaußen agierende Kämpfertyp die ersten beiden Meisterschaften (1934, 1935) für Königsblau ein. 1940 wechselte er als Gastspieler für kurze Zeit zu Arminia Bielefeld und agierte auch bei Sturm Bielitz in Schlesien. Bei der Olympischen Spielen 1936 wurde ihm die „Schmach von Berlin" nicht erspart, als die Nationalmannschaft in der Zwischenrunde gegen Norwegen mit 0:2 unterlag. 1943 dann verfolgten 70.000 im Berliner Olympiastadion, wie ihre Hertha mit 1:3 gegen Schalke den Kürzeren zog und den letzten Auftritt des temperamentvollen „Lautsprechers". Der Volksheld verstarb im 1943 an der Ostfront.

Geburtsdatum:	9. Januar 1914
	† 23. Mai 1943
Geburtsland:	Deutschland
Stationen:	FC Schalke 04, Arminia Bielefeld, Sturm Bielitz
WM-Spiele:	–
WM-Tore:	–
Länderspiele:	21
Tore:	11
WM-Teilnahmen:	–

Klaus „Banne" Urbanczyk

1964 wurde Urbanczyk zum DDR-Sportler des Jahres gewählt – es war das einzige Mal, dass ein Fußballer in der Einzelwertung diese Auszeichnung erhielt. Zuvor war er während des olympischen Fußballturniers in Japan im Halbfinale gegen die Tschechoslowakei mit seinem eigenen Torwart derart unglücklich zusammen geprallt, dass er einen Beinbruch erlitt. Die DDR verlor die Partie, gewann aber später das Spiel um Platz 3. Urbanczyks Ersatz Peter Rock schenkte dem Kapitän seine Medaille, da damals nur die Sportler die Auszeichnung erhielten, die in Entscheidungsspielen standen. Berühmt war Urbanczyk nicht zuletzt ob seiner „Sliding Tacklings". Selbst der große Bobby Charlton lobte nach dem 2:1-Sieg der Engländer 1963 die außergewöhnliche Grätschentechnik des Defensivstrategen.

Geburtsdatum:	4. Juni 1940
Geburtsland:	Deutschland
Stationen:	HFC Chemie Halle
WM-Spiele:	–
WM-Tore:	–
Länderspiele:	34
Tore:	–
WM-Teilnahmen:	–

„Banne", der Retter

Klaus Urbanczyk (Mitte), der eisenharte und kompromisslose Verteidiger, wurde 1964 „Fußballer des Jahres", holte aber Vereinstitel erst als Trainer. Von 1976 bis 1982 war er Chef auf der Bank beim 1. FC Magdeburg und führte diesen zu zwei FDGB-Pokaltriumphen (1978, 1979). In die Schlagzeilen kam er am Ende seiner Spielerkarriere 1971 durch die Brandkatastrophe von Eindhoven, bei der sein Mannschaftsgefährte Wolfgang Hoffmann ums Leben kam. „Banne", der stete Kämpfer, rettete viele andere Hotelbewohner unter größter Gefahr für sein eigenes Leben, ehe er selbst mit schweren Verletzungen über die Dächer vor den Flammen flüchten musste. Nach der Wende versuchte er noch einmal ein Trainercomeback beim Halleschen FC, doch die große Fluktuation ließ keine Erfolge zu. Er wechselte zum Regionalligisten Altmark Stendal und konnte noch einmal die große Fußballluft atmen, als die Altmärker im Viertelfinale des DFB-Pokalfinales den Bundesligisten Bayer Leverkusen an den Rand einer Niederlage brachten und gegen Völler & Schuster erst im Elfmeterschießen ausschieden.

VAL – VAL

Jorge Alberto Valdano Castellano – Carlos Alberto Valderrama Palacio – Erwin Vandenbergh – Rafael van der Vaart – Obdulio Jacinto Varela – Edvaldo Izidio Neto „Vava" – Mark Viduka – Juan Sebastian Verón – Gianluca Vialli – Patrick Vieira – Christian „Bobo" Vieri – Rudolf „Rudi" Völler – Ivo Viktor – Eberhard Vogel – Hans-Hubert „Berti" Vogts – Johann Vogel – Georg Volkert – Mirko Votava – Bernard Vukas

Jorge „El Filósofo" Alberto Valdano Castellano

Als Mitglied der 86er-Weltmeisterelf und 2:0-Finaltorschütze verhalf er seinem Land zum zweiten WM-Titel. Nach seinem Weggang aus Argentinien verbrachte der Weltklassestürmer seine gesamte Karriere in Spanien. Über die Umwege Alavés und Real Zaragoza kam er zu Real Madrid. Obwohl er dann auch noch für Teneriffa sowie Valencia aktiv spielte, gelangen nur mit dem „Weißen Ballett" Titelgewinne: Zwei spanische Meisterschaften (1986 und 1987), zwei UEFA-Cup-Siege (1985 und 1986) sowie der Liga-Pokal (1985).

Geburtsdatum:	4. Oktober 1955
Geburtsland:	Argentinien
Stationen:	Newell's Old Boys, Alavés, Zaragoza, Real Madrid
WM-Spiele:	9
WM-Tore:	4
Länderspiele:	22
Tore:	11
WM-Teilnahmen:	1982, 1986

Carlos „El Pibe" Alberto Valderrama Palacio

Es waren nicht nur die blond gefärbten Rastalocken, die Carlos Valderrama bekannt machten. 1990 führte er Kolumbien zur ersten WM-Teilnahme nach 28 Jahren und zog ins Achtelfinale ein. 1993 feierte Kolumbien in der WM-Qualifikation einen legendären 5:0-Erfolg in Argentinien. Das enttäuschende Abschneiden bei den WM-Turnieren 1994 und 1998 warf allerdings einen Schatten auf Valderramas Karriere: Kolumbien schied jeweils in der Vorrunde mit nur einem Sieg (gegen die Schweiz sowie Tunesien) aus.

Geburtsdatum:	2. September 1961
Geburtsland:	Kolumbien
Stationen:	SC Montpellier, Real Valladolid
WM-Spiele:	10
WM-Tore:	1
Länderspiele:	111
Tore:	11
WM-Teilnahmen:	1990, 1994, 1998

Rekordnationalspieler Kolumbien

Rafael van der Vaart

Der Sohn eines Holländers und einer Spanierin verbrachte seine Kindheit auf einem Wohnwagenplatz. Bereits mit 10 Jahren erhielt er von Ajax Amsterdam einen Jugendspielervertrag. Gut zwei Monate nach seinem 17. Geburtstag debütierte der Linksfuß in der ersten Mannschaft. Mit den „Ajacieden" wurde er 2002 und 2004 Meister. Neben Technik und Spielübersicht besticht der Mittelfeldspieler durch seine Torgefährlichkeit. 2002 und 2003 war mit 14 bzw. 18 Treffern jeweils bester Schütze seines Teams. Nach 117 Spielen unterschrieb der Vaart im Mai 2005 beim HSV. An der Alster wurde er zum Publikumsliebling und bildete mit seiner Frau Sylvie das Traumpaar der Hamburger Society.

Geburtsdatum:	11. Februar 1983
Geburtsland:	Niederlande
Stationen:	Ajax, Hamburger SV
WM-Spiele:	3
WM-Tore:	–
Länderspiele:	46
Tore:	11
WM-Teilnahmen:	2006

Erwin Vandenbergh

1980 wurde der Stürmer mit dem „Goldenen Schuh" für den besten Torschützen in Europa ausgezeichnet. Die Torjägerkrone in Belgien sicherte sich der dunkelhaarige Angreifer gleich viermal. Nach einem enttäuschend verlaufenden Ausflug in die italienische Liga kehrte er schnell wieder in seine belgische Heimat zurück. Nachdem er bei der WM in Spanien den 1:0-Siegtreffer im Eröffnungsspiel gegen Titelverteidiger Argentinien erzielt hatte, erreichten den Mittelstürmer erneut Offerten aus Italien. Doch für eine Ablösesumme von 2,6 Millionen Mark ging er zum RSC Anderlecht.

Geburtsdatum:	26. Januar 1959
Geburtsland:	Belgien
Stationen:	Lierse SK, RSC Anderlecht, OSC Lille, KAA Gent
WM-Spiele:	6
WM-Tore:	2
Länderspiele:	48
Tore:	20
WM-Teilnahmen:	1982, 1986

Obdulio „El Caudillo" Jacinto Varela

Mit ihm, so sind die Leute am Rio de La Plata noch heute überzeugt, hätte die „Celeste", Uruguays Landesauswahl, den dritten Weltmeistertitel 1954 in der Schweiz geholt. Doch „el negro jefe" verletzte sich 37-jährig im Viertelfinale gegen England am Bein und konnte das Halbfinale gegen Ungarn nicht bestreiten, das die Urus verloren. 1950 in Brasilien war er dagegen im Finale einer der überragenden Spielerpersönlichkeiten und am sensationellen 2:1-Endspielsieg beteiligt. Seine Stellung als einer der überragenden Spieler Uruguays der 40er- und 50er-Jahre belegten seine sechs Meistertitel mit Peñarol.

Geburtsdatum:	20. September 1917
	† 2. August 1996
Geburtsland:	Uruguay
Stationen:	Peñarol Montevideo
WM-Spiele:	7
WM-Tore:	2
Länderspiele:	49
Tore:	10
WM-Teilnahmen:	1950, 1954

Edvaldo Izidio Neto „Vava"

Unglaubliche fünf Tore in vier Partien, davon gleich zwei im Finale, steuerte der populäre Angreifer der WM 1958 in Schweden zum Titelgewinn seiner Seleção bei. Obwohl es vier Jahre später in Chile 1962 ein Tor weniger war und er dafür sechs Partien benötigte, holte er an der Seite von Pelé, Didi & Co. erneut die „Copa Mundial". Der klassische Mittelstürmer scheute keinen Zweikampf, besaß einen unglaublichen Torriecher sowie eine immense Kopfballstärke. Aufgrund seiner Fitness und Energie besaß er den Spitznamen „Peito de Aço", die Stahlbrust.

Geburtsdatum:	12. November 1934
	† 19. Januar 2002
Geburtsland:	Brasilien
Stationen:	Vasco da Gama, Atl. Madrid, Palmeiras
WM-Spiele:	10
WM-Tore:	9
Länderspiele:	20
Tore:	14
WM-Teilnahmen:	1958, 1962

Mark Viduka (rechts)

Für einen Mann seiner Größe bringt der fast 1,90 Meter große, wuchtige Stürmer erstaunliche technische Fertigkeiten mit. Australiens Kapitän bei der WM 2006 begann seine Karriere bei den Melbourne Knights und spielt seit 1995 in Europa. Im Land seiner kroatischen Vorfahren erzielte er für Croatia (ehedem) Dinamo Zagreb in 84 Spielen 40 Tore. Im Dress von Celtic Glasgow ließ er in der Saison 1999/2000 24 Treffer folgen und wurde zum „Scottish Premier League Player of the year" gewählt. Über Leeds führte sein Weg zum FC Middlesbrough, mit dem er 2006 das Finale des UEFA-Pokals erreichte (0:4 gegen FC Sevilla).

Geburtsdatum:	9. Oktober 1975
Geburtsland:	Australien
Stationen:	Melbourne Knights, Croatia Zagreb, Celtic Glasgow, Leeds United, FC Middlesbrough
WM-Spiele:	4
WM-Tore:	–
Länderspiele:	43
Tore:	11
WM-Teilnahmen:	2006

VER – VIE

Juan „La Brujita" Sebastian Verón

„La Brujita", der kleine Hexenmeister (in Anlehnung an seinen Vater, den großen Hexenmeister), spielte sich bei der WM 1998 ins Rampenlicht. Nachdem der Mittelfeldspieler, den ein großartiges Passspiel, ein hohes Laufpensum sowie ein exzellentes Stellungsspiel auszeichnen, 1999 mit Parma den italienischen Pokal und den UEFA Cup holte, wechselte er zu Lazio. In seiner ersten Saison am Tiber gewann er prompt das Double und wechselte zu Manchester United. Nach dem Meistertitel 2003 verließ er Old Trafford und kehrte über die Station Chelsea 2004 nach Italien zurück.

Geburtsdatum:	9. März 1975
Geburtsland:	Argentinien
Stationen:	Estudiantes de la Plata, Samp. Genua, Parma, Lazio, ManU, Chelsea, Inter
WM-Spiele:	8
WM-Tore:	–
Länderspiele:	61
Tore:	9
WM-Teilnahmen:	1998, 2002

Gianluca Vialli

Als frisch gebackener Europacupsieger mit Sampdoria Genua (Pokalsieger-Wettbewerb) war der Stürmer 1990 die Offensivhoffnung bei der WM im eigenen Land. Doch Vialli enttäuschte in seinen drei Einsätzen und blieb wie bei seiner ersten WM 1986 ohne Treffer. Mit Sampdoria und Juventus Turin wurde er Italienischer Meister. Mit der „alten Dame" sicherte er sich zudem den UEFA Cup (1993) und 1996 die Champions League. Vialli ist damit einer der wenigen Spieler, die alle drei europäischen Pokalwettbewerbe gewinnen konnten.

Geburtsdatum:	9. Juli 1964
Geburtsland:	Italien
Stationen:	Cremonese, Samp. Genua, Juventus Turin, Chelsea
WM-Spiele:	7
WM-Tore:	–
Länderspiele:	59
Tore:	17
WM-Teilnahmen:	1986, 1990

Patrick Vieira

Den gegnerischen Angriff unterbinden und postwendend den Gegenzug einleiten – kaum einer beherrscht dies besser als Vieira. Bei der WM 2006 ragte er zusammen mit Makelele und Zidane im Team des Vizeweltmeisters heraus. Gerade 22 Jahre alt geworden, feierte er mit der „Equipe Tricolore" 1998 den WM-Titel, 2000 folgte der Triumph bei der EM. Mit Arsenal holte er 1998 und 2002 das Double. Ohne eine einzige Niederlage führte er die „Gunners" nochmals 2004 zum Titel in der Premier League.

Geburtsdatum:	23. Juni 1976
Geburtsland:	Senegal
Stationen:	Milan, Arsenal, Juve, Inter
WM-Spiele:	12
WM-Tore:	2
Länderspiele:	104
Tore:	6
WM-Teilnahmen:	1998, 2002, 2006

Christian „Bobo" Vieri

„Bobo" Vieri hatte in seiner Karriere bereits mehr als zehn verschiedene Profiklubs als Arbeitgeber. Der treffsichere Stürmer kam in der Saison 1997/98 bei Atlético Madrid auf sagenhafte 24 Tore in 24 Spielen und wurde spanischer Torschützenkönig. Zuvor hatte er mit Juventus Turin 1997 den Scudetto, Italiens Meistertitel, nach Turin geholt. 1999 schoss er für Lazio Rom ein Tor beim 2:1-Sieg über Mallorca im Finale des Pokals der Pokalsieger. Bei der WM 1998 war er mit fünf Treffern erfolgreichster Torschütze der Italiener. 2002 in Asien steuerte er vier Treffer in ebenso vielen Spielen bei.

Geburtsdatum:	12. Juli 1973
Geburtsland:	Italien
Stationen:	AC Prado, Atalanta Bergamo, Juventus Turin, Atl. Madrid, Lazio Rom, Inter Mailand, Milan
WM-Spiele:	9
WM-Tore:	9
Länderspiele:	49
Tore:	23
WM-Teilnahmen:	1998, 2002

Rudolf „Rudi" Völler

Rudi Völler hatte seine erste internationale Begegnung am 17. November 1982 in Belfast gegen Nordirland (0:1). Doch Rom war seine Stadt. Hierhin war er 1987 von Werder Bremen gewechselt. Hier feierte er die größten Triumphe im Vereinsfußball. Und im Olympiastadion von Rom wurde Rudi Völler 1990 Fußball-Weltmeister. Im Finale Deutschland gegen Argentinien war es Rudi Völler, der den Elfmeter zum 1:0 herausholte. Völler plagten in seiner Laufbahn zahlreiche Verletzungen, er verpasste die Europameisterschaft 1992. 2002 wurde er als Teamchef der deutschen Nationalmannschaft Vizeweltmeister.

Geburtsdatum:	13. April 1960
Geburtsland:	Deutschland
Stationen:	TSV 1860 Hanau, Kickers Offenbach, TSV 1860 München, Werder Bremen, AS Rom, Olympique Marseille, Bayer Leverkusen
WM-Spiele:	15
WM-Tore:	8
Länderspiele:	90
Tore:	47
WM-Teilnahmen:	1986, 1990, 1994

Ivo „Vitja" Viktor

1976 erlebte der Torhüter von Dukla Prag, dem heutigen FK Marila Pribram, seinen absoluten sportlichen Höhepunkt. Bei der Europameisterschaft in Jugoslawien stand er zwischen den Pfosten des CSSR-Gehäuses, absolvierte alle vier Partien und schlug im Finale Deutschland mit 7:6 n.E. Die herausragenden Turnierleistungen bescherten ihm den Titel des besten Fußballers dieser EM. Bereits beim WM-Endrundenturnier 1970 in Mexiko hütete er das Tor seines Heimatlandes. Auch mit Dukla Prag holte er zwei Meistertitel an die Moldau.

Geburtsdatum:	21. Mai 1942
Geburtsland:	Tschechoslowakei
Stationen:	Dukla Prag
WM-Spiele:	2
WM-Tore:	–
Länderspiele:	63
Tore:	–
WM-Teilnahmen:	1970

Eberhard „Matz" Vogel

„Matz" Vogel war einer der erfolgreichsten Fußballer der DDR. Und das, obwohl er nie das Trikot des oftmals begünstigten Mielke-Vereins BFC Dynamo trug. Vogel war mit Karl-Marx-Stadt 1967 Meister und mit Carl Zeiss Jena 1972, 74 und 80 Pokalsieger in der DDR. 1981 zog er unter Trainer Hans Meyer ins Finale des Europapokals der Pokalsieger ein, wo Carl Zeiss mit 1:2 gegen Dynamo Tiflis unterlag. Mit 440 Einsätzen ist er Rekordhalter der DDR-Oberliga.

Geburtsdatum:	8. April 1943
Geburtsland:	Deutschland
Stationen:	FC Karl-Marx-Stadt, Carl Zeiss Jena
WM-Spiele:	3
WM-Tore:	–
Länderspiele:	74
Tore:	25
WM-Teilnahmen:	1974

Hans-Hubert „Berti" Vogts

Er war der „Terrier" in der deutschen Abwehr. Mit Johann Cruijff lieferte er sich im WM-Finale ein verbissenes Duell, das Berti Vogts nach dem in der ersten Minute von Uli Hoeneß an Cruijff verschuldeten Elfmeter für sich entschied. Vogts wurde mit Borussia Mönchengladbach fünfmal Deutscher Meister, Pokalsieger und UEFA-Pokalsieger (1975, 1979). Mit der Trikotnummer 2 gewann Vogts in der Nationalmannschaft die Welt- und Europameisterschaft. Als deutscher Nationaltrainer wurde er zudem 1996 Europameister in England.

Geburtsdatum:	30. Dezember 1946
Geburtsland:	Deutschland
Stationen:	Bor. Mönchengladbach
WM-Spiele:	19
WM-Tore:	–
Länderspiele:	96
Tore:	1
WM-Teilnahmen:	1970, 1974, 1978

Johann Vogel

Mit 15 Jahren debütierte er bei Grasshoppers Zürich in der 1. Liga, an seinem 18. Geburtstag bestritt er sein erstes Länderspiel. Nach drei Meistertiteln mit „GC" wechselte der gebürtige Genfer 1999 zu Eindhoven, wo er mit van Bommel und später Cocu (ab 2004) ein starkes Mittelfeld bildete und vier Meisterschaften bejubeln durfte. Im Nationalteam spielt Vogel, seit 2005 bei Milan, eine Schlüsselrolle im defensiven Mittelfeld und hatte bei der WM 2006 großen Anteil daran, dass die Eidgenossen als einzige Mannschaft ohne Gegentor blieben.

Geburtsdatum:	8. März 1977
Geburtsland:	Schweiz
Stationen:	Grasshoppers-Club Zürich, Eindhoven, Milan
WM-Spiele:	4
WM-Tore:	–
Länderspiele:	94
Tore:	2
WM-Teilnahmen:	2006

Georg „Schorsch" Volkert

Nur ein paar Schritte, eine kurze Täuschung, und Anderlechts Schlussmann war verladen. „Schorsch" verwandelte nach 80 Minuten den Foulelfmeter im Finale des Pokalsiegerwettbewerbs 1977. Als Volkert auch noch Felix Magath zum 2:0 bediente, avancierte er endgültig zum „Matchwinner" für den HSV. Es war der größte Erfolg für den Franken, der nach dem Abstieg seines 1. FCN 1969 zum FC Zürich wechselte. 1971 kehrte er in die Bundesliga zum HSV zurück, doch erst 1977 durfte er seine seit 1969 unterbrochene Karriere in der Nationalmannschaft fortsetzen. Dort kam er allerdings nur noch sechsmal zum Einsatz.

Geburtsdatum:	28. November 1945
Geburtsland:	Deutschland
Stationen:	1. FC Nürnberg, FC Zürich, Hamburger SV, VfB Stuttgart
WM-Spiele:	–
WM-Tore:	–
Länderspiele:	12
Tore:	2
WM-Teilnahmen:	–

Miroslav „Mirko" Votava

Zwei Tage bevor im Zuge des Prager Frühlings die Grenzen geschlossen wurden, floh er mit seinen Eltern nach Australien und landete schließlich in Deutschland. Bei Dukla Prag hatte er das Fußballspielen gelernt. 1974 debütierte er beim BVB in der zweiten Liga. Zwei Jahre später absolvierte er das erste von insgesamt 546 Partien (43 Tore) in Deutschlands Eliteliga. Nach einem dreijährigen Engagement bei Atlético Madrid gewann er mit Werder Bremen den Pokal der Pokalsieger 1992, die deutsche Meisterschaft (88 und 93) und den deutschen Pokal (91, 94). 1980 wurde er mit Deutschland Europameister. In der Vorrunde gegen Griechenland (0:0) kam er in der zweiten Halbzeit zum Einsatz.

Geburtsdatum:	25. April 1956
Geburtsland:	Tschechoslowakei
Stationen:	Dukla Prag, Bor. Dortmund, Atl. Madrid, W. Bremen
WM-Spiele:	–
WM-Tore:	–
Länderspiele:	5
Tore:	–
WM-Teilnahmen:	–

Bernard Vukas

Als Kapitän von Hajduk Split gewann er drei Meisterschaften (1950, 1952 und 1955) und schoss in 615 Spielen 300 Tore für den Verein an der kroatischen Adriaküste. Auch im jugoslawischen Nationalteam trug er die Kapitänsbinde, holte jedoch mit seinem Heimatland keinen Titel. 1948 in London und 1952 in Helsinki schrammte Vukas nur knapp an der Goldmedaille vorbei, als beide Finalspiele des olympischen Fußballturniers verloren gingen. Später ging der Stürmer in die italienische Eliteliga und verdiente seine Lire bei Bologna (1957 bis 1959).

Geburtsdatum:	1. Mai 1927
	† 3. April 1983
Geburtsland:	Jugoslawien
Stationen:	NK Zagreb, Hajduk Split, FC Bologna
WM-Spiele:	5
WM-Tore:	–
Länderspiele:	59
Tore:	22
WM-Teilnahmen:	1950, 1954

Ruuuuudiii!!

Solange er den Rasen betrat, begleitete ihn eines – das lang gezogene „Ruuudiiii" der Zuschauer von den Rängen. Ob als Weltklassestürmer im eins gegen eins, oder später als Trainer der Nationalmannschaft: Rudi blieb Rudi, des Volkes Liebling. Die Populariät gipfelte 2002, als Deutschland unter Völlers Leitung überraschend Vizeweltmeister wurde. „Es gibt nur ein' Rudi Völler", hallte es beim Empfang der Nationalmannschaft am und um den „Frankfurter Römer". In Hanau, unweit von Frankfurt, wuchs er auf. Spielte Fußball in Offenbach, ging zu Werder Bremen und dann in die „ewige Stadt" – nach Rom. Fünf Jahre verbrachte er dort, war Spielführer und Volksheld. Und holte im „Stadio Olimpico", seiner Heimspielstätte, den WM-Titel. Rudi Nationale war geboren. Ein Weltklassestürmer – stets sympathisch. Mit der „Roma" gewann er 1991 den Italienischen Pokal, dann mit Olympique Marseille 1993 die Champions League. Das peinliche EM-Aus 2000 hievte ihn als Teamchef auf den Chefsessel der Nationalmannschaft. Und auch als vier Jahre später in Portugal das enttäuschende Aus in der Vorrunde kam: „Ruuudiii" blieb Rudi. Sicher auch, weil er selbstlos seinen Platz zur Verfügung stellte und zurücktrat.

WAB – WAL

Roland Wabra – Christopher „Chris" Roland Waddle – Erwin Waldner – Tomasz Waldoch – Desmond Walker – Friedrich „Fritz" Walter – Ottmar Walter – Gerd Weber – George Tawlon Mannah Weah – Heribert Weber – Wolfgang Weber – Bernd Wehmeyer – Hans „Hanne" Weiner – Konrad Weise – Hans „Hennes" Weisweiler – Kurt Welzl – Ferdinand Wenauer – Ernst Willimowski – Taribo West – Marc Wilmots – Herbert Wimmer – Christian Wörns – Franz Wohlfahrt – Anthony „Toni" Woodcock – Ronald Worm – Waleri Woronin – Reinhold Wosab – „Jan" Jacobus Wouters – William Ambrose „Billy" Wright – Eric Boswell Wynalda

Roland Wabra (Mitte)

In Prag geboren, wuchs der Torhüter ab 1945 in Deutschland auf. Mit seinem „Club", dem 1. FC Nürnberg, stand er insgesamt 523-mal auf dem Platz. Hans Tilkowski sah in ihm „einen der besten, zuverlässigsten und sachlichsten Torhüter des letzten Jahrzehnts", der 1961 und 1968 die deutsche Meisterschaft an den „Zabo", die Nürnberger Spielstätte, holte. Ebenso gelang 1962 der DFB-Pokalsieg. Ursprünglich als Linksaußen begonnen, gelangte er durch Zufall zwischen die Pfosten, und daher war „Rolli" auch ein guter Fußballer.

Geburtsdatum:	25. November 1935
	† 17. Oktober 1994
Geburtsland:	Tschechoslowakei
Stationen:	1. FC Nürnberg
WM-Spiele:	–
WM-Tore:	–
Länderspiele:	–
Tore:	–
WM-Teilnahmen:	–

Christopher „Chris" Roland Waddle

Seine „schwärzeste" Stunde erlebte der Mittelfeldspieler im Halbfinale der Weltmeisterschaft 1990 in Italien. Als fünfter englischer Schütze jagte er im Elfmeterschießen den Ball über den Querbalken in den Abendhimmel von Turin. Ein Jahr später lief Waddle zwar nicht an, doch im Europapokalfinale der Landesmeister hatte er mit Olympique Marseille gegen Roter Stern Belgrad erneut im Elfmeterschießen das Nachsehen. Immerhin wurde der Linksfuß mit den Südfranzosen zwischen 1990 und 1992 dreimal Französischer Meister. 1993, inzwischen zurück auf der Insel bei Sheffield Wednesday, wählte ihn die Spielervereinigung zu Englands Fußballer des Jahres.

Geburtsdatum:	14. Dezember 1960
Geburtsland:	England
Stationen:	Newcastle Utd., Tottenham, Olympique Marseille, Sheffield Wednesday
WM-Spiele:	11
WM-Tore:	–
Länderspiele:	62
Tore:	6
WM-Teilnahmen:	1986, 1990

Erwin Waldner

Da Erwin Waldner nicht nur auf das Angriffszentrum fixiert agieren konnte, sondern sich auch über Rechtsaußen sehr gut in Szene setzte, fand Bundestrainer Sepp Herberger Gefallen an dem damals jungen Spieler. Ein Juniorenländerspiel und drei Auftritte im B-Nationalteam dauerte es, dann debütierte er ein paar Monate nach dem 54er-WM-Triumph gegen Portugal in Lissabon im A-Team. Mit seinem Heimatverein VfB Stuttgart wurde der Schwabe zweimal deutscher Pokalsieger (1954, 1958), ging später zum FC Zürich, landete bei Spal Ferrara in Italiens Eliteliga, bis er wieder zum VfB zurückkehrte und 1967 die Fußballstiefel an den Nagel hängte.

Geburtsdatum:	24. Januar 1933
Geburtsland:	Deutschland
Stationen:	VfB Stuttgart, FC Zürich, Ferrara
WM-Spiele:	–
WM-Tore:	–
Länderspiele:	13
Tore:	2
WM-Teilnahmen:	–

Tomasz Waldoch

1992 gewann der kopfballstarke Abwehrrecke mit Polen die Silbermedaille bei den Olympischen Spielen in Barcelona. 1994 wagte er den Schritt in die Bundesliga und wechselte nach fünf Jahren beim VfL Bochum 1999 zu Schalke 04. Den DFB-Pokalsiegen 2001 und 2002 mit „Königsblau" konnte er im weiß-roten Nationaldress bei der WM 2002 nichts entgegensetzen. Sang– und klanglos reiste „Polska" nach der Vorrunde wieder nach Hause.

Geburtsdatum:	10. Mai 1971
Geburtsland:	Polen
Stationen:	Gornik Zabrze, VfL Bochum, FC Schalke 04
WM-Spiele:	3
WM-Tore:	–
Länderspiele:	74
Tore:	2
WM-Teilnahmen:	2002

Desmond „Des" Walker

„Des" Walker unterlag bei der WM 1990 in Italien den Deutschen im Halbfinale 4:5 – nach Elfmeterschießen. Den Engländer blieb nur das Spiel um Platz 3. Das siebte war sein letztes Match in Italy. Auch das ging mit 1:2 verloren, und Walker kehrte ohne Medaille von den Welttitelkämpfen zurück. Zwei Jahre später war es dann ähnlich: Wieder keinen Podestplatz und erneut am Gastgeber gescheitert. Schweden war diesmal schon im dritten und entscheidenden Gruppenspiel mit 2:1 überlegen.

Geburtsdatum:	26. November 1965
Geburtsland:	England
Stationen:	Nottingh. Forest, Sampd. Genua, Sheffield Wednesday
WM-Spiele:	7
WM-Tore:	–
Länderspiele:	59
Tore:	–
WM-Teilnahmen:	1990

Friedrich „Fritz" Walter

Gleich bei seinem Länderspiel-Debüt am 14. Juli 1940 erzielte Fritz Walter drei Tore zum 9:3-Sieg der Deutschen gegen Rumänien. Als Kapitän der Weltmeisterelf von 1954 wurde Walter zu Deutschlands größtem Fußballidol aller Zeiten. Von 1928 bis 1959 bestritt er 379 Meisterschaftsspiele (306 Tore) für seinen 1. FC Kaiserslautern. Schon zu seinen Lebzeiten wurde das Kaiserslauterner „Betzenberg-Stadion" 1985 in Fritz-Walter-Stadion umbenannt.

Geburtsdatum:	31. Oktober 1920
	† 17. Juni 2002
Geburtsland:	Deutschland
Stationen:	1. FC Kaiserslautern
WM-Spiele:	11
WM-Tore:	3
Länderspiele:	61
Tore:	33
WM-Teilnahmen:	1954, 1958

Ottmar „Ottes" Walter

Der „kleine Bruder" des großen Fritz spielte wie dieser beim 1. FC Kaiserslautern. Als Mittelstürmer der Pfälzer verstand er sich zusammen mit seinem Bruder auf und neben dem Platz ausgezeichnet. Beide Meisterschaften mit den „Roten Teufeln" (1951 und 1953) wurden natürlich weit übertroffen von seinem größten sportlichen Erfolg, dem 54er-WM-Triumph. Als einer der „Helden von Bern" beendete er 34-jährig im Lauterer Trikot seine aktive Fußballerlaufbahn. Mit 336 Toren in 321 Pflichtspielen ist er der beste FCK-Torschütze aller Zeiten.

Geburtsdatum:	6. März 1924
Geburtsland:	Deutschland
Stationen:	1. FC Kaiserslautern
WM-Spiele:	5
WM-Tore:	4
Länderspiele:	21
Tore:	10
WM-Teilnahmen:	1954

Gerd Weber

Nach 18 Sekunden zappelte im Oktober 1979 der Ball im Schweizer Netz, und Gerd Weber hatte das schnellste Tor in einem DDR-Länderspiel erzielt. Kein anderer Spieler wurde in der DDR-Juniorenauswahl öfter eingesetzt (51-mal). Bereits 1976 wurde der defensive Mittelfeldspieler in Montreal Olympiasieger und dem Akteur von Dynamo Dresden schien eine große Karriere bevorzustehen. Die stoppte 1981 jäh auf dem Flughafen Berlin-Schönefeld. Wegen Verbindungen zum 1. FC Köln und Fluchtgefahr verhaftete ihn die Staatssicherheit. Sieben Jahre und sieben Monate Gefängnis lautete das Urteil. Nach einem Jahr war er wieder draußen, durfte nicht mehr spielen und flüchtete 1989, noch vor dem Mauerfall, über Ungarn in die Bundesrepublik.

Geburtsdatum:	31. Mai 1956
Geburtsland:	DDR
Stationen:	FSV Lok Dresden, Dynamo Dresden
WM-Spiele:	–
WM-Tore:	–
Länderspiele:	35
Tore:	5
WM-Teilnahmen:	–

George „Oppong" Tawlon Mannah Weah

Als erster und bislang einziger Afrikaner erhielt er den Titel des weltbesten Spielers. Ebenso 1995 wurde er in Europa Spieler des Jahres. In Afrika wurde er gar „African Player of the Century", also Spieler des Jahrhunderts. Grundlage der hohen Auszeichnungen für den schnellen und durchsetzungsstarken Angreifer sind seine vielen Titel: Nach der Meisterschaft in Kamerun (1988) holte er sich mit AS Monaco und Paris St. Germain jeweils die französische Meisterschaft und 1995 sowie 1999 gelang ihm das mit dem AC Mailand in Italien. In England rundete er seine großartige Karriere mit dem Gewinn des FA-Cups 2000 ab.

Geburtsdatum:	1. Oktober 1966
Geburtsland:	Liberia
Stationen:	Monaco, St. Germain, Milan, Chelsea
WM-Spiele:	–
WM-Tore:	–
Länderspiele:	18
Tore:	4
WM-Teilnahmen:	–

Heribert Weber

Rapids Verteidiger wurde viermal Meister seines Heimatlandes und ebenso oft Cupsieger. 1987 wurde er gar Fußballer des Jahres in der Alpenrepublik. 1985 unterlag er mit Rapid dem FC Everton im Finale des Pokalsiegerwettbewerbes mit 1:3, 1994 hatte er mit Austria Salzburg in den beiden UEFA Cup-Endspielen gegen Inter Mailand das Nachsehen (beide 0:1). Dagegen stand er beim legendären 3:2-Sieg gegen Deutschland bei der WM-Endrunde 1978 in Argentinien nicht in der Elf. Vier Jahre später war er dann in Spanien gegen die „Piefkes" dabei: Nur verlor Austria gegen Deutschland mit 0:1.

Geburtsdatum:	28. Juni 1955
Geburtsland:	Österreich
Stationen:	Sturm Graz, Rapid Wien, Austria Salzburg
WM-Spiele:	6
WM-Tore:	–
Länderspiele:	68
Tore:	1
WM-Teilnahmen:	1978, 1982

Wolfgang Weber

In seinen 53 Länderspielen erzielte er nur zwei Tore. Das erste Tor von Wolfgang Weber war in seiner Bedeutung allerdings gar nicht hoch genug zu bewerten. Im Weltmeisterschaftsfinale 1966 erzielte der Kölner kurz vor Schluss den 2:2-Ausgleich. Der Verteidiger Wolfgang Weber wurde mit dem 1. FC Köln 1964 Deutscher Meister und 1968 Pokalsieger. Mit der Nationalmannschaft feierte er den dritten Platz bei der Weltmeisterschaft 1970 und die Vizeweltmeisterschaft 1966. Nach seiner aktiven Laufbahn wurde er 1978 Coach bei Werder Bremen (jüngster Bundesligatrainer), bevor er 1980 Repräsentant für eine Sportartikelfirma wurde.

Geburtsdatum:	26. Juni 1944
Geburtsland:	Deutschland
Stationen:	1. FC Köln
WM-Spiele:	8
WM-Tore:	1
Länderspiele:	53
Tore:	2
WM-Teilnahmen:	1966, 1970

Bernd Wehmeyer

Nachdem der Mittelfeldmann mit seinem HSV zuvor in zwei europäischen Endspielen (1980, 1982) gescheitert war, gelang ihm beim dritten Versuch doch noch der ganz große Wurf. An der Seite von Felix Magath holte er 1983 den Pokal der Landesmeister an die Alster. Dort erlebte Wehmeyer auch seine größten sportlichen Triumphe. Nachdem er 1971 bei Arminia Bielefeld in der ersten deutschen Spielklasse debütierte, kam er über den Umweg Hannover 96 1978 zum Hamburger SV. 1986 beendete er mit drei Meistertiteln im Gepäck seine Laufbahn in der Hansestadt.

Geburtsdatum:	6. Juni 1952
Geburtsland:	Deutschland
Stationen:	Arminia Bielefeld, Hannover 96, Hamburger SV
WM-Spiele:	–
WM-Tore:	–
Länderspiele:	–
Tore:	–
WM-Teilnahmen:	–

Hans „Hanne" Weiner

Der Westfale kommt 1979 von Hertha BSC mit einer Vizemeisterschaft und zwei verlorenen Pokalfinalen im Gepäck zum FC Bayern. Er wurde als Libero zum Erfolgsgaranten: Zwei Meistertitel (1980 und 81) und ein Pokalsieg (82) sind auch das Ergebnis der besten Abwehr der Liga. Die Krönung bleibt „Hanne" jedoch versagt: Im Landesmeisterfinale 1982 siegte Aston Villa (1:0). Sein letztes Spiel für die Münchner. Nur eine Woche später streifte Weiner das Trikot der Chicago Stings über. Anschließend ließ er die Karriere in Berlin ausklingen. Heute ist das Lokal „Hanne Am Zoo" ein Fantreffpunkt.

Geburtsdatum:	29. November 1951
Geburtsland:	Deutschland
Stationen:	Hertha BSC Berlin, Bayern München, Chicago Stings
WM-Spiele:	–
WM-Tore:	–
Länderspiele:	–
Tore:	–
WM-Teilnahmen:	–

Konrad „Konny" Weise (rechts)

Selbst Gerd Müller sah gegen den Vorstopper kein Land beim legendären 1:0-Sieg der DDR gegen den westdeutschen „Klassenfeind" bei der 74er-WM. Die Feuertaufe in der DDR-Nationalelf bestritt der für den FC Carl Zeiss Jena Kickende als „Grünschnabel": Ohne Oberligaeinsatz erlebte er dort seine erste Bewährungsprobe am 27. Juli 1970 in Jena beim 5:0 gegen Irak. Wenig später hatte er sich dort jedoch etabliert, und sein Name ist untrennbar mit den großen Erfolgen im DDR-Fußball verbunden – Bronzemedaille bei Olympia 1972 und Olympiagold 1976 in Montreal.

Geburtsdatum:	17. August 1951
Geburtsland:	DDR
Stationen:	Carl Zeiss Jena
WM-Spiele:	6
WM-Tore:	–
Länderspiele:	86
Tore:	2
WM-Teilnahmen:	1974

Hans „Hennes" Weisweiler

Anfang der 50er-Jahre beendete einer der bedeutendsten deutschen Trainer seine vergleichsweise unbedeutende Aktivenlaufbahn und begann seine Karriere an der Seitenlinie zunächst als Spielertrainer beim 1. FC Köln. Neben der Trainerausbildung an der Sporthochschule in Köln (1948 bis 1969) formte er die berühmte „Fohlen"-Elf in Mönchengladbach. Drei deutsche Meisterschaften, den DFB-Pokalsieg und den UEFA-Pokal holte er an den Niederrhein. Nach einem enttäuschenden Jahr beim FC Barcelona kehrte er zum 1. FC Köln zurück, gewann den DFB-Pokal (1977) und im Jahr darauf das Double. Auch mit Cosmos New York (Meister 1981) und Grasshoppers Zürich (Double 1983) feierte er Triumphe. Die Titel mit „GC" waren seine letzten, kurze Zeit später starb Weisweiler im Alter von 63 Jahren an Herzversagen.

Geburtsdatum:	5. Dezember 1919
	† 5. Juli 1983
Geburtsland:	Deutschland
Stationen:	1. FC Köln
WM-Spiele:	–
WM-Tore:	–
Länderspiele:	–
Tore:	–
WM-Teilnahmen:	–

Kurt Welzl

Immer erst zur zweiten Hälfte eingewechselt, hatte der Angreifer der Österreicher in Spanien kein Schussglück: In den drei Partien, die er bei der 82er-Weltmeisterschaft in España bestritt, gelang ihm kein Treffer. Besser erging es ihm da in den 70er-Jahren, als er 1974/75 und 1976/77 mit Wacker Innsbruck Champion Österreichs wurde. 1978 begleitete er seinen Trainer Georg Kessler zum AZ Alkmaar. Mit den Holländern erreichten beide 1981 das UEFA Cup-Finale gegen Ipswich Town, das mit 0:3 und 4:2 verloren ging.

Geburtsdatum:	6. November 1954
Geburtsland:	Österreich
Stationen:	Wacker Innsbruck, AZ Alkmaar, FC Valencia
WM-Spiele:	3
WM-Tore:	–
Länderspiele:	22
Tore:	10
WM-Teilnahmen:	1982

Ferdinand Wenauer

Ganze 706-mal trug der Modellathlet als Stopper das Trikot des 1. FC Nürnberg. Mit dem „Club" erkämpfte er 1961 sowie 1968 die deutsche Meisterschaft und holte 1962 den DFB-Pokal zum fränkischen Traditionsklub. Trotz seiner überragenden Fähigkeiten, die vor allem sein kompromissloses Zweikampfverhalten betrafen und ihn zwischenzeitlich zum vielleicht besten Vorstopper erhoben, war seine Länderspielbilanz im Vergleich zur Klubpräsenz bescheiden. Nur viermal trug der Abwehrspieler in seiner langen Karriere das Trikot mit dem Bundesadler.

Geburtsdatum:	26. April 1939 † 27. Juli 1992
Geburtsland:	Deutschland
Stationen:	1. FC Nürnberg
WM-Spiele:	–
WM-Tore:	–
Länderspiele:	4
Tore:	–
WM-Teilnahmen:	–

Ernst Willimowski

Gleich vier Tore erzielte der junge Stürmer bei der 38er-Weltmeisterschaft gegen Brasilien (5:6 n. V.). Die kamen in Polens Fußballstatistik später gewollt abhanden. Denn durch Hitlers Überfall auf den Nachbarn wurde Willimowski „eingedeutscht". Mit 1860 München wurde der viermalige Polnische Meister 1942 deutscher Pokalsieger. In der Nationalmannschaft übertrumpfte seine Torquote, 13 Treffer in acht Spielen, die von Gerd Müller. Sein Debüt gab er 1941 in Bukarest beim 4:1 gegen Rumänien (2 Tore).

Geburtsdatum:	23. Juni 1916 † 30. August 1997
Geburtsland:	Polen
Stationen:	Ruch Wielkie Hajduki, PSV Chemnitz, 1860 München
WM-Spiele:	1
WM-Tore:	4
Länderspiele:	30
Tore:	34
WM-Teilnahmen:	1938

Taribo West

Außer AC und Inter Mailand, Derby County sowie AJ Auxerre war auch der 1. FC Kaiserslautern Wests Arbeitgeber. Für die Pfälzer absolvierte er in der Saison 2001/02 zehn Spiele. Erfolgreicher war er da in Europas Süden: UEFA-Cup-Sieger mit Inter Mailand 1998 und Französischer Meister mit Auxerre 1996. Im gleichen Jahr verbuchte der mit ständig wechselnden Haartrachten auffallende West seinen größten Nationalmannschaftserfolg: In Atlanta wurde er Olympiasieger. Glückloser war er bei den Weltmeisterschaftsendrunden 1998 bzw. 2002, als er mit seinen „Super-Eagles" nicht über das Achtelfinale sowie die Gruppenphase hinauskam.

Geburtsdatum:	26. März 1974
Geburtsland:	Nigeria
Stationen:	AJ Auxerre, Inter Mailand, AC Mailand, Derby County, 1. FC Kaiserslautern, Partizan Belgrad, Al-Arabi, Plymouth Argyle
WM-Spiele:	6
WM-Tore:	–
Länderspiele:	44
Tore:	–
WM-Teilnahmen:	1998, 2002

Marc Wilmots

In seinen acht Weltmeisterschaftsspielen hat er fünf Tore geschossen. Doch das sechste und vielleicht wichtigste Tor fand irrtümlicherweise keine Anerkennung: Im Achtelfinale von Kobe 2002 köpfte Marc Wilmots das vermeintliche 1:0 (35. Minute) gegen den großen Favoriten Brasilien. Wegen eines angeblichen Fouls von Wilmots erkannte der Schiedsrichter das Tor nicht an – und brachte Belgien um eine riesige Chance, das Spiel zu gewinnen. Der spätere Weltmeister gewann am Ende mit 2:0. Wilmots, genannt „Willi, das Kampfschwein", hatte 1997 maßgeblichen Anteil am sensationellen UEFA Cup-Sieg des FC Schalke 04. Im Finalhinspiel erzielte er gegen Inter Mailand den 1:0-Siegtreffer, im Elfmeterschießen des Rückspiels verwandelte er den entscheidenden Strafstoß.

Geburtsdatum:	22. Februar 1969
Geburtsland:	Belgien
Stationen:	VV St. Truiden, KV Mechelen, Standard Lüttich, FC Schalke 04, Girondins Bordeaux
WM-Spiele:	8
WM-Tore:	5
Länderspiele:	70
Tore:	28
WM-Teilnahmen:	1990, 1994, 1998, 2002

Herbert „Hacki" Wimmer

Er war ein unwiderstehlicher Dauerläufer. Mit Borussia Mönchengladbach wurde Herbert Wimmer fünfmal Deutscher Meister. Mit Deutschlands vielleicht bester Nationalmannschaft aller Zeiten gewann er 1972 in Brüssel die Europameisterschaft und erzielte im Finale gegen die Sowjetunion das Tor zum 2:0. „Hacki" Wimmer war immer der zuverlässige Mannschaftsspieler, ein heimlicher Star, der nie Allüren zeigte. Er war unverzichtbarer Bestandteil der legendären Gladbacher „Fohlen-Elf".

Geburtsdatum:	9. November 1944
Geburtsland:	Deutschland
Stationen:	Borussia Mönchengladbach
WM-Spiele:	2
WM-Tore:	–
Länderspiele:	36
Tore:	4
WM-Teilnahmen:	1974

Christian Wörns

Die Rote Karte im Viertelfinale der 98er-WM brachte das DFB-Team mit auf die Verliererstraße gegen die Kroaten. Aus der Mannheimer Verteidigerschule stammend, bestritt er 1992 sein erstes Länderspiel und wurde einsatzlos EM-Zweiter im gleichen Jahr. 1993 holte er mit Bayer Leverkusen den deutschen Pokal und dann 2002 die deutsche Meisterschaft mit Borussia Dortmund. Im gleichen Jahr konnte er den zweiten Platz bei der WM in Japan und Südkorea nicht mitfeiern. Auch den EM-Titel 1996 verpasste der Innenverteidiger.

Geburtsdatum:	10. Mai 1972
Geburtsland:	Deutschland
Stationen:	Waldhof Mannheim, Bayer 04, B. Dortmund, Paris St. Germain
WM-Spiele:	5
WM-Tore:	–
Länderspiele:	66
Tore:	–
WM-Teilnahmen:	1998

Franz Bernhard Wohlfahrt

1997 wurde der Alpenkeeper deutscher Pokalsieger – mit dem VfB Stuttgart. 118 Bundesligaspiele bestritt er zwischen den Pfosten des VfB, scheiterte mit den Schwaben erst im Finale des Europapokals der Pokalsieger 1998 an Chelsea (0:1). Und immerhin 59-mal war er für sein Heimatland im Einsatz, ohne jedoch mit einem Titel nach Österreich zurückzukehren. Mit der Austria dagegen, zu der er nach seinem Deutschlandengagement zurückkehrt, holte er Titel um Titel. Im Wiener Dress wurde er sechsmal Österreichischer Meister und vierfacher Pokalsieger in Austria.

Geburtsdatum:	1. Juli 1964
Geburtsland:	Österreich
Stationen:	Austria Wien, VfB Stuttgart
WM-Spiele:	–
WM-Tore:	–
Länderspiele:	59
Tore:	–
WM-Teilnahmen:	1998

Anthony „Tony" Stewart Woodcock

39 Tore erzielte der Stürmer in 131 Partien in der Bundesliga – alle für den 1. FC Köln. 1980 markierte er bei der EM in Italien den 2:1-Siegtreffer gegen Spanien. Zwei Jahre später in Spanien traf Woodcock mit England in der WM-Zwischenrunde auf seine zweite Heimat Deutschland. Beim 0:0 wurde er eingewechselt. Mit dem gleichen Resultat trennten sich die „Three Lions" danach auch von Spanien und schieden aus. 1979 gewann Woodcock mit Nottingham Forest den Europapokal der Landesmeister.

Geburtsdatum:	6. Dezember 1955
Geburtsland:	England
Stationen:	Nottingham Forest, 1. FC Köln, Arsenal London
WM-Spiele:	2
WM-Tore:	–
Länderspiele:	42
Tore:	16
WM-Teilnahmen:	1982

Ronald Worm

Gleich zwei Tore schoss „Ronnie" bei seinem Nationalmannschaftsdebüt 1975 beim 5:0 gegen die Türkei in Istanbul. Und Worm weckte Hoffnungen, Nachfolger des zurückgetretenen Gerd Müller werden zu können – vergebens. Zwar wurde er 1976 EM-Zweiter, jedoch konnte er nach dem Wechsel 1979 vom MSV Duisburg zu Eintracht Braunschweig nicht mehr an die Erfolge anknüpfen. In seiner ersten Saison stiegen die Niedersachsen ab. Worm blieb, und führte die Blau-Gelben mit 30 Zweitligatreffern postwendend zurück ins Oberhaus.

Geburtsdatum:	7. Oktober 1953
Geburtsland:	Deutschland
Stationen:	MSV Duisburg, Eintracht Braunschweig
WM-Spiele:	–
WM-Tore:	–
Länderspiele:	7
Tore:	5
WM-Teilnahmen:	1978

Waleri Woronin

Der Mittelfeldspieler feierte seinen größten Erfolg bei der EM 1964 in Spanien. Erst im Finale endete der Siegeszug der „Sputniks": 2:1 siegte der Gastgeber. Woronin schoss immerhin zwei Tore in vier Partien auf der iberischen Halbinsel. 1968 scheiterte der Finaleinzug erneut am Gastgeber: Nach 0:0 n.V. beförderte das Los die Italiener ins EM-Endspiel. Woronin wurde 1964 und 1965 zum besten Fußballer der Sowjetunion gekürt. Mit seinem Verein Torpedo holte er zudem zwei Meisterschaften.

Geburtsdatum:	17. Juli 1939
	† 22. Mai 1984
Geburtsland:	Sowjetunion
Stationen:	Torpedo Moskau
WM-Spiele:	9
WM-Tore:	–
Länderspiele:	67
Tore:	5
WM-Teilnahmen:	1962, 1966

Reinhold Wosab

Im letzten Endspiel um die Deutsche Meisterschaft erzielte er 1963 den zweiten Treffer für Borussia Dortmund gegen den 1. FC Köln (3:0). Zwei Jahre später bejubelten Wosab und der BVB den DFB-Pokalsieg und qualifizierten sich so für den Wettbewerb der Pokalsieger, den der Revierklub in der darauf folgenden Saison gewann. Es war der erste Triumph eines deutschen Vereins im Europapokal – allerdings fand dieser ohne Wosab statt. Für ihn stürmte Libuda. 1971 verließ er nach 198 Bundesligaspielen (60 Tore) den BVB.

Geburtsdatum:	25. Februar 1938
Geburtsland:	Deutschland
Stationen:	Borussia Dortmund, VfL Bochum, Rot-Weiß Lüdenscheid
WM-Spiele:	–
WM-Tore:	–
Länderspiele:	–
Tore:	–
WM-Teilnahmen:	–

„Jan" Jacobus Wouters

Seine größten Erfolge feierte der säbelbeinige Mittelfeldakteur in München. 1988 gewann er im Endspiel gegen die Sowjetunion den EM-Titel. In seiner Heimat sammelte er mit Ajax (1990 Meister, 1987 Pokalsieger) und FC Utrecht (Pokalsieger 1985) Meriten. Bei der WM 1994 in den USA scheiterte er mit Hollands „Elftal" im Viertelfinale an Brasilien. 1990 bei den Welttitelkämpfen in Italien waren es die Deutschen, gegen die der kompromisslose Wouters ausschied. Und als Titelverteidiger angetreten, kam im Elfmeterschießen das Aus gegen den späteren Europameister Dänemark bei der EM 92. Als Trainer wechselte er 1994 in die Jugendabteilung von Ajax Amsterdam und wurde 2004 Assistenztrainer der holländischen Nationalelf.

Geburtsdatum:	17. Juli 1960
Geburtsland:	Niederlande
Stationen:	FC Utrecht, Ajax Amsterdam, FC Bayern München, PSV Eindhoven
WM-Spiele:	8
WM-Tore:	–
Länderspiele:	70
Tore:	4
WM-Teilnahmen:	1990, 1994

William Ambrose „Billy" Wright (rechts)

In 90 seiner 105 Länderspiele war Billy Wright der Kapitän der Engländer. Mit den Wolverhampton Wanderers wurde er 1954, 1958 und 1959 Englischer Meister. Drei der schmerzlichsten Niederlagen der englischen Fußballgeschichte konnte Billy Wright jedoch nicht verhindern. 1950 unterlag das „Mutterland des Fußballs" bei der WM ausgerechnet gegen die USA mit 0:1 und schied aus. 1953 unterlag „sein" Nationalteam in Wembley mit 3:6 gegen Ungarn und bei der Revanche in Budapest gar mit 1:7.

Geburtsdatum:	6. Februar 1924
	† 3. September 1994
Geburtsland:	England
Stationen:	Wolverhampton Wanderers
WM-Spiele:	10
WM-Tore:	–
Länderspiele:	105
Tore:	3
WM-Teilnahmen:	1950, 1954, 1958

Eric Boswell Wynalda

Gleich auf drei Weltmeisterschaftsteilnahmen kam der Stürmer mit seinem Heimatland. 1994 als Gastgeber gesetzt, war er 1990 in Italien und 1998 in Frankreich mit dabei. Doch nur beim Weltchampionat in seinem Heimatland kam er über die Gruppenphase hinaus. Allerdings waren die Brasilianer im Achtelfinale eine Nummer zu groß. Wynalda war der erste in Amerika geborene US-Spieler, der in Europa eine Profikarriere einschlug und so den Weg für seine Landsleute ebnete. Mit dem 1. FC Saarbrücken (1993) und dem VfL Bochum (1995) stieg er aber jeweils aus der 1. Bundesliga ab. 1996 kehrte er in die Staaten zurück und gewann gleich in seiner ersten Saison bei San José Clash die Scorer-Liste (Tore und Vorlagen) der Major Soccer League.

Geburtsdatum:	9. Juni 1969
Geburtsland:	USA
Stationen:	San Diego State University, San Francisco Blackhawks, 1. FC Saarbrücken, VfL Bochum, San José Clash, Miami Fusion, New England Revolution, Chicago Fire
WM-Spiele:	8
WM-Tore:	1
Länderspiele:	106
Tore:	34
WM-Teilnahmen:	1990, 1994, 1998

Brüderliche Weltmeister

Das Brüderpaar Walter beim Triumph 1954 in Bern: Fritz Walter (li.), der Kapitän der Herberger-Elf winkt den Zuschauern, sein Bruder Ottmar (re.) reckt stolz die Faust in Brusthöhe. Die beiden waren das erste Brüderpaar, das Weltmeister wurde, aber nicht das erste, das bei einer WM spielte. Schon im ersten Spiel einer Endrunde, 1930 in Uruguay, liefen die beiden Mexikaner Manuel und Felipe Rosas auf. Beim gleichen Turnier erreichte auch schon das erste Brüderpaar das Finale. Es waren die Argentinier Juan und Marino Evaristo, die jedoch Uruguay mit 2:4 unterlagen. „Nachfolger" der Walters wurden übrigens die Charltons, die als zweites und bislang letztes Brüderpaar zu Weltmeisterehren kamen: Bobby und Jack Charlton standen 1966 im Finale, als England Deutschland in der Verlängerung mit 4:2 bezwang. Fritz und Ottmar Walter spielten zwischen 1938 und 1958 gemeinsam beim 1. FC Kaiserslautern und holten mit den Pfälzern 1951 und 1953 die deutsche Meisterschaft. Bei den Weltmeisterschaften 1958 in Schweden war Ottmar Walter nicht mehr dabei, er beendete seine internationale Laufbahn bereits 1956.

YAK – YAZ

Murat Yakin – Guillermo Yávar – Hector Casimiro Yazalde – Anthony „Tony" Yeboah – Rashidi Yekini – Sang-Chul Yoo – Dwight Yorke

Murat Yakin

In der Bundesliga war der türkischstämmige Verteidiger für den VfB Stuttgart und den 1. FC Kaiserslautern aktiv. Mit den Schwaben erreichte er sogar das Finale im Pokal der Pokalsieger, unterlag 1998 jedoch dem FC Chelsea. Dafür holte er als Kapitän mit dem FC Basel die Schweizer Meisterschaft und den Pokal im Jahr 2002. Die Qualifikation für die EM 2004 war der größte Nationalmannschaftserfolg für den Verteidiger. Allerdings flog seine Mannschaft bereits nach der Vorrunde aus dem Turnier in Portugal.

Geburtsdatum:	15. September 1974
Geburtsland:	Schweiz
Stationen:	Grasshoppers Zürich, VfB Stuttgart, Fenerbahçe Istanbul, FC Basel, 1. FC Kaiserslautern
WM-Spiele:	–
WM-Tore:	–
Länderspiele:	49
Tore:	4
WM-Teilnahmen:	–

Guillermo Yávar

Ganze acht Jahre musste der in Mittelfeld und Sturm eingesetzte „Yemo" auf seinen zweiten Weltmeisterschaftseinsatz warten. 1966 in England lediglich bei der 1:2-Niederlage gegen die Sowjetunion dabei, kam er dann erst wieder bei den 74er-Titelkämpfen in Deutschland zum Einsatz. In beiden Partien wurde er eingewechselt. So auch beim 1:1 gegen die DDR. Und so wurde Guillermo Yávar Zeuge des „Flaggenzwischenfalls", als Fans auf den Rängen eine DDR-Fahne entzündeten.

Geburtsdatum:	26. März 1943
Geburtsland:	Chile
Stationen:	Universidad Santiago de Chile
WM-Spiele:	3
WM-Tore:	–
Länderspiele:	57
Tore:	11
WM-Teilnahmen:	1966, 1974

Hector „Chirola" Casimiro Yazalde

Höhepunkt des in Buenos Aires geborenen Yazalde war die Spielzeit 1973/74. 46 Tore in 30 Spielen brachte dem in Diensten von Sporting Lissabon Stehenden den „Goldenen Schuh" als Europas bestem Torschützen. Im gleichen Jahr wurde er auch Portugiesischer Meister. Auch bei der WM-Endrunde 1974 in Deutschland überzeugte der aus armen Verhältnissen stammende Argentinier: Zwei Tore in drei Spielen konnten jedoch das enttäuschende Abschneiden seiner Nationalelf nicht verhindern.

Geburtsdatum:	29. Mai 1946
	† 18. Juni 1997
Geburtsland:	Argentinien
Stationen:	Independiente, Sporting Lissabon, Olympique Marseille, Newell's Old Boys, Huracan Buenos Aires
WM-Spiele:	2
WM-Tore:	3
Länderspiele:	25
Tore:	8
WM-Teilnahmen:	1974

Anthony „Tony" Yeboah

Ein Jahrzehnt stürmte er für Ghana. Doch trotz weiterer Superstars wie etwa Abedi Pele konnten sich die Black Stars erst 2006 zum ersten Mal für eine WM-Endrunde qualifizieren. Zu diesem Zeitpunkt hatte Anthony Yeboah seine Karriere bereits längst beendet. Internationales Ansehen erwarb er sich in der Bundesliga bei Eintracht Frankfurt und dem Hamburger SV (96 Tore in 223 Bundesligaspielen). Zwischen beiden Vereinen spielte er eine Saison (1995/96) für Leeds United. In der Bundesliga wurde der ebenso ballsichere wie schnelle Stürmer 1993 (20 Treffer) und 1994 (18) Torschützenkönig. Beide Male musste er sich die Torjägerkanone jedoch teilen. Zuerst mit Ulf Kirsten, im Jahr darauf mit Stefan Kuntz. In der 93er-Saison sah es zu Beginn sogar so aus, als ob er den „ewigen Rekord" von Gerd Müller, der in einer Saison 40 Tore erzielte, knacken könnte. Da er verletzungsbedingt vom neunten bis zum 21. Spieltag nicht eingesetzt werden konnte, wurde letztlich nichts draus. Immer wieder gab es verschiedene Angaben und folglich Debatten über Yeboahs tatsächliches Alter. Der Betroffene selbst klärte auf: Es war eine kleine, aber notwendige Mogelei. Bereits mit 16 sollte „Tony" Yeboah sein Debüt in der ghanaischen Nationalmannschaft geben. Da dies nicht erlaubt war, wurde an seinem Geburtsdatum herumgetrickst, Anthony Yeboah kurzerhand zwei Jahre älter gemacht. Seit dem Ende seiner Karriere im Jahr 2002 ist Anthony Yeboah als Spielerberater tätig.

Geburtsdatum:	6. Juni 1966
Geburtsland:	Ghana
Stationen:	Asante Kotoko, 1. FC Saarbrücken, Eintracht Frankfurt, Leeds United, Hamburger SV
WM-Spiele:	–
WM-Tore:	–
Länderspiele:	59
Tore:	26
WM-Teilnahmen:	–

Rashidi Yekini

Bei der WM 1994 in den USA gelang Afrikas Fußballer des Jahres von 1993 ein Treffer für sein Heimatland – in vier Partien. Sein Führungstreffer im ersten Spiel gegen Bulgarien (3:0) begründete das Weiterkommen der Westafrikaner bei ihrer WM-Premiere. Im Achtelfinale gegen Italien blieb Yekini erfolglos und verlor mit Nigeria in der Verlängerung (1:2). 1998 in Frankreich nahm er ebenso an allen vier WM-Endrundenspielen seiner Nationalelf, den „Super Eagles", teil, nun im Dress des Schweizer Klubs FC Zürich. Und auch diesmal bedeutete das Achtelfinale Endstation. Rashidi Yekini blieb in allen Partien ohne Torerfolg. Seinen größten Erfolg feierte er 1994, als er mit Nigeria den Afrika-Cup gewann. Mit 37 Toren zwischen 1984 und 1998 ist Yekini einer der besten Schützen aller Zeiten im Team der „Super-Adler".

Geburtsdatum:	23. Oktober 1963
Geburtsland:	Nigeria
Stationen:	Vitoria Setubal, Olympiakos Piräus, S. Gijon, FC Zürich
WM-Spiele:	8
WM-Tore:	1
Länderspiele:	58
Tore:	37
WM-Teilnahmen:	1994, 1998

Sang-Chul Yoo

Alle sieben Partien bestritt der südkoreanische Mittelfeldrenner im laufintensiven System seines niederländischen Trainers Guus Hiddink bei der Weltmeisterschaftsendrunde 2002 im eigenen Land. Ein Tor zum 2:0 über Polen steuerte Sang-Chul Yoo bei und erlebte hautnah den größten Erfolg seines Landes bei einer Weltmeisterschaft: Die Asiaten stürmten nach Erfolgen über die Fußball-Großmächte Italien und Spanien sensationell ins Halbfinale, wo sie mit 0:1 Deutschland unterlagen, und belegten am Ende Platz vier. Auch vier Jahre zuvor in Frankreich hatte Yoo alle Partien absolviert. Gegen Belgien erzielte er den 1:1-Endstand. Das Remis war der einzige Punkt, so dass für Südkorea bereits nach der Vorrunde Schluss war. Von 1999 bis 2002 kickte Yoo in Japan für Yokohama Marinos und Kashiwa Reysol, ehe er zu seinem Heimatklub Ulsan Hyundai zurückkehrte.

Geburtsdatum:	18. Oktober 1971
Geburtsland:	Südkorea
Stationen:	Ulsan Hyundai, Kashiwa Reysol, Yokohama Marinos
WM-Spiele:	10
WM-Tore:	2
Länderspiele:	122
Tore:	18
WM-Teilnahmen:	1998, 2002

Dwight Yorke

Zusammen mit Andy Cole bildete der in Tobago geborene Yorke ein Weltklasseangriffsduo bei Manchester United. Größter Erfolg in seiner Laufbahn war zweifellos der Champions-League-Sieg 1999 mit Manchester United, als erst in der Nachspielzeit die Münchener Bayern bezwungen wurden. Im gleichen Jahr holte er mit ManU noch den Weltpokal sowie die Premiership, die jeweils 2000 und 2001 auch eingefahren wurde. Als Kaptän führt er Trinidad & Tolago sensationell zur WM-Endrunde 2006 nach Deutschland.

Geburtsdatum:	3. November 1971
Geburtsland:	Trinidad & Tobago
Stationen:	Aston Villa, Manchester United, Blackburn Rovers, Birmingham City, FC Sydney
WM-Spiele:	3
WM-Tore:	–
Länderspiele:	57
Tore:	15
WM-Teilnahmen:	2006

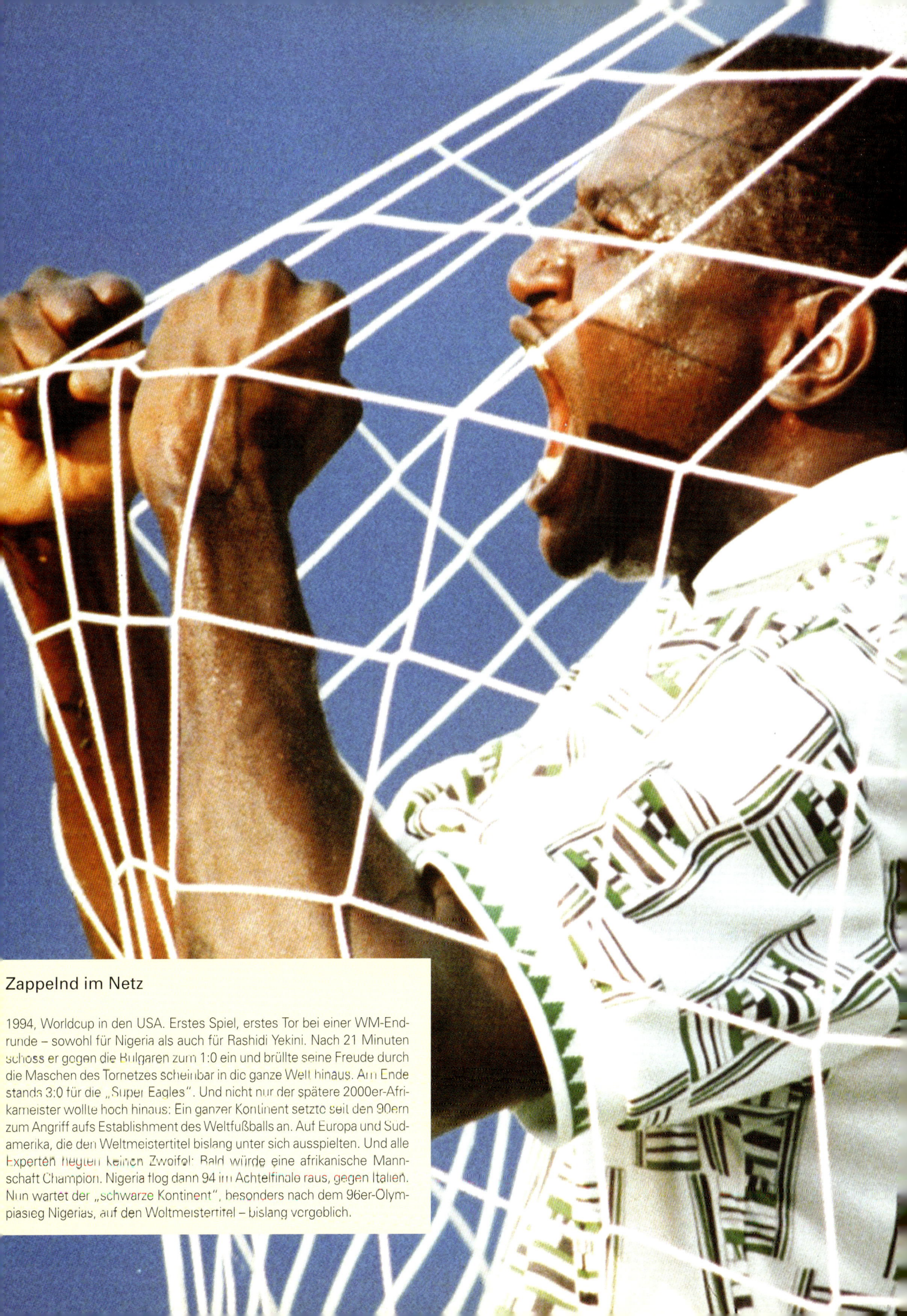

Zappelnd im Netz

1994, Worldcup in den USA. Erstes Spiel, erstes Tor bei einer WM-Endrunde – sowohl für Nigeria als auch für Rashidi Yekini. Nach 21 Minuten schoss er gegen die Bulgaren zum 1:0 ein und brüllte seine Freude durch die Maschen des Tornetzes scheinbar in die ganze Welt hinaus. Am Ende stands 3:0 für die „Super Eagles". Und nicht nur der spätere 2000er-Afrikameister wollte hoch hinaus: Ein ganzer Kontinent setzte seit den 90ern zum Angriff aufs Establishment des Weltfußballs an. Auf Europa und Südamerika, die den Weltmeistertitel bislang unter sich ausspielten. Und alle Experten hegten keinen Zweifel: Bald würde eine afrikanische Mannschaft Champion. Nigeria flog dann 94 im Achtelfinale raus, gegen Italien. Nun wartet der „schwarze Kontinent", besonders nach dem 96er-Olympiasieg Nigerias, auf den Weltmeistertitel – bislang vergeblich.

ZAG – ZAM

Mario Jorge „El Lobo" Zagallo – Theodoros Zagorakis – Gianluca Zambrottac – Ricardo Zamora – Ivan Luis Zamorano Zamora – Javier Zanetti – Telmo Zarra-Zarraonandia Montoya – José Roberto da Silva „Zé Roberto" – Branko Zebec – Walter Zeman – Boudewijn Zenden – Hector Ramon Zelaya Rivera – Walter Zenga – Gerd Zewe – Alexander Zickler – Arthur Antunes Coimbra „Zico" – Djamal Zidane – Zinedine Zidane – Christian Ziege – Karl Zischek – José Ely de Miranda „Zito" – Thomasz Soares da Silva Zizinho – Wladyslaw Antoni Zmunda – Dino Zoff – Gianfranco Zola – Didier Zokora – Gyula Zsengellér – Andoni Zubizarreta Urreta – Abdullah Suleiman Al-Zubromawi

Mario Jorge José „El Lobo" Zagallo

Der „Professor", wie ihn seine Spieler nennen, ist eine Fußballlegende, nicht nur in Brasilien. Denn Zagallo war an vier der fünf WM-Titel der Seleção beteiligt. 1958 und 1962 noch als Spieler siegreich, triumphierte er 1970 in Mexiko als Trainer und 1994 als Assistenzcoach. Als Aktiver holte El Lobo (der Wolf), auf der linken Außenbahn zu Hause, fünfmal den Titel des Provinzmeisters mit Rio de Janeiro, als Trainer wurde der für seine defensive Spielweise in Brasilien oft Gescholtene 1986 Meister in seinem Heimatland.

Geburtsdatum:	9. August 1931
Geburtsland:	Brasilien
Stationen:	América Rio de Janeiro, Flamengo, Botafogo Rio de Janeiro
WM-Spiele:	12
WM-Tore:	2
Länderspiele:	33
Tore:	4
WM-Teilnahmen:	1958, 1962

Theodoros Zagorakis

Über 100 Länderspiele machten den Kapitän der Nationalelf zum Rekordnationalspieler der Hellenen. Der größte Augenblick im Fußballerleben des ungemein konstanten Mittelfeldspielers war der überraschende Gewinn des EM-Titels 2004 in Portugal unter seinem deutschen Trainer Otto Rehhagel. Von einer UEFA-Expertenkommission wurde er zum „Spieler der EURO 2004" gewählt. Im Vereinsfußball gewann er mit Leicester City im Jahr 2000 den englischen Ligacup.

Geburtsdatum:	27. Oktober 1971
Geburtsland:	Griechenland
Stationen:	PAOK Saloniki, Leicester City, AEK Athen, FC Bologna
WM-Spiele:	–
WM-Tore:	–
Länderspiele:	120
Tore:	3
WM-Teilnahmen:	–

Gianluca Zambrotta

Wegen einer Oberschenkelzerrung fehlte er zum Auftakt gegen Ghana. Doch im weiteren Verlauf der WM 2006 gehörte Zambrotta zu den großen Stützen des italienischen Weltmeisterteams. Dank seiner Vielseitigkeit, Dynamik und Kreativität gilt er als einer der besten Defensivspieler Europas. Von 1999 bis Juli 2006 trug er das Trikot von Juventus Turin, in dem er vier Scudetti bejubelte. Nach dem Zwangsabstieg der „alten Dame" als Folge des Bestechungsskandals wechselte Zambrotta zum FC Barcelona.

Geburtsdatum:	19. Februar 1977
Geburtsland:	Italien
Stationen:	Como, Bari, Juventus Turin, FC Barcelona
WM-Spiele:	10
WM-Tore:	1
Länderspiele:	65
Tore:	2
WM-Teilnahmen:	2002, 2006

Ricardo „El Divino" Zamora Martinez

Neben dem deutschen Keeper Heiner Stuhlfauth vom 1. FC Nürnberg war er Europas stärkster Torwart der 20er- und frühen 30er-Jahre. „El Divino", der Göttliche, kassierte in 46 Länderspielen für Spanien nur 42 Gegentore. Seine Reaktionsschnelligkeit war legendär. Als er 1930 für umgerechnet 120.000 Mark von Espanyol Barcelona zu den „Königlichen" von Real Madrid wechselte, war er der damals teuerste Fußballer der Welt. Bei der WM 1034 scheiterte Ricardo Zamora mit der „Seleccion Española" im Viertelfinale an Gastgeber Italien, dem späteren Weltmeister. Eine zweite WM-Teilnahme war ihm nicht mehr vergönnt, da er 1936 mit Ausbruch des spanischen Bürgerkriegs nach Frankreich geflüchtet war, wo er beim OGC Nizza seine Karriere ausklingen ließ. Der internationale Höhepunkt in Zamoras Laufbahn blieb somit der Gewinn der olympischen Silbermedaille 1920 in Antwerpen. Eigentlich war es Bronze, doch im Finale hatte die Tschechoslowakei beim Stand von 2:0 für Gastgeber Belgien aus Protest gegen den Schiedsrichter und das Publikum den Platz verlassen und wurde disqualifiziert.

Geburtsdatum:	21. Januar 1901
	† 8. September 1978
Geburtsland:	Spanien
Stationen:	FC Barcelona, E. Barcelona, R. Madrid, OGC Nizza
WM-Spiele:	2
WM-Tore:	–
Länderspiele:	46
Tore:	–
WM-Teilnahmen:	1934

Ivan „El Terrible" Luis Zamorano Zamora

Trotz seiner geringen Körpergröße von 1,78 m bestach „Ivan der Schreckliche" durch seine Kopfballstärke. 1994/95 schoss er Real Madrid mit 28 Toren zur Meisterschaft und sicherte sich die spanische Torjägerkrone. 1998 gewann er mit Inter Mailand im zweiten Anlauf den UEFA-Cup. Beim verlorenen Elfmeterschießen im Jahr zuvor gegen Schalke 04 scheiterte er an Jens Lehmann. Zu seinem Abschiedsspiel 2003 erschienen 60.000 Zuschauer.

Geburtsdatum:	18. Januar 1967
Geburtsland:	Chile
Stationen:	Cobresal, FC St. Gallen, FC Sevilla, Real Madrid, Inter Mailand, FC America, Colo Colo
WM-Spiele:	4
WM-Tore:	–
Länderspiele:	69
Tore:	34
WM-Teilnahmen:	1998

Javier Zanetti

In punkto Vereinstreue gehört Zanetti im modernen Fußball zu den Ausnahmeerscheinungen. Seit 1995 ist er bei Inter Mailand und dürfte noch in der Saison 2007/08 in der Rekordspielerliste auf Platz drei vorrücken. Je zwei Scudetti und Coppe Italia sowie 1998 der UEFA-Pokal gehören ebenso zu seiner Bilanz wie zwei WM-Teilnahmen. 2006 nicht im Aufgebot, gehört der wegen seiner Fairness oftmals ausgezeichnete Defensivspieler inzwischen wieder zu den Stützen der „Albiceleste".

Geburtsdatum:	10. August 1973
Geburtsland:	Argentinien
Stationen:	Talleres Cordoba, CA Banfield, Inter Mailand
WM-Spiele:	8
WM-Tore:	1
Länderspiele:	112
Tore:	5
WM-Teilnahmen:	1998, 2002

Telmo Zarra-Zarraonandia Montoya

Bei seiner ersten und einzigen Weltmeisterschafts-Endrundenteilnahme 1950 war „Zarra" recht erfolgreich: vier Tore in sechs Spielen, Platz 4 mit Spanien und der gleiche Rang in der Torschützenliste belegen es. Allein sechsmal holte er in Spanien die Torjägerkrone. Einmal wurde er Landesmeister, mit Athletic Bilbao. Mit den Basken, für die er von 1940 bis 1955 auflief, errang er auch den spanischen Pokal – insgesamt viermal.

Geburtsdatum:	30. Januar 1921
Geburtsland:	Spanien
Stationen:	Athletic Bilbao
WM-Spiele:	6
WM-Tore:	4
Länderspiele:	20
Tore:	20
WM-Teilnahmen:	1950

José Roberto da Silva Junior „Zé Roberto"

Der schnelle, technisch versierte Mann von der linken Außenbahn kann auf eine imposante Karriere zurückblicken. Bei der WM 2006 gehörte er im brasilianischen Team zu den wenigen Spielern, die ihr Leistungspotenzial abrufen konnten. Gegen Ghana (3:0) und Australien (2:0) wurde Zé Roberto jeweils zum „Man of the Match" gewählt. 2005 hatte er mit der Selecao noch den Confederations-Cup, die Mini-WM, gewonnen. Erzrivale Argentinien wurde im Finale von Frankfurt mit 4:1 deklassiert. Nach seinen Vereinsstationen Portuguesa São Paulo, Real Madrid und Flamengo Rio de Janeiro spielte Zé Roberto für Bayer Leverkusen in der Bundesliga. 2002 stand er mit der „Werkself" vor dem dreifachen Titelgewinn (Champions League, DFB-Pokal und deutsche Meisterschaft), verlor am Ende jedoch alles und hatte, wie seine Teamkollegen das Image des „ewigen Zweiten" inne. Erst mit seinem anschließenden Wechsel nach München kam der Erfolg. Mit den Bayern gewann er 2003, 2005 und 2006 jeweils das Double aus Meisterschaft und Pokal.

Geburtsdatum:	6. Juli 1974
Geburtsland:	Brasilien
Stationen:	Portuguesa São Paulo, Real Madrid, Flamengo, Bayer Leverkusen, FC Bayern München
WM-Spiele:	6
WM-Tore:	1
Länderspiele:	84
Tore:	6
WM-Teilnahmen:	1998, 2006

Branko Zebec

Der Kroate war einer der besten Trainer seiner Zeit mit einem instinktiven Gefühl für den taktisch optimalen Einsatz seiner Spieler. Er betrieb Fußball nach wissenschaftlichen Prinzipien, worin auch die wichtigste Ursache seiner Erfolge zu sehen ist (u. a. Meister mit Bay. München, 1969, und dem HSV, 1979). Gelernt hatte er das methodische Vorgehen an der Universität Belgrad, wo er neben Sport auch Mathematik und Physik studierte. Auf Grund seiner herausragenden Studienleistungen bot ihm die Uni eine wissenschaftliche Laufbahn an – doch der Weltklassefußballer, der mit Jugoslawien Olympiasilber gewann, entschied sich für den Beruf des Trainers.

Geburtsdatum:	17. Mai 1929 † 26. September 1988
Geburtsland:	Jugoslawien
Stationen:	Partizan Belgrad, RS Belgrad, Alemannia Aachen
WM-Spiele:	7
WM-Tore:	1
Länderspiele:	65
Tore:	17
WM-Teilnahmen:	1954, 1958

Walter „Panther" Zeman

Immerhin 41 Länderspiele hütete Walter Zeman das Gehäuse der „Austria". Seinen ersten internationalen Einsatz feierte er nach dem Zweiten Weltkrieg am 6. Dezember 1945 gegen Frankreich (4:1) in Wien. Allerdings stand er nur einmal bei einer Weltmeisterschaftsendrunde zwischen den Pfosten. Ausgerechnet 1954 in der Schweiz kassierte er sechs Tore bei der deprimierenden 1:6-Halbfinal-Pleite gegen den späteren Weltmeister Deutschland. Erfolgreicher war der „Panther", wie Zeman aufgrund seiner Sprungkraft genannt wurde, im Vereinsfußball. Insgesamt acht österreichische Meisterschaften (1946, 1948, 1951, 1952, 1954, 1956, 1957 und 1960) mit Rapid Wien sowie Cup-Sieger seines Heimatlandes 1946, Zentropacupsieger 1951, mehrfacher Fußballer des Jahres und die Berufung in die FIFA-Auswahl 1953 belegen es. Sein letztes Länderspiel absolvierte er am 29. Mai 1960 gegen die schottische Auswahl (4:1) in Wien. Walter Zeman verstarb 1991.

Geburtsdatum:	1. Mai 1927
	† 8. August 1991
Geburtsland:	Österreich
Stationen:	SC Wien, Rapid Wien, Salzburger AK
WM-Spiele:	1
WM-Tore:	–
Länderspiele:	41
Tore:	–
WM-Teilnahmen:	1954

Boudewijn „Bolo" Zenden

„Bolo" von der linken Außenbahn, der in seiner Spielweise an seinen Landsmann Marc Overmars erinnerte, schrieb Geschichte, als er im März 2004 mit seinem Siegtor zum 2:1 im Liga-Pokalfinale gegen die Bolton Wanderers seinem FC Middlesbrough den ersten Titel sicherte. Schon in der Saison 1996/97 holte er mit dem PSV Eindhoven die nationale Meisterschaft, was er gleich in seiner ersten Spielzeit beim FC Barcelona 1998/99 wiederholte. 2001 wechselte er auf die britische Insel zum FC Chelsea. Zwei Jahre kickte er an der Londoner Stamford Bridge, ehe er zum Ligakonkurrenten Middlesbrough ging. 2005 nahm ihn der frisch gebackene Champions-League-Sieger FC Liverpool unter Vertrag. Auf Nationalmannschaftsebene war Boudewijn Zenden glücklos: Sein Ausgleichstreffer bei der Weltmeisterschaft 1998 im Spiel um Platz 3 gegen Kroatien reichte nicht zum Sieg. Auch bei der Europameisterschaft 2000 im eigenen Land blieben bislang „Oranje" und Zenden ein Titel mit „de Elftal" verwehrt.

Geburtsdatum:	15. August 1976
Geburtsland:	Niederlande
Stationen:	PSV Eindhoven, FC Barcelona, Chelsea, FC Middlesbrough, FC Liverpool
WM-Spiele:	4
WM-Tore:	1
Länderspiele:	54
Tore:	7
WM-Teilnahmen:	1998

Hector Ramon Zelaya Rivera

Zumindest in seiner Heimat erlangte „Pecho de Águila", der Kasten von Águila, eine große Popularität. Kein Wunder, war der Mittelfeldspieler der Erste überhaupt, der für Honduras bei einer Fußballweltmeisterschaft traf – 1982 zur 1:0-Führung gegen Gastgeber Spanien. Am Ende sicherten sich die Mittelamerikaner ein mehr als achtbares 1:1-Unentschieden. Lange blieb Zelaya nicht der einzige Torschütze Honduras, netzte doch sein Mannschaftskollege Eduardo Laing schon im nächsten Spiel gegen Nordirland ebenfalls ein. Auch hier erkämpfte sich der Weltmeisterschaftsneuling ein 1:1. Es sollte das letzte Erfolgserlebnis sein, im dritten Gruppenspiel verlor Honduras mit 0:1 gegen Jugoslawien und musste die Heimreise antreten. Bis heute hat sich das kleine Land nie wieder für eine Weltmeisterschaftsendrunde qualifiziert.

Geburtsdatum:	12. Juli 1957
Geburtsland:	Honduras
Stationen:	Motagua Tegucigalpa
WM-Spiele:	3
WM-Tore:	1
Länderspiele:	38
Tore:	5
WM-Teilnahmen:	1982

Walter Zenga

Ein „Elfmetertöter" war der dreifache Welttorhüter (1989–91) nicht. Zumindest nicht im Halbfinale der WM 1990 gegen Argentinien, bei seiner einzigen WM-Teilnahme. Zenga parierte keinen Strafstoß und wurde letzlich WM-Dritter. Schon bei der EM 88 erreichte er mit Italien das Halbfinale. Mit seinem Verein Inter Mailand ergatterte er dagegen Trophäen. 88/89 war es die Meisterschaft, 90/91 gar der UEFA-Cup, den er 1994 erneut in die lombardische Metropole holte.

Geburtsdatum:	28. April 1960
Geburtsland:	Italien
Stationen:	Inter Mailand, Sampdoria Genua, AC Padua, New England Revolution
WM-Spiele:	7
WM-Tore:	–
Länderspiele:	58
Tore:	–
WM-Teilnahmen:	1986, 1990

Gerd Zewe

Sportlicher Höhepunkt des Saarländers war das Finale im Europapokal der Pokalsieger 1979 mit seinem Verein Fortuna Düsseldorf, das erst in der Verlängerung mit 3:4 gegen den FC Barcelona verloren ging. Im gleichen Jahr feierte er mit seiner Fortuna den ersten von zwei DFB-Pokal-Siegen hintereinander. Das Adlertrikot streifte er lediglich viermal über, wobei er als Letzter ins 22-köpfige Aufgebot der 78er-Weltmeisterschaft in Argentinien rutschte, dort jedoch nicht zum Einsatz kam.

Geburtsdatum:	13. Juni 1950
Geburtsland:	Deutschland
Stationen:	Fortuna Düsseldorf
WM-Spiele:	–
WM-Tore:	–
Länderspiele:	4
Tore:	–
WM-Teilnahmen:	1978

Alexander Zickler

Die Titelsammlung des Sachsen ist imposant. Mit dem FC Bayern errang er sieben Meisterschaften, vier DFB-Pokalsiege, den UEFA-Cup (1996) sowie 2001 die Champions League und den Weltpokal. Durch Verletzungen wurde der sprintstarke Stürmer immer wieder zurückgeworfen. Im Juli 2005 wechselte Zickler zu RB Salzburg. 2007 wurde er mit den „Bullen" Meister und zum zweiten Mal in Folge österreichischer Fußballer des Jahres.

Geburtsdatum:	28. Februar 1974
Geburtsland:	DDR
Stationen:	Dynamo Dresden, FC Bayern München, RB Salzburg
WM-Spiele:	–
WM-Tore:	–
Länderspiele:	12
Tore:	2
WM-Teilnahmen:	–

Arthur Antunes Coimbra „Zico"

In seinem 72. und letzten Länderspiel wurde Zico zum tragischen Helden. Im WM-Viertelfinale 1986 gegen Frankreich wechselte Trainer Tele Santana seinen angeschlagenen Star in der 72. Minute ein. Bei einem Elfmeter vergab Zico die Chance zum 2:1. Brasilien unterlag schließlich im Elfmeterschießen. Weltmeister wurde Argentinien. Der „weiße Pelé" blieb bei drei WMs ohne Titel. Höhepunkt seiner Karriere war der Gewinn des Weltpokals mit Flamengo Rio de Janeiro 1981.

Geburtsdatum:	3. März 1953
Geburtsland:	Brasilien
Stationen:	Flamengo, Udinese Calcio
WM-Spiele:	14
WM-Tore:	5
Länderspiele:	72
Tore:	66
WM-Teilnahmen:	1978, 1982, 1986

Djamal Zidane

Bei Algeriens letzten Teilnahme an einer Weltmeisterschaft erzielte er 1986 in Guadalajara Algeriens letztes Tor – das 1:1 in der 59. Minute in der Auftaktpartie gegen Nordirland. Algeriens Weltmeisterschaftsgeschichte klang mit zwei Niederlagen gegen Brasilien (0:1) und Spanien (0:3) vorläufig aus. Die Namen Zidane, Assad und Madjer stehen für Algeriens goldenes Fußballzeitalter. Sie hinterließen so große Fußstapfen, dass bislang keine Generation danach in diese hineinpasste.

Geburtsdatum:	28. April 1955
Geburtsland:	Algerien
Stationen:	Thor Waterschei
WM-Spiele:	5
WM-Tore:	1
Länderspiele:	73
Tore:	21
WM-Teilnahmen:	1982, 1986

Zinedine „Zizou" Zidane

Mit einem Kopfstoß gegen den Italiener Materazzi endete in der Verlängerung des WM-Finales 2006 eine der größten Karrieren im Weltfußball. Zuvor war der Franzose bei seinen letzten Auftritten auf einer Welle der Sympathie geritten und dankte es dem Publikum einmal mehr mit erstaunlichen Tricks bei hohem Tempo. Am Ende wurde Zidane trotz seiner Kurzschlussreaktion zum besten Spieler des Turniers gewählt. Dabei hatte das Finale (1:1, 5:3 i. E. für Italien) für ihn nicht besser beginnen können. Nach sieben Minuten verwandelte er einen Foulelfmeter und ist damit nach den Brasilianern Pelé und Vava sowie dem Deutschen Paul Breitner der vierte Spieler, der in zwei WM-Endspielen traf. Mit seinen ersten beiden Toren hatte er Frankreich 1998 gegen Brasilien (3:0) zum WM-Titel geschossen. Zwei Jahre später triumphierte der dreimalige Weltfußballer des Jahres mit der „Equipe tricolore" bei der EM. Mit Real Madrid gewann er 2002 die Champions League. Unvergessen sein Siegtreffer zum 2:1, den er per Volleyschuss von der Strafraumgrenze erzielte.

Geburtsdatum:	23. Juni 1972
Geburtsland:	Frankreich
Stationen:	AS Castellane, AS Cannes, Girondins Bordeaux, Juventus Turin, Real Madrid
WM-Spiele:	12
WM-Tore:	5
Länderspiele:	108
Tore:	31
WM-Teilnahmen:	1998, 2002, 2006

Christian Ziege

Der gebürtige Berliner, der beim FC Südstern 08 Berlin zum ersten Mal gegen den Ball trat, gab sein Profidebüt 1990 beim FC Bayern München, mit dem er bis 1997 zweimal Meister und einmal UEFA-Pokalsieger wurde. Auch bei seinen Auslandsstationen AC Mailand und FC Liverpool war Christian Ziege erfolgreich, holte mit Milan 1999 den Scudetto und wurde mit den „Reds" UEFA-Cupsieger 2001. Zuletzt stand er beim Bundesliga-Klub Borussia Mönchengladbach unter Vertrag. Der flinke, aber auch äußerst verletzungsanfällige Mittelfeldspieler machte auch in der deutschen Nationalelf seinen Weg. Die erste Partie im Trikot mit dem Bundesadler absolvierte Ziege am 10. Juni 1993 in Washington gegen Brasilien. Drei Jahre später gehörte er zum DFB-Team, das durch einen 2:1-Erfolg über Tschechien in England Europameister wurde. An die Weltmeisterschaft 1998 in Frankreich hat Ziege keine guten Erinnerungen, im Viertelfinale war gegen Kroatien Endstation. 2002 in Japan und Südkorea lief es dagegen wesentlich besser. Erst im Finale von Yokohama zog die deutsche Elf gegen Brasilien mit 0:2 den Kürzeren.

Geburtsdatum:	1. Februar 1972
Geburtsland:	Deutschland
Stationen:	Hertha 03 Zehlendorf, FC Bayern München, AC Mailand, FC Middlesbrough, FC Liverpool, Tottenham Hotspur, Borussia Mönchengladbach
WM-Spiele:	9
WM-Tore:	–
Länderspiele:	72
Tore:	9
WM-Teilnahmen:	1998, 2002

Karl Zischek

Im Viertelfinale der Weltmeisterschaft 1934 in Italien war der Stürmer treffsicher: Sein Tor zum 2:0 bedeutete die Vorentscheidung gegen die Ungarn, die nur mit einem Elfmetertor noch verkürzen, jedoch nicht ausgleichen konnten. Da Austria im Halbfinale gegen den Gastgeber knapp mit 0:1 unterlag, blieb nur die Partie gegen Deutschland. Sie endete 2:3 für „Germania", auch weil Zischek nicht traf. Nach 40 Spielen und 24 Toren, die er von 1931 bis 1945 für seine Nationalelf bestritt, endete die Karriere von Karl Zischek.

Geburtsdatum:	28. August 1910
	† 6. Oktober 1985
Geburtsland:	Österreich
Stationen:	Wacker Wien
WM-Spiele:	4
WM-Tore:	1
Länderspiele:	40
Tore:	24
WM-Teilnahmen:	1934

José Ely de Miranda „Zito"

Doppelweltmeister wurde der nur 1,69 Meter große offensive Mittelfeldspieler in seiner Nationalmannschaftskarriere. Nachdem an der Seite des jungen Pelé 1958 der Weltmeisterschaftstriumph in Schweden gelang, erzielte er vier Jahre später in Chile ausgerechnet im Endspiel den vorentscheidenden Treffer zum 2:1 über die Tschechoslowakei. Die Seleção bezwang Masopust & Co. letztlich mit 3:1. Beim „Unternehmen Titel" 1966 in England hatte Zito, der im Team wegen seiner guten Laune äußerst beliebt war, allerdings weniger Glück: Brasilien scheiterte in der Vorrunde nach zwei Niederlagen gegen Ungarn und Portugal. Lediglich das Auftaktmatch gegen die bulgarische Auswahl gewannen die Ballzauberer mit 2:0.

Geburtsdatum:	8. August 1932
Geburtsland:	Brasilien
Stationen:	AC Bangu, FC São Paulo, Audax Italiano, FC Santos
WM-Spiele:	10
WM-Tore:	1
Länderspiele:	44
Tore:	3
WM-Teilnahmen:	1958, 1962, 1966

Thomasz „El Maestro Ziza" Soares da Silva Zizinho

Aufgrund des Zweiten Weltkrieges fanden zwischen 1938 und 1950 keine Fußballweltmeisterschaften statt. So konnte Pelés großes Idol zu seiner besten Zeit der Welt nie seine komplette Fußballkunst demonstrieren. Und als es 1950 im eigenen Land endlich so weit war, blieb Zizinho im mit fast 200.000 Zuschauern bis auf den letzten Platz gefüllten Maracana-Stadion der WM-Titel versagt. Dennoch wurde er mit Brasilien mehrfacher südamerikanischer Meister und holte mit Flamengo Rio de Janeiro drei lokale Meisterschaften (von 1942 bis 1944). Alle in den 40er-Jahren – zu seiner besten Zeit. Sein letztes Länderspiel für Brasilien absolvierte Zizinho ein Jahr vor der Weltmeisterschaft in Schweden. Gegner im Rahmen der Südamerikameisterschaft am 3. April 1957 war Erzrivale Argentinien. Am Ende hieß es in Perus Hauptstadt Lima 3:0 für die „Gauchos". So schloss sich der Kreis: Auch sein erstes Länderspiel am 18. Januar 1942 in Montevideo (Uruguay) hatte er gegen Argentinien gespielt. Und ebenfalls verloren – mit 1:2.

Geburtsdatum:	14. September 1921
	† 8 Februar 2002
Geburtsland:	Brasilien
Stationen:	Flamengo Rio de Janeiro, Bangu Atlético Clube
WM-Spiele:	4
WM-Tore:	2
Länderspiele:	53
Tore:	27
WM-Teilnahmen:	1950

Wladyslaw Antoni Zmuda

Stolze 21 Weltmeisterschaftspartien bestritt der Abwehrspieler, verteilt auf vier Weltchampionate. Gleich bei seinem ersten Turnier, der Weltmeisterschaft 1974 in Deutschland, bestritt er alle sieben Spiele und war mit „Polska" Dritter. Diese Platzierung erreichte Zmuda dann auch in Spanien 1982, nachdem er auch in Argentinien 1978 dabei gewesen war. Der große Abschied folgte 1986 im Achtelfinale gegen Brasilien, als Zmuda beim Stand von 0:4 zu seinem ersten und letzten Spiel in Mexiko eingewechselt wurde.

Geburtsdatum:	6. Juni 1954
Geburtsland:	Polen
Stationen:	Motor Lublin, Gwardia Warschau, Slask Wroclaw, Widzew Lodz, Hellas Verona, US Cremonese
WM-Spiele:	21
WM-Tore:	–
Länderspiele:	91
Tore:	3
WM-Teilnahmen:	1974, 1978, 1982, 1986

Dino „Dino nationale" Zoff

1968 mit 26 Jahren Europameister, 1982 mit 40 Jahren Weltmeister. In seiner einzigartig langen Laufbahn bestritt Dino Zoff 112 Länderspiele für Italien und kassierte in der Hälfte aller Partien kein einziges Gegentor. „Dino Nationale" versäumte bei Juventus Turin in elf Jahren kein einziges Meisterschaftsspiel und wurde mit der „alten Dame" sechsmal italienischer Meister. Der Weltmeistertitel 1982 kam für die Tifosi völlig überraschend. Auch dank eines überragenden Dino Zoff konnten die favorisierten Brasilianer und Deutschen geschlagen werden.

Geburtsdatum:	28. Februar 1942
Geburtsland:	Italien
Stationen:	Udinese, Mantua, SSC Neapel, Juventus Turin
WM-Spiele:	17
WM-Tore:	–
Länderspiele:	112
Tore:	–
WM-Teilnahmen:	1970, 1974, 1978, 1982

Gianfranco Zola

Bei der EM 1996 in England scheiterte er beim 0:0 gegen Deutschland mit einem Foulelfmeter an Andy Köpke, so dass für Italien bereits in der Vorrunde Schluss war. Dennoch fand der begnadete Techniker auf der britischen Insel sein Glück. Mit dem FC Chelsea gewann Zola den Pokal der Pokalsieger (1998), zwei FA Cups (1997, 2000) und wurde von den Fans zum „Chelsea-Spieler des Jahrhunderts" gewählt. 2004 wurde der Italiener mit dem britischen Ritterorden „OBE" (Order of the British Empire) ausgezeichnet.

Geburtsdatum:	5. Juli 1966
Geburtsland:	Italien
Stationen:	SSC Neapel, AC Parma, FC Chelsea, US Caligari
WM-Spiele:	1
WM-Tore:	–
Länderspiele:	35
Tore:	10
WM-Teilnahmen:	1994

Didier Zokora

Seine Fans nennen ihn „Maestro". Der zweikampfstarke Antreiber mit der guten Übersicht ist die Schaltstation im Mittelfeld der Elfenbeinküste. Auf dem Weg zur erstmaligen WM-Endrundenteilnahme der „Elefanten" verpasste Zokora nur ein Spiel und gehörte auch bei der Afrikameisterschaft Anfang 2006 zu den Schlüsselfiguren. Während sein Team dort im Finale erst an Gastgeber Ägypten scheiterte, kam in Deutschland trotz eines begeisternden 1:2 gegen Argentinien bereits in der Vorrunde das Aus. Nach der WM wechselte Zokora, der in Europa zunächst in Belgien (Genk) und Frankreich (St. Etienne) spielte, zu Tottenham in die Premier League. Bei den Spurs wurde er schnell zum Publikumsliebling.

Geburtsdatum:	14. Dezember 1980
Geburtsland:	Elfenbeinküste
Stationen:	RC Genk, AS Saint Etienne, Tottenham Hotspur
WM-Spiele:	3
WM-Tore:	–
Länderspiele:	71
Tore:	–
WM-Teilnahmen:	2006

Gyula „Abel" Zsengellér

Gleich 32 „Buden" machte der Stürmer im Magyaren-Dress in lediglich 39 Partien. Auch bei seiner ersten und einzigen WM 1938 war „Abel", der für Ujpest Budapest, AS Rom, Anconitana Ancona und Deportivo Samarios spielte, äußerst erfolgreich. Sieben Tore hat der Angreifer erzielt, bevor sein Team im Finale auf Italien traf. 2:4 unterlag Ungarn letztlich Italien. Auch weil Zsengéller diesmal leer ausging.

Geburtsdatum:	27. Dezember 1915
Geburtsland:	Ungarn
Stationen:	Ujpest Budapest, AS Rom, Anconitana Ancona
WM-Spiele:	4
WM-Tore:	7
Länderspiele:	39
Tore:	32
WM-Teilnahmen:	1938

Andoni „Zubi" Zubizarreta Urreta

Ausgerechnet ein Baske ist Rekordnationalspieler in Spanien. 126-mal (spanischer Rekord) hütete der in Bilbao und bei Barcelona und Valencia unter Vertrag stehende Schlussmann das Gehäuse der Iberer. Von 1986 bis 1998 stand er in jedem WM- und EM-Turnier zwischen den Pfosten, außer bei der 92er-EM in Schweden – Spanien war nicht qualifiziert. Trotz der vier WM- sowie zwei EM-Teilnahmen: Weiter als ins Viertelfinale kam Andoni nie.

Geburtsdatum:	23. Oktober 1961
Geburtsland:	Spanien
Stationen:	Bilbao, Barcelona, Valencia
WM-Spiele:	16
WM-Tore:	–
Länderspiele:	129
Tore:	–
WM-Teilnahmen:	1986, 1990, 1994, 1998

Abdullah Suleiman Al-Zubromawi

Schnell sowie stark bei Kopfbällen und in Tackling. Al-Zubromawi war einer der besten Innenverteidiger Asiens. Nicht von ungefähr gewann er mit seinem Heimatland 1996 der Asienpokal und nahm an den Olympischen Spielen im gleichen Jahr teil. Imposant auch seine Weltmeisterschafts-Spielbilanz: 1994, 1998 und 2002 nahm er an den Endrunden te und kam auf jeweils drei Einsätze.

Geburtsdatum:	15. November 1973
Geburtsland:	Saudi-Arabien
Stationen:	Al-Hilal
WM-Spiele:	9
WM-Tore:	–
Länderspiele:	122
Tore:	2
WM-Teilnahmen:	1994, 1998, 2002

„Zizou"

Der Sohn algerischer Einwanderer wurde im südfranzösischen Marseille geboren und wuchs mit drei Brüdern und einer Schwester auf. Auf den Straßen des Problemviertels La Castellane erlernte er das Fußballspielen und wurde im Alter von 14 Jahren für den AS Cannes entdeckt, für den er drei Jahre später sein Profidebüt gab. Über Bordeaux ging es 1996 zum italienischen Spitzenverein Juventus Turin. Mit der „alten Dame" holte Zinedine Zidane zweimal den Scudetto und stand ebenso häufig im Champions-League-Finale, ging jedoch beide Male als Verlierer vom Platz. Erst der Wechsel im Jahr 2001 zum Starensemble Real Madrid, der die Spanier die damalige Rekordsumme von 71,6 Millionen Euro kostete, brachte ihn ans Ziel seiner Träume. Im Champions-League-Finale 2002 erzielte „Zizou" gegen Bayer Leverkusen das entscheidende 2:1 und durfte im Glasgower Hampden Park den langersehnten Pokal in die Höhe strecken. Im folgenden Jahr gewann er mit den „Königlichen" zudem die spanische Meisterschaft und wurde nach 1998 und 2000 zum dritten Mal zum Weltfußballer des Jahres gewählt.

Weltmeisterschaft

Austragungsort	Jahr
Uruguay	1930
Italien	1934
Frankreich	1938
Brasilien	1950
Schweiz	1954
Schweden	1958
Chile	1962
England	1966
Mexico	1970
Deutschland	1974
Argentinien	1978
Spanien	1982
Mexico	1986
Italien	1990
USA	1994
Frankreich	1998
Korea/Japan	2002
Deutschland	2006

Europameisterschaft

Austragungsort	Jahr
Frankreich	1960
Spanien	1964
Italien	1968
Belgien	1972
Jugoslawien	1976
Italien	1980
Frankreich	1984
Deutschland	1988
Schweden	1992
England	1996
Belgien/Niederlande	2000
Portugal	2004
Österreich/Schweiz	2008

Literatur:

Barutta, Bernd u. a.: 100 Jahre DFB – Die Geschichte des Deutschen Fußball-Bundes, Berlin 1999;
Beck, Oskar/Bienzle, Bruno/Brodbeck, Erich/Hoesch, Wolfgang: Fußball Weltmeisterschaft 1978, Stuttgart 1978;
Galeano, Eduard: Der Ball ist rund, Zürich 2000; Grüne, Hardy: Enzyklopädie der europäischen Fußballvereine – Die Erstliga-Mannschaften seit 1885, Kassel 1994; Grüne, Hardy: Enzyklopädie des deutschen Ligafußballs – Band 1, Vom Kronprinzen bis zur Bundesliga, Kassel 1996; Grüne, Hardy: Enzyklopädie des deutschen Ligafußballs – Band 2, Bundesliga & Co. 1963 bis 2000, Kassel 2000; Grüne, Hardy: WM-Enzyklopädie 1930 bis 2006, Kassel 2005;
Huberty, Ernst: Die Fußball-Weltmeisterschaften 1966, 1970, 1974, Hamburg 1974

Online-Dienste:

bundesliga.de; dfb.de; footballdatabase.com; fussballdaten.de; kicker.de; planetworldcup.com; rsssf.com; transfermarkt.de; weltfussball.de; worldcup.espnsoccernet.com

Bildquellen und Vereinslogos:

City-Press, Berlin; dpa, Frankfurt/M.; Horst Müller, Düsseldorf; Repro Zay SRL, Tartlau (Vereinslogos); Schirner Sportfoto, Groß Glienicke; Votava, Wien; WEREK, München; Witters/Nordbild, Hamburg